渝北年鉴 2019

YUBEI NIANJIAN

重庆市渝北区地方志编纂中心 编纂

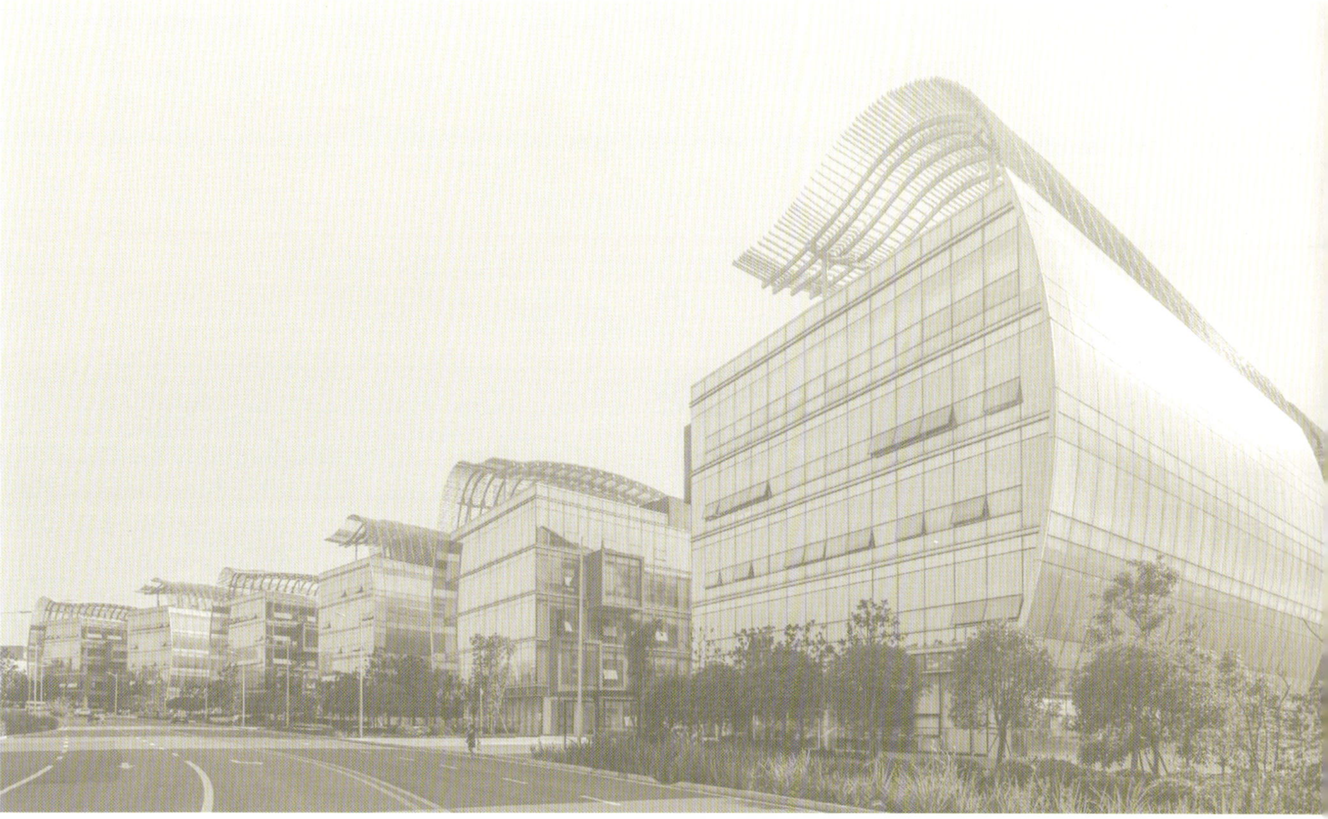

西南師範大學出版社
国家一级出版社 全国百佳图书出版单位

图书在版编目(CIP)数据

渝北年鉴. 2019 / 重庆市渝北区地方志编纂中心编纂. -- 重庆 : 西南师范大学出版社, 2020.6
ISBN 978-7-5697-0270-5

Ⅰ. ①渝… Ⅱ. ①重… Ⅲ. ①渝北区 – 2019 – 年鉴
Ⅳ. ①Z527.193

中国版本图书馆CIP数据核字(2020)第081205号

渝北年鉴 2019 | YUBEI NIANJIAN 2019

重庆市渝北区地方志编纂中心　编纂

责任编辑：段小佳
责任校对：张昊越
装帧设计：王玉菊
排　　版：重庆大雅数码印刷有限公司・张祥
出版发行：西南师范大学出版社
网址 http://www.xscbs.com
地址 重庆市北碚区天生路2号 400715
经　　销：全国新华书店
印　　刷：重庆友源印务有限公司
幅面尺寸：210mm × 285mm
印　　张：28.25
插　　页：42
字　　数：849千字
版　　次：2020年8月第1版
印　　次：2020年8月第1次印刷
书　　号：ISBN 978-7-5697-0270-5

定　　价：228.00元

重庆市渝北区地方志编纂委员会

（2018 年 12 月）

《渝北年鉴》总编室

总　　编：李　晋

编　　辑：徐吉容　白小玉　刘奕含　熊　枞

总纂分工：

李　晋：卷首　特载　综述

徐吉容：政治　大事记　人物和先进名录

白小玉：法治　军事　财政税收金融

交通邮电通信　社会生活

刘奕含：开放开发　农业　工业　城建环保

领导名录　统计资料　镇

熊　枞：商贸　经济综合管理　人民团体

科教文卫　街道

撰稿人名单

（按行文顺序）

李晋	陈登科	禹婷	杨贺	李昆仑	张艺	钟世恒	陈小强
李喻	黄贵洪	聂小淘	邹维	李青芮	徐雪滢	龚玲	梅伟
周巧	朱利芳	肖钻	张娟	张杰	张笛	陈远强	曾祥海
郭震	林晓	唐涓瀚	徐蜜	林倪	严洁	付葶	杜建
魏潇潇	曹菁	魏红	石颖慧	向朝阳	孙文媛	李雪	刘妍利
李小华	邱玉琼	谭小红	游畅	张寻	蒋小丽	王成志	何大洪
秦洪鹰	炳翔	袁海溢	任伟	潘渊	苗建波	汤皓	龚俊豪
寇村图	周创业	马萧杉	方乐	汪严洋	向冬伟	袁丽	乐长全
马裕玲	詹佑奎	刘水	田磊	刘凤鸣	刘小平	向艾苓	王文慧
王丛丛	李彦	李红	杨再福	谢英	侯林子	黄晓梅	王希明
罗建华	王德娜	杨波	李丹	邹静	何腾蛟	傅莉	梁巧琳
何青枚	张晗资	杨柳	伍然	石昌吉	王正山	杨丽	文君
杨非	张莉娜	贾慧	朱丽娜	熊川	李世彬	孙婉清	余蝶
沙进	秦戎	徐欣	彭越	朱兴元	唐迪姣	陈昊	肖军先
任艳	杨彬	黄圣杰	胡静	陈瑶	付永利	邓娅	颜会香
刘琦	石龙	蒲志宇	杨静	石栗铭	白小玉	徐毅	敖翔
古耀文	郑佳	潘静	马攀	李西	但娟	朱保东	任地
陈艳	尹江君	刘奕含	邓颖	杨璐瑶	覃业群	余景	罗超
马雪	唐静	颜麟	付瑶	杨青	熊林森	王宇	龚志平
徐晓燕	王小燕	卢斌	杨芸霞	杨梅	聂磊	杨洁	万晓东

代雯文　刘强威　任诗瑶　陈军飞　李永胜　王云霓　张建伟　段悠捷
王阳璇　幸　青　吴翠菊　张维桃　陈雁铃　吴玉娜　廖杰文　向　璇
李承澄　简　红　吕文华　乔　侨　王　娟　张耀丹　倪婷婷　梁新鑫
严　心

编辑说明

一、《渝北年鉴》是重庆市渝北区政府主管主办、区地方志编纂委员会主持编纂、区地方志办公室编辑出版的政府综合性年鉴，逐年真实、全面、系统地记载和反映渝北区改革开放、经济发展、社会进步的情况，旨在为决策服务，为修志积累史料，并为国内外各界人士了解渝北、加强交流合作提供资料，是各级各部门和各届人士认识渝北的一个窗口。

二、《渝北年鉴（2019）》保持本年鉴框架结构的稳定，记载和反映渝北区2018年的国民经济和社会发展情况，主要记述区内经济和社会发展的新成绩、新经验、新情况。采取分类编辑法，全书由部目、分目、子分目、条目组成，设特载、大事记、综述、政治、法治、军事、开放开发、农业、工业、商贸、财政税收金融、经济综合管理、城建环保、交通邮政通信、科教文卫、社会生活、镇街、人物和先进名录、统计资料、附录共20个部目，各部目下列若干分目，各分目下列若干条目。条目标题均用黑体字加方括号【】表示。

三、本年鉴所载资料，由区级各部门、镇街和有关驻区单位提供，并经供稿单位领导审核，区地方志办公室负责总纂并编辑成书。书中所用统计资料，凡区统计局有的数据，均以之为准；统计局没有的，则以主管部门的数据为准。由于资料来源、统计口径和项目内涵不尽相同，个别数据不完全一致，采用时请注意鉴别。

四、本年鉴中数字、标点、计量单位均按国家出版物的有关规定执行。对人物直书其名，必要时加职务，一般不用其他称谓。

五、本卷年鉴配光盘一张。

六、撰稿人署名于条目的右下角，加圆括号（）表示。若同一分目内连续数个条目均为同一撰稿人，则在其末一条目后署名。

七、插页部分的图片及文字说明由相关单位提供。

渝北区人大常委会

2018 年 1 月 22 日，市人大代表渝北联系组到渝北视察

2018 年 6 月 20 日，渝北区人大常委会评议区政府旅游产业发展动员部署会

2018 年 12 月 4 日，渝北区人大常委会视察大会议案办理落实情况

2018 年，渝北区人大常委会以习近平新时代中国特色社会主义思想为指导，全面学习贯彻党的十九大精神，认真贯彻落实习近平总书记对重庆提出的“两点”定位、“两地”“两高”目标和“四个扎实”要求，坚持党的领导、人民当家作主、依法治国有机统一，在中共渝北区委的坚强领导下，紧扣中心、服务大局、践行法治、关注民生，紧紧依靠全体人大代表，忠实履行法定职责，圆满完成各项任务，为渝北经济社会发展和民主法治建设做出了积极贡献。

全年召开常委会 8 次、审议议题 38 项，主任会 26 次、审议议题 155 项，开展评议 2 项、执法检查 2 项、视察 7 项，决定、任免、监督等各项工作扎实有效开展。全年任命国家机关工作人员 59 名、接受辞职 2 名、免职 34 名，组织 36 人次参加任前法律知识考试，21 名拟任命人员进行任前表态发言，8 批 59 人次参加宪法宣誓仪式，国家机关工作人员的宪法意识、责任意识、公仆意识进一步增强。贯彻执行《中华人民共和国道路交通安全法》等 2 部法律法规并进行执法检查；专项评议区人民政府学前教育和旅游产业发展工作；承办市人大关于《重庆市公共汽车客运条例》《重庆市植物检疫条例》等 6 部法规草案征求意见工作；备案审查 18 件区政府报备的规范性文件，向市人大报备 5 件区人大常委会规范性文件。区第十八届人大二次会议以来，收到代表建议 418 件，已全部办理完毕，答复率、回执率、满意率均为 100%，落实率 85.8%，区政府、两江新区管委会、区法院分别报告办理工作情况，测评结果均为“满意”。

地址：重庆市渝北区两路街道义学路 32 号
电话（传真）：023-67821073
邮编：401120

渝北区政协

2018 年 5 月 16 日，区政协召开全区政协系统党的建设工作座谈会议

2018 年 7 月 28 日，区政协常委会视察中国重庆人力资源服务产业园

2018 年 8 月 14 日，区政协常委会视察天友乳业

2018 年 12 月 21 日，住渝北区市政协委员开展活动

2018 年，在中共渝北区委的坚强领导下，渝北区政协常委会以习近平新时代中国特色社会主义思想为指引，团结带领区政协各参加单位和广大政协委员，坚持把服务经济社会发展作为履职的第一要务，把广泛凝心聚力作为履职的第一责任，把提升工作质量作为履职的第一要义，弘扬团结民主两大主题，切实履行政治协商、民主监督和参政议政三大职能。一年来，不断强化学习引领，大力推进履职能力建设，完善工作规范 21 个；征集提案 732 件；收集反映社情民意信息 756 条；完成重点调研课题 11 个。积极配合做好全国政协和市政协领导来区调研视察 16 次，接待区外政协考察 55 批次，加强与 99 名住区市政协委员联系服务，引导其为渝北发展出谋划策，并在市级层面为渝北呼吁建言。在履职尽责中，展现了新时代政协工作的新气象、新作为，为促进渝北改革发展稳定做出了积极贡献。

地址：重庆市渝北区两路街道义学路 32 号
电话：023-67821099
邮编：401120

渝北区纪委监委

2018 年 1 月 18 日，重庆市渝北区监察委员会挂牌

2018 年 11 月 22 日，为推进巡察向村（社区）全覆盖，区巡察干部向群众收集问题线索

2018 年 11 月 28 日，区纪委监委督促石船镇召开“以案四说”警示教育会

2018 年，是渝北区监察委员会成立暨区纪委监委合署办公的第一年。区委机关内设机构由 13 个增设为 19 个，新增 5 个派出监察室，20 个派驻纪检组调整为 10 个派驻纪检监察组。区纪委监委全面贯彻党的十九大精神，深学笃用习近平新时代中国特色社会主义思想，旗帜鲜明讲政治，牢牢把握稳中求进工作总基调，积极稳妥做好纪检监察体制改革工作，切实履行监督第一职责，进一步加强作风建设，严肃查处侵害群众利益的腐败和作风问题，始终保持惩治腐败高压态势，着力发挥巡察利剑作用。全年共受理检控类信访举报 328 件，处置问题线索 424 件，立案 90 件，处分 103 人；查处立案调查职务违法犯罪案件 23 件 35 人，移送司法机关 12 件 18 人。全区纪检监察工作迈上新台阶、取得新成效，有力保障了全区经济社会发展。

地址：重庆市渝北区仙桃街道桂馥大道 3 号
电话：023-67807240
邮编：401120

渝北区人民法院

2018 年，渝北区法院以习近平新时代中国特色社会主义思想为指导，深入学习贯彻党的十九大精神，努力推进执法办案、司法改革和队伍建设，忠诚履行新时代司法职责使命。受理各类案件 63489 件，审执结 55920 件，同比分别增长 17.3%、15.6%，法官人均结案 499 件，收案数、结案数居全市法院首位。

地址：重庆市渝北区双凤桥街道空港大道 418 号
电话（传真）：023-67188900
邮编：401120

2018 年 1 月 4 日，重庆市高级人民法院院长杨临萍（左三）视察渝北区法院

2018 年 6 月 30 日，渝北区法院开展”执行总攻，决战重庆“活动

2018 年 10 月，渝北区法院首款“类脑”人工智能法律机器人上岗工作

2018 年 9 月 30 日，渝北区法院举行“纪念改革开放四十周年”书画摄影展

2018 年 12 月 18 日，渝北区法院公开宣判首例“套路贷”恶势力犯罪集团案件

渝北区人民检察院

2018年1月8日，区检察院召开“不忘初心，砥砺前行”职侦转隶人员座谈会

2018年4月13日，区检察院挂牌成立重庆市首个未成年人司法保护中心

2018年，渝北区检察院深入学习贯彻习近平新时代中国特色社会主义思想和党的十九大精神，坚持“两点”定位，围绕“两地”“两高”目标和“讲政治、顾大局、谋发展、重自强”的检察工作总要求，忠实履行宪法和法律赋予的职责，聚焦主责主业，着力从法治供给侧为全区社会和谐稳定、经济高质量发展和人民群众安居乐业提供更多更优的检察监督保障，各项工作取得新进展。2018年8月，完成内设机构改革，设检察一部至七部7个业务部门，办公室、政治部、检务保障部3个行政部门，两江新区检察室、统景检察室、龙兴检察室3个派出检察室。年末，有中央政法专项编制123人，实有在编干警115人。其中，员额检察官38人，占中央政法专项编制数的30.9%；检察辅助人员58人，占47.2%；司法行政人员19人，占15.4%。

地址：重庆市渝北区双龙湖街道龙平支街3号
电话：023-67181636
传真：023-67181677
邮编：401120

2018年8月23日，区检察院与同方知网（北京）技术有限公司重庆分公司达成战略合作打造“数字图书馆”

渝北区人民武装部

2018年，渝北区人民武装部在警备区党委和渝北区委、区政府的正确领导下，认真学习贯彻习近平新时代中国特色社会主义思想和强军思想，按照“抓基层打基础、抢机遇建窗口、促融合求作为、保稳定创先进”的工作思路，强化“四个意识”，围绕践行强军目标，狠抓主责主业落实，圆满完成了迎接军委国防动员部安全大检查、民兵整组调整改革、军地联考联评等大项任务，区人武部全面建设呈现出健康向上的良好态势。

2018年4月25日，渝北区人武部开展民兵无人机侦察队集训

地址：重庆市渝北区双龙湖街道建设路35号
电话：023-89231700
邮编：401120

2018年5月31日，渝北区人武部开展军营开放日活动

2018年8月8日，渝北区人武部组织民兵骨干集训

2018年9月10日，渝北区举行欢送新兵入伍仪式

2018年11月8日，渝北区民兵应急连参加重庆市联考联评

渝北区委统战部

2018 年 1 月 5 日，举办“空港创业孵化园”新的社会阶层人士之家授牌活动

2018 年 6 月 8 日，渝北区统一战线召开“争创一流、走在前列”座谈会

2018 年 7 月 12 日，渝北区新的社会专业人士联合会成立大会召开

2018 年 8 月 21 日，渝北区 2018 年暑期谈心活动在华辰国际大酒店举办

2018 年，渝北区委统战部深入学习贯彻党的十九大精神和习近平新时代中国特色社会主义思想，紧紧围绕中央、市委、区委关于统战工作的重大决策部署，着力抓好统战领域各项工作。举办统战干部培训班、党外代表人士培训班等各类培训 13 期，培训学员 650 余人次，开展学习研讨交流活动 30 余次。引导各民主党派和无党派人士积极参政议政，撰写反映社情民意信息 200 余条，被全国政协、市政协和市委统战部采用 29 条。编辑出刊《渝北统战》8 期、《党外人士建言》2 期，收集党外人士高质量调研报告 21 篇、理论文章 11 篇，汇编形成《2018 年渝北区统一战线理论调研文集》。做好非公有制经济、民族宗教、港澳台和海外统战工作，支持区级各民主党派举办学习培训活动 16 次，培训成员 685 人，引导区欧美同学会、区新专联等统战团体组织开展各类主题教育活动 20 余起，接待新同盟会彰化分会等港澳台侨参访团 21 批 800 余人次。区委统战部党建统战实绩考核位列全市区县第一，获评区目标考核先进领导集体。

地址：重庆市渝北区两路街道义学路 64 号
电话（传真）：023-67821077
邮编：401120

渝北区机构编制委员会办公室

渝北区机构编制委员会办公室（以下简称“区编办”）是渝北区机构编制委员会的常设正处级办事机构，具体负责全区行政管理体制和机构改革以及机构编制的日常管理工作。下设区事业单位登记管理局，具体负责全区事业单位法人登记管理和中文域名管理。

2018 年，在区委、区政府和区编委的正确领导下，在市编办的关怀指导下，区编办深入学习贯彻党的十九大、十九届二中、三中全会精神，以习近平新时代中国特色社会主义思想为指导，围绕中心、服务大局，积极做好党政机构改革前期准备工作，深化“放管服”改革，统筹推进重点领域改革、事业单位改革，创新机构编制管理，大力促进全面从严治办，为临空经济示范区建设提供强有力的体制机制保障。

2018 年 2 月 13 日，市编办调研渝北区城市管理综合执法及公立医院编制管理试点工作

2018 年 2 月 26 日，区事业单位登记管理局举办全区事业单位年度报告业务培训

2018 年 10 月 16 日，渝北区编办赴沙坪坝区编办学习

2018 年 11 月 20 日，区编办到龙兴街社区讲党课

地址：重庆市渝北区双龙湖街道双龙大道 153 号
电话（传真）：023-86016765
邮编：401120

渝北区委直属机关工委

2018 年 6 月 29 日，区委直属机关工委在礼堂举办庆祝建党 97 周年大会暨党员领导干部“精品党课”展演

2018 年 11 月 1 日，区委直属机关工委在渝北区临空文化剧场举办杨雪峰诗歌礼赞

渝北区委直属机关工作委员会（以下简称“区委直属机关工委”）是区委派出机构，机关党委 7 个，机关党总支 19 个，机关党支部 47 个，各机关党委（总支）下属党支部 126 个。共有机关党员 3072 人，其中在职党员 2560 人。区委直属机关工委行政编制 5 名，工勤编制 1 名，内设三科一室。主要职责：制定区直机关党建规划，指导区直机关所辖党组织围绕党和国家重要工作和区委、区政府的重要决定，狠抓机关党的建设、党员思想政治工作和对党员及党员领导干部实施监督。

2018 年，区委直属机关工委深入贯彻落实党的十九大精神和习近平新时代中国特色社会主义思想，以政治建设为统领，全面落实新时代党的建设总要求，围绕服务中心、建设队伍两大核心任务，紧扣区委区政府中心工作，积极进取、扎实工作，机关党建各项工作开创了新局面。获市直工委“机关党建研究先进集体”。

地址：重庆市渝北区双龙湖街道双龙大道 153 号
电话：023-86016920
传真：023-67380896
邮编：401120

2018 年 11 月 30 日，在区会议中心举行渝北区委直属机关党务工作技能大赛

2019 年 7 月 25 日，区委直属机关工委在空港新城小学举办区直机关党组织书记培训班

渝北区委研究室

渝北区委研究室是直接为区委宏观决策服务，对全区经济和社会发展重大问题进行综合性研究的职能部门，现有主任1名、副主任2名，内设综合科、调研科、改革科3个科室和区政策信息中心，区委改革办也设在区委研究室。

2018年，区委研究室坚持以习近平新时代中国特色社会主义思想为指导，认真贯彻落实党的十九大和十九届二中、三中全会精神，全面学习贯彻习近平总书记对重庆提出的“两点”定位、“两地”“两高”目标、发挥“三个作用”和营造良好政治生态的重要指示要求，坚决执行中央和市委决策部署，在区委的坚强领导下，围绕中心、服务大局，改革、法治、调研和机关党建等各项工作稳步推进，“政研课堂”、主题党日等活动亮点纷呈，党员干部精神状态持续向好，呈现出风清气正、崇廉尚实、团结和谐、奋发有为的良好态势。

2018年1月19日，区委研究室党支部开展主题党日活动

2018年8月22日，区委研究室党支部和齐心社区党总支结对共建

2018年11月21日，区委研究室到齐心社区看望贫困老党员

地址：重庆市渝北区两路街道义学路64号
电话（传真）：023-67821467
邮编：401120

渝北区委老干部局

2018 年 2 月 2 日，区领导出席区（县）级离退休干部迎春座谈会

2018 年 7 月 16 日，区委书记段成刚（右三）陪同区（县）级离退休干部视察仙桃数据谷

2018年，区委老干局（区委离退休干部党工委）按照党的十九大关于“认真做好离退休干部工作”的总体要求，本着对老干部“政治上尊重、思想上关心、生活上照顾”的原则，着眼于实现老有所养、老有所依、老有所教、老有所学、老有所乐、老有所为，全面落实老干部“两项待遇”，切实加强离退休干部“两项建设”，按照老干部工作为党和人民事业增添正能量的价值取向，引导老干部发挥作用，坚持围绕全区加快建设国家临空经济示范区的中心工作开展老干部工作和离退休党建工作，不断提高离退休干部服务管理水平，切实做到“让党组织放心，让老干部满意”。是年，区委老干局（区委离退休干部党工委）在业务、党建等工作获得市区表彰 3 项。

地址：重庆市渝北区两路街道义学路 64 号
电话（传真）：023-67821508
邮编：401120

2018 年 10 月 9 日，离退休干部党支部书记培训班在区委党校开班

2018 年 10 月 17 日，老干部书画摄影展在区政府广场举办

渝北区委党史研究室

中共重庆市渝北区委党史研究室，系中共重庆市渝北区委直属事业单位，参照执行国家公务员制度（列国家公务员序列）；既是党史研究部门，又是区委主管党史业务的工作部门。

2018 年，区委党史研究室在区委的坚强领导下，在市委党史研究室的关怀指导下，始终坚持以习近平新时代中国特色社会主义思想为指引，深入学习贯彻党的十九大精神，坚持“一突出、两跟进”，坚持以史鉴今、资政育人，突出政治建室、研究立室、依规治室，齐心协力，奋发进取，党史工作的社会影响力不断扩大，党史队伍的政治业务素质不断提升，党史研究和各项工作走在全市前列。

2018 年 5 月 16 日，区委党史研究室到四川省邻水县九龙镇采访张伦烈士之女熊碧群女士

2018 年 11 月 27 日，区委党史研究室举行渝北区第 3 期党史信息员培训班

2018 年 12 月 21 日，区委党史研究室参加重庆历史名人“法治与德治”研讨会

地址：重庆市渝北区义学路 64 号
电话：023-67806656
邮编：401120

渝北区委党校

2018 年 3 月 21 日，区委书记段成刚在区委党校 2018 年春季学期开班式上专题党课

2018 年 7 月 12 日，党校教师王丹参加渝北区“理论麻辣烫”微党课比赛

渝北区委党校是区委的重要工作部门，是全区党员领导干部和理论干部培训轮训的主渠道、加强党性锻炼的熔炉和党的哲学社会科学研究机构，现有教职工 27 名，内设办公室、培训科、教研科、外联科、行政科 5 个科室。

2018 年，区委党校始终坚持“党校姓党”，紧扣中心，服务大局，全力推进建设区域中心党校。干部培训强化党的理论教育和党性教育，不断创新优化方式方法；科研活动紧紧围绕教学展开，着力推进新型智库建设；对外培训努力宣传推介渝北，深化第四片区党校协作；队伍建设立足队伍强校，不断优化师资结构；后勤管理科学化、制度化、规范化，为党校发展提供重要保障。获得全市党校行政学院系统年度办学考评工作一等奖、全市党校行政院校系统年度办学考评工作创新奖。

地址：重庆市渝北区仙桃街道舟济路 10 号
电话（传真）：023-67821838
邮编：401120

2018 年 10 月 16 日，中青 3 班学员入户宣讲党的方针政策

2018 年 10 月 26 日，党校教师向建在双凤桥街道开展宪法宣讲

渝北区总工会

重庆市渝北区总工会经区编委核定有行政编制5人、事业编制5人，实有常务副主席1人、副主席2人、调研员3人、副调研员2人、实职正科级干部1人。挂职副主席1人、兼职副主席4人，聘请工资集体协商指导员3人，派遣制员工7人。

2018年区总工会在区委和市总的坚强领导下，以工会改革为统领，以“服务大局、服务职工”为导向，在“建机制、强功能、增实效”和“五个行动”上下功夫，按照建设“人文工会、幸福之家”工作思路，坚持全心全意依靠工人阶级的方针，坚定不移走中国特色社会主义工会发展道路，为渝北经济社会发展做出了积极的贡献，得到了全总、区委、市总和社会各界的充分肯定和广泛认可，重庆日报、重庆电视台、人民网等媒体也进行了宣传报道。

地址：重庆市渝北区双龙湖街道双龙西路一支街6-6号
电话：023-67832141
邮编：401120

2018年7月23日，渝北区总工会2018年炎夏“送清凉”活动启动仪式

2018年渝北区建设行业职业技能大赛暨市总决赛预选赛

2018年12月27日，重庆市渝北区工会第十四次代表大会开幕

共青团重庆市渝北区委

2018 年 4 月 11 日，渝北未来企业家培养青锋计划路演

2018 年 5 月 4 日，举办“不忘初心跟党走，青春建功新时代”渝北区纪念五四运动 99 周年大会暨临空青年风采展示活动

中国共产主义青年团重庆市渝北区委员会（以下简称“团区委”），机关设有行政编制 5 名、事业编制 4 名。其中书记 1 名，副书记 2 名，科级领导职数 4 名。机关后勤服务人员事业编制 1 名。2018 年，在职在编干部 4 名，其中挂职干部 2 名。内设办公室、组织与宣传部（共青团渝北区新经济社会组织工作委员会）、中学与少先队工作部等 3 个部室，承担坚持党的领导、加强对广大青少年的政治引领和思想引导、依法依章程独立自主开展工作、团结动员广大青年干事创业、突出不断巩固和扩大党执政的青年群众基础职责、拓展共青团的组织覆盖和工作覆盖、积极参与社会治理、研究指导共青团自身改革和建设、联系指导区群团活动中心等 9 项工作职责。

地址：重庆市渝北区双龙大道 153 号
电话：023-86095377
邮编：401120

2018 年 10 月 11 日，渝北区青年联合会第五届委员会第一次全体会议

渝北区妇女联合会

重庆市渝北区妇女联合会是中共渝北区委领导的社会群众团体，是区委和区人民政府联系妇女群众的桥梁和纽带，是国家政权的重要社会支柱之一，具有广泛的代表性、群众性和社会性，基本职能是代表和维护妇女权益，促进男女平等。

内设办公室、组织联络部、维权发展部。有行政编制5名、事业编制3名、机关工勤编制1名。实有行政人员5人、机关工勤1人。

地址：重庆市渝北区双龙大道153号
电话：023-67821176
邮编：401120

2018年3月7日，渝北区举办纪念“三八“国际妇女节108周年大会

2018年8月22日，渝北区妇联向“春蕾女童”发放助学金

2018年4月18日，渝北区“乡村振兴巴渝巾帼行动”誓师大会暨农村留守妇女“双学双比”技能竞赛在兴隆镇举行

渝北区科学技术协会

2018 年 4 月 15 日，第 33 届重庆市青少年科技创新大赛在重庆八中举办

2018 年 12 月 9 日，重庆市首届 STEAM 科创大赛在渝北中学举行

重庆市渝北区科学技术协会（以下简称区科协）内设办公室、科普宣传部、企业学会部，在职 7 人。2018 年，区科协按照区委统一部署和市科协要求，以“两学一做”学习教育为载体，围绕“全面建成小康社会，加快建设国家临空经济示范区”奋斗目标，始终坚持围绕中心、聚焦靶心、服务大局、服务基层，以服务科技工作者为中心，创新发展、科学普及、智库建设为重点，大力构建“一轴带动，三轮驱动”工作格局，努力打造新时代科协工作“升级版”。承办重庆市第 33 届青少年科技创新大赛、重庆市首届青少年 STEAM 科创大赛，协办全国第 33 届青少年科技创新大赛，承接市科协党组书记王合清调研活动，承接区政协调研科普工作活动，承接常熟市科协、潼南区科协调研活动，被中国科协评为第 33 届全国青少年科技创新大赛优秀组织单位，全国科普日优秀组织单位。

地址：重庆市渝北区义学路 64 号
电话：023-67822496
邮编：401120

2018 年 10 月 23 日，赵春江院士签约重庆渝北国家农业科技园区，建立院士专家工作站

渝北区工商联（总商会）

渝北区工商联是区委领导下的党群机关，下设会员部、办公室、非公经济服务中心三个内设机构，其中会员部加挂党群部牌子。机关有工作人员 12 名，其中公务员编制 4 名，事业单位编制 2 名，临聘人员 6 名。

2018 年，区工商联有会员 5366 个，其中企业会员 2392 个、增加 296 个，个人会员 2931 个、增加 108 个，团体会员 43 个、新增 3 个。总商会执委以上班子成员共 147 名，其中主席（会长）1 名，副主席、副会长 34 名，常委 41 名，执委 71 名。会员中有市人大代表 2 名，市政协委员 6 名，区人大代表 22 名，区政协委员 33 名。有基层商协会 43 个，其中镇街商会 22 个、行业商协会 13 个、异地商会 7 个、青年商会 1 个。一年来，区工商联各项工作稳中向好，不断突破，荣获全国工商联系统先进集体、2018 年度民营企业调查点工作先进基层单位、重庆市优秀区县工商联、渝北区 2017 年度先进领导集体等殊荣。

地址：重庆市渝北区两路街道双凤路 57 号
电话（传真）：023-67822153
邮编：401120

2018 年 3 月 22 日，全国工商联调研组渝北宣讲政策会

2018 年 10 月 18 日，西南片区工商联法律服务交流座谈会在渝北区召开

2018 年 11 月 16 日，区委统战部、区工商联联合组织本区民营企业学习贯彻习总书记在民营企业座谈会上重要讲话精神

2018 年 11 月 30，渝北区工商联组织召开工商联商协会党建渝北试点工作动员会暨培训会

渝北区残疾人联合会

2018 年 2 月 2 日，渝北区残联干部职工到大盛镇走访慰问困难残疾人

渝北区残疾人联合会是中国残联的地方组织，为正处级参公单位。2018 年，渝北区残联以习近平新时代中国特色社会主义思想为指引，深入学习党的十九大精神，围绕两个体系建设、以残疾人为中心、坚持问题和需求导向、加快推进残疾人小康进程的目标，认真落实各项惠残政策，扎实开展残疾人康复、就业、合法权益维护等各项工作，全区残疾人事业发展取得新成效。

地址：重庆市渝北区双凤桥街道双凤桥路 19 号
电话：023-86019029
邮编：401120

2018 年 12 月 13 日，市残联到大湾镇慰问困难残疾人

2018 年 11 月 1 日，重庆市渝北区第 6 届残疾人运动会开幕

渝北区归侨侨眷联合会

渝北区归侨侨眷联合会是中共重庆市渝北区委领导下的由全区归侨侨眷组成的人民团体，归属重庆市渝北区委群团系列。渝北区侨联成立于 1983 年 9 月，前身是原重庆市江北县归侨侨眷联合会，办公地点位于两路街道义学路 64 号。

本届委员会为第七届委员会，共有委员 39 名。机关现有行政编制 2 人，内设办公室 1 个，主席 1 人，兼职副主席 8 人，兼职副秘书长 2 人，科级干部 1 人。2012 年以来，区侨联先后成立区留学生家长促进会（留促会）、区侨联青年委员会（侨青会）、"亲情中华"侨心艺术团、渝北区海外留学归国人员创业协会（海创会）4 个群众组织及 11 个城区街道侨联分会。据 2018 年侨情普查统计，全区有侨界群众 5.6 万余人，其中归侨 195 人，海外华侨华人 3800 余人，海外留学人员 7600 余人，留学归国人员 8500 余人。

地址：重庆市渝北区义学路 64 号
电话：023-67822496
邮编：401120

2018 年 1 月 9 日，渝北区侨联界别政协委员就"进一步加快我区居家养老服务业发展"进行了实地调研

2018 年 11 月 13 日，水户市日中友好协会重庆访问团一行赴渝北参观访问

2018 年 3 月 6 日，渝北区侨联在双凤桥街道桃源社区居民委员会艺术活动室举办了"品鉴初心　品味生活——'侨'这新时代优雅女性"主题纪念活动

民革渝北区委

2018 年 6 月 9 日至 15 日，民革渝北区委与九三学社渝北区委赴西安交通大学联合举办骨干成员履职能力提升培训班

2018 年 7 月 16 日至 20 日，民革重庆市委重点调研课题“乡村法治治理助推乡村振兴战略实施研究”负责人、民革渝北区委副主委、西南政法大学行政法学院教授雷勇率课题组成员赴四川、贵州等地开展乡村法治治理专题调研

2018 年 12 月 4 日，民革渝北区委组织渝北区法律援助中心民革工作站成员前往对口联系的统景镇开展“法律专家普法进基层”活动

2018 年，民革渝北区委在民革重庆市委会和中共渝北区委的正确领导下，在渝北区委统战部的悉心指导下，团结和带领全体党员，立足本职，高举中国特色社会主义伟大旗帜，以习近平新时代中国特色社会主义思想为指导，始终坚持将思想建设作为最重要的政治任务，广泛开展各类学习实践活动和理论研究，政治立场坚定，组织凝聚力与战斗力不断提升。认真贯彻落实民革中央“举全党之力参政议政”的工作要求，紧紧围绕党委政府的中心工作，从上至下集中力量狠抓调查研究工作，完成调研报告 6 个；提交提案 53 件，立案 28 件，其中获市政协立案 6 件、区领导重点督办 2 件；提交 45 件，采用 13 件，其中获民革中央采用 2 件、市领导批示 2 件，参政议政成效显著。继承和弘扬孙中山先生“博爱”精神，积极打造民革法律服务品牌，免费实施法律援助案例 15 件，开展系列送法活动 3 次；筹集资金 82510 元开展结对帮扶活动，广受群众赞誉，社会反映良好。

地址：重庆市渝北区两路街道渝航路三巷 8 号
电话（传真）：023-67219657
邮编：401120

民盟渝北区委

2018年，民盟渝北区委在民盟重庆市委、中共渝北区委的坚强领导下，在区委统战部的精心指导下，团结带领全区盟员，以习近平新时代中国特色社会主义思想为引领，弘扬民盟“奔走国是，关注民生”的优良传统，围绕紧跟习近平总书记对重庆提出的“两点”定位、“两地”“两高”目标和“四个扎实”要求，积极履行参政党职能，各项工作取得新成绩。

全年共列席区政府常务会5次，参加各类建议协商、民主监督、民意测评会等59次。在市、区两会期间，提交并立案人大意见、政协提案88件。全年完成调研课题9个，理论文章28篇，上报社情民意151件，开展社会服务活动16次，组织学习、工作会18次。荣获民盟中央思想宣传工作先进集体、民盟中央《群言》杂志社发行工作突出成绩奖、民盟重庆市委盟务工作先进集体、民盟重庆市委扶贫济困先进集体、民盟重庆市委反映社情民意信息工作先进集体二等奖。

地址：重庆市渝北区两路街道渝航路三巷8号
电话（传真）：023-67829791
邮编：401120

2018年5月4日，民盟渝北区委与民盟重庆市委新盟员委员会联合召开参政议政培训会

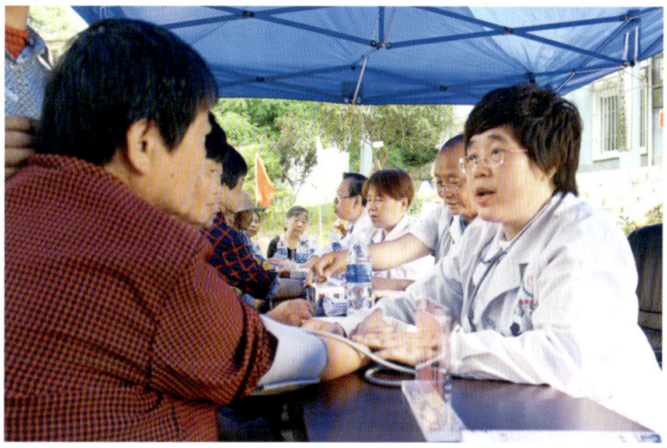
2018年5月17日，民盟渝北区委在木耳镇垭口村开展“送医下乡”活动

2018年3月28日，民盟渝北区委到合川区开展乡村振兴专题调研

2018年9月13日，民盟渝北区委在木耳中心小学白云教学点开展“同心大课堂”送课下乡活动

民建渝北区委员会

2018 年 5 月 31 日，民建渝北区委联合大盛镇中心小学白岩教学点举办渝北民建杯“我有一个梦想”征文比赛

2018 年 7 月 20 日，民建渝北区委同区金融办在回兴街道党群服务中心开展打击非法集资宣传培训活动

2018 年 8 月 23 日，民建渝北区委慰问大盛镇东河贫困家庭

民建渝北区委员会成立于 1998 年 11 月 16 日，成立之初有会员 59 人。现为第五届委员会，截至 2018 年底，有会员 255 名。区委下辖龙山、龙溪、龙塔、回兴、双龙湖、双凤桥、两路、两江（仙桃）8 个综合支部，另设参政议政、宣传、组织、经济、老年、妇女 6 个专门工作委员会，以及履职考评、理论与调研、金融服务、法律服务 4 个工作小组，企业家联谊会和青年联合会两个团体。

2018 年，民建渝北区委在民建重庆市委和中共渝北区委的正确领导下，在中共渝北区委统战部的精心指导下，在社会各界的大力支持下，团结带领广大会员深入学习贯彻中共十九大、十九大二中全会精神和习近平总书记系列重要讲话精神，充分发挥密切联系经济界的特色和优势，着力加强思想教育，全面巩固组织基础，充分履行参政议政、民主监督和政治协商职能，积极开展社会服务，为加快推进国家临空经济示范区建设，为促进渝北经济社会发展做出了新的贡献。

地址：重庆市渝北区两路街道渝航路三巷 8 号
电话：023-67808330
邮编：401120

2018 年 11 月 3 日，民建渝北区委成立二十周年纪念大会

九三学社渝北区委员会

九三学社是以科学技术界高、中级知识分子为主的具有政治联盟特点的政党。九三学社重庆市渝北区委员会成立于2006年，其前身为九三学社渝北区工作委员会。现为九三学社重庆市渝北区第三届委员会。截至2018年底，九三学社渝北区委有社员147人，其中，男90人，女57人，有高级职称90人、中级职称50人。有市人大代表1名；市政协委员5人，常委1名；区人大代表5人，常委1人；区政协委员14人，常委4人（其中政协副主席1人）。下设6个基层组织、3个专（工）委会。

九三学社渝北区委在九三学社重庆市委、中共渝北区委的正确领导下，在渝北区委统战部的精心指导下，团结带领全体社员，以习近平新时代中国特色社会主义思想为指导，按照建设“思想上更加坚定、履职上更加坚实、组织上更加坚强”的中国特色社会主义参政党的目标，不断加强自身建设，提高履行参政党职能，积极建言献策、主动服务社会，为推动渝北经济社会良好发展做出了积极的贡献。

地址：重庆市渝北区两路街道渝航路三巷8号
电话（传真）：023-67812020
邮编：401120

2018年3月12日，渝北区九三学社社员到王家街道敬老院开展义诊

2018年5月4日，渝北区九三学社社员到大湾镇建兴村开展扶贫

2018年8月10日，渝北区九三学社社员到双凤桥街道兴旺村开展农村环境整治调研活动

2018年9月30日，九三学社渝北区委召开三届九次全体（扩大）会议

渝北区科学技术委员会

2018 年 1 月 23 日，科技部到渝北区调研汽车摩托车火炬基地

2018 年 12 月 10 日，区科委举办渝北区科技型企业创新能力培训班

渝北区科学技术委员会主要负责贯彻执行科技、知识产权和防震减灾工作的法律、法规、规章和方针政策，深化科技体制改革，组织科技发展战略、规划和计划的制订及先进适用科技成果的引进示范和推广等工作。委机关设有办公室、工业科技科、农业科技科（地震科）、知识产权和成果市场科 4 个科室，有生产力促进中心和地震观测站 2 个下属事业单位。

2018 年，渝北区科委围绕建设国家临空经济示范区的奋斗目标，优环境、育主体、搭平台、促双创，推动创新生态圈建设。全区 R&D 经费支出超过 60 亿元，万人有效发明专利拥有量达到 20.07 件，均提前完成十三五规划目标；在市科技局发布的重庆科技创新指数报告中，我区连续三年排名第一。

地址：重庆市渝北区双龙大道 153 号
电话：023-67821738
邮编：401120

2018 年 3 月 27 日，区科委举办渝北科普讲解大赛

渝北区民政局

渝北区民政局是区政府主管社会行政工作的职能部门。2018 年，区民政局坚持以习近平新时代中国特色社会主义思想为指引，深刻领会习近平总书记对民政工作的重要指示精神，以及对重庆提出的“两点”定位、“两地”“两高”目标和“四个扎实”要求，牢固树立“民政为民、民政爱民”理念，在区委、区政府的坚强领导下，全面推进新时代大爱民政建设，倾力服务渝北改革发展稳定大局，各项工作取得新的成效。

地址：重庆市渝北区龙平街 10 号
电话：023-86015078
邮编：401120

2018 年 3 月 20 日，渝北区启动“牢记社工心，建功新时代”社会工作宣传活动

2018 年 9 月 30 日，全国第五个烈士纪念日，渝北区政府副区长张广莉（左二）看望慰问杨雪峰烈士父母

2018 年 2 月 2 日，渝北区召开 2018 年民政暨老龄工作会

2018 年 7 月 24 日，2018 年渝北区委议军会召开

渝北区司法局

2018年2月1日，渝北区司法局参加“梦想驿站”活动，在双凤桥汽车站开展法治宣传

2018年5月25日，渝北区司法局召开人民调解工作培训会

重庆市渝北区司法局成立于1981年，全局核定领导职数1正4副（其中设党委专职副书记1名）。区司法局内设办公室、政工科、法治宣传科、基层工作管理科、法制科、社区矫正科、法律服务工作管理科7个科（室）；下设区法律援助中心（参公）、区公证处2个事业单位；在各镇街设22个基层司法所，是司法局驻镇街的派出机构，实行区司法局和镇街双重管理和以司法局管理为主的管理体制，基层司法所共核定有政法专项编制29名。区司法局归口管理律师事务所有102家，专兼职律师764人；基层法律服务所12家，专兼职法律服务工作者130人；司法鉴定机构14家，从业人员171人。区普法办与区司法局合署办公。

地址：重庆市渝北区滨港路73号附14号
电话：023-67130790
邮编：401120

2018年12月4日，渝北区司法局干部职工参加“宪法宣传周”“我与宪法合个影”活动

2018年7月，渝北区普法办、区司法局制作印发宪法日宣传漫画

渝北区人力资源和社会保障局

渝北区人力资源和社会保障局（简称区人力社保局）职能职责主要包括就业创业、社会保险、人事人才、和谐劳动关系建设四个方面。2018 年 12 月，该局所属渝北区自主择业军队转业干部管理服务中心整体划转至渝北区退役军人事务局。2018 年年末，区人力社保局内设 11 个科室，下设 5 个事业单位，有干部职工 143 人。2018 年，区人力社保局紧紧围绕国家临空经济示范区建设目标，强改革、促创新、补短板、防风险，圆满完成各项目标任务。顺利通过国务院大督查和全国人力社保系统行风建设暗访，圆满完成“国创会”协调服务工作，“创享渝北”创业品牌被评为全市就业系统十大创新事件，《人民日报》连续 3 年报道区人力社保局改革创新工作。先后荣获全市“人力社保系统优质服务窗口”和区级“先进基层党组织”等荣誉称号。

地址：重庆市渝北区仙桃街道桂馥大道 10 号
电话：023-67821165
传真：023-67214885
邮编：401120

2018 年 7 月 23 日至 8 月 23 日，渝北区帮助西藏自治区芒康县举办农牧民重庆美食就业技能培训

2018 年 10 月 15 日至 19 日，渝北区人力社保局开展“兴技乐业”就业培训行动，举办水煮鱼制作特色工种技能培训

2018 年 3 月 7 日，渝北区与城口县签订人力资源战略合作协议

2018 年 10 月 23 日，渝北区人力社保局在长安汽车公司开展“高校学生企业行 · 市场行”活动

渝北区城乡建设委员会

10 号线长河站

重庆市渝北区城乡建设委员会为重庆市渝北区人民政府组成部门，内设 8 个科室，委属 8 个单位，设 5 个区政府临时机构，承担着全区规范城乡建设管理秩序、统筹城乡建设、管理城市基础设施建设、监督实施住房建设和房地产开发、规范和指导小城镇及农房建设、实施城市棚户区改造等 10 余项工作职能。

近年来，重庆市渝北区城乡建设委员会先后荣获“全国文明单位”“全国住房与城乡建设系统先进集体”“全国精神文明建设工作先进单位”“全国建设系统‘创建文明行业示范点’”“全国解决建设领域拖欠工程款工作先进单位”“全国工程质量监管先进单位”“全国建设工程质量检测行业先进单位”“国家高技能人才培育‘突出贡献奖’”“全国职工教育培训示范点”“全国模范职工之家”等国家级荣誉称号。

兴隆特困家庭整治样板房

地址：重庆市渝北区宝桐路 1 号
电话：023-67177779
邮编：401120

2018 年 5 月 28 日，市长唐良智（前排左一）视察甘悦大道项目

2018 年 12 月 14 日，市住建委走访渝北民营企业座谈交流会

渝北区交通委员会

重庆市渝北区交通委员会为区政府工作部门，2018年全面深入贯彻党的十九大精神，坚持以习近平新时代中国特色社会主义思想为指导，全面落实习近平总书记视察重庆重要讲话和关于“四好农村路”的重要指示精神，紧紧抓住交通强国、乡村振兴和全市基础设施提升战略行动计划（交通行动计划）等发展机遇，以渝北交通建设提升行动为统揽，全速推进“四好农村路”、铁路、高速公路、普通干线公路（十纵十横）建设，加快形成畅通便捷、互联互通、舒适安全、经济绿色的现代综合交通体系。加快推进交通建设提升行动，全行业完成投资55.84亿元，其中铁路16.96亿元，高速公路15.59亿元，公路建设养护23亿元，公交和农客0.18亿元，水运0.11亿元。逆境稳增经济指标，新增水上运力10.6万吨，客货运周转量、规模以上企业收入增速达9%，超额完成全年目标。

地址：重庆市渝北区回兴街道兴科大道319号
电话：023-86017006
邮编：401120

2018年1月10日，两江大道北延伸段开工建设

2018年1月10日，渝北区召开交通建设提升行动动员会

渝北区国道210生态公路

渝北区四好农村路

渝北区城市管理局

2018 年 7 月 4 日，主城及渝西片区生活垃圾分类现场在渝北区召开，副市长潘毅琴（前排中）现场察看渝北区生活垃圾分类工作

2018 年龙头寺公园实景

渝北区城市管理局作为渝北区人民政府工作部门，主要负责城区园林绿化、公园建设管理、地下管网建设指导、环境卫生、市政设施和市容秩序管理，行使城市管理监察执法行政处罚权，承担行业指导责任、供排水协调和辖区垃圾处置费及污水处理费征收等职能职责。

2018 年，区城管局内设 8 个科室，下设区城管综合执法支队、区园林绿化处、区公园管理中心 3 个副处级单位和重庆市花卉园管理处 1 个正处级事业单位以及龙溪、回兴、仙桃、两路、空港、玉峰山市政环卫所 6 个正科级事业单位；指导管理区固废运输公司。

2018 年，区城市管理局系统有编制 510 名（城市监督管理中心占用 10 名），在编人员 457 名。

2018 年 12 月，区城管局荣获渝北区人大常委会授予的“区第十八届人大二次会议代表建议办理工作先进集体”通报表扬。

地址：重庆市渝北区双凤桥街道空港大道 333 号
电话：023-67180002
邮编：401120

2018 年迎春灯饰实景——绿梦广场转盘

2018 年迎春灯饰实景——区政府广场

渝北区农业委员会

渝北区农业委员会是渝北区政府组成部门，负责贯彻执行农业和农村工作法律、法规、规章和方针政策；拟订农业和农村发展战略、中长期发展规划并组织实施；负责农业和农村工作的综合管理与统筹协调等相关工作。区农委与中共重庆市渝北区农村工作委员会合署办公，主要行使农业产业化，农业综合开发，农村扶贫开发，农机管理及监理，农产品质量安全，渔业船舶安全，农村经营管理和科教兴农等方面的行政管理和业务指导职能职责。2018 年，区农委履行中共渝北区委实施乡村振兴战略工作领导小组办公室职责，负责乡村振兴行动计划日常工作。

区农委内设党政办、组织人事、农业发展规划、财务审计、行政审批（科教法制）、扶贫开发、农业综合开发五科二室。辖区农业行政综合执法大队，区农村经营管理站，区农业信息中心，区经济作物技术推广站，区农业技术推广站，区农机管理站，区种子植保站、区畜牧水产站、区农产品质量安全中心，重庆市农业广播电视学校渝北区分校和 16 个镇街兽医站。

地址：重庆市渝北区双龙湖街道翠湖路四巷 7 号
电话：023-86076088
邮编：401120

大盛油菜花海

石船柑橘基地（黄跃进摄）

洛碛镇绿色蔬菜产业带

统大路沿线水果产业带

渝北区林业局

2018 年 2 月 22 日，区委书记段成刚（右二）参加春季义务植树活动

渝北区林业局属渝北区人民政府林业主管部门，负责全区林业生态建设规划、林业产业指导与管理、野生动植物保护、森林病虫害防治、森林防火和森林资源保护等工作。设“三科一室”，即办公室、计划财务科、行政审批科（林政资源科）、造林绿化科（绿委办、林技中心）。局属单位 8 个，即森林公安局、防火办、天保中心（退耕办）、森防站、森林公园发展中心、玉峰山林场、统景林场、华蓥山林场。全系统共有在职职工 163 人。全区森林面积 56947 公顷，森林覆盖率为 39.22%。

2018 年，区林业局机关党支部义务植树活动

地址：重庆市渝北区双凤路 316 号
电话：023-67821123
邮编：401120

2018 年区林业系统第一届职工运动会

渝北区旅游局

1991 年 12 月 16 日，江北县旅游园林事业管理局经江北县委、县政府批准成立，1995 年 4 月 12 日，江北县撤县建区后，更名为渝北区旅游园林事业管理局。1999 年 8 月成立了直属事业单位渝北区旅游质量监督管理所（2007 年更名为渝北旅游监察执法队，为参照公务员管理事业单位）。2001 年 9 月机构改革时将园林职能划归区建委，成立渝北区旅游局，列入区政府的组成部门。2014 年 12 月原统景风景区 11 名职工整体划转区旅游局下属旅游监察执法队，重新核定办公室、行业管理科、旅游安全科、规划发展科 4 个内设科室和 1 个下属参公事业单位——渝北区旅游监察执法队。有行政编制 9 个、参公事业编制 12 个，实有人员 20 人。有机关支部、退休干部支部各 1 个，旅游产业发展资金 2000 万元 / 年。

地址：重庆市渝北区双龙湖街道翠湖路 140 号
电话：023-67822293
邮编：401120

2018 年 6 月 8 日，渝北旅游发展大会召开

2018 年 8 月 6 日，渝北区、云阳县全域旅游专题培训班在渝北开班

2018 年 3 月 10 日，双凤桥旅游集散中心挂牌成立

2018 年 11 月 7 日，“再游长江、归来三峡”大型旅游宣传推广活动走进两江影视城

渝北区档案局（馆）

2018 年 4 月 9 日至 11 日，召开渝北区 2018 年第一期档案综合业务知识培训班

2018 年 9 月 18 日，区档案局干部职工到大湾镇水口村开展结对帮扶工作

渝北区档案局（馆）是主管全区档案事业的区政府工作部门，是全区爱国主义教育基地、档案安全保管基地、档案利用服务中心、政府公开信息查阅中心、电子档案备份管理中心，实行“一套班子、两块牌子”合署办公的管理体制。内设办公室、业务指导科、馆务科、法教科（行政审批科）4 个科室，参公事业编制 16 名。有在职职工 14 名，其中在职研究生 1 名、本科学历 9 人、专科学历 3 人、中专学历 1 人，退休职工 9 名。近年来，渝北区档案局（馆）在区委、区政府的正确领导和市档案局的有力指导下，始终牢记“为党管档、为国守史”的宗旨，认真贯彻执行档案工作法律、法规、规章和方针政策，指导协调、监督检查全区档案管理工作，接收、征集、整理和集中统一管理全区重要档案资料，充分开发档案资源、编研档案资料，推进档案信息化建设、队伍建设，开展社会教育服务及档案资源利用服务，各项工作成效显著。

地址：重庆市渝北区义学路 64 号
电话：023-67821709
邮编：401120

2018 年 6 月 8 日，区档案局在碧津公园正门广场举办“6·9 国际档案日”宣传活动

渝北区行政服务中心

渝北区行政服务中心成立于2002年8月，同时成立渝北区行政服务中心管理委员会，下设渝北区行政服务中心管理办公室，负责推进全区行政审批改革和中心日常管理工作。2014年12月，区行政服务中心搬迁至空港新城顺义路36号，场地面积10400平方米，入驻单位36个，入驻窗口人员260名，日均接待群众约5000余人。中心突出功能综合性、系统智能化、服务便民化特点，实现行政审批、出入境、国地税、婚姻登记“1+5”区级服务平台整合，为建设一流行政服务中心奠定了坚实基础。以区行政服务中心为主阵地，分别建立土地房屋权属登记、医保、社保、车辆管理4个分中心，完善区级便民服务平台；22个镇街分别建立公共服务中心，所有村（社区）分别建立便民服务中心，形成了区、镇街、村（社区）三级联动的政务服务体系。

地址：重庆市渝北区仙桃街道顺义路36号
电话（传真）：023-67800109
邮编：401120

2018年1月18日，行政管理中心举行开放日活动

2018年2月22日，区委书记段成刚莅临中心调研

2018年6月22日，区行政管理中心举办学习贯彻十九大精神知识竞赛

2018年春节活动

渝北区供销社

2018 年 11 月 8 日，渝北区供销合作社社属企业放心农产品展销厅开业

2018 年 8 月 23 日，供销鲜生电商实体店开业

2018 年 11 月 27 日，渝北区供销社到四川广安考察学习乡村振兴工作

2018 年，渝北区供销社深入贯彻落实党的十九大精神，坚持以习近平新时代中国特色社会主义思想为指导，牢牢把握党要管党、全面从严治党指导方针，紧紧围绕国家临空经济示范区建设目标和区委“三大攻坚战”“十项行动计划”，深入实施乡村振兴战略行动，推动供销工作纵深发展。

2018 年，新建大湾顺民商合供销社 1 个，在大湾镇太和村领办农民专业合作社示范社 1 家，在大湾镇金凤村、杉木村建设农村综合服务社 2 个，开展供销超市、农村电商平台、农资配送、职业农民培训、再生资源回收等综合性为农服务五大功能建设，拓展服务领域；农副产品检测及配送中心 1 个，开展放心农副产品进机关、学校、医院、社区、超市“五进”行动；对再生资源网点进行规范，做好污染防治工作，建成区级回收中心 1 个、镇级回收站 7 个；组织开展安全大排查、大整治，维护供销系统内部稳定，处置遗留问题，安全稳定实现“双零”目标；发展城市居民点“社区供销社”，建立推广“供销新里程”电商平台，实现线上线下整合发展。渝北区供销社被市供销合作总社考核为 2018 年度“一等奖”。

地址：重庆市渝北区双龙大道 290 号
电话（传真）：023-86013200
邮编：401120

渝北区体育事业发展中心

重庆市渝北区体育事业发展中心系渝北区文化委下设正处级事业单位，负责全区体育事业的行政管理。机关内设综合科、群体科、竞训科，建管科、产业科，下属事业单位有区少儿业余体育学校。2018 年，区体育中心快步推进体育事业发展，强力推进公共体育设施建设，建成了一大批群众身边的健身场地和设施；大力倡导市民健康行为意识，广泛开展群众体育活动，狠抓群众体育和竞技体育协调发展，有力提升了渝北公共体育服务综合水平。

地址：重庆市渝北区双龙大道 54 号
电话：023-67822831
邮编：401120

2018 年 9 月 21 日，2018 中国柔力球公开赛（渝北区站）开赛

2018 年 10 月 19 日，2018 年渝北区巴渝武术操总决赛在区体育馆举行

2018 年 7 月，组织参加在山东菏泽举办的第十五届全国武术之乡比赛

2018 年 10 月 27 日，渝北区第五届武术比赛暨中国武术段位制考评赛在区体育馆举行

渝北区土地储备整治中心

2019 年 3 月，区征地办接待征地信访群众

重庆市渝北区土地储备整治中心（以下简称区土储中心）成立于 2001 年，与重庆市渝北区人民政府征地办公室、合署办公，现内设办公室、计划财务科、组织人事科、建设管理科、国土资源储备科、征地拆迁一科、征地拆迁二科、群众工作科共 8 个科室。

主要宗旨是为保护与合理利用国土资源和集体土地征收提供服务。主要职责是组织实施征地拆迁补偿安置、国土资源收购储备、土地整理复垦、农转城安置房建设及管理等工作。

地址：重庆市渝北区安康路 31 号
电话：023-67811234
邮编：401120

2019 年 7 月 9 日，区征地办组织有关单位，就环保搬迁有关事宜约谈春瑞医药公司

2018 年 7 月 10 日，环湖雅居 A 区 7、8 号楼结账接房

2018 年 10 月 26 日，区征地办、区国土分局与各镇街一道研究小产权房等处置有关事宜

渝北区鸳鸯街道

鸳鸯街道东临渝北区宝圣湖街道；南靠金山街道、人和街道，以金州大道、金渝大道中心线接蓝湖郡西面自然山脊线为界；西接礼嘉街道、康美街道，以重光立交接金山大道北段中心线为界；北连翠云街道。辖区面积22.01平方千米，辖丹鹤、白鹭、金桥、金谷、金岭、金州6个社区，常住人口10.2万人，其中户籍人口4.3万余人。辖区有汽博中心、聚信美家居城、居然之家等大型卖场，有保利高尔夫、美利山、约克北郡等高品质商业楼盘，有国家4A级风景区——园博园。辖区有长安福特、宝钢、爱思帝等规上工业企业6家，限额以上批发零售企业27家，限额以上住宿餐饮企业3家，重点服务业企业18家，新型金融企业4家。有中小学7所、幼儿园14所。

地址：重庆市渝北区金开大道1335号
电话：023-81986382
邮编：401122

2018年3月8日，鸳鸯街道组织开展“巾帼心向党·建功新时代”主题锅庄舞展演活动，庆祝第108个国际妇女节

2018年12月4日，鸳鸯街道开展国际宪法日宣传周活动，辖区1500余居民参与

2018年12月5日，两江新区“首届两江青年志愿文化节”在鸳鸯街道启动。团市委党组成员、副书记廖传锦，区党工委委员、管委会副巡视员杨进才出席活动并讲话

2018年5月5日，鸳鸯街道启动“文明在行动 重庆更洁净”和“周六文明劝导我参与”志愿服务活动，区宣传部、鸳鸯街道机关及各社区共150名志愿者参加活动

渝北区人和街道

2018 年 9 月 28 日，人和街道开展垃圾分类有奖知识问答活动

和谐人和全民健身

金祥片区党建联席会志愿者活动

人和街道办事处位于渝北区南部，辖区面积 16.87 平方千米，于 2005 年 4 月挂牌成立，辖 10 个社区居委会 1 个社区筹备组（其中 6 个社区以转非安置居民为主，5 个为全商住小区），常住人口 12 万人，户籍人口 6.6 万人（转非原住民约 2.5 万人）。配备社区专职工作者 85 名，大专以上文化 93%，平均年龄 32 岁。街道机关设有党政办公室、财务统计科和社区服务中心等 15 个科室，行政和事业 53 人，聘用人员 102 人。

街道围绕“一个目标、两个任务、四个定位”，以两江新区管理体制优化调整为契机，主动融入新体制，迎接新挑战，积极实施“123410”工作思路（即紧紧把握一个目标，深化两项创新，突出三个重点，抓好四项整治，做好十件实事），以服务新区发展为出发点和落脚点。深入学习贯彻新区街道工作会议精神，将服务新区开发开放作为街道工作的第一要务，确保辖区安全稳定，为新区经济发展提供和谐稳定的环境。近年来，街道社会大局和谐稳定，先后获得“全国和谐社区建设示范街道”“全国全民健身活动先进单位”“全国安全社区（街道）”“全国社会保障系统优质服务窗口”“全国民主法治示范社区”“国际安全社区（街道）”等荣誉称号。

地址：重庆市渝北区和睦路 19 号
电话：023-67641318
邮编：401122

渝北区大竹林街道

大竹林街道成立于2007年3月，背靠照母山，面朝嘉陵江，东接人和街道，南靠天宫殿街道、江北区石马河街道，西临嘉陵江，北连康美及人和街道，辖区面积14.65平方千米，户籍人口32084人，辖凤栖沱、紫竹苑、水竹苑、汪家桥、星汇、龙竹苑（筹备中）6个社区，街道拥有两江新区服务贸易产业园、互联网学院、自动化仪器仪表生产研发基地、医疗器械生产基地；汇聚了重庆市政法委等市级机关事业单位，机电控股等国企，全市的高新技术企业及各大银行的地区总部，是区域性金融、科技、商务中心和两江新区高品质居住区。

地址：重庆市渝北区金开大道西段199号
电话：023-67685317
邮编：401123

2018年6月27日，全国“扫黄打非”办公室到星汇社区检查“扫黄打非”工作

2018年12月4日，两江新区2018年“宪法宣传周”启动仪式暨“弘扬宪法精神 建设法治新区”主题文艺汇演在大竹林街道办事处举行

2018年5月26日，渝北区大竹林街道第六届社区运动会开幕式“中国美”舞蹈表演

渝北区礼嘉街道

2018 年 3 月 21 日，两江新区在礼嘉街道金海湾公园施工现场举行十大绿化提质工程春季集中开工誓师大会

2018 年 5 月 31 日，金山寺立交南引桥施工现场

2018 年 7 月 6 日， 湖南省湘潭市高新区政务考察团到礼嘉调研考察智慧小区建设及网格化服务管理工作

2018 年 11 月 14 日，两江新区管委会各部门在礼嘉街道召开智慧生活检验园风貌管理现场督办会

2011 年 12 月 23 日，撤礼嘉镇建礼嘉街道，行政区划仍隶属重庆市渝北区，辖白马、富安、嘉兴、嘉和 4 个社区和两江新宸筹备组，有常住人口 13543 户 31710 人，流动人口 11718 人。街道内设行政机构 6 个，事业单位 5 个，实有人员 171 人，其中行政 28 人，全额事业 25 人，差额拨款 18 人，非在编 100 人。

2018 年，在两江新区党工委、管委会的正确领导下，礼嘉街道紧紧围绕全区总体工作要求和各项决策部署，按照“12345”工作思路，继续以打造“平安祥和幸福礼嘉”为总目标，以全年目标任务完成和礼嘉社会大局稳定“两个确保”为主引擎，以创新社会治理、提高群众幸福指数、推进党建工作“三个新突破”为主战场，以实现项目用地阻工、进市进京非访、安全生产责任事故、违规违纪行为“四个零发生”为主抓手，以增强干部务实工作、服务群众、应急处突、自我约束、团结协作“五种能力”为新活力，补短板，强功能，提品质，优环境，群众的获得感和满意度不断提升，全年工作取得了长足发展。

地址：重庆市渝北区礼仁街 26 号
电话：023-67390520
邮编：401122

渝北区龙溪街道

龙溪街道位于渝北区南部，是重庆主城重要组成部分、两江新区核心区，东接龙塔街道，西邻龙山街道，南连江北区，北接两江新区天宫殿街道，辖区面积6.6平方千米，辖14个社区居民委员会，247个居民小组，常住人口20余万人。龙溪距江北机场19千米，距重庆火车北站4千米，机场高速路、红石路、龙华大道等城市主干道穿越境内，轨道交通2号线、3号线、4号线、6号线纵横交错。辖区内嘉州商圈无缝接驳江北嘴中央商务区、重庆北站、江北机场等核心要冲，多条城市主动脉快速连接江北国际机场、重庆北站、寸滩两路保税港等窗口。

龙溪街道是重庆重要的行政单位驻地。辖区有新华社重庆分社、人民银行重庆营业管理部2个中央驻渝单位；有市人大、市政协、市高级人民法院、市国安局等25个市级部门单位，有重庆市警卫局、锦红小区警卫中队等4个驻辖区部队。有龙溪小学、松树桥中学等4所中小学校，有庆龄幼儿园、华龙幼儿园等28所幼儿园，有渝北区第二人民医院、加州医院等7家医院。

龙溪是重庆北部新兴的商贸区，坐拥主城核心商圈之一的嘉州商圈，知名高端百货新光天地入驻面世。辖区现有2个全国商业示范社区、1个市级特色商业街、3个区级商业示范社区，嘉州路是闻名的“中华餐饮美食街”。

地址：重庆市渝北区龙华大道133号
电话：023-86095199
邮编：401120

2018年6月2日，龙溪街道在财信城市国际广场举行“文明在行动，满意在重庆”志愿服务市级示范活动

2018年6月15日，“2018重庆与世界嘉年华“活动吸引外国友人踊跃打卡

2018年11月15日，龙溪街道在渝北区临空剧场举办庆祝改革开放40周年文艺演出活动

2018年12月5日，重庆市第四次经济普查宣传月启动仪式在新光天地隆重举行

渝北区龙塔街道

2018 年 8 月，中组部到龙塔老年大学党支部开展调研

2018 年 5 月，龙塔街道调研新华水库整治工作

龙塔街道地处渝北区南端，位于两江新区中央商务区的核心地带，是主城北移的“首站”。辖区面积 6.6 平方千米，辖黄泥塝、红土地、工农、龙头寺、龙塔、紫荆路、紫园路、紫福路、鲁能西路、鲁能东路 10 个社区，常住人口 18 余万人，户籍人口 7.42 万人。街道区位优势突出，资源丰富，紧邻机场高速、渝邻高速，毗邻江北嘴中央商务区、观音桥商圈，轨道交通 3 号线、6 号线横贯全街，有市一中院、市公安局、市司法局等 10 余个市级机关入驻辖区。街道下辖 12 个直属党组织，非公党支部 64 个，现有党员 2465 名；下设 16 个办公室（站、所、中心、队），共有领导班子成员 12 人，编制 66 名。2018 年，街道坚持稳中求进工作总基调，科学谋划、精准发力，人居环境优化，社会治安稳定，社会保障全面，文化生活丰富，城市形象大幅提升，各项事业全面开创新局面。

地址：重庆市渝北区民安大道 469 号
电话：023-86812420
邮编：401121

2018 年 9 月，龙塔街道国庆节前检查辖区企业安全生产工作

2018 年 9 月，龙塔街道举办第七届文化艺术周

渝北区双凤桥街道

双凤桥街道紧邻江北国际机场、两路寸滩保税港区，空港工业园区坐落境内，210国道、渝邻高速公路、重庆主城外环高速公路、轨道交通三号线北延伸段横穿辖区。东邻王家街道，南接两路街道，西与双龙湖街道、北碚区复兴镇交界，北与木耳镇相连。辖区面积34.5平方公里，辖10个社区居委会、1个行政村、3个社区筹委会；有耕地5871亩，林地5583亩。户籍人口44074人，其中农业户籍人口3077人，非农业户籍人口40997人。政策性生育率99.7%、人口自然增长率4.5‰。党总支及以上党组织130个，党支部114个，党员1603名。

地址：重庆市渝北区港汇路1号
电话：023-67838752
邮编：401120

端午节活动

桃源公园

魅力双凤

渝北区双龙湖街道

2018 年双龙大道

地址：重庆市渝北区双龙湖街道龙祥街 12 号
电话：023-67816196
邮编：401120

双龙湖街道地处两江新区核心区域，紧邻重庆江北机场，东以 210 国道为界，南与回兴街道相邻，北靠两路街道，西与仙桃街道接壤。辖区内有环境优美的碧津公园、古色古香的巴渝民俗文化村、碧波荡漾的双龙湖公园，距区政府驻地 1.5 千米。2018 年，在区委、区政府的正确领导下，双龙湖街道不断抢抓机遇，扎实做好征地开发、文明城区常态化管理、城郊环境综合整治等重点工作。切实征地开发、皮鞋城房屋征收、违法建筑拆除等难点工作。探索出党建“三化”联动，“单体楼小区化治理”“老向工作室”“城市困难群体精准帮扶”等一系列便民、利民、惠民的特色亮点工作，单体楼外墙砖整治、水表“一户一表”改造等一批群众关注的居住出行、用水用电用气、社保医保低保等问题得到较好解决，实现了经济增长、民生改善、环境变美、文化发展、群众安居乐业的良好新局面。

双龙湖全景图

渝北区回兴街道

回兴街道位于渝北区南部，紧邻江北国际机场，辖区面积16.42平方千米，东承玉峰山镇与寸滩街道，南启宝圣湖街道，西与翠云街道、鸳鸯街道毗邻，北与双龙湖街道接壤。辖16个社区，总人口18万余人，是渝北临空都市区建设的核心组成部分，辖区有空港新城、临空创新经济走廊两大国有公司。回兴历史悠久、人杰地灵，从南唐建场至今已有1500余年历史，因原回龙镇与崇兴乡合并，取意“回龙望祖、万世崇兴”，故名“回兴”。辖区交通便捷，渝都大道、机场专线、轨道交通3号线和在建的轨道交通9号、10号线纵贯全境；商居条件优越，现已建成宝桐路、双湖路2个市级社区商圈；文化资源丰富，川外南方翻译学院、重庆机电工程技术学校、市一中寄宿学校、渝北职业教育中心、黄炎培中学等学校在此落户。2013年11月，新回兴街道组建以来，紧紧围绕区委区政府的决策部署，按照“文明典范、都市新城”的发展定位，凝聚共识、砥砺前行，连续四年党的建设、平安综治、安全生产、信访稳定等十多项工作全区排名第一，年度目标考核名列街道序列前茅。先后荣获第二届重庆市人民满意的公务员集体、重庆市平安建设暨社会治安综合治理先进集体、全国先进基层党组织、全国无邪教示范街道等荣誉称号。

2018年11月26日，重庆市政法系统现场会检查组一行在宝圣东路社区，检查指导社区“1+3+8”智能服务系统

轨道交通10号线回兴段

地址：重庆市渝北区服装城大道93号
电话：023-67451207
邮编：401120

重医附三院全景

渝北区两路街道

2018 年 1 月 14 日，“渝芒人民心连心”专场文艺演出在两路街道金港国际步行街举行

2018 年 2 月 2 日，在汉渝路小学举办“学习十九大·展望新时代·服务大发展”党的十九大知识竞赛

2018 年 4 月 12 日，在晚晴园举办 2018 年“法官在社区暨庭审进街镇”启动仪式暨首场庭审活动

渝北区两路街道西邻双龙湖街道，南接回兴街道，北连双凤桥街道，东与王家街道接壤，是渝北区委、区政府所在地，辖区面积 36.8 平方千米，辖 14 个社区。区位优势和交通优势明显，江北国际机场和重庆北部最大双凤桥换乘中心位于境内，重庆机场航线总数 329 条，通航城市 182 个。其中，国内航线 218 条，通航城市 127 个；国际（地区）航线 73 条，通航五大洲 22 个国家 55 个城市。旅客吞吐量 4159.5 万人次，货邮吞吐量 38.2 万吨。距离重庆最大深水港集装箱码头寸滩港 12 千米，距龙头寺铁路枢纽站 16 千米，距重庆朝天门码头 23 千米，渝邻、机场高速、轨道交通 3 号线、10 号线及 20 多条区内外公交线路纵横交错，形成快捷的水、路、空立体交通网络。街道办事处内设 9 个科室（综合科、经发科、社事科、城建科、综治办、安监办、党建办、征地办、规建办），下设 2 个中心（文化服务中心、社区服务中心）、3 个所（财政所、社保所、司法所）和 1 个公共服务大厅。

地址：重庆市渝北区渝航路 69 号
电话：023-86095199
邮编：401120

渝北区仙桃街道

仙桃街道成立于2015年9月17日，东邻双龙湖街道、南接回兴街道和两江新区翠云街道、西连悦来街道、北与北碚区复兴街道接壤，辖区面积23平方千米，建成区12平方千米，总人口近15万人，辖11个社区居委会，1个社区工作筹备组。街道地处两江新区核心地带和空港新城片区核心板块，拥有中央公园、两江国际商务中心、重庆仙桃国际大数据谷、空港佳园公租房、市人力资源产业园、市检察院、重庆八中、全民健身中心等市、区重大项目。

仙桃街道自成立以来，在区委、区政府的坚强领导下，街道党工委、办事处团结带领辖区党员干部群众，以习近平新时代中国特色社会主义思想为指导，全面贯彻落实党的十八大、十九大精神，紧扣区委、区政府“三大攻坚战和十项行动计划”，按照“1357”工作思路，以党建工作为统领，全街上下凝心聚力、锐意进取，着力做好干部队伍建设、征地征收、城市管理、民生保障和安全稳定等重点工作，呈现出城市功能更加完善、经济活力不断释放、民生福祉持续改善的良好态势，实现了辖区经济社会平稳健康发展。

地址：重庆市渝北区金玉路5号
电话：023-67585959
邮编：401120

2018年2月5日，渝北区副区长张广莉（右四）慰问“全国老有所为典型人物”费敏秀（左四）

2018年6月28日，安全进社区“安全沙龙”揭牌仪式

2018年6月28日，仙桃街道七一“重温誓词坚信念，不忘初心跟党走”分享交流会

渝北区石船镇

石船镇铜锣山矿山公园

石船镇萤火虫节

2018 年 12 月 25 日，石船镇举行庆祝改革开放 40 周年文艺晚会。

石船镇胜天村农村人居环境整治示范点

石船镇位于渝北区东部，东接洛碛镇，西与玉峰山和古路镇接壤，北与统景镇相连，南与龙兴镇毗邻，长江一级支流御临河贯穿境内 13.5 千米。

石船镇属两江新区开发区的核心区，其中 30 平方千米为工业开发区，近 100 平方千米为生态涵养区，地形特征为两山夹一河，左右分别为铜锣山和明月山脉，中间为长江一级支流御临河，辖区面积 129.7 平方千米，辖 24 个村，3 个居委会，是渝北区行政区划面积最大、人口最多的镇。2018 年，石船镇户籍人口 65065 人，其中农业人口 50632 人，非农业人口 14433 人，人口出生率 13.52‰，自然增长率 4.18‰。地区生产总值 9.72 亿元，固定资产投资 22.37 亿元，农民人均可支配收入 18410 元，地方财政收入 2.04 亿元，地方财政支出 1.65 亿元。

地址：重庆市渝北区石船镇政府
电话：023-67251096
邮编：401139

渝北区龙兴镇

龙兴镇地处重庆市渝北区东南部，距区政府驻地22千米，距重庆市中心36千米，紧邻江北国际机场和寸滩深水港码头。龙兴镇东依洛碛镇，西邻玉峰山镇，北连石船镇，南接江北区复盛镇和鱼嘴镇，是重庆市历史文化名镇、重庆市经济百强镇。龙兴镇交通便利，绕城高速、渝利铁路和御临河越境而过。镇境处于川东平行岭谷地带，背靠玉峰山，面向张关山，四周高，中间低，坐落在被民间称之为“五马归槽”的浅丘盆地上。辖区面积111.31平方千米，辖6个行政村、14个社区。2018年末，总人口60466人，农业人口6177人，非农业人口54289人。出生人口519人，死亡人口581人，人口自然增长率-1.02‰。有中、小学校7所，在校学生4816余人，适龄儿童入学率100%。有医院1所，卫生技术人员103人，病床95张。

地址：重庆市渝北区龙兴镇龙华路266号
电话：023-67341069
邮编：401135

2018年3月6日，龙兴镇机关党员进行义务植树活动。

2018年6月15日，重庆市“粽情粽意·传承文明”端午活动在龙兴镇举行

2018年9月28日，龙兴镇天堡家园选房现场

2018年12月26日，龙兴镇机关干部走访慰问困难群众

渝北区大湾镇

大湾镇建兴村樱花

大湾镇金凤村梨花

大湾镇是渝北的北大门，也是重庆的北大门，周边与渝北区统景、古路、兴隆、茨竹等4镇相邻，东与长寿区毗邻，北与四川省邻水县接壤，位于两省市三区县交界处。辖区面积117.71平方千米，为全区辖区面积第二大镇，总人口4.2万，辖23个村、2个社区。

近年来，在区委、区政府的正确领导下，大湾镇紧紧抓住临空经济示范区建设的重大历史机遇，初步形成万亩苗圃基地、万亩粮油示范基地、西南地区最大的泡菜基地、太和花漾渔村乡村旅游示范基地、天池优质西瓜基地、金凤仙桃1号母本园基地等特色产业格局，切实助推农民增收；加快公路、桥梁、水厂等基础设施建设，开展农村环境综合整治，有力推行“河长制”，深入推进国家级生态镇创建工作，着力建设湖光山色、秀美大湾；坚持落实民生导向，注重社会建设，夯实社会保障，扶贫脱贫取得良好成果，全镇经济社会迈上了新的发展阶段。近年来，大湾镇先后荣获市级文明镇标兵、市级卫生镇、市级无烟镇、市级园林式优秀绿化镇、市级安全社区等殊荣，独具特色的大湾小河锣鼓被列为国家级非物质文化遗产。

地址：重庆市渝北区大湾镇滨河路

电话：023-67213363

邮编：401132

大湾镇两岔湖大坝

大湾镇政府

渝北区古路镇

古路镇因“古路”而得名，曾是大竹、长寿、幺滩等地通往重庆的驿站，更因有古代皇帝路经此地而声名远扬。古路场始建于清康熙五十六年（1717年），1993年区划调整将草坪乡并入古路，2000年撤古路乡建古路镇，2007年12月区划调整时将原王家镇、古路镇合并成立古路镇，2010年3月区划再次调整，原所辖王家社区、大屋村、荣华村和石杈村部分社划入王家街道。

古路镇地处渝北区腹心地带，东接统景镇，南靠王家街道，西临木耳镇，北与大湾镇、兴隆镇接壤，是建设中两江新区的重要区域，距江北机场15千米，二环、渝邻高速纵贯全境。全镇地貌东高西低，一年四季分明，属于中亚热带气候。辖区面积92.96平方千米，辖16个村1个社区，253个村民小组，全镇总户数1.49万户，总人口3.7万人。

地址：重庆市渝北区古路镇草坪路31号
电话：023-67169998
邮编：401135

草坪村李家湾新农村

古路慈孝园

农村危房改造

乌牛村电商综合服务点

渝北区大盛镇

2018 年 1 月 16 日，大盛镇青龙村现代化水果基地举行开工仪式

2018 年重阳节，大盛镇举办第二届全民运动会

大盛镇位于渝北区东北部，辖区面积 97.76 平方千米，总人口 4.1 万人，耕地面积 2400 公顷。辖 16 个行政村和 2 个社区居委会。镇政府设有党政办、经发办、建管办等 8 个办公室，另设社保所、文化服务中心、农业服务中心、财政所 4 个事业单位。目前，大盛镇正紧抓国家实施乡村振兴战略和渝北加快推进“国家临空经济示范区”重大历史机遇，依托“一山一水”自然资源，实施“名片工程”，坚持以乡村旅游、精准扶贫、人居环境综合整治、基础设施建设、产业结构调整等五个方面工作为抓手，全面推进“质量大盛”“美丽大盛”建设。

地址：重庆市渝北区大盛镇长胜路
电话：023-67283312
邮编：4001142

2018 年，大盛镇天险洞村聂家院子人居环境示范点全面完工

2018 年春，大盛油菜花基地 500 亩油菜花盛放

渝北区茨竹镇

茨竹镇地处渝北区最北端，华蓥山主峰以南的巴渝平行岭谷地带，东与大湾镇相邻，南与兴隆镇相接，西与北碚区偏岩镇毗邻，北与四川省邻水县高滩镇、华蓥市溪口镇接壤，镇政府距区政府驻地40千米，210国道横穿过境直达川陕，素有重庆“北大门”之称。辖区面积113平方千米，辖16个村2个居委会3.4万人，海拔高度在440～1421米之间，是一个以农业为主的山区镇，辖区有耕地3.1万亩，森林7.1万亩，拥有南天门和华蓥山森林公园，森林覆盖率达57%，是市级中心镇、卫生镇、文明镇、生态镇。

地址：重庆市渝北区茨竹镇竹峰路66号
电话：023-67211379
邮编：401132

大面坡蓝莓基地

放牛坪景区

2018年3月22日，茨竹镇第九届梨花节开幕

重庆临空开发投资集团有限公司

2018 年 5 月 4 日，临空投资公司获渝北区国资办表彰

2018 年 10 月 18 日，临空投资公司获渝北区巴渝武术操总决赛一等奖

2018 年 12 月 14 日，临空投资公司实地调研上海金浦基金 2018 年运营情况

重庆临空开发投资集团有限公司成立于 2014 年 11 月，注册资本 17 亿元，资产规模 530 亿元，信用等级 AA+，是渝北区主要的国有资本投资运营平台。公司下属一级子公司 7 家，即空港经济开发公司、临基建公司、农基建公司、都市农业公司、创新走廊公司、仙桃数据谷公司、渝北城市更新公司。直接管控的二级子公司 10 家，即临空启航基金管理公司、临空对外贸易服务公司、国有资本投资公司、中央公园建设公司、空港人力资源公司、保安服务公司、水利勘测设计研究院公司、通达公司、临空投（香港）公司、北勤汽车租赁公司。控股子公司 3 家，即渝北固废公司、渝非欧（重庆）供应链管理有限公司、宏远检测公司。

公司职能为融资、股权投资和产业基金运营、子公司监管等。集团公司已成立党委、董事会、纪委、监事会，共有班子成员 8 人，核定人员总额 63 人，现有职工 53 人，内设综合部、党群部、财务部、风控部、投资部、融资部、资产部、法务监审部等 8 个部门。

地址：重庆市渝北区双龙大道 163 号附 1 号
电话：023-61962567
邮编：401120

重庆临空都市基础设施建设运营有限公司

重庆临空都市基础设施建设运营有限公司（简称临空基建公司）于2015年8月经区委、区政府批准对原建龙公司等区属国企重组成立，2017年再次改革重组，根据渝北区建设国际临空大都市战略需要，承担除开发区域外的全区城市基础设施建设和公益设施代建、旧城提升改造等城市建设任务，涉及立交、道路、桥隧、停车场、建筑立面、市容市貌、管网、水体、绿化、公益房建、应急抢险等各类建设。已经建成的李家花园隧道拓宽改造、双凤桥组合式立交二期、回兴立交改造、黄炎培中学改扩建、“三所一队”（渝北区看守所、拘留所、戒毒所、武警总队用房）等重大项目在城市功能品质提升中发挥了重大作用。正在加快推进的新牌坊立交、区人民医院三甲医院、区中医院三甲医院等项目，将进一步助推渝北作为国际临空大都市迈上新的发展台阶。

新时代阔步向前，大发展潮涌任艰。临空基建公司将围绕“国际临空都市示范区”建设，认真落实“城市提升行动”计划，在攻坚克难中砥砺前行，在从严治党中凝心聚力，不忘初心，牢记使命，肩扛重任，不断奋进，为渝北全面决胜小康社会做出新的更大贡献！

建成的回兴立交

建成的金龙路人行天桥

建成的双凤桥立交

地址：重庆市渝北区龙塔街道景园大道16号
电话：023-67623660
邮编：401121

重庆渝港建设投资集团有限公司

2018 年 5 月 24 日，渝港公司与木耳镇及石鞋村研究结对帮扶工作

2018 年 9 月 12 日，渝港公司组织干部职工到龙兴工业园考察学习

2018 年 12 月 7 日，渝港公司现场检查观音岩货运停车场工程建设有关情况

重庆渝港建设投资集团有限公司成立于 2003 年 9 月，注册资本金 11 亿元，是渝北区国资办出资组建的国有独资企业。公司内设综合部、党群工作部、财务部、法务监审部、资产运营部、风险控制部、安全生产部 7 个部门，下辖重庆市渝北区企业融资担保有限公司、重庆市渝北区兴农融资担保有限公司、重庆资博资产管理有限公司、重庆空港物业管理有限公司、重庆渝港水务有限公司 5 家子公司。公司成立了党委、纪委，设立了董事会、监事会和经营管理层。

公司主营业务范围为：承担渝北区经营性国有资产运营和管理，对不良资产进行处置或改造，维护国有资产的安全完整；开展中小企业担保业务，做好担保业务风险防控，防止担保业务的系统风险；承担渝北区属水厂（日供水 200 立方米以上）的运营管理，负责相关区域供水工作；承担渝北区相关办公楼、国有公司标准厂房等的物业服务管理和城区停车场（库）、路边停车管理工作；承担渝北区域建筑垃圾消纳场建设和运营管理；承担渝北区域公墓建设和运营管理。

渝港集团具有良好的社会信誉和银行信用，与农业银行、建设银行等多家银行建立了良好的合作关系，投融资工作获得了渝北区政府及中小企业的好评。

地址：重庆市渝北区仙桃街道春华大道 99 号

电话：023-67827015

邮编：401120

重庆仙桃数据谷投资管理有限公司

仙桃数据谷围绕建成中国大数据产业生态谷的总体目标，以数据作为资源基础及创新内核，聚焦智能汽车、智能终端、航空产业、生命健康、数字城乡等5大产业方向，形成了“一带、二翼、九园”的创新生态圈发展整体格局。仙桃数据谷由美国、意大利等国和中国台湾、中国香港等地区知名设计单位精心打造，打造三面环水的“陆岛”办公环境，绿化覆盖率达60%，预计静态投资约127亿元，整体规划面积2平方千米，总建设规模约175万平方米。截至2018年12月，仙桃数据谷累计建成投用商务楼宇约36万平方米，在建楼宇约139万平方米，完成投资约60亿元；累计注册高科技企业680家，累计入驻办公企业133家、从业人员2500余人，累计实现营业收入约112亿元、税收约4.9亿元（其中2018年实现产值39亿元、税收约2亿元）。

地址：重庆市渝北区仙桃街道数据谷东路19号
电话：023- 67223029
邮编：401120

2018年6月1日，仙桃国际大数据谷新行动计划发布会上，仙桃国际大数据谷全新LOGO发布

2018年9月5日，2018年“仙桃杯”重庆青年创新创业大赛暨第五届“创青春”中国青年创新创业大赛重庆地区赛总决赛在渝北区仙桃国际大数据谷举行

2018年4月15日，重庆西部大数据前沿应用研究院开院集中签约仪式在仙桃数据谷举行

渝北区公安分局

2018 年 12 月 20 日，渝北区公安分局打击电信网络新型违法犯罪侦查队授牌成立

2018 年 11 月 14 日，“杨雪峰大队”授牌仪式在“时代楷模”杨雪峰同志生前工作的渝北区公安分局交巡警支队石船公巡大队举行

2018 年，渝北区公安分局全面深入贯彻习近平新时代中国特色社会主义思想和党的十九大精神，不断推进“两学一做”常态化制度化，突出“四句话、十六字”总要求，全面加强队伍建设管理，涌现出“时代楷模”杨雪峰这一全国先进典型。强化风险防控，着力扫黑除恶，创新民生警务，深化大数据建设应用，各项工作取得新成效，破获现行命案 13 起、命案积案 2 起，连续 9 年保持现行命案侦破率 100%；年度绩效评价综合排名全市第五位、主城第四位，创近年新高。

地址：重庆市渝北区双龙湖街道锦湖路 106 号
电话：023-67821891
传真：023-86006117
邮编：401120

2018 年 10 月 15 日，杨雪峰同志先进事迹报告会在人民大会堂举行

渝北区国土资源管理分局

渝北区国土资源管理分局是市国土房管局派出机构，主要承担渝北辖区内的土地管理、矿产资源管理、地质环境管理等职能职责，内设科室9个：办公室、监察室、财务科、法制监察科、规划耕保科、土地利用科、建设用地科、权籍科、地矿科，1个局属副处级事业单位渝北国土事务中心和1个科级事业单位渝北地灾环境监测站，下辖8个片区国土所：两路国土所、回兴国土所、双凤国土所、龙石国土所、王家国土所、兴隆国土所、统景国土所、洛碛国土所，另设机关党委，设置有党支部委员会6个，共有党员103人。2018年末在职干部职工104人（其中，行政22人、事业82人），退休干部职工29人，派遣制员工89人。

2018年，渝北区国土部门围绕“两点”定位、“两地”“两高”目标和营造良好政治生态，做到“四个扎实”要求，立足乡村振兴、城市提升两大基本面，聚焦“三大攻坚战”“十项行动计划”，细管理、精配置、优服务、强保障，成功争取将渝北铜锣山废弃矿山治理修复工程纳入《长江上游生态屏障（重庆段）山水林田湖草生态保护修复工程试点实施方案》，首期获得国家2.4326亿元资金支持；有序开展渝北区集体建设用地盘活利用，完成区、镇两级试点方案，先期选定石船镇石壁村和兴隆镇徐堡村、新寨村2个试点盘活利用并初显成效，有力助推乡村旅游、田园综合体建设；2018年，渝北区“土地节约集约利用、土地利用秩序、土地利用计划执行好”获国务院通报表扬并奖励1000亩用地指标。

地址：重庆市渝北区双龙湖街道双龙大道213号
电话：023-67821929
邮编：401120

2018年3月23日，市国土局调研渝北铜锣山矿山修复治理

2018年6月29日，举行渝北区2018年地质灾害应急演练

2018年8月，区国土分局检查明智石英砂厂复绿进度

2018年11月，区国土分局现场开展国土三调工作

渝北区税务局

2018 年 6 月 21 日，渝北区税务干部为纳税人详细介绍国地税合并后办税流程

2018 年 10 月 12 日，区税务局干部为密集型劳动企业车间工作人员送上个税新政

2018 年 7 月 5 日，原重庆市渝北区国家税务局、原重庆市渝北区地方税务局合并成立国家税务总局重庆市渝北区税务局，负责渝北辖区内税费征收管理工作。设 15 个内设机构、11 个派出机构、2 个事业单位，另有 3 个正科级单位（党建工作科、老干科、纪检组）；年末有在职在编干部职工 380 人、退休干部职工 108 人；辖区内管户超过 10 万户，辖区纳税人呈现数量大、分布散、行业杂、小户多等特点。2018 年，全局累计组织税费收入 248.16 亿元，同比增长 16.29%。其中，税收收入 178.41 亿元，同比增长 10.76%；社保费及非税收入 75.5 亿元，同比增长 32.63%。地方级税收实现 102.25 亿元，同比增长 15.39%，其中区级税收实现 59.83 亿元，同比增长 19.91%。

地址：重庆市渝北区回兴街道海福路 85 号
电话：023-67346166
邮编：401120

2018 年 7 月 5 日，国家税务总局重庆市渝北区税局党组成员集体合影

2018 年 7 月 5 日，国家税务总局重庆市渝北区税局举行挂牌前升旗仪式

渝北区消防支队

2018年，渝北区消防支队以习近平新时代中国特色社会主义思想为指引，牢牢抓住转隶改制期间队伍管理和社会面火灾防控两个重点工作，以国家队和主力军的建设标准，强化队伍应急救援和火灾综合治理能力，圆满完成智博会、西洽会、国创会等重大安保工作，全年接警出动4637起，其中火灾203起，抢救被困人员127人，疏散被困人员487人，抢救财产价值497万元，火灾起数同比下降70.97%。

地址：重庆市渝北区高堡湖路8号
电话：023-67189791
传真：023-67189899
邮编：401120

2018年7月18日，渝北区消防支队开展水域救援演练

2018年10月12日，渝北区组织开展隧道坍塌事故应急救援演练

2018年11月9日，渝北区举行“119消防宣传月”启动仪式

2018年12月29日，渝北区消防救援支队迎旗授衔和换装仪式隆重举行

中国邮政集团公司重庆市渝北区分公司

2018 年 4 月 11 日，中邮渝北分公司检查邮掌柜和便民服务中心工作

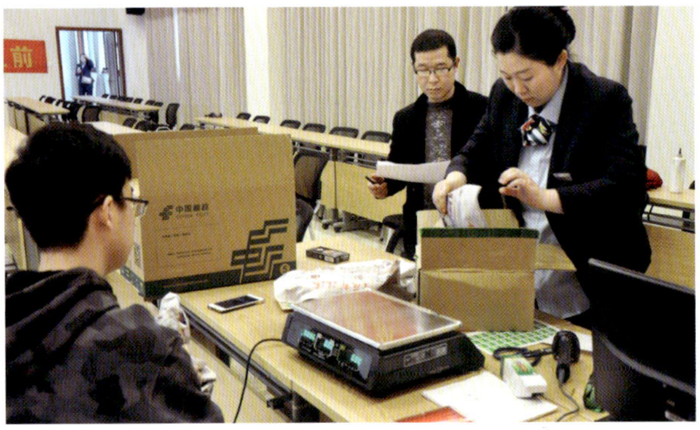

2018 年 11 月 6 日，中邮渝北分公司开展六大歼灭战之“技能练兵”技能竞赛活动

中国邮政集团公司重庆市渝北区分公司（简称中邮渝北分公司）主要开办国际（国内）邮件寄递、国内报刊发行、邮政汇兑、邮政储蓄、邮票和集邮品销售、机要通信、邮政物流、分销以及各类代办业务。2018 年 8 月实施寄递翼改革工作，内设 5 个综合职能部门、2 个市场经营部门、3 个经营支撑部门和寄递事业部；下设 3 个主城支局、5 个农村支局。各支局下辖 60 个邮政所，设有 4 个投递站、11 个揽投部。2018 年末，有员工 408 人。全年实现业务收入 2.35 亿元，同比增长 8.42%；实现营业利润 5317.23 万元，收入利润率 22.65%；全员劳动生产率 40.39 万元 / 人，同比提升 13.68%；员工收入同比增长 4.86%。

地址：重庆市渝北区双龙大道 220 号
电话：023-67821161
邮编：401120

2018 年 1 月 12 日，中邮渝北分公司西南政法大学“博雅文化”主题邮局开业揭牌

2018 年 9 月 19 日，中邮渝北分公司召开寄递翼改革工作启动会

中国民用航空西南地区空中交通管理局重庆分局

中国民用航空西南地区空中交通管理局重庆分局（以下简称“民航重庆空中交通管理分局”）于2007年7月26日成立，是隶属于中国民用航空西南地区空中交通管理局的国有事业法人单位，其前身为2001年12月28日挂牌成立的中国民用航空重庆空中交通管理站。驻地在重庆江北国际机场内，主要职责是贯彻执行国家空管方针政策、法律法规和民航总局的规章、制度、决定、指令；负责指挥、协调责任管制区域内的民航飞行活动，提供民航空中交通管制和通信导航监视、航行情报、航空气象服务；执行辖区内航班时刻和空域容量等资源分配工作；组织实施本单位建设项目；负责辖区内重要飞行活动和民用航空器搜寻救援空管保障工作。2018年，共保障各类飞行1013357架次，同比增长6.75%。其中本场起降300242架次，进近保障311203架次，区域401912架次。江北机场单日最高起降达914架次。

地址：重庆江北国际机场内

电话：023-67157020

邮编：401120

2018年2月8日，重庆空管分局召开三跑道空管工程建设搬迁总结大会

2018年4月18日，民航重庆空管分局局长胡志杰（左一）向重庆国际航空枢纽建设规划编制专家组介绍重庆机场概况

2018年12月26日，重庆江北国际机场机坪管制移交仪式在重庆机场集团公司办公大楼举行

中国国际航空股份有限公司重庆分公司

2018年，中国国际航空股份有限公司重庆分公司（以下简称“国航股份重庆分公司”）以习近平新时代中国特色社会主义思想和党的十九大报告精神为指导，贯彻落实习近平总书记关于民航工作的重要批示指示、接见川航英雄机组时的讲话精神，认真落实上级工作部署，严谨有序组织推进各项工作顺利开展。完成公司“十三五”发展规划制定的任务和目标，积极参与重庆地方经济建设，新开国航重庆出港“重庆—呼和浩特—海拉尔”国内航线，调整“重庆—淮安—长春”航线结构为“重庆—长春”，执管飞机增至48架，加大国航在重庆区域的运力投入，有力提升重庆对外互联互通的开放水平，助推重庆地方经济的繁荣和发展。全年安全飞行16.0878万小时、6.3716万架次，运输旅客717.39万人，同比增长1.69%，运输总周转量9.92亿吨公里，同比增长3.12%，顺利实现年度生产目标，实现第43个航空安全年。“红岩”和“银鹰”两个乘务组继续保持“全国青年文明号”称号；“阳光”乘务组继续保持“全国巾帼文明岗”称号和重庆市“青年文明号”称号。

地址：重庆市江北国际机场中国国际航空股份有限公司重庆分公司
电话：023-67152884
邮编：401120

2018年4月23日，国航“多彩世园号”彩绘主题航班首飞成功，降落在重庆江北国际机场

2018年5月30日，国航重庆分公司到重庆市树人小学开展“航空知识进校园”活动

2018年7月26日，国航重庆分公司实现安全飞行43周年

四川航空股份有限公司重庆分公司

四川航空股份有限公司重庆分公司（简称川航重庆分公司）成立于2004年10月11日，是四川航空股份有限公司成立的第一家分公司。2018年年末，有驻站飞机20架，日均航班量百余架次，干部员工1900余人，开通国内国际（地区）航线达80余条，形成覆盖全国60余个大中城市的航线网络布局，全年保障出港航班3.82万架次，航班正点率为86.66%，居江北国际机场首位；运输进出港旅客558.14万人，货邮运输量1.5万吨。安全飞行记录持续保持，2018年5月14日，3U8633航班机组成功处置险情，被中国民用航空局、四川省人民政府授予“中国民航英雄机组”称号，9月30日中共中央总书记、国家主席、中央军委主席习近平邀请四川航空“中国民航英雄机组”全体成员参加庆祝中华人民共和国成立69周年招待会，并做出重要指示。

地址：重庆市江北国际机场川航重庆分公司
电话：023-67256996
邮编：401120

2018年3月25日，川航首次打造“美丽川航 魅力重马”主题航班

2018年8月，川航飞行员作航前准备

2018年7月1日，川航重庆分公司与重庆机场海关、重庆机场空港地服公司开展共建活动，助力暑运

2018年9月1日，川航在江北机场的全新贵宾休息室启用

中国工商银行股份有限公司重庆渝北支行

2018 年 6 月 15 日，工行渝北支行与渝北区政府签署框架合作协议

2018 年 7 月 1 日，工行渝北支行举行“不忘初心，重温入党志愿”主题党日活动

中国工商银行股份有限公司重庆渝北支行（简称工行重庆渝北支行）是中国工商银行股份有限公司重庆市分行下属的一级支行，成立于 1984 年 1 月 1 日。截至 2018 年末，支行下辖二级支行网点 16 个，从业人员 284 名；拥有对公客户 9800 余户，个人客户 107 万户，存贷规模分别达 255 亿元、323 亿元，位于同业前列；不良贷款率 0.83%，低于总行平均水平。2018 年，资产总计 369.93 亿元，较上年增长 68.93 亿元，增幅 22.90%，在宏观经济持续收紧的背景下实现总规模的稳健扩张，荣获“中国工商银行五一劳动奖状”“全国金融系统党建创新成果微视频优秀提名案例获奖单位”“中国工商银行职工代表大会制度建设示范单位”“中国工商银行安全管理星级支行”“中国工商银行结算与现金管理先进集体”，重庆市渝北区人民政府“驻区金融机构支持地区经济社会发展考核二等奖”等荣誉。

地址：重庆市渝北区双龙大道 220 号
电话：023-67821161
邮编：401120

2018 年 4 月 12 日，中国工商银行总行副行长王敬东（右三）到渝北支行视察调研

2018 年 12 月 5 日，工行渝北支行荣获“中国工商银行五一劳动奖状”

目　录

CONTENTS

政 治

法　治

军　事

开放开发

农　业

工 业

商 贸

财政　税收　金融

经济综合管理

城建　环保

交通　邮政　通信

科教　文卫

社会生活

街道　镇

人物和先进名录

统计资料

附　录

特 载

全面贯彻习近平总书记重要讲话精神
重整行装再出发　坚定信心向前行
全力营造渝北风清气正的良好政治生态

——在区委十四届三次全会第一次全体会议上的讲话

中共重庆市渝北区委书记　段成刚

（2018年4月26日）

同志们：

这次全会的主要任务是，深入学习贯彻党的十九大精神，以习近平新时代中国特色社会主义思想为指引，全面贯彻习近平总书记视察重庆重要讲话和参加重庆代表团审议时的重要讲话精神，贯彻落实市委五届四次全会精神，坚决肃清孙政才恶劣影响和薄熙来、王立军流毒，加强法治和德治工作，营造风清气正的良好政治生态，重整行装再出发，坚定信心向前行，推动全面从严治党向纵深发展，为更好地把党的十九大精神和总书记殷殷嘱托全面落实在渝北大地上提供坚强保证。

3月10日，习近平总书记亲临十三届全国人大一次会议重庆代表团参加审议，亲切看望代表并发表重要讲话，对重庆发展提出了总体要求，对肃清孙政才恶劣影响和薄熙来、王立军流毒，营造良好政治生态作出了重要指示，对法治和德治问题进行了深刻阐述，为重庆各项事业发展指明了前进方向、提供了根本遵循。总书记的重要讲话，高瞻远瞩、统揽全局，思想深邃、内涵丰富，情真意切、语重心长，是我们重整行装再出发最重要的思想武装，是做好重庆各方面工作最切实的行动指南。区委坚持把学习好、贯彻好、落实好习近平总书记重要讲话精神作为重要政治任务，先后召开区委常委会、全区领导干部大会、区委理论中心组学习会，结合兴调研转作风促落实行动，持续深入抓好学习贯彻。各级各部门也积极开展宣传宣讲，确保落地落实。

4月9日至10日，市委召开五届四次全会，对全面贯彻习近平总书记重要讲话精神、全力营造风清气正的良好政治生态进行了专题部署，听取讨论了市委敏尔书记讲话，审议了市委《关于营造良好政治生态的意见》和《关于加强法治和德治工作的实施意见》，印发了修改后的《关于坚决肃清孙政才恶劣影响和薄熙来王立军流毒的意见》。中央和市委有部署，渝北有行动。今天，区委召开这次全会进行专题部署，也将审议相关意见，这是我们贯彻落实总书记重要讲话精神和市委要求的具体举措和抓手，大家一定要认真思考和审议，待全会通过后抓好贯彻落实。

下面，围绕这次全会主题，我讲三个方面意见。

一、深刻认识营造良好政治生态的极端重要性和现实紧迫性

习近平总书记多次强调，做好各方面工作，“必须营造一个良好从政环境，也就是要有一个好的政治生态”。政治生态是一个地方党风、政风和社会风气的综合体现。党的十九大报告鲜明提出，“要营造风清气正的良好政治生态”。这次参加重庆代表团审议，习近平总书记就营造良好政治生态作出了重要指示，给我们上了一堂深刻生动的党性政治课、法治德治课，为我们进一步统一思想、凝聚力量、做好工作，给予了坚强领导、有力指导。全区上下要深刻认识营造良好政治生态的重大意义，团结一致、沉心静气，不断增强做好工作的政治自觉、思想自觉、行动自觉。

（一）切实增强政治自觉，深刻领会营造良好政治生态的重大意义。习近平总书记强调，形成风清气正的政治生态，是旗帜鲜明讲政治、坚决维护党中央权威和集中统一领导的政治要求。旗帜鲜明讲政治，必须体现在岗位上、落实在行动中。孙政才、薄熙来在重庆的所作所为，其问题的本质是不讲政治，是对党中央权威和集中统一领导的极大挑战，是政治腐败的坏典型，必须坚决反对、坚决斗争、坚决肃清。我们要始终紧密团结在以习近平同志为核心的党中央周围，在市委的坚强领导下，进一步增强政治自觉，明确政治方向，站稳政治立场。

（二）切实增强思想自觉，深刻领会营造良好政治生态的重大意义。习近平总书记强调，形成风清气正的政治生态，是持之以恒正风肃纪、推动全面从严治党向纵深发展的迫切需要。政治生态是检验管党治党是否有力的重要标尺。孙政才、薄熙来严重破坏党的组织原则和纪律规矩，带坏了党内风气，成为重庆政治生态的巨大污染源。市委五届四次全会深刻指出了尚未彻底肃清孙政才恶劣影响和薄熙来、王立军流毒的四个方面问题，这些问题在我区也不同程度存在。从近期区纪委监委查办的案件来看，我区一些党员干部被误导的思想认识和价值观尚未得到彻底扭转，理想信念淡薄、“四个意识”不强，违规违纪现象仍时有发生。我们必须正本清源，深入推进全面从严治党。

（三）切实增强行动自觉，深刻领会营造良好政治生态的重大意义。习近平总书记强调，形成风清气正的政治生态，是锻造优良党风政风、确保改革发展目标顺利实现的重要保障。风清才能气正，气正才能心齐，心齐才能事成。当前，孙政才恶劣影响和薄熙来、王立军流毒仍未彻底清除，仍然一定程度影响、干扰甚至制约着我们发展。我们要全面贯彻习近平总书记视察重庆重要讲话和参加重庆代表团审议时的重要讲话精神，自觉在战略部署上“扣扣子”、在责任履行上“担担子”、在任务落实上“钉钉子”，切实把中央部署和市委要求转化为具体行动，更好地激发全区上下的创造活力，把党的十九大精神和总书记的殷殷嘱托全面落实在渝北大地上。

二、以习近平新时代中国特色社会主义思想为指引，大力营造良好政治生态

习近平总书记强调，“一个地方要实现政通人和、安定有序，必须有良好政治生态”，“政治生态同自然生态一样，稍不注意就容易受到污染，一旦出现问题再想恢复就要付出很大代价”。过去十年，重庆相继发生薄熙来、王立军案件和孙政才案件，对重庆政治生态和干部队伍伤害极大。去年7月中旬以来，在以习近平同志为核心的党中央坚强领导下，市委统一思想、凝聚力量，坚定不移推进全面从严治党，集中精力抓好政治生态建设，风清气正的政治生态正在日渐形成。我们要以滚石上山的劲头，全力营造风清气正的良好政治生态。

（一）营造良好政治生态，必须把政治建设摆在首位。旗帜鲜明讲政治，是党的重大政治原则，是营造良好政治生态的首要任务。我们要切实提高政治站位和政治自觉，提升政治能力和政治水平，按照市委“三个确保”的要求，从政治上认识、从政治上落实。要坚决维护以习近平同志为核心的党中央权威和集中统一领导。习近平总书记作为党中央的核心、全党的核心，是全党拥戴、人民爱戴的好领袖，是新时代中国特色社会主义国家的掌舵者、人民的领路人，给人以信仰的力量、真理的力量、担当的力量、人格的力量。正是因为有以习近平同志为核心的党中央权威和集中统一领导，我们的工作才有底气；正是因为有习近平新时代中国特色社会主义思想的正确指引，我们的发展才会健康；正是因为有习近平总书记的高度重视、亲切关怀，我们的事业才能成功。我们要把维护习近平总书记的核心地位作为第一位的政治要求，不断增强忠诚核心、拥戴核心、维护核心、捍卫核心的政治、思想和行动自觉。要深学笃用习近平新时代中国特色社会主义思想。习近平新时代中国特色社会主义思想，是我们改造主观世界和客观世界的“源头活水”，也是领导干部成长进步的“政治营养”。营造良好政治生态，必须从中坚定政治方向、汲取政治营养。我们必须按照敏尔书记在市委五届四次全会上提出的要求，做到融入日常、抓在经常，真正把学习运用习近平新时代中国特色社会主义思想变成一种习惯、一种自觉、一种追求、一种信仰；做到学深学透、真信真懂，真正学出觉悟、学出信仰、学出担当；做到学以致用、知行合一，真正把习近平新时代中国特色社会主义思想内化于心、外化于行、转化为果。要不折不扣贯彻落实党中央决策部署。习近平总书记指出，“维护中央权威，贯彻落实党的理论和路线方针政策，是政治纪律，是绝对不能违反的”。我们要始终坚定自觉地向党中央看齐，向党的理论和路线方针政策看齐，向党中央决策部署看齐，做到党中央提倡的坚决响应，党中央决定的坚决执行，党中央禁止的坚决不做，决不允许在贯彻执行上打折扣、做选择、搞变通。

（二）营造良好政治生态，必须把肃清孙政才恶劣影响和薄熙来、王立军流毒作为最要紧的任务。习近平总书记指出，“当前，对重庆来说，开创各项工作新局面，营造良好政治生态，最要紧的任务是肃清孙政才恶劣影响和薄熙来、王立军流毒”。去年7月以来，我们在市委统一部署下，采取了针对性措施，取得了一定成效。今年初，区委常委班子和各级党组织，又采取加时加专题的方式，召开民主生活会和组织生活会，从政治上进行了肃清。敏尔书记亲临指导区委常委班子专题民主生活会，对营造良好政治生态、保持良好精神状态提出了明确要求。我们要按照习近平总书记重要指示精神，认真落实市委“十破十立”要求，聚焦敏尔书记在市委五届四次全会上提出的“七个针对”，加强教育引导、注重破立并举、抓住“关键少数”，在“怎么看”“怎么办”“怎么导”上进一步深化提高，持续用力、久久为功。特别是渝北作为一些案件的发生地，在这方面有很深的教训。我们必须引以为戒、坚决肃清，千万不能有这一页已经“翻过去”的想法。全面彻底干净肃清孙政才恶劣影响和薄熙来、王立军流毒，对渝北具有重大的现实意义和极强的针对性。要聚焦政治攀附抓肃清。我区一些干部受政治攀附错误思想和行为的影响，在政治忠诚、政治定力、政治担当、政治能力、政治自律方面暴露出严重问题。全区广大党员干部特别是领导干部，要提高政治站位，增强“四个意识”，切实把肃清工作作为基本职责，作为带好队伍、做好工作的基本前提，主动抓肃清、带头抓肃清，坚决防止错误思想和行为死灰复燃，真正让干部明白“官”不是跑要来的、熬资历来的，而是靠忠诚、靠能力、靠真本事干出来的。要聚焦利益输送抓肃清。政治腐败和经济腐败通过利益输送相互交织，甚至利用国家资源笼络人心、结党营私，严重恶化政治生态和经济生态。从查处的案件来看,有的大搞利益输送,把商品交换的原则、庸俗市侩的习气和实用主义、功利主义哲学用到党内生活中,与党的性质和宗旨格格不入。我们要切实把自己摆进去、把思想摆进去、把工作摆进去,坚决反对关系学、厚黑学、官场术、“潜规则”等庸俗政治文化,坚决抵制商品交换原则对党内生活的侵蚀,坚决查处以权谋私、滥用职权搞利益输送,不断涤除歪风邪气。要聚焦失职失责抓肃清。从查处的案件来看,在重大项目决策中,有的干部严重失职失责,未按规定开展项目尽职调查和科学论证,严重违背了重大项目决策程序,造成国有资产的严重损失。我们要牢固树立正确的发展观和政绩观,严格执行民主集中制和“三重一大”事项集体决策制度,坚决做到科学、民主、依法决策;严格执行《中国共产党问责条例》,严肃查处不担当、不负责的突出问题,确保守土有责、守土有方、守土有效。

(三)营造良好政治生态,必须把严肃党内政治生活作为重要的基础性工作。习近平总书记强调,抓好了党内政治生活,全面从严治党就有了重要基础。各级领导干部要自觉尊崇党章,严格执行《关于新形势下党内政治生活的若干准则》,烧旺锤炼党性的“大熔炉”,真正让党内政治生活严起来、实起来、活起来,不断增强党内政治生活的政治性、时代性、原则性、战斗性。要坚持持之以恒正风肃纪。把纪律规矩挺在前面,精准落实监督执纪“四种形态”,从严监督执纪问责,严肃查处各种踩“红线”、越“底线”、闯“雷区”的言行,使纪律规矩真正成为“带电的高压线”,坚决防止“稻草人”现象和“破窗效应”。驰而不息加强作风建设,深入落实中央八项规定实施细则和市委实施意见,聚焦“四风”问题特别是形式主义、官僚主义的新动向新表现,在常和长、严和实、深和细上下功夫,管出习惯、抓出成效、化风成俗。要抓好反腐败斗争,严查重要领域和关键环节的腐败问题,向群众身边“蝇贪”亮剑,把惩治“蝇贪”同开展扫黑除恶专项斗争结合起来,严肃查处涉黑腐败,坚决惩治放纵、包庇黑恶势力甚至充当“保护伞”的党员干部,坚决铲除腐败这个政治生态最致命的污染源。要加大巡察力度,把“十破十立”落实情况作为政治巡察的重要内容。区纪委监委、区委组织部要加强联动,紧盯违反中央八项规定精神的问题和群众反映突出的问题,结合扶贫民生领域腐败问题专项整治,聚焦农村危旧房整治、安全生产、环保督察反馈情况等方面,深挖细查腐败问题和不作为、慢作为、乱作为等问题,实行倒排倒查,强化追责问责,快查严处,形成震慑,以执纪问责的实际成效取信于民。要坚持正确选人用人导向。坚定不移按照党管干部这个根本原则,认真落实新时期好干部标准、突出政治标准这个首要标准,把握依事择人这个基本方向,落实严管和厚爱结合这个基本要求,严防“带病提拔”,切实把好干部选出来、用出来、管出来、带出来,促使干部做到信念过硬、政治过硬、责任过硬、能力过硬、作风过硬,努力建设一支高素质专业化干部队伍。要坚持用好组织生活这个经常性手段。严格执行民主集中制,用好批评和自我批评这个武器,认真落实“三会一课”、民主生活会、组织生活会、民主评议党员等制度,抓实抓好主题党日,不断提高组织生活质量。要立足符合党员实际、吸引党员兴趣、方便党员落实的要求,创新方式方法,运用大数据、互联网等手段,增强组织生活的吸引力、感召力和针对性、实效性。

(四)营造良好政治生态,必须把法治和德治作为重要保障。习近平总书记强调,“法治和德治是国家治理体系中一个问题的两个方面”。我们要紧紧围绕总书记“法安天下、德润人心”的要求,把法律和道德的力量、法治和德治的功能结合起来,把自律和他律结合起来,推动法治和德治相互补充、相互促进、相得益彰,为营造良好的政治生态提供有力保障。要着力提高法治建设水平。法治兴则风气正,法治强则纲纪明。要大力弘扬法治精神，组织好宪法修正案的学习宣传贯彻，认真开展“七五”普法。要深入推进依法行政，加快建设法治政府，不断提高司法公信力和满意度。全区各级领导干部要自觉尊法学法守法用法，带头在宪法法律范围内活动，不断提高运用法治思维和法治方式深化改革、推动发展、化解矛盾、维护稳定的能力。要着力提高德治建设水平。不断巩固全国文明城区建设成果，大力弘扬红岩精神，以习近平总书记提出的“坚韧顽强、开放包容、豪爽耿直”12个字深刻内涵培育新时代渝北人文精神，用理想信念和中国梦感召人、用社会主义核心价值观引领人、用良好道德风尚塑造人、用优秀传统文化和人文精神滋养人、用高质量文化产品满足人。特别要防止封建腐朽道德文化沉渣泛起，对“袍哥”文化、码头文化、江湖习气等糟粕的一面，必须旗帜鲜明地反对和抵制。要着力提高领导干部政德建设水平。习近平总书记突出强调领导干部要讲政德，要求“明大德、守公德、严私德”“多积尺寸之功”。其中，特别提到产生于重庆的“狱中八条”。我们要用好“狱中八条”这份厚重的党性教材，始终保持坚定理想信念，锤炼坚强党性，做到明大德；强化宗旨意识，全心全意为人民服务，做到守公德；严格约束自己的操守和行为，做到严私德。各级领导干部要慎独慎初慎微慎欲，加强家庭、家教、家风建设，培养健康的生活情趣，不放纵、不越轨、不逾矩，防止身边人把自己“拉下水”。

三、切实把营造良好政治生态与推动渝北各项事业高质量发展结合起来

营造良好政治生态是为了推动各项事业发展，坚决肃清是为了坚定前行。我们要紧扣习近平总书记“两点”定位、“两地”“两高”目标和“四个扎实”要求，深入贯彻新发展理念，按照市委统一部署，围绕“全面建成小康社会，加快建设国家临空经济示范区”奋斗目标和创新生态圈、智能制造基地、国际航空港三大功能定位，坚决打好“三大攻坚战”，大力实施“十项行动计划”，撸起袖子加油干、扑下身子抓落实，让既定的行动纲领、战略决策、工作部署落地见效。这里，着重从抓落实的角度强调五点。

第一，提高政治站位抓落实。习近平总书记强调，旗帜鲜明讲政治，是我们作为马克思主义政党的根本要求。敏尔书记在市委五届四次全会第二次全体会议上要求，要提高政治站位抓落实，突出问题导向抓落实，注重实际效果抓落实。我们必须全面加强政治生态建设，充分发挥区委常委班子“头雁效应”，强化政治领导、精准指导、有效督导，提高党把方向、谋大局、定政策、促改革的能力和定力，更好地做到从全局谋划一域、以一域服务全局。政治方向上，要切实增强用习近平新时代中国特色社会主义思想武装头脑、指导实践、推动工作的自觉性，作任何决策都要从习近平新时代中国特色社会主义思想中找思路、找方法，推进任何工作都要从“五位一体”总体布局和“四个全面”战略布局中找方位、找定位，确保全区各级党组织和广大党员干部一切行动听党中央指挥、向总书记看齐，确保渝北所有工作部署都以贯彻中央精神为前提，确保渝北各项事业沿着总书记指引的正确方向前进。政治定力上，要把维护习近平总书记核心地位作为第一位的政治要求，坚决维护以习近平同志为核心的党中央权威和集中统一领导，更加坚定地把“四个意识”“四个自信”“四个服从”的要求，体现在岗位上、落实在行动中。政治担当上，广大党员要始终牢记自己的第一身份是共产党员、第一职责是为党工作，忠诚于党的信仰、忠诚于党的事业、忠诚于党的组织，任何时候都与党同心同德，把对党忠诚、为党分忧、为党尽职、为民造福作为根本政治担当，形成各级党组织坚强有力奋发有为、各级领导干部忠诚干净担当、广大干部群众团结一致沉心静气的良好政治局面，形成全区党风政风民风全面好转、整个社会正气充盈的良好政治环境。

第二，保持良好精神状态抓落实。习近平总书记强调，良好的精神状态，是做好一切工作的重要前提。敏尔书记指出，“奋斗”二字是全市各级干部最需要的精神状态。我们要按照市委要求，凝心聚力、保持定力、集中精力、顶住压力，以钉钉子精神抓好各项重点工作的落实落地。要坚定不移为理想信念而奋斗。坚定理想信念，坚守共产党人精神追求，始终是共产党人安身立命的根本。随着生活环境越来越好，我们有的党员干部斗志开始消退，有的居功自大、不思进取，有的对群众感情冷漠，归根结底都是没有解决好理想信念这个“总开关”问题。我们必须牢固树立共产主义远大理想和中国特色社会主义共同理想，补足精神之钙，筑牢信仰之基，从思想深处解决好信仰信念问题，在任何时候、任何情况下都不能有丝毫动摇。要坚定不移为事业发展而奋斗。以供给侧结构性改革为主线，推动经济发展质量变革、效率变革、动力变革。围绕创新生态圈、智能制造基地、国际航空港功能定位，全力打造创新驱动引领区、临空高端制造业集聚区、内陆开放空中门户，进一步优化产业结构，推动渝北经济大区向经济强区转变。深入实施乡村振兴战略，着力促进城乡融合，加快城乡区域协调发展。充分发挥临空优势，深度融入“一带一路”建设和长江经济带发展战略，加快推进中新互联互通示范项目和自贸区建设，切实提升开放开发水平。要坚定不移为人民群众的获得感幸福感安全感而奋斗。坚持以人民为中心的发展思想，像抓经济建设一样抓民生工作、像落实发展指标一样落实民生任务，把全部心思和精力用在干事创业和为民服务上，多做打基础利长远的事情，解决好群众关心的关键小事，用干部的辛苦指数换取群众的幸福指数，用共产党人的奋斗指数提升渝北的发展指数。

第三，运用科学方法抓落实。习近平总书记强调，正确的方法是做好工作的重要保证。敏尔书记指出，要运用科学方法，就必须坚持稳中求进、突出问题导向、注重精准施策、抓住工作重点。我们要自觉认识和更好遵循经济规律，不断提高推进经济社会发展的能力和水平。要找准短板。抓落实的过程，就是发现问题、解决问题的过程。要强化问题导向，聚焦我区产业结构、医疗卫生、教育等经济社会领域短板，对标对表中央和市委部署要求，找准工作差距，剖析问题根源，通过问题的有效解决推动工作的高效落实。要创新方法。转变发展方式，首先要转变思维方式和工作方式。我们要善于运用战略思维、创新思维、辩证思维、法治思维、底线思维，充分发挥主观能动性，不断探索务实创新的工作方式，创造性地把中央和市委部署转化为具体行动，不断在变中求新、新中求进、进中求好。要分清主次。敏尔书记指出，抓工作要尊重规律，分清主次，区别轻重缓急，以重点突破带动全局工作。我们要立足长远、着眼当前，抓住重点、突出关键，以精准思维谋事、以精准方略做事，既扎实推进全面深化改革、乡村振兴战略等事关全局和长远的重点工作，又抓好安全生产、环保督察、农村扶贫帮困等当前重点工作，确保各项工作善作善成。

第四，健全有效机制抓落实。习近平总书记强调，抓落实，没有一套管理机制不行，不完善制度不行。敏尔书记要求，要用好的机制抓兑现落实。我们必须按照抓部署、抓协调、抓督察、抓评估的要求，积极探索建立一系列科学合理、行之有效的工作机制，为各项工作的落实落地提供有力保障。一方面，要建好机制。认真落实《中共中央关于深化党和国家机构改革的决定》和《深化党和国家机构改革方案》文件精神，提早调研、科学谋划，深入研究新情况新问题，建立健全适应渝北经济社会发展的政策机制。要围绕招商引资、重点项目建设、社会民生等领域的重点工作，建立完善设计合理、运转高效的工作机制。另一方面，要用好机制。统筹各方面力量，加强全方位协调，善于“弹钢琴”，学会“转盘子”，适时

“换频道”，打通关键环节、破除阻力障碍，同向发力，推动落实。同时，要综合运用督查评估等方式查铺查哨，着力发现和问责不担当不作为的干部，切实增强执行力，确保制度机制有序高效运行。

第五，锤炼务实作风抓落实。习近平总书记强调，推动各项工作，都要落实作风建设具体要求，形成抓作风促工作、抓工作强作风良性循环。敏尔书记指出，抓落实需要好的作风，抓落实本身就是好的作风。我们要发扬山城人民的真抓实劲、敢抓狠劲、善抓巧劲、常抓韧劲，持续推动作风转变。要大兴调研之风。今年以来，全市上下深入开展了“兴调研转作风促落实”行动。特别是春节前夕，敏尔书记带头到长寿区蹲点调研，为我们做出了表率。各级各部门要认真践行群众路线，不断向基层学习、拜群众为师，集中精力搞调研、抓落实。要深入田间地头、车间码头，了解情况、化解矛盾、搞好服务，让广大群众得到更多实惠。要大兴实干之风。坚持干字当头、实字落地，把岗位当平台，把工作当追求，扑下身子、沉到一线，让改革发展稳定各项任务落下去，让惠及百姓的各项工作实起来，靠实干树形象，以实绩惠民生，做政治上的明白人，当工作中的实干家。要大力发扬“马上就办”精神，以更加务实的作风，立说立行、雷厉风行、一抓到底，决不拖拉推诿、半途而废。

同志们，拥抱新时代、践行新思想、实现新作为，推动渝北高质量发展、创造高品质生活正当其时。让我们更加紧密地团结在以习近平同志为核心的党中央周围，深学笃用习近平新时代中国特色社会主义思想，不忘初心、牢记使命，在市委的坚强领导下，全力营造良好政治生态，始终保持良好精神状态，在决胜全面建成小康社会，加快建设国家临空经济示范区、开启现代化建设新征程中创造新的业绩！

重庆市渝北区人民政府工作报告

——2019年1月15日在重庆市渝北区第十八届人民代表大会第三次会议上

重庆市渝北区人民政府区长　谭庆

各位代表：

我代表区人民政府，向大会报告工作，请予审议，并请各位政协委员提出意见。

一、2018年工作回顾

刚刚过去的2018年，是全面贯彻党的十九大精神的开局之年，我们深入贯彻习近平新时代中国特色社会主义思想，在市委、市政府和区委的坚强领导下，在区人大、区政协的监督支持下，围绕"全面建成小康社会，加快建设国家临空经济示范区"奋斗目标，全力打好"三大攻坚战"，实施"十项行动计划"，全区经济社会发展呈现稳中有进、稳中有新的态势。

——经济结构不断优化。地区生产总值达到1543亿元，三次产业结构从1.9∶55.6∶42.5调整为1.5∶41.1∶57.4。服务业增加值实现885亿元、增长14.8%，连续15个季度保持两位数增长。民营经济增加值占比达到47%，同比提高2.4个百分点。完成规模以上工业总产值2753.3亿元，战略性新兴制造业产值达到1100亿元、增长17%，占规模以上工业总产值40.7%，同比提高10.5个百分点。

——质量效益稳步提升。一般公共预算收入75.5亿元、增长21.9%，其中税收收入68.6亿元、增长26.8%。社会消费品零售总额达到665.6亿元、增长6.8%。市场主体竞争力进一步增强，新增新三板、重庆OTC挂牌企业22家，有友食品成为全市唯一一家在A股新上市企业。单位生产总值能耗和主要污染物减排达到约束性要求。

——新旧动能接续转换。完成固定资产投资1376.4亿元、增长21.9%。数字经济总量增长20%。研发经费支出增长14.6%，占地区生产总值比重达到3.94%。全年新增市场主体2万户，新培育科技型企业305家。引进厦门航空西部基地、钜芯集成电路等产业项目371个，计划投资1760亿元，其中已落地项目280个，投资亿元以上项目160个，区域发展动能加速集聚。

——民生民利持续改善。城镇常住居民人均可支配收入达到39546元、增长8.6%，农村常住居民人均可支配收入达到17950元、增长8.7%。新增就业7万人，城镇登记失业率1.93%。职工"五险"新增扩面21.9万人次，城乡养老、医保参保率分别稳定在95%、96%以上。精准脱贫攻坚战扎实开展，整治农村危房4892户，现有"四类重点对象"C、D级危房全面消除，450户特困家庭实现"拎包入住"。民生支出占一般公共预算支出60%以上，20件重点民生实事年度目标任务顺利完成。

一年来，我们主要做了以下工作：

（一）坚持创新驱动，产业升级迈出新步伐

创新创业成效显现。仙桃国际大数据谷建成投用创新研发楼宇36万平方米，注册科技企业达到628家，入驻办公115家，"1+3+5+10+N"创新生态体系不断完善。打造"数字渝北"，联手国家信息中心，建设国家发改委大数据中心重庆分中心、"一带一路"大数据西部分中心，西部大数据前沿研究院建成开院。集成电路设计产业园引进IC企业12家，协同创新智能汽车研究院、中软国际云上软件园、微软人工智能加速器落地运营，华为软件开发云为94家软件企业发放云资源。再升科技、金山科技成功创建国家级企业技术中心，新型高端研发机构达到7家，国家级研发中心达到10个，万人有效发明专利拥有量达到17.9件。空港工业园区成功创建国家知识产权试点园区。建成示范性众创空间19家，“创享渝北”创业品牌被评为全市就业系统十大创新事件，“双创”指数位居全市前列。

智能制造进程加快。全市重大工业项目集中开工活动在我区隆重举行，深科技智能制造产业园、中光电二期、光亚新材料、宇通智能终端产业园等16个重大项目开工建设，全年完成工业投资156亿元。智能终端产业持续放量，手机产量突破7000万台。新能源汽车产量达到15000辆、增长60.9%。完成技改投资56亿元、增长14%，南方英特等56家企业实施智能化、自动化改造，爱尔铃克铃尔等8家企业建成市级数字化车间，规模以上工业企业全员劳动生产率人均达到45万元、增长11.6%。

服务业繁荣发展。建筑规模达360万平方米的两江国际商务中心全面开工，新光里、爱融荟城、蘭亭新都汇等项目开业运营，商品销售额增长10%。高端消费走廊加快建设，路虎、保时捷等12个知名汽车品牌签约入驻西南国际汽贸城，居然之家智能家居小镇签约落户，三亚湾海鲜市场提档升级有序推进。汽车整车进口、飞机保税租赁取得突破，全年进口飞机5架。引进跨境电商企业10家，电子商务交易额达到700亿元、增长15%。新牌坊金融服务集聚示范区获批建设，金融机构存贷款余额达到9925.7亿元、增长12.4%。基金小镇、临空经济总部等产业楼宇入驻企业近200家。新开工商品房600万平方米，销售460万平方米。悦来国博中心成为智博会永久会址，成功举办西洽会、国创会等规模型展会46场。重庆新闻传媒中心、重庆创意公园入驻企业达到450家，文化产业增加值达到66亿元、增长15.6%。全年接待游客2927万人次、增长17%，实现旅游综合收入98亿元、增长21.7%。

（二）坚持深化改革，开放开发增添新动力

重点领域改革稳步推进。深化供给侧结构性改革，推动深渝北斗等企业实现兼并重组。推进“放管服”改革，清理公布行政许可和公共服务事项“四办”清单，全面推进“互联网+政务服务”，全区共办理政务服务事项340万件，办事群众满意率、获得感不断增强。深入落实企业“降本增效”措施，新增大用户直购电试点企业72家，减少企业社保缴费12亿元。新设立3亿元“升级贷”，金融机构新增贷款425亿元，存贷比达到1.25。清理整合国企融资平台，联合央企和市属国企，组建中金科元、点石医械等产业基金，撬动社会资本138亿元。推行政府投资项目“三方日志”和前期工作记录制度，区级重点项目开工率、投资完成率均达到80%以上。

开放支撑作用不断增强。主动融入“一带一路”，内陆开放空中门户加快建设，新开通巴黎、多伦多等国际航线14条，国际航线增至82条，江北国际机场旅客吞吐量达到4159.5万人次，货邮吞吐量达到38.2万吨。园区平台建设加快推进，全年征地3.5万亩，新增建设用地指标6000亩。支持铁路枢纽东环线、机场支线、三环等铁路和高速公路项目建设，渝广高速建成通车。联合机场集团组建合资公司，航空产业园启动建设。成立重庆临空政策法律服务国际中心，建成全市首个国际贸易示范园，白俄罗斯旅游文化商品中心、四川美术学院国际设计学院落户发展。推进自贸试验区改革事项落地，建设领域“一本报告管全域”试点有序实施。中新互联互通项目实现突破，新引进中念教育等项目12个。全年实际利用内资312亿元、外资22亿美元，实现进出口总额1300亿元、增长7.2%。

（三）坚持建管并重，城市品质实现新提升

基础设施日趋完善。完成前沿科技城、两路组团、人和组团部分片区控规修编和维护，城乡规划全覆盖方案、“多规合一”规划方案获市政府批复。椿萱大道等跨区道路加快建设，金山大道北延伸段、龙港大道等骨干道路建成通车，秋成大道三期、航空小镇一期路网完工，打通城市断头路9条，新增城市道路20千米。轨道交通加速成网，4号线一期、轨道环线建成通车。建成人行过街设施4座，新增公共停车场19个、停车位2680个。石坪污水处理厂主体工程基本完工，肖家河等3个污水处理厂改扩建项目加快实施。洛碛垃圾填埋场、焚烧发电站和夏家坝垃圾二次转运站加快建设，新建改建垃圾收集站4个、公厕15座。建成投用110kV以上变电站5座，新建、改扩建燃气管线152千米，城市配套设施进一步完善。

城市管理更加精细。深化智慧城管建设，740名社区网格员利用手机APP实地采集、实时上报信息，成为城市管理的“眼睛”和“耳朵”。推动“街区制”试点，老旧单体楼小区物业管理得到加强。完成25个重要节点、33条城市道路、6个公园游园绿化提质改造，新建社区体育公园5个，新增城市绿地88万平方米。加强市政设施管护，更新人行道20万平方米，涂装灯杆2.5万余根，美化箱体1800个，整治桥隧设施93座，更换涂装护栏71千米，城市道路、照明设施完好率均保持在98%以上。完成两路农贸市场、双凤水果市场批发功能外迁。改造城市棚户区和危旧房31万平方米，整治违法建筑49.8万平方米。开展生活垃圾分类处理试点，“1234工作法”在全市推广，顺利通过国家卫生区复评验收。

（四）坚持农旅融合，乡村振兴呈现新气象

农业产业结构持续优化。积极推进乡村振兴综合试验示范区建设，出台乡村振兴“1+9”总体方案，“三农”投入持续加大，城乡融合发展体系不断完善。新发展特色高效农业1.5万亩，统大路柑橘产业基地、南北大道伏季水果带土地宜机化整治成效显著，得到国家农业农村部肯定。深入开展农产品绿色行动，推出“渝北乡愁”区域公用品牌，新培育市级名牌农产品21个，新认证“三品一标”农产品24个。引进赵春江、荣廷昭院士及其专家团队，成立农业园区院士专家工作站。发展壮大村集体经济，“三变”改革试点稳步推进，新培育农业龙头企业18家、家庭农场22家、农民专业合作社38家。建成双凤桥临空旅游集散中心，玉峰山“森林氧吧”、木耳斗碗寨等“三环十景”旅游景点加快建设，“巴渝乡愁”展示区、BG咖啡庄园、五谷地等旅游景点相继开放，成为市民休闲度假新去处。

农村人居环境持续改善。改造“十纵十横”骨架路82.5千米，建成“四好农村路”515千米，新建村社便道520千米，完成道路安保工程300千米。碑口水库附属工程开工建设，过马滩水闸除险加固工程完工，苟溪桥水库全面建成。茨竹、洛碛中心场镇提档升级和永庆、白岩等9个撤并场镇综合整治项目基本完工。新改建农村卫生厕所6060户，农村生活垃圾治理水平保持全市领先。坚持以点带面、精心设计，礼朝屋基、聂家院子、胜天大土湾等13个建筑风格得体、生态环境宜人、乡愁韵味浓郁的示范点形象初显。

（五）坚持标本兼治，生态环境得到新改善

环保“五大行动”深入实施。持续开展大气、水、土壤污染防治，在线监控重点施工现场17个，整治砖瓦窑企业4家、餐饮油烟企业90家，完成13家工业企业、95家汽修厂挥发性有机物治理，城区空气质量优良天数达到309天。改造城区雨污混流管网20千米，完成碧津湖等城区湖库水生态修复，基本消除城市黑臭水体。东方红水库流域治理加快推进，依法收回团丘、新桥水库经营管理权，取缔餐饮、采砂船舶44艘，完成12个集中式饮用水源地规范化建设。建成市级安静小区1个，噪声达标区达到70平方千米。土壤污染综合防治示范区加快建设，完成地下油罐防渗改造工程38个。

生态建设不断加强。开展大规模国土绿化，完成营造林4.8万亩，公益性育苗150万株，精准提升改造国有林6000亩，公路绿化460千米。深入开展自然保护区、“大棚房”问题排查整治，“四山”综合整治扎实推进。治理水土流失面积12平方千米，开展地灾治理25处，曹家山煤矿复垦项目通过市级验收。铜锣山国家矿山公园完成设计方案征集，废弃矿山综合治理工程有序推进。加快生态文明制度建设，与两江新区、长寿区建立流域生态补偿机制。倡导绿色生活，新增绿色小区4个、绿色学校3所、市级生态村3个，成功创建市级生态文明建设示范区。

（六）坚持共建共享，社会事业取得新进步

公共服务均衡发展。黄炎培中学等3所新建和改扩建学校建成投用，数据谷中学、玉峰山小学等9所学校加快建设，新增公办幼儿园53所，联合西南政法大学共建附属中小学校。引进优秀骨干教师34人，高校录取比例达到93.3%，北大清华录取29人。新人民医院进入内装修和设备采购安装阶段，新中医院主体施工加快，区精神卫生中心建成投用。成功创建“全国流动人口基本公共卫生计生服务均等化示范区”“全国基层中医药工作先进单位”。市民服务中心、仙桃街道社区综合服务中心开工建设。碧津美术馆、渝北历史文化陈列馆建成开放，提档升级镇街文化服务中心7个，新建社区文化室10个。新增、优化城乡公交线路15条，全区行政村实现通客车全覆盖。承办重庆首届合唱节、世界职业拳王争霸赛等大型文体活动45场，流动文化进村724场，临空艺术团被中宣部等三部委评为全国“双服务”先进集体。

民生保障更加有力。改扩建敬老院4个，建成社区养老服务设施17个，提供居家养老服务2万余人次。实施燃气“一户一表”改造14200户，完成4295户老旧住宅用水提质工程，改造单体楼电力设施4800户。老旧住宅实施加装电梯122台，更新改造电梯271台。建成公共直饮水点55个，安装直饮水设备61套。实施“三个一批”健康扶贫，贫困人口在区内公立医疗机构享受“先诊疗、后付费”。实施文明治丧补贴措施，搭棚治丧现象逐渐减少。解决23万平方米房屋办证遗留问题。开工建设安置房45万平方米，建成天堡家园等安置房28万平方米。

社会保持和谐稳定。扎实开展“扫黑除恶”专项斗争，侦办涉黑涉恶犯罪团伙3个。“三所一队”全面建成投用，八类暴力案件、可防性案件同比分别下降22%、7.65%。集中开展交通、消防、建筑、食品药品、特种设备等重点行业领域安全专项整治，生产安全亡人事故起数和人数分别下降12.2%、13.6%，未发生较大及以上生产安全事故。严厉打击金融诈骗、非法集资等违法行为，推动企业化解债务7亿元。完成非政府债券存量债务置换，政府债务率处于绿色安全区间。全力推进四大攻坚行动，一批信访稳定突出矛盾得到妥善解决。弘扬社会正能量，“时代楷模”杨雪峰同志先进事迹引起强烈反响。深化“枫桥经验”重庆实践行动现场会在我区召开，“律师驻所机制”入选全国“创新社会治理典型案例”。

一年来，我们深入推进“两学一做”学习教育常态化制度化，扎实开展“兴调研、转作风、促落实”行动，努力建设人民满意的服务型政府。坚持破立并举，坚决肃清孙政才恶劣影响和薄熙来、王立军流毒，深刻剖析吴德华严重违纪违法案件，开展“以案四说”警示教育，努力营造风清气正的政治生态。依法接受人大及其常委会的法律监督和工作监督，自觉接受政协的民主监督，认真落实人大评议旅游产业发展、学前教育工作的意见，扎实办好区人大《关于深入推进农村人居环境整治助力渝北乡村振兴的议案》和365件人大代表建议、407件政协提案，满意和基本满意率100%。坚持依法行政，动态管理行政权责清单，“双随机一公开”监管实现全覆盖。扎实开展财政公开评审，评审项目712个，审减预算资金3亿元。强化审计监督，民生资金、专项资金、重大项目管理进一步规范。加强政府采购、工程建设招投标等重点领域监管，严厉打击围标串标行为，营造公平竞争环境。严格落实中央八项规定精神和市委实施意见，坚决反“四风”、转作风，持续严管“三公”经费和评比表彰。

国防动员、人民防空和后备力量建设稳步推进，民宗、侨台、统计、供销、档案、双拥、保密、修志、气象等工作取得了新进展，工会、科协、妇女、儿童、青少年、老龄、慈善、红十字、残疾人等事业取得了新进步。

各位代表，过去一年的成绩来之不易，是市委、市政府和区委坚强领导的结果，是区人大、区政协监督支持的结果，是全区广大干部群众共同努力的结果。在此，我谨代表区人民政府，向全区人民，向人大代表、政协委员，向各民主党派、工商联、人民团体和关心支持渝北发展的社会各界人士，向驻区部队官兵、离退休老同志和中央、市级驻区单位，表示崇高的敬意和衷心的感谢！

在报告成绩的同时，我们也深刻地认识到，当前渝北经济社会发展中还存在一些突出困难和问题：一是受汽车产销大幅下滑影响，规模以上工业增加值负增长，导致地区生产总值负增长2.8%。二是市场预期和信心受到一定影响，融资难、融资贵并存，部分实体经济发展困难，一些项目推进放缓。三是在城乡基础设施、公共服务等方面还有不少短板和弱项，民生事业任重道远。四是少数干部服务意识、廉洁意识、担当意识还不强，行政效能有待提高。对此，我们要正视问题，直面矛盾，努力攻坚克难，不辜负全区人民的重托和期望。

二、2019年主要工作

今年，是新中国成立70周年，也是决胜全面建成小康社会的关键之年，做好政府各项工作意义重大。当前，宏观经济形势依然错综复杂，经济下行压力加大，不确定不稳定因素明显增加。渝北正处在结构调整阵痛期、经济增速换挡期、民生补短提质攻关期，经济运行面临稳中有变、变中有忧的困难和挑战。

困难不容低估，信心不可动摇。我们更应看到，渝北作为两江新区开发主战场，首批国家临空经济示范区，中新互联互通项目和重庆自由贸易试验区的重要承载地，区位优势突出，发展潜力巨大，随着仙桃国际大数据谷、前沿科技城等区级平台建设加速推进，龙兴工业园、保税港区等市级平台持续发力，必将为全区经济社会发展增添动力、增强后劲。只要我们有坚如磐石的信心、只争朝夕的劲头、坚韧不拔的毅力，就一定能够把渝北经济社会发展各项事业推向前进。

按照区委部署，做好今年政府工作，要以习近平新时代中国特色社会主义思想为指导，全面贯彻党的十九大和十九届二中、三中全会精神，深入学习贯彻中央、全市经济工作会议精神，紧扣习近平总书记对重庆提出的“两点”定位、“两地”“两高”目标和营造良好政治生态、做到“四个扎实”的重要指示要求，统筹推进“五位一体”总体布局，协调推进“四个全面”战略布局，坚持稳中求进工作总基调，坚持新发展理念，坚持推动高质量发展，坚持以供给侧结构性改革为主线，坚持深化市场化改革、扩大高水平开放，加快建设现代化经济体系，统筹推进稳增长、促改革、调结构、惠民生、防风险工作，继续打好“三大攻坚战”、大力实施“十项行动计划”，扎实做好“六稳”工作，不断提振市场信心，增强人民群众获得感、幸福感、安全感，持续营造风清气正的良好政治生态，始终保持奋发有为的良好精神状态，加快国家临空经济示范区建设，确保经济持续健康发展和社会大局稳定，为全面建成小康社会收官打下决定性基础，以优异成绩庆祝中华人民共和国成立70周年。

综合考虑各方面因素，建议今年经济社会发展主要预期目标为：地区生产总值增长6%左右，规模以上工业总产值增长2%，固定资产投资增长8%，社会消费品零售总额增长8%左右，进出口总额保持平稳增长，一般公共预算收入增长6%，全社会研发经费支出占比保持在3.5%以上，城镇登记失业率控制在3.2%以内，城乡居民收入实现稳定增长，单位生产总值能耗和主要污染物减排达到约束性要求。

为实现上述目标，我们要增强发展信心，克服“速度情结”和“换挡焦虑”，采取既利当前更惠长远的举措，实打实推进，确保经济运行在合理区间；要坚持问题导向、精准施策，全力推进重点工作落地见效，千方百计推动经济高质量发展；要坚持以人民为中心，务力推进社会民生建设，促进群众生活更加美好、环境更加宜居、社会更加和谐。重点抓好以下八个方面工作：

（一）聚力提振工业经济，突出发展先进制造业。坚定不移推进工业强区，把发展经济的着力点放在实体经济上，加快打造以先进制造业为重点的智能制造基地。

加快工业项目建设。认真落实“工业跃升”工程，引进一批重大项目，实施一批技改扩能项目，力争完成工业投资160亿元。开工建设蓝岸智能终端制造产业园、再升科技航空新材料、卓能宏光能源科技、神源机器人等项目15个，加快推进深科技智能制造产业园、大宇装备产业园等14个项目建设，促进桑德科技、中利凯瑞等10个新建扩建项目建成投产，力争全年新增产能400亿元以上。

集聚发展新兴制造业。加快发展新能源和智能网联汽车、智能终端、智能装备等先进制造业，带动战略性新兴制造业增加值增长15%。以OPPO、中光电等龙头企业为引领，全面拉长、增厚、拓展智能终端全产业链。鼓励笔电企业拓展市场，生产智能穿戴设备、平板、工业级手持终端等新产品，电子信息产业规模达到1200亿元以上。壮大生物制药和医疗器械产业，支持金山科技、润泽医药等企业研发制造创新型医疗器械、高端数字医疗设备。依托集成电路设计产业园，集聚智能汽车、智能终端等重点领域芯片设计及关联企业，壮大集成电路产业集群。依托长安工业、华渝电气、北斗星通等企业，加快军民融合产业发展。

升级改造传统工业。立足智能化、绿色化、品牌化发展，推动汽车全产业链改造提升，支持长安汽车、长安福特等龙头企业新车型投产放量。深化“互联网+制造业”，推动企业数字化改造，新增数字化车间5个，实施“机器换人”项目20个。加快传统生产模式向智能化生产转型，推动段氏服饰、朗萨家私等企业开展智能制造新模式应用，新增“两化”融合试点企业5家。“一企一策”帮助重点企业争取订单、扩大销量，提升企业品牌影响力。深入推进质量强区，大力弘扬“工匠精神”，新增重庆名牌产品20个。加快推进泰山电缆、华牧等企业升级搬迁，有效盘活土地、厂房等资产，实现“腾笼换鸟”。

（二）聚力推动消费升级，发展壮大现代服务业。坚持生产性服务业与生活性服务业并举、传统服务业与现代服务业并重，切实增强消费对经济发展的基础性作用。

加快服务业集聚区建设。围绕“一心一廊两圈”产业布局，推动传统商圈提档升级和新兴商圈发展壮大。以打造主城新地标、商圈新样板为目标，加快龙湖天街、大悦城、吾悦广场等两江国际商务中心商业综合体建设。打造高端消费走廊，启动时装小镇建设，推动雷克萨斯等汽车4S店、居然之家智能家居小镇项目开工，完成三亚湾海鲜市场提升改造。推动太平洋广场开业运营，桃源天地购物中心、桥达茂宸广场等商贸项目主体完工。扩容提质嘉州商圈，培育都市旅游商业街，加快中渝国际都会项目建设，以新光天地为核心，引进知名商贸品牌，打造高品质商圈。

大力发展新兴服务业。积极发展航空关联产业，促进宝能供应链总部、复星国药冷链物流等项目开工建设，推进重庆快件集散中心、圆通速递西部总部基地等项目加快建设。大力发展金融业，加快建设临空金融总部，引进保险、基金、结算等金融企业20家，保费收入、证券成交额增长10%以上，力争金融机构存贷款余额突破1万亿元。加快重庆新闻传媒中心二期、重庆创意公园四期等项目建设，支持文创产业与制造业、信息科技融合发展，文化产业增加值增长15%以上。加快发展全域旅游，提升旅游产品内涵，促进旅游消费升级，力争旅游综合收入增长30%。依托华融健康医疗基地、服务贸易产业园、临空经济总部等产业楼宇，引进大健康、外贸、建筑设计、咨询服务等专业服务业企业50家。

推动商贸服务业转型发展。引导实体零售线上线下融合发展，支持发展直营连锁、特许连锁。加快完善城市共同配送体系，积极推广网订店取店送等模式，推动流通企业转型升级。积极引进电商企业总部，加快培育本土电商，完善进口商品分销体系，扩大网络零售规模，电子商务交易额达到800亿元。促进房地产业持续稳健发展，新开工商品房400万平方米、销售300万平方米。繁荣城乡消费市场，大力发展特色商业街区、餐饮街区和品牌店，加速释放消费潜力，力争全年商品销售额增长8%以上。依法打击制售假冒伪劣产品、价格欺诈等不法行为，营造良好的消费环境。

（三）聚力加快平台建设，不断提升开放合作水平。围绕内陆开放空中门户建设，探索开放合作新模式、新路径、新体制，增强产业集聚承载能力，以高水平开放促进高质量发展。

深度融入两江开发。牢固树立“两江兴、渝北兴”发展理念，着力推动产业联动、设施互通、社会事业共荣，实现优势互补、互利共赢。充分发挥保税口岸和机场枢纽功能，大力发展保税物流、保税贸易等“保税+”产业，推动空港国际商贸物流园建成运营。支持国博中心打造国际会展集聚区，积极引进规模型酒店餐饮、文化旅游等项目，延伸会展产业链。推动龙兴隧道、兰桂大道西延伸段等重大基础设施项目加快建设，建成通车观月路大桥。加快推进悦来中学、三峡职教中心迁建工程，不断完善开发区学校、医院、文化等公共服务配套设施。全力做好市级平台土地房屋征收、建设协调、用工保障、社会管理服务等工作，促进市区平台融合发展。

提速园区平台建设。加快建设仙桃国际大数据谷，推进悦港大道数据谷段、商务酒店、人才公寓等项目建设，建成投用创新研发楼宇50万平方米，力争全园建筑主体完工。建成创新经济走廊东湖大道、松鹤路等15条园区道路，推进华荣路片区改造，开工建设汽车综合服务中心。加快前沿科技城石唐大道、石龙大道等8条主次道路建设，完善园区变电站、配套用房等生产生活设施，打造功能复合、职住平衡的产业新城。推动空港工业园高新化、特色化、智能化发展，建成临空智能制造产业园。启动建设古路建筑产业园，加快建设木耳航空物流园，完成航空小镇基础开发。提速空港新城中央公园北区土地整治，完善两江国际商务中心周边配套设施，推动重庆市市政设计研究院、万科设计产业园等重大项目落地开工。

加大对外开放交流力度。主动融入国家“一带一路”和长江经济带开放格局，加快多式联运交通体系建设，推动开通更多国际直飞航线。高标准推进自贸试验区、中新互联互通项目，打造品牌外贸产业园、保税商品展示交易中心。做实临空经济示范区开发建设公司，推动示范区核心区整体开发。大力发展对外贸易，开展“渝北企业家非洲行”、“一带一路”特色农产品推介展销等经贸活动，完成进出口总额1300亿元以上。依托“智博会”等重要平台，力争全年引进亿元以上项目100个，实际利用内资300亿元、外资20亿美元。完善住房、医疗、教育等人才综合服务体系，着力引进一批高层次人才。加强与广安邻水等周边区县道路互通、经济互联，力争启动渝邻快速通道建设，扎实做好对口支援云阳工作，深化与南非水牛城等国际友好城市的经贸合作和友好往来。

（四）聚力提升城市品质，强化城市规划建设管理。坚持以人为核心，优化功能布局，强化互联互通，着力推进大城智管、大城细管、大城众管，让城市既有“颜值”又有“品质”。

拓展优化城市空间。强化规划引领，积极对接全市新一轮国土空间规划，高水平开展2035年规划大纲编制，推动多宝湖、石坪等5个片区纳入城市空间拓展区域。整合主体功能区规划、土地利用总体规划、生态环境规划，调整优化公共服务空间布局，持续推进产城融合发展。开展“三龙”片区、两路回兴片区修补型城市设计，完成中央公园周边等重点区域城市设计。有序疏解中心城区功能，推动红旗河沟客运站、区殡仪馆外迁。加快实施31个棚户区和危旧房改造项目，完成房屋征收40万平方米。

完善城市功能设施。打造“公园城市”，推进“增绿添园”，新建改建城市公园、游园和社区体育公园10个，完成新南路等5条主干道增绿工程，新增城市绿地80万平方米。实施缓堵保畅工程，推动轨道6号线支线、9号线等加快建设，促进轨道4号线二期、5号线北延伸段开工。推进铁路枢纽东环线和三环、南两、渝长扩能高速公路建设，加快椿萱大道、春华大道北延伸段等14条城市主干道建设，提速实施机场快速联络道、新牌坊立交等5座城市立交节点工程。疏通微循环，实施黄龙路等3个区域交通缓堵改造，加快打通21条城市断头路。启动城区车行道大中修及“白改黑”工程。推进9座人行过街设施建设，建设公共停车场23个、建成投用6个，新增公共停车位1500个。坚持公交优先，建成投用公交首末站2个，投放新能源公交车179辆，努力让市民出行更加绿色便捷。

提升城市管理水平。推动大城智管，建设城市管理大数据中心、智慧城管执法管理系统、智能交通系统，全面提升城市智能化管理水平。推动大城细管，推行“以克论净”市容环境评价体系，加大城市保洁力度，实现城市主干道机扫率90%以上。实施“灯明景靓”工程，消除背街小巷、老旧社区照明盲区，提升渝航大道、同茂大道等区域景观照明品质。推动大城众管，大力推进“马路办公”，深化落实“门前三包”，压实网格员责任，提高城市管理问题发现率、处置率。实施“治乱拆违”工程，综合整治龙脊路等4个老旧片区，消除存量违法建筑48万平方米。持续开展主次干道乱停车整治，不断提升道路通畅率。巩固全国文明城区建设成果，广泛开展文明创建活动，引导广大市民自觉抵制和消除不文明行为，全面提升城市文明水平。

（五）聚力实施乡村振兴，促进农业增效农民增收。坚持农业农村优先发展，补齐农业农村发展短板，着力推动产业兴、百姓富、生态美，建设宜居宜业宜游的美丽乡村。

发展特色高效农业。围绕“三花六果”，加快龙胆路、张白路、统大路、南北大道等特色农业基地建设，新增特色果蔬、名贵中药材、生态渔等特色高效农业1.5万亩，实现四季有瓜果、月月有花香。坚持质量兴农、绿色兴农、科技兴农，推进国有有机农场建设，新培育市级名牌农产品5个，新认证“三品一标”农产品20个。做好村级规划，扩大“三变”改革试点，全面消除集体经济“空壳村”，培育“五个振兴”示范村10个。鼓励资本下乡、能人回乡、企业兴乡，优选3个村实施“一村一品”建设，新发展农业龙头企业、农民专业合作社25家。做大农村电商，推进“三社”融合发展，建设农产品精深加工基地5个，新增“供销鲜生”社区连锁店10家。打好精准脱贫攻坚战，紧扣“两不愁、三保障”和“六个精准”，强化产业扶贫，落实好健康扶贫、社会兜底等政策，持续巩固扶贫成果，确保小康路上一个都不掉队。

营造生态宜居环境。开展“六沿”区域农村人居环境整治，打造兴隆、大盛农村人居环境整治示范镇，加快建设大湾太和等5个居民新村，整治农村危房2500户。加快石船等3个中心场镇提档升级，实施玉峰山旱土撤并场镇综合整治，推进统景特色小（城）镇项目建设。支持茨竹镇创建国家卫生镇。扎实开展“三清一改”村庄清洁行动，完善农村生活垃圾收运体系，建成生活垃圾收集站3个，持续推进“厕所革命”。开展农村“水质提升年”活动，改扩建关早、东山等水厂7个，新建改建农村供水管网10千米，完成茨竹秦家水厂等15个集中式饮用水源地规范化建设，规范运营22个村镇水厂。开工建设碑口水库主体工程，继续实施三峡移民后续扶持项目。新建农村无线通信基站100个，改造农村电网65千米。持续开展“文明家庭”“文明院落”等评比活动，涵育文明乡风。

促进乡村旅游发展。紧扣“三环十景”乡村旅游发展布局，结合人居环境整治和产业基地建设，打造田园综合体、科技示范园、采摘体验园等乡村旅游景区，推动“巴渝乡愁”农旅项目建成开园。开工建设农科大道、渝长扩能洛碛连接道，加快建设龙胆路等骨架道路，建成投用南北大道延伸段，推动两江大道延伸段全线贯通，新建“四好农村路”300千米。依托玉峰山“森林氧吧”、统景温泉等景区景点，发展康养、休闲度假产业。培育民宿经济，变“农房”为“客房”，新发展家庭农场、绿色共享农庄30家。积极开展精准宣传营销，提升渝北乡村旅游的知名度和影响力。

（六）聚力深化改革创新，加速释放区域发展潜能。坚持以创新助发展，向改革要效益，以供给侧结构性改革为主线，努力实现更高质量、更有效率、更加公平、更可持续的发展。

持续推进重点领域改革。全面优化营商环境，推动“多证合一”、证照分离改革，加快“一本报告管全域”改革试点，打好降低营商成本“组合拳”。推进工程建设领域审批制度改革，将一般社会投资项目全过程审批时间压减至50个工作日以内。深入推进财税体制改革，严格实施“零结转”制度，全面实施绩效管理，全力保障刚性支出。深化投融资体制改革，用好产业发展引导基金，撬动社会资本投向战略性新兴产业。策划推出公共停车场等一批PPP项目，以市场手段扩大公共服务和产品供给。夯实国有融资平台，多渠道募集建设发展资金。深化国企国资改革，健全国企管理人员考核激励机制，提升国有公司发展活力。

深入实施创新驱动战略。大力发展数字经济，发挥仙桃国际大数据谷“两中心一平台”数据优势和智库作用，推动与两江新区协同创新发展，加快开放共享平台建设，集聚发展大数据、集成电路、人工智能等产业。用好用活“创新52条”，鼓励企业加大研发投入，新增市级新型研发机构2家、有效发明专利300项。加大科技型企业培育引进力度，新增科技型企业80家、国家高新技术企业40家。打造“双创”升级版，完善创业孵化体系，举办仙桃杯等创新创业大赛，让渝北成为创新创业的一方热土。加强知识产权保护和科技成果股权激励，加速科技成果转化和产业化。

大力支持民营经济发展。坚持“两个毫不动摇”和“三个没有变”，推进民营企业转型发展试点，落实“涉企减负30条”“支持实体经济企业18条”等政策措施，引导民营企业“小转企”“微升小”“小升规”。完善“政银企”风险分担机制，健全民营企业信用体系，发展“税银通”“助保贷”等银行贷款产品，推进“科信贷”“升级贷”扩面放量，缓解企业融资难融资贵。支持民营企业发行债券、上市融资，新增上市挂牌企业10家。构建亲清新型政商关系，完善领导干部联系服务企业、重点企业走访等制度，健全企业困难联动帮扶机制，积极为企业排忧解难。弘扬企业家精神，保护企业家合法权益，让民营企业家安心谋发展，推动民营企业做大做强。

（七）聚力环境治理保护，加快建设国家生态文明示范区。坚持生态优先绿色发展，牢固树立绿水青山就是金山银山的理念，打好污染防治攻坚战，努力让天更蓝、地更绿、水更清。

不断强化生态环境治理。持续整改中央、市环保督察和专项督察反馈问题，努力解决好群众反映强烈的突出环保问题。完成4家工业企业挥发性有机物综合治理，强化机动车尾气、汽修厂废气整治，严格建筑工地扬尘管控，力争空气质量优良天数达到300天以上。推进盘溪河、肖家河等6段城市水体“清水绿岸”工程，加快两岔、卫星等3个水库和双龙湖、龙舌湖等4个城区湖库水生态修复，完成东方红水库流域水环境综合治理。实施城区雨污分流治理工程，建成石坪污水处理厂一期、肖家河污水处理厂三期，完成11个场镇污水处理厂建设改造。摸清土壤污染底数，抓好农用地、工业用地污染治理，实施海鹏公司废油回收场地等污染地块修复。大力整治文化娱乐、商业活动等噪声污染源，营造清爽安静的居住环境。

着力提升生态保护水平。严格落实生态保护红线，保护和修复“四山”生态，筑牢重要生态屏障。统筹山水林田湖草系统治理，加快关闭矿山地质环境恢复治理，开工建设铜锣山国家矿山公园。加强长江和嘉陵江渝北段、御临河、后河等重点流域环境保护，强化地质灾害防治，治理水土流失面积20平方千米。推进大规模国土绿化，营造林5万亩，退耕还林2万亩。防治农业面源污染，推进农村废弃物资源化利用。新增生活垃圾分类处理试点街道3个，餐厨垃圾处理率达到80%。执行最严格的耕地保护制度，落实粮食安全行政首长负责制。

加强生态文明制度建设。坚持用最严格制度最严密法治保护生态环境，深入落实河长制、山长制，实现管山治水常态化长效化。强化排污者责任，健全环保信用评价、信息强制披露制度。加强区域联防联治，严厉打击跨流域环境违法违规行为。开展生态文明宣传教育，推动公众广泛参与生态文明建设。加强重点工业企业在线监控，强化环境监测预警体系建设，有效防范和处置环境突发事件。

（八）聚力增进民生福祉，共建幸福和谐渝北。紧扣人民群众最关心最直接最现实的利益问题，织密织牢民生保障网，让人民群众有更多、更直接、更实在的获得感、幸福感、安全感。

办好人民满意的教育。启动建设两江小学B校区、鹿山实验小学等7所学校，完成渝北中学二期、茨竹小学等5所学校改扩建工程。新增公办幼儿园5所，扩大公办幼儿园和普惠性幼儿园占比。落实中小学联盟发展计划，开展“集团化”联合办学，全面提升教育教学质量，稳妥推进新高考等考试招生制度改革。巩固扩大国家首批中职示范校创建成果，促进产教融合，提质发展特色职业教育。支持驻区高校发展，鼓励民办教育分类发展，办好特殊教育和继续教育。全面落实立德树人根本任务，加强新时代教师队伍建设，倡导全社会尊师重教。

统筹发展卫生健康事业。建成新人民医院，加快新中医院建设，启动区妇幼保健院、区第二人民医院新建改建工程。推进王家、宝圣湖等社区卫生服务中心建设，完成4个中心卫生院改扩建。深化医药卫生体制改革，加强医联体、医共体建设，提升基层医疗机构服务能力。加大医疗卫生人才引进和培养力度，加强全科医生队伍建设。鼓励社会资本开办高端医疗机构，支持打造名老中医传承工作室，满足群众多样化健康需求。大力推行预约服务、自助服务、家庭医生签约服务等便民长效机制，方便群众看病就医。实施母婴安全、健康儿童行动计划，促进人口长期均衡发展。

繁荣发展文化体育事业。深入实施公民道德建设工程，引导市民自觉践行社会主义核心价值观。积极争取市级重大文化项目落地，提档升级3个镇街文化服务中心，新建社区文化室10个。建成“渝北文化云”三级管理大数据平台，大力开展“书香渝北”等文化惠民活动。挖掘巴渝民俗文化、抗战文化、革命文化，加强小河锣鼓、华蓥高腔、赵氏武术等非遗项目传承推广，保护文化遗产，延续城市文脉。实施名家名品工程，支持打造一批文艺精品。开放全民健身中心武术馆、游泳馆等场馆，改扩建镇街健身中心（广场)8个,新建健身步道20千米以上,更好地满足群众体育健身需求。

加强就业和社会保障工作。实施更加积极的就业政策,大力开展职业技能培训,新增城镇就业5万人以上。推动全民参保,职工"五险"新增参保3万人次,城乡养老、医保参保率分别稳定在95%、96%以上。新建敬老院3个、社区养老服务站15个,创建市级示范社区养老服务中心4个。推进养老机构公建民营、民建公助,完善多层次养老保险体系。新开工安置房8万平方米,加快富兴苑、御景雅居等9个安置房项目建设。推进市民服务中心建设,新建改建社区便民服务中心14个。完善低保和特困人员供养制度,做到"应保尽保"。落实农民工工资支付保障措施,切实维护农民工合法权益。积极发展社会福利和慈善事业,健全残疾人、孤困儿童社会保障和服务体系,筑牢民生底线。重视并开展好工会、妇女、青少年、修志、民宗、侨台、人防、红十字、爱国卫生等工作。

深化平安渝北建设。全面落实企业主体责任和政府监管责任,强化重点行业领域安全监管,挂牌整治重大安全隐患,防止较大及以上安全事故发生。加大对食品药品生产、流通、销售等环节监督执法力度。依法严厉打击严重暴力、网络犯罪、非法集资和"黄赌毒"等违法犯罪活动,完善立体化信息化治安防控体系,建成公安业务技术用房,推进办案中心、派出所等基层警务阵地建设。持续开展"七五"普法。加快三级综治中心规范化建设,健全矛盾纠纷多元化解机制,与时俱进坚持好、发展好新时代"枫桥经验",不断提升社会治理体系和治理能力现代化水平。加强公租房、单体楼和老旧小区物业管理,试点安装智能门禁系统。强化社会稳定风险防控,妥善解决信访突出问题。加强国防动员和后备力量建设,推进区人武部营房新建工程。建立退役军人事务工作体系,做好优抚安置双拥工作。建成区消防应急救援指挥中心,强化应急演练和专业队伍建设,提升防灾减灾救灾能力,营造和谐平安的社会环境。

三、加强政府自身建设

新的一年,政府工作任务艰巨、责任重大,必须切实加强自身建设,解放思想,实事求是,以更加务实的作风和高效的服务推动经济社会持续健康发展。

(一)着力提高政治站位。深学笃用习近平新时代中国特色社会主义思想,深入推进"两学一做"学习教育常态化制度化。坚定把握正确政治方向,树牢"四个意识",坚定"四个自信",坚决做到"两个维护",落实市委"三个确保"的政治承诺。严格遵守党的政治纪律和政治规矩,不折不扣贯彻落实中央、市委和区委各项决策部署,确保政令畅通、令行禁止。坚决肃清孙政才恶劣影响和薄熙来、王立军流毒,破除"袍哥"文化、码头文化,切实把政治站位、政治定力、政治担当体现在具体行动上,努力营造风清气正、正气充盈的政治生态。

(二)着力推进依法行政。严格遵守宪法和法律,依照法定权限和法定程序履行职责,自觉用法治思维和法治方式解决问题、推进工作。依法接受人大及其常委会法律监督、工作监督,主动接受政协民主监督,切实抓好人大代表议案建议、政协提案办理工作,自觉接受监察监督、社会监督。推进行政权力规范运行,强化重大行政决策合法性审查,促进科学决策。推行行政执法公示、执法过程全记录制度,探索行政执法社会评议机制,严格规范公正文明执法。大力推进政务公开,及时向社会公布规范性文件的"立改废",聚焦舆情热点,及时回应社会关切,切实提高政府公信力。

(三)着力提升政府效能。积极推进政府职能转变,稳步推进政府机构改革,强化公共服务、市场监管、应急管理等职能。全面深化"放管服"改革,努力实现审批更简、监管更强、服务更优。

大力推进“全渝通办”，全面推广“渝快办”掌上政务，让数据多跑路、群众少跑腿。弘扬担当作为的精神风尚，集中整治形式主义、官僚主义，锤炼过硬作风，切实在加快乡村振兴、推动城市提升、抓好重点项目、化解信访矛盾、帮助民营企业纾困解难等方面取得实效。建立健全正向激励和容错纠错机制，鼓励创造性贯彻落实。建设节约型机关，严控“三公”经费。做好第四次经济普查，做实数据、摸清家底。改进督查工作，不搞机械式对照检查，让基层干部集中精力抓落实。强化学习提能，保持斗争精神，积极主动应对各种困难和挑战。

（四）着力建设廉洁政府。深入推进政府系统全面从严治党工作，严格落实主体责任。认真贯彻落实中央八项规定精神和市委实施意见，严防“四风”问题反弹回潮。加强工程建设、招标投标、产权转让等重点领域监管，完善政府采购制度，推动公共资源交易在阳光下运行。加大对重大决策措施、重大项目建设和领导干部履行经济责任等审计监督力度，健全廉政风险防控机制。严惩重点领域、关键环节及群众身边的腐败和作风问题，发现一起、惩处一起，确保干部清正、政府清廉、政治清明。

各位代表，“幸福都是奋斗出来的”。新时代赋予新使命，新征程呼唤新作为。让我们紧密团结在以习近平同志为核心的党中央周围，在市委、市政府和区委的坚强领导下，不忘初心、牢记使命，锐意进取、埋头苦干，为加快建设国家临空经济示范区、决胜全面建成小康社会、开启现代化建设新征程而努力奋斗，以优异成绩向新中国成立70周年献礼！

大事记

1月

1日，元旦小长假期间，渝北区共接待游客245.43万人次，旅游收入36805万元，同比分别增长14.26%和16.01%。

2日，区委书记段成刚主持召开区委十四届第48次常委会议，学习贯彻习近平主席2018年新年贺词、习近平总书记在中央政治局民主生活会上的重要讲话精神和对“四好农村路”建设的重要指示精神，并传达学习《中国共产党党务公开条例(试行)》精神。区委常委出席会议，区人大常委会主任李联铁、区政协主席彭建康等列席会议。

4日，渝北区青年歌手大赛决赛在区图文新馆临空文化剧场举行，罗军获大赛第一名。

5日，渝北区首个“新的社会阶层人士之家”在空港创业孵化园挂牌。

6日，重庆市首届寻找“最美朗读者”诵读大赛总决赛在重庆市自然博物馆举行，渝北区毕杰、刘皓琰分别获得成人组二等奖和青少组三等奖，渝北区文化委获优秀组织奖。

8日，区委书记段成刚主持召开区委十四届第49次常委会议。会议听取了关于第五届市人大代表候选人和五届市政协委员人选公示结果的汇报，研究了2018年渝北区经济指标有关事宜。

10日，渝北区两江大道北延伸段工程在石船镇黄岭村举行开工活动。

12日，渝北区委宣传部获“《重庆日报》2017年度十佳通联工作组织奖”，渝北新闻社的《“学习吧”——学习宣传贯彻党的十九大精神专题》获“2017年度重庆区县党报新媒体报道创新奖”。

12日至14日，中国人民政治协商会议重庆市渝北区第十五届委员会第二次会议在区会议中心召开。会议审议通过区政协第十五届委员会第二次会议关于常务委员会工作报告的决议、关于提案工作情况报告的决议、关于大会建议案的决议及区政协第十五届委员会第二次会议决议，通报表扬了政协工作先进集体、先进个人及优秀委员、优秀提案和优秀社情民意信息。

13日至15日，重庆市渝北区第十八届人民代表大会第二次会议在区会议中心召开。会议表决通过了《关于渝北区人民政府工作报告的决议》《关于渝北区2017年国民经济和社会发展计划执行情况及2018年计划的决议》《关于渝北区2017年财政预算执行情况和2018年财政预算的决议》《关于渝北区人大常委会工作报告的决议》《关于渝北区人民法院工作报告的决议》《关于渝北区人民检察院工作报告的决议》《关于大会议案的决议》。大会选举赵荣华为区监察委员会主任，选举黄政为区第十八届人大常委会委员，选举产生了30名重庆市第五届人大代表。

14日，区委书记段成刚主持召开区委十四届第50次常委会议研究干部人事相关事宜。

16日，第七届“全国服务农民、服务基层文化建设”先进集体表彰大会在北京召开，渝北临空文化艺术团荣获第七届全国服务农民、服务基层文化建设先进集体称号。

17日，区人大常委会主任李联铁主持召开区第十八届人大常委会第7次会议。会议听取和审议了关于接受秦文敏同志辞去区人民政府副区长职务议案的说明和关于曹兴兵等7名同志任职议案的说明，并表决通过了以上人事任免事项。会上，对新任命干部颁发了任命书，并举行了宪法宣誓仪式。

是日，市发改委公布第一批市级战略性新兴服务业集聚示范区名单，渝北区"新牌坊金融区""重庆创意公园文化旅游集聚示范区""仙桃数据谷信息服务集聚示范区"获批重庆首批市级战略性新兴服务业集聚示范区。

18日，区委书记段成刚主持召开区委十四届第51次常委会议。会议学习贯彻习近平总书记"1·5"重要讲话精神和在十九届中央纪委二次全会上的重要讲话精神，传达学习中央农村工作会议、全市经济工作会议等精神，研究渝北区贯彻落实意见。

是日，区政府区长唐川主持召开区政府第25次常务会议。会议传达学习了全市经济工作会和金融工作会精神，研究了渝北区贯彻落实意见，审议并原则通过《2018年〈政府工作报告〉重点工作目标任务分解（送审稿）》《关于进一步加强园区安全生产工作的通知（送审稿）》《渝北区2018年促进农村电子商务发展实施方案（送审稿）》《渝北区促进会展产业发展扶持办法（送审稿）》《渝北区地质灾害抢险应急治理工程项目优化前期审批程序实施方案（送审稿）》《渝北区盘活利用集体建设用地实施方案（送审稿）》和有关投资协议等事宜，研究了区"两会"代表委员意见建议吸纳办理相关事宜。会议还审议了《渝北区公共服务设施优化布局方案（送审稿）》、村（社区）组织运转经费保障等事宜。

重庆市渝北区监察委员会挂牌。区监察局和区检察院职务犯罪侦查局撤销，将职能、人员整合至区监察委员会。

环保部西南督察局局长张迅率队督察渝北区落实中央环保督察反馈意见整改工作情况，实地察看了盘溪河黑臭水体治理、悦来饮用水源地规范化建设、碧津公园水生态修复工程推进情况。

19日，区委副书记、区长唐川在区会议中心主持召开全区经济工作会议暨重点项目建设推进会。

23日，渝北区2018年统一战线迎春联谊会在区文化馆临空文化剧场举行。区委书记段成刚等区领导，各民主党派区（工）委、区工商联负责人和无党派人士代表等出席活动。

24日，区委书记段成刚主持召开区委十四届第52次常委会议。会议传达学习了党的十九届二中全会精神和习近平总书记在中央全面深化改革领导小组第二次会议上的重要讲话精神，审议了《贯彻中央巡视工作精神深化区委巡察工作方案（送审稿）》《十四届区委巡察工作规划（送审稿）》《关于调整区委巡察组组长、副组长和工作人员备选库的通知（送审稿）》。

是日，同茂大道中桂馥大道至春华大道路段开通，至此同茂大道全线通车。

26日，以"大数据与智能化创新"为主题的全国大学生科技创新冬令营在仙桃大数据与物联网职业培训学院开营，北大、清华、浙大、哈工大、重大等20多所全国一流高校的123名优秀学生参加。

是日，重庆市会展办公室颁布"2017年度会展业奖项获奖名单"，渝北区获评"会展经济先进区县"。

30日，全国第一届公共图书馆创新创意案例征集推广活动作品终评会在上海图书馆召开，渝北区图书馆作品"品味书香、超越梦想——渝北家庭图书馆"在终评答辩中获"最佳创新奖"。

2月

1日，区委书记段成刚主持召开区委十四届第53次常委会议。会议传达学习习近平总书记在中共中央政治局第三次集体学习时的重要讲话精神，传达学习市五届人大一次会议和市政协五届一次会议精神，研究渝北区贯彻落实意见。

是日，西南国际汽贸城项目推介会在重庆创意公园举行，标志着西南地区首个全产业链汽贸城正式起航。区相关领导及重庆市40余家知名汽车销售公司负责人等出席会议。.

2日至9日，首届中国（渝北）书法论坛暨全国书法名家作品展在两江美术馆举行。

4日，重庆日报、携程集团联合发布《2017年重庆旅游大数据报告》，渝北统景温泉上榜“重庆十大热门景区”。

6日，渝北武术研究院成立暨渝北区武术协会换届大会在区会议中心召开。

7日，2017年度感动渝北十大人物颁奖盛典在渝北广播电视台演播厅举行，杨德兵、罗雪琴、汪清友、邹维富、李洁、邓林明、江礼君、詹平、朱炳清、曾淑俊当选“2017年度感动渝北十大人物”。

8日，区政府区长唐川主持召开区政府第26次常务会。会议传达学习了全国、全市安全生产工作电视电话会议精神，审议并原则通过《渝北区老旧住宅增设电梯工作实施方案（送审稿）》《渝北区盐业体制改革实施方案（送审稿）》《渝北区新型职业农民培育认定管理及扶持办法（送审稿）》和干部人事任免等，研究了2018—2020年棚户区改造资金、17宗农业项目设施农用地、渝港公司固定资产无偿调拨、2017年驻区金融机构支持地区经济社会发展考核评价奖励和相关工程变更等事宜。会议还审议了《渝北区进一步推进农村人居环境整治工作实施方案（送审稿）》《渝北区农村存量危房整治实施方案（送审稿）》《渝北区2018—2020年度加快推进普惠性学前教育工作方案（送审稿）》和相关招商项目等事宜，研究了给予生态文明建设和环境保护工作做出突出贡献的集体及个人奖励等事宜。

14日，区委书记段成刚主持召开区委常委会议。会议传达全市领导干部大会有关中共中央办公厅关于对孙政才涉嫌犯罪提起公诉的情况通报的精神。会议强调，要提高政治站位，增强“四个意识”，坚决拥护党中央的决定，做到对党绝对忠诚，以实际行动坚决维护以习近平同志为核心的党中央权威和集中统一领导。

是日，区委书记段成刚主持召开区委十四届第55次常委会议。会议传达学习市委书记陈敏尔在区委常委会2017年度民主生活会上的讲话精神，研究部署渝北区贯彻落实意见。

18日，渝北区公安分局交巡警支队石船公路巡逻大队副大队长杨雪峰在石船镇渝长东街十字路口疏导交通时，对驾驶摩托车违法载客的张某进行纠违、劝阻，张某怀恨在心，取得凶器后尾随杨雪峰并乘其不备进行报复，杨雪峰与之英勇搏斗并与战友将犯罪嫌疑人制服，后因失血过多，经抢救无效殉职。2月20日，杨雪峰同志送别仪式在渝北殡仪馆举行，重庆市相关领导及1000余名民警和自发前来的群众代表，与杨雪峰做最后的道别。告别会上，市公安局党委委员、政治部主任蔡聘宣读了公安部唁电内容和追记杨雪峰个人一等功决定。

22日，渝北各地以“绿水青山就是金山银山”为主题，广泛开展2018年春季义务植树活动，推动全区大规模国土绿化行动和乡村振兴战略行动计划。

24日，区委书记段成刚主持召开区委十四届第56次常委会议。会议审议了《区委常委会2017年度民主生活会整改方案（送审稿）》，传达学习了全国、全市扫黑除恶专项斗争工作会议精神和中央、市委政法工作会议精神及市纪委五届二次全会精神，研究了渝北区贯彻落实意见。

27日，中国共产党重庆市渝北区第十四届纪律检查委员会第三次全体会议在区会议中心召开。

28日，市委常委、市纪委书记、市监委主任陈雍到区检查调研十九届中央纪委二次全会和五届市纪委二次全会精神落实情况。

3月

1日，兴隆花海景区开园迎宾。

2日，区委书记段成刚主持召开区委十四届第57次常委会议。会议传达学习了中国共产党第十九届中央委员会第三次全体会议精神及市委常委会有关贯彻精神、习近平总书记在中共中央政治局第四次集体学习时的重要讲话精神、《中共中央、国务院关于实施乡村振兴战略的意见》和重庆市实施乡村振兴战略行动计划动员会议精神，研究了渝北区贯彻落实意见。会议还听取了区人大常委会、区政府、区政协、区法院、区检察院党组的工作情况汇报。

是日，《渝北区新型职业农民认定管理及扶持办法》(渝北府办发〔2018〕11号)印发。

国家发改委发布“2017—2018年(第24批)国家企业技术中心认证名录”，渝北区的再升科技公司和金山科技公司上榜。

6日，渝北区纪念“三八”国际妇女节108周年暨“时代风采，巾帼礼赞”诗歌朗诵会在渝北会议中心举行。会议表彰了渝北区2017年度三八红旗集体、2017年度巾帼文明岗、2017年度三八红旗手以及2017年度巾帼建功标兵。

8日，渝北区与城口县交流座谈会暨人力资源战略合作签约仪式在城口县政府举行。

9日，“挥春新时代——重庆市渝北区书法篆刻作品展”在重庆美术馆开幕。

10日，重庆双凤桥临空旅游集散中心授牌暨渝北旅游观光巴士开行仪式在双凤桥交通换乘枢纽站举行。

是日，重庆首单境外旅客购物离境退税在重庆江北国际机场开出，标志着离境退税政策在重庆市正式兑现。

11日，区委书记段成刚主持召开区委常委扩大会议。会议传达学习贯彻3月10日习近平总书记参加重庆代表团审议时重要讲话精神，以及市委书记陈敏尔关于贯彻落实总书记重要讲话精神的指示要求、全市领导干部大会精神，并研究渝北区贯彻落实意见。全体在家区领导和区级有关部门负责人参加会议。

是日，区委书记段成刚在区会议中心主持召开渝北区领导干部大会，传达学习习近平总书记在参加十三届全国人大一次会议重庆代表团审议时的重要讲话精神，要求在全区掀起学习宣传贯彻热潮，把习近平总书记重要讲话精神和亲切关怀传达到千家万户。

13日，渝北区政府与全球信息与通信技术龙头企业华为公司在深圳签署战略合作协议，双方将就软件开发云、供应链管理等项目展开合作。

是日，市科委发布《关于2018年第一批入库国家科技型中小企业的公告》，渝北区24家企业入选。

14日，临空现代服务业公司、空港经济开发公司与海航现代物流子公司重庆成渝现代物流有限公司在西安签署投资协议，海航现代物流集团将在渝北设立西南总部。

15日，《渝北区盐业体制改革实施方案》(渝北府发〔2018〕11号)印发。

16日，区政府区长唐川主持召开区政府第27次常务会议。会议审议并原则通过了《关于2017年法治政府建设情况的报告(送审稿)》《关于废止和继续施行一批政府规范性文件的决定(送审稿)》和有关招商引资项目等事宜，研究了区重点智能终端企业招工政策、干部人事任免等事宜。会议还审议了《渝北区以临空现代服务业集聚发展为支撑的消费能级提升行动计划(送审稿)》《渝北区以先进制造业为重点的智能制造基地建设行动计划(送审稿)》《渝北区迎接全市环境保护集中督察筹备工作方案(送审稿)》等。

20日,全国首个监察法学院在西南政法大学揭牌成立。

22日,区委书记段成刚主持召开区委十四届第59次常委会议。会议传达了十三届全国人大一次会议、全国政协十三届一次会议精神,学习贯彻了习近平总书记在参加重庆代表团和其他团组审议时的重要讲话、人大闭幕会上的重要讲话精神,以及全市领导干部大会精神,研究渝北区贯彻落实意见。

是日,全国工商联副主席,山东东明石化集团有限公司党委书记、董事局主席兼总裁李湘平应邀为渝北区百余名民营企业家专题宣讲党的十九大精神。

26日,区青年志愿者协会被团中央青年志愿者行动指导中心、中国青年志愿者协会秘书处评为2018年中国青年志愿者服务春运"暖冬行动"优秀志愿者服务团队。

29日,市委副书记、市长唐良智率队到中光电重庆广电产业园、长安汽车渝北制造厂、OPPO(重庆)智能科技生态产业园等调研。市委常委、市政府常务副市长吴存荣,区委书记段成刚、区政府区长唐川和区委常委、统战部部长王广荣参加调研。

是日,市城乡建委公示重庆市第三批特色景观旅游名镇(村)名单,渝北区大盛镇天险洞村被评为重庆市第三批特色景观旅游名村。

是月,渝北区开展"兴调研转作风促落实"行动,全区党政机关领导干部深入镇街、村社和企业等开展集中调研。

4月

3日,区政府区长唐川主持召开区政府第28次常务会议。会议传达学习了主城片区经济运行座谈会精神,审议并原则通过了有关国有土地上房屋征收项目征收补偿方案,研究了规范市政道路与小区结合部路段管理、干部人事任免、财政资金管理、组建重庆临空经济示范区开发建设公司等事宜,审议了《渝北区以大数据智能化为引领的创新生态圈建设行动计划(送审稿)》《渝北区教育系统人才引进办法(送审稿)》。

4日,由中国新闻社主办的"行走中国——2018海外华文媒体高层重庆行"活动走进渝北区,来自美国、法国、西班牙、捷克等15个国家的20家华文媒体高层参访了渝北区仙桃国际大数据谷、创通联达智能技术公司、扬升信息技术有限公司、重庆光电信息研究院等地。

5日至7日,清明小长假期间,渝北区共接待游客53.75余万人次,旅游收入约6075万元,同比分别增长13.27%和15.26%。

6日,渝北区医院仙桃整合医学研究所在区医院正式揭牌。中国工程学院副院长、西京消化病医院院长樊代明出席揭牌仪式。

8日至12日,渝北区与中国建设银行、中国农业银行、中国银行、中国工商银行重庆分行对接,就深化合作开展座谈交流。区属国有企业临空投公司分别与建设银行渝北支行、农业银行渝北支行、中国银行渝北支行、工商银行渝北支行签署框架合作协议。

10日,区委书记段成刚主持召开区委十四届第60次常委会议。会议传达学习了市委书记陈敏尔在市委五届四次全会上的讲话精神。

是日,渝北区第30个爱国卫生月集中宣传活动暨全民参与国家卫生区复审环境整治行动启动仪式在木耳镇举行。

11日,区委理论学习中心组(扩大)集体学习会在区会议中心举行,市级宣讲团成员、西南政法大学党委书记樊伟就全国"两会"精神和习近平总书记在全国"两会"期间系列重要讲话精神进行了宣讲。

是日,长安汽车五厂焊接车间发生桁架坍塌事故,造成4死8伤。12日,区政府区长唐川主持召开全区安全生产紧急会议，通报事故情况，安排部署安全生产工作。

13日，全市首个未成年人司法保护中心在区人民检察院挂牌。

15日，由渝北区和国家信息中心等机构联合建设的“数字渝北”项目规划在仙桃国际大数据谷正式发布。国家信息中心大数据发展部主任于施洋、副主任陈强，重庆工商大学副校长赵骅，区政府副区长颜其勇等集中签订“数字渝北”战略合作协议、重庆西部大数据前沿应用研究院落户协议、渝北区低收入人群综合管理大数据平台项目协议。重庆市政府副市长李殿勋，国家信息中心主任程晓波，市政府副秘书长李谦，渝北区委书记段成刚，区政府区长唐川等市区领导见证签约。同时，重庆西部大数据前沿应用研究院在仙桃国际大数据谷开院，该研究院是西部地区唯一一个全面承接国家信息中心数据、人才和技术资源的产学研智库平台。

是日，以“创新·体验·绿色·成长”为主题的第33届重庆市青少年科技创新大赛在重庆市第八中学校渝北校区闭幕。重庆八中渝北校区学生项目获得一等奖16个、二等奖10个、三等奖7个，22名学生获得科技创新大赛专项奖；教师项目获得一等奖3个、三等级3个，获奖总数位居重庆市第一。

18日，区政协主席彭建康主持召开区政协第十五届第五次常委会议。会议传达学习了习近平总书记全国两会期间系列重要讲话精神、全国两会主要精神及市政协五届一次会议精神，听取了区政协十五届二次会议提案审查及办理推进情况和重点提案交办情况报告，审议并通过《区政协2018年工作要点（送审稿）》《区政协2018年重点协商通报视察调研计划安排（送审稿）》。

20日，重庆知识产权信息中心联合广东中策知识产权研究院、重庆科技发展战略研究院发布《2018年重庆市企业专利创新百强榜》，渝北区有重庆润泽医药有限公司、重庆金山科技（集团）有限公司、重庆元创汽车整线集成有限公司、重庆蓝岸通讯技术有限公司、重庆华渝电气集团有限公司、重庆再升科技股份有限公司、重庆泰山电缆有限公司、南方英特空调有限公司、重庆腾通工业设计有限公司9家企业上榜。

20日至22日，第55届全国制药机械博览会在重庆国际博览中心举行。会上区公安分局首次将“人脸识别”技术应用于安保预警系统。

21日至28日，2017—2018年中国大学生排球联赛总决赛（A组）在重庆市第八中学渝北校区体育馆举行，共有来自北京体育大学、北京航空航天大学、浙江大学等21所大学的24支男、女排代表队参赛。

25日，区政府区长唐川主持召开区政府第29次常务会议。会议研究了政府投资项目工程造价调整、推进工业企业技改扩能工作、国有土地上房屋征收“非改商”房屋处置等事宜，审议了《渝北区实施乡村振兴行动计划（送审稿）》《渝北区坚决打好防范化解重大风险攻坚战实施方案（送审稿）》《渝北区扫黑除恶专项斗争实施方案（送审稿）》等。

26日，中国共产党重庆市渝北区第十四届委员会第三次全体会议在区会议中心召开，区委常委会主持会议，区委书记段成刚出席会议并讲话。全会深入学习贯彻党的十九大精神，以习近平新时代中国特色社会主义思想为指引，全面贯彻习近平总书记视察重庆重要讲话和参加重庆代表团审议时的重要讲话精神，认真落实市委五届四次全会精神，听取讨论了段成刚同志代表区委常委会所作讲话，研究部署了营造良好政治生态、加强法治和德治工作，审议通过了《中共重庆市渝北区委关于营造良好政治生态的意见》《中共重庆市渝北区委关于加强法治和德治工作的实施意见》，认真学习贯彻了《中共重庆市委关于坚决肃清孙政才恶劣影响和薄熙来、王立军流毒的意见》。

是日，重庆市庆祝“五一”国际劳动节大会暨职工文艺会演活动在市文化宫举行。渝北区的有友食品股份有限公司、重庆临空都市基础设施建设运营有限公司等获得重庆五一劳动奖状；渝北区潘前进巴缘酒楼技术总监潘前进、重庆长安汽车股份有限公司高级技师张传华、渝北区安监局副调研员余木中、重庆凌云汽车零部件有限公司渝北分公司工会主席郝慧等获得重庆五一劳动奖章；重庆长安汽车股份有限公司渝北工厂刘源劳模创新工作室、重庆市妇幼保健院新生儿科、重庆市公安局渝北区分局出入境管理支队、渝北区地方税务局龙山税务所等获得“重庆市工人先锋号”称号。

重庆市首个连环画艺术陈列馆——渝北区驰骋连环画艺术陈列馆免费开放。

27日，临空经济示范区招商项目集中签约活动在区会议中心举行。此次集中签约28个项目，合同投资总额136.21亿元，涉及航空服务、大数据、智能制造、创新金融、现代农业等领域。

是日，区人大常委会主任李联铁主持召开区十八届人大常委会第九次会议。会议听取了区政府环境保护、2017年法治政府推进等情况报告，评议了区政府学前教育工作。

区政协主席彭建康主持召开区政协十五届第三十二次主席会议。会议协商了《渝北区以大数据智能化为引领的创新生态圈建设行动计划（送审稿）》《渝北区实施乡村振兴行动计划（送审稿）》《区政协委员履职档案管理暂行办法（送审稿）》等事宜。

28日，国务院办公厅下发《关于对2017年落实有关重大政策措施真抓实干成效明显地方予以督查激励的通报》。渝北区因“推进商事制度改革成效明显，落实事中事后监管等相关政策措施社会反映良好”“土地节约集约利用、土地利用秩序、土地利用计划执行好”受到国务院通报表彰，并获得2018年新增建设用地计划指标1000亩的奖励。

4月30日至5月1日，“五一”小长假期间，渝北区共接待游客99.05万人次，旅游收入约9650万元，同比分别增长12.32%和16.09%。

5月

2日，区政府区长唐川主持召开区政府第30次常务会议。会议审议了《渝北区公共投资建设项目审计办法（送审稿）》《2018年渝北区住宅民用燃气一户一表改造实施方案》《渝北区2018年义务教育阶段学校招生方案》，研究了三亚湾水产品综合交易市场改造升级、A061-2号地块新建智能立体停车场和鸽子沟、群力水库收购等事宜。

3日，区委书记段成刚主持召开区委十四届第65次常委会议。会议审议了渝北区《以大数据智能化为引领的创新生态圈建设行动计划（送审稿）》，研究了渝北区大力推动工业经济高质量发展的有关措施。

4日，渝北区集中组织收听收看纪念马克思诞辰200周年大会实况，区委第一时间召开理论学习中心组（扩大）专题学习会，深入学习领会习近平总书记重要讲话精神。全体区在家领导、区级各部门单位主要负责人参加学习。

是日，国家卫生健康委药政司司长于竞进一行到区调研基本药物制度工作，实地察看了区中医院、龙山社区卫生服务中心等地，并召开座谈会听取相关工作情况汇报。

“不忘初心跟党走，青春建功新时代”渝北区纪念“五四”运动99周年大会暨临空青年风采展示活动在区会议中心举行。来自航空领域青年代表和渝北区基层团干部、青少年学生、少先队辅导员、共青团系统先进集体和先进个人代表等共计400余名青年代表参加活动。

6日，全国职业院校技能大赛在天津举行，渝北职业教育中心学生刘赢杰和李旺在中职组机电一体化设备组装与调试项目中夺得2018年度全国职业院校技能大赛首金。

8日，区委书记段成刚主持召开区委十四届第66次常委会议。会议审议了《渝北区精准脱贫攻坚战实施方案（送审稿）》等文件，研究了开展农村危房整治、农村贫困人口“三个一批”专项行动、构建“五权”机制落实贫困户子女义务教育保障、选派乡村振兴及扶贫攻坚工作督导组等相关工作。

9日，第十一届重庆市青少年科技创新市长奖颁奖活动在巴蜀中学校礼堂举行，重庆市第八中学任彦宇、渝开学校四年级学生柳博洋获奖。

10日，金山大道北延伸段正式通车。金山大道北延伸段南起同茂大道金竹湾立交处，经椿萱大道的蒋家山立交，止于渝广高速二期起点（金山立交），长约1.65千米。

15日，渝北区与云阳县对口帮扶工作座谈会在区会议中心召开。渝北区委书记段成刚，云阳县委书记张学锋出席会议并讲话。

18日，第八届重庆市农家乐乡村旅游休闲节暨第二届重庆生态烧烤美食节在圣名世贸环球城启幕。

是日，全国教师志愿服务联盟课后服务建设工作推进会在空港新城小学举行，来自北京、江苏、福建等13个省市34所课后服务试点学校、数百名教育专家就抓好课后服务建设展开交流探讨。

20日，渝北区西师书院在悦来温德姆酒店举行成立庆典。西师书院是由重庆市著名书法家、中国书法“兰亭奖”获得者曹建牵头发起，由区文联主管、经区民政局注册登记的专门从事文学艺术传播的公益性、非营利性机构。

22日，区政府区长唐川主持召开区政府第31次常务会议。会议传达学习了全国生态环境保护扩大会、全国全市网络安全和信息化工作会、全市旅游发展大会等会议精神，研究渝北区贯彻落实意见。会议研究了招商引资、租用机场商务楼B幢及评选表扬优秀教师、优秀教育工作者等事宜，审议了《渝北区国家公益林区划落界方案》《渝北区深入推动长江经济带发展的意见（送审稿）》《渝北区加快全域旅游发展的实施意见（送审稿）》。

23日，区委书记段成刚主持召开区委十四届第67次常委会议。会议传达学习了全国生态环境保护大会精神，习近平总书记在中央全面深化改革委员会第二次会议上的重要讲话精神，市委常委会会议和五届市委全面深化改革领导小组第七次会议有关精神，研究渝北区贯彻落实意见。

24日，渝北区与资阳市深化交流合作座谈会在区会议中心三楼会议室召开。区委书记段成刚与资阳市委副书记、市长陈吉明就深化两地临空经济和汽车产业合作进行交流。

是日，《中国特色小（城）镇2018年发展指数报告》发布，仙桃国际大数据谷特色街区上榜全国最美特色小城镇50强。

第五届渝北区青少年科技创新区长奖公布，王清宇、李小语等10人获第五届渝北区青少年科技创新区长奖，王航、冯路桥等10人获第五届渝北区青少年科技创新区长奖提名奖。

25日至28日，第二十一届中国西部国际投资贸易洽谈会在渝北区悦来国际会议中心举行，有67个国家和地区的7300余家企业（机构）的嘉宾及客商近2万人参展参会。渝北区组织了OPPO、物奇科技、创通联达等30余家高科技企业或机构参展，签约怡亚通、英飒（IMSA）重庆汽车整车进口项目、广凡基金项目、达仁资本大数据基金项目、胡家岩文旅小镇、华实母婴产品基地6项目。

28日，市政府副市长李明清到区调研脱贫攻坚和乡村振兴工作。

31日，区委理论学习中心组（扩大）集体学习会在仙桃数据谷举行，邀请国家信息中心大数据发展部主任、数字中国研究院院长于施洋作《以新思维新模式开创数字渝北发展的新时代》专题报告。

31日至6月2日，2018年全国职业院校技能大赛（中职组）电子电路装调与应用赛项在区职业教育中心举行，全国34个省、直辖市、自治区及计划单列市的共97支代表队参赛。渝北职教中心学生刘宇航获得一等奖。

6月

1日，仙桃国际大数据谷举行新闻发布会发布仙桃国际大数据谷全新LOGO、全新产业规划和三年发展行动计划等，并举行集成电路（IC）设计产业园授牌和招商项目集中签约活动。

2日，“文明在行动·满意在重庆——周六文明劝导我参与志愿服务市级示范活动”在龙溪街道举行。

5日，重庆临空都市农业开发建设有限公司与中国工程院院士荣廷昭及其专家团队在四川农业大学成都校区举行重庆渝北国家农业科技园区院士专家工作站签约仪式。

6日，区委书记段成刚主持召开区委十四届第68次常委会议。会议学习贯彻了习近平总书记在两院院士大会上的重要讲话和致2018中国国际大数据产业博览会贺信精神，还学习贯彻了习近平总书记重要指示和新时代激励干部新担当新作为暨加强改进选调生工作座谈会精神，并传达学习了市委常委会有关贯彻精神。

7日至8日，2018年重庆市普通高校招生统一文化考试举行。渝北区共设置考点3个，考场196间。高考报名总人数8313人，比去年增加230人，增幅2.85%。

8日，渝北区旅游发展大会在区会议中心召开。

是日，以“促进重庆猎头行业发展，打造西部人才聚集高地”为主题的2018中国猎头行业发展峰会在重庆人力资源服务产业园举行，会上全国首家猎头基地正式揭牌。

12日至14日，2018年重庆市初中毕业暨高中考试举行，渝北区共设16个考点（含两江新区2个考点），共计11263人参加。

13日，2018年“仙桃杯”重庆青年创新创业大赛暨第五届“创青春”中国青年创新创业大赛重庆地区赛启动仪式在仙桃国际大数据谷举行。

是日，区政府区长唐川主持召开区政府第32次常务会议。会议传达学习了全国安全生产电视电话会议、重庆市深入推动长江经济带发展动员大会暨生态环境保护大会和李明清副市长在渝北调研乡村振兴暨脱贫攻坚工作时的重要讲话精神，研究了第三次土地调查、区属国有公司2017年度经营业绩目标考核和相关土地供应划拨、零星危旧房改造项目新增、项目建设、维稳等事宜，审议了《渝北区全面推进公共法律服务体系建设方案（送审稿）》《渝北区划定高污染燃料禁燃区通告（送审稿）》。

农业部市场与经济信息司司长唐珂、团市委书记张继军、团中央青年发展部副巡视员刘钢等到区参观考察仙桃国际大数据谷，并与区委书记段成刚进行座谈。

14日，以“用热血铸就忠诚·用生命守护平安”为主题的杨雪峰同志先进事迹首场报告会在区会议中心一楼大厅举行。市委常委、政法委书记刘强，市政府相关领导出席报告会。市委宣传部副部长马岱良，市委政法委副书记文天平，区委书记段成刚，区人大常委会主任李联铁，区政协主席彭建康等参加报告会。

是日，区委书记段成刚主持召开区委十四届第69次常委会议。会议学习贯彻了习近平总书记对脱贫攻坚工作作出的重要指示精神，传达学习了全市深入推动长江经济带发展动员大会暨生态环境保护大会精神，研究渝北区贯彻落实意见。

区政协主席彭建康主持召开区政协十五届第三十四次主席会。会议传达学习了《关于举办习近平总书记关于加强和改进人民政协工作的重要思想理论研讨会暨区县政协主席研究班的预通知》《市政协办公厅关于印发〈开展习近平总书记关于加强和改进人民政协工作重要思想理论研究并征集论文的通知〉的通知》精神，研究了区政协书画院换届等事宜。

15日，第七届“重庆与世界嘉年华”在渝北区嘉州商圈开幕。活动期间，丹麦、日本、澳大利亚、俄罗斯、意大利五国领事馆将带来各自国家的旅游、文化、艺术交流活动。市委常委、宣传部部长张鸣，市委宣传部常务副部长薛竹，区委书记段成刚，团市委书记张继军，重庆日报报业集团总裁向泽映，丹麦驻重庆总领事馆总领事乐慕胜，日本驻重庆总领事馆总领事小松道彦，加拿大驻重庆总领事馆总领事戴杰豪等出席开幕活动。

是日，渝北临空现代服务业集聚发展的重点项目、全国首家剧场型文化中心——重庆爱融荟城开业。

16日至18日，端午节期间，渝北区共接待游客54.65余万人次，旅游收入约6106.61万元，同比分别增长14.06%和19.12%。

20日，区人大常委会主任李联铁主持召开区第十八届人大常委会第十次会议。会议审议并表决通过了有关人事任免事项以及《渝北区人大常委会规范性文件备案审查办法(修订草案)》。

是日，渝北区临空金融商会成立暨第一次会员大会召开。该商会是重庆市首家金融商会，有会员60家(个)，其中金融企业会员36家、金融企业家会员24个。

21日，第十三届中国重庆高新技术交易会暨第九届中国国际军民两用技术博览会在南坪国际会展中心开幕，渝北区共有15家企业携30余件产品参展。

22日，渝北区深入推动长江经济带发展动员大会暨生态环境保护大会在区会议中心召开。

是日，由市科委、渝北区人民政府联合主办的“科技金融创新发展论坛暨知名创投机构重庆行——走进渝北”活动在仙桃国际大数据谷举行。

《重庆市渝北区志(1995—2015)》编纂工作动员部署暨业务培训会在区委党校召开，渝北区首部区志编修工作全面启动。

23日，位于重庆中央公园板块的龙湖集团“中央公园天街”、中粮集团“重庆大悦城”、新城控股“渝北吾悦广场”、合景泰富“重庆悠方购物中心”及鲁能地产“泰山七号”商业项目集中开工，标志着约360万平方米的两江国际商务中心正式进入施工建设阶段。

26日，区政府区长唐川主持召开区政府第33次常务会议。会议传达学习了全市“四好农村路”建设现场推进会、自然保护地大检查大整治会、全市法治政府建设推进会议精神，研究了渝航大道(渝北段)沿线增绿工程、拨付2018年全市重点电子企业招工委托费用和相关项目落户、工程建设、历史遗留问题处置等事宜，审议了《渝北区人民政府关于废止一批政府规范性文件的决定》《渝北区两级公共服务事项目录清单》等。

是日，渝北区人民政府印发《关于做好第四次全国经济普查的通知》(渝北府发〔2018〕24号)。

28日，区委书记段成刚主持召开区委十四届第70次常委会议。会议传达学习了重庆市区县巡察工作座谈会精神，听取了全区安全生产工作情况及市政府安委会综合督查情况的汇报。

29日，渝北区举行旅游产业招商推介会，20余家全国知名企业应邀参加。区委副书记、区政府区长唐川与参会企业代表一行，在环山公园、铜锣山矿山公园等地现场进行了实地考察，并现场推介渝北区旅游产业发展情况。区政府副区长唐密，区级相关部门、街道、区属国有公司主要负责人参加活动。

是日，“与创新同行”论坛暨科学中国人2017年度人物盛典在北京钓鱼台国宾馆举行，重医附三院泌尿疾病中心主任李为兵教授荣获“科学中国人2017年度人物”称号。

7月

2日，渝北区扫黑除恶专项斗争工作推进会在区会议中心召开。

3日，由中央网信办网络新闻信息传播局主办、重庆市委网信办承办的“新时代·新平台·新机遇”——“一带一路”大型网络主题活动媒体见面会在仙桃国际大数据谷举行。中央、地方新闻网站和商业网站近30家网络媒体代表参加活动。

4日，主城及渝西片区城市管理品质提升暨生活垃圾分类工作现场会在渝北区召开。市政府副市长潘毅琴、市城管委主任谢礼国、区委书记段成刚等参加现场会。

5日，国家税务总局重庆市渝北区税务局挂牌成立。原重庆市渝北区国家税务局、重庆市渝北区地方税务局合二为一。

是日，渝北区教师进修学校通过市教委、市政府教育督导室评估验收，成功创建区级教师进修学院。

9日，区委书记段成刚主持召开区委十四届第71次常委会议。会议传达学习了习近平总书记在全国组织工作会议等重要会议上的重要讲话精神，以及市委常委会议有关精神，研究渝北区贯彻落实意见。

是日，区政府区长唐川主持召开区政府第34次常务会议。会议传达学习了市政府第二次全体会、全市改善农村人居环境现场推进会暨乡村振兴村规划编制工作座谈会等会议精神，研究了渝北区贯彻落实意见。会议听取了全区半年平安稳定形势分析情况汇报，研究了公立医院薪酬制度改革试点事宜，审议了《渝北区2018年“三环十景”农旅融合建设项目实施方案（送审稿）》《关于深入推动长江经济带发展加快建设山清水秀美丽渝北的意见（送审稿）》《渝北区构建以临空产业联盟为先导的军民融合发展战略行动计划（2018—2020年）（送审稿）》。

10日，渝北区对口帮扶云阳县工作座谈会在云阳县召开，双方签订对口帮扶合作协议。

是日，2018年“中国寻根之旅”夏令营——重庆营在暨华中学开营，来自美国、加拿大等国家近百名华裔青少年在渝体验巴渝文化。

12日，国家统计局渝北调查队正式成立。渝北调查队是由重庆调查总队直属管理的国家派出机构，负责政府综合统计调查，依法独立行使统计调查、统计监督职权，并在完成国家统计调查任务的同时服务渝北经济社会发展。

18日，区委书记段成刚主持召开区委十四届第72次常委会议。会议传达学习了全市乡村文化振兴工作推进会精神和全市扫黑除恶领导小组第二次（扩大）会议暨培训会议精神，听取上半年渝北区扫黑除恶专项斗争情况汇报。

是日，区政府区长唐川主持召开区政府第35次常务会议。会议传达学习了全市2018年国务院大督查自查整改推进会、人民调解暨访调对接工作会、乡村文化振兴工作推进会精神，研究区贯彻落实意见。会议审议了《关于大力发展装配式建筑有关工作的通知（送审稿）》《渝北区人民政府2018年上半年财政预算执行情况的报告（送审稿）》《渝北区历史遗留和关闭矿山地质环境治理恢复与土地复垦工作方案（送审稿）》，研究了2018年下半年经营性用地出让计划和乡村振兴及双龙湖等4个城区湖库水生态修复等事宜。

26日，区委书记段成刚主持召开区委常委会议。会议传达学习了市委常委会听取重庆市上半年经济运行情况汇报的有关精神，听取渝北区上半年经济运行情况汇报，并安排部署下半年经济工作。会议还传达学习了习近平总书记对吉林长春长生生物疫苗案作出的重要指示精神并研究渝北区贯彻落实意见，传达学习了全市民营经济发展大会精神并研究渝北区贯彻落实意见。

27日，区委理论学习中心组（扩大）集体学习会召开，深入学习贯彻习近平总书记在十九届中央政治局第六次集体学习时的重要讲话精神。

28日，由市委宣传部、市文化委、中国广播电影电视社会组织联合会联合打造，重庆广电集团（总台）具体承建的重庆纪录片产业基地在双凤桥街道挂牌。同时，第十二届“纪录·中国”创优评析和优秀作品推广交流活动开幕式暨基地战略合作签约仪式重庆纪录片产业基地举行。市委常委、宣传部部长张鸣，全国政协委员、中国广播电影电视社会组织联合会副会长张丕民出席活动。

31日，区政府区长唐川主持召开区政府第36次常务会议。会议研究了开展自然保护地大检查大整治和长江渝北段四大家鱼种质资源保护区生态环境保护问题自查整改工作、空港新城农转城安置房解决方案、委托建设学成路（二期）工程和相关征收项目安置房源结算登记、地块划拨事宜，审议了《渝北区“四山”违法建筑专项整治工作方案（送审稿）》《渝北区2017年财政决算报告（送审稿）》《渝北区2017年度区级预算执行和其他财政财务收支的审计结果报告（送审稿）》等事宜。

是日，渝北区2018年“临空英才”发布会在仙桃国际大数据谷举行。重庆线易电子科技有限责任公司董事长伍荣翔等71名海内外创新创业人才获评渝北区第二批“临空海外英才”和首批“临空创新人才”。

8月

2日，区委书记段成刚主持召开区委十四届第78次常委会议。会议传达学习了中共中央政治局会议分析研究当前经济形势和经济工作及审议《中国共产党纪律处分条例》的有关精神，传达学习了习近平总书记出席金砖国家领导人第十次会晤时的重要讲话精神和在中共中央党外人士座谈会、中共中央政治局第七次集体学习会上的重要讲话精神，并研究了其他事项。

9日，由中共重庆市委宣传部主办、中共重庆市渝北区委宣传部承办的习近平新时代中国特色社会主义思想微宣讲比赛主城片区赛在渝北区文化馆临空文化剧场举行，主城九区和两江新区的10位选手参赛。渝北区王丹获得一等奖。

10日，埃塞俄比亚驻重庆总领事馆总领事凯贝德·阿贝拉（Kebede Abera）一行到区访问考察，并与区委书记段成刚进行了座谈交流。

13日，区政府区长唐川主持召开区政府第37次常务会议。会议传达学习了全市信访稳定工作电视电话会议精神，研究了渝北区贯彻落实意见。会议研究了渝北区2018年—2020年村（居）公共服务中心项目建设补助标准、表扬2018年优秀教师和教育工作者、全国文明城区奖励等事宜，审议了《渝北区扶贫小额信贷工作实施方案（送审稿）》《渝北区2018年上半年国民经济和社会发展计划执行情况的报告（送审稿）》等事宜，研究审议了《关于全面优化营商环境促进民营经济发展的意见（送审稿）》《渝北区贯彻落实重庆市环境保护集中督察反馈意见整改实施方案（送审稿）》《渝北区社会稳定风险评估办法》等。

是日，文化和旅游部公布了第六次全国县级以上公共图书馆评估定级结果，渝北区图书馆获评全国一级图书馆。

15日，区委书记段成刚主持召开区委十四届第79次常委会议。会议听取了渝北区稳就业、稳金融、稳外贸、稳外资、稳投资、稳预期工作开展情况汇报，进一步研究部署经济工作。

是日，由科技部和中国科协共同主办的中国——东盟青少年创新大赛在重庆国际博览中心开幕，柬埔寨、印度尼西亚、马来西亚、缅甸、菲律宾、越南、新加坡、泰国、老挝和中国10个国家青少年参赛。中国科协党组成员、书记处书记陈刚，科技部党组成员夏鸣九，重庆市副市长李殿勋出席大赛开幕式并致辞。

16日，由重庆机场集团有限公司、渝北区人民政府共同出资组建的重庆临空经济示范区开发建设有限公司在江北国际机场正式挂牌成立。该公司注册资本5亿元，首期出资5000万元，其中机场集团持股51%、渝北区政府指定平台公司重庆空港经济开发建设有限公司持股49%。

是日，第33届全国青少年科技创新大赛在重庆国博中心开幕。全国31个省区市和港澳台地区的35支代表队，以及57个国家和地区的300多名代表参加活动。全国政协副主席、致公党中央主席、中国科协主席万钢，重庆市委副书记、市长唐良智出席开幕式并致辞。

渝北区互联网协会成立大会在华辰酒店举行。

17日，区政府区长唐川主持召开区政府第38次常务会议。会议研究了2018中国国际智能产业博览会涉及渝北对口接待服务有关工作。

是日，2018重庆夜市文化节暨自在生活夜市集活动在渝北嘉州商圈新光里开市。

22日，重庆协同创新智能汽车研究院落成暨智能汽车战略合作签约活动在仙桃国际大数据谷举行。由渝北区政府和中科创达合作打造的智能网联汽车生态协同创新平台——重庆协同创新智能汽车研究院揭牌投入使用。市政府副市长李殿勋，区委书记段成刚，区委副书记、区政府区长唐川，美国高通公司中国区董事长孟樸，中科创达董事长赵鸿飞，索尼中国区总裁木村信等出席活动。区政府副区长唐密主持活动。

是日，渝北区在仙桃国际大数据谷举行招商项目集中签约活动，共签约45个项目，计划投资总额256.46亿元。

华为投资控股有限公司董事长梁华到仙桃国际大数据谷考察。

区委书记段成刚、区政府区长唐川与参加“智博会”微软公司大中华区副总裁兼中国区公共事业部总经理滕文一行座谈，就加快推进“微软云暨移动技术孵化计划——人工智能加速器”项目落地进行沟通交流。区政府副区长唐密参加座谈。

23日，首届中国国际智能产业博览会在重庆悦来国际会议中心开幕。中共中央总书记、国家主席、中央军委主席习近平向大会致贺信。中共中央政治局常委、国务院副总理韩正出席开幕式，宣读习近平主席贺信并致辞。中共中央政治局委员、市委书记陈敏尔在开幕式上致辞。新加坡荣誉国务资政吴作栋、老挝副总理宋迪·隆迪、蒙古国副总理恩赫图布辛、菲律宾众议院副议长皮娅·卡亚塔诺在开幕式上致辞，乌拉圭外交部部长鲁道夫·尼恩·诺沃亚出席开幕式。国务院常务副秘书长丁学东、国务院国资委主任肖亚庆、中国工程院院长李晓红出席，中国科协党组书记、常务副主席怀进鹏致辞，市委副书记、市长唐良智主持开幕式。参加开幕式的还有中央和国家有关部委领导，市委常委，市人大常委会、市政府、市政协、市高法院、市检察院有关负责同志，有关国际组织和机构、部分省（区、市）负责人，驻华使领馆有关人员，国内外部分城市负责人，知名专家、企业家、大学校长和媒体负责人等。

是日，重庆云上软件园暨解放号产业发展研究院揭牌活动在首届智博会中软国际展区举行。区委书记段成刚，区委副书记、区长唐川，中软国际有限公司执行董事、高级副总裁唐振明，中软国际高级副总裁李云晓出席活动。区政府副区长唐密出席活动并致辞。

24日，中金资本公司、重庆临空投公司、两江战略基金公司等首批三个投资人签署基金合作投资协议，由中金资本在渝北区设立中金科元基金管理公司，并联合发起设立规模50亿元的股权投资基金，主要投向军民融合相关产业，助力重庆大数据智能化发展战略。市委常委、市政府常务副市长吴存荣，市金融办主任阮路，两江新区管委会常务副主任汤宗伟，区委常委、区政府常务副区长廖红军等见证签约。

是日，“华为云中国行2018·重庆站”活动暨重庆Dev-Cloud（软件开发云）创新中心揭牌仪式在重庆国博中心举行，标志着由华为重庆DevCloud创新中心运营的华为软件开发云平台项目正式落地仙桃国际大数据谷。市政府副市长李殿勋，市政府副秘书长李谦，区委副书记、区政府区长唐川，区政府副区长唐密，华为公司副总裁、华为云BU总裁郑叶来等出席揭牌仪式。

25日，渝北区与中冶赛迪集团在仙桃国际大数据谷举行签约活动，全国初级农产品产销对接公益服务平台正式落户渝北，是第二个入驻渝北区的国家级大数据平台项目。

是日，首届中国国际智能产业博览会在重庆悦来国际会议中心闭幕。首届智博会以“智能化:为经济赋能，为生活添彩”为主题，突出“数字产业化、产业数字化”。共举办主题会议2场、高端论坛9场、专业峰会7场、赛事活动5项，以及近100场系列发布、项目洽谈签约等活动。来自28个国家和地区的2万多名嘉宾、537家企业参展，签约重大项目501个。总观展人数超过50万人次，境内外1000余名新闻工作者参与报道。

27日，中央宣传部追授杨雪峰“时代楷模”称号。“时代楷模”发布仪式在中央电视台举行。

28日，区委书记段成刚主持召开区委十四届第82次常委会议。会议通报了中央宣传部追授杨雪峰“时代楷模”称号有关事宜，研究部署学习宣传杨雪峰同志先进事迹有关工作。

29日，香港特区政府高级公务员代表团到渝北考察公租房建设工作。

30日，区政府区长唐川主持召开区政府第39次常务会议。会议传达学习了《中国共产党纪律处分条例》等文件精神，研究了渝北区2018年乡村振兴发展类考核指标设置、2018年度市考经济社会发展考核指标任务分解方案、首批手机企业分类处置等事宜，审议了《产业转型升级信用贷款合作协议(送审稿)》《渝北区耕地保护责任目标考核办法(送审稿)》等，研究审议了《渝北区文艺创作奖励扶持暂行办法(送审稿)》《渝北区农村人居环境整治三年行动实施方案(2018—2020年)(送审稿)》。

是日，区人大常委会主任李联铁主持召开区第十八届人大常委会第十二次会议。会议听取了区政府关于旅游产业发展、“十三五”规划纲要实施情况中期评估、区法院关于执行工作等情况报告和《重庆市渝北区街道预算审查监督办法(试行)(草案)》说明等，表决通过了《区人大常委会关于批准渝北区“十三五”规划纲要实施情况中期评估报告的决议(草案)》及《重庆市渝北区街道预算审查监督办法(试行)(草案)》。

9月

5日，2018年“仙桃杯”重庆青年创新创业大赛暨第五届“创青春”中国青年创新创业大赛重庆地区决赛在仙桃数据谷举行，21名选手参加决赛。市政府副市长李殿勋，团市委党组书记、书记张继军，渝北区委副书记、区长唐川等市区相关领导观看比赛。

6日，渝北区第34个教师节庆祝大会在重庆第八中学举行，大会表扬了全区200名优秀教师和优秀教育工作者。区委书记段成刚出席大会并讲话。

7日至9日，第七届重庆文化产业博览会在重庆国际博览中心举行，本届文博会以“交流·交易·交融”为主题。

10日，区委书记段成刚主持召开区委十四届第84次常委会议。会议传达学习了市委五届五次全会精神，审议了《渝北区农村人居环境整治三年行动实施方案(2018—2020年)(送审稿)》等。

12日，渝北区与岭南生态文旅股份有限公司签订战略合作协议，双方将着力在文化旅游、生态修复、园林景观、会展经济等领域寻求合作，共同推动渝北实现高质量发展、创造高品质生活。

15日，渝北区与微软公司就“微软云暨移动技术孵化计划——重庆人工智能加速器”项目签署战略合作备忘录，重庆首个“微软云暨移动技术孵化计划——重庆人工智能加速器”将落户仙桃国际大数据谷。市政府副市长刘桂平，微软全球资深副总裁、微软互联网工程院院长王永东等市区相关领导出席签约活动。

是日，渝北区发明创新服务协会成立大会在实验中学召开。

19日，渝北区庆祝首届“中国农民丰收节”活动在茨竹镇政府广场开幕，来自渝北区的农民代表、农业企业代表、农民专业合作社代表、家庭农场代表、基层干部代表、当地群众共1000余人参加活动。

是日，区政府办公室印发《关于2018年度渝北十佳新型职业农民评选结果的通报》，袁杰等10名同志获评“2018年度渝北十佳新型职业农民”。

20日，区政府区长唐川主持召开区政府第40次常务会议。会议审议了《渝北区提升经济证券化水平行动计划（2018—2022年）（送审稿）》、《渝北区科教兴区和人才强区行动计划（2018—2020年）（送审稿）》等。

22日至24日，中秋小长假期间，渝北区共接待游客约68.27万人次，旅游收入约12500万元。

25日，由区委宣传部、区文联主办的“新时代的一束亮丽火花——英雄杨雪峰礼赞”大型诗歌朗诵会在区文化馆举行。

26日，重庆（渝北）埃塞俄比亚投资推介会在临空国际贸易示范园三楼会议室举行。

27日，渝北区召开向“时代楷模”杨雪峰同志学习大会。

是日，渝北区举行西南国际汽贸城招商项目集中签约活动。现场签约雷克萨斯及宝马、哈雷等12个高端汽车和摩托车品牌4S店，总投资逾12亿元。

渝北区巴渝武术操比赛开幕式在区体育馆举行，区各部门、镇街、学校、社区的81支代表队近2000余名运动员参加比赛。

28日，渝北区人民政府与西南政法大学合作办学签约暨揭牌活动在西南政法大学毓才楼举行，双方将合作共建西南政法大学附属中学、西南政法大学附属小学，并合作新建西政幼儿园。

是日，重庆市第八中学校建校八十周年庆典在渝北校区举行，此次校庆主题为“诚勤立达 树人有道”。市、区有关部门负责人，重庆八中知名校友及学校师生参加庆典活动。

28日至30日，全国第三届小学青年教师语文教学观摩活动在兰州举行，渝北实验小学教师叶晓丽执教的《蝙蝠和雷达》一课，获观摩活动一等奖，并被推荐为全国统编教材策略教学示范课，属区内首次获此奖项。

29日，区政府区长唐川主持召开区政府第41次常务会议。会议审议通过了《渝北区开展“大棚房”问题专项清理整治行动方案（送审稿）》等事项。

10月

1日至7日，国庆长假期间渝北区共接待游客155.71万人次，旅游收入28881.73万元，分别同比增长3.66%和12.88%。

8日，渝北区召开“以案说纪、以案说法、以案说德、以案说责”警示教育会深度剖析吴德华案，市委常委、市纪委书记、市监委主任陈雍出席会议并讲话。各区县纪委监委、市纪委监委派驻纪检监察组、部分市属国有企业和市属高等院校纪委相关负责人参加会议。

是日，渝北区委政法委选送的微电影《刑警12小时》获第三届平安中国微电影微视频微动漫比赛最佳微电影奖。

10日，以“绽放新时代”为主题的2018年渝北区镇街戏剧曲艺比赛在区文化馆举行。

11日，市委常委、政法委书记、御临河市级河长刘强到御临河石船老场镇支沟和龙兴河段巡查，并主持召开御临河河长制工作会议。区委书记段成刚、区政府副区长罗红陪同巡查。

是日，渝北区青年联合会第五届委员会第一次全体会议在仙桃国际大数据谷召开。

12日，中国(重庆)自由贸易试验区现场观摩会在渝北召开，市政府副市长刘桂平率队观摩了自贸区渝北板块建设情况。

13日，重庆市集成电路产业政企学研面对面交流活动在仙桃国际大数据谷举行。市委副书记、市长唐良智出席活动并为重庆仙桃国际大数据谷集成电路(IC)设计产业园揭牌。

15日，由中宣部、中央政法委、公安部、重庆市委联合举办的杨雪峰同志先进事迹报告会在人民大会堂举行。

16日，新建渝北粮食储备库首次装粮入库仪式在大盛镇青龙村举行。

18日，2018中国重庆临空会展经济发展论坛在渝北开幕，本次论坛以“会展节庆与城市经济发展”为主题。会上，市旅游商会、重庆国博中心、临空现代服务业投促公司、渝北区会展行业协会、区餐饮协会等单位举行签约仪式，成立全域会展产业链发展战略联盟。

19日，第六届中国(重庆)商品展示交易会在国际博览中心开幕，渝北区共有11家企业代表参展。

是日，2018年渝北区巴渝武术操大赛在区体育馆闭幕。该比赛9月27日启动，区内各街镇、区属国有公司、中小学校、机关、社区健身点的81支代表队近2000名巴渝武术操爱好者参加。

23日，区委副书记、区政府区长唐川主持召开区委常委会议。会议学习贯彻习近平总书记对脱贫攻坚工作的重要指示精神，研究渝北区贯彻落实意见。

是日，赵春江院士专家工作站暨渝北区农业农村智能化信息化战略合作签约活动在仙桃国际大数据谷举行。渝北区与国家农业信息化工程技术研究中心签订渝北区农业农村智能化信息化战略合作协议；临空农业公司负责人与赵春江院士签订院士专家工作站合作协议。赵春江院士作题为“智慧农业发展现状与展望”报告。市政府副市长李明清，区政府区长唐川等市区相关领导参加活动。

渝北区政府、西南政法大学、中国国际经济贸易仲裁委员会联合建立的重庆临空政策法律服务国际中心成立。

24日，区政府区长唐川主持召开区政府第42次常务会议。会议学习了《中华人民共和国宪法》《习近平扶贫论述摘编》和全市深入学习贯彻习近平扶贫重要论述打好精准脱贫攻坚战工作推进会议精神，并研究了渝北区贯彻落实意见。会议研究了调整划拨土地成本费和决策程序、区医院“三甲”项目设施设备采购等事宜，审议了《渝北区森林督查整改实施方案(送审稿)》《关于2018年区级财政预算调整情况的报告(送审稿)》《关于2018年债务规模、结构、使用和偿还情况的报告(送审稿)》《关于全区经营性国有资产运营和保值增值情况的报告(送审稿)》等事宜。

是日，蓝岸智能终端制造产业园签约落户前沿科技城。重庆蓝岸通讯技术有限公司在前沿科技城选址105亩，拟打造集研发、生产、销售为一体的“蓝岸智能终端制造产业园”。

26日，厦门航空重庆分公司在渝北区揭牌成立。

28日，重庆市华蓥中学校举办主题为“甲子薪传，筑梦远航”的60周年校庆，全国各地的嘉宾、校友相聚校园庆祝。

30日，经中共中央批准，段成刚任中共重庆市委常委。

31日，区委书记段成刚主持召开区委十四届第89次常委会议。会议学习贯彻习近平总书记关于安全稳定工作的重要论述，传达落实全市安全稳定工作电视电话会议和全市扫黑除恶专项斗争推进会暨维护稳定工作电视电话会精神，研究部署渝北区安全稳定工作。

是日，区人大常委会主任李联铁主持召开区第十八届人大常委会第十三次会议。会议听取了区政府、两江新区管委会、区法院关于区第十八届人大二次会议代表建议办理情况的报告，区政府关于2018年区级财政预算调整情况的报告，区政府关于渝北区“七五”普法工作推进情况的报告，以及有关人事任免议案等；对区政府关于学前教育工作评议意见整改落实情况以及区政府、两江新区管委会、区法院关于区第十八届人大二次会议代表建议办理情况进行了满意度测评，并表决通过了《〈重庆市渝北区人民政府关于2018年区级财政预算调整情况的报告〉的决议（草案）》等。

11月

1日，2018年重庆市汽车检测与维修技能大赛决赛在重庆工业职业技术学院举行。

是日，渝北区第六届残疾人运动会在江北国际机场体育活动中心举行。

2日，首届中新（重庆）战略性互联互通示范项目金融峰会“物流结算及金融服务创新专题会议”在悦来国际会议中心举行。区委常委、区政府常务副区长廖红军以“加快内陆开放空中门户建设在大开放中实现渝北大发展”为主题现场演讲。

3日，民建渝北区委成立20周年纪念大会在临空文化剧场举行。

4日，第二届巴山蜀水中国画展暨论坛“艺为人生·弦歌不辍——抗战时期中央大学中国画艺术及传承”艺术交流活动在重庆两江美术馆开幕。

6日，区委副书记、区政府区长唐川主持召开区委十四届第90次常委会议。会议传达学习了中央政治局会议分析研究当前经济形势和经济工作的有关精神及市委常委会有关贯彻意见精神，听取了渝北区前三季度经济运行情况汇报，研究部署了下一阶段工作。

7日，区政府区长唐川主持召开区政府第43次常务会议。会议传达了中国（重庆）自由贸易试验区第六次现场观摩会、中新（重庆）战略性互联互通示范项目金融峰会、全市学校安全工作会等精神，研究了李家花园隧道拓宽改造项目用地补偿和相关项目建设、对连续三年年度考核优秀的公务员记三等功等事宜，审议了《渝北区金融业支持实体经济发展的若干措施（送审稿）》《渝北区实施以国际临空大都市建设为统揽的城市提升行动计划（送审稿）》《渝北区招商引资引荐人奖励措施（送审稿）》等事宜。

是日，渝北职业教育中心理事会成立大会召开。

8日，全国人大常委会副委员长、民进中央主席蔡达峰到主题教育活动联系点民进渝北区工委调研指导工作，为渝北区民进会员作“不忘合作初心，继续携手前进”专题报告，并出席民进渝北区工委主题教育活动座谈会。市政协副主席、民进重庆市委会主委陈贵云陪同调研。

是日，渝北区与北京居然之家投资控股集团有限公司、重庆友熙置业有限公司在区会议中心举行签约仪式，携手打造居然之家智能家居艺术小镇。

9日，白俄罗斯重庆旅游文化商品中心签约授牌活动在恒大中渝广场举行，渝北区旅游局与白俄罗斯旅游文化商品中心签署合作备忘录。白俄罗斯重庆旅游文化商品中心落地恒大中渝广场，重庆市民可以在家门口就能购买到白俄罗斯优质商品。

11日，诺而思国际考培中心、孵化基地项目在仙桃国际大数据谷开业运营，标志着西南地区最大的国家级、标准化、专业化的无纸化测评中心落户渝北。

14日，区政主席彭建康主持召开区政协十五届第三十七次主席会议。会议传达了习近平总书记广东考察、民营企业座谈会等重要讲话精神，协商《渝北区国家生态文明建设示范区创建规划(2018—2022年)(送审稿)》《渝北区国家生态文明建设示范区创建工作实施方案(2018—2022年)(送审稿)》《渝北区实施以国际临空大都市建设为统揽的城市提升行动计划(送审稿)》,听取全区行政执法监督情况通报。

18日,重庆市工业项目集中开工暨深科技智能制造产业园项目启动活动在渝北区的重庆临空前沿科技城举行,包括深科技智能制造产业园、中光电产业园(二期)、重庆中利凯瑞汽车部件、宇通智能终端产业园、光亚新材料、奥发斯工业机器人等六大工业项目举行了集中开工启动活动。市委副书记、市长唐良智,中国电子信息产业集团总经理张冬辰,市领导吴存荣、段成刚、李殿勋等出席活动。

21日,重庆生产力促进中心、重报大数据研究院首次联合发布《重庆科技创新指数报告(2018)》,2017年渝北区综合科技创新水平指数为91.61%,在全市各区县中排第一名。

22日,区政府区长唐川主持召开区政府第44次常务会议。会议传达了全国全市"大棚房"问题专项清理整治行动推进落实、冬春农田水利基本建设、保障农民工工资支付工作电视电话会议和全市经济领域会议精神,听取了支持民营经济发展若干政策的梳理情况汇报,研究了临空商务大楼装修、仙桃数据谷云鼎汇及菁英天地后期运营、2018年工业发展专项资金兑现和相关招商引资事宜,审议了《关于全面放开养老服务市场提升养老服务质量的实施意见(送审稿)》《渝北区2018年度政绩考核实施方案(送审稿)》《渝北区乡村振兴人才培育办法(试行)(送审稿)》和人事任免等事宜。

是日,重庆市渝北区人民政府公布第七批区级非物质文化遗产名录。共9个,有爱莲青文化创意有限责任公司的落雪斋古琴艺术、木耳镇的姜豆豉传统制作技艺、渝北区潘前进巴之缘酒楼的巴湖坊卤菜传统制作技艺、兴隆镇的兴隆古法榨油制作技艺、重庆文园雅藏文化传播有限公司的文园明清细木作技艺、重庆玖辉餐饮管理有限公司的郑氏火锅传统制作技艺、渝北区晓宇张哥火锅店的渝味晓宇火锅传统制作技艺、老来福风味酒楼的老来福酸汤兔传统制作技艺、龙溪街道的骨伤垫压疗法。

23日,渝北区领导干部大会在区会议中心召开,会上宣布中共重庆市委关于渝北区委主要负责同志的任职决定:唐川同志任中共重庆市渝北区委书记。

27日,区委书记、区政府区长唐川主持召开区委十四届第92次常委会议。会议学习贯彻纪念毛泽东同志批示学习推广"枫桥经验"55周年暨习近平总书记指示坚持发展"枫桥经验"15周年大会精神及深化"枫桥经验"重庆实践行动现场会精神。会议还传达学习了市委第五次政协工作会议精神并研究了渝北区贯彻落实意见,审议了《渝北区国家生态文明建设示范区创建规划(2018—2022年)(送审稿)》《渝北区国家生态文明建设示范区创建工作实施方案(2018—2022年)(送审稿)》《关于开展质量提升行动加快建设质量强区的实施意见(送审稿)》,并研究了其他事项。

28日,四川美术学院国际设计学院签约落户悦来。该学院由两江新区管委会、重庆悦来投资集团、四川美术学院共同创办。

12月

3日、5日,市人大常委会主任张轩到区走访服务民营企业,宣讲习近平总书记在民营企业座谈会上的重要讲话精神和全市民营企业座谈会精神,帮助企业解决实际问题。

4日,2018中国企业家博鳌论坛在海南博鳌亚洲论坛国际会议中心举行,长安汽车荣获"中国制造标杆企业"奖。

5日,区委书记、区长唐川主持召开区政府第45次常务会议。会议传达学习了《中央办公厅关于陕西省委、西安市委在秦岭北麓西安境内违建别墅问题上严重违反政治纪律以及开展违建别墅专项整治情况的通报》、《重庆市市级预算安排与监督检查和绩效评价结果挂钩办法》、2018年全市粮食安全行政首长责任制考核会议、敏尔书记良智市长关于经济普查工作的重要批示精神，通报了市政府督查渝北区非洲猪瘟防控工作反馈情况，审议了《2017年度区级预算执行和其他财政财务收支审计查出问题整改落实情况的报告（送审稿）》《渝北区工程建设项目审批制度改革实施方案（送审稿）》《渝北区关于发展壮大村级集体经济的实施意见（送审稿）》等。

6日，“重‘芯’出发·从渝起航”重庆市渝北区集成电路产业招商推介会（上海专场）在上海市浦东新区举行。仙桃数据谷公司、战略产业公司与IC咖啡、矽睿科技、麦歌恩微电子、敦宏科技签署正式投资协议；渝北区政府与思特威、科阳光电、盐巴科技、芯仑光电、兴芯微、矽杰微电子、天易合芯公司签订战略合作协议。区委书记、区长唐川出席活动并致辞。

7日，区委书记、区政府区长唐川主持召开区委十四届第93次常委会议。会议传达学习贯彻习近平总书记近期有关重要讲话精神，传达学习市委常委会、市纪委有关贯彻意见，研究部署渝北贯彻落实意见。会议还集中传达学习了习近平总书记在纪念刘少奇同志诞辰120周年座谈会上的重要讲话精神、中共中央政治局会议审议《中国共产党农村基层组织工作条例》《中国共产党纪律检查机关监督执纪工作细则》有关精神、习近平总书记在中共中央政治局第十次集体学习时的重要讲话精神及市委常委会有关贯彻精神、习近平总书记在中央政治局常委会会议听取十九届中央第一轮巡视情况汇报时的重要讲话精神等。

11日，渝北区与广安市召开工作对接座谈会在区举行，双方就共同推进的渝邻快速通道规划建设等事项进行深入交流。

13日，区委书记唐川主持召开区委十四届第94次常委会议。会议传达学习了全市教育大会精神和全市政协系统党的建设工作座谈会精神，研究渝北区贯彻落实意见。会议还审议了区委十四届四次全会有关材料和《重庆市渝北区人大常委会讨论决定重大事项的规定（修订草案）》。

14日，区委常委会主持召开中国共产党重庆市渝北区第十四届委员会第四次全体会议。全会主题是深学笃用习近平总书记关于深化党和国家机构改革重要论述，全面贯彻市委五届五次全会和区县机构改革推进会精神，严格落实中央和市委关于机构改革的各项决策部署，研究讨论渝北区机构改革工作。全会审议通过了《渝北区机构改革方案（送审稿）》。

是日，2018西部人力资源服务博览会在悦来国际会议中心举行。

由区委宣传部、区文联、中国书法报社和《中国书法》杂志社共同主办的第二届中国（渝北）书法论坛暨全国书法名家作品展在两江美术馆开幕。

14日至16日，《海外文摘》杂志社、《散文选刊·下半月》杂志社主办的“2018年度中国散文年会”在京举行，渝北区作协副主席余景的散文《静湖之恋》获“十佳散文奖”。

15日，2018中国·重庆WBC/WBO世界职业拳王争霸赛在区体育馆举行。

16日，“重庆乡愁博物馆”新居落成。重庆乡愁博物馆是“巴渝乡愁”的项目展示中心。“巴渝乡愁”项目位于渝北国家农业科技园区兴隆镇拓展区，总投资13.7亿元，由南北两翼组成，占地约200公顷。

17日，10:00，重庆江北国际机场旅客年吞吐量首次突破4000万人次。

18日，“智造重庆”——开放式创新走进西部“汽车之都”活动在渝北区举行，中国科技产业促进会常务理事、中国科技产业化促进会创投专委会主任万宁作题为“开放式创新——中国企业的未来”主题演讲。

是日，渝北区碧津美术馆、渝北历史文化陈列馆开馆并举办庆祝改革开放40周年美术作品展。

19日，区委书记、区政府区长唐川主持召开区政府第46次常务会议。会议传达了全国全市加强非洲猪瘟防控工作电视电话会议、市推动长江经济带发展领导小组工作推进会议、全市教育会议精神，研究了区房管局直管公房移交管理和区全民健身中心和区体育馆运营等事宜，审议了《渝北区农业用水价格管理办法（试行）（送审稿）》《渝北区商标发展奖励补助办法（送审稿）》《关于建立残疾人儿童康复救助制度的实施意见（送审稿）》《渝北区2019年政府工作报告（送审稿）》《关于渝北区2018年国民经济和社会发展计划执行情况及2019年计划草案的报告（送审稿）》《渝北区2018年财政预算执行情况和2019年财政预算草案的报告（送审稿）》《渝北区2019年重点项目名单（送审稿）》《渝北区2019年政府投资计划目录（送审稿）》《关于持续加强全面优化营商环境促进民营经济健康发展工作考核的通知（送审稿）》《关于进一步加强在渝北外国人服务管理工作的意见（送审稿）》和干部免职等事宜。

21日，重庆市渝北职业教育中心三峡移民职业教育龙兴校区建设项目开工活动在两江新区龙兴工业园举行。该项目占地面积约243亩，总建筑面积约14.8万平方米，办学规模为120个班，预计2022年竣工并投入使用。

是日，由重庆市工商联、区政府主办，区金融办、区工商联、渝北区临空金融商会承办的“百亿资金助民企”签约仪式在区会议中心举行。渝北区临空金融商会分别与浙商银行重庆两江分行、平安普惠重庆分公司、重庆市隆携小额贷款有限公司、安信诚股权投资基金管理有限公司等四家金融机构签订战略合作协议。

25日，渝北区召开宣布中央军委国防动员部命令暨人武部党委第一书记任职决定大会。重庆警备区政委刘伟宣布中央军委国防部命令和重庆警备区党委任职通知，决定：唐川同志任渝北区人武部党委委员、第一书记；王代兵同志任渝北区人武部部长、党委副书记。

26日，渝北区工商联获全国工商联系统先进集体。

27日，渝北区工会第十四次代表大会召开，各条战线的近300名职工代表出席会议。大会主题是：以习近平新时代中国特色社会主义思想为指导，坚持中国特色社会主义工会发展道路，团结动员全区广大职工为“全面建成小康社会，加快建设国家临空经济示范区”做出新贡献。

是日，天实精工摄像头产业园项目在重庆临空前沿科技城举行开工仪式。

28日，区委书记、区政府区长唐川主持召开区政府第47次常务会议。会议传达学习了习近平总书记在国家综合性消防救援队伍授旗仪式上的训词和全市城市综合管理工作会议精神，审议了《渝北区土壤污染防治治理与修复规划暨农用地土壤环境保护方案（送审稿）》《关于加强质量认证体系建设促进全面质量管理的实施意见（送审稿）》《深化“枫桥经验”渝北实践十项行动实施方案（送审稿）》和干部人事任免事宜，研究了重庆渝港水务有限公司组建等事宜。

是日，渝北区“市级生态文明建设示范区”通过市验收组验收。

渝北区教育行业商会成立暨第一次会员大会召开。

国家市场监督管理总局、国家标准化管理委员会发布2018年第17号中华人民共和国国家标准公告，由渝北区民营企业重庆润泽医药有限公司牵头制定的《外科植入物用多孔钽材料》（GB/T 36983-2018）和主要参与制定的《外科植入物用多孔金属材料X射线CT检测方法》（GB/T 36984-2018）被确定为国家标准，并将于2021年1月1日正式实施。该两项标均为全球范围内第一个公共标准，填补了该领域的全球空白。

29日，渝北区庆祝改革开放40周年座谈会在仙桃国际大数据谷召开。区委书记唐川出席会议并讲话。区人大常委会主任李联铁，区政协主席彭建康，区委常委全体在家区领导出席会议。离退休老同志代表，区级各部门、单位和镇街主要负责人，各民主党派和无党派代表人士，企事业单位负责同志，社会各界代表参加座谈会。

是日，渝北区消防救援支队迎旗、授衔和换装仪式在区委党校垂范楼会议中心举行。

综　述

基本情况

【地理】 渝北区位于重庆主城东北部，地跨东经106°27′30″～106°57′58″、北纬29°34′45″～30°07′22″之间，辖区面积1452平方千米。区境东邻长寿区、南与江北区毗邻，同巴南区、南岸区、沙坪坝区隔长江、嘉陵江相望，西连北碚区、合川区，北接四川省华蓥市和邻水县。区政府驻两路街道义学路32号，距市中心22千米。

渝北区是渝东地区和四川东部地区进入重庆主城的门户，也是重庆主城新中心和两江新区核心区。辖区内有全国第九大枢纽机场江北国际机场，有西南最大的龙头寺客货列车编组站，渝怀、渝利等干线铁路和渝宜、渝邻、渝武等高速公路在区境内交汇，国道319、210和重庆外环高速贯通全境，长江上游最大的寸滩深水港紧紧毗邻，中国唯一内陆保税区——两路寸滩保税港区空港功能区位于境内，形成水陆空轨立体交通枢纽。

区境地处华蓥山主峰以南的川东平行岭谷地带，地势从西北向东南缓缓倾斜。境内为自西向东由华蓥山脉、铜锣山脉、明月山脉三条西北至东南走向的条状山脉和宽谷丘陵交互组成的平行岭谷。北部为中山，海拔800～1460米；中部为低山，海拔450～800米；南部多浅丘，海拔155～450米。区域地质属沉积岩广泛发育区，地质形态为华蓥山帚状褶皱束和宣汉—重庆平行褶皱束，褶皱带呈北北东向展布，狭长而不对称，褶皱紧密，向斜宽，背斜窄，断裂少。地貌多呈垄岗状，山体雄厚，长岭岗、馒头山、桌状山错落于岭谷间，地势起伏较大。喀斯特地貌分布较广，谷坡河岸多溶洞。过境主要河流有长江和嘉陵江，长江沿区境东南边境流过，区境中东部有寸滩河、朝阳河、长堰溪、御临河注入；嘉陵江沿区境西南边境流过，有后河注入。

【历史沿革】 约在公元前11世纪的商周之际，区境为巴国辖地。公元前314年，区境属巴郡之江州县，历春秋、战国、秦、汉无变化。东晋永和三年（347年），原在涪陵的枳县迁治于乐碛（今洛碛镇），区境东部遂归枳县，而西部仍属江州县。南齐永明五年（487年）起，区境属垫江县。北周保定元年（561年）并入巴县。历隋、唐一直到清代前期，俱为巴县辖地。清初为巴县江北镇，清乾隆十九年（1754年）析巴县江北镇建置江北厅，由重庆府同知统摄。乾隆二十四年（1759年）扩大厅域，将巴县义里、礼里和仁里的上六甲划归江北厅，隶属于四川省川东道重庆府。民国二年

（1913年），废江北厅设江北县。1949年11月30日，江北县解放，相继隶属于川东行署璧山专区、四川省江津专区、重庆市、永川地区。1976年，从永川地区划归重庆市。1994年12月，撤江北县建渝北区，以原江北县行政区划出11个乡镇（划归北碚区6镇2乡、江北区2镇1乡）后的地域为其行政区域。1997年重庆市直辖，渝北区被确定为地级区。

【行政区划】 2018年底，全区有19个街道和11个镇，有村委会181个、社区居委员会221个。19个街道分别是：两路街道、龙溪街道、龙山街道、龙塔街道、回兴街道、宝圣湖街道、双龙湖街道、双凤桥街道、王家街道、悦来街道、仙桃街道、人和街道、天宫殿街道、大竹林街道、礼嘉街道、鸳鸯街道、翠云街道、金山街道、康美街道；11个镇分别是：木耳镇、兴隆镇、茨竹镇、大湾镇、玉峰山镇、古路镇、龙兴镇、石船镇、统景镇、大盛镇、洛碛镇。

【气候】 渝北区属亚热带湿润气候区，大陆性季风气候特点显著。具有冬暖春早、秋短夏长、初夏多雨、无霜期长、湿度大、风力小、云雾多、日照少的气候特点。常年平均气温17.3℃。极端最高气温40.3℃，极端最低气温-2℃左右。常年平均降雨量1100毫米左右，平均日照时数1340小时左右，平均无霜期319天。

2018年，渝北区平均气温、降水量、日照时数均正常；总体旱重于涝，气象干旱、高温较2017年略偏重，暴雨洪涝较2017年偏轻，气象灾害总体较2017年偏轻。年平均气温17.7℃，较历年年平均气温17.2℃相比偏高0.5℃；年极端最高气温39.5℃，年极端最低气温0.8℃；年总降水量为1187.9毫米，较历年总降水量1155.4毫米偏多2.8%；年日照时数1082.6小时，较历年日照时数1150.3小时偏少0.5%。入夏正常，入春、入秋、入冬偏早，故春秋冬季偏长。

年内共出现6场区域性暴雨天气过程，累计监测到暴雨达125区域站次。依次为4月13日、4月21日、5月17日、6月30日、7月30日、9月24日，其中4月13日为今年首场连续区域性暴雨天气过程；9月24日为全年最强的一次暴雨天气过程。

两路城区≥35℃高温日数为40天，≥37℃高温日数为14天。7月21日极端温度达39.5℃。夏季共出现3段高温天气过程，6月25日—29日，7月13日—29日，8月26日—9月5日，其中7月13日—29日的高温过程持续了17天，部分镇街极端温度超过43℃，为年内最强的高温过程。7月中旬开始全区进入高温少雨时段，出现轻度气象干旱，月末受降水影响，大部镇街干旱缓解。

两路城区共监测到3次短时阵性大风，分别出现在7月22日、8月1日、7日。7月22日极大风速为29.8米/秒，10分钟平均风速为2.4米/秒，其中极大风速达到大风标准；8月1日极大风速为18.3米/秒，10分钟平均风速为2.3米/秒，其中极大风速达到大风标准；7日，极大风速为6.8米/秒，10分钟平均风速达10.9米/秒，其中10分钟平均风速达大风标准。

年内累计出现连阴雨7次，主要集中在秋季，分别为：1月1日—7日、1月22日—30日、9月9日—18日、10月1日—9日、10月16日—26日、11月4日—11日、12月18日—31日，其中12月18日—31日的连阴雨过程达严重级别。

年内累计出现强降温5次，2017/2018冬季1次（1月23日—27日）、春季3次（3月16日—19日、4月4日—6日、4月11日—14日）、秋季1次（11月4日—7日）、其中4月4日—6日、11日—14日达到特强降温，降温幅度达12.5℃为年内最强冷空气。

年内累计出现低温过程2次，分别为2月1日—15日、10月1日—15日，其中2月1日—15日达严重等级，最低气温为1.7℃。

4月22日02时—09时，渝北区出现短时强降水天气，玉峰山累积雨量为92.9毫米，玉峰山、洛碛镇、龙兴镇、兴隆镇、双龙湖街道、鸳鸯街道等共有9个雨量站累积雨量达暴雨量级，截至22日19时，全区有洛碛镇和龙兴镇共计5户10人受灾(无人员伤亡)，倒塌农房5户8间。

5月16日20时—17日20时，渝北区出现强降水天气过程并伴有雷电大风。玉峰山镇、统景镇、大盛镇、石船镇、洛碛镇、茨竹镇、兴隆镇的14个雨量站累积雨量达暴雨，最大降水为石坪站89.9毫米，最大小时雨强为龙兴站69.3毫米，全区13个站风速达17.2米/秒以上(七级大风)。此次灾情主要是部分房屋倒塌、损坏，无人员伤亡，截至5月18日10时，全区有6个镇街182人受灾，紧急转移安置人口7人，直接经济损失438.9万元。

5月19日20时—20日20时，渝北区出现短时强降雨天气过程。玉峰山镇、龙山街道、洛碛镇、古路镇、龙溪街道、茨竹镇的6个雨量站累积雨量达暴雨，其中玉峰山石坪站最大，为64.8毫米。截至5月20日11时，全区共有3个镇6户14人受灾，紧急转移安置人口2人，严重损坏房屋2户2间，一般损坏房屋4户11间，直接经济损失约0.9万元。

因连续高温天气，7月24日，大湾镇杉树村发生森林火险，面积约10亩，受灾面积约5亩，无人员伤亡。29日，玉峰山镇环山村一处荒山竹林发生火险情况，无人员伤亡。

【自然资源】 区境内自然资源丰富。植被属亚热带湿润常绿阔叶林区，原生植被破坏后逐渐生成次生林，分布在各山脉。有野生植物97科219属326种，其中可作中草药的123种。用材林木主要有松、柏、杉、栗、青杠、枫、樟、竹、楠和其他阔叶林木。经济林木主要有柑橘、柚、梨、桃、李、苹果、樱桃、枇杷、核桃、桑、茶、银杏、榕树、铁树、桂花、罗汉松、山茶花等。近年来引进不少热带观赏植物品种。有野生脊椎动物87种，其中哺乳动物19种，鳞介类21种，禽类40种，爬行类7种。被列为国家重点保护的动物有锦鸡、鲟鱼、水獭等。水资源除长江、嘉陵江过境水外，尚有御临河常年过境地表水量约17亿立方米。区境内年平均降雨量10亿立方米，地下水流出地表总量约1.1亿立方米。矿产资源主要有煤、天然气、硫铁矿、砂金、含钾凝灰岩、石灰岩、石英砂、陶瓷土、耐火粘土等10余种，均有不同程度开采。

【旅游资源】 渝北区旅游资源丰富，有闻名遐迩、集山水林泉洞峡瀑为一体的中国最佳温泉度假胜地、国家AAAA级景区——统景温泉风景区，有中国历史文化名镇、国家AAA级景区——龙兴古镇，有玉峰山、华蓥山、南天门三大森林公园；有梨树种植面积达1.5万亩的放牛坪观光度假区、印盒李花生态旅游区、温塘河万亩红枫基地、兴隆杨梅基地、农业园区拓展区西部农谷四季田园、木耳金刚葵花基地、华蓥山休闲避暑区等生态旅游景区，荟萃了重庆中央公园、重庆园博园、重庆国际博览中心及张关水溶洞、碧津公园、重庆鳄鱼中心、御临排花洞等独具特色、广受群众喜爱的景区景点；有五洲、金科、戴斯、奥蓝、犀牛、新华等一批星级酒店(宾馆)等。

区内重要的古代遗址有：洛碛新石器发掘遗址、分布于御临河上段山崖的汉代崖墓群、翠云南宋抗元名城多功城、洛碛宋代著名状元冯时行寓所“缙云故里”及“状元井”、大竹林明代吏部尚书蹇义墓葬(当地称“天官坟”)、清初白莲教据点辜寨坪等。爱国主义教育基地有位于回兴街道黄桷坪黄炎培中学校内的中华职业学校(渝校)旧址暨于学忠将军故居，还有位于碧津公园内的王朴烈士塑像等。

【人口】 2018年末，全区常住人口166.17万人，比上年增加2.94万人，人口密度为每平方千米1144人。户籍总人口136.75万人，比上年增加6.28万人，其中城镇人口103.12万人，比上年增加8.01万人；乡村人口33.63万人，比上年减少1.73万人。户籍人口中，男性人口68.10万人，女性人口68.65万人，人口性别比为99.2(以女性为100，男性对女性的比例)，较上年缩小0.6。全年出生人口19513人，出生人口性别比为106.04，符合政策性生育率99.42%；死亡人口7049人，人口自然增长率9.33‰。

【民族】 渝北区为少数民族散居地区。2018年，区内的少数民族有：壮、布依、朝鲜、满、侗、瑶、白、傣、黎、傈僳、彝、水、土家、景颇、仫佬、羌、布朗、毛南、仡佬、回、苗、藏等43个，人口8600人。

【宗教】 2018年，渝北区有佛教、道教、基督教、天主教等较为固定的信教群众4万余人，宗教教职人员17人。依法开放宗教活动场所16处，其中佛教活动场所6处、道教活动场所1处、基督教活动场所9处(含设在龙溪的在渝韩国人基督教临时活动点)。

（李　晋　陈登科　禹　婷）

国民经济和社会发展简况

2018年，渝北区面对严峻复杂的经济形势和前所未有的下行压力，深入贯彻习近平新时代中国特色社会主义思想，围绕“全面建成小康社会，加快建设国家临空经济示范区”奋斗目标，全力打好“三大攻坚战”，实施“十项行动计划”，全区经济社会发展呈现稳中有进、稳中有新的态势。

【综合经济实力】 2018年全区综合经济实力保持总体平稳，完成地区生产总值1543.09亿元；固定资产投资增长21.9%；规模以上工业总产值完成2753.33亿元、下降16%；社会消费品零售总额完成665.56亿元、增长6.8%；一般公共预算收入完成75.53亿元、增长21.9%，其中税收收入完成68.64亿元、增长26.8%，占比达到90.9%；城乡常住居民人均可支配收入快于经济增长。数字经济增长20%。金融机构存贷款余额达到9925.66亿元、增长12.4%。全年实际利用内资312亿元、外资22.03亿美元，实现进出口总额1413.84亿元、增长16.5%。

【经济发展质效】 2018年，渝北区经济发展质量效益持续提升。产业结构不断优化，三次产业结构由1.9∶55.6∶42.5调整为1.5∶41.1∶57.4。现代服务业向高端化转变，咨询设计服务、大数据云计算服务等新业态发展迅猛，重庆基金小镇、临空经济总部、人力资源产业园等平台迅速成长，智博会、渝交会等大型会展成功举办，带动服务业增加值增长14.8%，占比首次超过50%，成为拉动经济增长的重要力量。传统制造业向智能化转变，智能终端产业加快崛起，产值增长58.9%，智能手机、新能源汽车、光电子器件等智能制造产品产量分别增长130.8%、60.9%、45.5%，支撑战略性新兴制造业和高技术制造业产值分别增长17%、24.6%。“数字渝北”加快推进，数字经济总量增长20%。动力结构不断优化，经济从单一的投资拉动向投资、创新“双轮驱动”转变。首创实施前期工作记录制度和“三方日志”，推动固定资产投资增长21.9%。40个市级在区重点项目全部达到进度要求，208个区级重点项目加快建设，两江国际商务中心等重大项目开工建设，投资完成率、开工率均超过80%。创新竞争力不断增强，仙桃国际大数据谷加快建设，投用创新研发楼宇36万平方米，新增再升科技、金山科技等国家级企业技术中心2家、市级工程研究中心3家，国家高新技术企业达到339家，科技创新指数全市领先，全社会研发经费支出占地区生产总值比重达到3.94%。市场主体结构不断优化，全年新增市场主体2万户，其中企业9000户，新培育科技型企业305家，市场主体竞争力显著提升。新增新三板、重庆OTC挂牌企业22家，有友食品成为2018年全市唯一一家A股上市企业，民营经济增加值占地区生产总值比重达到47%，较上年同期提高2.4个百分点。

【重点领域改革】 供给侧结构性改革深入推进，筹集2亿元技改扶持资金，兑现1亿元，推动56家企业智能化、自动化改造，形成一批新供给。落后产能和无效供给基本退出，深渝北斗等企业完成兼并重组。全面贯彻落实国家和市里减税降费政策，探索开展大用户直购电试点等改革，减少企业社保缴费12亿元。防范化解重大风险攻坚战初战告捷，化解处置企业债务7亿元，置换政府债务10.4亿元，政府债务率控制在90%以内，保持在绿色安全区间。发行中期票据10亿元，国有企业资产负债率同比下降8.8%。营商环境不断优化，"放管服"改革取得新突破，工业项目审批时间进一步缩短，开办企业时间压缩至5天。开展"一本报告管全域"试点，商事制度改革受到国务院通报表彰。探索"基金+直投"模式，成功撬动社会资本138亿元。公共信用信息平台建成投用，归集信用信息数据4万余条。新征地3.5万亩，获得国家用地激励指标1000亩，为项目落地腾出空间。民营企业转型发展试点全面启动，成为全市民营企业转型发展试点区。召开民营经济发展大会，建立民营经济联席会议制度和区领导联系民营企业制度，组建32个服务组开展集中走访精准服务民营企业活动，为企业解决生产经营中的困难和问题300余个。设立3亿元"升级贷"和3亿元"科信贷"，累计发放"助保贷""助创贷"1.1亿元，民营企业"四化转型"步伐加快。

【城市建管】 城市功能配套不断完善，主城区交通缓堵行动计划加快推进，完成投资约60亿元，共实施城市基础设施建设项目187个。轨道4号线一期、轨道环线开通试运营，新建成城市道路20千米，打通横五路一期等断头路9条，新增公共停车场19个、公共停车位2680个，拥堵指数排名从主城第二降至第六。完成城区1000千米管网勘察和汉渝路等5个区域雨污分流治理方案设计，改造城区雨污混流管网20千米。爱融荟城、新光里等城市商业综合体开业运营，路虎、雷克萨斯等12个知名汽车品牌签约入驻西南国际汽贸城，两路农贸市场、双凤水果市场批发功能顺利外迁，城市人气商气加速集聚。城市品质形象稳步提升，城市提升行动计划启动实施，中央公园等重点片区开发提速提档，改造城市棚户区和危旧房31万平方米，新改建公园游园及社区体育公园11个，新增城市绿地88万平方米，完成城区2.5万余根灯杆、93座桥隧设施、71千米护栏美化涂装和红锦大道等33条道路绿化提质改造，获评全市最美迎春灯饰工程，城市品质提升工作保持全市领先。城市管理能力显著加强，做实做细"大城智管、大城细管、大城众管"，740名社区网格员利用手机APP进行"智慧"监管。生活垃圾分类处理试点"1234工作法"经验在全市推广，与城市综合管理模式创新同步推荐入选全市城市管理创新范例。

【乡村振兴】 临空农业加快发展，建成特色高效农业基地1.5万亩，统大路柑橘产业基地成为农业农村部推进南方丘陵山区发展现代农业样板。"村之道"农村电商公共服务平台正式投用，统景镇成功创建全国首批"互联网特色小镇"。赵春江、荣廷昭院士专家工作站落户。"三环十景"项目全面开建，"巴渝乡愁"率先开放"重庆乡愁博物馆”，两江影视城成功创建AAAA级景区，旅游综合收入达到98.07亿元、增长21.7%。美丽乡村加快建设，南北大道延伸段等“十纵十横”骨架路加快推进，新增“四好农村路”515千米，硬化村社便道520千米，在全市率先实现安保工程全覆盖。大盛天险洞等13个农村人居环境整治示范片、13个示范点加快建设，成功通过国家农村生活垃圾治理检查验收。洛碛、茨竹等2个中心场镇提档升级和石船青杠等9个撤并场镇综合整治项目基本完工，大湾太和等4个居民新村启动建设。农民收入稳步增长，古路乌牛村“三变”改革成为全市试点，农村常住居民人均可支配收入达到17950元、增长8.7%。脱贫攻坚扎实开展，深化“三个到户、四个到人”扶贫政策，建立大数据精准识别系统，选派900余名机关干部全脱产抓扶贫，启动扶贫项目600余个，解决实际问题800余件，“四类重点对象”C、D级危房存量全部消除。

【生态文明建设】 主体功能区战略深入实施，划定“三区三线”范围，玉峰山森林公园纳入全市生态保护红线勘界定标试点，资源环境管控能力大幅提升。山清水秀美丽渝北建设开篇破题，召开长江经济带发展动员大会暨生态环境保护大会，形成“1+2”政策体系。污染防治攻坚战进展顺利，实施环保“五大行动”，城区空气质量优良天数达到309天，非法餐饮船、采砂船全部取缔，建新食品等企业启动环保搬迁，完成38个地下油罐防渗改造，农村面源污染得到有效控制。完成碧津湖等3个城区湖库水生态修复，基本消除城市黑臭水体。办理办结中央和市环保督察问题43件。生态保护修复力度加大，曹家山煤矿复垦项目通过市级验收，修复治理矿山1695亩，治理水土流失面积12平方千米。国土绿化行动成效明显，拆除自然保护区违建10万平方米，森林覆盖率和绿化覆盖率分别达到39.2%、45%。石坪污水处理厂一期基本建成，洛碛垃圾焚烧发电站加快推进，“三所一队”等6个乡镇污水处理厂和洛碛第二污水处理厂建成投用。启动恒通客车等企业清洁化改造，工业综合能耗持续下降。新增“绿色小区”4个、“绿色学校”3所、“市级生态村”3个，成功创建“市级生态文明建设示范区”。

【居民生活品质】 基本公共服务均等化加快推进，新增公办幼儿园53所、小学2所，黄炎培中学改扩建工程建成投用，义务教育入学率、毕业率均达100%。新区中医院主体工程进展加快，新区人民医院装修工程和设备采购工程加快推进，区精神卫生中心建成投用。成功创建全市首个“全国流动人口基本公共卫生计生服务均等化示范区”。碧津美术馆、渝北历史文化陈列馆正式开馆，全民健身中心室内场馆主体完工。城乡社会保障体系基本完善。国家技能人才激励计划试点工作扎实开展，建成5个国家级、市级人才培训基地，城镇新增就业7.76万人，城镇登记失业率1.6%。职工“五险”新增扩面21.86万人次，城乡养老、医保参保率分别稳定在95%、96%以上。环湖雅居B区竣工投用，新增安置房28万平方米，1.6万名征地群众乔迁新居。民生实事加快推进，改扩建敬老院4个，实施燃气“一户一表”改造14200户，更新改造及老旧住宅加装电梯393台。社会治理能力不断增强，深化“枫桥经验”重庆实践行动现场会在渝北区召开。“扫黑除恶”专项斗争取得阶段性成果，侦办涉黑涉恶犯罪团伙3个，完成矫正人员、刑满释放人员摸排，实现现任村居干部违纪违规全审查处理。“雪亮工程”持续推进，公共区域视频监控初步实现全覆盖。八类暴力案件、可防性案件同比分别下降22%、7.65%。

（杨　贺）

经济结构与经济效益分析

2018年，渝北区深入贯彻习近平新时代中国特色社会主义思想，紧紧围绕“全面建成小康社会，加快建设国家临空经济示范区”奋斗目标，全力打好“三大攻坚战”，实施“十项行动计划”，全区经济社会保持平稳健康发展。

【产业结构】 2018年，渝北区产业结构进一步转型。第三产业占比首次超过第二产业，三次产业结构调整为1.5∶41.1∶57.4。全年实现地区生产总值1543.09亿元，按可比价格计算同比下降2.8%，其中：第一产业增加值23.71亿元，增长0.6%；第二产业增加值634.05亿元，下降19.1%；第三产业增加值885.33亿元，增长14.8%。

【农业结构】 全区农业生产形势稳定，特色高效农业发展强势推进。2018年，实现农业总产值32.86亿元。全年新增特色水果、绿色蔬菜等特色高效农业基地1.5万亩，新引进名特果蔬、中药材品种32个，新培育区级以上产业化龙头企业18家、家庭农场22家、农民专业合作社38家，新培育新型职业农民400人。

【工业结构】 2018年实现工业增加值516.65亿元，占全区地区生产总值的33.5%。受汽车行业下降影响，规模以上工业总产值2753.33亿元，增速为-16.0%，其中轻重工业分别完成产值171.23亿元、2582.09亿元，轻重工业增速分别为1.1%、-16.9%。规模以上国有工业总产值2.35亿元，增速为-1.1%；规模以上股份合作制工业总产值3.00亿元，增速为-14.3%；规模以上股份制工业总产值1202.48亿元，增速为2.5%；规模以上外商及港澳台投资工业总产值1545.49亿元，增速为-26.4%。

【投资结构】 2018年渝北区固定资产投资增长迅速，同比增长21.9%。其中，基础设施建设投资增长31.8%；工业投资增长2.8%；房地产开发投资946.74亿元，增长24.2%，增速较上年提高7.1个百分点，占固定资产投资总额的68.8%。

【宏观经济效益】 按常住人口计算，2018年人均地区生产总值93691元，比2017年增加4214元。全年全区规模以上工业企业实现利润总额58.74亿元，同比下降74.4%；实现产成品140.49亿元，增长6.0%。

（李昆仑）

社会主义精神文明建设

【概况】 2018年，渝北区以习近平新时代中国特色社会主义思想为指导，以熔铸主流价值之魂、进一步夯实文明之基、树立时代文明新风为着力点，稳步深入推进全国文明城区建设，市民素质得到全面提升，核心价值在市民中更加稳固，全区文明风气进一步形成，为国家临空经济示范区建设提供强大动力。

【体制机制完善】 深化文明城区常态化建设机制改革，建立健全常态管理、第三方督查、专项督查等机制，推动全国文明城区建设走向纵深。全年督查87次，交办案件8538件，整改率99.4%，全区形成“党政主导、部门联创、城乡共建、全民参与”的文明城区建设整体格局。通过“我推荐我评议身边好人”活动平台，推荐好人线索4000余条，推出“中国好人”2名、“重庆好人”10名、市级道德模范候选人5名，其中“中国好人”杨雪峰被中宣部追授“时代楷模”称号；以道德模范事迹为素材编印《修德》笔记本3.5万册；开展“身边好人”微访谈、道德模范“心语传递”、道德讲堂总堂等区级活动10场，累计6000余人参加活动；举办道德模范和文明家庭事迹巡展24场，累计3万余人次观展。完善《渝北区帮扶礼遇道德模范“身边好人”制度》，常态化开展慰问、帮扶、关爱道德典型活动，在全区范围内树立“好人好报、德者有得”价值导向。推进诚信建设制度化，开展诚信宣传活动300余场，发布《诚信红黑榜》4期，评选“文明诚信经营示范店”200余家，“智博会”工作获市级先进荣誉23个，区文明办获“先进集体”称号。

【文明细胞建设】 2018年，全区23个新创区级“文明单位”通过验收，6个单位参评市级“文明单位”，29个全国及市级“文明单位”对接开州、云阳进行帮扶。发挥34个全国及市级“文明村镇”示范带动作用，组织6个村镇参评市级“文明村镇”。深化“平安家庭”创建，4个家庭参评市级“文明家庭”，评选“乡村生态文明家庭”11户。开展“文明校园”创建，完成重庆八中全国“文明校园”网上风采展示，涌现出重庆市“最美校长”“最美班主任”“最美教师”“最美乡村学校少年宫辅导员”等共13名，7所学校参评市级“文明校园”。

【文明活动】 深入持久开展常态化的文明活动，引领市民文明素质全面提升。实施“微笑满渝州”“文明礼仪我带头”等六大实践活动，打造文明礼仪示范单位15个、示范点130个，开展文明礼仪培训，组建60余支志愿服务小分队到公共场所开展文明劝导，策划“小手拉大手·一人带一家”活动，开展“周六文明劝导我参与”集中活动12次，评选“最美文明劝导员”30名，获市委常委、市委宣传部部长张鸣批示肯定。围绕“衣食住行”，开展“文明礼仪我带头·争做渝北好市民”主题实践活动，设置“衣旧情深”回收箱600余个、“文明餐桌”挂牌5000块，开展“文明邻里”活动200余场。深化“文明在行动·满意在渝北”活动，规范景区导游词，设置文明旅游志愿服务岗40余个，举办“小手牵大手·共绘好风景”文明旅游集中示范活动，开展“我和国旗合个影”“我为渝北打CALL”“渝北区文明旅游知识”竞答等活动，推荐统景温泉风景区、际华园参评“重庆市文明风景区”。持续推进“我们的节日”活动，开展积极健康的民俗文化活动1000余场，举办“端午”市级示范活动，被《人民日报》、中央电视台等报道。深化家风家训教育，在龙兴镇以“一馆一街两基地”打造家风教育基地，在仙桃街道打造家风教育示范点，推动全区形成爱国爱家、向上向善、共建共享的社会主义家庭文明新风尚。完善“文明渝北”公益广告作品库，制作文明渝北宣传片4部，新设计公益广告通稿11幅，投入162万元在主次干道、公园广场、商业街区、建筑围档等醒目位置，利用“智慧天网”终端、智慧停车引导牌、LED等载体广泛刊播公益广告，设计制作发放环保袋、宣传牌、核心价值观直尺等宣传品20余万件、市民文明礼仪手册60万册，“文明渝北”公益宣传片被中国文明网要闻推送，全年被中国文明网等用稿273篇。策划开展“穿越四十载·共话新时代”“书韵飘香悦读人生”等特色网传活动18个，区文明办荣获2018年“全国社区网络春晚最佳组织奖”。

【乡风文明建设】 围绕乡村振兴推动乡风文明建设，以“八改”为重点、“六化”为标准，全面推进农村环境综合整治，开展“洁净家园”志愿服务活动400余次，清理存量垃圾4000余吨，清运生活垃圾2万余吨，农村村容面貌大幅改观。推进“十抵制十提倡”，投放各类公益宣传1000余处，建设慈孝文化广场和慈孝文化长廊，打造卫生健康、科技文化示范点3个，新建成农村精神文明示范点4个，开展“文明生活进农村”“身边的脱贫故事”微访谈等活动29场。推进移风易俗，开展宣讲189场、入户近2万家，新评定“星级文明户”7000余户、“清洁户”3810户、“文明院落”67个。出台《文明治丧厅堂费补贴方案》，开展“移风易俗·文明治丧”专项整治行动，有效劝诫搭棚治丧142次，为符合条件的96名群众减免厅堂费33.69万元。

【志愿服务工作】 以创建全国“志愿之城”为重心，开展“3·5学雷锋”暨“爱心淘宝日”等活动，推进“渝北志愿服务季”“文明礼仪十进”等志愿服务行动，常态开展便民利民志愿服务活动，举办“山水之城·美丽之地”区级示范活动2场。在城乡社区志愿服务站点全覆盖基础上，成功打造乡村振兴志愿服务示范点2个、枢纽站3个，志愿者达24.6万人。采取“1+4+10+X”（1名负责人加4名专业执行人员加10名骨干核心志愿者加X名志愿者）模式，组织30支队伍到开州、云阳帮扶，全年全区“我们一起奔小康”“爱心进农家”帮扶总金额达218万元。探索“时间银行”嘉许回馈机制，扶持特色项目5个，获市级典型7个、全国典型2个，数量居全市第一位。评选出“最美志愿者”“最佳志愿服务项目”“最佳志愿服务组织”“最美志愿服务社区”“最美志愿服务岗站”等先进典型30个，江峰锦获评全国“最美志愿者”、龙山街道龙山路社区获评全国“最美志愿服务社区”。

【未成年人教育】 新建未成年人心理健康中心，承办市未成年人调研课题和乡村学校少年宫片区展示活动，在全市各类未成年活动中获奖66个。持续开展校园周边环境专项整治，深化“清明祭英烈”“童心向党”“九童圆梦书香”等活动，2人获评“新时代重庆好少年”。全区“狗年春节”行动参与量居全市第一、38名个人及3所学校获奖，区文明办获市优秀组织奖。“向国旗敬礼”网上签名寄语活动，参与人数近200万人。红樱桃“冬日针爱”活动，获市委常委、市委宣传2首获二等奖、4首获三等奖，区文明办和区内2所学校获市优秀组织奖。实施“方圆计划”，12个特色品牌项目常态化开展，举办示范活动6场，被新华网、《重庆日报》等媒体报道，全年共评选“方圆孝敬少年”10名、“好家风”家庭10个、“优良家风故事”10篇，长安锦绣实验小学入选《全国中小学德育工作典型经验名单》。

（张 艺）

政　治

中共重庆市渝北区委员会

综　述

2018年，区委常委会团结带领全区党员干部群众，深学笃用习近平新时代中国特色社会主义思想和党的十九大精神，全面贯彻落实习近平总书记对重庆提出的“两点”（即西部大开发的重要战略支点、“一带一路”和长江经济带的联接点）定位、“两地”（即内陆开放高地、山清水秀美丽之地）“两高”（即推动高质量发展、创造高品质生活）目标和营造良好政治生态、做到“四个扎实”（即扎实贯彻新的发展理念、扎实做好保障和改善民生工作、扎实做好深化改革工作、扎实落实“三严三实”要求）的重要指示要求，深入贯彻落实中央、市委各项决策部署，打好“三大攻坚战”，实施“十项行动计划”，围绕创新生态圈、智能制造基地和国际航空港三大功能定位，加快建设国家临空经济示范区，决胜全面建成小康社会，扎实推动党的十九大精神和习近平总书记殷殷嘱托全面落实在渝北大地上。

一、坚持把方向、管大局、促落实

深入学习贯彻习近平新时代中国特色社会主义思想和党的十九大精神，用新思想源头活水武装头脑。把习近平新时代中国特色社会主义思想作为改造主观世界和客观世界的“源头活水”，作为做好工作的“定盘星”，切实在学思践悟中坚定政治方向、汲取政治营养。一是注重在学懂上用力。区委常委会带头加强学习，全年组织开展区委理论中心组集体学习14次，指导全区各级党委中心组开展学习1000余场次，在读原著、学原文、悟原理中掌握精神实质和丰富内涵，进一步增强政治认同、思想认同、理论认同。同时，在区委党校开设习近平新时代中国特色社会主义思想学习培训班，分专题对区管干部进行集中培训，全年培训学员3600余人次，进一步深化了全区上下对党的创新理论成果的理解和把握，增强了贯彻落实的主动性坚定性。二是注重在弄通上用力。把学习习近平新时代中国特色社会主义思想，与学习马克思主义基本原理贯通起来，与学习习总书记系列重要讲话精神贯通起来，与学习《习近平谈治国理政》一卷、二卷贯通起来，与学习习近平总书记视察重庆重要讲话精神和参加重庆代表团审议时的重要讲话精神贯通起来，做到联系地而不是孤立地、系统地而不是零散地、全部地而不是局部地理解党中央治国理政新理念新思想新战略。三是注重在做实上用力。坚持学以致用、学做结合，紧扣十九大报告提出的“七大战略”“三大攻坚战”等重点任务，结合新时代新实践新要求和渝北实际，深入推进

“三大攻坚战”和“十项行动计划”，切实把习近平新时代中国特色社会主义思想和党的十九大精神内化于心、外化于行、转化为果。

坚决贯彻落实中央、市委系列重要会议精神和决策部署，用实际行动践行“三个确保”。始终坚持中央有部署、市委有要求，渝北就要有行动，坚定不移向党中央看齐，向党的理论和路线方针政策看齐，向党中央决策部署看齐，推动全区各项事业始终沿着正确方向前进。一是在传达学习上不等不拖。对中央、市委的重要会议、文件和领导的指示批示精神，第一时间积极响应，及时通过召开常委会会议、中心组学习会、专题会等形式迅速传达学习，深刻领会、准确把握精神实质，切实把思想和行动统一到中央、市委的部署要求上来。全年组织召开的52次常委会会议中，传达贯彻类议题达166个。二是在研究部署上对标对表。在日常工作中，坚持作任何决策都从习近平新时代中国特色社会主义思想中找遵循、找依据，推进任何工作都从“五位一体”总体布局和“四个全面”战略布局中找方位、找定位，自觉把渝北工作放到党和国家全局以及全市工作大局中去思考、谋划和推动，正确处理保证中央、市委政令畅通和立足实际创造性开展工作的关系，真正做到既为一域争光、又为全局添彩。三是在推动落实上立说立行。严格按照中央、市委要求，及时组织召开全区经济工作会、金融工作会、旅游发展大会、民营经济发展大会、组织工作会等传达贯彻会议，制定印发《关于进一步大力推动工业经济高质量发展的意见》《关于深化脱贫攻坚的实施意见》等制度文件，深入开展集中走访精准服务民营企业、兴调研转作风促落实、“四山”范围内违法建筑整治等行动，扎实推动中央、市委决策部署在渝北落地生根。

全面彻底干净肃清孙政才恶劣影响和薄熙来、王立军流毒，着力营造良好政治生态。坚决把肃清孙政才恶劣影响和薄熙来、王立军流毒作为最要紧的任务，着力在“十破十立”“五个结合”上下功夫，确保全面彻底干净肃清。一是强化领导带头。在民主生活会上，按照市委要求，聚焦“肃清孙政才恶劣影响和薄熙来、王立军流毒”专题，区委常委带头，各级领导干部都在对照检查中把自己摆进去、把思想摆进去、把工作摆进去，摆事实、讲认识、查不足、找原因，一起从严接受教育、提高认识、深刻反思，取得了好的效果，市委书记陈敏尔亲临渝北指导区委常委班子专题民主生活会，并给予肯定。二是强化教育引导。召开区委十四届三次全会，专题部署营造良好政治生态工作，并出台《区委关于营造良好政治生态的意见》《区委关于加强法治和德治工作的实施意见》，切实加强广大干部思想教育引导，进一步在“怎么看”“怎么办”“怎么导”上深化提高，持续用力、久久为功，不断把政治生态建设引向深入。三是强化以案为鉴。围绕吴德华严重违纪违法案，及时召开区委理论中心组学习会、区委常委会会议、全体区级领导干部会进行反思剖析，深入查摆、主动整改在管党治党方面存在的突出问题。严格按照市委、市纪委要求，扎实开展“以案说纪、以案说法、以案说德、以案说责”警示教育，并推动全区各级党组织召开专题讨论反思会，深刻吸取教训，做到警钟长鸣。对照市监委《监察建议书》提出的5个方面15条监察建议，突出问题导向，着力抓好以案促改工作，以滚石上山的劲头，推动全区政治生态持续向好、整体向好。

二、统筹改革发展民生稳定和党的建设

坚持稳增长调结构促转型，经济高质量发展特征更加明显。深入学习贯彻习近平新时代中国特色社会主义经济思想和中央、市委系列经济工作部署，坚定贯彻新发展理念，扎实做好稳就业、稳金融、稳外贸、稳外资、稳投资、稳预期各项工作，高质量发展步入新阶段。一是经济结构不断优化。地区生产总值1543亿元，三次产业结构从1.9∶55.6∶42.5调整为1.5∶41.1∶57.4。服务

业增加值实现885亿元、增长14.8%，连续15季度保持两位数增长。民营经济增加值占比达到47%，较上年提高2.4个百分点。完成规模以上工业总产值2753.3亿元，战略性新兴制造业产值1100亿元、增长17%，占规模以上工业总产值比重达到40.7%，同比提高10.5个百分点。二是质量效益稳步提升。一般公共预算收入达75.5亿元、增长21.9%，其中税收收入68.6亿元、增长26.8%，税收占比达91%。完成固定资产投资1376.4亿元、增长21.9%，社会消费品零售总额665.6亿元、增长6.8%。市场主体竞争力进一步增强，电子信息等高技术企业利润大幅提升，同比增长2.6倍，新增新三板、重庆OTC挂牌企业22家，有友食品成功在A股上市。单位生产总值能耗和主要污染物减排达到约束性要求。三是新旧动能接续转换。滚动设立技改扶持资金对传统产业进行深度改造，完成技改投资56亿元，占工业投资比重达到35%，南方英特等56家企业实施智能化、自动化改造，爱尔铃克铃尔等8家企业建成市级数字化车间。紧盯大数据及人工智能、航空产业、创新金融等产业招大引强，全年引进厦门航空重庆基地、居然之家家居艺术小镇等产业项目371个，计划投资1760亿元，其中投资亿元以上项目160个。深科技智能制造产业园、中光电二期等16个重大项目开工建设，路虎、雷克萨斯等12个高端品牌入驻西南国际汽贸城，新牌坊金融服务集聚示范区获批建设，临空经济总部、重庆基金小镇等特色楼宇入驻企业近200家，新的发展动能加速集聚。

坚持向改革要活力向开放要潜力，改革开放步伐更加坚定。深入贯彻落实中央庆祝改革开放40周年大会和全市庆祝改革开放40周年座谈会精神，推动改革开放迈出坚实步伐。一是重点领域改革持续深化。认真落实中央改革部署和市委要求，全面承接市级改革任务170项，自主开展区级改革25项。深化供给侧结构性改革，推动深渝北斗等企业实现兼并重组。深化“放管服”改革，推进“互联网+政务服务”，共办理政务服务事项340万件，办事群众满意率、获得感不断增强。落实企业“降本增效”措施，为实体企业发放新增贷款425亿元，减少企业社保缴费12亿元。探索“基金+直投”模式，成功撬动社会资本138亿元。推行政府投资项目“三方日志”和前期工作记录制度，区级重点项目开工率、投资完成率均达80%以上。二是对外开放水平不断提升。主动融入“一带一路”，内陆开放空中门户加快建设，江北国际机场新开通巴黎、多伦多等国际航线14条，国际客货航线增至82条，机场客运量突破4000万人次，货邮吞吐量达到38.2万吨。支持铁路枢纽东环线、机场支线、黄茅坪支线项目建设，重庆三环高速、南两高速(南川区至两江新区，南川区东城街道大铺子起，渝北区路磺镇刘家湾止)及重庆渝长高速(重庆—长寿)扩能项目加快实施，渝广高速(重庆渝北悦来柏杨湾—四川广安)建成通车。中新示范合作项目新引进宗申融资租赁等12个新加坡项目。自贸试验区新增法人企业1574家，总数突破4000家。全市首个国际贸易示范园建成投用，汽车整车进口、飞机保税租赁等新业态飞速发展，智能手机等“渝北造”商品远销全球。积极应对中美贸易摩擦，全年实际利用内资300亿元、外资20亿美元，进出口贸易总额达到1300亿元、增长7.2%。三是区域发展优势更加突出。主动服务两江新区开发建设，全年为市级平台新征地1.45万亩，与两江新区实现联合招商、联合接待，合作关系更加紧密。区域合作纵深推进，与四川资阳签订深化临空经济和汽车产业发展合作协议，与四川邻水合作的一批载体项目加快建设，实现优势互补、合作共赢。与云阳建立对口帮扶机制，划拨到位3040万元帮扶资金。

坚持创新驱动发展，创新创业氛围更加浓厚。坚持把创新作为引领发展的第一动力和建设现代化经济体系的战略支撑，加快实施以大数据智能化为引领的创新生态圈建设行动计划，为推动高质量发展奠定基础。一是着力发挥仙桃数据谷引领作用。加快完善基础设施，建成投用数据谷体验中心、大数据学院等商务楼宇36万平方米，入驻办公企业达到115家。及时调整完善仙桃国际大数据谷发展思路，加快构建以数据为驱动的“1+3+5+10+N”创新产业体系。集成电路设计产业园获得市级授牌，引进IC企业12家。推动协同创新智能汽车研究院、中软国际云上软件园、微软人工智能加速器落地运营，华为软件开发云为94家软件企业开放云资源。二是着力打造数字渝北。对标实施国家大数据战略、建设数字中国要求，规划建设“数字渝北”，并先期启动大数据在扶贫、政务和就业收入社保等领域试点，全力打造国家数字经济示范区。联手国家信息中心，建设国家发改委大数据中心重庆分中心、“一带一路”大数据西部分中心，西部大数据前沿研究院建成开院。三是着力培育创新企业。全年新增市场主体2万户，其中企业9000户，建成示范性众创空间19家，“创享渝北”创业品牌被评为全市就业系统十大创新事件。新增再升科技、金山科技等国家企业技术中心2家，新培育科技型企业305家，国家高新技术企业达到339家，万人有效发明专利拥有量达到17.9件，全社会研发经费支出占地区生产总值比重达到3.94%。

坚持建管并重，城市品质功能更加完善。深入贯彻落实习近平总书记关于城市工作的重要讲话精神，扎实开展城市提升行动，加强城市有机更新，促进城市品质提升，努力让群众在城市生活得更方便、舒心、美好。一是城市配套不断完善。主城区交通缓堵行动计划加快推进，轨道4号线一期、轨道环线开通试运营，新建成城市道路20千米，打通城市断头路9条，新增公共停车场19个、公共停车位2680个，拥堵指数排名从主城第2降至第6。完成城区1000千米管网勘察，改造城区雨污混流管网20千米。爱融荟城、新光里等城市商业综合体开业运营，两路农贸市场、双凤水果市场批发功能外迁，城市人气商气加速集聚。二是城市形象稳步提升。中央公园等重点片区开发提速提档，改造棚户区和危旧房31万平方米，新改建公园游园及社区体育公园11个，新增城市绿地88万平方米，完成城区2.5万余根灯杆、93座桥隧设施、71千米护栏美化涂装和红锦大道等33条道路绿化提质改造，获评全市最美迎春灯饰工程。三是城市管理更加精细。“大城智管、大城细管、大城众管”做实做细，740名社区网格员利用手机APP进行“智慧”监管。生活垃圾分类收运试点“1234工作法”经验在全市推广，与城市综合管理模式创新同步推荐入选全市城市管理创新范例。

坚持农业农村优先发展，乡村振兴势头更加强劲。坚决贯彻中央、市委决策部署，把实施乡村振兴战略摆在优先位置，抓住全市乡村振兴综合试验示范区建设契机，加快推动实现产业、人才、文化、生态、组织“五个振兴”。一是农业产业加快发展。新发展龙石路“花果长廊”等特色高效农业1.5万亩，统大路柑橘产业基地成为南方丘陵山区发展现代农业的样板。深入开展农产品绿色行动，新培育市级名牌农产品21个，新认证“三品一标”农产品24个。赵春江、荣廷昭院士专家工作站落户农业园区。“三环十景”项目全面开建，“巴渝乡愁”率先开放“重庆乡愁博物馆”。二是农村环境明显改善。改造“十纵十横”骨架路82.5千米，建成“四好农村路”515千米，硬化村社便道520千米，实现道路安保工程全覆盖。高标准开展农村人居环境整治，大盛天险洞等13个农村人居环境整治示范片、礼朝屋基等13个示范点初具形象，茨竹、洛碛中心场镇提档升级和永庆、白岩等9个撤并场镇综合整治基本完工。三是农民收入稳步增长。发展壮大村集体经济，古路乌牛村“三变”改革成为全市试点，农村常住居民人均可支配收入达到17950元、增长8.7%。脱贫攻坚扎实开展，紧扣“两不愁、三保障”目标要求，深化“三个到户、四个到人”扶贫政策，建立大数据精准识别系统。实施“危改”大会战，整治农村危房4892户，全面消除现有四类重点对象C、D级危房，450户特困家庭实现“拎包入住”。

坚持绿水青山就是金山银山，生态环境质量更加改善。深入贯彻落实全国生态环境保护大会和全市深入推动长江经济带发展动员大会暨生态环境保护大会精神，加快建设山清水秀美丽渝北，不断提升渝北山水“颜值”、大地“气质”。一是污染防治攻坚战进展顺利。深入实施“环保五大行动”，城区空气质量优良天数达到309天，非法餐饮船、采砂船全部清零，朗萨家私等3家企业启动环保搬迁，农村面源污染得到有效控制。盘溪河、肖家河等6段城市黑臭水体基本消除，办理办结中央和市环保督察问题43件。二是生态文明建设不断加强。深入实施“河长制”，创新实施“山长制”，强化山水林田湖草生态系统保护，开展大规模国土绿化，公益性育苗150万株，提升改造国有林场6000亩，水系绿化200亩，公路绿化460千米，全区森林覆盖率、绿化覆盖率分别达到39.5%、45%，成功创建重庆市生态文明建设示范区。三是生态保护修复深入推进。推进双龙湖等4个城区湖库生态修复，湖库水质明显改善。开展“大棚房”问题清理整治，强力推进“四山”保护。加快生态系统修复，治理水土流失面积12平方千米。铜锣山国家矿山公园完成设计方案征集，废弃矿山综合治理工程有序推进。

坚持在发展中保障和改善民生，群众获得感幸福感安全感更加充实。坚持以人民为中心的发展思想，着力解决群众最关心、最直接、最现实的利益问题，不断改善人民生活、增进人民福祉。一是基本公共服务均衡发展。新增公立幼儿园53所，黄炎培中学等3所学校建成投用，数据谷中学、玉峰山小学等9所学校加快建设，义务教育入学率、毕业率均达100%。新中医院主体工程进展加快，新区人民医院进入内装修和设备安装阶段，区精神卫生中心建成投用，成功创建“全国流动人口基本公共卫生计生服务均等化示范区”“全国基层中医药工作先进单位”。市民服务中心开工建设，碧津美术馆、渝北历史文化陈列馆开馆。二是社会保障体系更加完善。开展国家技能人才激励计划试点工作，新增城镇就业7万人，城镇登记失业率为1.6%。职工“五险”新增扩面18.5万人（次），城乡养老、医保参保率分别稳定在95%、96%以上。开工建设安置房45万平方米，建成天堡家园等安置房28万平方米。民生实事加快推进，改扩建敬老院4个，实施燃气“一户一表”改造14200户，更新改造及老旧住宅加装电梯393台。三是全区社会大局和谐稳定。聚焦“六个突出”，深入推进“扫黑除恶”专项斗争，侦办涉黑涉恶犯罪团伙3个。加强社会治安防控体系建设，八类暴力案件、可防性案件同比分别下降22%、7.65%。集中开展交通、建筑、食品等重点行业领域安全专项整治，生产安全亡人事故起数和人数分别下降12.2%、13.6%，未发生较大及以上生产安全事故。推进防范化解重大风险攻坚战，严厉打击金融诈骗、非法集资等违法行为，推动化解处置企业债务7亿元，重点领域风险得到有效防范，多项信访遗留问题得到妥善解决。“律师驻所机制”入选全国“创新社会治理典型案例”，深化“枫桥经验”重庆实践行动现场会在渝北区成功召开，全区社会治理工作获得市领导充分肯定。

坚持守正创新凝心聚力，宣传思想文化和意识形态工作更加有力。深入贯彻落实全国、全市宣传思想工作会议精神，紧扣举旗帜、聚民心、育新人、兴文化、展形象“五大使命任务”，积极唱响主旋律、发出好声音、凝聚正能量、营造好氛围，为渝北区经济社会发展提供坚强思想保证和舆论支持。一是意识形态阵地不断巩固。大力培育和践行社会主义核心价值观，深入开展“家风家教”“渝北志愿服务季”“扣好人生第一粒扣子”等系列主题实践活动，推出中国好人2名、重庆好人11名，引导广大群众由普遍认同到共同践行。严格落实意识形态工作责任制，召开渝北区意识形态工作专题培训会、工作推进会和驻区高校意识形态工作联席会，定期分析研判意识形态领域重大问题，成功处置涉意识形态类突发事件3起，有效应对美国全国广播公司来渝采访等20余起敏感事件的监督报道。加强网络综合治理，网络内容管理、舆情应急处置和网络安全保障工作迈上新水平。二是对内对外宣传有力有效。积极策划参与全市40余次主题宣传，《重庆日报》《重庆新闻联播》刊播稿件全市第一。策划开展和参与“2018重庆与世界嘉年华”系列主题外宣和文化交流活动10余次，成为中宣部“改革开放40周年·百城百县百企调研行”重庆唯一入选并作重点报道的区县，渝北知名度和美誉度进一步提升。深入学习宣传“时代楷模”杨雪峰同志先进事迹，策划开展“一二三四五”行动，在社会引起强烈反响，凝聚起强大奋进力量。三是文化建设工作再上台阶。承办重庆首届合唱节、世界职业拳王争霸赛等大型文体活动45场，流动文化进村724场，临空艺术团被中宣部等三部委评为全国“双服务”先进集体。文艺作品成果丰硕，50余项作品获得市级以上奖励。“书香渝北”建设工程扎实推进，全民阅读氛围日益浓厚。文化产业发展稳中向好，建成重庆新闻传媒中心一期和重视传媒总部基地，重庆创意产业园入驻企业430余家，实现文化产业增加值66亿元，增长15.6%。

坚持围绕中心服务大局，民主政治建设更加深入。一是大力支持人大及其常委会依法履职。召开区委人大工作会议，制定印发《关于加强和改进新时代人大工作的实施意见》，进一步加强和改进党对人大工作的领导。坚持重大决策部署认真听取人大意见，涉及法律法规方面的重大事项按照法定程序提交人大审议。支持区人大对“一府一委两院”开展法律监督和工作监督，推动“一府一委两院”依法行政、依法监察、公正司法。推动区人大自觉在中心大局下想问题、干事情，认真履行宪法和法律赋予的各项职权，助推全区经济社会协调发展。健全完善代表工作机制，全年提出建议418件，全部办理完毕，答复率、回执率、满意率均为100%。二是充分发挥人民政协协商民主重要渠道作用。召开区委第五次政协工作会议，制定印发《关于加强和改进新时代人民政协工作的实施意见》，进一步加强和改进党对政协工作的全面领导。积极践行协商理念，把政协协商放在决策之前和决策实施之中，支持区政协深入开展协商民主创新实践，完善民主评议、委派民主监督员等工作规范20余项，提高履职制度化规范化程序化水平。审定区政协年度重点协商通报视察调研计划，充分发挥99名住区市政协委员作用，加强联系服务，引导其为渝北发展出谋划策，并在市级层面呼吁建议。保障区政协依法依章程履行职能、开展工作、发挥作用，一年来，区政协坚持围绕中心服务大局，开展各类重点视察、协商活动30余次，完成重点调研课题11个，形成协商、调研、视察成果70余个，交办提案426件，收集反映社情民意信息756条，积极为改革献智、为发展出力、为民生建言。三是巩固和发展最广泛的爱国统一战线。认真落实年度政党协商计划，支持各民主党派、无党派人士围绕全区中心大局开展议政建言，全年反映社情民意200余条，形成调研报告21篇。扎实做好非公有制经济领域、党外知识分子、新的社会阶层人士和港澳台海外统战工作。深入落实中央、市委民族工作会议和全国、全市宗教工作会议以及新修订的《宗教事务条例》精神，持续推进宗教场所的规范化建设，制止乱建露天宗教造像和私设宗教场所3处，处置涉及境外背景非法基督传教活动2起，依法拆除非法宗教场所1处，切实维护民族宗教领域的和谐稳定。

坚持全面从严治党，管党治党责任更加夯实。认真贯彻新时代党的建设总要求，坚决扛起主责、抓好主业、当好主角，扎实推动全面从严治党向纵深发展。一是坚定不移加强政治建设。严格遵守党的政治纪律和政治规矩，牢固树立“四个意识”，坚定“四个自信”，坚决做到“两个维护”，始终在政治立场、政治方向、政治原则、政治道路上始终同以习近平同志为核心的党中央保持高度一致。二是坚定不移抓好干部队伍。严格落实“二十字”好干部标准，切实把好干部选出来、带出来、用出来、管出来。狠抓选准用好，突出基层导向，11名优秀干部经过镇街磨砺得到激励交流和提拔使用。狠抓培养提升，组织干部到知名高校开展30余期专题培训，累计培训党政干部等1.8万人次。狠抓严格管理，认真贯彻中央激励广大干部新时代新担当新作为意见和市委实施意见要求，落实好职务与职级并行等政策，激励广大干部安心工作。狠抓年轻干部，对优秀年轻干部大胆提拔使用，总体反响较好。三是坚定不移夯实基层基础。突出加强农村党建，深入开展农村带头人队伍整体提升行动，对181个村“两委”班子逐村研判、逐人联审，优化调整村书记9人，稳妥清理前科劣迹人员12人。统筹加强城市各领域党建，在街道社区建立三级党建联席会，在机关推动做好“三个表率”、建设“模范机关”，在国企推行党建成效与领导薪酬挂钩，在学校深入开展党组织“五个自查”、党员教师“四个自问”，在非公狠抓“两个覆盖”质量，商协会党建纳入全市试点，律师行业党建经验在全市交流。四是坚定不移推进正风肃纪。精准运用执纪监督“四种形态”，落实抓早抓小问题发现及处置办法，运用“四种形态”处理511人。制定出台《渝北区集中整治形式主义、官僚主义实施方案》，持续深化“四风”整治，共查处违反中央八项规定精神问题40起55人，并全部通报曝光。始终保持惩治腐败高压态势，开发并运用全区民生监督数据平台和领导干部廉洁从政动态信息系统，查处侵害群众利益的不正之风和腐败问题122起187人，其中扶贫领域59起104人。发挥巡察“利剑”作用，完成对38个单位的常规巡察，发现问题727个，移交问题线索34条。五是坚定不移强化自身建设。严格落实党内政治生活准则、党内监督条例等规定，严格执行领导班子议事规则和决策程序，坚持民主集中制，集体研究重大事项、重大问题时严格落实书记末位发言制度，做到科学、民主、依法决策，切实营造和谐共事的工作氛围。

坚持全面依法治区，切实推进依法行政、公正司法、全民守法，更好发挥法治固根本、稳预期、利长远的保障作用。严格落实党管武装制度规定，实施以构建临空产业联盟为先导的军民融合发展战略行动计划，推动中央、市委关于军民融合发展决策部署和重点任务落实。加强和改进对工会、共青团、妇联等人民团体的领导，持续推进群众组织各项改革，更好发挥群团组织联系人民群众的桥梁纽带作用。

（钟世恒）

政策研究

【概况】 2018年，区委研究室坚持以习近平新时代中国特色社会主义思想为指导，认真贯彻落实党的十九大和十九届二中、三中全会精神，全面学习贯彻习近平总书记对重庆提出的“两点”定位、“两地”“两高”目标、发挥“三个作用”和营造良好政治生态的重要指示要求，坚决执行中央和市委决策部署，在区委的坚强领导下，围绕中心、服务大局，改革、法治、调研和机关党建等各项工作稳步推进，“政研课堂”、主题党日等活动亮点纷呈，党员干部精神状态持续向好，呈现出风清气正、崇廉尚实、团结和谐、奋发有为的良好态势。

【调查研究工作】 区委研究室结合国家临空经济示范区建设实际，制定乡村振兴、城市品质提升等全区性重点调研课题，报区委同意后由相关区领导及区人大、区政协开展调研。主动参与由区委主要领导为组长的乡村振兴专题调研组，安排专人在兴隆镇蹲点调研一个月，形成调研报告9篇，相关经验做法在全市率先推广。牵头组织赴广东、浙江、贵州等地考察学习，完成《渝北区全面推动高质量发展创造高品质生活路径研究的调研报告》等调研报告。选取106项调研课题任务，分解至相关部门、镇街开展调研。建立全区调研工作队伍，健全动态调研进度台账、定期通报等制度。组织干部职工深入基层一线调研，《关于近期渝北区行政服务中心部分窗口办事人数集中增多情况的调查报告》得到区领导高度肯定。编印《2017年调研成果汇编》《兴调研转作风促落实调研成果汇编》，印发《领导参阅》29期，其中7期获区委主要领导肯定性批示。

【重要文稿起草】 区委研究室牵头起草区委常委会工作要点等重要文件30余篇，起草全会讲话、全会决议、区委主要领导党课素材、民营经济大会讲话等重要文稿30余篇。向市委报送《渝北区青龙村“9+1+1”模式，深化农村“三变”改革》《渝北区大力探索人才强区新路径》等改革法治信息、调研报告材料60余篇，其中《以产业兴旺为重点探寻乡村振兴之路》在市委《工作情况交流》刊发，《关于渝北区中小学课后免费托管服务改革试点的调研报告》在市委《改革工作简报》刊登并报送中央改革办。认真撰写中央和市级主流媒体对区委领导的采访提纲，《推动高质量发展，创造高品质生活》等稿件，被《人民日报》《重庆日报》等主流媒体刊登。围绕纪念改革开放40周年，策划系列宣传报道，在《渝北时报》、渝北电视台等区内媒体开设改革专题专栏，营造崇尚改革的良好氛围。

【改革法治工作】 区委研究室承接市级改革任务170项，自主开展区级改革25项。筹备召开区委全面深化改革领导小组会议5次、区委全面深化改革领导小组专项小组联络员单位联席会议和全区改革信息联络员培训会各1次。建立完善台账资料，系统梳理党的十八大以来市委深改会议审议出台文件渝北区落实情况、渝北承担的中央和市级层面改革试点工作情况、渝北区承接市级改革任务完成情况。对17个专项小组和区人大牵头督察事项进行书面督察，对区商务局、统景镇等单位开展实地督察，并在全区通报督察情况。主动加强与市级部门对接，向市委改革办报送上级会议精神落实情况、改革典型案例、改革要情等材料36个。建立健全“1+X”改革议题申报机制、改革信息工作机制和“一把手”抓改革情况汇报机制，调整充实17个改革专项小组。印发区委领导改革工作讲话工作通报、会议纪要、改革工作简报共24期，其中4期简报得到区委领导批示，编印发放改革资料汇编。贯彻落实法治建设第一责任人职责，确保法治工作有序开展。起草区委主要领导向市检查指导组的汇报材料，梳理总结渝北区“扫黑除恶”专项斗争工作成效。

【机关建设】 区委研究室深学笃用习近平新时代中国特色社会主义思想，把学习贯彻党的十九大精神作为首要政治任务和政治必修课，组织开展中心组学习等集中学习20余次。全面彻底干净肃清孙政才恶劣影响和薄熙来、王立军流毒。深化开展“政研课堂”，每月组织党员干部讲党课，邀请部门领导、退休老党员讲授书法等传统文化知识。认真落实主题党日、“三会一课”、民主生活会、组织生活会、民主评议党员等制度，完成支委换届工作。选派1名党员到市委研究室挂职、1名党员参与乡村振兴暨脱贫攻坚工作督导。引进西部志愿者1名，招聘工作人员2名。开展线下讲课10余次、推荐好书100余册、微信推送资料700余份，机关支部被评为渝北区先进基层党组织，1名党员获评渝北区优秀共产党员。定期走访慰问老党员、困难群众和留守儿童，帮助后进基层组织理清发展思路，开展城市基层党建结对共建工作。坚持民主集中制，严格按照领导班子议事规则和决策程序推进重大事项决策部署。贯彻落实党风廉政建设主体责任和监督责任，认真落实“一岗双责”，定期召开党风廉政建设工作会议。认真落实意识形态工作责任制，牢固树立符合时代要求的保密工作新观念，没有发生一起失泄密事件。

（陈小强）

组织工作

【概况】 2018年，在区委坚强领导下，渝北区组织系统深学笃用习近平新时代中国特色社会主义思想，深入贯彻新时代党的建设总要求和组织路线，围绕中心大局，选干部配班子、聚人才建队伍、抓基层打基础，全区组织工作取得新成绩、呈显新气象。

【党的基层组织建设】 一是加强支部建设。坚持抓基层打基础，持续推进基本队伍、基本活动、基本阵地、基本制度、基本保障建设，增强党支部战斗堡垒作用。规范组织生活。建立区委党建工作领导小组定期听取各领域党建工作汇报制度，制定各领域支部工作基本规范、示范点建设基本规范等制度文件，创新推行“1+3+6+X”主题党日模式。党员发展严格执行区委组织部和基层党委“两级审查”，加强对发展对象的审查把关。研究制定渝北区农村党员发展工作三年规划，确保3年内每村至少发展1名年轻党员。后进村整顿坚持“一支一策”，实行党员区领导等“六大主体”合力攻坚，36个后进基层党组织问题化解率、整顿转化率均为100%。二是贯彻落实《中国共产党农村基层组织工作条例》，抓党建促脱贫攻坚、促乡村振兴，提升农村基层党组织组织力。实施农村带头人队伍整体优化提升行动，对356个村（社区）进行逐一研判，建成以村（社区）干部信息系统，会同区纪委监委等区级部门以及各镇街党（工）委建立村（社区）干部联审机制，全面实行任前联审、任职报备、变动报告、信息化管理。制定《关于发展壮大村级集体经济的实施意见》，全面吹响发展壮大村级集体经济号角，探索形成“乌牛三股145”、金刚村“公私联营、集体控股”、“玉峰四股”等集体经济发展模式。细化制定《渝北区乡村善治行动方案》《渝北区精准发力推动乡村组织振兴实施方案》《加强村（社区）党组织建设着力铲除黑恶势力滋生土壤的工作方案》，号召村（社区）党员做到“四要六带头”，充分发挥基层党组织政治功能，促进乡村社会更加安定有序。三是推动城市基层党建。坚持以完善联建共建机制为重点提升城市基层党建整体效应。筹备召开渝北区城市基层党建工作联席会议第一次会议，区、街道、社区三级城市基层党建工作联席会议制度全面建立，广泛吸收各类单位和基层党组织负责人1285名。制定出台城市党组织结对共建制度、双向考核评价办法、党员积分管理制度等5个工作制度，为城市基层党建工作深入推进提供制度保障。推动机关企事业单位全部与社区结对共建，建立需求、资源、互动等三类清单，交办解决区级党建联席会成员单位需求事项17条，实现党建引领下的大事共商、组织共建、干部共管、工作共考和资源共享。《健全“五共”互联互动机制构建城市基层党建共同体》参加全国城市基层党建创新案例评选。四是各领域党建统筹推进。坚持放大党建引领功能，突出重点、分类指导，统筹推进机关、学校、国企、非公党建。机关党建聚焦政治建设，对标“三个表率”“一个模范”要求，机关党组织书记集中述职测评、全覆盖培训及廉政警示教育，切实增强“四个意识”，做到“两个坚决维护”。学校党建聚焦师风学风，出台《关于进一步加强中小学校党的建设工作的通知》，开展党组织“五个自查”和党员教师“四个自问”，以学校党建的实际成效推动师德师风、学风校风全面好转。国企党建聚焦党的领导，全面推行“四步工作法”，把党的领导融入国有公司治理全过程。非公党建聚焦“两个覆盖”(即组织覆盖、工作覆盖)，全区非公党组织总数870个，非公经济组织党组织覆盖率86.3%，社会组织党组织覆盖率78.4%。龙塔老年大学党支部2次接受中组部调研，其律师行业党建工作经验在全市交流。

【干部队伍建设】 区委组织部坚持以构建“五大体系”为抓手，推动忠诚干净担当的高素质干部队伍建设。一是选准用好干部。突出基层导向，坚持干部到基层培养、在基层成长、从基层选拔，11名优秀干部经过镇街磨砺得到激励交流和提拔使用，6名转岗锻炼。突出精准识别，进一步优化干部管理全息信息系统，及时收集各方涉干信息，为大数据分析研判干部提供数据支撑；深化干部考察员队伍建设，组建一支100人的考察员队伍，推进干部考察工作制度化、规范化；深化回访研判，完成区管学校、医疗卫生单位全覆盖回访调研，做到用人时心中有数；对部分区属国有企业进行重点回访，及时补充配备企业领导人员，增强班子功能。突出程序规范，严格落实干部选拔任用条例，强化全程纪实留痕，制定科级干部选拔任用工作操作规范，开展22个镇街、4个重点部门干部选拔工作专项检查。二是培养提升干部。注重专业能力培训，紧扣国家临空经济示范区建设，组织干部到知名高校开展30余期专题培训，全年累计培训党政干部1.8万人次，各级干部本领不断提升。注重基层实践培养，有意识地从区级部门选拔7名熟悉信访稳定、村级集体经济、农村基础设施建设的专业型干部充实到镇街领导班子中，针对性地为4个偏远镇配备年富力强的党政正职，为乡村振兴夯足后劲。三是严格管理干部。围绕全区中心工作，聚焦考准考实，认真研究“10+3”专项考核，并联合西南政法大学对区发改委等12个重点经济民生部门开展优化考核指标体系调研，将调研成果运用于2018年度政绩考核，增强考核科学性。严格管理监督，执行“凡提四必”要求，共对1名处级领导干部、2名科级领导干部提出了意见，有效避免了“带病提拔”，在全市2017年度“带病提拔”倒查工作中得到充分肯定；录入1407名领导干部个人有关事项报告，确保应报尽报、应查必查；全面强化社团兼职清理、因私因公出国境审批、离任经济审计等工作，累计清理社团兼职137人，审批因私因公出国境28人次，开展经济责任审计26次，离任经济事项交接17次；加大“抓早抓小”问题发现处置力度，提醒谈话函询诫勉439人次、立案调查10人次，转办19人次。聚焦鼓励激励，认真贯彻中央关于激励广大干部新时代新担当新作为意见和市委实施意见要求，晋升调研员18名、副调研员34名，8名镇街干部职级晋升为正处级，对2起不如实的举报内容及时进行澄清，认真落实好干部保健政策，让广大干部安心工作、健康生活。四是储备年轻干部。在2017年推荐产生近400名优秀年轻干部的基础上，狠抓素质培训，采取中青班培训+实践锻炼等方式，对优秀年轻干部进行系统培训，提升干部能力素质。狠抓实践锻炼，制定出台“引进来、走出去”挂职锻炼“双百工程”实施意见，择优选派优秀干部到急难险重岗位挂职锻炼；认真落实《重庆市选调生工作办法》，安排16名选调生到镇街一线工作，让干部在实践磨砺中增长才干。狠抓及时使用，2018年有10名优秀年轻干部得到了提拔重用，6人激励转岗交流。

【人才工作】 区委组织部坚持以实施人才强区为目标，推动人才服务经济社会发展实现新突破。一是提升引才聚才实效。制定出台《渝北区科教兴区和人才强区行动计划》，统筹实施“临空海外英才”“临空创新人才”等5大引才计划，落实千名高端人才集聚行动等10项行动，细化27条具体措施，协调42个区级部门单位开展联合引才，全区汇聚海内外高层次人才共计458人。

二是提升人才培养质量。依托仙桃大数据与物联网职业培训学院等平台,以大数据、人工智能、物联网为主要培养方向,科学设置并实时调整专业布局和课程安排,高质量开展各类优秀人才培训。全年全区已开通包括大数据人工智能等专业课程26门,培养行业精英人才210人次、专业技能人才2500余人次、复合型创新人才近400人次。三是提升人才服务水平。高标准举行第二届“临空英才”发布会,为71名获评第二批“临空海外英才”和首批“临空创新人才”颁奖,并及时兑现政策,在全区营造敬才重才爱才的良好氛围。开展两期“TEC”临空人才沙龙,为人才交流、项目合作搭建起常态化多样化的互动交流平台。启动仙桃数据谷高层次人才服务中心项目建设,落实《高层次人才服务管理办法》,分层分类为人才提供一站式、精准化、零距离服务。

(李　喻)

宣传工作

【概况】 2018年,渝北区各级党委中心组开展学习1000余场次。承办全市新思想微宣讲片区赛,释放“理论麻辣烫”宣讲品牌效应,组织基层宣讲1300余场。完成基层调研报告50余篇。成功入选全国“百城百县百企”名单。市委宣传部采用570余条新闻线索。人民日报等中央主流媒体对“英雄民警杨雪峰”等选题进行了93次报道。在央视各档栏目播出新闻47条,央视用稿量在全市名列前茅。在重庆电视台新闻中心各档栏目、《重庆日报》新闻上稿均名列全市第一。区融媒体中心建设加快推进。印发向“时代楷模”杨雪峰学习活动方案,掀起学习热潮。“千万市民学法律”活动经验在全市做交流。开展慈孝文化“3个100”活动。制定并印发《关于加强渝北区新型智库建设的实施意见》,推动全区社科工作迈上新台阶。全年摄影、书画等作品获市级以上奖项50余项,文艺精品创作成绩突出。文化体制改革稳步推进。中国国际智能产业博览会工作获市先进23个,区文明办获“先进集体”。建成农村精神文明建设示范点7个,承办市级示范活动3场,获市先进集体3项、市领导肯定批示2次。获中国好人2名、重庆好人10名,未成年人市级荣誉66个。深化全国“志愿之城”建设,获全国典型2个、市级7个。出台进一步加强网络宣传工作的意见,构建“三重三全”大网宣工作体系。率先建成互联网应急指挥中心。处置涉黄涉赌网站862家,区级突发舆情10余件,全区舆情平稳可控,网络安全更加可靠。

【理论工作】 制定2018年度渝北区党委(党组、党工委)理论学习中心组学习意见,组织区委理论学习中心组集体学习会14次,区委理论学习中心组学习经验在全市做经验交流发言,指导全区各级党委中心组开展学习1000余场次。向基层单位发放各类理论书籍6000余册,指导全区各单位购买理论书籍1.4万余册,购书量位列全市第一。举办习近平新时代中国特色社会主义思想微宣讲比赛,承办全市新思想微宣讲比赛主城片区赛。灵活运用“1+N+X”(即1个暖场节目+N场理论宣讲+X项政策宣传)宣讲模式,开展习近平总书记全国两会期间系列重要讲话精神、习近平总书记在民营企业座谈会重要讲话精神,学习杨雪峰同志先进事迹、宪法等各类“理论麻辣烫”微宣讲活动1300余场,受众10余万人。在“理论麻辣烫”微信公众号开展知识竞赛活动,吸引全国20多个省市2.4万余人参与答题,活动经验得到市委宣传部肯定。全区理论宣讲经验在全市宣讲调研工作座谈会上作经验交流。全年在《重庆日报》《重庆宣传》《宣讲参考》《重庆学习论坛》等发表文章13篇。开展学习新思想征文研讨活动,收到征文109篇,评选出优秀征文37篇并编印成集。举办学习杨雪峰同志先进事迹征文活动,收到文稿220篇,评选出优秀稿件56篇并编印成册。落实“兴调研、转作风、促落实”

行动，形成《关于提高新时代渝北区属新闻媒体覆盖面和影响力的调研报告》等调研成果50余篇。

【意识形态工作】 制定并印发2018年渝北区意识形态工作要点，召开渝北区意识形态工作专题培训会和工作推进会，安排部署意识形态工作。召开驻区高校意识形态工作联席会，制定驻区高校意识形态联席会议制度，推动驻区高校成为维护主流意识形态的坚强阵地。举行2018年全区意识形态工作专题培训班。落实讲座论坛申报备案流程，审批备案41件。成功处置涉意识形态类突发事件3起，有效应对美国全国广播公司来渝采访等20余起敏感事件的监督报道。全区意识形态工作总体平稳有序。

【新闻宣传】 全年策划开展和参与“i Chongqing-Carnival——2018重庆与世界嘉年华”系列活动等10余次。持续开展《凡人有梦》人物故事寻访。参与全市40余次主题宣传。精心推送新闻线索650余条，市委宣传部采用570余条。“渝北发布”发布微博6342条，被市里转发16条。策划推出“幸福是奋斗出来的”等主题微信微博，阅读量达到102万余次。制定推进媒体融合发展专项改革实施方案，区融媒体中心建设加快推进。人民日报、新华社、《新闻联播》等中央主流媒体对“英雄民警杨雪峰”等选题进行了93次报道。《人民日报》全年报道渝北相关新闻16条。在央视各档栏目播出新闻47条，央视用稿量在全市名列前茅；在重庆电视台新闻中心各档栏目共播出新闻849条，上稿总量、联播及新媒体三项排名，在全市区县台中、均名列第一；在《重庆日报》新闻上稿222条、头版新闻55条，内页头条56条，均名列全市第一。

【宣教工作】 杨雪峰同志被追授为“感动重庆人物特别奖”和“时代楷模”称号。制定并印发《开展向“时代楷模”杨雪峰学习活动方案》，掀起向杨雪峰同志学习热潮。杨德兵、邹维富等4人获评“感动重庆”月度人物。“千万市民学法律”主题实践活动经验在全市做经验交流。开展庆祝改革开放40周年群众性主题教育活动。做好纪念改革开放40周年中宣部“百城百县百企”调研工作，渝北区成功入选“百城百县百企”名单。举办人生规划大赛，深入开展梦想课堂、梦想沙龙、梦想驿站、梦想社区活动。深入开展“孝善立德”“乡贤善治”“点赞公民”“家风家教”系列主题实践活动。完成慈孝教材《寸草心》、慈孝绘本《孝心好少年》创作、审读。开展慈孝文化“100场故事巡演、100场讲座巡讲、100场电影”巡播活动。在双凤桥环湖雅居探索打造法治、德治、自治相结合的社会治理新模式试点，推动社会主义核心价值观融入法治建设。学习推广老马工作法，在各城乡社区新建小马工作室80余个，覆盖率达70%，“和为贵”调解室、“第三方”调解等具有渝北特色的思想政治工作品牌影响日渐扩大。推进“家在社区”和“美丽乡村”建设，打造龙塔街道紫福路社区、双凤桥街道安康路社区、古路镇草坪村、茨竹镇放牛坪等一批基层宣传思想文化阵地。抓好户外公益广告阵地管理，累计制作发布公益广告总幅面积超过5万平方米。

【文明工作】 推出中国好人2名、重庆好人10名，举办“身边好人”微访谈等区级活动10场、“道德模范”事迹巡展24场，建成家风教育示范基地。承办市未成年人调研课题和乡村学校少年宫片区展示活动，在市各类未成年活动中获奖66个，区文明办获优秀组织奖2项，红樱桃“冬日针爱”活动获市委常委宣传部部长张鸣批示。开展以“方”定向、以“圆”润心的未成年人“方圆计划”主题教育活动特色品牌项目示范活动6场，帮助未成年人“扣好人生第一粒扣子”，被新华网、重庆日报等媒体报道，长安锦绣实验小学入选全国中小学德育工作典型经验名单。发布“红黑榜”4期，评选诚信经营示范店200余家。深化文明城区常态化建设机制改革，督查87次、交办案件8538件，整改率99.4%，推动全国文明城区建设走向纵深。推进“十抵制十提倡”（即抵制家园脏乱、提倡清洁宜居；抵制不孝父母、提倡孝老爱亲；抵制婚嫁恶俗、提倡喜事新办；抵制丧葬陋习、提倡文明治丧；抵制乱摆酒席、提倡节俭适度；抵制迷信邪教、提倡崇尚科学；抵制好逸恶劳、提倡勤劳致富；抵制不讲诚信、提倡诚实守信；抵制沉溺赌博、提倡健康娱乐；抵制强梁蛮横、提倡邻里和谐），建成农村精神文明建设示范点7个，开展“文明生活进农村”“身边的脱贫故事”微访谈17场。抓好文明细胞创建，推荐市级文明单位6个、村镇6个、校园7个、家庭4个。推进“文明在行动·满意在渝北”，获市“乡村文明旅游典范”7个。设置“衣旧情深”回收箱600余个、“文明餐桌”挂牌5000块，开展“文明邻里”活动200余场，“周六文明劝导我参与”市级示范活动获张鸣常委批示。打造乡村振兴志愿服务示范点2个、枢纽站3个，志愿者24.6万人。举办“山水之城·美丽之地”区级示范活动2场；以“1+4+10+X”（1名负责人+4名专业执行人员+10名骨干核心志愿者+X名志愿者）模式组织30支志愿者队伍到开州、云阳帮扶，在“我们一起奔小康”“爱心进农家”活动中筹到帮扶资金218万；举办“3·5学雷锋”暨“爱心淘宝日”集中活动，推进“渝北志愿服务季”等志愿服务行动。探索“时间银行”嘉许回馈机制，扶持特色项目5个，获市级典型7个、全国典型2个，数量全市第一。举办“端午”市级示范活动，被人民日报、央视等报道。制作公益宣传品20余万件，“文明渝北”公益宣传片被中国文明网要闻推送，全年被中国文明网等用稿273篇。

【文化工作】 举办第二届中国（渝北）书法论坛暨全国书法名家作品展。举办文艺培训班17期，参训人数约1500余人。举办区第六届美术作品展，“渝北美丽乡村”摄影展等活动，展出作品3000余幅。参与举办“欢跃四季，舞动巴渝”广场舞展演活动。全年创作摄影、书画、歌舞、综艺、戏曲类作品180余件，获市级以上奖项50余项。舞蹈《田埂密语》获得市第八届乡村文艺会演一等奖、网络人气奖、组织奖等重要奖项。小品《亲情订制》荣获第六届重庆市戏剧曲艺大赛戏剧类一等奖。碧津美术馆、渝北历史文化陈列馆建成开放。“书香渝北”建设工程扎实推进，全民阅读如火如荼全区22个文、图分馆全部挂牌成立。继续实施“三馆一站”（即美术馆、公共图书馆、文化馆以及乡镇综合文化站）免费开放，累计到馆（站）118.5万人次。区临空文化艺术团入选第七届全国服务农民、服务基层文化建设先进集体。开展流动文化服务进村637场，深受群众欢迎。成功引进山游信息科技、名汇金逸电影城等项目。重庆创意产业园四期建设稳中推进，已入驻企业430余家。建成重庆新闻传媒中心一期（10.3万平方米）和重视传媒总部基地。全年实现文化产业增加值66.67亿元，比上年增长16.73%。

【网信工作】 出台关于进一步加强网络宣传工作的意见，构建“三重三全”大网宣工作体系，相关工作经验并被中央网信办推介。落实宣传管控指令528条，报送涉区正面宣传信息2450余条。“百城百万粉”活动曝光量达到1741万人次。“众说十九大”系列手绘本H5获全市网络精品工程一等奖。开展网络舆情引导350余次、跟转帖3.2万余条，发表优秀网评文章40篇。在全市率先建成区互联网应急指挥中心，建立“网信+部门+媒体”良性互动机制。上报涉渝有效舆情4060余条、舆情信息1534篇，转办涉区舆情1323条，成功处置区级突发舆情10余件，全区舆情平稳可控。成立区互联网协会，强化行业自律。开展“清朗”等专项行动10次，巡查属地网站7720家，清理处置涉黄涉赌网站862家，查删各类有害信息600余条，约谈账号18个24人次。印发

《党政机关联网办公设备网络安全管理要求》，开展区党政机关事业单位网站集群二期建设，建成“临空网事”综合业务平台。及时进行网络安全风险预警和修复，通报单位23家，修复风险安全漏洞477个，开展“网络安全宣传周”等活动200余场次，线上线下参与100万余人次，全区全年未发生一起重大网络安全事件。

（张 艺）

统战工作

【概况】 2018年，区委统战部深入学习贯彻党的十九大和习近平新时代中国特色社会主义思想，紧紧围绕中央、市委、区委关于统战工作的重大决策部署，履职尽责，积极作为，圆满完成年初确定的各项工作任务，党建统战实绩考核位列全市区县第一，获评区目标考核先进领导集体。

【构建大统战工作新格局】 区委统战部坚持和加强党的领导，及时向区委汇报中央、市委关于统一战线重大会议精神和重要决策部署要求，听取区委对统战工作的指导意见。全年，区委常委会听取统战各领域重大会议精神和重大决策部署的情况汇报12次，协助区委、区政府制定出台《区委统一战线工作领导小组2018年工作要点》《渝北区区级领导联系民营企业制度》《关于印发〈渝北区民营经济工作联席会议制度〉》《关于调整政府部门与民主党派对口联系安排的通知》等文件制度，对各镇街和部分区级部门开展统一战线系列重大决策部署落实情况的实地调研，进一步推动统一战线各领域工作的落地落实。

【思想引领和参政议政】 区委统战部把学习党的十九大精神和习近平新时代中国特色社会主义思想、贯彻《中国共产党统一战线工作条例（试行）》作为统一战线思想建设的主线，制定《2018年渝北区统一战线教育培训计划》，集中开展统战干部培训班、党外代表人士培训班等各类培训13期，培训学员650余人次。支持区级各民主党派举办学习培训活动16次，培训成员685人。引导区欧美同学会、区新专联等统战团体组织开展各类主题教育活动20余起。组织开展纪念中共中央发布“五一口号”70周年系列活动，引导统一战线开展学习研讨、专题讲座、考察调研等学习交流活动30余次。区级各民主党派和无党派人士累计反映社情民意200余条，被全国政协、市政协和市委统战部采用29条。围绕智能产业发展、公共安全风险防控等领域提出有价值的意见建议60余条，相关建议得到区综治办、区教委等13个部门的采纳办理。开展政策咨询、技术指导、送医送药等社会服务活动30余场次，协调捐赠各类物资10万余元，惠及群众逾万人。

【多党合作和政治协商】 区委统战部深化联谊交友和拓宽参政议政渠道，协助区委出台《中共重庆市渝北区委2018年政党协商计划》，承办党风廉政情况通报会、智能制造基地行动计划座谈会、防范化解公共安全风险座谈会、暑期谈心会等政党协商活动，并指导区中华职教社完成换届选举，组建区新的社会阶层人士联合会。做好第九批11名市级党外挂职干部总结考核和第十批12名挂职干部的接收安排工作，并代表全市党外干部挂职基地在第十批市级党外代表人士实践锻炼岗前培训班上作交流发言。编辑出刊《渝北统战》8期、《党外人士建言》2期，收集党外人士高质量调研报告21篇、理论文章11篇，汇编形成《2018年渝北区统一战线理论调研文集》。

【非公经济统战工作】 区委统战部深入开展“不忘创业初心，接力改革伟业”理想信念教育实践活动，创新开展非公经济大讲堂和“第二课堂”。以“优化民营经济发展环境”为主题，扎实开展“兴调研转作风促落实行动”，形成高质量调研报告3篇。协助区委、区政府召开全区民营经济发展大会，牵头举办民营企业学习贯彻习近平总书记在民营企业座谈会上的重要讲话精神宣讲会，建立《非公有制经济人士接待日制度》，定期听取民营企业家的意见建议和困难诉求。扎实开展“法律进机关、进商会、进企业”活动和集中走访精准服务民营企业活动，全年累计深入商会、企业开展法律体检活动30余次，举办法治讲座、法治论坛40余次，调解民商事案件10件。引导广大非公有制经济人士积极参与“万企帮万村”、关爱留守儿童等公益活动，累计捐赠物资300余万元。

【新社会阶层人士统战工作】 认真贯彻落实全国、全市新的社会阶层人士统战工作会议精神，抓好重庆“1+4+6”全国新的社会阶层人士统战工作实践创新基地项目建设，在空港创业孵化园挂牌成立“新的社会阶层人士之家”，组建成立渝北区新的社会阶层专业人士联合会，组织开展“向改革开放40周年致敬”走访邓小平故居、创青春大赛、空港沙龙论坛等各类主题活动10余次，举办“唤醒与带动”“慰问贫困学校”等社会公益活动6次，累计捐赠物资善款8万余元。举办宪法修正案修正条款解读专题讲座、海外华裔青少年走进中国茶文化等主题活动，开展爱心助学活动3次，建立“同心书屋”3个。扎实推进无党派人士工作，深入开展“跟党迈进新时代　同心共筑中国梦”主题教育活动，全年新认定区委统战部重点联系无党派人士14名，向市委统战部推荐重点联系无党派人士9名。

【港澳台和海外统战工作】 2018年，区委统战部深化和拓宽海外统战工作领域，接待台湾南侨集团、新同盟会彰化分会、香港黄大仙区议会等港澳台侨参访团21批800余人次。组织3个镇街4个村赴台开展基层联谊交流活动，组织3家国企赴江苏、2家民企赴香港开展经济交流活动，在联络互动中深化共识、促进合作。召开专题会议贯彻落实重庆市“58条”惠台措施，开展“夏日送清凉”“暖侨敬老”“讲好中国故事·让世界爱上您”侨界书画展和侨法进社区专题讲座等活动10余次，组织台胞台企开展敬老院慰问、无偿献血等公益活动，走访慰问困难侨台群众70余户、侨台企业20家，接待涉侨涉台来信来访20余件，妥善处理涉侨涉台矛盾纠纷11件，密切联系、有效服务港澳侨台界群众，努力壮大港澳台海外爱国力量。

（聂小淘）

机关党建工作

【概况】 2018年，渝北区委直属机关（以下简称“区直机关”）各级党组织深入学习贯彻习近平新时代中国特色社会主义思想和党的十九大精神，以政治建设为统领，全面落实新时代党的建设总要求，围绕服务中心、建设队伍两大核心任务，紧扣区委、区政府中心工作，积极进取、扎实工作，机关党建各项工作开创了新局面。截至2018年底，区直机关工委直属党组织73个，机关党委7个，机关党总支19个，机关党支部47个，各机关党委（总支）下属党支部126个。机关党员3072人，其中在职党员2560人。

【政治建设】 坚定正确政治方向。教育引导机关党员干部增强“四个意识”、坚定“四个自信”、做到“两个维护”。落实市委提出“三个确保”政治承诺，坚决肃清孙政才恶劣影响和薄熙来、王立军流毒。严肃党内政治生活。推进“两学一做”学习教育常态化制度化，坚持和完善民主集中制，开展批评和自我批评，督促落实党员领导干部参加双重组织生活会，党内政治生活的政治性、时代性、原则性、战斗性明显增强。弘扬党内政治文化。围绕“如何发展积极健康的机关党内政治文化”进行调研，突出政治文化重要作用；开展“共建书香机关·乐享美好生活”活动，与相关单位联合举办文化艺术培训和体育赛事等活动，进一步丰富机关党员业余文体生活。

【思想建设】 强化教育培训。制定《十九大精神专题培训方案》，将习近平新时代中国特色社会主义思想、革命传统教育、心理健康知识等纳入培训内容。组织机关党组织书记全覆盖培训1期261人，组织近3年发展的党员党性教育培训1期80人，举办入党积极分子培训2期276人，开展新党员“信访体验活动”5期，党员的理论水平和党性修养进一步增强。开展机关党员“党性教育”主题活动。举办以“不忘初心跟党走，牢记使命当先锋”为主题的领导干部“精品党课”展演、普通党员“微型党课”比赛、《英雄杨雪峰礼赞》诗朗诵会、“五微”活动等，引导机关党员“不忘初心、牢记使命”。切实做好意识形态工作。将意识形态工作纳入全覆盖督导内容，督促各机关党组织把意识形态工作领导权牢牢抓在手里，不断增强主导权和话语权。加强舆论宣传，参与舆情引导66次，在《紫光阁》《重庆日报》《红岩魂》《渝北时报》等媒体宣传报道45次。

【组织建设】 做实做牢基础工作。突出政治标准，择优发展党员26名，指导21个机关党组织按期换届，坚持按时按标准做好党费收缴工作。对督查中发现问题较多的党组织，进行反复督导，强化整改落实。创新党建工作载体。开展以“担当新使命，建功新时代”为主题的机关党务工作技能大赛，61个单位组建41个代表队参与，500多名机关党员干部现场观摩，达到了以赛促学的目的。组织召开机关党建品牌创建推进会，指导14个创建单位对党建品牌进行了深化和拓展，在区直机关中发挥引领和带动的作用。为进一步总结交流在从严治党方面的新举措新经验，组织机关党组织以解决机关党的建设突出问题为重点开展机关党建理论研究工作，共收到理论文章83篇，评选出优秀文章15篇。同时开展党员亮身份、先锋示范岗等活动，充分发挥党组织和党员的积极作用。注重关怀激励。坚持每年“七一”期间对先进基层党组织和党员进行评选表扬，共表彰先进基层党组织29个、优秀党务工作者50名、优秀共产党员99名。在重大节日期间对50年以上党龄老党员、生活困难党员、患重病党员进行走访慰问，共慰问老党员146人、困难党员32人、发放慰问金8.9万元。持续开展“政治生日”活动，增强党员的荣誉感和责任感。

【党风廉政建设】 强化主体责任落实。全面落实党风廉政建设主体责任，层层签订党风廉政责任书，将各机关党组织开展党风廉政工作情况纳入全覆盖督导。强化党员作风转变。开展“四风”问题专项整治，纠正“四风”特别是形式主义、官僚主义方面的问题。围绕营造良好的政治生态和保持良好的精神状态两个专题，开展兴调研转作风促落实行动。强化党风廉政教育。组织新发展党员到长寿教育基地、红岩村等开展廉政警示教育和革命传统教育。深入开展“以案四说”，结合典型案例开展常态化廉政谈话。

【压实党建责任】 一是履行机关党建工作主体责任。区委直属机关工委按照宏观领导、分类指导、总体规划、督促检查、考核评价等职责，认真制定年度工作要点和考核细则，坚持年内对直属机关党组织进行全覆盖督导，有序推进机关党建工作。二是强化党组（党委）的领导职责。按照新党章规定，强化部门党组（党委）对本单位机关党组织的领导，明确党组（党委）书记的“第一责任”，推动协同发力。三是压实机关党组织的具体职责。切实开展述职评议工作，坚持“书记抓、抓书记”，督促机关党组织书记履行“直接责任人”责任，认真贯彻落实《支部工作条例》，主动谋划，发挥协助、教育、管理、监督和引领的作用。

（黄贵洪）

老干部工作

【概况】 2018年，区委老干局以习近平新时代中国特色社会主义思想为指引，深入贯彻落实党的十九大精神，加强离退休干部“两项建设”，全面落实离退休干部各项规定，不断提高离退休干部服务管理水平。共服务管理离休干部36人（含代管离休干部13人）、退休干部579人，在业务、党建工作等方面获表彰3项。

【离退休干部党建工作】 2018年，渝北区老干部工作坚持把政治建设摆在首位，通过报告会、辅导班、暑期集中学习等形式，用习近平新时代中国特色社会主义思想武装老同志头脑。持续推进“两学一做”学习教育常态化制度化，突出抓好党的十九大报告和习近平新时代中国特色社会主义思想的学习。严肃党内政治生活，坚决肃清孙政才恶劣影响和薄熙来、王立军流毒。坚持每月15日开展老干部政治学习。组织区（县）级离退休干部暑期培训1次。督促各单位保证离退休干部按规定阅读文件、订阅报刊、听报告、参加重要会议和重大活动。坚持和完善同级领导干部联系老干部、形势报告和情况通报、阅读文件、定期走访慰问老干部、生病住院看望等基本工作制度。举办专题培训班，对全区120名离退休干部党支部书记进行培训。全面落实支部工作经费、支部书记和委员工作补贴、党员活动经费，全额下拨支部所缴党费。在“七一”、春节慰问困难党员237名。开展先进离退休干部党支部、优秀离退休共产党员、优秀离退休党务工作者“七一”表彰活动。

【落实离退休干部待遇】 2018年，区委老干局坚持落实好区领导联系老干部、定期情况通报、重大节日走访慰问、就近就地参观工农业生产等基本制度。及时调整离休干部护理费标准和建初干部生活补贴标准。认真落实困难老干部帮扶制度，全年帮扶困难老干部80人，提供帮扶资金19.85万元。组织开展老干部健康体检。为28名老干部开展集体祝寿活动。加强阵地建设，区老年大学新校区室内装修工程全面完工，区老干部活动中心新址装修工程全部完工。在机构改革过程中，深入调研、制定预案，及时掌握老干部和离退休干部党员动态，确保机构改革平稳有序和全区老干部队伍稳定。

【开展正能量活动】 2018年，区委老干局组织全区老干部开展“我看改革开放新成就”主题征文活动、“幸福家园”主题党日活动、“见证·改革开放40年”系列文化活动，引导老同志忆往昔、说发展、谈变化、献良策，编印《渝北区老干部庆祝改革开放40周年优秀作品集》1000册，取得良好社会效果。会同有关部门单位成功举办渝北区2018年度庆重阳表彰大会暨老年文艺联欢活动，对爱老、尊老、敬老行动给予表彰。同区老协成功举办第四届“夕阳好声音”声乐大赛。区离退休干部活动中心长期开展符合老干部身心条件的各类活动、每月15日举行各种内部比赛和组队参加市、区比赛。区老年大学根据实际新办、调整专业课程和教学班，尽量满足老年学员学习需求，组织老年学员参加各级各类演出、比赛活动，丰富老年人精神文化生活。发挥区关工委作用，推进“中华魂”主题教育读书活动、“三个一百”慈孝活动（即一百场慈孝报告巡讲、一百场慈孝故事巡讲、一百场慈孝电影《古路》巡放）和“红色”教育相关活动，推进工作团发挥积极教育作用，用心用情关爱帮扶青少年。

【机关建设】 2018年，区委老干局坚持把党风廉政工作与老干部业务工作同部署、同落实、同检查，传达学习中央、市、区党风廉政建设重要会议文件精神和全国各地违纪违规问题查处通报，坚决防止“四风”问题回潮。推进“两学一做”学习教育常态化制度化。开展“兴调研转作风促落实”行动，形成高质量调研报告2篇。组织党员干部到木耳镇白房村对6户脱贫户继续开展结对帮扶。到龙塔街道龙头寺社区党组织开展城市基层党组织结对共建工作，做到组织工作互促、组织生活共开展、党建载体互用、困难问题共解。

（邹　维）

党 校

【概况】 2018年，区委党校深入贯彻党的十九大和十九届二中、三中全会精神，全面贯彻习近平总书记对重庆提出的“两点”定位，“两地”“两高”目标和“四个扎实”的要求，牢牢把握党校姓党原则，对标区委提出的区域中心党校发展目标，开展各项工作。连续六年蝉联全市党校系统办学考评一等奖和创新奖。

【干部培训】 2018年，区委党校把学习贯彻习近平新时代中国特色社会主义思想作为干部培训首要任务和根本指引。在主体班中开展“领学”“导学”“悟学”“讲学”“研学”“辅学”“自学”“考学”“润学”“评学”的“十学”举措，促进习近平新时代中国特色社会主义思想入脑入心。开设“习近平新时代中国特色社会主义思想研究”“习近平总书记关于全面依法治国重要论述解读”“贯彻落实习近平总书记视察重庆暨参加重庆代表团审议时重要讲话精神”等课程，确保党的理论教育占课程安排的50%以上。开展以理论教育、传统教育、典型教育、实岗锻炼、党性分析为主要内容的党性教育，确保党性教育成体系、有特色、见实效。加强学风建设，出台《区委党校关于在干部教育培训中进一步加强学员管理的通知》《学员量化考核实施细则》《“优秀学员”评选办法》等文件，对全体教职工、相关科室、全体学员责任予以明确，促进校风教风学风持续向好。全年共举办各类主体班8期，其中学制为2个月3期、1个月3期、2周2期，培训干部277人次，培训时间共计296天；举办专题班25期，培训学员2000余人次。

【教学科研】 2018年，区委党校紧扣理论专题、党性教育、实训教学、互动课程、现场教学五个方向，全年研发新课程共18个。不断强化现场教学基地的建设、管理、使用，修订更新了《渝北“临空经济示范区”现场教学基地特色教学点简介》现场教学教材，全年共开展现场教学19次，参训学员877人次。围绕党校主业主课，开展《“不忘初心、牢记使命”问卷调查》《基层党组织提升政治功能研究》等一系列党建调研。围绕区委、区政府中心工作，深入开展《新发展理念的渝北实践》系列课题研究，形成近10余万字的调研报告。围绕“临空经济示范区”建设，主持或参与《龙兴文化小镇研究》《大力推进渝北区民宿产业发展》等一批课题研究，并将调研报告送区领导和相关部门决策参考。围绕基层工作实际，师生共同完成的《关于加强渝北医疗卫生监督执法工作的思考及对策》等多篇文章得到区领导肯定性批示。组织14名教师参与“全国‘两会’精神”“宪法精神”“向时代楷模杨雪峰同志学习”等主题宣讲逾百场。全年编印《党校视窗》31期，资政成果获得领导肯定性批示28次，完成市、区级调研课题35个，在省级以上刊物发表论文44篇。

【对外交流】 2018年，区委党校切实履行第四协作片区组长单位职责，组织开展“深入学习贯彻党的十九大报告精神理论研讨会”和“线上培训工作现场会”。继续推进片区联合办班模式，牵头承办市委组织部、市委党校主城区“优秀村(居)书记主任示范培训班”“创新驱动发展培训班”“保障和改善民生专题培训班”“城市建设与管理专题培训班”4个专题班，培训学员372人。完成市委组织部交办的两期援藏项目培训班、“重庆市村社区书记学习十九大精神示范班”“全市组工宣传工作培训班”等市级部门培训班3期，培训276人次。承接江苏地矿局党性教育专题班、天津东丽区统战骨干培训班等区外委培班次13期，培训学员500余人次。积极融入全区发展大局，承接全区领导干部大会、全区组织工作会、全区政法工作会等全区性的重大会议55次，服务参会人员7000余人次。

【队伍建设】 持续加强师资队伍建设，严格执行

《区委党校名师评选办法》，激励全体教师不断提升自身水平，参与名师评选。定期开展“新课试讲”“集体赛课”等岗位练兵活动，不断锤炼教学技能，连续三届入围全市党校系统精品课；在全市统一战线第五届教学竞赛中，荣获社会主义学院片区赛二等奖；获得市委宣传部“理论麻辣烫”微宣讲决赛三等奖。全年参加市、区级征文及理论研讨会10人次，获一等奖5人次、二等奖2人次、优秀奖1人次，推动以研促学、以研促教。优化队伍结构，提升队伍素质，1名教师取得讲师职称，1名教师交流至区内其他部门。全校27名教职工平均年龄在45岁以下，学历均为本科及以上，研究生占三分之一。

（李青芮）

重庆市渝北区人大常委会

【概况】 2018年，渝北区人大常委会以习近平新时代中国特色社会主义思想为指导，全面学习贯彻党的十九大精神，认真贯彻落实习近平总书记对重庆提出的“两点”定位、“两地”“两高”目标和“四个扎实”要求，牢固树立“四个意识”，坚定“四个自信”，做到“两个维护”，坚决落实市委“三个确保”政治承诺，全面彻底干净肃清孙政才恶劣影响和薄熙来、王立军流毒。常委会党组认真落实全面从严治党主体责任，持续推进“两学一做”学习教育常态化制度化，加强党风廉政建设，严肃党内政治生活，驰而不息改进工作作风，营造了风清气正的政治生态。坚持在区委领导下开展工作，无论是监督工作，还是决定重大事项、进行人事任免，都做到坚定不移地坚持区委的领导、贯彻区委的领导、实现区委的领导，自觉把人大工作放到区委工作大局中去思考、谋划和推进。全面贯彻落实市委、区委人大工作会精神，全区人大系统深入开展多层次、全方位学习研讨，对标对表添举措、抓落实，着力推进新时代渝北区人大工作不断迈上新台阶。重大事项向区委请示报告，常委会党组向区委请示和报告年度工作安排、召开人代会等事项13次，并严格按照区委的要求开展相关工作。认真贯彻落实区委决策部署，牵头完成健全人大讨论决定重大事项制度、深化规范性文件备案审查制度和能力建设、推进人大预算联网监督工作、建立区政府向区人大常委会报告国有资产管理情况制度等4项改革任务；对推进以智能化为引领的创新生态圈建设体制机制改革、医保基金监管工作情况等2项区级重点改革事项进行督察。集中走访民营企业30家，收集企业意见建议145条，协调解决民营企业困难和问题。坚持人民当家作主、依法治国有机统一，紧紧依靠全体人大代表，忠实履行法定职责，全年召开常委会8次、审议议题38项，主任会26次、审议议题155项，开展评议2项、执法检查2项、视察7项，决定、任免、监督等各项工作扎实有效开展，为渝北经济社会发展和民主法治建设作出了积极贡献。

【重要事项审议】 2018年，渝北区人大常委会共听取和审议污染防治攻坚、创新生态圈建设、智能制造基地建设、生态优先绿色发展、城市提升、科教兴区和人才强区、保障和改善民生、乡村振兴、消费能级提升、军民融合发展等10项行动计划，提出诸多意见建议，促进区政府完善了有关行动计划。跟踪监督各项行动计划推进情况，重点助推乡村振兴行动，开展涉农镇街全覆盖综合视察，并听取工作情况报告，提出要进一步完善顶层设计，健全投入机制，实施农业品牌战略，努力破解规划慢、用地难、人才少等制约性问题，将产业规模转化为产业效益等建议。区政府主动作为，加快编制《渝北区实施乡村振兴战略规划（2018—2022年）》，完成《“三环十景”农旅融合发展专项规划》；整合涉农资金，以南北大道、统大路万亩现代农业产业示范基地建设为抓手，加快特色产业提升；以农村道路为重点，统筹推进农村基础设施建设；以公路、水系、聚居点、宅基地等为重点，促进农村全域绿化；以乡土人才引进培育扶持政策为支撑，强化人才集聚，全力打造乡村振兴综合试验示范区，成效明显。听取和审议渝北区经济运行情况计划半年执行情况报告，提出要科学研判形势、稳定工业增长、抓好重点项目建设等意见。关注重点项目建设，审议重点项目清单和政府投资项目计划，视察两江大道等重点项目建设，提出做深做细项目前期工作、落实项目动态调整及信息反馈机制、加强部门单位沟通协调、进一步优化工作体制等建议，支持政府稳步推进重点项目建设，项目开工率、投资完成率均达80%以上。听取和审议公立医院综合改革后运行情况报告，提出加强硬件建设、医疗卫生人才队伍建设、公立医院行业监管等意见，推动解决综合改革中出现的问题，巩固了改革成果。

【专项评议】 3月29日，区人大常委会召开专项评议区人民政府学前教育工作动员部署会议。按照市人大常委会的统一部署，3月至4月中旬，部分常委会组成人员和参评代表组成5个调研组，采取实地了解、听取汇报、座谈交流、查阅资料、问卷调查等方式，深入区级相关部门、幼儿园、开发建设单位等，对全区学前教育工作情况进行了专题调研。4月27日，区第十八届人大常委会第九次会议听取了区人民政府《关于全区学前教育工作情况的报告》，对区人民政府学前教育工作进行了集中评议，提出要强化资金保障、大力推进幼儿园规划建设、不断优化保教队伍、加强行业监管等5大类17条评议意见，其中“加快学前教育地方立法、对小区配套幼儿园建设及移交作出刚性约束”等建议，被市人大吸纳。区政府按照评议意见逐条整改，投入2.5亿元，新增普惠性幼儿园64所，其中公办幼儿园53所；公招入编教师88名，临聘教师757名，师资队伍进一步充实；排查整治安全隐患，健全各项安全管理制度，强化日常监管，努力解决“入园难”“入园贵”“入园不放心”问题。评议整改情况测评结果为“满意”。6月20日，召开专项评议旅游产业发展工作动员部署会议。按照市人大常委会的统一部署，组织58名区人大代表分成7个调研组，深入开展调查研究，全面掌握渝北旅游产业现状，学习外地经验做法，形成调研报告集。8月30日，区第十八届人大常委会第12次会议听取了区人民政府《关于全区旅游产业发展情况的报告》，对区人民政府旅游产业发展情况进行了集中评议，提出加快编制《渝北区全域旅游发展规划》、大力实施“旅游+”融合发展、打造旅游拳头产品、丰富旅游产品供给等6大类24条评议意见。《关于加快推进渝北区全域旅游发展的调研报告》被《重庆人大调研》刊用，为全市旅游发展提供了有益参考。区政府认真落实评议意见，召开专项工作推进会，研究制定28条整改措施，落实责任部门，各项整改工作有序推进。

【执法检查】 6月27日，区人大常委会召开专题会议，听取和审议了区政府关于贯彻实施《中华人民共和国道路交通安全法》的情况报告，执法检查《道路交通安全法》贯彻实施情况，推动区政府加强交通法律法规学习宣传，加强交通隐患整治，优化交通设施设备和标识标牌，改善交通环境。7月20日，对渝北区贯彻实施《重庆市河道管理条例》情况进行执法检查。执法检查《重庆市河道管理条例》贯彻实施情况，促进区政府遏制乱采砂、乱截流等违法违规行为，加强河道保护和防汛抗洪，完善河库信息数据库，保护河道生态环境。

【视察调研】 5月24日，区人大常委会组成人员对10件重点建议办理情况进行视察，并听取了办理工作情况汇报；7月2日，视察龙兴工业园区；9月19日，视察渝北区2018年重点项目建设情况；10月24日，视察专项评议区政府学前教育工作整改落实情况；11月19日，视察棚户区改造、停车场建设情况；12月4日，视察乡村振兴推进情况（含三环十景的内容）暨大会议案办理情况。

完成区委交办的2项调研课题"渝北区防范化解金融风险的对策建议调研""渝北区'最多跑一次'行政审批改革研究"，得到区委主要领导批示肯定，要求抓紧将《"最多跑一次"行政审批改革研究》课题成果落实到渝北区的行政审批工作中去，区政府充分吸纳《防范化解金融风险的对策建议》，出台《防范化解金融领域重大风险工作方案》。完成人大常委会和各工委自身课题"渝北区学前教育工作调研""渝北区旅游产业发展工作调研""法院执行工作情况调研""镇街人大预算审查监督工作调研""渝北区人大街道工委工作机制调研""渝北区'七五'普法工作推进情况调研""渝北区《道路交通安全法》贯彻实施情况调研""渝北区《重庆市河道管理条例》贯彻实施情况调研""渝北区农业面源污染防治情况调研""渝北区职业教育发展情况调研""渝北区普通高考综合改革情况调研""龙塔街道城市提升亟待解决的具体问题调研""渝北区人民防空设施建设管理工作调研""渝北区乡村振兴战略实施情况调研""渝北区农村特殊困难群体保障工作调研""把茨竹放牛坪打造成区级乡村振兴战略示范点的建议"。承办市人大关于《重庆市公共汽车客运条例》《重庆市植物检疫条例》《重庆市历史文化名城保护条例（草案）》《重庆市水利工程管理条例》《重庆市村镇供水条例》《重庆市遗体和人体器官捐献条例》等立法、修订或检查的相关调研和征求意见工作。全年完成调研课题19项。

【人事任免】 2018年，区人大常委会坚持党管干部与人大依法任免干部相统一，严格执行任前法律知识考试、任前表态发言、颁发任命书、宪法宣誓等制度，实现党内工作程序和人大及其常委会法定程序的有机结合。全年任命国家机关工作人员59名、接受辞职2名、免职34名，组织36人次参加任前法律知识考试，21名拟任命人员进行任前表态发言，8批59人次参加宪法宣誓仪式，国家机关工作人员的宪法意识、责任意识、公仆意识进一步增强。

【人大监督】 落实改革部署，深化财政预算审查监督。贯彻落实中央关于人大预算审查监督重点向支出预算和政策拓展的决策部署，促进区政府以落实中央重大方针政策和市委、区委工作部署为导向编制预算。将预算编制前调研与政府预算公开评审结合，区人大各专工委负责人参与项目预算公开评审，结合对口联系部门职责和年度工作安排，提出部门预算编制建议。加大对预算草案的初步审查力度，推动项目计划编制与预算安排相匹配，预算编制更趋科学合理。积极开展预算联网监督相关工作，成立预算联网监督工作领导小组，完成预算联网监督室建设，预算联网监督实现试运行。以全面评价财政资金绩效为目标，要求将项目资金作为评价重点，推动政府建立绩效评价结果与预算安排挂钩制度。推动预决算和"三公"经费公开。贯彻落实中央关于防范化解地方债务风险的决策部署，加强对政府债务监督，听取债务管理、隐性债务防范化解方案等专项工作报告，提出坚决遏制隐性债务增量、努力化解存量等审议意见，督促政府及其部门加强债务管控、防范债务风险。听取和审议审计报告和审计查出问题整改情况报告，提出完善审计整改长效机制、强化审计成果运用等意见，跟踪回访整改情况，6个被审计单位报告整改情况并接受满意度测评，督促审计在维护财政经济秩序、保障经济社会发展等方面发挥重要作用。

【推进法治渝北建设】 坚持厉行法治，加快法治渝北建设进程。宣传贯彻实施《宪法》，推进"千万市民学宪法"活动。听取和审议区政府关于"七五"普法工作推进情况报告，推动区政府落实普法责任制，实行精准普法，提升了普法实效。听取和审议法治政府建设、公安工作、安全生产监管等情况报告，推进政府依法行政。听取和审议"两院"半年工作及司法体制改革落实情况、法官检察官述职述廉报告，督促"两院"落实司法责任制、强化队伍建设、突出法官检察官依法独立办案的主体地位，进一步推进司法公正。修订《渝北区人大常委会规范性文件备案审查办法》，进一步规范和完善了备案审查工作制度；应用市人大备案审查信息平台，在区人大网站上设置规范性文件备案审查专栏。备案审查18件区政府报备的规范性文件，向市人大报备5件区人大常委会规范性文件，保证了规范性文件的合法、有效和适当，维护了法制统一。

【重大事项决议决定】 修订《渝北区人大常委会讨论决定重大事项的规定》，进一步规范和明晰了重大事项的范围、讨论决定程序和监督检查等内容，促进重大事项决策科学化、民主化、法治化。围绕经济社会发展中的重大事项，依法作出批准财政决算、预算调整等15项决议决定。特别是作出批准"十三五"规划纲要实施情况中期评估报告的决议，批准调整GDP增速、进出口总额等13项指标，使指标体系更符合渝北实际；作出批准国家生态文明示范区创建规划的决议，明确创建目标、重点任务、重大项目、保障措施，为创建国家生态文明示范区提供支撑。

【代表议案建议督办】 听取养老服务体系建设情况报告，提出加大养老设施建设力度、发展多样化养老模式、协同推进医养结合等意见，区政府加大投入，新建17个社区养老服务设施，提高社会养老机构建设及运营补贴，在13个镇街为特殊困难老人提供居家养老服务。及时回应群众消除安全隐患、改善居住条件、完善城市功能的诉求，主任会两次审议棚户区改造项目，组织视察棚户区改造、停车场建设情况。区政府积极作为，新增停车位2680个，改造城市棚户区和危旧房31万平方米，城市品质不断提升。听取年度环保工作、生态文明示范区创建工作、中央公园保护、观音洞水库水源地保护、河长制贯彻落实情况等5项工作报告，视察环保督察整改事项、林相改造及公益性育苗等3项工作，调研农业面源污染防治情况，提出意见建议。区政府认真落实人大意见，持续开展大气、水、土壤污染防治，开展施工现场在线监控，治理餐饮企业油烟、工业企业废气，城区空气质量优良天数达309天；推进新华水库治理、肖家河污水处理厂扩建、悦来饮用水源地规范化建设，改造城区雨污混流管网20千米，实施双龙湖、晚晴园等城区湖库水生态修复，形成观音洞水库水源地保护长效机制；全面开展化肥负增长行动，土壤污染综合防治示范区加快建设，提升了全区生态环境质量，成功创建市级生态文明示范区。

区第十八届人大二次会议以来，收到代表建议418件，已全部办理完毕，答复率、回执率、满意率均为100%，落实率85.8%，区政府、两江新区管委会、区法院分别报告办理工作情况，测评结果均为"满意"。继续实行区委、区人大、区政府领导牵头督办重点建议制度，推动《关于加强轨道10号线沿线及创新经济走廊片区环境整治工作的建议》等10件重点建议办理落实。加大跨年度重点建议的跟踪督办，推动完成两路农贸市场、双凤水果市场批发功能外迁。在龙山街道和茨竹镇开展代表建议办理工作绩效评估试点，邀请相关群众、人大代表，对安装单体楼智能门禁系统、改善茨竹地区交通条件等3件建议办理情况进行综合评估，倒逼办理工作取得实效，尤其是29栋单体楼安装智能门禁系统84套，增强了老旧小区的安全性，受益群众8000余人，得到群众和代表赞赏。《渝北区人大常委会开展建议办理绩效评估》被评为“2018年重庆人大十大新闻事件”。持续推进农村人居环境整治议案办理。区政府积极作为，制定《进一步推进农村人居环境整治工作实施方案》，建设农村人居环境整治示范片13个、示范点13个，完成场镇雨污分流管网23千米、硬化便道520千米、新建和改建农村卫生厕所6060户，新建垃圾收集设施1.5万个，清运生活垃圾2万余吨，实施农村危房整治4892户，全面消除现有四类重点对象C、D级危房，农村人居环境持续优化。议案办理工作获得“满意”的测评结果。

【代表履职服务】 全年开展代表联系组活动288次、专业组活动32次，广大代表充分反映社情民意，提出了许多建设性意见，使人大工作更接地气。开展主任接待日活动6次，接待代表37名，收集并交有关部门办理代表意见建议62件。拓展代表参与常委会工作的途径，邀请108人次列席常委会会议，200余人次参加常委会调研视察等活动。完善和落实代表工作机制，制定《代表约见国家机关负责人实施办法》，规范约见对象、范围及程序、约见事项办理；修订《代表建议办理办法》，建立两次评价和绩效评估工作机制，代表工作系统化制度化规范化程度不断提高。强化制度落实，坚持以制度促进代表履职，“两联一述”深入开展，常委会组成人员联系代表120名，代表深入选区走访选民，131名区人大代表向原选区选民述职，让人大代表更能倾听群众呼声、回应群众期待、接受群众监督。

【基层人大工作联系指导】 2018年，区人大组织开展镇(街)人大主席(主任)及办公室主任专题培训，召开镇街人大工作会、片区工作会8次，促进镇街人大交流学习，推动了镇街人大工作。开展人大街道工委工作机制调研，通过强化四大重点、化解四大难点，提升街道人大工作水平。出台街道预算审查监督办法，授予人大街道工委预算审查监督权。开展镇街人大预算审查监督培训。指导11个镇依法召开年中人代会。渝北区镇街人大工作经验做法，被全市乡镇人大主席培训班列为学习课程。

【重要会议】 重庆市渝北区第十八届人民代表大会第二次会议于2018年1月12日至15日在渝北区会议中心召开，出席代表340人，列席人员121人，编15个团。会议听取和审议渝北区人民政府工作报告；审查和批准渝北区2017年国民经济和社会发展计划执行情况及2018年国民经济和社会发展计划(草案)的报告，批准2018年国民经济和社会发展计划；审查和批准渝北区2017年财政预算执行情况及2018年财政预算(草案)的报告，批准2018年区级财政预算；听取和审议渝北区人民代表大会常务委员会工作报告；听取和审议渝北区人民法院工作报告；听取和审议渝北区人民检察院工作报告；审议两江新区直管区2017年经济社会发展情况及2018年工作安排；选举产生了市五届人大代表30名；决定区第十八届人民代表大会财政经济委员会主任委员人选。

1月17日，召开重庆市渝北区第十八届人大常委会第7次会议。会议听取和审议了关于接受秦文敏同志辞去区人民政府副区长职务议案的说明和关于曹兴兵等7名同志任职议案的说明，并表决通过了以上人事任免事项。会议对任命干部颁发了任命书，并举行了宪法宣誓仪式。

3月7日，召开重庆市渝北区第十八届人大

常委会第8次会议。会议听取和审议了关于高军、唐贤源、廖小萍等6位同志职务任免议案的说明，表决通过了郑开伦等3位同志的免职事项和高军、唐贤源、廖小萍等6位同志的任职事项，对任命干部颁发了任命书，并举行了宪法宣誓仪式。会议听取并表决通过了《渝北区人大常委会2018年工作要点（草案）》，传达学习了陈敏尔书记在区委常委会2017年度民主生活会上的讲话精神。

4月27日，召开重庆市渝北区第十八届人大常委会第9次会议。会议听取了区人民政府关于环境保护年度工作情况、上年度法治政府建设推进情况、全区学前教育工作情况及法官、检察官述职述廉报告，听取了区人大常委会主任会议关于接受胡伟同志辞职请求、人事任免议案及说明；听取了区人民法院关于提请审议人事任免、人民陪审员选任名额议案及说明；听取了区人大教科文卫委关于区政府学前教育工作的初步评议意见。会议表决通过了以上人事任免议案，对任命干部颁发了任命书，并举行了宪法宣誓仪式。区人民政府对评议学前教育工作作了表态发言。

6月20日，召开重庆市渝北区第十八届人大常委会第10次会议。会议听取和审议了关于提请审议任晓曼等同志职务任免议案及说明，表决通过了以上人事议案，对任命干部颁发了任命书，并举行了宪法宣誓仪式。会议听取和审议了《区人大常委会规范性文件备案审查办法（修订草案）》及说明，表决通过了《区人大常委会规范性文件备案审查办法（修订草案）》。

8月15日，召开重庆市渝北区第十八届人大常委会第11次会议。会议听取了区人民政府有关人事任免议案及说明，关于2018年上半年国民经济和社会发展计划执行情况、2017年财政决算、2018年上半年财政预算执行情况、2017年度区级预算执行和其他财政收支审计工作报告。会议听取了区人大常委会主任会议有关人事任免议案及说明，关于接受阳勇、江智琼、朱子文、罗玉龙辞去区第十八届人民代表大会代表职务的议案及说明。会议对上述有关议案和事项进行了分组审议并通过了相关决议决定。会议表决任命廖红军同志为区人民政府副区长，表决通过了其他同志任免事项，对任命干部颁发了任命书，并举行了宪法宣誓仪式。

8月30日，召开重庆市渝北区第十八届人大常委会第12次会议。会议对区人民政府旅游产业发展工作进行了评议，听取和审议了区人民政府关于“十三五”规划纲要实施情况中期评估、区人民法院关于执行工作、《重庆市渝北区街道预算审查监督办法（试行）（草案）》的报告，代表资格审查委员会书面报告了关于终止徐韬同志区代表资格的有关事宜。会议表决通过了《重庆市渝北区人大常委会关于批准渝北区“十三五”规划纲要实施情况中期评估报告的决议（草案）》《重庆市渝北区街道预算审查监督办法（试行）（草案）》。

10月31日，召开重庆市渝北区第十八届人大常委会第13次会议。会议听取和审议了主任会议、区人民检察院提请审议有关人事任免事项，主任会议关于接受白雪莲辞去区第十八届人民代表大会代表职务有关事宜的议案，区人民法院关于提请审议人民陪审员选任名额的议案；听取和审议了区人民政府关于2018年债务规模、结构、使用和偿还情况及经营性国有资产运营和保值增值情况、“七五”普法工作推进情况、审查和批准了2018年财政预算调整情况、学前教育工作评议意见整改落实情况、《重庆市渝北区人大代表约见国家机关负责人实施办法（草案）》的报告，区人民政府、两江新区管委会、区人民法院关于代表建议办理情况的报告；会议传达学习了栗战书委员长在深入学习贯彻习近平总书记关于坚持和完善人民代表大会制度的重要思想交流会上的讲话精神、市委第五次人大工作会议、全市区县人大常委会主任座谈会精神。会议以电子表决的方式，通过了相关决议和任免事项，颁发了任命书，并举行了宪法宣誓仪式。区人民政府关于学前教育工作评议整改落实情况以及区人民政府、两江新区管委会、区人民法院关于区第十八届人大二次会议代表建议办理情况获得“满意”测评结果。

11月29日，召开重庆市渝北区第十八届人大常委会第14次会议。会议听取和审议了区人民政府关于提请审议《渝北区国家生态文明建设示范区创建规划（2018—2022年）》的报告，会议以电子表决的方式，表决通过了创建规划。

（龚　玲）

重庆市渝北区人民政府

综　述

2018年，渝北区人民政府深入贯彻习近平新时代中国特色社会主义思想，在市委、市政府和区委的坚强领导下，围绕“全面建成小康社会，加快建设国家临空经济示范区”奋斗目标，全力打好“三大攻坚战”，实施“十项行动计划”，全区经济社会发展呈现稳中有进、稳中有新的态势。全区生产总值达到1543亿元，下降2.8%。完成规模以上工业总产值2753.3亿元，完成固定资产投资1376.4亿元、增长21.9%，社会消费品零售总额665.6亿元、增长6.8%，实现一般公共预算收入75.5亿元、增长21.9%。

以创新驱动产业结构调整，发展质量效益逐步提升。坚持调优存量、做大增量，强化招商引资和项目支撑，三次产业比调整为1.5∶41.1∶57.4，战略性新兴制造业产值达到1100亿元、增长17%。仙桃国际大数据谷建成投用创新研发楼宇36万平方米，注册科技企业达到628家，入驻办公115家，“1+3+5+10+N”创新生态体系不断完善。再升科技、金山科技成功创建国家级企业技术中心，新型高端研发机构达到7家，国家级研发中心达到10个，万人有效发明专利拥有量达到17.9件。建成示范性众创空间19家，“创享渝北”创业品牌被评为全市就业系统十大创新事件，“双创”指数位居全市前列。深科技智能制造产业园、中光电二期、光亚新材料、宇通智能终端产业园等16个重大项目开工建设，全年完成工业投资150亿元。智能终端产业持续放量，手机产量突破7000万台。新能源汽车产量达到13000辆、增长60.9%。完成技改投资56亿元、增长14%，南方英特等56家企业实施智能化、自动化改造，爱尔铃克铃尔等8家企业建成市级数字化车间，规模以上工业企业全员劳动生产率人均达到45万元、增长11.6%。两江国际商务中心全面开工，新光里、爱融荟城、蘭亭新都汇等项目开业运营，商品销售额增长10%。高端消费走廊加快建设，路虎、保时捷等12个知名汽车品牌签约入驻西南国际汽贸城，居然之家智能家居小镇签约落户，三亚湾海鲜市场提档升级有序推进。新牌坊金融服务集聚示范区获批建设，金融机构存贷款余额达到9925.7亿元、增长12.4%。新开工商品房600万平方米，销售460万平方米。悦来国博中心成为智博会永久会址，成功举办西洽会、国创会等规模型展会46场。重庆新闻传媒中心、重庆创意公园入驻企业达到450家，文化产业增加值达到66亿元、增长15.6%。全年接待游客2927万人次、增长17.2%,实现旅游综合收入98亿元、增长21.7%。

加强城市建设和管理,持续提升城市品质。椿萱大道等跨区道路加快建设,金山大道北延伸段、龙港大道等骨干道路建成通车,秋成大道三期、航空小镇一期路网完工,打通城市断头路9条,新增城市道路20千米。轨道交通加速成网,4号线一期、轨道环线建成通车。建成人行过街设施4座,新增公共停车场19个、停车位2680个。石坪污水处理厂主体工程基本完工,肖家河等3个污水处理厂改扩建项目加快实施。洛碛垃圾填埋场、焚烧发电站和夏家坝垃圾二次转运站加快建设,新建改建垃圾收集站4个、公厕15座。建成投用110kV以上变电站5座,新建、改扩建燃气管线152千米,城市配套设施进一步完善。完成25个重要节点、33条城市道路、6个公园游园绿化提质改造,新建社区体育公园5个,新增城市绿地88万平方米。加强市政设施管护,更新人行道20万平方米,涂装灯杆2.5万余根,美化箱体1800个,整治桥隧设施93座,更换涂装护栏71千米,城市道路、照明设施完好率均保持在98%以上。完成两路农贸市场、双凤水果市场批发功能外迁。改造城市棚户区和危旧房31万平方米,整治违法建筑49.8万平方米。开展生活垃圾分类处理试点,"1234工作法"在全市推广,顺利通过国家卫生区复评验收。

补足短板增强弱项,加快促进乡村振兴。积极推进乡村振兴综合试验示范区建设,出台乡村振兴"1+9"总体方案,"三农"投入持续加大,城乡融合发展体系不断完善。新发展特色高效农业1.5万亩,统大路柑橘产业基地、南北大道伏季水果带土地宜机化整治成效显著,得到国家农业农村部肯定。深入开展农产品绿色行动,推出"渝北乡愁"区域公用品牌,新培育市级名牌农产品21个,新认证"三品一标"农产品24个。引进赵春江、荣廷昭院士及其专家团队,成立农业园区院士专家工作站。发展壮大村集体经济,"三变"改革试点稳步推进,新培育农业龙头企业18家、家庭农场22家、农民专业合作社38家。建成双凤桥临空旅游集散中心,玉峰山"森林氧吧"、木耳斗碗寨等"三环十景"旅游景点加快建设,"巴渝乡愁"展示区、BG咖啡庄园、五谷地等旅游景点相继开放,成为市民休闲度假新去处。改造"十纵十横"骨架路82.5千米,建成"四好农村路"515千米,新建村社便道520千米,完成道路安保工程300千米。茨竹、洛碛中心场镇提档升级和永庆、白岩等9个撤并场镇综合整治项目基本完工。新改建农村卫生厕所6060户,农村生活垃圾治理水平保持全市领先。坚持以点带面、精心设计,礼朝屋基、聂家院子、胜天大土湾等13个建筑风格得体、生态环境宜人、乡愁韵味浓郁的示范点形象初显。

深入推进改革开放,发展动力活力持续增强。供给侧结构性改革,推动深渝北斗等企业实现兼并重组。推进"放管服"改革,清理公布行政许可和公共服务事项"四办"清单,全面推进"互联网+政务服务",全区共办理政务服务事项340万件,办事群众满意率、获得感不断增强。深入落实企业"降本增效"措施,新增大用户直购电试点企业72家,减少企业社保缴费12亿元。新设立3亿元"升级贷",金融机构新增贷款425亿元,存贷比达到1.25。清理整合国企融资平台,联合央企和市属国企,组建中金科元、点石医械等产业基金,撬动社会资本138亿元。推行政府投资项目"三方日志"和前期工作记录制度,区级重点项目开工率、投资完成率均达到80%以上。新开通巴黎、多伦多等国际航线14条,国际航线增至82条,江北国际机场旅客吞吐量达到4159.5万人次,货邮吞吐量达到38.2万吨。园区平台建设加快推进,全年征地3.5万亩,新增建设用地指标6000亩。支持铁路枢纽东环线、机场支线、三环等铁路和高速公路项目建设,渝广高速建成通车。推进自贸试验区改革事项落地,建设领域

“一本报告管全域”试点有序实施。中新互联互通项目实现突破，新引进中念教育等项目12个。全年实际利用内资300亿元、外资20亿美元，实现进出口总额1300亿元、增长7.2%。

加强环境保护和治理，生态环境明显改善。持续开展大气、水、土壤污染防治，在线监控重点施工现场17个，整治砖瓦窑企业4家、餐饮油烟企业90家，完成13家工业企业、95家汽修厂挥发性有机物治理，城区空气质量优良天数达到309天。改造城区雨污混流管网20千米，完成碧津湖等城区湖库水生态修复，基本消除城市黑臭水体。东方红水库流域治理加快推进，依法收回团丘、新桥水库经营管理权，取缔餐饮、采砂船舶44艘，完成12个集中式饮用水源地规范化建设。建成市级安静小区1个，噪声达标区达到70平方千米。土壤污染综合防治示范区加快建设，完成地下油罐防渗改造工程38个。开展大规模国土绿化，完成营造林4.8万亩，公益性育苗150万株，精准提升改造国有林6000亩，公路绿化460千米。深入开展自然保护区、“大棚房”问题排查整治，“四山”综合整治扎实推进。治理水土流失面积12平方千米，开展地灾治理25处，曹家山煤矿复垦项目通过市级验收。铜锣山国家矿山公园完成设计方案征集，废弃矿山综合治理工程有序推进。加快生态文明制度建设，与两江新区、长寿区建立流域生态补偿机制。倡导绿色生活，新增绿色小区4个、绿色学校3所、市级生态村3个，成功创建市级生态文明建设示范区。

民生民利不断改善，社会大局和谐稳定。黄炎培中学等3所新建和改扩建学校建成投用，数据谷中学、玉峰山小学等9所学校加快建设，新增公办幼儿园53所，联合西南政法大学共建附属中小学校。新人民医院进入内装修和设备采购安装阶段，新中医院主体施工加快，区精神卫生中心建成投用。市民服务中心、仙桃街道社区综合服务中心开工建设。碧津美术馆、渝北历史文化陈列馆建成开放，提档升级镇街文化服务中心7个，新建社区文化室10个。新增、优化城乡公交线路15条，全区行政村实现通客车全覆盖。改扩建敬老院4个，建成社区养老服务设施17个，提供居家养老服务2万余人次。实施燃气“一户一表”改造14200户，完成4295户老旧住宅用水提质工程，改造单体楼电力设施4800户。老旧住宅实施加装电梯122台，更新改造电梯271台。建成公共直饮水点55个，安装直饮水设备61套。实施“三个一批”健康扶贫，贫困人口在区内公立医疗机构享受“先诊疗、后付费”。实施文明治丧补贴措施，搭棚治丧现象逐渐减少。解决23万平方米房屋办证遗留问题。开工建设安置房45万平方米，建成天堡家园等安置房28万平方米。扎实开展“扫黑除恶”专项斗争，八类暴力案件、可防性案件同比分别下降22%、7.65%。集中开展交通、消防、建筑、食品药品、特种设备等重点行业领域安全专项整治，生产安全亡人事故起数和人数分别下降12.2%、13.6%，未发生较大及以上生产安全事故。严厉打击金融诈骗、非法集资等违法行为，推动企业化解债务7亿元。完成非政府债券存量债务置换，政府债务率处于绿色安全区间。全力推进四大攻坚行动，一批信访稳定突出矛盾得到妥善解决。弘扬社会正能量，“时代楷模”杨雪峰同志先进事迹引起强烈反响。深化“枫桥经验”重庆实践行动现场会在渝北区召开，“律师驻所机制”入选全国“创新社会治理典型案例”。

转变作风提升效能，自身建设得到加强。深入推进“两学一做”学习教育常态化制度化，扎实开展“兴调研、转作风、促落实”行动，努力建设人民满意的服务型政府。坚持破立并举，坚决肃清孙政才恶劣影响和薄熙来、王立军流毒，深刻剖析吴德华严重违纪违法案件，开展“以案四说”警示教育，努力营造风清气正的政治生态。依法接受人大及其常委会的法律监督和工作监督，自觉接受政协的民主监督，认真落实人大评议旅游产业发展、学前教育工作的意见，扎实办好区人大

《关于深入推进农村人居环境整治助力渝北乡村振兴的议案》和365件人大代表建议、407件政协提案，满意和基本满意率100%。坚持依法行政，动态管理行政权责清单，"双随机一公开"监管实现全覆盖。扎实开展财政公开评审，评审项目712个，审减预算资金3亿元。强化审计监督，民生资金、专项资金、重大项目管理进一步规范。加强政府采购、工程建设招投标等重点领域监管，严厉打击围标串标行为，营造公平竞争环境。严格落实中央八项规定精神和市委实施意见，坚决反"四风"、转作风，持续严管"三公"经费和评比表彰。

（梅 伟）

发展改革

【概况】 2018年，渝北区发展改革委认真贯彻落实党的十九大精神，牢牢把握高质量发展根本要求，思全局、谋大事、抓改革、促发展，圆满完成各项发展改革任务。

【综合规划】 2018年，渝北区发展改革委及时对全区经济运行情况进行监测分析，适时提出调整三次产业比重等稳增长措施建议，形成多篇经济运行分析报告，供领导决策参考。积极融入国家"一带一路"建设，起草《关于依托重庆临空经济示范区打造"陆海新通道"现代产业新体系核心区的报告》《中新互联互通项目陆海新通道建设课题研究成果》，得到市委市政府相关领导高度肯定。在全市率先牵头编制完成《重庆市渝北区"十三五"规划纲要实施情况中期评估报告》，牵头开展《保障和改善民生行动专项规划》《渝北区产业和城市空间拓展规划研究》等规划编制工作。牵头推进渝北区社会信用体系建设工作。

【投资管理】 编制完成《2018年政府投资项目计划目录》和《渝北区重点投资项目目录》。推动208个区级重点项目和40个在区市级重点项目，组织召开重大项目调度会5次和开展重大项目督查2次。编制完成《重庆市渝北区政府投资项目稽察办法》，落实稽察专员制度，明确项目稽察方法和程序，全年组织开展各类稽察7次。在项目的带动下，完成固定资产投资1376.4亿元、同比增长21.9%。

【行政审批】 从企业开办、工程建设项目审批等7个方面梳理优化办事流程，切实提高办事效率，全面优化营商环境，顺利通过国务院专项督查。严格审核把关政府投资项目立项、可研、概算，全年共办理政府投资项目立项1064件，累计金额579.7亿元；可研批复21件，概算批复17件。办理社会投资项目核准3件，项目备案104件，累计金额619.4634亿元。

【招投标管理】 出台《渝北区关于调整政府投资项目管理相关额度的通知》，严格招标方案审批核准，指导、协调和综合监督全区招投标工作，主动承担无明确行政监督部门以及部门不愿监督的项目招投标监管工作，及时处理各类投诉和质疑。根据渝北区实际情况对招投标联席会议制度进行调整。出台《关于进一步加强备选承包商库管理有关事宜的通知》，优化备选承包商库的管理，分两批共更新企业847家。进一步规范招投标信息公开工作。

【深化改革】 大力推进供给侧结构性改革，编制《渝北区供给侧结构性改革工作第三方评估报告》，清除30家国有"僵尸企业"，基本清除落后产能和无效供给，推动深渝北斗等企业实现兼并重组，形成了一批新供给，进一步推进经济高质量发展。化解处置企业债务6.5亿元，置换清理甄别政府债务10.4亿元，政府债务率控制在90%以内，处于安全区间。印发《2018年渝北区推进新型城镇化工作要点》，积极推进国家新型城镇化建设。配合区公安分局推进户籍制度改革。

全面落实自由贸易试验区投资自由化便利化精神，推动渝北自贸区一本报告管全域改革试点工作。全面启动事业单位和国有企业公务用车制度改革。

【产业发展】 积极推动金山科技消化内镜医学影像人工智能辅助诊断技术及创新型电子内镜的研发与应用项目获得工信部立项。成功申报重庆创意公园、仙桃数据谷、新牌坊金融区获批全市第一批战略性新兴服务业集聚示范区。组织再升科技和金山科技成功获批国家企业技术中心，推动三峡库区水环境大数据智能分析技术重庆市工程研究中心、生态环境监测智能装备及大数据应用重庆市级工程研究中心、长江上游生态环境大数据应用重庆市工程研究中心成功获得市级认证。

【资金争取】 按照现行的投资体制和基本建设程序的要求，认真分析和研究国家投资政策，积极会同水利、农业、林业等部门争取国家投资项目和资金，常年储备教育、卫生、农业、水利、林业、民生等领域项目100余个，全年共争取资金7906万元，其中中央资金6590万元，市级资金1316万元。

【物价管理】 出台《渝北区在市场体系建设中建立公平竞争审查制度的实施方案》，建立渝北区公平竞争审查工作部门联席会议制度。扎实开展价格监测预警，上报各种监测数据上万笔。分时段开展了烟酒价格、幼儿园收费、殡葬服务业收费、房地产价格秩序、涉农收费、涉企收费、转供电环节收费等专项检查10余次。受理有效价格举报咨询618件，办结率达100%。办理涉案物品价格认定563件，标的金额1167.71万元，无一起复核案件。

（周　巧）

依法行政

【概况】 2018年，渝北区紧紧围绕2020年基本建成法治政府的总体目标，以法治政府建设实施方案为主线，严格对标对表中央、市委要求，突出重点、巩固基础、抓住关键，各项工作取得较好成效。区政府法制办全年审查全区各类上会文件357件；审查涉法事项、招商引资合同428件，同比增长3%；办理领导交办事项162件。

【权责清单管理】 开展公共服务事项清理，共清理出区级、镇街两级公共服务事项396项。开展证明事项清理，清理出国家设定的证明事项151项、本市设定的证明事项59项、区级证明事项4项（按要求全部予以取消）。于2018年6月30日完成对全区现行5394项行政权力动态调整，但因市司法局（原市政府法制办）要求暂缓公布，所以调整后的权责清单还暂未公布运用。

【规范性文件管理】 定期清理行政规范性文件，对涉及著名商标（知名商标）、军民融合发展、产权保护、生态环境保护、招标投标领域的规范性文件及相关文件进行清理。持续开展规范性文件备案工作，全年共报备政府规范性文件19件、部门规范性文件8件。全区共保留政府规范性文件68件、部门规范性文件52件，并全部予以公开。建立规范性文件备案审查系统，调试中。

【复议应诉】 10月底，全区共审理各部门、镇街为被申请人的行政复议案件41件，同比增长36.6%；办理区政府为被申请人的行政复议案件18件，同比增长38.4%；办理以区政府为被告的行政应诉案件70件，同比下降36.3%，全区共有3件案件行政负责人出庭应诉；发生以区政府部门、镇街为被告的一审行政应诉案件47件，同比下降41.9%，共有16件案件行政负责人出庭应诉；共办理土地行政协调案件34件，同比增长78.9%。案件总数537件，同比减少5.9%。

【执法监督】 建立常态化开展“双随机一公开”抽查机制，清理全区“双随机一公开”监管主体规范名称，在区政府门户网站全面公开每季度抽查结果，全区已实现随机抽查的部门、领域、事项3个100%目标，实现全覆盖。按照市里统一要求，自7月1日起，全区有24个单位公示抽查信息1841条在信用中国(重庆)门户网站重庆市“双随机一公开”监管信息系统中集中向社会公示。探索创建特邀行政执法监督员制度及行政执法监督意见书制度，特邀行政执法监督员开展6次执法监督活动。对全区41个行政执法单位的78本行政处罚案卷开展评查。

【理论调研】 深入贯彻落实《深入开展兴调研转作风促落实行动方案》，参加区人大“渝北区“最多跑一次”行政审批改革研究”课题、区政协“渝北区构建和谐劳动关系的调研”课题，开展“渝北区行政执法规范化研究”“行政执法实用教程”“行政复议标准化研究”“招商引资合同规范化研究”等课题研究。

【执法队伍管理】 强化行政执法人员动态管理，对全区1600余名行政执法人员开展全覆盖网络培训考试，并将培训考试情况进行通报。10月下旬，组织开展了2018年新任行政执法人员及考试不合格人员的培训考试，参训人员共计150余名。

【法律顾问管理】 开展全区法律顾问考核，渝北区第一届政府法律顾问库59名成员考核结果为合格。补充全区法律顾问，遴选85名律师进入渝北区第二届法律顾问成员库，并向社会公示。修订完善《重庆市渝北区人民政府法律顾问工作规则》，增强法律顾问管理力度和操作性。评选出4名优秀法律顾问并以区政府办公室的名义进行表扬。认真监管法律顾问履职，全区法律顾问参加各单位会议(包括口头咨询)共1763次，出具法律意见书共计2132份，代理行政复议案件共计68件，代理诉讼案件共计354件，代理仲裁案件共计13件，提供法律培训58次等。加强法律顾问日常管理，区政府5名法律顾问共参加政府常务会议、区长办公会和各种专题会议共40次，每周四固定坐班次数30次，审查政府文件、招商引资合同及涉法事项处理278件。推进重庆临空政策法律服务国际中心筹建，牵头开发运营重庆临空政策法律服务国际中心的公众号平台，10月23日，渝北区召开重庆临空政策法律服务国际中心正式成立新闻发布会，华龙网、重庆日报、新华社等媒体相继进行了专题报道。

(朱利芳)

人事工作

【概况】 2018年，区人力社保局严格执行公务员和事业单位工作人员管理规定，坚持“凡进必考”“阳光招考”，确保了招考工作顺利进行。全年共招录机关事业单位人员746人。深化职称制度改革，全年申报初中高级技术职称1268人。妥善安置计划安置军转干部、随调家属和自主择业军转干部87人。

【公务员队伍建设】 组织面向社会公开考试录用公务员(含参照公务员法管理人员)20人；完成2017年全区公务员年度考核工作，434名公务员年度考核为优秀获嘉奖；为2015—2017年连续获三年公务员考核为优秀的118人记三等功。完成十九大期间全区维稳安保、生态文明建设及环保和创建全国文明城区奖励工作。推荐2人参评“全市改革先锋”。

【事业单位队伍建设】 全年全区共面向社会公开招聘事业单位人员660人，本科及以上学历人员为98%。面向全国公开选聘优秀教师28名，考核招聘卫生高级专家6名、基层紧缺卫生人才23名，从镇街选调工作人员9名，考试场次、报名人数、招聘岗位量均位居全市前列，实现考务工作

"零差错""零投诉""零信访"。办理1413名事业单位工作人员职务聘任、调动和转正手续，完成12248名事业人员聘用情况的认定备案。完成2017年全区事业单位工作人员年度考核，其中1747名事业单位工作人员、28名机关工勤年度考核被评为优秀。

【职称和专家工作】 集中审查2018年申报职称的556名人员资格，对50名不符合条件、提供虚假材料的人员退还了申报材料，不予受理，并记入诚信档案。完成2018年职称申报评审，全区新增正高级专家17名、副高级专家282名。在重大节假日，对区高级专家内走访慰问，年初走访慰问125名高级专家、创新创业行业代表，发放慰问信并送去慰问金共计12万余元。

（肖　钻）

机构编制

【概况】 2018年，区编办围绕中心，服务大局，以全面深化改革为主线，加强机构编制创新管理，为国家临空经济示范区建设提供了强有力的体制机制保障。

【党政机构改革】 2018年12月28日，市委、市政府批准《重庆市渝北区机构改革方案》。在区委的统一领导下，全区各级各部门坚决贯彻党中央、市委关于深化党和国家机构改革的决策部署，有序推进各项改革。改革后，全区党政机构42个（不含区公安分局、区规划和自然资源局、区市场监管局）其中区委机构12个（纪检监察机关1个，工作机关11个），即区纪委监委机关、区委办公室、区委组织部、区委宣传部、区委统战部、区委政法委、区委研究室、区委网信办、区委编办、区委直属机关工委、区委巡察办、区委老干局；区政府工作部门30个，即区政府办公室、区发展改革委、区教委、区科技局、区经济信息委、区民政局、区司法局、区财政局、区人力社保局、区生态环境局、区住房城乡建委、区城管局、区交通局、区水利局、区农业农村委、区商务委、区文化旅游委、区卫生健康委、区退役军人事务局、区应急局、区审计局、区政府外办、区国资委、区统计局、区医保局、区金融办、区信访办、区大数据发展局、区林业局、区政务办。全区挂牌机构14个。其中，区委工作机关的挂牌机构10个，分别是区委办公室加挂区委保密办（区国家保密局）、区委机要局（区密码管理局）、区档案局牌子，区委组织部加挂区公务员局牌子，区委宣传部加挂区新闻出版局、区政府新闻办牌子，区委统战部加挂区委台办（区政府台办）、区民族宗教委、区政府侨务办牌子，区委网信办加挂区网信办牌子；区政府工作部门的挂牌机构4个，即区发展改革委挂区公共资源交易监管局牌子、区住房城乡建委挂区人民防空办牌子、区农业农村委挂区扶贫办牌子、区文化旅游委挂区体育局牌子。全区合署办公机构4个。即区纪委与区监委合署办公，区委非公经济和社会组织工委与区委组织部合署办公，区委教育工委与区教委合署办公，区委农业农村工委与区农业农村委合署办公。

【"放管服"改革】 履行"放管服"改革牵头部门职责，报区政府制发《贯彻落实全国深化"放管服"改革转变政府职能电视电话会议重点任务分工方案》和区、镇级行政许可"四办"（即马上办、网上办、就近办、一次办，后同）清单。9月顺利通过国务院第五次大督查"放管服"专项督查，并获得市政府督查组的充分肯定。汇编《"放管服"改革文件资料汇编》两册各500本，发放各部门单位学习运用。渝北区"集中办、就近办、网上办"特色审批服务便民化措施取得良好效果，在《重庆机构编制工作简报》上刊登，《做好"加减乘除"法深化"放管服"改革》在《改革工作简报》《渝北时报》上刊载。

【重点领域改革】 协同推进监察体制改革，做好职能划转、优化内设机构设置等前期准备工作。设立区监察委员会，重新制定区纪委监委机关“三定”规定。承接划转区检察院人员编制23名、内设机构领导职数10名。实施区监委向镇街派出监察机构和区纪委监委派驻机构综合改革工作，成立派出监察室5个，撤并派驻纪检组10个，增设区纪委监委内设机构5个。设立区委巡察工作领导小组办公室，区预防腐败信息中心不再挂区委巡察工作办公室牌子。设立区留置管理中心，核定事业编制5名、领导职数2名，为管理留置场所提供保障服务。调整优化公办独立事业单位幼儿园设置，新设立公办独立幼儿园17所，并通过周转编制144名解决教职工用编需求。在区工业安全监察中心挂区盐业管理中心牌子；增加区工业安全监察中心（区盐业管理中心）事业编制2名，专编用于补充盐业监管人员。

【事业单位改革】 对全区300余名事业单位人员开展专题业务培训，规范创新事业单位登记管理服务。渝北区党政机关及事业单位已注册中文域名473个，党政机关及事业单位网站标识申请通过且规范挂标的数量56个，完成税务机关及1个机关特殊情形赋码，变更8个机关、群团代码证，注销已关闭网站标识18个。

【机构编制管理工作】 市委编办下达周转编制951名，解决渝北区义务教育、学前教育和基层医疗卫生机构编制缺口。推动区人民医院作为全市唯一的二级医院纳入人员总量控制试点改革，解决区人民医院创建三甲医院编制瓶颈。实行用编进人年度计划管理，报区编委会审定全区2018年度用编增人计划848名，其中2019年中小学幼儿园用编计划428名、医疗机构用编计划207名。核准全区机关事业单位用编977名。其中，公招518名，区内调动315名，区外遴选和人才引进51名，区内遴选21名，接收选调生、大学生村官、军转干部及随军家属等政策性安置72名。完善实名制管理信息，办理入编登记782名、出编登记717名。

【机关党建】 深入学习宣传贯彻党的十九大和十九届二中、三中全会精神。严格落实“三会一课”、组织生活会、民主生活会、民主评议党员等制度，持续推进“两学一做”学习教育常态化制度化。严格落实意识形态工作责任制，加强网络安全管理工作，严格信息发布审核，坚决防止和抵制网络谣言。全面落实党风廉政建设主体责任，主要领导带头履行党风廉政建设第一责任人责任，班子其他成员严格履行“一岗双责”。常态化开展廉政教育，筑牢干部拒腐防线。自觉接受派驻纪检组的监督。结对帮扶坚持每周二扶贫，开展“五个一”活动和送产业扶持金、送技术、送温暖活动以及节日慰问活动。与龙兴街社区签订党建结对共建协议，开展党组织活动、志愿服务活动、交叉讲党课各1次，促进机关与龙兴街社区党建工作联动推进。

（张 娟）

机关事务管理

【概况】 2018年，区机关事务局深入学习贯彻习近平新时代中国特色社会主义思想和党的十九大精神，坚定不移全面从严治党，坚持稳中求进工作总基调，强化“四个意识”，强化忠诚干净担当，认真履职尽责，按照“管理有方、服务高效、保障有力”原则，各项工作取得新进展，为推动国家临空经济示范区建设做出积极贡献。是年，有在职在编干部职工20人，获2018年度渝北区共青团工作先进集体、2018年度先进基层党组织、2018年度渝北区敬老模范单位等荣誉。

【公务接待】 制定《渝北区机关事务管理局接待标准化操作手册》《渝北区接待工作信息手册》，实行《接待记录表》《接待工作总结表》填报机制。举办全区公务接待培训班，并就公务接待礼仪进行集中学习,为提升新形势下接待工作水平。完成智博会、中新金融峰会、渝洽会等大型活动的服务保障工作,获得各级领导好评。

【办公用房】 完成区广电台等3家单位总面积21279.62平方米19宗无产权房产登记。完成渝港公司拟过户给区机关事务局的54宗房产现场核查。完成区纪委监察委、区交委等单位的办公用房调剂。配合空港新城公司做好空港新城行政服务中心建设,采用EPC模式,完成行政服务中心、档案馆综合楼及市民服务中心二期项目立项。推动伯爵世家临空商务大楼改造项目。按照党政机关办公用房建设标准,完成区政府机关食堂、区委组织部卫生间、区委3—5楼卫生间、区委巡察办办公楼改造、区政协常委会议室等维修改造项目。清查2017年全区国有资产,更新全区310个行政事业单位国有资产信息系统数据。清理全区国有房产,核查总面积约241.86万平方米,账面总价值36.59亿元。对团区委等140余家单位价值11040.3万元的固定资产按程序进行报废处置。

【公务车辆】 完成党政机关车改,全区事业单位和国有企业车改起步。通过公务交通补贴、保留车辆、社会化等多种方式,建立改革后新型公务出行保障方式。区定向化保障用车平台保障全区各类公务出行6200余次,运行里程28万余千米,无一例违规用车的情况发生。从严审批新购车辆,全年共批复新购车辆30辆、特种车辆33辆、调研接待用车2辆;批复报废车辆38辆,调剂车辆20辆。全区1300余辆公务车纳入统一保险,每年节约保费近200万元。印发《关于进一步规范车辆租赁的通知》《关于车辆租赁工作备案审批流程的补充通知》,全面清退125辆未经审批和75辆未在定点社会租赁服务商所租车辆。组织召开全区公务加油卡专项整治工作推进会,针对市局下发的474条公务加油卡使用线索,除涉及区纪委的10条线索由市纪委直接核查外,其余464条线索由区机关事务局牵头督促各单位逐一核查反馈,进一步规范公务加油卡的使用管理。

【公共机构节能】 举办以"节能降耗·保卫蓝天"为主题的全市节能宣传周启动仪式,发放节能宣传资料2万余份、环保物品3000余个,展示节能产品100余种,推动全民树立绿色低碳发展理念。指导区内25家公共机构规范能耗数据统计,通过国管局能耗数据抽查并获得高度评价。全程参与区法院创建第三批国家节约型公共机构示范单位,区法院成功创建示范单位。研究制定《渝北区生活垃圾分类实施方案》,推进区委办公楼、区政府办公楼、区会议中心(以下简称"两楼一中心")行垃圾分类试点。认真落实中央环保督察组整改落实意见,监督指导各公共机构采用新产品新技术进行节能改造,完成20家公共机构食堂油烟治理。

【电子政务】 组织实施电子政务平台一期建设项目,按照"平台+应用+门户"模式构建一体化平台,实现渝北区通用应用的全区覆盖、个性应用的快速搭建和第三方应用的高效集成。完成渝北区核心网络节点建设,形成纵向上联市电子政务外网,横向连接区级各部门,下联渝北区各镇街的政务专用网络体系。完成全区党政办公系统公文流转1.5万余次,信息传送1.7万余条;完成市电视电话会议系统升级改造,有效保障市、区两级电视电话会议召开50余次,未出现失误。

【后勤服务及安全保障】 严控食堂运行成本,为广大干部职工提供科学、合理、营养的用餐服务,完成工作用餐服务35939人次。完成全区会议服务保障460场次,完成"两楼一中心"、行政服务中心、公共资源交易中心和玉峰山基地的物业管理工作,严格按照"每日一巡视、每周一维护,半月一检查,每月一反馈"要求,定期对电梯、消防、水电等重点设施设备进行检修维护。完成区政府外墙立面排危整治工程,完成区委东楼一二楼厕所、区政府负一楼厕所排危整改等工作。采取“一盘问、二验证、三核实、四登记、五跟踪”等方式,加强进出办公区域人员的管理,全年保障全区的重要接待、重要活动、重要会议等400余场,累计处理群众来访78批次,600余人次。修订反恐应急预案、防火救灾预案、防冲击政府预案共6份,开展安全检查30次,更换消防器材25件,排查安全隐患5处并彻底整改。进一步规范停车秩序,将公私车辆实行分类停泊管理,完成区政府立体停车场移交工作,有效缓解“两楼一中心”干部职工和外来办事群众停车难问题。

(张　杰　张　笛)

信　访

【概况】 2018年,渝北区信访工作坚持法治与改革双轮驱动,不断创新体制机制,深入贯彻党的十九大精神及习近平新时代中国特色社会主义思想,全面落实信访工作责任制,推进信访工作制度改革,提升社会矛盾预防化解实效,维护群众合法权益,有效解决群众合理诉求,成功化解处置了一批突出信访稳定问题,确保渝北区政治安全和社会和谐稳定。

【信访事项办理】 2018年,渝北区群众接待中心共接到群众来信来访1543件次4095人次,同比件次持平、人次上升26%,其中群众来信738件次738人次,同比分别上升23%,群众来访805件次3357人次,同比件次下降14%、人次上升27%。群众到市集访58批次1014人次,同比上升52%、126%;到市越级访5批次32人次,同比分别下降34%、81%。进京访55批次55人次,同比分别下降26%、36%;进京越级访33批次33人次,同比分别下降19.5%、31%。受理网上信访事项896件。其中初次网上信访766件,占87.34%;重复网上信访130件,占14.5%。转送事权单位办理859件,自办37件。规范信访事项受理办理各个环节,推行网上信访代理制度,网上信访占信访总量的66.99%,逐步形成了让数据多跑路、群众少跑腿也能解决问题的良好趋势。信访件网上录入率、及时受理率和按期办结率均为100%;参评率73.11%,满意率98.9%,无一起因来信来访受理办理不当引发社会不稳定。

【矛盾纠纷排查】 2018年,渝北区综合运用网格化、网络化、社会化“三化”融合的社会服务体系,落实网格每天、村社每周、镇街每半月、区级每月的矛盾纠纷四级排查化解机制和重点敏感时期矛盾纠纷“日排查”“日研判”“日交办”“日化解”“日报告”机制,区级层面排查重点突出矛盾纠纷41件,化解37件,化解率为90%。重点化解了燃气报警器装置、汇祥林里3000业委会选举、星河ONE、川航飞行员公寓、鲁能城项目欠薪等重点矛盾纠纷。

【社会稳定风险评估】 2018年,渝北区信访办严格按照渝北区社会稳定风险评估“1+3”制度,实行评审分离、实体性审查、“双重”备案和“三审”(即审查、审核、审定)制度,充实专家库和第三方机构库,严格评估程序,加强对第三方机构的监管。印发《渝北区社会稳定风险评估办法》及5个相关配套文件,实施社会稳定风险量化评估,确保风险评估的科学性、规范性和准确性。对宝圣湖街道清和源小区污水排放整改工程项目、渝北广场公共停车场项目、环湖雅居A区7—8幢安置房分配项目等40个市区重点项目进行了社会稳定风险评审备案,全部准予实施,预防和化解了社会稳定风险,推进了项目顺利实施。

【“3+1”信访重点领域专项治理攻坚】 2018年,渝北区信访办牵头制定全区“3+1”信访突出问题专项治理工作实施方案,督促各牵头责任部门结合实际制定了详细的子方案,通过协调会、每季度区信访工作(群众工作)联席会议听取各牵头部门汇报工作推进情况。区城乡建委动态监管、突出重点开展房地产开发建设领域专项治理，区金融办加大查处力度查办涉众型经济案件，区环保局强化源头控制和依法处置开展环境突出问题专项治理，区人力社保局强化部门联动查处非建设领域欠薪欠保行为。市交办重点群体19个，其中涉农、涉军等16个老群体有效管控。全区重点领域、群体总体平稳可控。

【干部下访群众】 2018年，渝北区各级领导干部接访下访群众2920件次5416人次，办结2889件次，办结率98.94%。其中，区领导接访下访390件次512人次，办结387件次，办结率99.23%；部门领导接访下访699件次1044人次，办结693件次，办结率99.14%；各镇街领导接访下访1831件次3860人次，办结1809件次，办结率98.80%。开展"群众工作日"共计150余场次，就地解决了一大批群众诉求。开展人民建议专题征集1次，征集建议100余篇，其中4篇转化为成果。收集各级各部门社情民意信息155篇，形成社情民意研判报告10篇，为各级领导开展社会稳定矛盾纠纷化解提供决策参考。

【应急维稳】 2018年，渝北区信访办强化情报信息的收集研判，坚持特殊敏感时期超前谋划、统筹调度、周密安排，实行涉稳信息"日报送"、涉稳形势"日研判"、涉稳重点问题"日交办"、重点人员"日点名"等制度机制，建立完善应急机制及预案。坚持法治维稳，政法、信访、公安、属地、事权密切配合，成功疏导稳控了涉军、民师等群体多次串联到区、市、京聚集上访苗头，及时处置各类预警信息和突发事件396件次4983人次。坚持重要节点"战时"维稳工作机制，提前分析梳理、防范化解风险隐患，针对每个重要时间节点制定切实可行的防控方案和应急预案，圆满完成"两会"、博鳌亚洲论坛、上合组织青岛峰会、智博会、中央各督导组在渝督查、中非合作论坛北京峰会、上海进博会等特殊敏感时期的维稳工作任务。

（徐雪滢）

行政审批

【概况】 2018年，渝北区行政审批服务工作认真贯彻落实中央、市里有关"放管服"改革的要求部署，围绕利企便民目标，坚持以标准化为抓手、信息化为引领、创新为动力，不断夯实实体大厅，建设网上大厅，推动"线上线下"深度融合，努力打造政务服务高地，取得较好成效，在全市政务服务效能评估中获得区县第二名。全区办理审批服务事项343万件，其中区行政服务中心95万件、分中心170万件、镇街78万件，办件准确率100%，群众满意率95%以上。区行政服务中心服务质量群众满意度三方测评为97%，审批服务工作走在全市前列。

【基础工作】 一是推进区、镇街、村（社区）三级服务阵地建设。细化在建中新行政服务中心大厅功能布局方案。指导镇街和村社区两级中心改扩建。三级各中心硬件条件、智能化设施配置处于全市领先水平，实现了标准化建设和视频监控两个全覆盖，全年评选优秀镇街公共服务中心34个（次）。二是推进便民服务。推广22项公共服务全区通办，取消村社区证明事项35项，保留10项。印制发放《村社区保留证明事项》清单8万份。推行龙兴镇回龙社区"一口"受理、回兴街道所辖社区延时服务、龙溪街道公共服务中心午间正常办公和出入境周六办公服务。推动农房建设审批和产权登记全部入驻镇街公共服务中心办理，便利办事群众。三是推进全区三级群工系统建设。截至12月，群工系统共受理群众反映事项13351件，已办结13269件，办结率为99.3%，群众评价率为98.8%，已评价事项满意率为98.7%，各项居全市前列。

【项目管理】 对及时承接市政府取消、调整、下放的项目，区政府分两批对应取消建设项目水资源论证报告书审批、台港澳人员在内地就业许可等15个许可事项，对出版物经营许可证（批发、零售)遗失声明和提交申请医疗机构执业许可所需的验资证明进行清理规范。清理全区公共服务事项396项,并按标准化要求分类编制了办事指南,在全市统一的政务服务平台上进行政务公开。

【流程管理】 优化行政许可事项环节,全区行政许可事项共调整优化环节97个,减少材料240件,压缩时限6973个工作日,压缩49%。按照"一单三书"(即受理通知单、补正材料一次性告知书、不予受理通知书、不予行政许可决定书)的要求规范运行。梳理建设领域审批流程,分别绘制政府投资项目、社会投资项目全流程图,优化环节26项,减少材料20项,缩短审批时限41个工作日。推行区域整体评价制度,环评豁免机制,技术审查靠前服务,落实首接负责制、容缺受理和告知承诺制,探索建设领域并联审批。园区项目推行代办服务,政府招商项目、重大项目实行绿色通道、预约办理,建设领域审批整体提速50%以上。渝北区社会投资项目从用地、方案、初设、规划许可到施工许可5个主要办理环节压缩到49个工作日。

【创新服务】 编制行政许可"四办"清单。牵头组织相关审批职能部门对照行政许可事项实施清单,清理编制《渝北区区级审批服务事项马上办网上办就近办一次办清单(第一批)》。清单含189项行政许可事项,子项488个(其中:马上办50项,网上办410项,就近办33项,一次办477项),并明确要求。组织相关审批部门开展"多证合一""证照分离"审批改革和协同联动,推广注册登记全程电子化,确保企业开办时间3个工作日完成。组织建设领域相关职能部门对渝北区工程建设项目审批改革进行专题研究,组织牵头部门到市建设审批大厅、厦门市及集美区行政服务中心进行专题考察,形成渝北区建设项目审批改革实施方案。举办中心首次"开放日"活动,邀请人大代表、政协委员、市民代表等30余人实地感受体验,为审批服务工作建言献策。开展"兴转促"行动,配合区人大开展"最多跑一次"审批改革调研,推进审批提质提速。率先在全市推行"扫码办事",所有许可事项实现"码上办"。推行审批结果(承诺件)快递服务,全年7000余个证照实现快递送达。

【信息化建设】 推进网上大厅标准化建设。在梳理行政许可和公共服务事项实施清单的基础上,按照标准化要求,统一编码,逐项明确事项名称、设定依据、实施机关、申请条件及申请材料等40多项基本要素,编制规范的办事指南,并在全市统一的网审平台上线运行。推行办事材料目录化、标准化、电子化,大幅度减少纸质材料。区建委等部门从提交图纸调整为电子光盘,出入境推行"一证办",实现全程无纸化。增配区行政管理中心自助服务设备,完善6个自助服务区和1个24小时自助服务区,加强对办事群众的引导服务,推进自助申报、缴费、开票、取证、签注。对照《三级通用公共服务事项目录》,清理区级、镇街两级公共服务事项,全区公共服务事项实施清单共281项。完成公共服务事项办事指南的标准化编制及上线,形成统一的网上公共服务事项目录库。配合市上推进网上办事大厅建设应用,开展网上审批,全区所有许可事项纳入网上政务服务平台运行,网上办事比例逐步提高。全年全区通过网上办理事项7.3万件,居全市前列。

【运行管理】 落实信息公开、一次性告知、首问责任、服务承诺、责任追究、文明服务等制度,坚持现场值班巡查、电子监察、视频监控、体验式暗访、"三方测评"等形式强化中心服务质量。持续开展窗口纪律作风专项整治,建立服务作风监督员队伍,加强窗口和重要环节风险防控,加大监督监管力度和违规违纪原因的分析排查。落实"三清""四亮""五个一样"要求,常态化开展党员示范岗、服务明星、优质服务窗口评选活动,建设政务服务示范窗口。是年,区民政局窗口成功创建重庆市民政系统(2013—2017)年先进集体,区卫计委窗口成功创建渝北区三八红旗集体，区税务局窗口成功创建重庆市巾帼文明岗，陈力行荣获全市国税地税征管体制改革“五个一百”先进典型。

（陈远强）

外事工作

【概况】 2018年，渝北区以习近平新时代中国特色社会主义外交思想为指导，认真落实党和国家对外方针政策和市委外事工作委员会部署要求，坚持围绕中心、服务大局，不断创新工作机制，突出服务功能，为“全面建成小康社会、加快建设国家临空经济示范区”作出了积极贡献。精准履职，提升外事管理水平。修订印发《关于进一步规范因公出国（境）管理的通知》，出台《关于进一步加强在渝北外国人服务管理工作的实施意见》，外事工作制度化、规范化水平不断提高。全年因公出国（境）52人次，无违反外事纪律情况。深入务实推动与加拿大哥伦比亚省本拿比市友好城市交流，积极发展与南非水牛城友好城市关系，服务渝北开放开发。指导行业主管部门及区公安局登记备案各类社会组织举办的国际会议及论坛11场，审核相关外籍人士信息45人次。指导行业主管部门召开筹备会28次。妥善处理外籍人士意外死亡等涉外维稳案件28起，配合区法院处理并上报涉外刑事案件32起。做好“中国国际智能产业博览会”等国际性会议17场，承办外交部、中联部、港澳、市区两级外事活动29批次900余人次。组团赴香港参加第十二届“亚洲金融论坛”、赴日本商谈“两江国际商务中心”设计方案、赴美国参加“第三届硅谷创业节”系列活动，有效提高了渝北区国际知名度、美誉度。2018年，全区共有13批经贸代表团出访22个国家及地区，促成一系列项目签约落地，有力推进了友城建设、招商推介、文化交流等工作的开展。

【重要外事活动】 1月9日，巴拉圭瓜苏阵线干部代表团赴渝北区实地考察古路镇乌牛村扶贫工作和双凤桥街道溜马山社区基层党组织建设，区级相关部门负责人陪同考察。

1月10日，意大利驻重庆总领事馆一行参观仙桃国际大数据谷，区委副书记、区政府区长唐川陪同参观并座谈，双方就仙桃数据谷二期项目设计工作进行了交流。

5月25日，第二十一届中国西部国际投资贸易洽谈会在重庆国际博览中心开幕，区委书记段成刚，区委副书记、区政府区长唐川分别到展馆参观指导。区政府副区长唐密参加活动。

5月28日，香港特区政府高级公务员第109期国家事务研习班一行25人参观长安汽车集团（研究工程总院和长安汽车厂），区政府副区长唐密陪同参观。

7月10日，2018年“中国寻根之旅”夏令营——重庆营在暨华中学开营，来自美国、加拿大等国家近百名华裔青少年在渝体验巴渝文化。

7月31日，渝北区2018年临空英才发布会在仙桃国际大数据谷举行，71名海内外创新创业人才获渝北区第二批“临空海外英才”和首批临空创新人才。

8月10日，埃塞俄比亚驻重庆总领事馆总领事凯贝德·阿贝拉（Kebede Abera）一行到渝北区考察访问，实地察看了两江国际商务中心、临空国际贸易示范园、重庆传音通信技术公司等地。区委书记段成刚与凯贝德·阿贝拉就深化友好合作进行深入交流。区委常委、区政府党组副书记廖红军参加活动。

8月24日，美国帕罗奥图市格雷格·田中议员到区访问，参观了两江国际商务中心和仙桃国际大数据谷，唐密副区长及战略产业公司相关负责人陪同参观。

8月31日，罗马尼亚国家电视台到仙桃国际大仙桃数据谷参观拍摄。

9月15日，重庆首个“微软云暨移动技术孵化计划——重庆人工智能加速器”落户仙桃国际大数据谷。市政府副市长刘桂平，微软全球资深副总裁、微软互联网工程院院长王永东，微软中国战略联盟暨创新孵化运营管理总经理戴子廷，微软(中国)有限公司政府事务总监李晓东，微软(中国)有限公司公共服务事业部西区总监戴晖，市政府副秘书长汪夔万，区委副书记、区政府区长唐川，市经信委副主任李斌，市商务委副主任许新成，市政府外事侨务办副主任杨大庆，区委常委、区政府常务副区长廖红军，区政府副区长唐密等出席签约活动。

9月19日，塔吉克斯坦人民民主党副主席一行赴仙桃国际大数据谷考察，政协副主席马林及仙桃数据谷管理有限公司相关负责人陪同考察。

9月26日，重庆(渝北)埃塞俄比亚投资推介会在渝北临空国际贸易示范园举行，区委常委、区政府常务副区长廖红军出席活动并致辞，埃塞俄比亚主重庆总领事馆总领事凯贝德·阿贝拉等参加。

10月17日，法中友协联合会代表团一行参观仙桃国际大数据谷。

11月2日，首届中新(重庆)战略性互联互通示范项目金融峰会“物流结算及金融服务创新专题会议”在悦来国际会议中心举行，区委常委、区政府常务副区长廖红军做“加快内陆开放空中门户建设在大开放中实现渝北大发展”主题演讲。

11月5—10日，首届中国国际进口博览会在上海隆重举行，我区代表企业重庆领食航进出口有限公司与RosderraIrishMeats公司签订价值3150余万元贸易合同。区委常委、区政府常务副区长廖红军见证签约。

11月9日，白俄罗斯重庆旅游文化商品中心签约授牌活动在恒大·中渝广场举行。白俄罗斯驻华大使鲁德与市文化旅游委主任刘旗共同向白俄罗斯旅游文化商品中心授牌。区旅游局与白俄罗斯旅游文化商品中心签署合作备忘录。白俄罗斯农业食品部部长扎亚茨、白俄罗斯明斯克州副州长罗加修克等出席活动。市文化旅游委副主任朱茂主持活动，区政府副区长颜其勇致辞。

11月9日，韩国高阳市代表团一行28人参观仙桃国际大数据谷。

(王丛丛)

民族宗教

【概况】 2018年，渝北区认真贯彻落实中央、市委民族工作会议和全国、全市宗教工作会议精神，坚持“各民族共同团结奋斗、共同繁荣发展”，加强民族政策法规宣传，强化基层民族工作，全力维护少数民族群众的合法权益。坚持中国宗教的中国化方向，依法管理宗教事务，加强宗教信众和宗教代表人士的教育引导，确保宗教活动依法规范，促进了民族宗教领域稳定和谐。

【民族工作】 渝北区为少数民族散居地区。2018年，区内的少数民族有壮、布依、朝鲜、满、侗、瑶、白、傣、黎、傈僳、彝、水、土家、景颇、仫佬、羌、布朗、毛南、仡佬、回、苗、藏等43个8600人，成立了渝北区少数民族联谊会。全年拨付镇街少数民族发展资金40万元，慰问帮扶贫困少数民族家庭3.5万元，帮助少数民族流动人口解决就业、子女入学等方面困难6人次，办理少数民族成份更改6人次，妥善处置涉及少数民族流动人口纠纷2件。

【宗教工作】 渝北区全面贯彻落实新修订的《宗教事务条例》，认真开展中央宗教工作督查整改。全年筹集市区资金40余万元，帮助大悲寺、龙法寺等宗教场所整治安全隐患。制止乱建露天宗教造像1处、拆除露天佛像1处，制止乱建小庙2处。依法治理“中国真理教会”等非法宗教活动，以堂带点方式规范基督教活动2处，纳入镇街监管14处，处置境外基督教渗透活动2起。排查化解宗教不稳定因素2起，妥善处置宗教矛盾纠纷3件。2018年，全区有佛教、道教、基督教、天主教等较为固定的信教群众4万余人，其中佛教信众3万多人，依法登记开放宗教活动场所16处，其中佛教活动场所6处、道教活动场所1处、基督教活动场所9处（含设在龙溪的在渝韩国人基督教临时活动点），全区登记备案宗教教职人员17人，成立了渝北区佛教协会。

（曾祥海）

政协重庆市渝北区委员会

【概况】 2018年，在中共渝北区委领导下，区政协常委会以习近平新时代中国特色社会主义思想为指引，团结带领区政协各参加单位和广大政协委员，坚持把服务经济社会发展作为履职第一要务，把广泛凝心聚力作为履职第一责任，把提升工作质量作为履职第一要义，弘扬团结民主两大主题，切实履行政治协商、民主监督和参政议政职能，为促进渝北改革发展稳定做出积极贡献。在全市政协系统率先出台年度重点协商通报视察调研计划制定办法，促进协商议题和协商形式相匹配、视察调研和协商议政相衔接，提高工作预见性实效性。

全年，完善工作规范21个，征集提案732件，收集反映社情民意信息756条，完成重点调研课题11个。配合全国政协和市政协领导到区调研视察16次，接待区外政协考察55批次。加强与99名住区市政协委员联系服务，引导其为渝北发展出谋划策，并在市级层面为渝北呼吁建言。

【政治协商】 深入贯彻落实习近平总书记对重庆提出的“两点”定位、“两地”“两高”目标和营造良好政治生态、做到“四个扎实”的重要指示要求，坚持协商在决策之前和实施之中，紧扣全区打好“三大攻坚战”、实施“十项行动计划”，按照年度重点协商计划，坚持在参与中支持、在支持中服务、在服务中监督。开展常委会议政性协商3次、主席会专题协商15次，专委会、界别联组、镇街委员联系小组及片区开展对口协商、界别协商、提案办理协商活动51次，开展视察活动42次，为改革献智出力，为民生建言。

【参政议政】 完成市政协交办的“重庆建设山清水秀美丽之地”子课题调研，为重庆市出台《关于深入推动长江经济带发展加快建设山清水秀美丽之地的意见》发挥积极作用。专题协商渝北区国家生态文明建设示范区创建工作，相关建议被吸纳到渝北区实施生态优先绿色发展战略行动计划中。主动服务“内陆开放高地”建设，组织委员集中视察两江新区自贸区、江北国际机场、龙兴工业园区和两江国际商务中心等项目建设，委员们提出发挥政策叠加效应、壮大市场主体、优化发展环境等建议，促进渝北区开放开发水平不断提升。完成区委交办的渝北区城市产业空间布局拓展重点课题，通过深入调研渝北区产业用地现状及发展布局，形成5个片区约80平方千米的产业拓展用地意见，并建议区政府启动产业用地拓展规划编制，推进破解产业发展空间瓶颈。聚焦推进“两高”。为推动“高质量发展”，将《关于推动渝北区智能制造产业创新升级的建议》作为区政协第十五届委员会第二次会议建议案提交区政府办理，其建议被纳入全区智能制造基地建设行动计划；为推动创造“高品质生活”，坚持问需于民、问计于民，全年收到涉及民生类社情民意信息占总数的一半以上，助推一大批实际问题得到解决。

【提案工作】 全年收到提案723件，为党政决策提供了重要参考，为推进渝北经济社会发展和民生改善发挥了积极作用。经审查，立案449件，并案后交办426件，其中委员提案241件、集体提案185件。对未立案的274件提案转相关部门作为工作参考。全部立案提案分别交由66个区属部门和单位、5个驻区市属部门及两江新区办理。承办单位高度重视，全部办复完毕，其中已解决和采纳302件，占70.9%；列入计划逐步解决和拟采纳116件，占27.2%；因条件限制留作今后工作参考8件，占1.9%。提案者对办理情况表示满意和基本满意为100%。

【社情民意信息工作】 全年收到社情民意信息756条，上报市政协118条，市政协采用10条；首创社情民意专报，向区领导专报3期，区委、区政府主要领导做出批示2条；向区内相关部门转办34条，其中18条得到书面回复，回复率大幅提升；向区内部门转阅89条，委员信息更广泛地得到有关部门关注。部分委员撰写的社情民意信息内容实、建议准、质量高，转办后，很快得到回复和落实。继续开展“十大重点社情民意信息”跟踪问效，通过跟踪问效《关于尽快恢复两江新区金海湾公园路灯照明及落实有关安防措施的建议》，金海湾公园“有路灯无照明”的情况得到解决。

【自身建设】 完善区政协全体会议工作规则、常委会工作规则，制定大会发言、大会建议案工作办法，明确程序规范和实践要求，提高协商建言质量。出台镇街委员联系小组工作规则、镇街委员联系小组办公室工作职责和镇街委员活动室建设标准等规程，建立住区市政协委员和区政协委员联系社区（村）制度。完善学习培训制度，制定了委员学习培训工作规划，推进本届内全体委员外出培训全覆盖目标的实现，10月21日至27日，组织新任政协常委和镇街委员联系小组组长等55名委员赴中国人民大学开展能力提升培训；完善政情通报制度，开展重点情况通报23次，促进委员知情明政。出台委员履职考核办法，在建立委员履职档案的基础上，对委员履职情况进行量化统计、动态管理、自动计分、公开通报，把考核结果作为委员评先推优的重要依据。推动“智慧政协”建设，开发委员履职管理平台、手机APP，以政协网站为龙头，提升提案、社情民意、会议、履职管理等系统。全年在人民政协报、重庆政协报等市级及以上媒体刊登宣传稿件52篇，多角度报道委员履职活动情况，宣传工作在全市政协系统获优秀表彰。

【重要会议】 1月12日上午，区政协召开第十五届委员会第二次会议，听取了区政协常委会工作报告、提案工作情况报告，协商讨论了区人民政府工作报告、计划报告、财政报告和区人民法院工作报告、区人民检察院工作报告，通过《政协重庆市渝北区第十五届委员会第二次会议关于常务委员会工作报告的决议》《政协重庆市渝北区第十五届委员会第二次会议关于提案工作情况报告的决议》《重庆市渝北区第十五届委员会第二次会议决议》。

3月21日，区政协召开第30次主席会议（23次党组会议），主席会议成员、区政府副区长马成全以及汇报及列席单位、机关各委（室）主任、副主任参加会议。会议审议了《先进制造业行动计划》《智能化绿色发展战略行动计划（送审稿）》以及区人民医院“三甲”项目变更增量建设问题及拟定项目有关事宜。

4月18日，区政协主席彭建康主持召开区政协第十五届第5次常委会会议。区政协副主席龙图、马林、尹书菊、周恒丰、陈方兰、夏小敏、郭里出席会议。会议传达学习了习近平总书记在今年全国“两会”重要讲话精神、全国“两会”主要精神及市政协五届一次会议精神；听取了区政协十五届二次会议提案审查及办理推进情况和重点提案交办情况报告；审议并通过了《区政协2018年工作要点（送审稿）》《区政协2018年重点协商通报视察调研计划安排（送审稿）》。

7月26日，区政协举行2018年半年工作会议，区政协主席彭建康主持会议并讲话。区政协副主席龙图、马林、陈方兰、郭里出席会议。会议学习传达了中共中央政治局常委、全国政协主席汪洋在政协第十三届全国委员会常务委员会第一次会议上的讲话精神、全国政协系统党建工作会议精神、市政协五届三次常委会会议精神及市政协学习习近平总书记关于加强和改进人民政协工作的重要思想理论研讨会议精神。区政协各专委会负责人依次汇报专委会半年工作情况及下一步工作打算，区政协镇街委员联系小组代表及区政协界别联组代表围绕政协工作进行交流发言。

8月2日，市政协四片区学习习近平总书记关于加强和改进人民政协工作的重要思想座谈会在渝北区举行。市政协副主席周克勤出席会议并讲话，市政协副秘书长、学习及文史委主任王济光主持会议。主城九区政协主席、副主席，各区政协委员代表和理论研究工作者代表出席会议并交流发言。

8月14日，区政协主席彭建康主持召开区政协第十五届第6次常委会会议，区政府副区长罗红、颜其勇听取协商意见，区政协副主席龙图、马林、尹书菊、陈方兰参加会议。会议学习了习近平总书记关于加强和改进人民政协工作的重要思想，通报了区政协相关工作开展情况。

8月24日，区政协召开学习习近平总书记关于加强和改进人民政协工作的重要思想理论研讨会暨理论研究会成立大会。区政协主席会议成员、区政协理论研究会会员、优秀论文作者代表和政协工作联络员参加会议，市政协副主席周克勤、市政协学习文史委专职副主任唐晓兰出席会议。区政协主席彭建康、区政协副主席龙图分段先后主持会议。

9月29日，全区镇街政协工作座谈会在区会议中心举行，区政协主席彭建康主持会议并讲话。区政协副主席龙图、马林、周恒丰、夏小敏出席会议。会上，区政协联络委就《区政协镇街委员联系小组工作规则（试行）》等四个工作制度作了说明。参会的镇街政协委员联系小组负责人围绕制度展开讨论，并从如何促使委员更好发挥作用、加强镇街政协工作阵地建设、强化镇街政协工作保障等方面建言献策。

11月6日，区政协召开各参加单位工作座谈会，区政协主席彭建康主持会议并讲话。区政协副主席龙图、尹书菊、周恒丰、陈方兰、夏小敏、郭里参加会议。会上，区政协各参加单位和区政协界别委员代表就如何发挥委员作用、政协理论学习、考核机制量化等方面建言献策。

（郭　震）

中共重庆市渝北区纪律检查委员会
重庆市渝北区监察委员会

【概况】 2018年，区纪委监委合署办。区纪委监委全面贯彻党的十九大精神，深学笃用习近平新时代中国特色社会主义思想，全面贯彻中央、市委关于全面从严治党的系列部署要求，严格落实中央纪委、市纪委全会精神和区委工作安排，旗帜鲜明讲政治，牢牢把握稳中求进工作总基调，稳妥做好纪检监察体制改革，履行监督第一职责，加强作风建设，严肃查处侵害群众利益的腐败和作风问题，保持惩治腐败高压态势，发挥巡察利剑作用，全区纪检监察工作取得新成效，保障了全区经济社会发展。

【纪检监察体制改革】 对标对表中央确定的国家监察体制改革时间表和路线图，完成办公地点选址整修、组织机构设置、人员谈心谈话、工作岗位安排等，完成问题线索、设备移交和人员转隶等工作。1月18日，重庆市渝北区监察委员会挂牌成立。实行监督检查和审查调查职能分离、部门分设。设立5个派出监察室，实现对镇街派出监督全覆盖，在村、社区聘请1037名监察监督员，打通监察监督“最后一公里”。深化派驻机构改革，精简整合10个派驻纪检监察组，完成机构更名并授予部分监察权限。建立健全派驻派出7项制度机制，强化领导指导，强化监督职责，擦亮监督“探头”。推动纪法贯通、法法衔接，制定《区监委议事规则》《区监委工作规则》等制度，实施内部工作流程再造，严格证据标准审核把关，加强与司法机关的衔接沟通和协作配合，实现执纪审查和依法调查有序对接、相互贯通。对接以审判为中心的诉讼制度改革，严把案件事实关、程序关、法律适用关，打造“铁案工程”。

【作风建设】 紧盯不收敛、不收手问题，紧盯违反中央八项规定精神问题，紧盯群众身边的腐败和作风问题，零容忍、出重拳、下猛药。坚持教育提醒在先，每个重要时间节点，都通过召开会议、下发文件、媒体宣传、短信提醒、通报警示等方式反复打招呼、提要求，防患于未然。建成“四风”问题监督系统。严查收送红包、公款吃喝、公车私用、违规操办婚丧喜庆、乱发津补贴等问题，开展领导干部利用名贵特产类特殊资源谋取私利等专项整治。全年查处违反中央八项规定精神问题40起55人。集中整治形式主义、官僚主义，聚焦问题主要表现特别是“三多一懒”（即会议多、文件多、考评检查多、懒政不作为）问题，全年查处和纠正形式主义、官僚主义问题5件25人。制定2018—2020年民生领域腐败和作风问题专项治理方案，成立民生监督室专门组织协调民生领域监督工作。以农村存量危房整治和城乡最低生活保障为重点，开展重点民生项目专项监察。落实村、社区干部及其直系亲属享受惠民政策公开制度。开发投用党员干部亲属涉权事项信息化管理系统和民生监督平台，加大问题发现和查处力度。按时办结中央脱贫攻坚专项巡视交办问题线索18条。全年查处侵害群众利益的腐败和作风问题122起187人，其中扶贫领域腐败和作风问题59起104人，问责9起22人。

【监督执纪问责】 压紧压实管党治党责任，协助区委制定主体责任年度清单和进一步落实全面从严治党主体责任的意见，推动区级领导认真履行主体责任。制定区管单位落实主体责任年度清单和纪检监察组织落实监督责任季度清单，通过落实全面从严治党责任监督管理系统强化过程管理，倒逼责任落实。加强领导干部廉洁从政状况的动态分析，在渝北区领导干部廉洁从政动态信息系统开展廉政审查740人次，提出否定意见7人次，约谈提醒38人，组织调整3人。建立健全基层纪检组织主要负责人向区纪委常委会报告廉情制度，制定区管单位政治生态评价要点，督促说清楚所监督单位和地区的政治生态状况，对梳理出的问题由区纪委监委班子成员牵头督促整改。强化日常监督，落实渝北区抓早抓小问题发现及处置办法，强化近距离、常态化、全天候监督，综合运用听取汇报、个别谈话、检查抽查等形式，努力形成纪律监督、监察监督、派驻监督、巡察监督四个全覆盖的权力监督格局。把监督执纪"四种形态"作为抓手，注重在实践第一种形态上下功夫，全年运用"四种形态"处理511人，一至四种形态占比分别为77.6%、11%、5.7%和5.7%，"咬耳扯袖、红脸出汗"成为常态，监督执纪由"惩治极少数"向"管住大多数"拓展。对纪律处分执行情况开展监督检查和自查自纠，督促执行到位。跟踪回访受处分党员干部，有针对性地做好思想政治教育工作。

【惩治腐败】 坚持无禁区、全覆盖、零容忍，坚持重遏制、强高压、长震慑，坚持受贿行贿一起查，紧盯重点领域和关键环节，精准有力有序惩治腐败。建立问题线索研判交办会议制度和问题线索办理分析会议制度。全年共受理检控类信访举报328件，处置问题线索424件，立案90件，处分103人，采取留置措施10件15人。全年共立案调查职务违法犯罪案件23件35人，移送司法机关12件18人。在全市率先出台《关于加强受贿行贿一起查工作的意见》，立案查处涉嫌行贿的非公职人员6件8人，其中留置5人。开展扫黑除恶专项斗争，严查涉黑涉恶腐败和"保护伞"问题，全年核查疑似涉黑涉恶问题线索60条，立案4件，纪律处分2人。成立区留置管理中心，建立健全审查调查安全管理制度，突出"走读式"谈话安全这个重点，开展专项整治，认真自查整改，守住安全底线。

【党风廉政教育】 学习新修订的《中国共产党章程》《中国共产党纪律处分条例》《中华人民共和国宪法》《中华人民共和国监察法》等，教育引导广大党员干部和公职人员勤修政德，明大德、守公德、严私德，不断增强纪法意识。制定《关于进一步加强党风廉政警示教育工作的实施办法》《区管干部处分决定宣布及"以案说纪、以案说法、以案说德、以案说责"警示教育工作办法》，做好执纪审查"后半篇文章"，针对发现的体制机制问题和制度漏洞，及时发出纪律检查建议和监察建议，督促抓好整改。针对吴德华严重违纪违法案，开展"以案四说"警示教育，以案促改。在石船镇召开警示教育会，督促石船镇反思整改，推动全区面上警示教育开展。坚持公开透明、主动发声，加强舆情分析研判处置，有效引导纪检监察领域社会舆论，掌握工作主动权。

【巡察工作】 巡察办公室列为区委工作机关，落实编制职数，配备专门力量，强化工作保障。调整充实180人的巡察人才库，把巡察岗位作为优秀年轻干部和后备干部成长锻炼的重要平台。建立区委常委会、书记专题会和领导小组会定期研究巡察工作制度，着力解决重大问题。深化政治巡察，把学习贯彻习近平新时代中国特色社会主义思想和党的十九大精神情况作为巡察首要任务；把贯彻执行中央决策部署和市委、区委决定决议情况作为巡察重点内容；把坚决肃清孙政才恶劣影响和薄熙来、王立军流毒情况作为巡察紧要任务；对标对表中央巡视"回头看"反馈意见，制定整改方案，督促自查整改。制定《关于加强区委巡察工作的意见》《区委巡察工作规划》等14个文件，修订完善《政治巡察重点内容指导清单119条》，强化规范运行和问题发现。落实“双反馈”“双通报”“双公开”和《被巡察单位问题整改落实情况评价办法》等规定，把督促整改作为日常监督的重要内容，推动问题整改和成果运用。开展脱贫攻坚专项巡察和村、社区党组织巡察全覆盖试点工作，完成3轮25单位常规巡察，构建巡视巡察上下联动监督网。

【自身建设】 调整机关党组织设置，配好党务干部，推进“两学一做”常态化制度化，落实支部“三会一课”、领导干部双重组织生活和每月主题党日活动等制度，在专案组、巡察组建立临时党支部。制定委机关落实全面从严治党“两个责任”实施意见和工作清单，修订完善《区纪委常委会工作规则》《区纪委常委会会议规则》。坚持区纪委常委会每两个月专题听取班子成员履责情况汇报、纪检干部重要情况报告等制度，落实纪检组织负责人年度考核单独排序确定等次办法。加强对“三转”（即转职能、转方式、转作用）情况的经常性监督检查。选送37名纪检监察干部参加中央纪委、市纪委培训并向区纪委中心组汇报，放大学习效应。轮流抽调35名基层纪检监察干部到区纪委监委机关挂职锻炼。开展兴调研转作风促落实行动，完成重点调研课题10个。区纪委常委会带头学习贯彻《监督执纪工作规则》等规定，加强对监督执纪工作的领导、管理和监督。严格请示报告制度，广泛开展谈心谈话，以陶志刚案为反面典型，深入开展纪检监察系统警示教育。出台纪检监察干部行为规范20条，制定内部审计工作制度和监督约谈、责任追究等办法；落实特邀党外廉勤监督员制度，自觉接受各方面监督。全年处置纪检监察干部问题线索11条16人，纪律处分1人，组织处理7人。

（林　晓）

民主党派　工商联

民主党派

【**概况**】 2018年，渝北区有民主党派区(工)委7个，即中国国民党革命委员会重庆市渝北区委员会、中国民主同盟重庆市渝北区委员会、中国民主建国会重庆市渝北区委员会、中国民主促进会重庆市渝北区工作委员会、中国农工民主党重庆市渝北区委员会、中国致公党重庆市渝北区工作委员会、九三学社重庆市渝北区委员会，年底有民主党派成员1283人。7个民主党派均设1名专职副主委。是年底，民革渝北区委下设6个支部，有党员155人；民盟渝北区委下设6个支部盟员252人；民建渝北区委下设8个支部会员255人；民进渝北区工委下设4个支部会员144人；农工民主党渝北区委下设10个支部党员269人；致公党渝北区工委下设2个支社党员61人；九三学社渝北区委下设6个支社社员147人。

（唐涓瀚）

【**民革渝北区委**】 2018年，新发展党员9人，转入3人，去世1人。年底有党员155人，其中男96人、女59人，党员平均年龄为53周岁，研究生学历43人，副高级职称以上43人。有市人大代表1人、市政协委员3人、区人大代表2人，其中，区人大常委1人。有区政协委员18人，其中区政协副主席1人、区政协常委3人。下设两路支部、双凤桥支部、双龙湖支部、龙山支部、龙塔支部、西政渝北支部。

参政议政 民革渝北区委提交市人大建议1件并被采用；提交市政协提案8件，立案6件；提交区政协集体提案25件，立案15件，其中区领导重点督办提案2件；提交区政协个人提案21件，立案7件。完成市级调研报告1个，区级调研报告5个。向全国及市、区两级部门报送社情民意信息45件，被采用13件，其中被民革中央采用2件、获市领导批示2件。3月，民革区委被民革市委会评为2017年度参政议政工作先进集体，雷勇被民革市委会评为2017年度参政议政工作先进个人；民革区委被区政协评为反映社情民意工作先进单位。

重要党务活动 举办专题学习会4次，形成理论文章4篇，其中获区政协二等奖、中共区委统战部一等奖各1篇。1月，组织部分青年党员参与2018年统一战线迎春联谊会。3月，组织女党员开展“弘扬传统文化，坚定文化自信”主题沙龙活动。4月，召开参政议政暨课题调研工作会；召开法律援助中心民革工作站会议；举办社情民意专题培训。6月，与九三学社渝北区委赴西安交大联合举办骨干成员履职能力提升培训班。7月，赴四川、贵州开展市委会重点课题“乡村法治治理助推乡村振兴战略实施研究”专题调研；组织骨干党员赴巴南区调研乡村振兴与农旅结合。9月，组织教师党员开展茶艺体验活动；组织法律援助工作站成员赴民革万州区委开展学习交流活动。10月，调研党员企业，开展重阳节慰问活动。12月，举办2018年度工作总结会暨迎新文艺汇演。

社会服务 打造民革法律服务品牌。全年免费实施法律援助案例15件；开展“送法进校园”活动，受益中学生300余名；开展“送法进基层”活动，为统景镇120余名机关和村居干部举办《宪法修正案》解读专题讲座；开展“法律专家普法进社区”活动，发放资料600余份，接受咨询15人次。开展结对帮扶活动。投入资金16260元帮扶大湾镇龙庙村刘文碧等11户贫困户、受益群众32人，为该村贫困户刘有祥、刘章文资助2万元用于危房改建；帮扶大湾镇2名贫困残疾儿童家庭，送去慰问金6000元；为统景镇初级中学送去价值1.4万余元的图书515册；为大湾镇龙庙小学送去价值22750元的学习用品，向19名特困儿童发放慰问金共计9500元。组织党员回报社会。重庆永和建筑工程有限公司总经理沈长寿向渝北区慈善会和北碚区慈善会累计捐款3.4万元，为大湾镇、大盛镇残疾贫困户累计捐款14000元；邓晓琴资助贫困女大学生1.5万元，组织服饰商会走访酉阳并捐赠物资48554元；庹欣为茨竹镇医院病人送去羽绒服40件，为綦江乡村小学免费安装热水器1台，为统景镇初级中学送上四大名著30套；陈昱组织事务所律师为巫溪红池坝小学建立“爱心图书室”，送去图书1700余册及衣物若干；方彪赴成都、丰都、忠县等地开展送文化下乡活动数次。

宣传工作 向上级部门报送宣传信息30余篇，其中民革中央采用19篇、民革市委会采用24篇；向团结报、市政协报等投稿10余篇，其中市政协报采用4篇、团结报采用2篇。编辑出版《渝北民革》期刊2期。11月，民革区委被民革市委会评为《团结报》发行征订工作先进集体，专职干部徐蜜被民革市委会评为宣传工作先进个人。

党员建功立业 袁林被任命为民革中央第十三届妇女和青年工作委员会委员。庹欣被任命为民革中央企业家联谊会第二届理事，发起成立了渝北区临空金融商会且当选为第一任会长。陈昱受邀参加民革中央“国家监察法实施与民主党派内部监督制度衔接”研讨会并发言。丁宇洁作为腾讯公司代表在全国“双创”周活动中，向国务院副总理韩正作工作汇报。周光华获第十五届全国武术之乡武术套路比赛男子D组传统枪术二等奖，获第六届中国。四川峨眉山国际艺术节男子D组传统刀术和其他传统拳二等奖。黄璇获中共重庆市委组织部2017年度优秀公务员。沈长寿获区人大“2017年度密切联系群众、推进依法治区”代表主题活动先进个人。邓晓琴、陈卓获区政协2017年度优秀政协委员。陈龙获“渝北区2017年度十佳律师”。方彪被重庆公共运输职业学院聘为客座教授。

（徐 蜜）

【民盟渝北区委】 2018年，发展新盟员12人。年底有盟员252人，其中男129人，女123人，有高级职称105人，中级职称101人。市人大代表1人，市政协委员3人。区人大代表6人，其中常委2人。区政协委员27人，其中副主席1人，常委5人。下辖6个支部（卫生、教育、两路、龙溪、西政、工职）。

参政议政 市、区“两会”期间，盟员中的人大代表向市人代会提交意见3件，向区人代会提交意见8件；政协委员向市政协会提交提案立案8件，向区政协提交集体提案立案39件，区政协个人提案立案30件，其中有2件市政协重点督办提案、2件区政协重点督办提案、1件区政协优秀提案。向各部门反映社情民意151件，其中民盟中央采用2件、市政协采用4件、市委统战部采用4件、民盟市委采用33件、区政协采用16件。

重要盟务 传达学习习近平总书记在全国“两会”期间参加重庆代表团审议时发表的讲话精神、在庆祝改革开放40周年大会上的重要讲话精神，认真学习贯彻市区统战工作关于“争创一流，走在前列”重要会议和民盟市委会议精神。通过主委会、区委会、支部会、专题研讨会等多种形式组织开展专题学习会18次。组织盟员参加民盟市委、区委统战部举办的各类学习和工作培训会。组织撰写理论文章28篇，有13篇获市政协、市委统战部、民盟市委、区政协和区委统战部表彰。承担民盟市委盟史资料《民主政治与非民主政治》等65篇民国报刊的转录工作。举办纪念中共中央发布“五一口号”70周年演讲比赛。承办第22期重庆民盟大讲坛。组织新盟员参加“11·27”遇难盟员烈士纪念活动。围绕渝北汽车产业现状及转型发展、医养结合的养老模式、智能制造基地建设、乡村民宿、共享农庄、构建和谐劳动关系背景下企业用工风险防范等9个调研课题开展调研。

组织建设 联合致公党区工委在西安交大举办为期一周的2018年骨干成员履职能力提升培训班。筹备建设“渝北盟员之家”，赴咸阳、巴南调研学习借鉴先进地区“盟员之家”建设经验。组织盟员参加区委统战部“重温合作历史，坚定理想信念”学习交流活动和“争创一流，走在前列”拓展训练活动。

社会服务 开展“同心大课堂”送课下乡活动，两次选派骨干教师前往木耳白云教学点为孩子们上体育课、音乐课、美术课。走访慰问木耳镇学堂村、五通庙村4户贫困户，捐助扶贫资金0.4万元，带领盟员医生为贫困户上门诊治，协调3万余元为贫困户修建厨房、厕所。组织盟员参加民盟市委黄丝带工作委员会活动，先后走进大坪监狱、南坪戒毒所、重庆市未成年人戒毒所、西山坪矫治所等开展慰问帮教。赴木耳镇垭口村、仙桃街道兰馨社区、开州开展义诊活动，累计免费发放药品4000余元、健康宣传资料3000余份。

宣传工作 编发内刊《渝北民盟》4期800册。新建渝北民盟微信公众号平台，推送信息22条。向相关单位投送工作信息36篇，被《人民政协报》采用2篇、民盟中央网站采用1篇、《团结报》采用2篇、《重庆政协报》采用1篇、区政协网站采用15篇，被《重庆统一战线》、重庆市委统战部网站采用2篇，被《重庆民盟》、民盟重庆市委网站采用29篇。

获奖情况 是年，民盟渝北区委荣获民盟中央思想宣传工作先进集体、民盟中央《群言》杂志社发行工作突出成绩奖、民盟重庆市委盟务工作先进集体、民盟重庆市委扶贫济困先进集体、民盟重庆市委反映社情民意信息工作先进集体二等奖。盟员获国家级奖10项、省部级奖37项、区县级奖34项。

（林　倪）

【民建渝北区委】 2018年，发展新会员13名，平均年龄37岁，其中硕士研究生1名，其余均为本科学历。年底有会员255名，平均年龄47岁，中高级职称占57%，经济界会员占76%，市人大代表1人、市政协委员5人、区人大代表6人、区政协委员24人。区委主委唐丽华，区委委员17人，下辖8个综合支部。

组织建设 修订《民建渝北区委入会对象考察标准》，拟定《民建渝北区委外出考察学习办法》。在5名支部委员基础上新增1名文体委员，主抓支部文化建设。向职能部门选送2名培养对象挂职锻炼，组织13名新会员参加民建重庆市委第34期新会员培训班，8名支部主（副）委参加民建重庆市委支部主委培训，5名骨干会员参加区委统战部组织的党外代表人士培训等。

参政议政 “两会”期间，集体提案提交56件，立案43件，列为重点提案4件、优秀提案2件。全年完成调研课题19个。其中，1篇被评为区统一战线优秀调研成果三等奖、1篇被民建中央采用。上报社情民意181篇，各级采用66篇，其中2篇获市领导批示、2篇获区领导批示。被民建重庆市委评为2018年度参政议政先进集体和反映社情民意先进集体。

理论宣传 完成理论文章19篇，被采用9篇。其中2篇被编入区县研讨会交流材料、1篇获得区统一战线优秀理论成果二等奖；2篇获得区政协理论研讨会二等奖，1篇征文荣获渝北区统一战线纪念中共中央发布“五一口号”70周年优秀征文一等奖、市委统战部优胜奖。向《人民政协报》、民建重庆市委、中共渝北区委统战部等投稿117篇，被采用100篇。编印《渝北民建》4期。

社会服务 2018年，民建会员及会员企业累计捐助各类善款逾300余万元。区委会积极响应精准扶贫号召，全年调研走访对口镇、村8次，精准为贫困户解决就学、居住环境改善等实际困难。筹措资金10万元，资助出村公路建设。在大盛镇白岩小学举办渝北民建杯“我有一个梦想”征文比赛，为获奖儿童送上书籍、运动器材等奖品；为西藏昌都市内乌齐县毛岭乡的藏民捐赠冬衣1300多件；响应民建市委发起的“电商为媒·民建结亲”帮扶活动号召，组织会员与23户贫困农户对接，为黔江区贫困户增加家庭收入。

重要活动 组织会员深入学习习近平总书记参加全国政协联组会和民营企业座谈会等系列重要讲话精神，学习民建中央、民建重庆市委、中共渝北区委有关文件和会议精神等。在中华职教社社史陈列馆建立渝北民建会员教育基地，在两江星创天地建立渝北民建会员农创活动基地。为纪念中共中央“五一口号”发布70周年，举办“重温历史，见证初心”为主题的诵读比赛活动。组织参政议政、宣传、组织等工作培训，增强会员履职能力。与长沙市、上海市等外地民建组织开展联谊交流座谈会。多次走访调研会员企业、慰问老会员及社会贫困家庭、慰问武警官兵等。11月3日，民建渝北区委在区临空文化剧场举行成立20周年纪念大会，增强了渝北民建会员的凝聚力。

（严 洁）

【民进渝北区工委】 2018年，新发展和转入会员18人。年底有会员141人，其中女会员61人、男会员80人，平均年龄43岁，大学本科及以上学历101人（其中博士12人、研究生17人）、占72%，拥有中高级职称79人、占56%，主界别人数76人、占54%，其他界别人数65人、占46%，界别结构更加多元、综合素质不断提高。会员李纲被增选为区政协委员，参加了中央社会主义学院为期3个月的培训。陈红梅挂职渝北区商务局副局长，周佼挂职渝北区民政局局长助理，敖祥凤挂职空港经济开发公司总经理助理，陈彪挂职区房屋管理局征收组副组长，李雨洁挂职西南政法大学商学院副院长，叶春梅挂职渝中区科委副主任。宋玉波担任西南政法大学民族政治研究院院长。袁翻林当选两江新区美术家协会常务副主席兼秘书长。区工委主委马成全、专职副主委徐俊、副主委曾兴华、副主委侯东德，委员曾毅、游贤元、戴浩霖、俞容龄、吴建、尹玲玲、张芝兰、刘晓丽、陈亮。下辖两路、双龙湖、西政、龙塔4个支部。

参政议政 提交市、区人大代表建议和政协提案共72件，其中集体提案34件。报送社情民意80余篇。向民进中央、民进市委、市政协、区政协、区委统战部报送理论研究文章13篇，报送调研文章10篇，立项调研课题排名全市第一。侯东德、俞容龄被民进市委评为信息工作先进个人。李定伟撰写的《尽快完善两化融合发展水平评测的基础数据调查统计机制》被全国政协和民进中央采用，并被民进中央评为参政议政优秀成果三等奖。侯东德撰写的《关于〈养老目标证券投资基金指引（试行）（征求意见稿）〉的完善建议》被民进中央采用，《推动互联网、大数据、人工智能和实体经济深度融合的建议》《建议明确赋予司机或者其他乘客无限防卫权》得到相关市领导批示。俞容龄撰写的《关于优化中小企业生产经营监测平台提升企业数据价值的建议》，侯东德撰写的《统一实行生态环境保护执法的建议》被市政协采用。郑和顺撰写的《关于高度重视智能终端产业工人招聘和储备工作的建议》获区委书记批示。陈彪撰写的《关于在公租房安装人脸识别系统加强社会治安管理的建议》被区委统战部“党外人士建言”采用，并得到区委领导批示。俞容龄牵头撰写的提案《关于加快重庆市“智能制造”发展的建议》被市政协评为优秀提案。马成全撰写的《关于加快开辟江北国际机场国际航线的建议》被市政协立案。侯东德撰写的《关于开展重庆市自动驾驶车辆道路测试立法工作的建议》《关于加强重庆市企业资产证券化工作的建议》被市人大采用。侯东德撰写的《关于提升基层党组织服务功能，更好发挥便民服务中心、群工系统等平台作用的建议》、俞容龄与郑和顺撰写的《关于抢抓现代服务业发展新机遇加快建设两江临空商务中心的建议》、刘晓丽撰写的《关于城区公共厕所有关问题的建议》被区政协列为重点提案，由区领导牵头督办。

侯东德应邀参加中国统一战线理论研究会年会，作了《新时代多党合作制度效能提升研究》的大会发言，并被中央统战部《调研参考》全文刊登。侯东德作为民进市委课题负责人，承接了民进中央理论研究课题“民进与改革开放研究”。侯东德撰写的《践行“四个新”总要求，助推多党合作效能提升》在民进市委纪念中共中央“五一口号”发布70周年征文比赛中荣获二等奖。段凤杰撰写的《响应“五一口号”与民进合作初心研究》被民进市委立项。李祥撰写的《做好新时代人民政协民主监督工作的思考》、颜遥平撰写的《政协在推进精准扶贫、精准脱贫中的作用探究》获得区政协理论研究优秀论文二等奖。段凤杰撰写的纪念中共中央“五一口号”发布70周年征文《继承光荣传统·再谱时代华章》被区委统战部评为三等奖。

俞容龄撰写的《信息产业高技能人才培育问题研究》被民进市委评为优秀调研成果。侯东德撰写的《股权众筹融资法律规制研究》、俞容龄撰写的《内陆开放导向的创业孵化助推产业升级研究》、陈亮撰写的《重庆智能化引领发展战略背景下人工智能法律规制研究》、李纲撰写的《涉外商事仲裁在重庆市内陆开放高地建设中的作用研究》、陈红梅撰写的《建立党委政府与商会组织民营企业沟通协商制度问题研究》等课题被民进市委立项。俞容龄、郑和顺、段凤杰撰写的《关于大力发展临空总部经济助推内陆开放空中门户建设的调研报告》被区委统战部评为优秀理论调研成果二等奖，并在全区统战战线调研成果汇报会上作交流发言。

重要会务活动 联合农工民主党渝北区委、三峡银行经开支行开展“运动立行，健康你行”主题联谊活动。联合农工民主党渝北区委在哈尔滨工业大学威海校区举办代表性人士参政履职能力提升培训班，19名会员参加培训。组织部分会员开展了“关爱会员口红沙龙”活动。与湖北省黄石市下陆区民进总支在龙塔支部开展了党派交流活动。组织会员参加区委统战部组织的“争创一流，走在前列”拓展训练活动。开展基层支部与江北民进结对联谊活动8次，拓宽党派对外交流渠道。两路支部组织全体会员到兴隆镇开展乡村旅游发展和农村人居环境综合整治专题考察。各基层支部也结合元旦、春节、“三八”妇女节、教师节等，开展了送春联、登山健身等会务活动。

社会服务 持续推进“三进大湾”系列社会服务活动，到大湾镇华宇希望小学开展了“六一”慰问和援教活动。积极参与“精准扶贫”，结对帮扶古路镇菜子村4户贫困家庭，送去物资物品，帮助解决李元海子女入学学费问题。联合区教师进修校到古路中心校开展“阳光课堂进校园”活动，关注农村师生心理健康，传播心理健康教育知识和理念。陈波帆带领“波帆说车”自媒体栏目员工，到彭水县开展冬日送温暖活动，为平安镇楼房村小学留守儿童捐赠价值10万元的衣物。王福燕为贫困幼儿减免学费6万余元，向永庆小学的学生赠送了多种课外读物，向区社会福利中心和王家、回兴街道敬老院的老人们送去2万多元的慰问品。叶星阳向区看守所武警中队、区慈善总会各捐赠2万元。曾毅、吴建、赵毅长期结对帮扶贫困家庭学生。区工委、双龙湖支部在双龙湖街道举行“春联万家”活动。龙塔支部联合龙塔街道各民主党派向龙塔实验学校开展了爱心捐赠，举办《饮食与疾病》专题讲座。两路支部会同两路街道举办巴渝武术操全民健身周活动,联合临港社区举办"社区邻里节"活动。双龙湖支部联合双龙湖街道凯歌路社区,针对残疾人、低保人员等就业困难群体,开展"爱心传递暖人心·端午佳节送真情"就业创业帮扶活动。曾毅长期组织"牵手"志愿者队伍开展"微公益"活动:1月联合西政支部邀请木耳镇白云小学6位留守儿童参观中央公园和西政校园;3月组织100余名志愿者参加重庆市第六届红樱桃春日植爱志愿行动,在五谷地度假农场种植楠木近200株;5月9日,带领23位志愿者为特殊学校师生表演节目,陪聋哑孩子们玩游戏、画碟画、做手工等;5月31日,到白云小学开展"六一"慰问活动,捐赠衣物100件、文具书籍小吃等,折合人民币3000元;7月,向黔江留守儿童学校、秀山山区学校捐赠课桌椅1150套;10月,到天爱阁敬老院开展重阳慰问活动,送去洗衣机、甩干机等;12月,陪伴来自西藏芒康县中学的31位藏族孩子过冬至。

宣传工作 侯东德撰写的《推进绿债市场发展,坚定践行绿色发展理念》被《民主》杂志刊登,《加强公交车等公共交通安全的刑法保障》被《国是咨询》杂志采用。俞容龄撰写的《内陆自贸区培育新动能重在制度创新》被《中国发展观察》采用,《内陆地区推进智能制造发展路径研究》入选《2018年中国重庆发展报告》,是重庆民进会员作品首次入选该蓝皮书。《人民政协报》以《让阳光洒进课堂——民进重庆市渝北区工委助推乡村心理教育小记》为题,对民进渝北区工委帮扶支教活动进行了宣传报道。《重庆政协报》以《民进渝北区工委提升参政议政质效》《民进渝北区工委谋划有思有行行动》《民进渝北区工委走访慰问结对帮扶对象》等为题作专题报道,民进中央网站、民进市委网站、《渝北时报》等多家媒体也多次报道民进渝北区工委工作。继续出版《渝北民进》会刊。

获奖情况 民进渝北区工委被民进市委评为参政议政、会刊、新闻宣传工作先进单位。被民进中央确定为"不忘合作初心,继续携手前进"主题教育活动第一批联系点,11月8日蔡达峰主席亲临渝北举行了专题报告会和调研座谈会,对渝北民进工作给予肯定。龙塔支部被民进中央评为全国宣传思想工作先进集体。侯东德被民进中央评为全国宣传思想工作先进个人。唐国强多次在全国易筋经、六字诀、养生气功比赛中获奖。宋玉波撰写的《改革开放以来增强政治认同的路径分析》获得重庆市社会科学优秀成果二等奖。黄莎入选全球青年艺术家画家,其作品入选大韩民国全国水彩画公募展。游贤元、赵毅、周秀远被民进市委评为"最美民进教师"。郑和顺撰写的《民生容不得"慢作为"》荣获重庆新闻奖(评论)三等奖,同时被评为重庆市区县报好新闻奖(评论)一等奖,新闻《"超级服务"助力"渝北造"远销欧洲》荣获重庆市区县报好新闻奖(通讯)三等奖。颜遥平被评为全市安全生产综合监管先进个人。凌云撰写的《洒向山乡都是爱——市政协聚力传递扶贫攻坚正能量》荣获全国政协好新闻二等奖,《书写山清水秀的"绿色"文章》荣获年度重庆市政协好新闻特等奖。李祥撰写的《留下生动政协故事——写在全国政协十二届五次会议闭幕之际》荣获"重庆市政协好新闻一等奖",《以"红船精神"强化履职担当》荣获"重庆市政协好新闻二等奖"。周秀远在"重庆市第三届中小学法治教育优质课竞赛"中获得"优秀指导教师奖"。许俊冰荣获"渝北区最美志愿者"称号。李文风的作品《离别》等3篇作品入选第七届重庆文博会重庆晚报影友会会员佳作联展。付葶被区政协评为"年度政协工作先进个人",郑和顺被评为"优秀政协委员"。

(付 葶)

【农工民主党渝北区委】 2018年,新发展党员10人,转入党员6人,年底有党员269人。下辖有机关第一、机关第二、卫生第一、卫生第二、龙溪、科技、环保、农业、卫监、西政等10个基层支部。党员中有中高级职称的专家学者196人；有市人大代表2人；市政协委员7人；区人大代表7人，其中副主任1人、常委1人；区政协委员25人，其中常委4人；担任农工党中央委员1人、中央监督委委员1人，市委副主委3人、市委委员4人、市委监督委委员1人；副处级以上实职领导干部20人，其中正厅级1人、副厅级3人，区管处级实职5人。主委刘明涛，副主委汤贤君、汪官余、杜建、吴忠、罗本德，委员万勤、邓敏军、刘沛谞、吴佳芯、张基明、罗淼、施宏伟、舒义宏、魏耀东。

参政议政 提交并立案市、区政协提案66件。提交市、区人大建议14件，其中《关于将渝北区建成全市实施乡村振兴战略引领示范区的建议》列为渝北区委书记督办提案，《推进基层公立医疗机构构建“医养一体化”管理模式的建议》被遴选为农工党中央提交的全国政协集体提案。通过调研反映社情民意信息69条、报送党员建言10条，其中市政协采用社情民意信息5条、农工党中央采用2条，《关于为页岩气绿色勘探开发提供科技支撑的建议》被全国政协采用。

社会服务 按计划与市委农业农村专委会合作推进兴隆镇稻鱼田园综合体项目建设。在仙桃街道金玉路社区开展学雷锋主题日活动，开展义诊、健康知识宣讲和环保宣传。继续对口帮扶茨竹镇金银村4户贫困户发展生产，帮助贫困户实现了稳定脱贫。参与农工党重庆市委在云南省文山州的精准脱贫民主监督工作。

重要党务活动 3月，新成立3个支部委员会，由原机关、卫生、科技、环保、农业、卫监、西政7个支部增加为机关第一、机关第二、卫生第一、卫生第二、龙溪、科技、环保、农业、卫监、西政10个基层支部。4月，组织纪念中共中央“五一口号”发布70周年座谈会，组织党员参观中国汽车工程研究院、猪八戒网络公司和中科云丛科技公司。5月，与民进渝北区工委联合组织了“运动立行，健康你行”主题联谊体育活动，近100名党员参加。7月，与民进渝北区工委联合在哈尔滨工业大学（威海）举办代表性人士参政履职能力提升培训班。11月，组织开展“不忘合作初心，继续携手前进”主题教育活动动员会暨“三学一讲”专题活动，区委主委刘明涛给全体党员上党课。11月，组织新党员座谈会暨“三学一讲”专题活动，区委副主委杜建给新党员上党课。

（杜　建　魏潇潇）

【致公党渝北区工委】 2018年，发展新党员3人，其中1名归国留学人员、1名乡镇中层干部、1名银行管理人员。年底有党员61人，其中，男32人、女29人，有正高职称2人、副高职称14人，具有博士学位的中青年学者13人、硕士研究生16人。市政协委员1人；渝北区人大代表1人（常委）；区政协委员6人（其中常委2人）。下辖综合、西政2个支部。

参政议政 全年撰写政协提案43篇，立案30篇。专职副主委王乐乐撰写的《关于建立学前教育集团的建议》被区政协列为重点提案，由区领导牵头办理。党派政协委员薛山、陈冰梅、张仁国、王乐乐、程继革、余璐等，多次参加政协组织的视察调研等活动。撰写社情民意60余篇。其中党员杨永红撰写的《相互尊重，共同发展，防止对人类命运共同体理念的曲解》被人民日报刊登，撰写的《严格规范使用有关南海岛礁建设的词汇》被全国政协、中央统战部、致公党中央采用，撰写的《关于工伤保险条例的修改建议》被致公党中央采用；党员朱颖撰写的《关于应对〈台湾旅行法〉出台的几条建议》《对海外孔子学院规避“反宣传反渗透”陷阱的建议》被致公党中央、市委统战部采用。党员翟福强、王隆文等人撰写的7篇社情民意被市政协采用，党员陈冰梅、程继革等人撰写的10篇社情民意信息被区政协采用。党员周力执笔形成的调研报告《渝北区农村土地承包经营权流转调研报告》在区民主党派调研成果汇报会上进行汇报，并获得渝北区委统战部党外代表人士调研报告三等奖。组织部分党员参加区委、区人大、区政府、区政协、区委统战部组织的协商座谈会20余次,其中5名党员参加区“实施以先进制造业为重点的智能制造基地建设行动计划”和区委防范化解公共安全风险协商座谈。组织班子成员5人参加区各民主党派、工商联负责人和无党派代表人士暑期谈心活动。专职副主委列席区政府常务会3次。组织党员参加区政府工作报告征集意见座谈会等重要协商座谈会。

重要党务 组织全体党员深入学习习近平新时代中国特色社会主义思想和中共十九大精神,深入学习中共十九届一中二中三中全会等重要会议精神,及时学习近平总书记在庆祝改革开放40周年大会以及在全国“两会”期间参加重庆代表团审议时的讲话精神,系统学习贯彻新修订的宪法、中国共产党章程、政协章程,深刻认识中国共产党领导的多党合作和政治协商制度的历史必然性和现实必要性。举办纪念“五一口号”发布70周年研讨会,邀请中国民主党派历史陈列馆原馆长厉华作“中国共产党的制胜法宝——统一战线”专题讲座。组织全体党员到四川广安参观邓小平同志故居,召开“纪念改革开放40周年座谈会”。组织工委委员、支部委员和骨干党员赴延安走访杨家岭、枣园革命旧址,参观延安革命纪念馆,聆听革命故事,传承红色精神。参观上海中共一大会址、浙江嘉兴南湖红船和南湖革命纪念馆,感受中国共产党从创立到壮大的奋斗历程,真切感受中国共产党为中国人民谋幸福、为中华民族谋复兴的初心和使命。组织骨干党员参加致公党中央、致公党市委和渝北区委统战部组织的各类能力提升培训班。7月,工委联合民盟渝北区委在西安交通大学继续教育学院举办2018年骨干成员履职能力提升培训班。推荐骨干党员杨永红参加致公党中央第十三期参政议政干部培训。推荐骨干党员陈保艳、李刚、李中辉、杨永红参加渝北区党外代表人士能力提升培训班。

组织建设 推荐西政支部党员周力为区政协委员候选人;推荐专职副主委王乐乐作为第十批市级党外代表人士到江津文化委挂职,西政支部党员王隆文到宝圣湖街道挂职;推荐党员陈冰梅、朱颖、屈磊旻、翟福强为统战智库专家人选;推荐党员翟福强为渝北区新的社会阶层专业人士联合会副会长;推荐党员陈冰梅、程继革为区政协理论研究会成员。培养入党积极分子5名。

社会服务 工委联系统景镇胜利村贫困户3户10人,给3户贫困户送去帮扶产业发展资金5000元;儿童节到该村开展“关爱儿童·爱心帮扶”,为建档立卡贫困户周守明之女和叶良田之女送去文具和书籍;在端午、中秋等传统节日,为帮扶对象送去粽子、食用油等节日慰问品,并帮他们清理家居杂物。综合支部党员到龙山街道松石路社区、盘溪河社区、花园新村社区开展“送温暖、献爱心”慰问活动,为3户困难群众送去油、米等慰问品。受致公党市委邀请,在“学习十九大,弘扬好传统”致公讲堂上,渝北区工委副主委朱颖给全市致公党专职干部作《新时期依法治国与中国的人权保障》专题讲座;在渝北区会议中心给全区统战工作人员及党外知识分子作《我们身边的宪法——2018宪法修正条款解读》专题讲座。工委赴木耳镇石鞋小学开展“致公课堂”送啦啦操下乡活动,并为孩子们送去价值近2000元的啦啦操花球。

获奖情况 2018年度,致公党区工委被致公党重庆市委评为宣传思想先进集体、参政议政先进集体二等奖、纪念中共中央发布“五一口号”70周年活动优秀组织奖。党员陈冰梅、王乐乐被致公党重庆市委评为2018年度优秀党员。党员薛山、杨永红、朱颖被致公党重庆市委评为2018年度参政议政优秀个人。党员朱颖、杨永红撰写的社情民意被致公党重庆市委评为2018年度参政议政优秀社情民意信息奖。党员翟福强被区政协评为2018年度政协工作先进个人。党员刘文会获市政协理论研究征文活动优秀论文三等奖。在致公党市委纪念“五一口号”发布70周年征文活动中，党员朱颖获一等奖，党员陈冰梅、周力获二等奖，党员刘颖、王隆文获三等奖。区政协年度理论研究征文活动中，党员陈冰梅、刘颖获三等奖。

（曹　菁）

【九三学社渝北区委】 九三学社是以科学技术界高中级知识分子为主的具有政治联盟特点的政党。九三学社重庆市渝北区委员会（以下简称“社渝北区委”）成立于2006年11月10日，其前身为九三学社重庆市委员会渝北区工作委员会。社渝北区委于2011年8月召开九三学社重庆市渝北区第二次社员大会，换届产生了九三学社重庆市渝北区第二届委员会，于2016年6月召开九三学社重庆市渝北区第三次代表大会，换届产生了九三学社重庆市渝北区第三届委员会。截至2018年底，有社员147人，其中男90人、女57人，有高级职称90人、中级职称50人，有市人大代表1名，市政协委员5人（其中常委1名）；区人大代表5人（常委1人）；区政协委员14人（常委4人，含政协副主席1人）。下设九三学社渝北区综合支社委员会、九三学社渝北区医卫支社委员会、九三学社西南政法大学支社委员会、九三西南大学应用技术学院支社委员会、九三学社重庆工业职业技术学院支社委员会、九三学社重庆市机电设计研究院支社委员会。

参政议政　“两会”期间，社渝北区委共提交提案31件，其中集体提案12件、个人提案19件。其中，社员游炜撰写的提案《关于完善创新经济走廊部分道路市政设施的建议》，社渝北区委集体提案《关于完善公租房社区管理的建议》被作为区政协领导重点督办提案。社区委主委尹书菊常委课题“关于推进重庆区块链产业发展的建议”被社市委采用并在市政协协商会议上进行书面交流。组织社员向市政府申报重庆市发展研究奖，其中社员杨勇撰写的《重庆妇女电商行业创业就业调查研究》、杨春华撰写的《重庆市生态空间格局变化及优化对策研究》调研报告分别获市政府发展研究奖三等奖。组织社员参加九三学社市委组织的第五届“九三青年论坛”活动，提交论文16篇，其中1篇1等奖、3篇二等奖、7篇三等奖，社渝北区委获组织奖，一等奖获得者王玉妍在九三青年论坛上作了题为《关于重庆农村电商精准扶贫的建议》的交流发言。向九三学社中央提交教育论文2篇，向社市委提交参政党理论和社史研究征文5篇，向区政协提交政协理论文章2篇。全年报送社情民意信息40余篇，被九三学社市委、市政协、区政协采用20余篇。

重要社务活动　3月，组织社员到王家街道敬老院给老人们进行健康宣传和义诊。9月，社区委组织全区20多位老年社员到园博园欢度重阳节。11月，西南大学应用技术学院支社、重庆工业职业技术学院支社在江北区盘溪路联合举办以“中国式茶生活——茶文化体验”为主题的组织生活。12月，社区委在改革开放40周年之际，以“社员之家”为载体，开展“读书会”分享活动，组织社员通过读书心得畅谈改革成果。通过一系列活动的开展，促进了社员之间的交流，增强了社员对社组织的归属感，增加了社组织的凝聚力。

在纪念“五一口号”发布70周之际，社渝北区委和社南岸区委联合组织骨干社员在铁山坪举办了为期3天的综合培训。社渝北区委2名副主委分别于6月和9月参加中央社会主义学院为期7天的社务工作培训。6月9日至15日，第一次通过与其他党派联合的形式组织社渝北区委社员到市外名校培训，组织区委委员、各支社社员代表25人在西安交大开展了为期7天的素质提升培训。9月，组织骨干社员参加区委组织部、区委统战部、区社会主义学院在厦门大学举办的为期7天的培训。10月，推荐新任政协委员到中国人民大学参加为期7天的渝北区十五届政协第一期委员履职能力培训。有针对性地分期分批专题培训骨干社员和新入社社员。通过系列学习培训，进一步坚定全体社员接受中国共产党领导、走中国特色社会主义政治发展道路的政治信念。

社会服务 社区委对口帮扶大湾镇建兴村，全面走访帮扶对象并逐户建立档案，深入分析致贫原因，根据不同的情况，制定差异化的实施方案和帮扶措施。全年，多次到3户贫困户家中进行入户慰问、政策宣传、排忧解难，并提供帮扶物资共计1.8万元。开展“九地合作”，与联系镇兴隆镇党委签订九地合作协议，对兴隆镇村镇经济社会发展提供决策咨询、助学帮扶和科技指导等服务。继续开展“九三·助学行动”，并纳入“九地合作”内容。全年为3名贫困大学生提供学费、生活费等帮扶资金3.6万元，并且社区委工作人员和所在高校的九三学社社员进行了定期走访，与帮扶对象面谈，了解他们的学习、生活情况，对他们面临的困难提供必要的支持。开展科技宣传。1月，社区委科技讲堂走进王家街道社区居民，为大家分享关于高血压预防及治疗知识，50余名居民朋友参加；5月“全国科技工作者日”，九三学社渝北区委同区科协在回兴街道宝桐路社区举办以“弘扬科学家精神，争做新时代先锋”为主题的宣传活动，让辖区居民切身感受科技魅力，激发居民们倡科学、学科学、用科学的热情。

（魏　红　石颖慧）

区工商联

【概况】 2018年，区工商联以习近平新时代中国特色社会主义思想为指导，深入学习贯彻党的十九大精神和习近平总书记系列重要讲话精神，围绕区委区政府中心工作，坚持政治建会、团结立会、服务兴会、改革强会，推进工商联工作“争创一流，走在前列”，为加快临空经济示范区建设做出应有贡献。全年有会员5366个，其中企业会员2392个、增加296个，个人会员2931个、增加108个，团体会员43个、新增3个。区工商联被重庆市工商联评为优秀区县工商联，被人力资源社会保障部、中华全国工商业联合会评为全国工商联系统先进集体，被中华全国工商业联合会评为2018年度民营企业调查点工作先进基层单位，被中共重庆市渝北区委办公室、重庆市渝北区人民政府办公室评为先进领导集体。

【服务工作】 起草《渝北区区级领导联系民营企业制度》《渝北区民营经济工作联席会议制度》，收集整理关于支持民营企业发展的政策，印发《政策汇编》1000本。助推区内2家符合条件的企业完成主板上市、32家企业完成OTC挂牌、14家企业完成新三板挂牌。与区司法局、律师服务团组织开展民企法律体检、法律咨询活动40多次，开展法治宣讲100余场，印发政策汇编、普法宣传手册等4400册。对民营企业商事纠纷人民调解委员会调解员进行业务培训，成功调解纠纷24件，涉案标的503万元。开展调查研究，撰写调研报告6篇，提交议案1件、提案37件、意见建议44条、社情民意52条，为区委、区政府决策提供参考。

【宣传教育】 以“不忘创业初心，接力改革伟业”为主题，开展理想信念教育活动，结合改革开放40周年，举办“颂改革伟大成就，展民企靓丽风采”大型文艺演出以及征文比赛、报告会、“学讲做”宣讲会，编印《民营企业风采》《理想信念教育》《基层商协会》3本画册。举办非公经济大讲堂4期、清华大学培训班2期，培训非公经济代表人士800余人次。编印会刊3期，与主流媒体合作，加强区内12家优秀民营企业、2家优秀商协会宣传，展示渝北民营企业形象。

【组织建设】 推进基层商会建设，5个基层商协会达到区级“四好”（即班子建设好、团结教育好、服务发展好、自律规范好，后同）商协会，双凤桥街道商会、龙山街道商会获市级“四好”商会，龙山街道商会获全国“四好”商会。督查12家行业商协会工作，进一步优化基层商会制度。不断吸纳建立新商协会，截至2018年底，行业商协会总数为15个，位居全市前列。与江北区、九龙坡区、大渡口区青委会开展交流活动，走访会员企业8家，举办交流活动18次，弘扬主旋律，传播正能量。组织基层商协会党支部书记参加机关支部"七一"重温入党誓词、参观廉政教育基地等活动。在全区范围内全面开展工商联商会党建试点工作，截至12月底，10个商协会均建立了党组织，党建带会建有了良好开端。

【自身建设】 全年召开党组会17次、行政办公会6次；每季度召开一次主席（会长）会，发挥企业家副主席、副会长轮值作用；开展执委会成员分组活动，增强执委会成员履职尽责意识；优化总商会执委会班子成员结构，新增副会长1人、常委7人、执委6人，免去副会长职务1人、执委2人，提升执委会成员综合素质；完善机关党支部"三会一课"制度，与龙山街道松石路社区党委结对共建，开展志愿服务、交叉讲党课等活动；建立健全《渝北区工商联党组会议制度》《渝北区工商联临时聘用人员管理办法（试行）》等制度，使会议、学习、机关管理等更加规范。

【会员荣誉】 重庆市实力公路开发有限公司荣获中国·西部中小企业发展论坛组委会"西部百优企业"称号，重庆星河光电科技股份有限公司荣获"重庆市高新技术企业"、"重庆市守合同重信用单位"，重庆秦妈食品有限公司荣获"重庆市先进集体（安全生产）"，重庆君畅汽车经纪服务有限公司王福成荣获"优秀志愿者"，重庆光电信息研究院有限公司荣获"重庆市创新型企业100强"、"重庆市知识产权优势企业"，重庆助友创美物业管理有限公司荣获全国两新党建"金雁奖"，重庆三峡城市建筑工程有限公司荣获技能大赛"团体一等奖"等。

（向朝阳）

群众团体

渝北区总工会

【概况】 2018年，渝北区总工会紧紧围绕习近平总书记对重庆提出的"两点"定位、"两地""两高"目标和"四个扎实"要求，以党建带工建为抓手，以工会改革为主线，按照"人文工会、幸福之家"的工作思路，围绕中心服务大局，坚持全心全意依靠工人阶级的方针，坚定不移走中国特色社会主义工会发展道路，为渝北经济社会发展做出积极贡献，得到社会各界的充分肯定和广泛认可，《重庆日报》、重庆电视台、人民网等媒体亦有宣传报道。

【组织建设】 2018年，渝北区共新建各类工会组织38个，其中联合工会2个，涵盖企事业单位48个，工会会员1266人（农民工202人）；区内党政机关、国有企事业单位、职工200人以上的非公企业建会率和职工入会率达95%。全区各级工会组织积极开展"职工之家""职工书屋"建设；创建"全国模范职工之家"6个，"重庆市模范职工之家"38个，"区级先进职工之家"80个。

【互联网+工会】 2018年，渝北区总工会推进"互联网+工会"建设，利用"渝北职工之家"微信公众号开展文明传播活动5次；积极组织各基层单位参加"重庆市网上劳动和技能竞赛"。启动区工人文化宫建设，建立职工服务站点22家，做实群团服务站点。有效推进会员实名制网上登记工作，会员实名制系统录入基层组织1016个、会员31755人，职工41139人。

【工会工作社会化】 2018年，渝北区总工会严格落实《重庆市工会社会化工作者管理办法》，坚持"二十字"好干部标准，把知职工、懂职工、爱职工的人才选配进工会组织，在工会社会工作者学习培训、工作职责、工作考核评价、工资福利标准等方面进行探索，形成可复制的工作经验。优化区总工会兼挂职结构，兼挂职干部数由原来的5名变为4名，为12个镇街和2家国有公司聘用工会工作者，并给予5万元经费补助。1名工会工作者获"全国优秀工会工作者"称号。探索建立代表、委员、常委工作报告和述职制度，深化"五个一"联系制度，服务职工达1231人次。镇（街道）、工业园区使用工会社会化工作者均达到应配数的60%。

【服务新机制】 2018年，渝北区总工会推行职工服务阵地运行模式、运作机制、服务内容、服务标准等标准化管理。深入开展"兴转促"行动，认真落实党员干部直接联系服务群众"五个一"制度，在渝北区民营经济协会等单位企业开展调研67次。改善职工服务方式。在双湖路社区群团服务站试点建立基层工会网格6个，有健康快乐帮扶志愿者613名，通过慰问、帮扶、演出等志愿活动服务辖区内职工。推行适度错时上下班、周末值班制、职工预约制，每月指派区总工会机关干部到试点工会网格轮岗指导工作。初步实现工会服务在职工工作地、居住地和业余时间的三重覆盖。

【劳动竞赛】 2018年，渝北区总工会举办"中国梦·劳动美——学习贯彻习近平新时代中国特色社会主义思想和党的十九大精神"渝北区职工演讲比赛，组队参加重庆市交通建设行业职工技能大赛、重庆市卫生护理技能大赛，承办重庆市汽车检测与维修技能大赛。开展重庆市"当好主人翁·建功新时代"网上劳动和技能竞赛。举办劳模工匠"进企业、进车间、进班组、进校园、进社区"活动5场，开展"四进"活动4次，组织演讲比赛1次，组织"四送"活动各1次；深入推进产业工人队伍建设改革，开展各类技能培训80余场次，培训职工23万余人，新增就业3000多人。

【创先评优】 渝北区现有全国劳模5人、省部级劳模72人、区级劳模109人。通过进一步发挥劳模的示范带头作用，放大劳模品牌效应，不断提高劳模和职工群众的自主创新能力，引领广大职工立足本职岗位，不断解决生产经营中的热点、难点问题，推动企业转型发展和创新发展。创建重庆市劳模创新示范工作室1个、区级劳模创新工作室11个。推进"会站家"一体化建设，开展评"家"活动。积极开展创建"爱心妈咪小屋"示范点活动，在渝北区妇幼保健院和新光天地百货（重庆）有限公司分别创建"爱心妈咪小屋"1个。

【民主管理】 树立民主管理示范点，培育典型案例。培育选树朗萨家私、区中医院为市级厂务公开民主管理典型单位，推动6家非公企业创建职代会等民主管理制度；培育酒店餐饮行业协会作为全年集体协商工作典型。深入重庆凌云汽车零部件有限公司渝北分公司、指讯科技有限公司等企业开展民主管理工作，提出建设性意见，促进企业提高整改。

【职工维权】 2018年，渝北区总工会依托区法律援助中心，以职工服务大厅为阵地，借助律师事务所，依法为广大职工维权。加强工会维权热线受理，共接待来电、来访职工16人次，办理率

100%；共计为2名女职工提供法律援助，涉及金额达1.5万元。开展安全生产"进企业"活动，发放安全生产资料500余份。组织职工参加"安康杯"竞赛，在"安全伴我行"安全文艺创作比赛中荣获三等奖，开展职业病防治宣传周活动，发放宣传资料3000余份。持续开展"千名律师进企业服务职工在基层"活动，进驻企业82家，走访职工人数达5776人，开展普法宣传次数37次，挽回经济损失0.3万元，回复职工电话或网络热线咨询次数215次，免费发放《中华人民共和国工会法》《职工维权手册》等法制宣传资料5000多份，接受法律咨询300余次，各类媒体宣传报道10余次，进一步增强广大职工知法、守法、用法的维权意识。

【困难帮扶】 2018年，渝北区总工会完善帮扶机制，制定困难职工解困脱困工作实施方案，实行动态管理，及时更新、注销困难职工档案。做实"四季帮扶"，其中"金秋助学"构建形成"助学+助能+助业+助志"模式。全年区总工会发放帮扶资金54.9万元，资助86名困难职工子女圆梦大学，对困难职工的帮扶做到帮扶资金1:1足额配备。持续推进互助保险工作，制定并下发《关于2018年度职工互助保险参保工作的通知》（渝北工发〔2018〕37号），单位续保率为98%。通过与区房管局联合打造困难职工公租房绿色通道，积极推动将城镇困难职工纳入政府保障性住房政策覆盖范围。

（孙文媛）

共青团渝北区委员会

【概况】 2018年，团区委共有在职在编干部职工4人，其中挂职干部2人。全区有团员青年29900人，专兼挂职团干部4350人，少先队大队辅导员83人。全区共有直属团（工）委（总支）61个，其中城市系统19个、镇街系统22个、区直机关团工委下属团组织16个、重点联系团组织4个。在区委、区政府的正确领导下，团区委紧紧围绕全区建设发展目标，落实全面从严治党要求，以规范青年团员管理为重点，强化全区青少年思想政治引领和服务，深入开展志愿服务活动，各项工作取得新的成效。承办"全国'创青春'大赛重庆地区赛"等市级示范活动，开展"缘定七夕·爱在渝北"等系列青年联谊活动；被中央电视台新闻频道、《人民日报》、《重庆日报》等市级以上媒体报道50余次，市委《每日要情》采用工作信息9次，《渝北时报》、渝北电视台等区级媒体报道50余次；获得全市共青团工作考核特等等次。

【自身建设】 2018年，团区委纵深推进改革，以"青年获得感"为导向，用好干部上网络、委员进网格"两张网"，为青少年办好进网听需求、用网传党声、服务精准投"三件实事"，形成"青少年提出——共青团主导——社会力量承办——青少年参与"服务青少年闭环工作机制。抓好自身建设，构建"党组书记、班子成员、部室负责人、工作人员"四级责任体系；通过增加兼挂职团干部，多渠道增强工作力量；严把团员入口，实行"一人一号"，推行"入团先当志愿者""标准化离队入团仪式教育"，全年新发展团员2800名；贯彻落实《关于新形势下推进从严治团的实施意见》《群团干部管理暂行办法》等文件精神，切实维护共青团风清气正、健康清朗的政治生态。强化基层团建，探索行业建团，创建区物业团工委、建设团工委、卫生团工委、区直机关联合团支部；抓好非公团建，新建非公经济和社会组织团组织59个，其中互联网企业团组织9个；着力新兴领域，切实发挥以青年为主体服务对象的楼宇、创客园区等区域的5个群团服务站作用；构建以镇（街）团（工）委为核心，村（社区）、企业、学校、青年社会组织等共同参与的区域化团建工作格局。完成青联换届，认真按照青联改革要求开展青联换届工作，吸纳各行业各界别优秀青年121名为区青联委员，成立脱贫攻坚服务队、教育扶贫服务队、就业创业扶贫服务队、健康扶贫服务队4支青联服务队，助力全区脱贫攻坚，服务乡村振兴。

【青少年思想引领】 2018年，团区委抓好线下引领，动员各级团组织开展主题学习活动，原汁原味领会党的十九大精神的思想精髓、核心要义，深化对习近平新时代中国特色社会主义思想的理解。组织全区各级团组织以“主题团日”活动、团课、团支部学习会、专题宣讲会等形式举办“面对面”活动，引导广大团干部切实做到学思用贯通、知信行统一。注重线上宣传，建好用好团属思想宣传阵地，打造共青团“两微一端”，其中微信公众号“渝北团区委”粉丝量达4.4万人，推文300余篇，总阅读量超过10万，全市区县团组织排名稳居前三，跻身全国排名前十。通过微信公众号开展“青年大学习”网上主题团课活动、“学习贯彻党的十九大”知识竞赛活动，以全团重点工作和优秀基层典型为重点，构建多层次、立体式、高密度宣传模式，实现线上线下全覆盖。

【服务青少年】 2018年，团区委主动联系青年，建立团区委机关干部联系基层、团干部直接联系青年“1+100”制度、委员进社区制度，各级团组织委员联系网格1942个、社区346个。建立常态化下基层制度，面向镇街团干部和团员青年征求共青团深化改革的意见建议，以青年需求为导向设计活动、开展工作。搭建服务平台，依托“支部上网”“青年之声”等平台，收集各类需求220余人次。针对常规的、集中的需求，作为全委会的年度工作安排；针对迫切的、临时的需求，通过党组会研究月度重点工作予以部署。构建“团区委—街道—孵化器”三级服务网络格局，联系服务创业团队200余个。建设“重庆市青年人才驿站”，为15名到渝北就业大学生提供免费住宿，并落实相关配套服务。落实政府购买服务，购买益群、仁爱、冬青社工服务中心“四点半课堂”、青少年事务等项目，在11个镇街、30个社区落地，承接市民学校建设职能。建立渝北区青年社会组织孵化基地，落实“四有四送”机制，整合资源为新兴领域青年群体服务。实行开放共享机制，协调推进区青少年活动中心建设，成功争取到位于中央公园内的活动阵地。区青少年活动中心新馆建设期间，持续开展各类活动，利用“抢票系统”组织策划“单身青年交友联谊”“水果钢琴编程与智能科创体验”“2018年青少年科技创新之旅”“点亮心愿·筑梦成长”等公益活动10余场，实现团的活动向本级组织以外的团员青年开放共享。做好扶贫帮困，定期在“扶贫帮困日”实地走访结对帮扶对象，切实开展“五个一”活动。对口帮扶西藏芒康县，组织5900余名中小学生开展“两地书，骨肉情”结对联谊活动。组织开展“冬日阳光·温暖你我”关爱行动，为西藏那曲地区贫困家庭募集捐赠衣物及学习用品2000余件，“点对点”帮助留守儿童实现个性化心愿2100余个；开展“心手相连·筑梦前行”关爱活动，为留守、困境儿童送去书籍和学习用品；结对帮扶云阳县，开展“心系山区·情暖校园”主题活动，构筑爱心图书角，拓展贫困儿童的阅读空间。服务青年创新创业，承接2018年“仙桃杯”重庆青年创新创业大赛暨第五届“创青春”中国青年创新创业大赛重庆地区赛；围绕“提升服务青年创新创业能力，助推实施乡村振兴战略行动计划”主题，承办第10期重庆青创训练营；开展2018年第一期青年创业导师培训，深入实施“未来企业家培养青锋计划”，通过路演遴选5个优秀项目纳入帮扶计划。创新策划“青·系列”活动，采用“青年点单我下菜”服务模式，组织开展“青·分享”之创业沙龙、“青·追梦”之创业路演、“青·跃动”之文体活动25场次，覆盖青年800余人。

【志愿服务品牌】 2018年，团区委壮大志愿者队伍，推进“暖青汇”志愿服务APP系统和“青年之家”云平台建设，吸引12万余名团员青年、社区居民注册成为志愿者，累计服务时长超过155万小时。大力推进青年志愿河长制，招募青年志愿河长，常态化开展巡河护河、环保宣传活动30余场次，参与巡河累计2400余人，用实际行动践行“绿水青山就是金山银山”的生态环保理念。积极开展志愿服务品牌活动，依托市民学校，持续开展“四个一”活动1695场次，累计动员志愿者8605人就近就便服务群众4万余人；依托“大学生志愿服务岗”，为群众免费发放报纸、爱心环保袋，开展主题服务活动。

（李　雪）

渝北区妇女联合会

【概况】 2018年，渝北区有直属妇联组织111个，其中镇街妇联组织22个、区级机关事业单位妇联组织66个、非公经济组织妇委会3个（同舟集团、武陵山珍、空港创业孵化基地）、社会组织妇联2个（金港国际商圈、区餐饮住宿行业协会）、国有公司妇联组织9个（临空农业公司、创新经济走廊公司、空港经济开发公司、空港新城公司、仙桃数据谷公司、重庆临空开发投资有限公司、重庆临空现代服务业投资促进有限公司、重庆临空都市基础设施建设运营有限公司、重庆市农信合作投资有限公司）、系统妇委会9个（教委系统、卫生计生系统、市政系统、交委系统、文化系统、农委系统、城乡建委系统、水利系统、林业系统）。是年，渝北区获全国表彰家庭2户，获全国先进个人1名；获市级表彰家庭14户、市级先进集体16个，市级先进个人6名；区委、区政府表彰先进个人1名。渝北区妇女工作在市级会议上交流2次，在市级以上媒体宣传报道发稿141条，其中《人民日报》、《新闻联播》、新华社、中央人民广播电台等中央媒体发稿5条；区内媒体宣传报道162次，得到区委主要领导肯定性批示1条。

【思想引领工作】 2018年，渝北区妇联成立巾帼宣讲团，开展“百千万巾帼大宣讲”200余场；编发宣传学习资料2万余册，依托“渝北姐妹”微信公众号开展网络知识问答15期；创作主题诗、三句半等，在妇女群众中广泛宣传习近平新时代中国特色社会主义思想和党的十九大、中国妇女十二大精神。开展“巾帼心向党·建功新时代”主题活动，举办纪念“‘三八’国际妇女节108周年暨‘时代风采·巾帼礼赞’诗歌诵读会”，开展“晒家乡新貌·展巾帼英姿——庆祝改革开放40周年”网上点赞活动。推选命名一批市区级三八红旗手（集体）、巾帼文明岗、巾帼建功标兵。层层推选出席中国妇女十二大代表1名，肩负全区80余万妇女重托赴北京参加盛会，履行职责。开展先进典型进基层巡讲活动，组织基层妇联干部参观“全国巾帼文明岗”，发挥先进典型示范引领作用。

【妇女创业就业发展】 2018年，渝北区妇联围绕全区经济社会发展大局，举行“乡村振兴·巴渝巾帼行动”誓师大会暨2018年农村留守妇女“双学双比”技能竞赛，实施“自力更生·勤劳致富”巾帼脱贫行动，培育命名望梅农业公司、五谷地农业公司、乌牛农业合作社等12个农村留守妇女创业就业实训基地，培训农村妇女3000余名。发动农村妇女参与全市“最美农家乐”评选活动。引导妇女积极投身家政、月嫂、手工编织等适宜产业，举办家政月嫂等技能培训16期，培训妇女1200余人，推荐就业800余人，形成“龙山月嫂”等地域品牌。联合人力社保部门发放妇女小额担保贷款2441万元，举办“春风行动”专场招聘会24场。承办全市首届“巴渝巧姐”手工作品展，38个区县5000余件女性手工艺作品参展，助力全市脱贫攻坚、巾帼创新创业。

【维权工作】 2018年，渝北区妇联推动妇女儿童发展纲要（规划）实施，召开妇女儿童工作专题会，举办监测统计培训，完成2017年度监测评估，指标推进率达93.18%。积极向区财政争取增加妇女儿童事业经费预算，为妇女儿童事业提供有力保障；成立区妇联法律援助工作站，落实2名专业律师定期到服务站维权接访；聘请2名专业律师常驻区婚姻登记中心婚姻家庭纠纷调解室，及时为有需求妇女提供法律服务，防范化解重大家庭矛盾风险，接待妇女群众来电来访368次，成功调解婚姻家庭矛盾纠纷306件，化解其他矛盾纠纷62件，矛盾化解率达98%。开展"建设法治中国·巾帼在行动"联合普法宣传，购买服务开展"家庭教育流动学校"禁毒宣传，持续开展每月1次的婚调委普法进社区工作，增强妇女依法维权意识。深化"平安家庭"建设，巩固创建试点工作成效。

【家庭文明建设】 2018年，渝北区妇联动员20余万人次、2万余个家庭参与寻找渝北"最美家庭"活动，推报龙山街道袁镇涛家庭、龙溪街道符爱浓家庭为"全国最美家庭""全国五好家庭"，其中符爱浓家庭作为全国"五好家庭"代表在人民大会堂发言。以纪念全市第二个家庭教育日为契机，围绕"共同养育·幸福成长"主题开展宣传，举办家庭教育讲座40余场。开展"我爱我家"儿童书画作品征集活动，选送3个家庭参加"让诵读走进家庭·用声音温暖你我"重庆市首届家庭诵读大赛。联合区纪委监委、区委组织部组织新提拔处级领导干部及其配偶参观铁山坪廉政教育基地，发出"家庭助廉"倡议书，录制廉政亲情寄语在全市展播。联合区教委、区文明办等开展"我的家风故事"征集活动，评选优秀家风故事、好家训400余个(条)。培育仙桃街道全区首个"好家庭、好家教、好家风"示范小区，古路镇古路村"慈孝文化"家风教育基地，龙塔街道"夕拾学堂"。

【关爱特殊群体】 2018年，渝北区各级妇联组织筹集资金78万余元，在元旦春节、端午、中秋等重大节日期间为3072名贫困妇女儿童送温暖。坚持每周二"扶贫工作日"制度，开展"五个一"结对帮扶，组织贫困群众开展"喜看渝北新变化·我们一起奔小康"主题活动。联合区群团公益基金会，向全区32名农村贫困"两癌"妇女发放救助金32万元，实现救助全覆盖。创新开展"1+1+N"困境儿童关爱工作，落实专项经费建立"爱心妈妈"考核激励机制，受到市妇联好评，在全市推广。开展"春蕾圆梦行动"，通过"渝北姐妹"微信公众号、各级网上妇女之家多渠道全方位筹集爱心助学款16万元，帮助贫困女大学生(高中生)82人顺利入学。组织"欢乐'六一'奇妙科技之旅""平安一夏·快乐暑期——儿童安全体验行""从军励志·快乐前行——军事夏令营"，帮助留守儿童、困境儿童在活动中认识自我，树立信心。

【基层组织建设】 2018年，渝北区妇联进一步提升组织覆盖，新(改)建妇联组织7个。出台《全区示范性妇女之家、儿童之家管理办法》，开展2018年示范性阵地创建工作，打造区公安分局出入境管理支队、区房管局7个示范妇女儿童之家。充分发挥村"会改联"、镇街区域性妇联组织作用，落实村(社区)妇联主席家访制度、执委挂牌上岗制度、"四位一体"联系制度，妇联干部进入社区网格、院坝楼栋，打通与妇女群众联系的"最后一公里"。创新培训方式，组织妇联干部赴北京、贵州、铜梁及区内各示范点进行考察学习650余人次。大力解决脱离妇女群众、脱离基层等突出问题，切实"兴调研、转作风、促落实"，妇联机关干部走出机关、走进群众，为妇女办实事200余件。坚持"群众提出—群众参与—群众评价"工作机制，开展妇女需求调研，机关干部赴洛碛、大盛、古路、龙山、保税港区等走访群众200余人次，分片区召开座谈会5次。

(刘妍利)

渝北区科学技术协会

【概况】 2018年，重庆市渝北区科学技术协会（以下简称“渝北区科协”）按照区委统一部署和市科协要求，以“两学一做”学习教育为载体，围绕“全面建成小康社会，加快建设国家临空经济示范区”奋斗目标，始终坚持围绕中心、聚焦靶心、服务大局、服务基层，以服务科技工作者为中心，创新发展、科学普及、智库建设为重点，大力构建“一轴带动，三轮驱动”工作格局，努力打造新时代科协工作“升级版”。是年，渝北区科协承办重庆市第33届青少年科技创新大赛、重庆市首届青少年STEAM科创大赛，协办全国第33届青少年科技创新大赛，承接市科协调研活动，承接区政协调研科普工作活动，承接常熟市科协、潼南县科协调研活动，被中国科协评为第33届全国青少年科技创新大赛优秀组织单位，全国科普日优秀组织单位。

【专项改革】 2018年，渝北区科协机关调整编制和内设机构，保留办公室，改普及科为科普宣传部，增设企业学会部；行政编制6人，其中主席1名、副主席1名、科级领导职数3名；机关后勤服务人员事业编制1名。

【科普宣传】 2018年，渝北区科协认真抓好五大重点人群科普宣传，联合区科委举办科普讲解大赛，组织13名科普基地讲解员参加比赛；举办渝北区首届公民科学素质大赛，1.4万人参加网络答题活动，王家街道科协代表队荣获首届全市公民科学素质大赛决赛三等奖。科技工作者日、防灾减灾日、全国科普日、科技活动周、节能环保周和食品安全周等活动受到群众热烈欢迎，参与群众达20余万人，发放各类科普宣传资料、宣传品30万份。

【学会协会】 2018年，渝北区科协探索学会改革，提升学会承接政府职能能力，引导科技工作助力科技创新。指导区职教学会、南华中学科协等承接科普项目，开展校企合作、科技工作者现状等课题调研，完成调研报告4个。与市水产学会协作推进茨竹镇同仁村“村会合作”项目，开展小龙虾示范养殖。

【企事业科协】 2018年，区临空农业公司与四川农业大学荣廷昭院士合作建成区级院士专家工作站，并对接赵春江院士签订合作协议；元创汽车整线集成公司与李应红院士合作建成区级院士专家工作站；重庆地理信息中心与宁津生、李建成院士合作建成市级院士专家工作站，华悦生态环境工程研究院与任南琪、王超院士合作建成市级院士专家工作站，感知科技孵化器公司被评为市级海智工作站。首次开展院士专家工作站运行评定工作，金山科技、再升科技、星河光电和光电信息研究院等公司的院士专家工作站运行情况被评为“优秀”。

【青少年科普】 2018年，渝北区科协牵头承办重庆市第33届青少年科技创新大赛，协办全国第33届青少年科技创新大赛，在第33届全国青少年科技创新大赛上，渝北区学生冯路桥代表重庆首获中国科协主席奖，获奖数量居全市第一；举办全区科技模型大赛、机器人竞赛等青少年科技竞赛活动；组织全区青少年参加青少年科技竞赛、科学素养大赛和科普征文比赛等活动，获得国家级奖项10个、市级奖项744个。开展第六届青少年科技创新区长奖评选，刘扬、刘俊豪、吴承锦等10名学生获区长奖，王羚、王瑾琰、任俊杰等10名学生获区长奖提名奖，渝北实验小学校、重庆八中、天一新城小学校等7个学校获培育奖。开展科技进校园机器人培训，渝北中学和松树桥中学牵头在12所城区中小学校试点。

【社区科普】 2018年，渝北区科协指导40个社区科普大学教学点开展春秋两季教学活动，开设科普课程600余次，3000余名社区群众参加学习；建成长空路社区综合科普馆。

【农村科普】 2018年，渝北区科协坚持实施科普惠农兴村计划，在茨竹镇同仁村建设首个农村科普活动室，在茨竹镇“十里荷花走廊”科普基地、兴隆镇枇杷基地、鸵鸟基地和光电信息研究院新建科普画廊。茨竹镇同仁村被评为全国科普示范社区，王勇被评为全国农村科普带头人。深入洛碛、大湾、大盛等镇，开展科普大篷车进农村活动23次。

【自身建设】 2018年，渝北区科协按照区委要求和统一部署，推进“两学一做”学习教育常态化制度化，认真学习贯彻党的十九大精神和习近平新时代中国特色社会主义思想。加强廉政风险防控，对照巡察、审计整改要求，完成区委第六巡察组巡察区科协整改工作，针对反馈的6大类14个方面问题，制订48项整改措施，建立完善工作制度53项，完成区审计局审计区科协2017年预算执行和其他财政财务收支整改工作，整改3大类4项问题。在双凤桥街道开展科协组织建设“3+1”改革试点工作，新建渝北中学校、统景职业中学等科协组织。严格执行干部选拔任用程序，提拔企业学会部部长1名。

（李小华）

渝北区归侨侨眷联合会

【概况】 渝北区归侨侨眷联合会是中共重庆市渝北区委领导下的由全区归侨侨眷组成的人民团体，归属重庆市渝北区委群团序列，是区委、区政府联系广大归侨侨眷和海外侨胞的桥梁和纽带。据不完全统计，渝北区现有侨界群众5.6万余人，其中归侨195人，海外华侨华人3800余人，海外留学人员7600余人，留学归国人员8500余人，侨眷侨属约3.6万人，侨资企业104家。区侨联内设办公室；有行政编制2名，主席1人，兼职副主席8人、兼职副秘书长2人，科级干部1人。2018年，在区委、区政府的坚强领导下，在市侨联和区委统战部的正确指导下，区侨联认真贯彻落实市侨联四届二次全委会精神和全区党建工作会议精神，坚持围绕中心、服务大局，团结和带领全区归侨侨眷履行职能、扎实工作。

【思想引领】 2018年，渝北区侨联组织侨联干部和广大侨界群众深入学习党的十九大精神、全国“两会”精神、习近平总书记参加重庆代表团重要讲话精神、市“两会”、区“两会”精神及市侨联四届二次全委会精神，引导侨联干部和侨界群众在思想上政治上行动上同以习近平同志为核心的党中央保持高度一致。组织侨界群众参加重庆市侨界学习党的十九大精神报告会，召开区侨联七届三次全委（扩大）会及“十代会”精神专题学习会，集中宣讲党的十九大精神、全国“两会”精神和第十次全国归侨侨眷代表大会精神。开展纪念建党97周年参观调研活动，组织20余名海归青年走进仙桃数据谷参观大数据企业，凝聚海归心、共画同心圆。组织部分委员、侨联界别人大代表、政协委员及全体机关干部赴长寿区预防犯罪法制教育基地参观学习，提高拒腐防变能力。

【服务经济】 2018年，渝北区侨联承接中国旅美科协、德国重庆同乡会、江苏向东科技制造有限公司等20余个侨界社团、企业到渝北进行经贸考察。通过微信公众号、微信群、QQ群大力宣传渝北区“临空海外英才”“临空创新人才”申报政策，成功引进第二批“临空海外英才”4名。引进重庆弘侨远大咨询服务有限公司入驻仙桃数据谷，稳步推进“重庆（渝北）华侨事业发展中心”项目落成。指导区海创会与重庆海归俱乐部、重庆仙桃数据谷公司联合举办区块链技术与产业机遇交流研讨会。开展海归菁英创业分享会活动，与西政学子分享海归人才的求学创业经历。组织30余名海归、留学人员参加留澳校友讲坛活动，增进合作交流。积极参与“海外侨领重庆行”活动，广泛宣传智博会盛况，推介渝北投资环境。

【为侨服务】 2018年，渝北区侨联开展新春慰问活动，走访慰问侨界人士80余人，发放慰问金4万余元。开展“高温送清凉”活动，走访慰问侨资企业5家、重点侨界人士5名。线上线下同步开展侨法宣传活动，发放各类宣传资料1.25万余册，解答咨询100余人次。各街道分会、社区“侨胞之家”开展各类侨法宣传活动30余场，发放资料4万余册。组织50余名侨界重点人士开展免费健康体检。接待侨界群众来信来访18余人，解决涉侨诉求18件。深入开展结对帮扶工作，扎实开展“五个一”活动，因户施策力促统景镇荣光村5户贫困家庭走上致富路。

【文化交流】 2018年，渝北区侨联开展“坚定文化自信，弘扬传统文化”联谊交流活动、母亲节插花联谊活动。开展传统文化进校园活动，向盛景天下小学师生现场教授中华传统草编手工艺术。与区侨办联合主办端午、中秋等传统节日联谊活动，加强与侨界群众情感交流。接待美国蒙大拿大学孔子学院代表团，向美国学生积极宣传推广巴渝传统文化。联合区教委组织全区青少年学生参加“第十九届世界华人学生作文大赛”，全区49所中小学校参赛，选送作品1469件，获奖征文96篇，区侨联连续九届荣获“优秀组织奖”。与两路街道联合主办渝北区侨联首届摄影作品邀请展，从1000余件投稿作品中选取优秀作品80件，开展线下实地展览3场，并通过渝北掌媒“大美渝北”栏目进行线上展出，观展人数上万人。举办“铸造中华魂，共绘同心圆”读书沙龙活动，30余名侨界群众及留学生共聚一堂，读中国好书、讲中国故事。开展“传承与创新”侨界亲子系列活动，学习国学、科技、礼仪等。

【参政议政】 2018年，渝北区侨联组织渝北区侨联界别政协委员赴区养老服务中心进行“渝北区养老服务发展”主题调研，为渝北区养老产业发展献智献策。赴龙山路社区等4个“侨胞之家”开展验收指导及建设调研，加强基层组织建设调研。开展议案、提案撰写培训工作，为侨界人大代表、政协委员撰写议案、提案做好服务。区“两会”期间，共提交集体提案2件、立案1件，个人提案17件、立案8件，转意见8件，社情民意9件。积极配合提案承办单位认真办理提案回复工作。

【自身建设】 2018年，渝北区侨联召开七届三次全委（扩大）会议，制定《渝北区侨联七届主席班子分工情况》《渝北区侨联主席会、常委会、全委会请假制度》，加强全委会制度建设。新建“侨胞之家”4个，拓宽基层侨联组织覆盖范围。加强“网上侨胞之家”建设，整合升级侨联网站，更新工作动态80余条，4篇信息被中国侨联采用；强化微信公众号功能发挥，适时发布各类涉侨政策、便民政策20条；开辟“留学新视野”专栏，发布留学信息7期，积极宣传渝北区招商引资政策、宣传侨界先进人物典型、宣传优秀传统文化，公众号关注人数突破1万人次。热情接待渝中区、江北区、巴南区、江津区等友好侨联组织，并与江津区侨联缔结友好；组织机关干部职工赴忠县侨联交流学习；与市侨青会、华商会、渝中区侨联联合开展侨界冬季趣味运动会。加强与区委宣传部、区司法局、区文明办、区侨办等部门合作，联合开展活动，激发侨界群众参与热情，扩大活动影响力；热情接待日本水户市日中友好协会访问团、大阪华侨华人社团等海外社团组织，并与大阪华侨华人社团缔结友好，建立长效联系机制；编辑印发《渝北新侨》杂志4期1万余册，赠送全市所有区县侨联、国内友好侨联组织、海外友好社团组织等，构建与其他部门、海外友好组织之间的横向网络，积极构建“大侨务”格局。

（邱玉琼）

法　治

概　述

2018年，渝北区政法系统深学笃用习近平新时代中国特色社会主义思想，全面落实中央、市委精神和区委部署，全力以赴抓好政法各项工作取得新成效、实现新进步，有力维护政治安全、社会安定、人民安宁，群众安全感、政法队伍满意度和司法公信力分别为97.20分、95.92分、96.41分。

风险防控　区委、区政府专题研究部署风险防控工作，出台实施方案，统筹推进工作，各责任单位主动作为、认真履职，全力打好风险防控攻坚仗。成功处置民运人员非法活动，消除涉恐隐患；清理处置涉黄、涉赌网站；整顿P2P网络借贷机构，清退互联网金融存量业务9.5亿元；建立调解咨询专家库，化解各类矛盾纠纷1.3万余件；有效治理房地产开发建设、涉众型经济案件、环境保护和非建设领域欠薪欠保“3+1”信访突出问题，各级领导干部接访下访群众2900余件次、5400余人次；刑事立案持续下降，连续9年保持现行命案100%侦破，实现“智博会”等100余起大型活动刑事案件“零”发生，全年未发生较大及以上安全事故，确保了全区重大风险安全可控。

扫黑除恶　成立以区委书记为组长的扫黑除恶专项斗争领导小组，侦办涉黑专案2个、涉恶案件1个，破获一批“9+4”类案件，有效整治机场“羊儿客”、三亚湾水产市场等行业乱象，4个AB类社会治安重点整治地区顺利摘牌，扫黑除恶群众知晓率达95.04%。

社会治理　探索“党建引领、三治融合、智能支撑”的社会治理新模式，形成并推广“四要六带头”、“五事争先”、律师“温馨三见”等典型做法；“9+X+N”综治信息平台完成规划设计，在5个街道试点安装智能门禁系统85套，建成“慧眼通”系统动态人脸识别前端，刑事发案大幅下降；牵头承办的深化“枫桥经验”重庆实践现场会，获得市领导的高度肯定。

执法司法　全年审执结各类案件4.1万余件，兑现标的20.3亿元；依法提起公诉1459件、1956人；办理公证、司法鉴定、法律援助事项1.9万件，落实政法机关服务民营企业各项措施，为企业挽回损失5600余万元；协调处置“瀛丹大厦”等一系列疑难复杂案件。

队伍建设　坚持政治建警，通过专题教育培训、英模事迹报告、书画摄影比赛等活动，全面提升队伍思想政治素质；深入挖掘杨雪峰等先进事迹，组织拍摄的《刑警十二小时》荣获第三届平安中国微电影微视频微动漫比赛“最佳微电影奖”和“亚洲金海棠奖”；督促开展政法系统监督执纪，推动执法司法作风持续好转。

（游　畅　张　寻）

公　安

渝北区公安分局

【概况】 2018年,渝北区公安分局全面深入贯彻习近平新时代中国特色社会主义思想和党的十九大精神,不断推进"两学一做"常态化制度化,突出"四句话、十六字"总要求,全面加强队伍建设管理,强化先进典型引领,涌现出"时代楷模"杨雪峰这一全国先进典型。强化风险防控,着力扫黑除恶,创新民生警务,深化大数据建设应用,各项工作取得新成效,破获现行命案13起、命案积案2起,连续9年保持现行命案侦破率100%;年度绩效评价综合排名全市第5位、主城第4位,创近年新高。

【"时代楷模"杨雪峰】 2018年2月18日(农历大年初三),渝北区公安分局交巡警支队石船公巡大队原副大队长杨雪峰在执行春节交通安全保卫任务中因公牺牲。中宣部追授杨雪峰"时代楷模"称号,中央文明办追授杨雪峰"中国好人"称号,人社部、公安部追授杨雪峰"全国公安战线一级英雄模范",市委、市政府评定杨雪峰为烈士,追授杨雪峰"重庆市优秀共产党员""重庆市人民满意公务员"称号,市公安局为杨雪峰追记一等功,市委宣传部、市司法局、市总工会等部门追授杨雪峰"2017年度感动重庆十大人物特别奖""重庆市岗位学雷锋标兵""重庆市十大法治人物""重庆市五一劳动奖章"。杨雪峰生前工作的渝北区公安分局交巡警支队石船公巡大队被市公安局命名为"杨雪峰大队"。2018年,中宣部、市委宣传部和市公安局联合组织成立杨雪峰先进事迹宣讲团,在全市市级各部门、各区县举行巡回报告会18场,在公安部、天津、山西、海南、贵州等地举行巡回报告会19场,报告团成员应邀参加座谈、电视访谈52场,37场巡回报告会现场直接受众达8.13万人,60余万人通过电视电话会形式观看,网络直播在线观看人数累计超过5500万人。10月15日,报告团在人民大会堂举行报告会,中共中央政治局委员、中央政法委书记郭声琨接见报告团一行。

【破案打击】 2018年,渝北区公安分局加大破案打击力度,刑事案件破获数同比上升53.32%,其中破获侵财案件数同比上升84.16%,成功侦破"1·3"跨国网络诈骗案,"3·5"非法制贩枪支弹药、毒品案,"3·27"特大网络赌博案等大要案件。纵深推进扫黑除恶专项斗争,以刑侦支队为班底抽调各单位警力集约攻坚,建立健全并严格推进常态化督检、线索查证、涉黑涉恶专案侦办等工作机制,全年涉黑涉恶线索办结率95.02%,侦破2个黑社会犯罪组织,涉黑涉恶类案件发案同比下降30.53%。

【打击电信网络新型违法犯罪侦查队】 2018年12月20日,渝北区公安分局针对近年来辖区电信网络诈骗案件多发情况,抽调15名刑侦骨干,在全市率先组建打击电信网络新型违法犯罪侦查队。授牌仪式上,渝北区打击电信网络新型违法犯罪侦查队现场为受害群众发放被诈骗冻结资金共计127万元。

【渝北区监察留置管理支队】 2018年，经市公安局党委会研究，决定设立重庆市公安局渝北区分局监察留置管理支队，具体负责监察留置措施执行，落实监察留置场所安全管理等工作职责。渝北区公安分局该项工作成效突出，先后在市局相关工作现场会上作经验交流发言，吸引外省市单位到渝北交流学习8次，其工作做法得到市监察委、市公安局、区监察委的充分肯定。

【大型活动监管】 2018年，建立完善大型活动、商贸促销活动、文化娱乐活动审批机制，全面落实大型活动安全监管属事单位负责制，严格实行安全分级分类管理制度，细化完善安保工作标准规范，突出大数据精准预警，扎实做好便衣反扒、交通组织等工作，有力保障大型活动顺利进行。全年完成国博中心、两江国际影视城等举办的106场大型活动安全监管，实现首届中国智能产业博览会、西洽会等大型活动秩序平稳、群众财产安全。

【禁毒宣传工作】 全年组织大型集中禁毒宣传活动30余场次，受教育群众达10余万人次。与市未教所联合开展为期三年的“禁毒宣传进校园”系列活动，会同区禁毒办、区教委推送渝北区龙塔实验学校成功创建为“全国毒品预防教育示范学校”，全区4名教师、8名校外辅导员被评为全国毒品预防教育优秀教师、优秀校外辅导员。2018年，渝北区在全市禁毒工作绩效评价中排名全市第二、主城第一，缉毒执法考核连续四年排名全市第一。

【监所管理】 2018年，渝北区看守所牢固树立“监所安全无小事”的责任意识，充分发挥监所职能作用，以教育感化为主线，积极深挖犯罪线索，实现安全责任事故“零”目标。全年接待到所开展廉政警示教育活动单位20余家次、2000余人次。2018年7月，渝北区新建“三所一队”建设项目工程完工。2018年8月15日，看守所在押人员转押和整体搬迁工作圆满完成。

【出入境管理】 2018年，渝北区行政服务中心出入境办证大厅和双凤受理点启用免费自助照相服务，实行办理护照等出入境证件“只跑一次”和周六办证等便民措施，将异地办证时间由30日缩短为20日，推行5项移民和出入境便利措施，重庆市居民办理出入境证件签发缩短到7个工作日。优化往来港澳台出入境证件受理审批工作，取消、简化部分往来港澳签注申请证明材料，为急需出境的港澳台居民提供加急办证服务。启用出入境融合支付，在微信支付基础上新增银联云闪付和支付宝二维码扫码支付方式。

【服务民生发展】 2018年，渝北区公安分局整合成立“民生警务工作办公室”，统筹协调工作开展，全力构建党委班子主导、专班集约统筹、警种分工协作、派出所协同实施的“四位一体”民生警务工作责任体系。在分局网站增设民生警务工作专栏，引导学习掌握应知应会知识，累计编发工作周报43期，对外发放专题宣传资料50万份、张贴宣传海报1万份，利用新媒体发布原创文章168篇，阅读量超过28万次，获群众点赞521次、转发258次、评论195次，自主设计制作动画宣传片在全区7660块“智慧天网”视频终端滚动播出1800余万次，被公安部官博、长安剑公众号采编展播。深入落实服务民营经济发展30条和新10条、服务学校29条等措施，开设民企车管、出入境业务“绿色窗口”，上门办理业务1600余笔。侦破全市近10年来最大的侵犯商业秘密案等涉企案件60起，为企业挽回损失5690余万元。

【“365律警在线”新机制】 2018年，渝北区公安分局积极联系辖区学校开展法律服务进课堂活动，课余时间安排驻所律师授课。依法规范设立公安人民调解委员会及11个驻派出所调解室，自主研发信息管理系统，面向偏远派出所探索实施“网上调解”，实时采集、分析、研判派出所接处矛盾纠纷信息，对可能爆发的涉众型经济案件、民转刑案件等提供精准预警，累计提供免费服务2万余件，其中调处纠纷3168件、结案率达98%，劳资、债务、赔偿纠纷当场化解率达40%。该机制得到各界广泛好评，被《法制日报》《人民公安报》等媒体作为新时代坚持发展“枫桥经验”、加强和创新基层社会治理工作亮点予以专题报道推介。

【党建工作】 2018年，渝北区公安分局开展党委理论中心组专题集中学习会18次、局属各单位组织专题集中政治理论学习776次、领导干部讲专题党课188次。强化党支部每月主题党日功能，按照“1+3+6+X”基本思路，明确主题党日，规范党日内容。推行党组织工作清单式管理，制发《基层党组织生活责任清单》《党员组织生活清单》等4个责任清单，明确分局党委主体责任和各基层党组织具体责任。集中开展支部换届选举工作，组织对局属83个党支部、4个党总支进行换届选举，进一步配齐配强支部班子，推进支部标准化规范化建设。创建全市公安基层党建工作示范点1个、全区公安基层党建工作示范点2个。

【新媒体工作】 2018年，渝北区公安分局创作微电影《我的英雄》获第三届全国公安民警“三微”大赛一等奖，微动漫《我是北叔，我有我的free-style》获第三届全国公安民警“三微”大赛二等奖，微信《深夜派出所》获第三届全国公安民警“三微”大赛三等奖，微视频《迟到的重逢》获中国警察网微视频大赛一等奖和最佳原创奖，微电影《刑警12小时》获全国第三届平安中国微电影微视频大赛二等奖和最佳微电影奖。渝北交巡警企鹅号入选腾讯政务企鹅号百期十强。2018年11月，分局微信公众号“渝北公安在线”平台上线。

（蒋小丽）

区公安分局交巡警支队

【概况】 2018年，渝北区公安分局交巡警支队主动适应经济发展新常态和社会治理新要求，以道路交通违法行为严管整治行动为契机，全面落实服务民营经济30条、服务学校29条等民生警务工作措施，大力加强规范化建设和队伍管理，进一步优化路面勤务，做到保通保畅与事故预防并重，切实保障群众出行安全有序，全力营造全区安全、畅通、有序、和谐的道路交通环境。全年查处各类交通违法行为68.5万件，其中查处酒后驾驶565件，客车、货车、摩托车等重点车型重点违法行为7.5万件。

【道路交通管理】 强化“马路办公”工作机制和路长责任制，辖区所有道路均落实专人为路段长，所有路段承包管理，层层分片包干、责任落实到人。支队主要负责人开展“马路办公”16次，解决问题16个；路长“马路办公”32次，解决问题32个；副路长巡查351次；路段长巡查1686次，发现问题128个，解决问题100个。落实服务学校29条措施，加强学校限时停车区域建设，在龙溪小学、龙山小学、渝北中学、两江小学等13所学校设置临时停车路段，规范设置限时停车区域点位，配套设置“渝警骁骑”巡逻岗和护学岗。2018年，全区学校临时停车区域长度达3100余米，配套交通设施达200余处，学校周边通行效率提升18.96%，拥堵指数下降20%，被全市推广。全力护航民营企业发展，出台工作方案和工作制度8项，组织民营企业召开座谈会10次，落实帮助企业解决困难12件；“流动车管所”先后深入天骄航空动力有限公司、天友乳业等30余家民营企业提供车驾管上门服务，办理各类业务1600余笔，上门注册登记车辆250余台，开展交通安全教育和业务咨询8000余人次，发放宣传资料1.2万份。全面推进智能交通体系建设，设立交通管理集成管控平台，完成1处卡口、6处监控、3处信号灯电子警察、8处违停抓拍系统、9处LED屏等智能化交通设施设备升级改造，新增交通标志标牌398块、修复隔离设施898米、施划或清除标线2.15万平方米。在全市率先开展城市道路摩托车巡逻，遴选18名业务骨干民警、20名辅警组建“渝警骁骑”，每日7时至22时按照“1+1”模式，对渝北城区红锦大道、机场路、渝航大道等城市主干道和金山路、金龙路等14条重点道路开展巡逻，累计处理各类交通事故1040余件，查处各类违法行为2100余起，有效提升见警率和管事率，实现快速反应。

【道路交通事故预防及处理】 2018年，紧紧围绕“压事故、保安全”目标，结合道路交通安全大排查大整治大执法行动，进一步加强源头管理，强化路检路查，全面提升事故预防工作水平。扎实开展道路交通大排查大整治大执法行动，在驾驶人源头管理中，每月拉网式排查清理全区“五类重点车辆”和“7类资质”，累计查询5.74万人次，发现交通违法未处理879起，全部抄告运输企业和区运管部门；采取“逐人建档、逐人排查、落地查人”的方式，分别督促2682名、252名、286名AB类驾驶人办理驾驶证审验、换证、参加满分学习，向辖区重点驾驶人发送14.5万条短信。在重点车辆源头管理中，对全区5537辆大中型客货车的交通违法、事故情况进行全面清理，清理出912条车辆交通违法未处理，抄告区运管、安监、教育等部门，确保全区“五类”重点车辆的检验率、报废率均达100%，重型货车的检验率、报废率分别为97.32%、100%。在运输企业源头管理中，每季度召开交通安全警示会，联合区安监、运管部门对交通安全隐患较突出的运输企业进行约谈，全年约谈运输企业9家次，检查运输企业346家次，排查交通安全隐患32条，下发隐患整改通知书27份，督促全部整改。排查各类道路交通安全隐患345处，通过抄报、函告、约谈、挂牌整治等方式督促整治，辖区道路交通安全一般隐患限期整治率达95%以上，重大隐患整治率100%；拆除不合理限速标志18块，增设建议时速标志和弯道标志29块；完成临港大路至泰福路路口等20处信号灯配时完善及优化。强化农村道路交通安全管理，全面推进“三化六体系”建设活动，全面落实道路交通安全属地监管责任，与各镇街签订执法委托协议书；建立健全农村道路交通安全考评体系，严格年度考核和奖惩。加快推进农村道路交通安全“六支力量”建设，建立公路巡逻大队2个、劝导站89个、乡镇派出所公巡中队15个、农村执法小分队15个、镇街交安办22个，配备专兼职交通管理员、协管员264人和劝导员178人，设有交通安全协管员的行政村达100%；进一步强化部门联动执法和一体化协作机制，牵头组织开展“交安”部门联合行动10次，会同安监、交通、旅游、农机、质监等部门持续深入开展“两化一整治”等综合治理行动18次。全面加强“打防管”执法整治，将2/3以上警力和全部执法装备投入路面，将全区50条城市道路、4条公路事故高发路段纳入挂牌整治。组织开展“交安系列行动”“主城区道路交通违法行为严管整治行动”等集中整治，始终保持对交通违法行为的高压严管态势。2018年完成全区1.09万辆面包车入户调查，与面包车车主签订5932份承诺书和责任书，向农村面包车驾驶人点对点发送安全提示短信2.6万条；核查全在运行的659台外省籍变型拖拉机中的468台，牌证甄别率达71.02%；联合农机部门开展联合执法15次。2018年，全区道路交通事故形势平稳，共发生各类道路交通事故1.6万起，死亡46人，受伤3134人，直接财产损失2518.33万元，未发生一次性死亡3人以上(含3人)的较大道路交通事故。

【车管工作】 深化“放管服”改革，提高为民服务能力，“流动车管所”先后深入天骄航空动力有限公司、天友乳业等30余家民营企业和民营企业集中区域提供车驾管上门服务，办理各类业务

1600余笔，上门注册登记车辆250余台，开展交通安全教育和业务咨询8000余人次，发放宣传资料1.2万份；以渝北区情景教育基地为依托，扎实开展对全区民营企业和学校的交通安全宣传教育，共计开展宣传50余场、活动419次。全面实现四个减免，凭身份证“一次办、马上办”，在大厅设置5个综合受理窗口及2个疑难、特殊问题处理窗口，对18类车驾管业务实现一窗通办；分流窗口业务，设置自助服务区，添置自助受理机1台、自助收费机2台、违章处理机1台、互联网自助办理机1台、公安网自助办理机1台，实现“群众少等待快办结”；在石船卫生院设立警医车驾管服务合作点，延伸农村交管服务，打通农村服务“最后一公里”。2018年，车管所受理驾驶人补证3401人次，换证2.99万人次，驾驶证审验业务7393人次，驾驶证注销2310人次，满分学习1999人次；受理机动车注册登记2.11万台，转移登记1.12万台，变更登记2224台，注销登记3159台，补换牌证合格标志3413台，核发临时号牌4339台，核发检验标志3.79万台，锁定业务328台。

（王成志）

渝北区消防支队

【概况】 2018年，渝北区消防支队以习近平新时代中国特色社会主义思想为指引，牢牢抓住转隶改制期间队伍管理和社会面火灾防控两个重点工作，以国家队和主力军的建设标准，不断强化队伍应急救援和火灾综合治理能力，圆满完成智博会、西洽会、国创会等重大安保工作。全年接警出动4637起，其中火灾203起、抢救被困人员127人、疏散被困人员487人、抢救财产价值497万元，火灾起数同比下降70.97%。被市消防总队评为“2018年度先进支队”，市公安局第5号令给予支队集体嘉奖，为双龙湖中队记集体三等功。

【转隶改制】 2018年10月9日，应急管理部和公安部在北京举行公安消防部队移交应急管理部交接仪式。10月18日，中办、国办《组建国家综合性消防救援队伍框架方案》等一系列改革配套政策颁布实施，消防改革全面深入开展。12月29日，渝北区消防救援支队迎旗、授衔和换装仪式隆重举行，区委书记唐川率区“四大班子”领导出席活动，标志着全新的渝北消防救援队伍初步完成转制工作。

【消防执法监督】 2018年，渝北区消防支队完成智博会、西洽会、国创会等大型国际国内展览会消防安保任务50场（次），开展高层建筑、电气火灾等专项治理10余项，共检查单位14471家，督促整改火灾隐患29941条，下发行政处罚决定书816份，下发临时查封决定书225份，责令“三停”单位191家，罚款318.88万元，拘留21人，各项执法数据均同比上升，全区消防安全形势持续平稳。

【灭火救援】 2018年，渝北区消防支队加强岗位大练兵和应急演练工作，坚持科学组训、分类施训，队伍战斗力进一步提升。组织参与高层建筑、环保、隧道坍塌事故、机场油库和水域救援等联合演练和国博中心大跨度大空间钢结构展览建筑实战拉动演练。建立以辖区消防中队为主，政府专职消防队和社区微型消防站等多种形式消防队伍为辅的立体作战灭火救援体系。协调落实经费200余万元，完成木耳镇二级乡镇消防队建设，分3批完成93名混编政府专职队员的招录工作。

【消防宣传教育】 2018年，渝北区消防支队深入学校、企业、社区等场所开展消防宣传，全年开展宣传活动200余次，发放资料20万余份，受众达40万余人，通过微信、微博发送提示信息6000余条，发送手机短信万余条，免费发放4.5万盒具有消防特色的宣传公益品。在“119消防宣传月”活动期间，王家街道观月路社区荣获第四届全国“119消防奖先进集体”称号。支队举办的“大型商业综合体防火知识直播秀——重庆消防在线讲解逃生技能”在腾讯新闻、腾讯大渝网、天天快报、新浪微博等平台直播，共计325万网友在线观看，累计互动达1.65万人次，网友提问166条。

【消防基础建设】 2018年，渝北区消防支队对166家火灾高危单位进行消防安全评估，有序推动高层建筑、火灾高危单位安装建筑远程消防实时监控系统；落实财政资金400余万元为居民购买巨灾保险，为辖区居民住宅、群租房和小旅馆等“九小场所”安装独立式感烟火灾探测器2000余个、简易喷淋5套，推动社会单位安装电气火灾监控系统7套，新增“119信息在线”电子屏点位70个。推动完成247个消火栓建设，建成4个应急取水平台，全区消防基础建设水平全面提升。

（何大洪）

检 察

【概况】 2018年，渝北区检察工作深入学习贯彻习近平新时代中国特色社会主义思想和党的十九大精神，坚持“两点”定位，围绕“两地”“两高”目标和“讲政治、顾大局、谋发展、重自强”的检察工作总要求，忠实履行宪法和法律赋予的职责，聚焦主责主业，着力从法治供给侧为全区社会和谐稳定、经济高质量发展和人民群众安居乐业提供更多更优的检察监督保障，各项工作取得新进展。紧紧围绕十九大关于深化国家监察体制改革的重大战略部署，坚决拥护、自觉支持、全力配合改革，按照市纪委、市检察院、渝北区委、两江新区党工委的决定和部署，顺利完成渝北区职务犯罪侦查职能转隶至监察委的工作，全面完成机构、人员、编制的转隶，共转隶31人，其中23人转隶到渝北区监察委，8人转隶到两江新区监察委。全年共受理审查逮捕各类刑事案件1565件2230人，批捕1054件1363人；审查起诉2087件3056人，起诉1678件2389人。在全市检察区县院基础保障工作考核得分排名第一，检察信息、检察宣传工作分别排名第一，被评为2018年度全市信息工作先进单位、全市检察宣传工作先进单位，被《法制日报》《检察日报》评为“宣传工作先进集体”，被最高检察院评为“全国检察文化建设示范院”。“官方微信”5次进入全国检察官微区县月榜前20名，11月为全国第3名，获2018年度全国检察新媒体优秀奖。张怡被市检察院记嘉奖一次，刘飞龙被记三等功一次。

【扫黑除恶专项斗争】 2018年，渝北区检察院坚持有黑扫黑、无黑除恶、无恶治乱，重点打击以“硬暴力”“软暴力”非法牟利为特征的“贷款公司”“讨债公司”“地下执法队”等黑恶违法犯罪团伙和“9+4”类重点案件。受理审查逮捕涉嫌黑恶势力犯罪27件134人；受理审查起诉18件141人。起诉以王某某为首的恶势力团伙全市首例“套路贷”犯罪案件。

【严惩危害国家利益和群众生命财产安全犯罪】 严惩贪污贿赂等腐败犯罪，组建检察官办案组专门办理纪检监察机关移送的职务犯罪案件，受理20件24人，起诉18件22人。严惩故意杀人、故意伤害、抢劫、强奸等严重暴力犯罪，批捕75人、起诉90人。严惩利用电信诈骗、网络诈骗等新型犯罪手段侵害弱势群体“血汗钱”“养老钱”的犯罪，批捕64人，起诉62人。严惩涉众型经济犯罪和破坏金融管理秩序犯罪，批捕非法吸收公众存款、集资诈骗、信用卡诈骗犯罪11人，起诉18人，办理的余某某、付某某等5人信用卡诈骗、伪造金融票证案荣获中国银联、公安部经侦局联合评选的年度打击银行卡犯罪精品案例。

【公益诉讼检察工作】 2018年，渝北区检察院以维护公益为切入点，加大生态环境和公共利益司法保护力度。集中办理一分院辖区的破坏生态环保资源案件，起诉污染环境、非法捕捞、非法采矿采砂、盗伐林木等犯罪221人。对重庆市查处的首例跨省电捕鱼犯罪案件，首次在向法院提交的量刑建议书中提出对杜某某等3名被告人适用“禁业限制”的处罚，获裁判认定。立案审查行政公益诉讼案件18件，发出诉前检察建议24件，收到相关行政机关整改回复17件；审查刑事附带民事公益诉讼案件18件，起诉4件。深入开展“保护长江母亲河”公益诉讼专项行动，切实保护好辖区长江段、嘉陵江段水资源安全。针对辖区餐饮外卖平台部分商户食品卫生不达标问题、部分乡镇水厂出厂水质不符合国家标准问题，及时向相关职能部门发出规范网络餐饮经营、保障农村供水品质等行政公益诉讼诉前检察建议21件，推动相关食品药品领域安全问题得到解决。向两江新区管委会发出国有财产保护公益诉讼诉前检察建议，督促挽回国有财产53万元。

【护航民营经济高质量发展】 2018年，渝北区检察院认真贯彻落实市检察院服务大局“107条意见”，努力为推动辖区经济社会高质量发展提供有力司法保障。深入学习习近平总书记关于保障和促进民营经济健康发展的重要指示精神，平等保护各类市场主体合法权益，批捕职务侵占、挪用资金、非国家工作人员受贿等侵害民营企业产权的犯罪7人，起诉25人；积极净化市场营商环境，批捕非法经营、制假售假等破坏市场公平竞争环境犯罪32人，起诉76人；批捕侵犯著作权、假冒注册商标、假冒专利、侵害商业秘密等侵犯民营企业知识产权的犯罪2人，起诉22人。注重从保护、促进民营经济健康发展的角度合法合理地慎重处理涉企犯罪，先后对犯罪情节轻微的5名民营企业投资人、经营管理者依法作出变更强制措施或不起诉决定。为恒大地产集团、重庆智多信息发展公司等多家民营企业追回经济损失300余万元。与科大讯飞、软维科技、创设建筑等多家民营企业建立定点联系机制，帮助解决发展中的问题25件，接受企业及职工法律咨询70余人次，发放法治宣传资料1300余份。

【诉讼环节检察监督】 2018年，渝北区检察院牢固树立双赢多赢共赢的监督理念，坚持在办案中监督、在监督中办案，强化对刑事、民事和行政诉讼活动的法律监督。立案和侦查活动监督效果明显，对应当立案而不立案的，要求侦查机关说明不立案理由9件，监督立案10件19人；对不应当立案而立案的，督促撤案9件；纠正漏捕25人、追诉漏犯29人，追诉漏罪17条；纠正侦查活动违法59次，排除非法证据1件；进一步推进行政执法与刑事司法衔接机制，建议重庆市国税局第一稽查局、沙坪坝区环保局等行政机关移送犯罪线索23件。审判和执行监督有序开展，强化对法院裁判中实体和程序方面的审查，提出刑事抗诉2件2人；办结不服法院民事行政生效裁判的申诉132件，建议提请抗诉二审案件11件，获再审改判2件；向区人民法院发出再审检察建议4件，获裁定再审1件。落实检察长列席同级人民法院审委会制度，检察长先后2次列席区人民法院审委会。

【检察环节社会综合治理】 2018年，渝北区检察院严格落实“加大全民普法力度”要求和“谁执法谁普法”责任制，率先在全市成立首个未成年人司法保护中心，进一步加大对未成年人全面综合司法保护力度；持续开展“莎姐”护蕾行动、“莎姐守护花季”法治巡讲，组建“莎姐”巡讲团，先后走进重庆市暨华中学、回兴街道金凯路社区等开展法治巡讲13次，受教师生、群众达1800余人，被区文明委评为“最佳志愿服务项目”。落实检察长出任“法治副校长”普法责任制，多种形式开展宪法宣传，新媒体作品获正义网“我是宪法践行者”新媒体作品大赛二等奖。办理司法救助案件6件，发放司法救助金7万元；办理国家赔偿案件1件，发放赔偿金24万元；支持农民工起诉追回欠薪59万元。

【智慧检务建设】 2018年，渝北区检察院大力推进检察工作与大数据、人工智能的深度融合发展。投入使用远程视频讯问系统，实现检察官“足不出户”就能对在押犯罪嫌疑人进行便捷、高效、规范的讯问。部署讯飞智能语音系统，实现把讯问人和被讯问人的对话实时转换为文字，帮助检察官更加快速便捷地形成讯问笔录。建成集控告申诉、案件管理、检察宣传、检务公开、检察服务等3大模块13项具体功能于一体的12309检察服务中心，致力为群众提供更加便捷高效的“一站式”检察服务。自主研发的“正义渝北”智慧检务辅助系统，有效解决检察官办案中的“三繁”“二难”“一问”等问题。2018年7月，在法制日报社组织的全国政法智能化建设创新案例评选中被评为“智慧检务十大创新案例”。区检察院成为最高人民检察院智慧检务创新研究院13个联合实验室之一，以及微信端智慧检务与检察服务研究的基层牵头单位。

【人大和社会各界监督】 2018年，渝北区检察院认真落实区委人大工作会议精神，进一步强化对人大负责、受人大监督的宪法意识，坚持不定期就重大事项、重要案件、专项工作等向人大报告。自觉接受人大工作监督、法律监督，政协民主监督，主动邀请人大代表、政协委员、人民监督员参与法制宣传、“检察开放日”、未成年人附条件不起诉决定宣告帮教会等活动30余人次。自觉接受社会监督，做到应公开尽公开，全年在人民检察院案件信息网公开案件程序性信息4061条、法律文书1904份，公开率达100%。

【队伍建设】 2018年，渝北区检察院始终把政治建设摆在首位，深入学习贯彻习近平新时代中国特色社会主义思想和党的十九大精神，不断增强“四个意识”，坚定“四个自信”，坚决做到“两个维护”，全面彻底干净肃清孙政才恶劣影响和薄熙来、王立军流毒。严格落实意识形态工作责任制，强化意识形态领域价值引领、思想引领和阵地管理，多种形式组织干警向“时代楷模”杨雪峰同志学习。持续开展“明大德、守公德、严私德”“不忘从检初心、坚定检察自信”和“营造良好政治生态，我该怎么办”等专题教育活动，推动教育活动与业务工作融合发展。自觉接受政治巡视，对市院党组第二巡视组指出的问题，认真制定整改落实方案，做到立行立改。认真落实全面从严治党、从严治检主体责任和监督责任，对晋升检察官、检察官助理、书记员等级的70名干警和新提拔的21名中层干部分别开展廉政审查、廉政谈话。积极开展“以案说纪、以案说法、以案说德、以案说责”警示教育，检察长、纪检组长带头讲党课3次，努力打造一支政治过硬、本领高强的新时代革命化、正规化、专业化、职业化检察队伍。

（秦洪鹰）

法 院

【概况】 2018年,渝北区法院以习近平新时代中国特色社会主义思想为指导,深入学习贯彻党的十九大精神,努力推进执法办案、司法改革和队伍建设,忠诚履行新时代司法职责使命。受理各类案件63489件,审执结55920件,同比分别增长17.3%、15.6%,法官人均结案499件,收案数、结案数居全市法院首位。

【刑事审判】 2018年,审结刑事案件1691件,判处罪犯2047人,其中判处5年以上有期徒刑171人。严厉打击黑恶犯罪,审结黑恶犯罪案件4件45人。王某某等21人恶势力团伙以汽车销售“套路贷”敲诈勒索107名被害人430余万元,被判处14年至1年9个月不等的有期徒刑,并处罚金。严惩严重暴力犯罪,审结故意杀人、抢劫、绑架、强奸等案件75件,判处罪犯119人。审结非法拘禁、敲诈勒索、聚众斗殴等“9+4”类案件126件316人。审结涉众型经济犯罪案件13件,涉案金额9.5亿元。审结外国人犯罪案件8件。配合监察委行使职权,审结职务犯罪案件21件,判处罪犯36人。贯彻宽严相济刑事政策,坚持当宽则宽,适用缓刑、管制、单处罚金等非监禁刑597人。

【民事审判】 2018年,审结民事案件15988件。审结婚姻家庭继承案件1993件,发出人身安全保护令6份。审结劳动争议案件1170件。审结产品责任案件1310件,其中涉食品药品质量案件1045件。审结涉及农村承包合同、宅基地“三权分置”、土地承包经营权流转等案件81件。坚持发展新时代“枫桥经验”,推进矛盾纠纷多元化解,依托“易解”平台,实现与区矛盾纠纷综合调处中心等调解组织线上线下对接,委派各类调解组织调处纠纷1540起,司法确认人民调解协议1016件。

【商事审判】 2018年,审结各类商事案件14595件,其中金融借款案件2678件,民间借贷案件5423件,审结商品房预售、二手房买卖、房屋租赁案件1973件。稳妥审结罗某等500余人诉某开发商商品房预售合同纠纷,取得良好的法律效果和社会效果。妥善处理破产案件,督促世盟物流公司破产重整计划三个月内执行完毕,促成忠获商业管理公司破产和解,助力仍有前景的民营企业解困增效。与19家民营企业座谈听取意见,加强与区民营企业商事纠纷调委会对接,向4家民营企业派驻法官工作组,配合市法学会服务民营经济调研,保障民营企业健康发展。

【行政审判】 2018年,审结行政诉讼案件573件,其中行政机关败诉案件20件。审查行政非诉案件722件,其中裁定准予执行483件。发布《行政审判白皮书》。开展“送法进机关”,安排法官到行政机关举办法治讲座,邀请干部观摩庭审700余人次。推动行政机关负责人出庭应诉,出庭应诉场次同比增长46.3%。发出司法建议33篇,促进依法行政能力全面提升。

【特色审判】 2018年,审结知识产权案件2946件,“轩尼诗”立体商标案、“晓宇老火锅”商标侵权及不正当竞争案入选“中国法院50件典型知识产权案例”，两江新区知识产权法庭被授予“全国法院知识产权审判工作先进集体”荣誉称号。审结环境资源案件513件，1件污染环境案入选最高法院“环资审判保障长江经济带高质量发展典型案例”。4家公司向长江支流偷排废酸液及生产废水，以污染环境罪判处罚金共70万元，并对7名责任人员追究刑事责任。发布环境资源刑事缓刑禁止令。成立生态文明建设司法宣讲中心，传播环境司法正能量。

【执行工作】 2018年，执结案件20167件，执行到位金额34.1亿元。在区委及政法委领导下，推动成立“基本解决执行难”攻坚领导小组，与公安、国土、房管、车管等部门健全执行联动机制。推进执行“四大中心”平台建设，网络司法拍卖标的物867个，成交额12.7亿元。健全立审执衔接和“执转破”机制，移送完成重庆大丰房地产公司等2家企业破产强制清算。强化强制措施适用，司法拘留217人次，采取搜查措施203次；立案追究11人刑事责任。强制腾退房屋58处。依法审慎开展司法强拆，促使13户拆迁户平稳搬迁。将4498人纳入失信被执行人名单，曝光3741名“老赖”，促使2111人主动履行义务。开展攻坚行动，加大民生案件执行力度，执结873名农民工与重庆精物公司系列劳动争议案，兑现被拖欠工资2610万元。历时近20年的“瀛丹大厦”系列执行案取得实质性进展。

【司法改革】 推进司法责任制改革。落实员额法官文书签发权。院庭长结案21831件，占全院39%。招录22名法官助理，考核过渡113名聘用制书记员。率先在全市成立法官权益保障委员会。推进四大公开平台建设，网上发布文书33409篇，网络直播庭审2296场。落实以审判为中心的刑事诉讼制度改革，依法变更指控罪名或情节19案，对1家被告单位宣告无罪。推进认罪认罚从宽制度改革，审结相关案件1309件，平均审理时间14天。建立电话实名信息查询协作机制，提高民事送达实效。推进智慧法院建设，全面启用“易诉、易解、易审”平台；引进智能语音识别技术，庭审用时平均缩短10%。成功创建全市首批“案件繁简分流机制改革优秀业务成果法院”。

【便民诉讼】 坚持“有案必立、有诉必理”。当事人网上立案4637件，在线缴纳诉讼费716万元。试用法律机器人“大牛”，为群众提供咨询服务196次，并全部生成咨询意见书。保障律师执业权利，发出律师调查令422份。为209名困难当事人缓减免诉讼费108.1万元，向41名困难申请执行人发放司法救助金129.9万元。推动诉讼服务覆盖偏远地区。争创“民生示范法庭”，3个派出法庭共结案1246件，巡回审判率70%。开通官方微信公众号，拓宽普法渠道。开展“法官在社区暨庭审进街镇”活动，179个法官工作组进社区服务1109次，举办法律讲座54场。获评“2018年全国法院司法宣传先进单位”。

【队伍建设】 2018年，渝北区法院认真学习贯彻党的十九大精神，推进“两学一做”学习教育常态化制度化。全面彻底干净肃清孙政才恶劣影响和薄熙来、王立军流毒。组织干警学习“时代楷模”杨雪峰同志先进事迹，加强社会主义核心价值观教育。严格落实“三会一课”制度。强化党风廉政建设，制定党风廉政建设主体责任清单，党组书记为全院上廉政党课，加大“一岗双责”督促力度。开展审务督察60次，回访案件515件，廉政谈话153人次，办理检控类来信2件次。全院党风廉政建设保持良好态势，未发生严重违纪违法事件。举办法官成长论坛，安排干警参加各类业务培训300余人次，组织136名人民陪审员集中学习《人民陪审员法》，提高履职能力。完成全市法院重点调研工作任务。

（王炳翔）

司法行政

【概况】 2018年，渝北区司法局机关行政编制23名，其中局长1名、党委专职副书记1名、副局长3名，科级领导职数10名。内设办公室、政工科、法治宣传科、基层工作管理科、法制科、社区矫正科、法律服务工作管理科（行政审批科）7个科（室）；下设区法律援助中心（参公）、区公证处2个事业单位；在各镇（街）设22个基层司法所，是司法局驻镇（街）的派出机构，实行区司法局和镇（街）双重管理和以司法局管理为主的管理体制，基层司法所共核定有政法专项编制29名。区司法局归口管理律师事务所有102家，专兼职律师764人；基层法律服务所12家，专兼职法律服务工作者130人；司法鉴定机构14家，从业人员171人。

【普法工作】 2018年，渝北区印发实施《关于进一步贯彻落实国家机关“谁执法谁普法”普法责任制的指导意见》《渝北区2018年全民普法守法工作要点》，完成对各镇（街）、部门《2018年度普法计划申报表》的审核，扎实开展“七五”普法中期检查，区司法局荣获“重庆市‘七五’普法中期先进集体”荣誉称号。组织开展“千万市民学宪法”知识竞赛活动，全区参赛人数达11.2万人，位列全市第一。在全市率先出台《关于开展扫黑除恶专项斗争主题法治宣传活动的通知》，全面深入贯彻落实党中央、国务院扫黑除恶专项斗争精神。结合“三月法治宣传月”“12·4”国家宪法日等各种宣传月、宣传周、宣传日宣传活动，开展普法宣传活动4500余场（次）。组织全区250名新提任的副科长以上干部参加新提任领导干部法治理论知识考试，181人参加年度法治理论知识集中抽考，9000余人参加网络法治理论知识考试，参考率达98%。组织200余名正（副）处级领导干部到法院旁听行政案件的审理，正职参加率达30%，副职参加率达20%以上。完成全区所有中小学校法治副校长配备，通过开学法治第一课、间周一节法治教育课、专题讲座等形式，组织学生学习法律常识。开展法律进乡村（社区）活动1609场，开展群众性法治文化活动304场。创办《律师说法》《法律微课堂》2个电视栏目，全年拍摄播出15集。运用“渝北普法”微信公众号，为群众的法律需求提供高效便捷的获取渠道和即时有效的响应平台，全年推出48期、217条普法宣传信息。创作普法动漫36集，广泛开展以案释法。2018年，渝北区龙塔街道鲁能西路社区被评为“全国民主法治示范社区”，渝北区司法局、区广电台打造《“法律微课堂”电视专栏》《渝北区以“项目化”管理推动“谁执法谁普法”责任制落实》入选12348中国法网司法行政案例库。

【人民调解】 2018年，调整全区人民调解工作培训指导组成员，组建人民调解咨询专家库，相关部门推荐调解专家71名，出台专家库管理办法，召开3次人民调解工作培训会。加大对未完成规范化建设的调委会指导力度，全区调委会除少数村居调委会确因阵地建设客观原因外，规范化建设率达100%。积极推进行业性专业性调解组织建设，新设劳动争议等6个调委会，出台全区实施方案，不断拓展调解领域，加强访调、警调、诉调对接。加大"巴渝和事佬APP"宣传推广力度，推广使用率达45%。2018年，全区397个调解组织共受理矛盾纠纷17036件，成功调处16923件，调解成功率达99.34%，共发放案件补贴732820元，基层基础工作提档升级，区司法局基层科荣获"全国人民调解工作先进集体"称号，马强、陈和初和宝圣湖街道果塘湖社区调委会分别荣获市级优秀调解员和优秀调委会称号。

【司法所建设】 2018年，渝北区除王家、宝圣湖司法所外，其余20个司法所均按照市司法局要求完成规范化建设，司法所规范化建设规范率达91%。全年召开司法所工作人员学习党的十九大精神、司法所业务工作、扫黑除恶专项斗争、安全稳定工作等培训会共5次，受训率达100%，司法所人员素质整体提升。

【社区矫正】 2018年，严格落实日常监管措施，切实加强社区服刑人员规范监管，全年累计接收社区服刑人员374人，累计解除434人，在册社区服刑人员450人，全年未发生人员脱管和参与影响社会稳定事件的情况。扎实推动司法所社区矫正规范化建设，完成龙山、双凤桥2个司法所社区矫正规范化示范点建设工作。抓好社区矫正信息管理系统管理和数据维护，对所有在册社区服刑人员和2017年1月1日后解矫的人员信息进行完善同步。圆满完成社区矫正应急指挥中心和远程视频督察系统建设工作。深入开展社区矫正领域扫黑除恶、执法专项检查和不假外出专项清查行动，进一步强化社区服刑人员的安全监管。做好刑满释放人员的安置帮教工作，协调相关单位妥善做好刑满释放回来的服刑人员安置帮教工作，未发生不稳定的情况。

【法律服务】 2018年，共接到法律服务行业的投诉案件141件、司法鉴定行业投诉70件、律师行业投诉67件、公证投诉1件、基层法律服务3件。作出行政处罚1次、行政处理5次。坚持督促律师事务所阳光执业、诚信执业，为103个律师事务所和800余名执业律师建立诚信档案。每个工作日安排1名执业律师到区信访办参与接待来访群众，共计协助接待来访群众146人次，解答各类法律咨询102件，配合接待处理涉法涉诉案件65件，参与重大矛盾纠纷调解18件次。每周三安排1名执业律师到区法院值班参与接访工作，协助区法院接待来访人173人次，处理各类法律咨询事务126件，涉及涉法涉诉案件10件，劝服来访群众息访4人次。遴选7家律师事务所与11个派出所对接，每天派驻1名律师协助派出所处理矛盾纠纷调解工作，全年共计提供各类免费法律服务20805件，其中人民调解2874件、协处治安调解576件、提供法律咨询17280件、协助处理其他事务75件。深化公共法律服务体系建设，完成1个区公共法律服务中心、22个镇街公共法律服务工作站、354个村居公共法律服务工作室阵地建设，对接服务的律师定期到三级公共法律服务平台提供服务，全年共计开展宣传活动807次，接受法律咨询4997人次，处理群体纠纷33件，参与调解纠纷209件；组织律师深入商会、民营企业举办法治讲座101场次，开展法律体检53家，成功调解商事矛盾纠纷14件；对区内5家重点民营企业及4家"规模上"律师事务所进行实地走访，收集企业及律师事务所发展问题，并会同有关部门研究解决。

【法律援助】 加强对12348热线平台的管理，全年接处12348法律咨询500件。加大法律援助力度，全年受理法律援助案件1285件，办结各类法律援助案件1213件，受理民事案件985件，受理刑事案件300件，接处各类来电、来访咨询1977人次，代写法律事务文书299份，提供上门服务10次，为受援人挽回经济损失1925.32万元。及时足额发放法律援助办案补贴及律师值班补贴，全年发放办案补贴150万余元，未发生克扣法律援助办案补贴的情况。

【司法考试】 2018年，渝北区制定《2018年国家法律职业资格考试重庆主城考区渝北考点实施方案》和各类《法律职业资格考试应急预案》，严密组织司法考试工作。是年，全区参加司法考试报名共2168人，未发生一起因审核不到位造成考生上传照片不符合要求或因解答不准确、服务态度差导致投诉并经查实的，圆满完成1215名考生的客观题考试和998名考生的主观题考试。因工作成绩突出，2018年3月区司法局荣立集体三等功一次，高风同志荣立个人三等功一次。2018年8月，区司法局被司法部授予"先进集体"荣誉称号。

（袁海溢）

军 事

人民武装

【概况】 2018年,渝北区人民武装和国防动员工作在警备区党委和渝北区委、区政府的正确领导下,认真学习贯彻习近平新时代中国特色社会主义思想和强军思想,按照"抓基层打基础、抢机遇建窗口、促融合求作为、保稳定创先进"的工作思路,强化"四个意识",围绕践行强军目标,狠抓主责主业落实,圆满完成迎接军委国防动员部安全大检查、民兵整组调整改革、军地联考联评等大项任务,区人武部全面建设呈现出健康向上的良好态势。

思想政治建设 按照抓党委、带机关的思路,采取个人自学、领导宣讲、课题研究等形式,组织官兵深入学习习近平新时代中国特色社会主义思想和强军思想,切实领会深刻内涵,不断强化官兵看齐追随意识。认真开展"传承红色基因、担当强军重任"主题教育,区人武部领导先后6次为部机关干部职工和全区专武干部、民兵队伍授课,在高举思想旗帜、培育时代新人上取得扎实成效。结合民兵整组、集中训练等时机,在专武干部和民兵队伍中,广泛开展"学讲话、铸军魂、练打赢"教育实践活动,引导民兵预备役人员自觉践行强军目标。

党委班子建设 认真学习贯彻军委党的建设会议精神,两次召开党建形势分析专题党委会,深入查找纠治部队党的建设存在的薄弱环节,通过班子成员轮流为党员上党课、规范机关组织生活落实、开展大谈心活动等方式,全面加强和规范党建工作秩序。结合"深入清理纠治和平积弊"活动,深入查找并解决"当和平官、做和平事"等26项沉疴陋习,有效改进党委机关和个人工作作风。根据警备区统一部署,先后两次召开党委民主生活会,认真进行对照检查,深入开展批评与自我批评,切实推动班子自身建设。进一步深化军队体制编制调整改革,积极摸索文职人员教育管理方法,4名文职人员严格按照警备区要求按时报到参加工作,并按要求完成落户和结算。进一步转变作风,强化服务意识,认真开展涉军维权工作,先后为60余人协调解决赔偿纠纷等涉军维权问题;协调地方相关部门,解决随军家属就业12人、军人子女入学42人;积极配合地方退役军人事务部门和民政部门做好退役军人登记工作,先后为5000余名退役军人查阅档案。

落实党管武装 坚持党委议军制度,区委和镇(街)党(工)委利用中心组学习等时机,认真学习习近平强军思想和党管武装政策法规,不断统一思想认识,增强党管武装的意识。渝北区委书记、人武部党委第一书记段成刚坚持回营办公制度,先后10余次到区人武部现场办公,开展调查

研究，帮助解决问题，做到重大问题亲自过问、重点工作亲自部署、重大活动亲自参加。区委班子其他成员做到自身分管工作同人武工作紧密联系，主动协调、大力支持区人武部搞好各项工作，形成把人武工作当成党的事业来干的良好氛围。严格执行专武部长进入同级党委的相关规定，落实专武部长的政治待遇和经济待遇，有效激发专武部长的工作积极性；积极协调相关部门建立健全军地信息互通机制、军警民联动机制、军地联合指挥机制和应急保障机制，进一步推动国防动员制度机制创新；认真组织全区党政机关和镇街2000余名干部过好"军事日"活动，着力营造兴武强兵的良好氛围，进一步增强全区全民国防意识。将武装工作经费列入年度预算，专项经费按需保障，先后解决民兵整组调整改革、征兵、联考联评等大项任务专项活动经费200万余元，为区人武部和全区民兵应急队伍圆满完成相关任务奠定坚实基础。

战备训练工作　严格落实战备制度，坚持每季度和重大节日开展形势战备教育、战备拉动、战备检查和应急处突战备演练，全面增强部队战备意识和处理突发情况的能力。认真落实上级民兵整组调整改革会议精神，建好建强区、镇(街)两级民兵应急分队，圆满完成迎接军委国防动员部和警备区民兵整组调整改革专项检查任务。坚持按纲施训，严格落实首长机关训练、每日体能训练等基本制度，积极开展岗位练兵活动，打牢训练基础，全年组织民兵训练4期500余人次。8月，圆满完成404名新兵役前训练；9到11月，组织区民兵应急连开展两期35天强化集训，应急连遂行多样化军事任务能力提升明显，在重庆市和警备区组织的军地联考联评中取得4个考查课目优秀、开辟隔离带第一名、水上救援第二名、扑灭明火第三名、综合排名第七的优异成绩。狠抓专武干部和民兵骨干训练，参加警备区"三长"比武，取得6个个人单项奖和全市综合成绩第二名的好成绩。

新兵征集工作　坚持以党中央、国务院、中央军委关于做好征兵工作的重要指示为指导，坚决贯彻执行上级征兵命令和征兵政策规定，以保证新兵质量为核心，以征集高学历兵员为重点，从提高适龄青年积极性、提升体检合格率、调动镇(街)征兵积极性等方面入手，深入宣传发动，严格征集程序，坚持依法征兵、廉洁征兵、服务征兵。入伍新兵中，大学生征集比例达64.9%，创历年新高，圆满完成上级下达的新兵征集任务。

依法从严治军　开展"四治"专项整治活动突出"紧、严、实、硬"四字要求，联系人武部实际，针对当前官兵思想和工作中存在的松、散、虚、软方面的作风积习和行为弊端，结合警备区方案中重点要求纠治的9类问题，坚持依法从严治军。严字当头，认真贯彻习主席"治军带兵，必须坚持严字当头、一严到底"的重要指示，党委带头、机关带头、领导带头，从自己严起、拿自己开刀，以坚强的党性和严格的要求做好表率、树好形象。压紧责任，牢固树立安全工作的"零点意识"和"危机意识"，全面查找武器弹药管理工作中的安全隐患，强化制度落实，及时有效解决问题。注重落实，强化主责主业，民兵调整改革做到第一时间部署、第一时间落实，坚决克服"墙上兵、纸上兵"；兵役征集和国防动员在上年"五率"评比取得好名次的基础上，自增压力，强化继续争第一的思想；民兵"四实"训练周严格落实要求，真抓真训真比。较真逗硬，认真吸取教训，严格执行财经纪律，做到经得起查、经得起审，做到经费管理使用依法依纪依规；下大力气解决"人武部作风稀"的顽症，从穿衣戴帽严起、从一日生活制度严起，从一车一令严起，坚决杜绝"人乱跑、车乱动、酒乱喝"等违纪违规现象。

深化双拥共建　积极响应警备区和渝北区委、区政府号召，扎实开展脱贫攻坚行动，与大盛镇千盏村15户贫困户和酉阳县5户涉军贫困户建立结对帮扶关系，先后投入资金10万余元，组织30余人次入户走访调查和慰问解困，为贫困户解决房屋改建、道路硬化、产业脱贫等实际困难20余项。积极发挥民兵作用，以打造“雷锋式人武部”和“亲民爱民”活动为抓手，助推驻地经济建设。组织民兵在积极支援新农村建设、援建基础设施、建设产业基地、发展专业合作社、打造农业产业品牌、生态工程建设中发挥骨干作用，为促进经济持续发展作贡献。多门路、多层次、多渠道组织民兵推广农业科学技术，帮助群众调整产业结构，发展特色经济，实施科技扶贫，发挥民兵科技致富、勤劳致富的示范带头作用。

后装保障工作 认真贯彻军委依法治军、从严治军决策部署，切实抓好财经法规贯彻落实，始终把提高国防后备力量建设作为出发点和落脚点，摒弃惯性思维，刹住惯性作法，财务管理步入新轨。坚持围绕中心工作开展保障工作，先后为民兵整组调整改革、征兵、联考联评等大项任务投入经费200余万元。进一步规范经费管理，减少行政性消耗开支，压缩不必要的开支；适时调整年度预算，保证各项经费开支符合预算要求。严格落实警备区《关于明确全面停止有偿服务项目整改任务的通知》要求，积极协调地方相关单位和部门，关停营区办公楼下3个临街门面，关停过程中，通过积极沟通，没有发生民事纠纷、租户上访索赔等问题。主动协调地方相关部门，及时办理职工晋级、转岗培训、年度加薪、住房公积金、养老医疗保险、调资调薪等涉及职工切身利益的各项工作。

【“传承红色基因、担当强军重任”主题教育活动】 2018年，渝北区人武部围绕学习贯彻十九大精神这条主线，突出忠诚核心、拥戴核心、维护核心这个根本，把学习贯彻习近平主席系列重要讲话精神特别是国防和军队建设重要论述贯穿始终，因地制宜改造营区文化氛围，引导干部职工和文职人员进一步铸牢忠诚品格、聚力强军兴军，坚决维护习近平主席这个核心，坚决听从党中央、中央军委和习近平主席指挥。采取专题学习讨论、党员承诺践诺、每月讲党课等形式，运用身边事例现身说法，不断将“两学一做”学习教育活动常态化制度化。组织区人武部全体干部职工、全区专武干部到王朴烈士墓前进行重温入党誓词活动，激励大家不忘初心，沿着革命先烈的足迹砥砺前行。通过利用媒体跟学、对照原文细学、组织讨论研学等形式，加深对报告的学习领悟。扎实开展十九大精神“进军营”活动，将十九大精神“军事篇”作为重要内容，以树立忧患意识、增强国防意识为着力点，在民兵队伍中组织宣讲教育，进一步增强民兵热爱国防、支持国防的意识。

【应急民兵训练】 1月24日至31日，组织民兵开展应急训练，分应急分队实战拉动、实兵比武集训、实装操作、练兵备战讨论评比四个大版块展开。民兵应急连牢记习主席训令，强化练兵备战鲜明导向，实战拉动不发预先号令，不先出情况想定，30个镇街应急排随时待命，拉动当时下达动员命令，依令依情到位完成任务。实兵比武改变以往“射击场打枪、足球场跑步”的“基地化”“保姆式”训练模式，实弹射击民兵野外自选自设射击场地、自己校枪、自己排除武器故障，3000米越野随机根据任务指定路线场地，不分干部战士、不分年龄大小，参训官兵一律在战斗力标准下同台竞技。以练兵备战为主题的大讨论直指“轮不上、打不赢”的错误思想、“重应急、轻应战”的实用主义思想、“基地训、自己考”的自我封闭训练等制约民兵军事训练实战化水平的思想误区和习惯做法。

【国防教育】 2018年，渝北区人武部完善国防教育制度机制，将国防教育纳入重要议事日程，建立常委议军会、军地联席办公会、国防教育工作例会、双拥领导小组例会、“军事日”等制度，定期开展活动，研究解决有关问题。突出重点对象，突出各级领导干部和青少年国防教育，开设讲座10余期，区人武部主官坚持备课授课，推进国防教育进机关、进学校，充分发挥国防教育育人功能，先后为镇(街)党政机关、学校、企事业举办国防教育讲座12场，听课群众达2000余人。组织国防教育巡展，开展“传承红色基因、汇聚强军力量”主题教育和“心系国防，从我做起”主题演讲，协调驻区部队搞好学生军训，推进军营向社会开放，发扬军事文化、军营文化的浓郁军味和忠烈品性。创新手段方法，点线面立体结合，重视主流媒体巩固国防教育宣传阵地，依托户外媒体和手机微信等自媒体延伸传播途径，构建起覆盖广泛、反应快速、传输便捷的国防教育立体宣传网络。全年在各级媒体上发布稿件30余篇，“英雄故事大讲堂”“童心系国防”等国防教育做法被《中国国防报》等媒体先后报道，国防教育教员潘成城荣获重庆市国防教育优秀教员评比一等奖。2018年，网上兵役登记率达100%。

【市级民兵无人机侦察队和市级民兵通信保障队训练】 2018年，根据重庆市政府、重庆警备区《关于加强民兵应急队伍建设的实施意见》，结合“十三五”民兵调整改革工作，按照军民融合、联建共用，依托地方资源优势推进，条件具备成熟一支开建开训一支的思路，渝北区依托重庆华科尔无人机公司组建的市民兵无人机侦察队在渝北回兴产业园举行开训式；依托中国联通重庆市分公司组建的市民兵通信保障队结合“2018年中国联通合作伙伴大会暨通信终端交易会”在南坪会展中心开训并完成相关保障任务。

【人民武装工作暨民兵调整改革任务部署会议】 1月24日，渝北区人民武装工作暨民兵调整改革任务部署会议召开，区委书记段成刚、区人武部领导、区国动委各办公室主任、各镇(街道)党(工)委书记、基层专武部长参加。会议传达重庆警备区党委四届九次全体(扩大)会议精神，总结2017年渝北区人民武装工作并部署2018年工作任务，表彰武装工作先进单位和个人。会议重点部署渝北区“十三五”时期民兵调整改革计划任务，要求原原本本学习《重庆市“十三五”时期民兵调整改革计划方案》，强化“红线不能碰，底线不能破”意识，严格民兵准入制度和“一人一卡一号”注册登记制度，坚决防止出现“墙上兵、纸上兵”和“重复交叉”编兵，引导民兵调整改革向“双应”能力聚焦，向战斗力聚集。会议强调，要充分发挥党管武装、“双重领导”优势，坚持把政治建军摆在首位，持续抓好“十九大”精神学习贯彻；要牢记习主席训令，扎实开展“四实”训练周活动，迅速掀起大抓军事训练热潮；要紧紧抓住国防动员这个重点，着力促进军民深度融合和标准完成年度征兵任务；要着力增强安全防范能力，抓住安全稳定这个底线；要紧紧抓住基层建设这个基础，着力提升武装工作质量。

【首长机关和民兵军事训练】 2018年，渝北区人武部采取在职自学、结合岗位自训的方法，主要进行军事理论、新军事训练大纲、轻武器分解结合与实弹射击、单个军人队列动作及组织指挥、体能等共同基础训练。1月，结合开训周，组织部机关干部职工和全区专武干部开展战备拉练和实弹射击活动；3月中旬，组织高炮民兵骨干开展为期一周的实装操作训练，培训高炮教练员一批。全年组织全区党政机关1000余人次开展“军事日”活动，有效强化地方领导干部的国防观念；4月、5月，选派民兵骨干参加警备区教练员和防空民兵轮训备勤，全力培养业务精、能力强、作风硬的民兵专业骨干队伍；6月中旬，组织30个镇街和7个企事业单位的基干民兵骨干开展为期10天的集训备勤活动，强化军事基础科目训练，提升组训任教和履行使命任务能力；9—11月，组织区民兵应急连围绕联考联评进行强化训练。

【民兵整组工作调研】 2018年，渝北区人武部结合年度民兵组织整顿工作，采取座谈会、现场调研以及各镇街党工委、编兵单位上报民兵表册、分析材料定性分析和定量分析相结合等方法，围绕警备区调研要求的9个方面，结合基层单位上报的30份分析材料，全面梳理分析全区基干民兵队伍建设现状、存在问题及产生原因，有针对性地提出破解矛盾的办法和对策建议。把调研过程作为促进民兵整组工作进一步落实的重要抓手，通过调研分析思考，有效督促基层镇街和编兵单位党委领导分析问题、破解难题，按重庆市民兵调整改革计划方案进一步编强编实渝北民兵队伍。调研就市场经济条件下民兵整组规模质量、整组时间与现役军人退役时间衔接、体检政审标准细则等，向警备区专题上报意见建议。

【民兵调整改革】 2018年，渝北区人武部重点领会重庆市《调整改革计划方案》和警备区业务培训会精神，掌握工作标准，压实主体责任。重点强调质量标准，严格民兵准入制度和“一人一卡一号”注册登记制度，坚决防止出现“墙上兵、纸上兵”和“重复交叉”编兵，引导调整改革向“双应”能力聚焦。1月2日前召开部党委会计划部署，摆上党委一季度和年度议事议程，克服新年度工作筹划起步工作矛盾多、春节和长假走访慰问牵扯精力多等困难，细化“日周月”任务方案，确保按时间节点、按标准完成。重点搞好军地协同，充分发挥党管武装、“双重领导”优势，加强与军地有关单位和部门沟通协调，筹划军地动员部署会，按职责分工推进各项工作，确保责任到位、措施到位、落实到位。重点抓好经费预算保障，认真测算编制新年度落实调整改革任务和抓好军事训练等各项工作经费，列入年度工作经费预算。积极争取军地各方经费支持，管好用好民兵经费，努力提高经费保障效益。

【实弹训练】 2018年，渝北区人武部坚决贯彻落实习主席1月3日在中央军委2018年开训动员大会上向全军发布的训令，认真筹划年度军事训练，以实弹训练与考核为抓手，强化练兵备战的鲜明导向，持续推进训练热潮。从1月份“四实”训练周开始，结合区机关、镇街军事日活动和民兵应急分队常态轮训备勤训练，组织实弹射击训练与考核。训练中，区人武部认真学习贯彻军委国防动员部《关于加强省军区系统军事训练安全管理工作的通知》，严密科学组织，认真组织理论授课、讲解示范和学习武器操作规程，帮助官兵和参训民兵了解掌握武器弹药原理、结构和性能，有效提高民兵练兵备战和熟练掌握手中武器的意识和能力。

【安全稳定】 认真贯彻落实军委国防动员部和警备区安全稳定工作电视会议精神，以迎接军委国防动员部安全大检查为契机，坚持从规范“四个秩序”、落实“六个管好”入手，扎实做好安全防事故工作，圆满完成迎检任务。坚持每季度召开党委会分析安全形势，重大节日和每月检查安全隐患，每周一交班会讲评安全工作，人人对应《岗位精细化履职尽责表》，实行量化考评。狠抓安全防范工作，认真修订完善《防范重大安全问题预案》，做到干部职工人人熟悉预案，人人知道如何防范和处置重大安全问题。严格坚持武器管理的各项制度，坚持制度不打折扣、不搞特殊、不搞变通，做到事按制度办、人按职责干，做到用制度管人管物管枪管弹。加强营院安全管理，对营区消防风险点、安全隐患点进行大排查、大整改，每月进行一次消防和营区安全防范演练，确保预案在先，依案而动，有备无患。突出人、车、枪、弹、密等重点要害严防死守，在大项任务重，动车、动弹多，人员在位少的情况下，部队全年未发生重特大安全问题。

（任　伟）

人民防空

【概况】 2018年,渝北区民防工作结合新时期军事斗争准备的新特点,以"战时能力强、平时作为大"为总目标,努力提高信息化条件下局部战争防空袭能力,科学谋划,开拓创新,不断促进民防建设与经济社会发展体系的良性互动、融合发展,全区民防工程建设、应急指挥、疏散基地建设、"两防一体化"社区创建、"百日纳凉送爽"和民防知识宣传教育等各项工作在全市名列前茅。

【民防应急准备】 2018年,渝北区新安装固定防空警报6台,开展"6·5"防空警报试鸣放活动1次,鸣响率100%;启动区政府应急应战指挥平台建设,全年完成应急指挥通信演练140余次;加强人防专业队伍规范化建设,完成专业队伍骨干人员培训80人。

【工程建设与平战结合】 2018年,通过公开招投标方式,将骝马山公共人防工程和大龙山公共人防工程进行出租,每季度租金收入45.66万元,提高人防工程平战结合使用效率;建成绿梦广场地下停车库公共人防工程,为周边居民停车提供方便,全年收取停车费31万元,平战结合收益213.64万元,实现人防工程经济效益、社会效益和战备效益的有机结合。开放大龙山和骝马山2个纳凉点,接待纳凉市民8万余人次。

【民防知识宣传教育】 2018年,渝北区借助党校、中学、社区"三大平台",利用"5·12"防灾减灾日、"6·5"防空警报试鸣放日、"12·4"法制宣传日等时机,广泛深入开展民防知识宣传教育,全年累计发放宣传资料2万余份。在全区范围内广泛组织订阅《中国人民防空》《重庆民防》、举办领导干部民防知识专题讲座、组织干部群众实地参观民防宣教中心,丰富教育载体,创新教育模式,全面加强民防知识宣传教育,全区干部群众的民防意识和国防观念普遍增强。

(潘　渊)

开放 开发

概 述

2018年,渝北区主动融入"一带一路",开发开放动力持续增强。一是对外开放水平不断提升。国际航空港建设稳步推进,基地航空公司达到7家,航线总数达到329条,其中国际航线82条,客货吞吐量分别达到4159.5万人次、38.2万吨,增长7.4%、4.3%。航空小镇骨架路网基本成型,天羽飞训等一批航空直接关联企业相继落户,"一场一园一镇"建设初见成效。国家临空经济示范区加快建设,与机场集团共同成立的临空经济开发公司开业营运,核心区D6地块开发实质性启动。洛碛码头一期工程前期工作推进顺利,正在加快形成空铁水"三港联动"格局。二是外向型经济蓬勃发展。中新互联互通项目加快推进,新引进宗申融资租赁等12个新加坡项目。自贸试验区加快建设,新增法人企业1574家,总数突破4000家。全市首个国际贸易示范园建成投用,汽车整车进口、飞机保税租赁等新业态飞速发展,智能手机等"渝北造"商品远销全球。积极应对中美贸易摩擦,全年进出口贸易总额达到1413.8亿元。三是服务两江新区加快发展。全年为市级平台新征地1.45万亩,与两江新区实现联合招商、联合接待,合作关系更加紧密。龙兴工业园完成产值45.6亿元、增长21.5%。四是区域合作纵深推进。深化与邻水合作,一批载体项目加快建设。与四川资阳签订深化临空经济和车产业发展合作协议,实现优势互补、合作共赢。与云阳建立对口帮扶机制,划拨到位3040万元帮扶资金。五是招商引资成效明显。成功引进厦门航空西部基地、宝能供应链总部等产业项目371个,计划投资1760亿元,其中投资亿元以上项目160个。东方嘉盛、秦嵩科技等一批供应链、军民融合知名企业签约落户。

(杨 贺)

经济开发

招商引资及外经贸工作

【概况】 2018年，渝北区围绕全区“135”发展战略，紧扣建设国家临空经济示范区总体目标，聚焦渝北三大功能定位，重点开展临空经济示范区建设和全区招商引资统筹工作，全年全区项目引进数量、合同投资总额、实际到位资金等指标创新高，产业转型发展取得新突破。2018年，渝北区自主招商板块引进各类项目311个，计划投资额1259亿元，其中合同投资亿元以上项目127个。示范区渝北板块实现地区生产总值342亿元，完成固定资产投资364亿元，工业增加值181.3亿元，进出口总额占渝北区的比重80%，R&D投入占GDP比重3.94%。单位生产总值能耗和主要污染物减排达到约束性要求。

【招商成效】 全年全区引进各类项目371个，其中亿元以上的项目160个，合同投资1760.34亿元；自主招商板块引进各类项目311个，计划投资额1259亿元，其中合同投资亿元以上项目127个。引进环普智能终端产业园、环泰新能源汽车零部件、51社保等工业及信息化项目67个（合同投资1亿元以上的26个），合同投资额121.39亿元。引进居然之家家居小镇、宝能物流、厦门航空西部基地、英飒平行进口汽车等服务业项目233个（亿元以上项目97个），合同投资额1126.83亿元。引进新型农业项目11个，合同投资额10.8亿元。

【统筹招商】 推动成立由书记、区长为双组长的招商引资工作领导小组，统筹全区招商，牵头做好市级招商督查考核有关工作，推动与市级平台联动招商机制建立，统筹协调区委、区政府主要领导外出招商等工作。完善招商内部管理机制，修改招商项目管理系统，规范招商项目管理；建立协议备案机制，明确招商项目统计标准；建立市政府督查考核内容报送机制，确保渝北区在全市招商引资督查工作中不走“冤枉路”、不扣“冤枉分”；建立招商资源定期清理机制，及时掌握全区招商资源情况，为区领导决策提供有利依据。以督查考核促进招商，建立“周快报、月通报、季调度”的督查机制，定期通报各单位招商成效，围绕重点项目推进情况、签约项目推进情况等招商情况开展专项督查，并形成督查报告送区委、区政府主要领导。按照“年初有目标，年底有考核”的方式下设全区招商目标任务，对招商责任单位完成目标情况实施绩效考核，并将招商信息考核纳入全区部门考核体系，确保招商引资工作协调推进、取得实效。

【谋划招商】 畅通招商信息渠道，与市政府督查室、市经信委、市商务委等单位就市级招商考核督查事宜保持密切沟通，及时报送考核数据并掌握市级排名情况，供区领导参考；及时将搜集的招商信息反馈给各招商单位，建立信息交流工作群，促进招商单位、落地平台就招商资源、项目推进情况进行交流。建立工作台账，建立市领导拜访接待企业工作台账，每月定期报送市政府督查室，建立区委、区政府主要领导拜访接待企业台账，及时更新项目推进情况。与市级平台联动招商，制定对接方案并印发《关于建立与市级平台联动招商责任机制的通知》与两江新区、悦来集团、龙兴公司、保税港区等平台对接建立联动招商机制。谋划重点领域招商，印发《2018年3—8月重点领域集中招商工作方案》，对大数据及人工智能、创新金融、航空产业等三个领域明确招商责任单位和招商目标，促进重点领域集中招商。

【服务招商】 做好政策梳理。梳理产业扶持政策，编制政策汇编，草拟企业高管子女就学、航空企业过渡性扶持政策、招商引荐人奖励措施等政策文件。强化招商宣传，制作招商宣传片、招商PPT、“临空渝北”宣传册等宣传资料，建立“临空渝北”微信公众号，定期推送示范区及招商引资有关工作情况，定期印发招商资源情况通报、及时编印招商月报12期。对接招商交流服务，组织“第三届硅谷创业节重庆周”“北大后E”企业团招商推介等活动，接访兄弟区县、其他城市来访12次。组织全区集中签约活动2次、招商工作大会2次、招商专题会等10余次，统筹西洽会、进博会、智博会、国创会等展会招商活动及招商项目签约，协助推进区内重大项目开工活动等，推动全区招商工作顺利开展。

【临空经济示范区建设】 根据“市级统筹，一体规划，分区负责”原则，渝北区、机场集团、保税港区、悦来集团分别负责各自范围内的开发建设。渝北区成立了临空经济示范区建设领导小组，由区政府主要领导任组长，领导小组下设办公室在区临空办，负责对接重庆临空经济示范区开发建设联席会议办公室，并统筹协调示范区区属板块建设工作。推动完善示范区规划及统计体系，区临空办牵头开展示范区总体规划修编基本完成，同步开展环境影响评价报告书。协助市发改委及市综合经济研究院，从优化背景、优化思路、优化路径、重点任务、保障措施等方面，研究编制该实施方案。根据国家发改委要求建立示范区统计指标体系。推动航空产业蓬勃发展，推动渝北区与机场集团共同组建临空经济示范区开发建设有限公司，对机场控制区内部分地块合作开发。协调市交委、机场集团，推动重庆—非洲货运航线开通，力求为企业降低出口物流成本。积极协助市交委、机场集团以及相关航空公司等相关单位，成功化解C2地块航空公司用地冲突，航空公司基地市政移交与绿化升级事宜，驻区航空公司飞行员个税缴纳问题，四川航空飞行员公寓验收等问题。着力临空指向性产业招商引资，发挥临空优势，重点引进航空、现代金融等临空关联度高、产业集聚度高、产业附加值高的项目，2018年引进海航现代物流、天羽飞训、飞机租赁等航空关联项目20余个，计划总投资约150亿元。做实基础工作，定期编印《临空经济示范区工作动态》，及时反映区内各版块建设情况、重点事项推进进度，交流学习其他示范区先进经验。精心制作了临空经济示范区主题微电影《梦想在这里启航》，并通过区级媒体发布。2018年8月，组织区级部门、镇街、国有公司58名处级干部赴郑州大学专题学习临空经济，邀请曹允春教授等8名行业专家进行授课。全年接待鄂尔多斯市政府、西咸新区管委会等外省市及兄弟区县来访考察18起，交流临空经济发展经验。

（任 虹）

【外贸进出口】 2018年外贸进出口总额实现1414亿元，同比增长16.5%，在主城九区中，总量排第二，增长率排第三。其中出口实现865.3亿元，同比增长28.4%，进口实现548.6亿元，同比增长1.58%。2018年，服务外包合同金额2.5亿美元，实际执行额1.3亿美元。

（苗建波）

中新自贸工作

【创新举措】 积极推进自贸试验区投资、贸易、金融、事中事后监管四大领域改革创新，推动开展“一本报告管全域”改革试点、自贸专区集中受理试点、“两点执业”改革试点等3项重大改革创新。建成临空经济总部、仙桃国际大数据谷、临空国际贸易示范园3个自贸实体展示区。

【复制推广】 自贸试验区“全国复制推广153条”涉及渝北区70项，2018年实施65项，落地率达92.9%，工商注册登记、事中事后监管和电子税务等复制推广事项效果明显，培育形成了“产业聚集区自主管理模式”“集群注册管理模式”“创新订单金融服务模式”3个创新典型案例和经验。

【招商引资】 建立“1+6”自贸招商工作机制，加大招商引资力度，利用平台联动助推项目落地。2018年全年，渝北自贸板块落户重庆航空飞机租赁项目、国祥融资租赁项目、英飒平行进口汽车项目等重大项目15个。自贸区设立以来，渝北板块共引进重点项目130个，合同投资（注册资金）506亿元。

【中新项目】 完成12.5平方千米中新航空产业园整体规划编制，赴新加坡开展专题招商推介，全面启动园区招商工作。注册成立中新（重庆）机场商业管理公司。依托重庆基金小镇，2018年引进上创新微、鑫缘鑫资本、中金同盛、前海期货等70余家金融及服务机构集中落户。

（苗建波）

重庆两路寸滩保税港区

【概况】 2018年，重庆两路寸滩保税港区（以下简称保税港区）在成立10周年之际，紧紧围绕重庆“两点”定位、“两地”“两高”目标、发挥“三个作用”和营造良好政治生态，坚持稳中求进工作总基调，坚定贯彻新发展理念，坚决打好“三大攻坚战”，大力实施“八项行动计划”。通过全面加强党对经济工作的领导，扎实开展“兴转促”行动，以问题为导向，狠抓成果转化，力促工作落实，确保区域经济平稳运行。2018年实现规上工业产值770.65亿元，同比增长约20.5%；实现外贸进出口总额1069.03亿元，同比增长约20.4%；实际利用外资10.91亿美元。保税港区已成为两江新区乃至全市重要的对外开放窗口，对重庆外向型经济发展起到了明显的支撑和带动作用。根据海关总署两区协会数据，重庆保税港区在全国14个保税港区中主要经济指标位居前三，其中，外贸进出口额排名第2。

【保税+智能制造】 智能制造“量”“质”双增，关键指标均实现两位数增长：预计全年生产智能终端产品约3121万台（件），同比增长约35.7%；实现规上工业产值约770.65亿元，同比增长约20.5%；带动实现外贸进出口总额约963.65亿元，同比增长约24.3%。产业链拓展取得成效，新引进华为高端笔记本、4代苹果手表等入区生产；HP全球备件维修中心正式运营；翊宝取得《入境维修/再制造业务能力评估证书》，具备手机、智能穿戴产品以及平板电脑的入境维修、再制造能力。智能化改造初见成效，4家智能终端企业投资约3.1亿元开展智能化改造，其中：旭硕公司建成37人/条的智能集成组包测试线；纬创公司工业4.0数位制造中心建成投入运营；仁宝公司引进自动化测试设备等10个自动化项目，翊宝推进数字化智能工厂基础智能软硬件改造；飞力达物流投用行业领先的智能立体仓库，并探索“生产型物流”新模式。“恒业恒产”稳步推进，促使智能终端制造企业继续投资回购和自建厂房，安心在渝发展。在先期提供企业28.6万平方米面积租赁厂房基础上，智能终端企业现已投资约27亿元回购和自建厂房共计约64万平方米。

【保税+服务贸易】 “保税+总部经济”不断壮大，借鉴上海外高桥贸易便利化模式，吸引重点企业在港区设立区域总部。结合中新互联互通示范项目，今年新引入世界500强新加坡托克集团及百安居、安通控股、北大荒等区域总部。一般贸易额止跌回升，预计全年实现进出口贸易额67亿元。“保税+跨境电商”势头强劲，该行业全国前五强中的阿里巴巴、网易、唯品会和小红书四家落户，累计引进跨境电商平台企业32家，全年预计完成交易额27亿元，同比增长1倍。“保税+融资租赁”持续推进，会同春秋航空、重庆航空开展飞机租赁业务，全年新引进6架保税租赁飞机。积极探索医疗设备、船舶及其他大型设备的“保税+融资租赁”项目。“保税+整车进口”稳步发展，新引进美思曼、英飒、大地、卓茂、泓嘉瑞华等6家整车类企业，预计全年实现整车进口600辆。“保税+展示交易”突出特色。重点围绕“窗口功能、贸易功能、旅游功能”，做大做优保税商品展示交易中心，不断提升知名度和影响力。新引进瑞士、肯尼亚、东南亚生鲜馆等7个国家馆，国家馆数量达15个。提升水港片区绿化亮化美化水平，AAAA级保税体验旅游景区挂牌运营。

【保税+口岸物流】 打造多式联运物流枢纽，充分发挥国际口岸、保税仓储、保税物流等功能优势，构建“水、空、铁、公”多式联运物流基地。已累计引进物流企业278家，建成仓储面积70万平方米。2018年新开工面积20万平方米。国际商贸物流园引进澳大利亚嘉民、美国安博、新加坡丰树、普洛斯、阿里巴巴集团菜鸟网络等国际国内知名物流企业落户。积极拓展专业物流市场，空港贸易功能区新引入唯品会重庆运营总部、重庆航空产业综合基地和重庆宝湾智能制造供应链中心等项目，重点打造跨境电商、航空航材供应链，以及汽车、机器人、无人机零配件专业市场。口岸运行不断优化，建立口岸巡查制度，强化指定口岸基础设施，着力解决进口商品物流运输模式固化、口岸功能单一等问题，利用智能化手段先行先试跨境电商货物“7*24小时”便利化通关。全年实现海关监管货值约252.5亿美元，占全市比重约45%，辐射带动作用明显，其中通过指定口岸进口肉类、水果、冰鲜水产品、食用水生动物等产品共计4976.99吨，积极申报进口种苗、生物制药等新口岸。

【基础设施建设】 加快各类设施建设。全年完成建设投资12.75亿元，完成约16万平方米厂房建设，快速有序推进约18千米道路建设进度，完成Q分区、K分区、J分区道路和桥梁等基础设施建设，推进春华立交、加工区立交、四号线保税港站地下通道延伸工程等重点项目。完成B02厂房建设，积极推动B03厂房建设，协助翊宝建成一期约15万平方米、启动二期约16万平方米自有厂房建设。启动空港3所小学建设前期工作。大力推进产城融合。中国摩大型文旅综合体项目建设招商同步发力，主体工程完成土建封顶，与IP运营商尼克宇宙签订正式合作协议，29台进口室内大型娱乐设备已开始生产。保税港区周边城市区域教育、医疗、居住环境稳步优化：加快推进约34万平方米的皓月小区建设，2019年建成后可满足2.5万人居住需求；巴蜀常青藤国际学校投入运营；国际医院项目土地已摘牌，完成前置审批工作；水港建成楼宇经济载体资源32.5万平方米。加快建设智慧城市。基本形成多元化信息化的基础设施体系，完成港区智慧城市建设顶层、基础平台和智慧安全等13个子项目设计，配合海关制定智慧通关方案。

（汤　皓）

重庆两江新区龙兴工业开发区

【概况】 2018年，龙兴工业开发区积极践行新发展理念，扎实推进园区开发开放、基础建设、招商引资、环境提升等中心工作，完成了全年各项标任务，取得了开发建设新成就。

截至2018年10月31日，龙兴园区完成规上工业产值136.7亿元，占目标任务的82.4%，同比增长13.5%，其中，联网直报项目产值46.3亿元，同比增长28.4%；预计固定资产投资完成213亿元，占目标任务的90.7%，同比增长38.3%。其中工业投资预计完成38.1亿元，同比下降26.5%，房地产投资完成98.7亿元，同比增长108.5%；预计实现限额以上社会消费品零售额1.5亿元，同比增长95%；预计实际利用外资完成4.5亿美元，占目标任务的125%，同比增长64%；预计完成公共财政预算收入17亿元，占目标任务的95.2%，同比增长22.4%。园区自有投资106.18亿元，完成率达97%。

【园区开发规划】 完成龙兴古镇未来3年发展战略，完成龙兴园区货运（物流）专项规划。开展教育设施专项布点、莱茵体育小镇等10余项策划、规划及设计，为园区近远期发展提供有力指导。启动渝北实验小学、重庆八中、御园配套小学、龙兴医院等项目前期设计。完成六纵线、一横线提档升级、盛唐路改造等项目施工图12个、里程66千米。完成景观施工图约27万立方米。积极推进东环铁路代建，轨道交通4号线二期等项目前期工作。

【要素保障】 2018年新征用地1.5万亩，拆除农房及企业194户，出让土地4306亩、总额57亿元，为总部基地、机东南、石河立交等重点项目建设提供用地保障。建成明月山、观音堂、金塘变电站，启动大堡、水竹林、石头、红花等变电站前期工作。完成各类线路迁改项目60余个，线路长度131千米。完成天堡、石船安置房水电气讯污配套工程，在建截污干管约13千米、完工12.4千米，开工建设石船临时污水处理设施扩容工程。收入财政性资金63.10亿元，安置房回款5.99亿元，各类租金1650多万元。

【基础设施建设】 2018年，龙兴园区建设工程36个（其中新开工15个），实际投资21.48亿元。道路项目26个（其中新建9个），建设里程约35千米（其中新建14千米），完工通车18千米，龙兴隧道、六纵线、一横线跨御临河大桥等重点项目全面开工。楼宇项目7个（其中新建2个），总建筑面积约67万平方米（其中新建35万平方米）。天堡安置房A组团完工交房，C、D组团顺利开工，御临河智能停车楼进入主体施工。生态项目3个（其中新建1个）。高洞河拦河坝、航空产业园片区河道综合治理等加快建设。

【产业发展】 2018年，龙兴园区签约落地项目113个，累计协议投资1268亿元；累计开竣工项目99个，其中在建项目45个，投产项目57个。新增签约项目11个，合计协议投资235亿元；新开工碧桂园、广州电装、航空发动机叶片、龙湖等项目14个；新竣工海纳川、世钟、伟世通、南开中学、日立汽车等项目17个。积极做优企业服务工作，截至2018年10月企业服务专员对113家入驻企业进行现场走访2000余次，收集突出问题125条，成功解决107条。推出领导定点联系服务落地方案，加快解决企业问题。

【功能布局】 继续做大做强一城（两江国际影视城）、一园（际华园），恭州博物小镇项目总体概念性规划方案设计通过评审，影视城三期项目概念性规划方案设计完成。南开中学、人民小学建成招生，重庆八中、渝北实验小学等完成方案设计，哈罗公学、美国IA高中等国际学校加快前期准备。二甲龙兴医院加快推进，三甲重庆大学两江医院签约入驻。新开工景观项目5个，续建项目12个，总面积约65万平方米，完成品质提升工程项目3个，增加数十种观赏植物。多次组织召开园区环境保护专项行动部署会和专题会，开展3次环境保护检查。

【安全稳定】 开展各类检查70余次，下发安全隐患整改通知书200余份，处罚金额50余万，制定《龙兴公司安全隐患处置办法（暂行）》。对40个自投在建项目开展拉网式检查，编写40余份检查报告，发出80余份整改通知书。共进行40余个项目质量安全性签定工作，对园区60余家企业和40余家建筑施工工地进行安全检查和复查，隐患整改率达95%。对已征未用国有土地进行定期和不定期巡查。全面排查高边坡、堰塞湖、遗留鱼塘等区域，消除安全隐患。全年共拆除园区自建项目临时板房、菜棚200余个。

（龚俊豪）

重庆悦来新城

【概况】 悦来新城位于重庆两江新区西部片区中心、渝北区西北部悦来街道，北接北碚区水土镇，南与礼嘉商务中心呼应，东连重庆市空港新城，西接北碚区蔡家，面积18.67平方千米，其规划、建设以及运营管理工作主要由重庆悦来投资集团有限公司承担。悦来国际会展城承载了国际商务、会议展览、文化创意、生态宜居和休闲游憩等主要功能，承载了首批国家绿色生态示范城区和首批国家级海绵城市试点的工作任务，也承载了内陆会展名城的建设梦想。悦来国际会展城战略发展紧紧围绕“创新、协调、绿色、开放、共享”五大发展理念，以创新的理念培育文化艺术之城、以协调的理念构建人、城、自然和谐共存之城、以绿色理念建设生态海绵之城、以开放的理念建设会展之城、以共享理念建设智慧之城。实现开放会展平台、绿色生态环境、共享智慧经济、协调融合文旅产业，统筹推进会展城、生态城、海绵城、智慧城、文艺城“五城同创”和诗意滨江、生态滨江、浪漫滨江、艺术滨江、活力滨江“五个滨江”发展计划，成为体现新发展理念的有效载体，着力打造国际会展集聚区、生态示范先行区和国际交往湾区。重庆悦来投资集团有限公司成立于2010年9月，隶属于重庆两江新区，为市属国有重点企业，注册资本金20亿元。集团内设12部室，员工800余人，下设重庆国际博览中心有限公司、重庆两江商务中心置业有限公司、重庆悦来两江国际酒店会议管理有限公司、重庆悦来兴城资产经营管理有限公司4个全资子公司。

【展会运营】 2018年，共承接展览46个，同比增长35%，累计接待宾客380万人次，其中10万平方米以上展览5个，举办会议活动256场，其中国际会议11个，规模以上会议81场，按时完成了智慧小镇建设，为2018智博会成功举办提供了保障。悦来自办展会迈出新步伐，成功主办了“一带一路”名品展、“第13届中国零售商大会”等自办展会。2018年，国博中心荣获2018中国土木工程詹天佑奖及重庆市科技进步奖三等奖，入选《改革开放40年建筑业百项经典工程集》，被国家商务部评定为“绿色会展推广先进单位”，荣获“2018年中国会展标志性场馆”和“五星优秀会展场馆”，被客户评为“第十六届2018中国国际畜牧业博览会最佳合作伙伴奖”。会议中心荣获“2018年度金五星优秀会展新秀会展场馆——优秀会议中心奖”，荣获“中国十大影响力会议中心”“中国最佳城市地标会议中心”称号，为打造悦来“国际会展集聚区”奠定了良好的品质基础，提升了悦来会展城的美誉度。

【配套设施建设】 2018年，基础设施建设项目完成投资21.5亿元，开工和续建总长26千米市政道路，完工16千米；完成了“26°街区”一期升级改造；通过公共艺术展落地十位中国知名艺术家的雕塑作品，提升了城市文化品质；推动了人和街小学、启诚巴蜀小学、悦来中学的建设；房地产项目累计开工面积382万平方米，累计竣工面积86万平方米，城市配套逐渐完善。

【绿色生态建设】 2018年，悦来新城推进"全城海绵"和"全城生态"建设，海绵建设累计完成投资38.65亿元，完工项目71个。后河、嘉陵江防洪护岸、张家溪生态环境整治工程等一江两河重点工程完成80%，启动了绿伞示范段建设。2018年，国博中心海绵改造项目进入国家住建部经典案例库，悦来海绵生态展示中心获得LEED-CS金奖设计认证、重庆市铂金级和国家三星级绿色建筑设计评价标识。

【企业转型发展】 2018年，以国企改革为契机，悦来集团进一步明确定位，推动一批优质项目落户。开工建设会展总部基地；引进四川美术学院国际设计学院，打造集国际艺术教育、文创研发和产业孵化于一体的创新基地；启动悦来庄稼—文艺小镇建设，提升城市内涵和品质；合资成立的华悦生态研究院、中节能公司、龙悦城市管理公司大力拓展市场，开辟了城市绿色产业发展和管理新路子；与腾讯等优质企业共同推动智慧城市建设。

（寇村图）

重庆机场集团有限公司

【概况】 重庆机场集团有限公司（以下简称重庆机场集团），是重庆市属国有重点企业。主要负责重庆江北国际机场（以下简称江北机场）、黔江武陵山机场、巫山神女峰机场和武隆仙女山机场的建设运营，经营范围涵盖机场运营、物流仓储、货物进出口、广告、酒店、客运站经营等多个板块。2018年，重庆机场集团深入学习贯彻习近平新时代中国特色社会主义思想和党的十九大精神，全面深化改革、迈向高质量发展之路。全集团认真落实市委市政府的工作要求和部署，坚持品质化发展思路，聚焦打赢"深化改革、效益提升、效率升级"三场硬仗，沉心静气、真抓实干，保持了平稳健康发展态势。

【安全服务】 深入学习贯彻习近平总书记对民航安全工作的重要批示精神和接见川航英雄机组的重要指示精神，始终把安全作为头等大事来抓，全年未发生机场责任原因的安全事故或事故征候，确保江北机场、黔江机场安全运行平稳可控。制定《深入贯彻落实习近平总书记重要批示精神措施清单》，协助举办英雄机长刘传健先进事迹报告会，荣获全国"安全生产月"活动先进单位。构建"五区两网"区域管理模式，实现安全责任全覆盖。狠抓"三基"建设，发布安全文化体系，全面开展安全大检查。推进企业法定自查机制建设，开展扫黑除恶专项斗争，圆满完成第二十一届西洽会、首届智博会、首届中新金融国际峰会等重大保障任务。

国内首批推出全流程"无纸化"乘机、临时身份证明自助办理、离境退税办理、停车场无感支付等便民举措。江北机场荣获国际机场协会颁发的"全球旅客吞吐量2500万～4000万层级最佳机场第一名""旅客吞吐量2500万～4000万层级亚太地区最佳机场""总干事机场卓越服务质量奖"三项国际性大奖。

【深化改革】 全力推动集团管控模式改革，编制完成《集团管控体系改革方案》。江北机场公司股权回购、空港地服公司股权重组顺利完成，江北机场公司确立为集团公司骨干子企业获得市国资委批复。组建四个董事会专门委员会并正式运行。"三供一业"按进度推进工程维修改造和责任移交工作，退休人员移交社会化管理服务全部完成。市人大审议通过《重庆市民用航空条例》，首次将行政处罚权直接授予机场管理机构。对接打好"三大攻坚战"，建立应收账款监控机制；与巫溪县天元乡开展精准扶贫帮扶，向重庆市扶贫基金会捐赠扶贫资金100万元；制定《建设生态环保靓丽机场行动方案（2018—2020年）》，成立江北机场河长委员会。

【效益提升】 狠抓降本增效，全面推行“成本中心、利润中心”目标责任考核机制。深挖资源价值，着力开拓新业务，推出“重庆飞·畅逸行”商旅服务产品。推动航空物流发展，引入国货航入驻东区1号货运站，吸引72家物流企业到江北机场开展航空物流业务；深化与顺丰速运的战略合作，快件集散中心引进顺丰智能枢纽，推动顺丰西南地区最大空侧货运站投入使用；与普洛斯、东航物流签署战略合作协议，联合开发航空物流项目。

【效率升级】 大幅度提升货物保障效率，主动面向社会发布货运保障标准和服务规范，压缩货物保障时间超过50%，实现国际鲜货1小时提货。大幅度提升航空器运行效率，通过优化三跑道飞行程序、投用Ⅱ类仪表着陆系统、提高低能见度起飞标准等措施，江北机场平均航班放行正常率为87.9%。大幅度提升行李提取效率，实现首件行李在旅客到达行李转盘10分钟内交付。大幅度提升通关效率，协助联检单位启用边检自助查验通道、实行国际贸易“单一窗口”作业等便利措施，全面实现7×24小时通关、旅客最快9秒通关。

【党建群团工作】 全集团深入学习贯彻习近平新时代中国特色社会主义思想和党的十九大精神，持续推进“两学一做”学习教育常态化制度化。坚决彻底肃清孙政才恶劣影响和薄熙来、王立军流毒，营造良好政治生态。对照市委巡视组巡视4户企业反馈意见，举一反三自查自纠。创新构建党建工作“两力”体系，形成激发基层活力的“动力机制”、压紧压实管党治党责任链条的“压力机制”。选拔机场管理人才赴新加坡专题培训，组建专家库，获批设立博士后工作站。组建班组长协会，举办职工运动会、第五届青春榜样评选表彰等工会群团活动。启动《重庆民航志(1990—2020)》编纂工作。

（周创业）

重庆临空都市农业开发建设有限公司

【概况】 重庆临空都市农业开发建设有限公司系原重庆渝北国家农业科技园区、重庆市现代农业开发园区公司化改革后，2015年8月经区委、区政府批准改革重组的，由重庆临空开发投资集团有限公司出资组建的法人独资公司，注册资金1亿元，具有融资、投资、开发、建设功能，挂重庆渝北国家农业科技园区牌子。

【园区规划】 2018年，农业园区飞行评估获民航重庆安监局函复，园区总体规划修编方案历时5年获市政府批复同意，国有建设用地问题取得突破性进展；兴隆镇城镇规划已通过市规划局审批，徐堡、龙寨、广佛、新寨三村村庄规划正在开展审查流程；全面启动铜锣山国家矿山公园规划设计、兴隆义务植树重点基地规划和农高区规划方案编制工作。

【招商引资】 2018年，公司精准招商引资引智，以“特色、绿色”为基准，以产业融合发展为目标，全年对接企业100家，达成合作意向20个。正式签约落户“巴渝乡愁”农旅项目、上海太和水生态技术项目等6个项目，总投资约15亿元，预计年产值6亿元。引进中国工程院院士荣廷昭和赵春江团队共建渝北区首个农业领域、国有公司系统唯一院士专家工作站，已获区科协等9家单位联合评审通过；在谈天友智慧牧场等15个重点项目，计划投资约9亿元，实现年产值约12亿元。同步抓好“兴隆花海”运营，利用大V公众号、今日头条、渝北发布、交通广播、影院灯箱、T型牌等宣传形式，持续扩大“兴隆花海”品牌影响力，全年景区累计接待游客约15万人次、门票收入约252万元。

【项目建设】 2018年，公司承建政府投资项目16个，其中区级重点项目9个、其他项目7个。完成投资1.1亿元。申报2018年三峡库区基金项目2个，估算总投资1158.35万元。国营绿色蔬菜农场已完成设计方案，正在开展蔬菜种植工作；徐堡农民聚居区总工程量完成42%，主体工程完成60%；农业园区水库项目已通过专家评审工作；洛碛岸线环境综合整治工程（库岸部分）完成市级可研批复、初步设计批复、概算批复，合规性审查批复。"巴渝乡愁"农旅项目展示区建设完成80%，乡愁博物馆已正式建成运营；铜锣山国家矿山公园完成24平方千米范围内地形图和规划图收集、1597.77亩土地流转。

【农业科技】 2018年，公司依托院士专家工作站建设，与荣廷昭院士团队合作选育适合重庆种植的鲜食糯玉米新品种，打造品种展示和推广示范基地；引进重庆市药物种植研究所、重庆市中药研究院，建设中药材组培快繁中心，推动中药材全产业链发展；与重庆大学签订合作协议，共建大学生教学实训基地。加快科技成果转化。"优质甘薯示范推广及加工转化"项目已扩繁优质健康种苗56万株，技术培训300人次以上，在渝北、武隆、万州、巫溪等地建设技术示范和推广应用基地5万亩，已通过专家结题验收；"草莓脱毒种苗快速繁殖及高产栽培技术示范"项目获批区科委专项资金30万元，完成脱毒草莓组培工厂化育苗3万株，在武隆建成高山越夏基地15亩，繁殖草莓原种种苗100万株；申报完成"具有高度仿病毒形态的靶向纳米凝胶基因递送系统的构建与性能研究"等7个市级项目、"观赏药用植物引种与种苗繁育示范基地建设"等3个区级项目。同时，与兴隆保胜寺村合作，共建村级集体经济组织示范村，盘活集体资产，激发生产要素活力。目前已签订合作协议，完成种养殖产业效益分析和清产核资，正在进行确权确股工作。

【发展保障】 2018年，公司严格落实"一岗双责"，开展日常安全检查共653次，检查辖区企业和施工单位293家（次），发现隐患总数203起，当场整改182条，限期整改21条，未发生安全稳定事故。科学编制土地利用计划，盘活利用农村土地。完成"巴渝乡愁"项目2394亩、铜锣山矿山公园项目1597.77亩、国有绿色蔬菜农场212.5亩土地流转；完成巴渝乡愁项目182亩征地组件，正在开展污水处理厂40.43亩、常青藤项目49.99亩、变电站4.2亩、绿化地11.451亩征地组件；完成巴渝乡愁项目内216户农房664人搬迁工作。

（马萧杉　方　乐）

重庆空港工业园区

【概况】 2018年，空港工业园区生产总值127亿元，完成规模以上工业总产值445亿元，战略性新兴产值20亿元，全社会固定资产投资26.8亿元、其中工业投资10.57亿元，实际利用内资49亿元，进出口总额64.14亿元，全口径税收6.3亿元。公司全年实现收入2亿元，资产负债率控制在52%以内，资产保值增值率100%以上。

【规划发展】 完成中新（重庆）战略性互联互通示范项目航空产业园建设总体方案规划报批及空港经济开发公司5宗地块18.6公顷规划调整工作。完成木耳航空物流园、航空小镇基础设施建设项目道路、绿化等手续办理，临空智能制造产业园一、二期标准厂房整体形象提升工程招标评审，临空经济总部A、B栋装修预算编制，观月路公交停车港、A061-2号地块立体智能停车场前期手续办理等工作。

【招商引资】 围绕航空产业、智能制造、现代物流、新能源汽车四大产业开展招商，全年对接国内外企业300余家次，成功签约引进新奥能源、领航新智诚汽车3D打印、优西米汽车智能空调等项目12个，其中亿元以上项目有天羽飞训、宝能供应链西部总部、东方嘉盛供应链、环泰新能源汽配、华时母婴电商、防管家智能家居等6个，合同投资额113亿元，到位资金10亿元，新增产值11亿元、从业人员830人。

【企业服务】　长安汽车被认定为2018年重庆市数字化车间和智能工厂，长安新能源、驰骋等6家企业建成自动化生产线，元极、恩纬特等12家企业改善生产工艺，科勒发动机、荣阳工贸等22家企业技改升级项目建成投产。佛吉亚全资收购长鹏汽车零部件，恒通客车完成股权收购。港鑫机械通过与科城科技合作转型为防灾减灾、专用设备生产研发企业，诺铂通与泰利斯合作增强了系统集成实力。传音、天实精工等16家企业实现区内采购，长安汽车、南方英特被评为2018年重庆市优秀创新型企业。园区规上科技型企业达87家，专利和研发成果800余项，专利产品产值达到186亿元、占比达40%，成功创建国家知识产权试点园区。

深入开展“服务民营企业发展集中走访”活动，帮助28个项目公司完成工商注册，协助12家企业成功入驻临空经济总部，协调解决圆通、华佳宏、佛吉亚等40余家企业建设手续办理和直供电等用能问题。协助企业融资5000万元、节约成本约500万元，指导40余家企业申报获得扶持资金4873万元。帮助企业招聘员工750余名，解决20余家企业职工住宿问题，协调28名企业高管子女顺利入学。解决双庆、翎雁、鸿瑞等5家企业产权证办理的历史遗留问题，化解企业抵押融资、资金链断裂的风险。

【项目建设】　2018年，新实施项目10个，累计合同金额9525余万元。重点建设项目木耳航空物流园、临空智能制造产业园、航空小镇、观月路大桥，建设标准厂房10余万平方米，建成道路7.4千米，铺设人行道路14.8千米、配套管网21.8千米，绿化种植3万余平方米。完成临空经济总部A、B栋精装修4400余平方米，建成消防设施88个。

【安全稳定】　率先在区属国有企业中开展安全标准化（三级）创建达标工作，并通过市、区级部门的联合评审。按规定移交4.26平方千米区域安全工作给双凤桥街道。建立健全园区企业与在建项目施工单位安全责任制，签订安全责任书。组织开展安全教育培训6次和消防应急演练9次，增强安全法治意识和应急处置能力；深入开展安全生产大排查大整治大执法，全年无较大安全事故发生；调处开发建设、民工欠薪、企业用工等问题30余件次，支付兑现金额2000余万元，化解征地信访历史遗留问题10余起，全年无大规模群访集访事件发生，确保了辖区平安稳定。

【市政管理】　深入落实环保“五大行动”任务，整改落实中央和市环保督察交办事项，编制报批园区环境影响跟踪评价报告，抢险修复跳蹬河工职院沿线排污管网并完成移交，完成全市环境保护集中督察、长江经济带固体废物环境违法整治专项行动、城市黑臭水体整治环境保护专项行动及“蓝天行动”。整治拆除违法建筑9处9000余平方米，启动空港大道绕城高速以北路段提质改造工程，完成观月路轨道交通路灯等市政设施修复工程。

（汪严洋　向冬伟）

重庆创新经济走廊

【概况】　重庆创新经济走廊开发建设有限公司是2015年6月国有企业改革时，由原创新经济走廊管委会和石盘河商务区管委会整合成立的区属国有公司，地处两江新区核心区，是渝北区打造国家临空经济示范区和建设智能制造基地重要战略平台。区位优势得天独厚，东依铜锣山脉玉峰山森林公园，南接重庆两路寸滩保税港水港功能区，西临重庆出口加工区，北连江北国际机场、保税港空港功能区。距离江北国际机场1千米、重庆两路寸滩保税港区3千米、重庆火车北站5千米，比邻重庆国博中心、国际物流分拨中心，呼应江北嘴CBD、鱼复开发区、龙兴工业园等多个战略平台。机场快速路、机场专用道和4条铁路干线、8条高速公路交错环绕，4条地铁轨道线交汇贯穿，内部规划道路总长238千米，呈“三横六纵四轨”的交通格局，形成了无缝连接的水陆铁空联运体系。辖区东西横宽9千米、南北纵深8千米，规划面积约40平方千米，由重庆临空前沿科技城、建成区（原台商工业园回兴片区、石盘河商务区）两大板块组成。重庆临空前沿科技城重点发展智能终端为主的战略新兴产业，转变发展方式，优化经济结构，转换增长动力，努力推动高质量发展、创造高品质生活，打造千亿级的产城融合、宜居宜业的科技之城、生态之城；建成区围绕城市提质和打造临空中高端消费走廊，重点发展汽车商贸、商业商务、机器人、生物医药、创新创意、休闲游乐等产业集群。已引进欧珀、传音、深科技、蓝岸通讯、中光电、利纳马等企业459家，其中规上工业企业58家，年产值过亿企业30家。

【土地征用】 完成新征地4500亩组件，完成梦达驰、神源等16个产业项目供地及桐桂大道、大寨公园等项目土地划拨2643亩。成功收回金立项目土地使用权588.95亩。

【基础设施建设】 唐家沱组团C、N标准分区，人和组团B、N标准分区控规修编获市政府批准，唐家沱组团N标准分区4.27平方千米纳入市级特色工业园区获市政府批准，北拓区3.91平方千米规划研究工作已完成初步方案。开工道路4条，续建道路19条，累计建成22条道路，新增通车里程近20千米。完成玉峰山小学校（一期）主体工程；完成春秋季绿化项目20个，新增绿化面积100万平方米；石坪污水处理厂建成，完成5条电力线路迁改、7座箱变安装、3条燃气管线迁改。

【产业发展】 开工欧珀、深科技、中利凯瑞等16个项目，架设塔吊50个，加快推进北方永发项目续建。11月，成功承办全市工业项目集中开工活动。新签约蓝岸通讯、民康、居然之家家居小镇、雷克萨斯4S店等15个项目，总用地面积1242亩，协议总投资229亿元，达产总产值160亿元，达产总税收4亿元。8月，携手辖区11家企业近30个高端产品亮相智博会。

【城市管理】 推进园区智能化管理，增设监控设备及巡逻车辆，人防与技防相结合，实行24小时无死角巡逻管控，加大整治力度，规范渣土倾倒，确保城市环境规范、整洁、有序。强化企业安全主体责任，围绕建筑施工、道路交通、国有空地、企业生产等重点领域和环节，深入开展大排查、大整治活动，全年未发生一例安全事故，加强矛盾纠纷排查调解力度，全年未发生一例到市进京上访事件。

（袁　丽）

重庆空港新城

【概况】 重庆空港新城系渝北实施国家临空经济示范区战略规划“一核五区”中临空商务区的重要组成部分，位于两江新区几何核心，东接江北机场，西临悦来国博中心和仙桃数据谷，北至后河与北碚区隔水相望，东北与保税港空港功能区接壤，南接翠云礼嘉组团。开发建设面积约33平方千米，总体定位和发展目标是建设“公园城市”，最终建成“两江核心区、重庆主城新中心、国家临空都市风貌展示区”。2018年，根据习近平总书记关于重庆“两点”定位、“两地”“两高”目标，结合贯彻落实党的“十九大”精神的市“8+3”行动计划和区“10+3”行动计划，空港新城公司按照“立足长远、三年见效”的原则和要求，研究制定了“113”行动方案，加快建设“公园城市”和“两江国际商务中心”，打好征地拆迁、旧城改造、能源建设“三大攻坚战”。年内重庆八中整体迁建工程完成结算审计，全民健身中心室外场地及园林景观工程建成开放，秋成大道三期完工，八中数据谷实验中学完成主体工程，千亿级商圈两江国际商务中心集中开工。年度固定资产投资总额174亿元，内资115.8亿元，外资12.38亿元（约1.8亿美元），区域年度GDP为26.84亿元。

【党建工作】 持续推进“两学一做”学习教育常态化制度化及“建好一座城·不倒一个人”为主题的“廉洁共建”活动。年内转正预备党员3名，发展预备党员1名。4月11日，按照上级要求向石船镇提供“结对帮扶”资金100万元。同月20日，组织党员到辖区超市、施工现场及学校周边开展“学习宣传新宪法、增强法治德治意识”宪法宣传主题活动。5月22日，开展党员“亮身份、亮职责、亮承诺”活动，设立“共产党员岗”35个、创建“共产党员示范岗”6个。6月3日，公司纪委被评为“2017年度区管国有企业纪委工作考核一等奖”。同月25日，优秀党务工作者陈雪莲同志，优秀共产党员邓净、白险利、朱煜煌、牟洁、张伶俐、马冲冲6名同志受到区国资委表彰。7月3日，在重点项目市民服务中心试点建立临时党支部。

【资金运行】 全年共计筹集资金74.32亿元，支付资金约64.45亿元，年末资金余额9.87亿元。全年共计融资28.1亿元，其中空港新城公司27.1亿元，中央公园建设公司1亿元。3月30日，获得工行备用金贷款4.5亿元。9月14日，获得“鈊渝融资租赁”贷款5亿元。11月7日，到账“土储专项债”（融资）资金8亿元。

【资产运营】 年末，共有国有空地10500亩，不动产约129295.64平方米。其中，住宅638套约63269.38平方米，非住宅约66026.26平方米。全年不动产运营租金收入约1916.86万元。8月1日，新都花园2幢3单元1-1按规定借给区城管局作为办公用房。9月1日，按程序非公开协议转让森柯香榆园二期126套房屋（建筑面积共计11079.63平方米）给区临基建公司，房屋总价为8553.47万元。

【基础设施建设】 全年实际完成政府项目投资10.5亿元，新开工政府投资项目25个，完工项目26个。1月，瓦房五六社弃土便道、围挡监控及门头等工程、F区雨污分流及整治工程开工；3月，区公安业务技术用房、公园北区土地整治及道路工程一期、秋成大道路灯提升工程、东三路道路景观工程、中央公园周边环境整治工程、同茂大道景观灯饰提升工程开工；5月，区市民服务中心、渝湖路及观音社区国有空地覆绿整治工程、秋兰二纵路土石方整治工程、F24-1地块原址场地污染土壤修复治理工程、F01-5/02国有闲置用地社区小游园工程开工；6月，中央公园周边道路景观提升工程、侨苑世家整治工程、空港新城萱华路道路整治工程开工；7月，桂馥东路东侧绿化整治工程、公园北路及公园西路道路整治工程开工；8月，新建仙桃街道社区综合服务中心工程、桂馥大道以西片区道路人行护栏安装工程开工；9月，公园北路西段（K0+150—K0+519.224）路基土石方工程开工；10月，春华别院外墙整治工程、Z30线道路绿化工程、空港新城F分区东片区交通改善桂馥东路片区护栏工程开工。2018年1月，2018年空港新城元旦春节街景灯饰工程、爱加欧郡东侧道路及景观整治工程完工；3月，渝北幼儿园空港新城园景观提升工程、瓦房五六社弃土便道、围挡监控及门头等工程完工；4月，东三路道路景观工程、中央公园周边环境整治工程完工；6月，秋兰二纵路土石方整治工程完工；7月，金玉路西延伸段及中航模具园支路道路工程、桂馥东路东侧绿化整治工程、F区消防栓及消防管道开挖工程、同茂大道景观灯饰提升工程、空港新城萱华路道路整治工程完工；8月，秋成大道三期（悦港大道至悦港北路段）工程、公园北路及公园西路道路整治工程完工；10月，沐仙湖配套建筑工程、全民健身中心室外场地和园林景观工程（一期）、渝湖路及观音社区国有空地覆绿整治工程、新都花园安置房项目环境综合整治工程、麓山别院边坡整治工程、桂馥大道以西片区道路人行护栏安装工程完工；11月，空港新城F分区东片区交通改善、桂馥东路片区护栏、F24-1地块原址场地污染土壤修复治理工程完工；12月，F区投融资建设项目（一期）、公园北路西段（K0+150—K0+519.224）路基土石方工程、F01-5/02国有闲置用地社区小游园工程、F区雨污分流及整治工程完工。

【规划设计】 1月10日，完成春华别院F26-2-2地块控规修编。4月25日，完成两路组团FST三个标准分区总体控规修编方案。5月17日，完成公园北区4个社区（地块号为S27-2、S39-3、S45-1和S18-4）、5所幼儿园（地块号为S32-2、S35-3、S43-5、S49-3和S23-3）、3所小学（地块为S33、S40-3和S19-1），以及S46-2规划初中共计13个建筑设计方案公开征集。9月13日，完成鲁能代建中学（F139-1地块）控规修编。同月29日完成区行政服务中心、区档案馆综合楼、区市民服务中心3个项目方案审查。10月18日，完成双桥路片区道路“一般性技术修改”。11月16日，完成S标准分区部分区域控规调整。12月26日，完成睦邻路社区邻里中心建筑方案征集比选工作。

【招商引资】 全年签订项目引进协议7个。3月30日，与重庆万科地产有限公司签订万科重庆总部项目投资协议。7月13日，与唐山市规划建筑设计研究院、现代服务业公司签订项目投资协议。11月14日，与万科（重庆）企业有限公司、现代服务业公司签订万科设计产业园投资协议。12月10日，与浙江绿城电子工程有限公司、现代服务业公司签订绿城电子西南总部投资协议。同日，与重庆OPPO智能科技有限公司签订OPPO西南总部项目投资协议。12月28日，与安徽丰大集团签订重庆丰大酒店及会议中心项目战略合作协议。同月31日，与德马吉国际展览有限公司、重庆临空现代服务业投资促进有限公司签订德马吉会展西南结算中心投资协议。

【土地供应储备】 1月，完成国网重庆市电力公司江北供电分公司渝北望乡110 kV输变电工程用地划拨手续办理。5月，启动空港新城S分区专项债券700879平方米土地储备工作。9月，完成重庆中燃城市燃气发展有限公司空港新城配气站项目用地划拨手续办理。同月，完成重庆临空都市基础设施建设运营有限公司渝北区2号社区体育文化公园项目用地划拨手续办理。

【土地征收】 全年征收农村集体土地636.60公顷。1月，实施黄山10社、鹿山10和11社、仙桃13社绿地只征不转件征地45.04公顷。同月，实施鹿山1、2、13、15、16、17、18、19社绿地只征不转件征地46.03公顷；实施椿萱大道东段一指标件征地23.78公顷，涉及黄山3、10社，鹿山1、10、11社，鹿山3、8、9社；实施黄山10社，花石13社，鹿山2、11、17、18社地票件征地12.06公顷；实施方家山4、10社绿地只征不转件征地18.82公顷。3月，实施黄山14社地票件征地0.10公顷。同月，实施黄山14社绿地只征不转件征地31.90公顷；实施黄山13社绿地只征不转件征地25.09公顷。4月，实施黄山14社地票件征地0.39公顷。同月，实施悦港大道金山立交黄山13社征地5.46公顷；实施金山大道北延伸段指标件征地7.73公顷，涉及黄山13、14社；实施椿萱大道蒋家山立交指标件征地19.13公顷，涉及黄山13、14社。5月，实施花石5、6、7、9、10、11、12、13、16社，黄山10社指标件征地100.52公顷。同月，实施渝广高速指标件征地10.68公顷，涉及花石5社；实施花石5、6、7社绿地只征不转件征地33.45公顷；实施花石9、10、11、12、16社绿地只征不转件征地34.78公顷。6月，实施方家山1、2、3、4、8、9社，鹿山1、2、10、11、12、13、15、16、17、18、19社指标件征地79.99公顷。同月，实施方家山1、3、5、10社绿地只征不转件征地32.63公顷；实施方家山2、4、8社，鹿山1、10、13、15、17、18、19社，瓦房5社绿地只征不转件征地22.16公顷；实施椿萱大道东段二指标件鹿山1、12、15、16、17、18、19组，瓦房3社指标件征地41.10公顷；实施花石10社、方家山5、10社、鹿山18、19社指标件征地38.10公顷；实施方家山17、18社，瓦房5社指标件征地7.66公顷。

【房地产开发】 全年辖区房地产项目开工约260万平方米，销售面积约100万平方米，开发投资约154亿元。年内龙湖、中粮、新城、合景泰富住宅项目开工，鹏润越秀上东一二期、鲁能城二期、上东汇二期、鲁能泰山7号一二期、金茂一二期等项目竣工交付。

【旧城改造】 年内实施旧城改造（含国有土地房屋征收、棚改、危旧改等）项目12个。祥和初级中学征收项目占地面积69亩，征收涉及重庆宇邦线缆有限公司1家企业，8月完成征收和房屋拆除。民顺路21号征收项目占地3.6亩，征收涉及重庆建新食用添加剂有限公司1家企业，9月完成征收和房屋拆除。皮鞋城片区一期危旧房改造项目占地面积109亩，征收涉及重庆利通工贸有限责任公司、重庆明天机械有限公司和重庆协力达生物制品有限公司（刘震）3户企业，11月完成征收和房屋拆除。民兴路片区二期棚改项目占地119.2亩，征收涉及骄阳、海州、周开容3户企业，2月取得立项批复。民兴路片区三期棚改项目占地面积217亩，征收涉及重庆双凤棉织厂、科发表面处理公司等50家企业共154户（农转非自建房38户、租赁户66户），4月取得立项批复。睦邻路片区二期棚改项目占地面积50亩，征收涉及明康实业公司1家企业，5月完成签约。睦邻路片区三期棚改项目占地面积375.7亩，征收涉及重庆朗萨家私有限公司、重庆市明远橡胶模具有限公司等13家企业共73户（含租赁户60户），4月取得立项批复。睦邻路片区四期棚改项目占地面积235亩，征收涉及重庆雄风模具、光华模具等18家企业共45户（含租赁户27户），8月取得立项批复。仙桃旧场镇危旧改项目占地面积34亩，征收55户，年内基本完成征收和房屋拆除。鹿山村零星危旧改项目占地面积7.8亩，征收涉及重庆能邦实业有限公司、潘毅、杨浩获等6户，年内基本完成预签约。观音岩扩大片区项目占地面积约235亩，征收涉及694户，年内基本完成征收，累计拆除房屋7.5万平方米。马儿站零星危旧改项目占地面积约13.5亩，征收涉及333户，年内完成征收，累计拆除房屋2.4万平方米。

【公园城市建设】 公园城市是空港新城的总体定位和开发目标，重点建设“十大公园”和“百里绿廊”。2018年3月10日花石公园土石方开工，4月30日全民健身中心室外场地及园林景观工程完工投用，8月2日双桥溪公园、后河公园完成方案公开征集，9月7日万家山公园、向阳公园完成方案公开征集。同年3月26日，萱华路景观工程完工，百里绿廊建成开放约2千米。5月8日，中央公园周边道路景观提升项目开工。

【能源建设】 全年共计实施能源项目102个，其中供水项目27个，电力项目34个，弱电项目31个，燃气项目10个。其中，鹿山至望乡变电站专项配套工程2018年1月18日立项，10月20开工。S标准分区油气管线迁改工程2018年5月3日完成气矿变更、重燃变更立项，5月19日完成航油变更立项，8月1日开工。

【政府债务置换】 2014年8月21日，重庆市空港新城建设投资（集团）有限公司（后更名为重庆空港新城开发建设有限公司）向国家发改委申报发行了13亿元企业债券（银行间债券，简称“14渝港投债”），债券期限7年，利率6.84%。2017年8月14日，区财政局划入政府债券置换资金归还首期本金2.6亿元，剩余债券本金10.4亿元。同月，根据财政部《关于印发地方政府性债务风险分类处置指南的通知》（财预〔2016〕152号）及重庆市财政局《关于做好存量政府债务置换扫尾工作的通知》(渝财债〔2017〕151号)等文件精神,报经区政府审批同意后启动企业债剩余本金政府债务置换工作。2018年1月11日上午10点组织召开企业债持有人会议,与会企业债持有人全票通过同意企业债赎回议案。8月15日,向持有人支出共计114014.89万元,完成企业剩余本金政府债务置换工作。

【两江国际商务中心建设】 1月5日,成立两江国际商务中心项目建设联合体。同月9日,联合体成员单位共同委托美国SOM公司负责城市设计工作。4月28日,成立两江国际商务中心项目建设指挥部。5月15日,确定开发企业住宅项目手续审批原则。6月23日,举行两江国际商务中心商业项目集中开工仪式,人民网、华龙网等主流媒体进行了报道。7月17日,开展下沉广场及绿廊设计方案国际征集。同月31日,城市设计导则通过市规划局技术审查。8月20日,部分内部市政道路按双向四车道标准进行拓宽设计。9月,与地产集团、悦来集团等单位初步达成外围干道与商圈开业同步畅通共识,同步建立水电气讯沟通联络机制,明确各参建企业市政管网接入点,集中完成了场地内10 kV桃石线、10 kV兴石线、通讯基站等管线迁改工作。至12月31日,累计完成土石方总量约400万立方米,其中龙湖集团、新城控股、合景泰富开始基础施工。

(乐长全　马裕玲)

重庆渝港建设投资集团有限公司

【概况】 重庆渝港建设投资集团有限公司(下简称渝港公司)成立于2003年9月,注册资本金11亿元,是渝北区国资委出资组建的国有独资企业。公司内设综合部、党群工作部、财务部、资产运营部、法务监审部、风险控制部、安全生产部7个部门;下辖重庆市渝北区企业融资担保有限公司、重庆市渝北区兴农融资担保有限公司、重庆资博资产管理有限公司(下简称资博公司)、重庆空港物业管理有限公司(下简称空港物业公司)、重庆渝港水务有限公司(下简称渝港水务公司)5个子公司。截至2018年底,渝港公司资产总额21.74亿元,负债总额8.09亿元,所有者权益13.65亿元,资产负债率37%,营业收入6020万元。

【党建工作】 公司党委深学笃用习近平新时代中国特色社会主义思想和党的十九大精神,不断提高党的建设质量。制定党建工作计划,促进党建工作与业务工作融合发展。凡涉及重大问题决策,严格按照"四步工作法"集体讨论决策。抓好组织建设和队伍建设,严格发展党员标准和程序,吸纳2名优秀职工为预备党员,完成2名预备党员转正。开展党员示范岗创建活动,为21名不同岗位党员授牌。严明党内政治生活,严格落实党员领导干部双重组织生活会、"三会一课"等制度。严格运用"第一种形态"开展谈心谈话80余次,组织开展廉政党课、观看警示教育片等教育活动10余次。抓实结对帮扶工作,成立帮扶工作小组,制定"一对一"帮扶方案,深入贫困户家中开展"五个一"活动。

【国有资产经营管理】 抓经营性房产管理。自主开发和运行资产管理信息系统,定期更新资产信息,提高管理效率,保障数据的安全准确;根据市场调查、第三方机构评估和法务监审部复核意见拟定租赁方案,经董事会审定后按程序对外招租;创新经营理念,完成大宗资产招商方案4处,落地1处。全年完成经营收入2715万元,比2017年度增长24%。抓物业服务。2018年新接管停车场(库)6个,在管停车场(库)10个,车位1000余个,同时对1200个路内停车位实施收费管理;新接管临基建、区公安分局、仙桃数据谷办公楼等物业项目共计19.9万平方米。抓弃土场建设运营。加强制度建设,规范运营鹿山弃土场,实施香龙公路回填场建设运营;同时对双凤桥—木耳、沙坪—古路等区域深入开展选址调研，按程序积极筹建石鞋弃土场。全年消纳建筑土石方约80万立方米，实现经营收入约1000万元。

【担保业务】 按照“控制担保风险、服务中小企业”的工作目标，公司多措并举。完善风险控制制度和风险项目处置机制，定期召开两级评审会，确保每笔业务均通过集体研究决策。加强项目后期监管，对在保客户定期开展专项保后检查，分户撰写《保后检查报告》，对可能发生的风险及时提出处置建议。对担保项目实行双风控制度，对重点客户实行“一企一策”，加强债务危机的防范工作。截至2018年底，在保业务93笔，在保总额49935.65万元，为渝北区中小企业特别是涉农企业的健康发展提供了资金支持。

【村镇水厂接管运营】 渝港水务公司以“提高供水质量、提升居民幸福指数”为宗旨，深入现场调研，完成对全区水厂的调查摸底，制定水厂接管计划，拟订了水务公司组建方案。完成玉峰山水厂的接管和运营，维修设施设备，调整消毒工艺，提升玉峰山水厂的供水水质，努力使群众吃上“放心水、明白水、安全水”。完善组织架构，组建运营团队，建立内控制度，以玉峰山水厂为试点，对生产作业现场推行“7S”(整理、整顿、清扫、清洁、素养、节约、安全)标准化管理，水质得到明显提升，水损率已控制在28%以下。

(詹佑奎)

重庆临空都市基础设施建设运营有限公司

【概况】 2018年，临空都市基建公司贯彻区委、区政府“十项行动计划”，积极应对国家对政府平台融资和政府债务管理的重大政策调整影响，以“高水平推进城市建设，以提升城市品质”为主线，突出中央环保督查、市委市政府考核、民生实事、急难险重等工作重点，2018年实施项目119项(新建项目78项，续建22项，前期19项)，完成投资约17亿元。

【城市交通设施建设】 推进3大立交建设。回兴立交建成通车。新牌坊立交改造完成综合管线迁改约1300条，雨污水管网G匝道、E匝道、云杉南路完成100%，主体结构工程松牌路栈桥、C匝道临时支护桩面板完成100%，累计完成投资约8273万元。机场联络道绿化移除、管线迁改完成100%，主体结构完成30%。贯通断头路5条约1.97千米。龙脊路延伸段、盘溪六支路、碧桂园周边道路(除平福汽修厂范围外)、红锦支路、鲁溉西路延伸段龙头寺公园北门至中信银行段完工，旗山路北段开工。完成13所学校周边道路、4个城市节点道路、2条城市干道、2条街区道路交通设施改善。南华中学等学校周边道路，双凤桥枢纽站和花卉园片区、梧桐郡片区、中渝4号地块周边道路、电子校立交，松石大道和渝鲁大道，紫康路、紫福璐的红路灯、停车港、交通标志标线等交通改善工程完工。

【人行过街设施建设】 建成完工鲁能转盘人行设施、黄桷坪公园人行天桥、安家咀立交人行地下通道3个项目。宝圣地通道、双湖路市一中人行天桥、双凤桥枢纽站人行天桥完成90%。新南路卜蜂莲花人行地通道开工。

【公共停车场建设】 市口腔医院旁地面停车场、搪瓷厂地面生态停车场完工。百灵苑地下停车库、木鱼石公园公共停车场、武陵路小游园公共停车场、余松路小游园停车库、要坝地下停车库完成招标。

【城市绿化景观照明建设】 完成绿化景观建设约5万平方米，完成环境综合整治约30万平方米，完成路灯改造约43万米。中华置地横一线道路绿化、空港大道景观提档升级、紫荆路景观提升改造、加州公交站旁广场景观提升、金顶路周边景观提升、新牌坊一路周边景观恢复、锦绣七路绿化恢复、安家咀地通道覆绿、三龙片区国有空地覆绿、城区路灯线路改造、冉家坝片区环境综合整治完工,宝环路片区、再升科技片区、一碗水片区、金香林、桃园大道片区、安康路片区环境综合整治完成70%。

【市政雨污消防设施建设】 建设完工10个项目,完成排水改造约3000千米。民俗文化村泄洪涵洞整治、龙山老旧小区地下排污管网整治、龙塔社区公园生化池整治、松树桥破损箱涵加固、清河源小区生化池整治、天岭风景污水管网改造、盘溪建材市场污水截流、龙塔社区污水排放治理、消火栓建设完工。龙头寺公园排水、两江春城排水工程完成70%。

【社区体育文化公园建设】 建成社区公园6个,面积约7万平方米。安家咀社区体育文化公园、春华社区体育文化公园、凤鸣社区体育文化公园、观河社区2个体育文化公园、龙塔社区公园建成。双龙湖文化公园打造推进前期工作。

【社会事业设施建设】 建成社会公益设施项目3个,面积约12万平方米。黄炎培中学改扩建、区社会福利中心养老院、"三所一队(渝北区公安分局看守所、拘留所、戒毒所、武警中队用房)"建成投用。区中医院项目基础工程完工,进入主体结构施工阶段。区人民医院三甲项目主体结构完工,进入装修及环境、附属工程建设阶段。旧城改造201地块还建安置房开工。

【旧城改造】 房屋征收面积18.91万平方米,投资总规模约28亿元,完成投资10.7亿元。红土地老街片区征收完成签约95.8%,房屋拆除施工完成80%。松桥支路片区征收完成签约99.49%,房屋拆除施工完成招标。金龙路175号制药六厂、武陵路145号长风厂地块完成征收协议签订。紫园路片区(原龙塔乡镇企业片区)完成征收方案经济测算和"四规一划"征收手续。回兴街道九号线兴科站用地房屋征收完成签约98.8%,房屋拆除施工完成招标。

【精准扶贫】 实地调研、入户走访大湾镇金安村4社,分户制订"一对一"精准帮扶方案,实行"签到式"跟踪扶贫,开展实地扶贫约280人次,发放帮扶手册50余份,投入经费15万元,受扶对象11户29人,帮助解决启动资金、生产生活设施、家禽养殖、作物种植、子女入学、疾病就医等困难约56项。

(刘　水)

重庆临空战略产业投资促进有限公司

【概况】 2018年,在区委、区政府的坚强领导下,在区国资办指导与帮助下,重庆临空战略产业投资促进有限公司认真贯彻落实十九大精神,深学笃用习近平新时代中国特色社会主义思想,紧紧围绕建设国家临空经济示范区的奋斗目标,努力培育引进战略新兴产业,为传统产业转型升级和创新驱动发展作出积极贡献。

【招商引资】 全年拜访企业1300余家次、回访企业1100余家次,引进华为、今日头条、环普等项目39个,已签约和待签约项目协议投资额40亿元,预估达产年产值150亿元,新增税收5亿元,新增从业人员5000人。

【前沿产业培育】 搭建软件核心平台培育产业,引进华为软件开发云公共服务平台,落地重庆唯一的华为创新中心,助推数据谷打造软件产业创新高地,得到央视焦点访谈专题报道。依靠创新孵化聚集产业,签约落地今日头条、诺而思、省心办等孵化基地项目。依托重点项目带动产业,引进中冶赛迪国家级农业大数据平台、共享经济领军企业51社保、秦嵩科技总部军民融合基地。抢占人工智能发展高地,完成重庆首个且唯一的微软人工智能加速器的引进，完成鼎京天目智能安防项目签约，着手搭建形成涵盖法律服务、军民融合、教育培训等产业应用生态。完成仙桃易云、钜元大数据、数道科技、樱桃养老、新耀行等项目的引进，积极对接国家信息中心和西部大数据研究院，推进一批优质项目落地，大数据产业氛围初步形成。完成复星医美西南总部、北斗云谷医疗大数据项目的引进，生物医药成效初显。

【集成电路产业】 围绕区委、区政府“80+1+10+1”集成电路产业发展总体规划，重点突破集成电路设计领域，成功召开IC设计产业规划推介会。与知名集成电路咨询机构摩尔精英、IC咖啡等展开合作，依托ARM的IP池，打造IC设计产业园；积极筹备上海、北京推介活动。成功引进江苏钜芯、协同创新光电等7个项目，配合数据谷打造重庆IC沙龙品牌，并成功举办第一期沙龙活动，受到市政府及业界高度评价。

【支柱产业转型升级】 夯实智能汽车产业发展基础，着力引进智能汽车核心芯片和传感器、关键材料和核心零部件供应商，成功引进飞歌、丝路启航、环普产业园项目。加速打造新能源汽车创新生态圈，积极与电池企业CATL、蜂巢科技、欣旺达，电机企业上海大郡积极对接。完善配套企业，引进传音配套企业贝瑞特电子项目，积极推动传音研发中心项目签约；积极推进华富洋、怡亚通供应链项目的落地。积极服务企业，协调传音、深科技、中光电等项目落地事宜，尽快启动开工建设；协助OPPO项目新增共65家项目公司的认定。

【高端产业人才引进】 以项目聚集人才，创新采取“人才+项目”的方式，引进国家千人计划专家陈文娟、方沛宇，首批临空A1类人才李高全等知名专家及其研发团队。以机构培育人才，通过引进文思海辉汇智学院、诺而思国际考培中心等专业培训机构，开展大数据、软件、人工智能等前沿产业领域技能培训。目前已完成26个培训班，累计参训人数6209余人次。

【风险防控机制】 重新梳理项目引进及审批流程风险点，重新修订《项目风险审查管理规范》，对项目审查程序、审查要求进一步规范。严把项目引进实地考察、第三方机构评估、法律顾问审查、内部审查、征求部门园区意见、党总支会讨论、董事会研究七个关口，确保项目引进质量高、风险可控。

【遗留问题处置】 协助推进24家首批手机企业分类处置工作，牵头推进11家一类企业补充协议签订的工作，协助妥善处置二、三类企业的清算工作。处置子公司空港实业涉及资金划转、信访稳定等问题；按市政府要求，全力推进IBS定增遗留问题处置。委派专人处理样机中心的运营管理，并争取政策扶持，确保样机中心正常稳定运营。完成PNP孵化基地项目搬迁，积极推动微软MPD重新委托运营、中科睿光补充协议签订相关工作。

（田　磊）

重庆临空现代服务业投资促进有限公司

【概况】 重庆临空现代服务业投资促进有限公司（以下简称“现代服务业公司”）成立于2015年6月，注册资本1亿元，2017年6月与重庆临空文化产业发展有限公司合并，是渝北区委、区政府为有效利用资源，发挥国有企业优势，推动本地服务企业开展对外合作，强化现代服务业重点领域招商引资而授权设立的国有法人独资公司。公司内设综合部、党群工作部、国际贸易部、航空产业部、创新金融部、商贸会展部、文化旅游部、专业服务部、企业服务部9个部门，主要承担全区航空产业、创新金融、国际贸易、商贸会展、文化旅游、专业服务等现代服务业重点领域招商引资任务；临空经济示范区相关项目的引进，及重庆自由贸易试验区渝北招商引资工作组和渝北区中新合作招商引资工作组相关职能；提升政府性商务楼宇管理使用质效以及区委、区政府交办的其他事项。

【招商指标】 2018年，共引进广凡基金、重庆航空飞机租赁、厦门航空西部基地、重庆医药集团、澳威新能源汽车4S店、北京建筑设计院、推猫旅游大数据平台等亿元以上项目40个，合同投资金额453.3亿元，实际到位资金31.01亿元。全年入统企业营收增加值42.08亿元，引进企业缴纳税收新增1.09亿元，新增从业人员3169人，全面达到或超过各项目标任务。

【重大招商活动】 全力做好招商项目集中签约。参加渝北区集中签约活动3次，签约项目34个、合同投资超过200亿元，另有厦门航空、英飒贸易等12个项目参加智博会、国创会、西洽会、重大旅游项目集中签约等国家和市级重要活动。助力临空高端消费走廊的打造。抓好西南国际汽贸城的项目招商工作，签约落户汽车及高端摩托车品牌12个，计划投资总额约12亿元。引进中国家居龙头企业“居然之家”，投资100亿元打造“智能家居艺术小镇”，有力推动渝北乃至全市传统商业消费模式的转型升级。围绕全域旅游加快专业招商。组建旅游产业招商团队，引进推猫旅游大数据平台、雪松文旅西部基地、双凤桥临空旅游集散中心等旅游项目，助推全域旅游产业链打造。加速推进嘉州金融服务示范区建设。与区金融办组建联合招商组，合力推进创新金融招商，共联合引进项目33个，其中亿元以上项目17个。重庆基金小镇品牌和集聚效应逐渐显现，以此为核心的新牌坊金融服务示范区成功获市政府批准。平行进口汽车实现突破。渝北区首个在空港围网范围内注册的整车进口企业英飒贸易成功落户，通过中欧班列（重庆）引进首批20台进口整车，渝北区整车进口业务实现零的突破。大力发展文化创意产业。围绕重庆创意公园、华融现代广场等招商载体，重点引进文化创意、创意设计等项目，共引进文化创意企业（项目）18个，亿元以上项目6个，协议引资金额41.5亿。积极引进规划、建筑、装饰等设计服务企业。新引进设计服务企业7家，并为重庆设计产业园储备了上海千年设计、北京鼎泰设计、中建基础设施勘察设计等6家拟拿地投资的建筑设计企业。做好重点载体招商的推介展示工作。牵头负责临空经济总部、总部贸易基地、重庆基金小镇的展示与解说工作，接待市、区重要领导、埃塞俄比亚和马来西亚重要外宾，以及国内多个省市来访考察团50余次。

【重大专项工作】 *自贸与中新工作* 会同市中新项目管理局赴新加坡开展航空产业专题招商活动，与新科宇航公司、新加坡航空航天工业协会、樟宜机场集团、机场物流园、新加坡航空等企业和机构深度对接，并与新加坡航空工程师协会、易通机构等达成合作意向。2018年，自贸区渝北板块新增法人企业1451家，注册资本金约200亿元。落户重航飞机租赁、厦门航空西部基地、东方嘉盛供应链协同平台等重点项目32个。

航空关联产业招商 厦门航空西部基地成功落户，江北国际机场基地航空公司数量达到7家。引进春秋航空飞机租赁、重庆航空飞机租赁、海南航空飞机租赁、海航货运华西中心等重点航空产业项目，同时与白云通航、顶鼎商务航空、领际航空、差旅天下、英飒贸易等航空及航空关联企业签订投资协议，合同投资超过100亿元。

营利性服务业招商 引进重庆首同、重庆公园九里、重庆中耀等律师事务所8家。瑞云、中特、金天圆等会计服务企业7家。优创会展、德马吉会展、智建会展等会展企业8家，贤晟、德彦达、中立达等咨询评估企业10家，唐山规划设计院重庆分院、浙江绿城电子工程设计、北京建筑

设计研究院重庆分院、万科设计总部等建筑服务企业11家。

推进产业基地打造 截至2018年，临空经济总部确定入驻企业22家、签约面积近1.5万平方米，已有海航货运华西中心、西藏航空、白云航建、顶鼎商航、领际航空、旭宏航空服务、棣华物流、浩泽航空管材、苏克达航空餐饮、建设银行机场支行等企业入驻办公，差旅天下、英飒贸易等企业正在调整办公装修、购置办公家具；总部贸易基地已引进东方嘉盛、中海大势、海航供应链、年富供应链等总部贸易企业31家，进出口额累计达40亿元、大宗商品批发结算量累计达300亿元；重庆基金小镇已引进上创新微基金、鑫缘鑫资本、浙商证券等金融机构75家，其中基金公司超过40家，基金管理规模达到810亿元；华融健康医疗基地已引进动脉网、维邦医疗、美兆体检、美维口腔、宇来医疗通讯、梵行渝康境外医疗服务等知名服务机构6家；西南国际汽贸城签约落户汽车及高端摩托车品牌12个，计划投资总额约12亿元。

（刘凤鸣）

重庆临空开发投资有限公司

【概况】 重庆临空开发投资集团有限公司（以下简称“临空投公司”）成立于2014年11月，经渝北区两轮国企改革重组，公司注册资本17亿元，资产规模530亿元，信用等级AA+，是渝北区主要的国有资本投资运营平台。公司下属一级子公司7家，直接管控的二级子公司10家。按渝北区国企改革方案，公司职能为：筹资融资、股权投资、产业基金运营、二级子公司监管等。

【资产管理】 2018年，临空投公司通过资产购置、资产整合、资产调拨等方式，资产总规模逐步做大，资产总量达到530亿元。在资产购置方面，完成金易E世界638个车位、金易伯爵世家酒店的购置工作，并及时办理产权证书。在筹资处置老大难问题方面，根据区委、区政府工作安排，临空投公司积极筹资5亿元划拨给临空基建公司，用于处置瀛丹大厦遗留问题。在资产运营管理方面，有效盘活基金小镇，目前入驻企业约108家。有效盘活金易E世界写字楼，有偿划转2000余平方米用于渝北税务局业务用房，经区政府常务会研究同意对金易E世界约880平方米闲散存房，通过市联交所公开挂牌转让，视卖让情况分批持续推进后续物业处置。购置的北城国际中心拟整体打造产业大厦，复兴医药、新龙脉等公司将可能入驻发展。购置的公园置尚车库1185个车位及其他购置的物业资产按区国资相关管理办法全权委托给渝港公司经营管理，确保国资保值增值。

【投融资管理】 2018年，临空投公司通过“基金+直投”对外投资共计16.89亿元，其中参投9支子基金共6.95亿元，直接投资12个产业项目共4.14亿元，3个其他投资项目共5.8亿元。子基金和直投项目总投资规模超过100亿元，临空投公司出资撬动社会资本约10倍。以贷款提款、银行授信、担保等融资方式，融资金额共300亿元，2018年5月公司成功发行公司首笔中期票据，金额10亿元、期限5年、票面利率6.5%。

【风险控制】 2018年，制定、完善风险防控制度，对投资风险做到早预防、早识别、早处置。对每个投资项目施行专人、专项管理，对已投项目定期开展“回头看”、临时检查、专项审计、经营情况信息收集等措施，防控化解运营风险。

【党建工作】 2018年，临空投公司党委加强组织领导，压实主业主责，实施“九项工程”，组织党员干部到红岩革命纪念馆等开展党性教育，举办演讲比赛和知识竞赛5场次。严格落实意识形态工作责任制，在渝北时报等主流媒体刊稿26篇，其中市级媒体2篇。坚持党建带群建，组织职工参加20余次文体活动，牵头组织的拔河比赛获得了渝北区第二届运动会冠军，公司2名团员在区第二届运动会上荣获混双跳绳比赛冠军，组队参加2018年渝北区巴渝武术操决赛荣获一等奖、第二名。采取为帮扶对象办实事等措施，出资40余万元办实事6件，为结对帮扶的一户困难群众募捐善款34615元。

（刘小平）

重庆渝北农村基础设施建设有限公司

【概况】 重庆渝北农村基础设施建设有限公司成立于2015年6月18日，属渝北区政府直管，由区国资办出资组建的全资国有公司，注册资金4.5亿元。公司内设综合部、财务部、规划发展部、建设管理一部、建设管理二部、安全生产部、法务监审部及党群工作部8个部门。公司秉承“专业、规范、高效、廉洁”的企业价值观，致力推进区境内乡村振兴涉及的交通、水利、环保、场镇等基础设施建设任务。

【项目建设】 2018年，完成总投资约16.5亿元，实施项目143个（其中完工项目28个，在建项目24个，前期项目89个，融资项目2个）。交通项目建设方面，启动G351统景至长寿界等“十纵十横”第一批项目，完成张白路、龙旱路等骨干道路建设，为463.54千米农村道路绿化建设提供资金支持，进一步提升道路畅达能力，优化道路环境风貌。水利环保建设方面，全力配合全域治水攻坚战，实施东方红流域湖库生态修复，有序推进御临河、后河流域综合整治，肖家河、长河溪黑臭水体基本消除，有效改善水环境整体质量。场镇建设方面，大力实施古路、洛碛等8个中心场镇提档升级和白岩、龙安等9个撤并场镇综合整治，提升场镇品质，优化人居环境。市政建设方面，新建统景、大湾、古路、兴隆镇级垃圾收集站4座，促进农村卫生环境条件得到明显改善。融资6.8亿元，支持全区完成13个镇街的农村人居环境整治，惠及农户12429户。

【项目管理】 积极适应两段式业主管理模式，主动对接交通、水利、城建、市政等项目管理部门，加强协作配合，深化“十纵十横”交通项目、水利项目、场镇建设项目、市政项目前期工作。严格落实项目前期工作日志和“三方日志”制度，严格执行建设管理“三管、三控、一协调”规定，确保建设出进度、出形象。以问题为导向，实行清单管理、结果倒逼，加强项目进度、质量、安全及投资管控，形成以变更清单和结算清单为重点的效能督查机制，促进重大项目、重点工作、重要事项、推进难、落实难问题的推动解决。加强流程再造，制定完善《建设工程变更（洽商）管理办法（修订）》《承包商履约评价实施办法（试行）》《建设项目结算审计暂行办法》等制度，不断规范项目建设各环节工作。

【深化改革】 坚持党的领导，坚守党组织在企业治理结构中的法定地位，明确党委的职责权限，正确处理党委和公司治理主体的关系，进一步修改完善董事会、总经理办公会等议事规则，落实党委研究讨论是董事会、经理层决策重大问题前置程序的要求，结合市、区新出台政策，及时修订议事流程，提高决策时效性和科学性。持续完善内控制度，聚焦工程建设、物质采购、财务及资产管理、安全管理等各环节工作，形成横向到边、纵向到底的制度体系。推动薪酬改革，将任务目标逐级分解，完善绩效考核细则，明确绩效考核周期、绩效构成及考核方法，进一步激发员工干事创业激情，促进公司经营目标实现。以“员工素质提升”行动为抓手，推进“学习型”公司创建。聚焦公司发展目标，加大人才培养力度，计划到2020年底，在学习氛围、学习方式、学习资源、学习机制、学习成效等各方面达到学习型公司的预定要求。

【党建工作】 深入学习贯彻习近平新时代中国特色社会主义思想、十九大精神及全国、市、区各项重大会议精神。发放《十九大报告辅导百问》《学习问答宪法》《中华人民共和国监察法》《中国共产党纪律处分条例》等学习资料，通过手机报、手机短信平台、微信群等媒介，持续正面宣传党的方针、政策。坚持执行“1+3+6+X”支部主题党日、“三会一课”、民主评议党员、组织生活会等传统制度，以举办学习贯彻十九大精神知识竞赛暨文艺汇演、与回兴街道羽裳路社区党支部开展结对共建、组织清明节祭扫等活动为载体，多形式增添党建活力，夯实党建工作基础。扎实开展与茨竹镇方家沟村的结对帮扶工作，充分发挥党组织在精准扶贫、精准脱贫中的政治优势、组织优势。深入开展“以案说纪、以案说法、以案说德、以案说责”等党风党纪、廉洁自律等警示教育，利用典型案例的警示作用，牢固树立底线意识。紧盯容易发生违纪违法问题的具体事项、重要环节和关键节点，从部门和员工两个层面入手，开展廉洁风险专项排查治理，针对性地提出防控措施，促进覆盖全公司的廉洁风险防控体系进一步完善。严格执行领导干部党风廉政建设报告制度、约谈制度，定期开展谈心谈话，出台《公司廉洁从业若干规定》，持之以恒落实中央八项规定要求，深化“四风”专项整治，力戒形式主义和官僚主义，坚决防止不良风气反弹回潮。

（向艾苓）

重庆仙桃数据谷投资管理有限公司

【概况】 仙桃数据谷经重庆市人民政府批准启动建设，围绕建成中国大数据产业生态谷的总体目标，以数据作为资源基础及创新内核，聚焦智能汽车、智能终端、航空产业、生命健康、数字城乡等5大产业方向，形成“一带、二翼、九园”的创新生态圈发展整体格局。截至2018年12月，仙桃数据谷累计建成投用商务楼宇约36万平方米，在建楼宇约139万平方米，完成投资约60亿元；累计注册高科技企业680家，累计入驻办公企业133家、从业人员2500余人，累计实现营业收入约112亿元、税收约4.9亿元（其中2018年实现产值39亿元、税收约2亿元）。

【扶贫攻坚】 5月，形成大湾镇凤龙村结对帮扶方案，成立公司扶贫小组，深入凤龙村对接村委会、实地走访结对农户，针对每户情况制定“一户一策”帮扶计划，并送去帮扶启动金。6月，仙桃数据谷公司党委引导公司干部职工、爱心人士购买对口帮扶大湾镇凤龙村贫困农户家中的农副产品，开展“以购代捐”活动，有效解决了帮扶农户的燃眉之急，真正做到全司参与扶贫、全社会关注扶贫。9月，在中秋、国庆“两节”来临之际，公司扶贫工作组走访慰问大湾镇凤龙村结对帮扶对象，为他们送去党的温暖与节日的慰问。10月，仙桃数据谷公司召开脱贫攻坚专题培训会，邀请区农委副主任刘孝安到场作专题辅导。11月，与大湾镇凤龙村总支部委员会共同开展“支部聚合力，扶贫谱新篇”支部主题党日活动，促进广大党员深入参与扶贫工作，凤龙村及数据谷公司党员共50余人参加本次活动，向大湾镇凤龙村捐赠办公用品、帮扶资金以及党建书籍，到贫困户家中慰问，帮忙做家务，整理房屋，向帮扶户家庭购买鸡鸭、蔬菜、瓜果等农副产品，助推消费扶贫。公司扶贫工作组赴大湾镇凤龙村，了解帮扶对象近期情况及危房改造进度，并与村委会对接支部共建和共同开展党员活动等事宜。12月，公司扶贫工作组赴大湾镇凤龙村开展慰问活动，了解帮扶对象近期情况并送上慰问金，并与村委会对接扶贫迎检工作事宜。与区经信委、战略产业公司共同组织渝北区内相关企业到云阳县对接帮扶工作，对云阳县现有大数据产业情况进行考察，并与渝北区经信委、云阳县经信委共同签订了《对口帮扶框架协议》，同时就三方合作机制进行了探讨。

【规划建设】 围绕数据谷建设发展总目标，不断强化规划设计和项目管理，提速数据谷建设进程。4月，仙桃数据谷西环路拓宽工程开工建设，工程造价约3134万元。6月，仙桃数据谷二期一标段项目获评中国工程建筑行业互联网发展最佳实践案例。7月，由中国施工企业管理协会主办，中国五冶集团有限公司、上海鲁班软件股份有限公司承办的全国"数字城市建设高峰论坛暨重庆仙桃数据谷项目BIM技术应用观摩会"在仙桃数据谷举行。10月，仙桃数据谷商务办公楼一期四标段B1栋灯饰顺利收官。11月，仙桃数据谷两栋"小蛮腰"封顶。11月，由重庆市渝北区城乡建设委员会主办，仙桃数据谷协办的"2018年渝北区建设工程质量标准化暨智慧工地示范项目现场观摩会"在仙桃数据谷二期一标段项目举行。

【产业发展】 1月，北京中软国际签约落户仙桃数据谷，成立重庆云上软件园暨解放号产业发展研究院；北京字节跳动公司（今日头条重庆创业孵化器有限公司）签约落户数据谷。4月，百创汇"孵化器+基金"型智慧医疗产业孵化器项目正式签约，项目将在仙桃数据谷建立生物医药孵化器并成立生物医药产业基金；重庆西部大数据前沿应用研究院开院；仙桃数据谷大数据体验中心投用；国家信息中心数据中心投用；数据谷获评重庆市"互联网+"产业基地；临空经济示范区招商项目集中签约活动在渝北区会议中心举行，51社保、线易科技、飞歌电子等5个大数据及智能制造项目将落地数据谷；物奇科技正式入驻仙桃国际大数据谷。5月，参加美国硅谷第三届硅谷创业节，推介仙桃数据谷；仙桃国际大数据谷入选全国最美特色小镇50强。6月，重庆仙桃国际大数据谷新行动计划发布会在仙桃国际大数据谷会议中心举行，发布会发布了全新的LOGO、产业规划和奋斗目标，同时被授予集成电路设计产业园铭牌，迎接了全新项目落户，标志着仙桃国际大数据谷已经从前期产业探索阶段，步入到数字化引领、智能化发展的新征程。8月，华为投资控股有限公司董事长梁华到仙桃数据谷考察；重庆协同创新智能汽车研究院落成暨智能汽车战略合作签约活动在仙桃数据谷举行，标志着由渝北区政府和中科创达合作打造的智能网联汽车生态协同创新平台——重庆协同创新智能汽车研究院正式揭牌投入使用；渝北区在仙桃数据谷举行招商项目集中签约活动，共签约45个项目，计划投资总额256.46亿元，其中华为软开云、钜芯、摩尔精英等近20个大数据、智能化项目签约落户仙桃数据谷；首届中国国际智能产业博览会在国际博览中心开幕，仙桃国际大数据谷携手物奇科技、线易科技、钜芯科技、ARM、上心微创、联拓金服、扬升信息、立信、创通联达、传音、科大讯飞等20余家入驻企业共40余件高端展品参展；解放号云上软件园（重庆）开园仪式和解放号产业发展研究院揭牌仪式在首届智博会中软国际展区举行；中软国际云上软件园及解放号产业发展研究院落户仙桃国际大数据谷；"华为云中国行2018·重庆站"活动暨重庆DevCloud（软件开发云）创新中心揭牌仪式在重庆国博中心举行，标志着由华为重庆DevCloud创新中心运营的华为软件开发云平台项目正式落地仙桃国际大数据谷；在中国国际智能产业博览会发布会上，发布仙桃国际大数据产业生态谷三年行动计划；渝北区与中冶赛迪集团在仙桃国际大数据谷举行签约活动——全国初级农产品产销对接公益服务平台正式落户渝北。9月，渝北区与微软公司就"微软云暨移动技术孵化计划——重庆人工智能加速器"项目签署战略合作备忘录，重庆首个"微软云暨移动技术孵化计划——重庆人工智能加速器"将落户仙桃国际大数据谷。10月，重庆市集成电路产业首届沙龙（重庆市集成电路产业政企学研面对面交流活动）在仙桃国际大数据谷举行，活动由仙桃数据谷公司和ARM公司主办，以"集聚芯动力、加速智能化"主题，吸引了来自清华紫光、ARM、中国电科、华润微电子、OPPO、长安汽车、电子科技大学、中国半导体协会等32家企业、高校、科研单位、投资机构的企业家、行业专家等参会。11月，重庆首个智能农业产业化试验基地在仙桃数据谷建成投用。12月，渝北区集成电路产业招商推介会在上海举行，仙桃数据谷公司、战略产业公司与IC咖啡、矽睿科技、麦歌恩微电子、敦宏科技签署正式投资协议；正式组建仙桃国际大数据谷创新生态圈会员制；临空投公司、数据谷公司、重报集团、科风投公司签署共同发起设立重庆战略新兴产业投资基金（渝北民营科创发展基金）的合作框架协议。

【运营服务】 3月，制定《领导干部联系企业实施方案》，公司领导班子成员分批走访联系企业，深入了解企业生产经营情况，对存在的问题及需求进行协调解决，进一步提升企业市场核心竞争力，建立公司主要领导对接园区企业的长效机制。4月，联合ARM、ST、安芯教育在重庆邮电大学开展“芯时代”——仙桃数据谷校企协同育人讲座，为入驻企业开展后续人才招募工作奠定基础；开展HR下午茶活动，了解企业各层次人才招募需求，共商园区高层次人才校企合作定向培养解决办法，区人社局、校企融合协会、重庆邮电大学通信学院、重庆轻工校及30余家入驻企业参加活动。5月，携传音通讯、亿特科技、仙桃友邦等10余家入驻企业赴重庆邮电大学移通学院参加2018届毕业生双选会，据统计，活动现场前来应聘的大学生达400余人，收取简历300余份，与现场约50人达成初步结业意向；协同长安出行公司，完成室内外停车场分时租赁车辆标识制作及车辆投放，优化园区交通出行。9月，仙桃国际大数据谷携园区企业赴成都参加第十七届中国西博博览会，为入驻企业寻求更多的合作机会；联合团区委共同举办2018年青少年科技创新公益活动；2018年“仙桃杯”重庆青年创新创业大赛暨第五届“创青春”中国青年创新创业大赛重庆地区总决赛在仙桃国际大数据谷举行，本次大赛自6月启动以来，共400余个创业项目参赛，最终21个优质项目进入总决赛。10月，组织中科创达、物奇科技、传音公司在数据谷六号楼开展专场宣讲招聘，来自重庆大学、重庆邮电大学、重庆科技学院约100名学生参加招聘活动。

【对外宣传】 6月，由市委宣传部组织的“在行动　大型系列报道——走进渝北区”集中采访活动在仙桃国际大数据谷会议中心举行，重庆日报、重庆电视台等8家市级主流媒体组成的采访团对渝北区经济社会发展情况集中采访；“百城百万粉”走进渝北，本地自媒体大V约40人探访仙桃国际大数据谷。7月，由中央网信办网络新闻信息传播局主办、重庆市委网信办承办的“新时代·新平台·新机遇”——“一带一路”大型网络主题活动媒体见面会在仙桃国际大数据谷举行；组织开展第三届“仙桃杯”园区篮球赛半决赛，加强企业互动，营造和谐氛围。8月，中央电视台《焦点访谈》栏目“智能，带来更多可能”报道仙桃国际大数据谷智能化创新驱动引领有关内容。9月，公司董事长汪小平接受华为公司“腾云行动之云奔潮涌”企业CEO及行业领袖系列宣传采访，畅谈大数据及人工智能产业发展思考，该宣传片亮相上海世博展览馆和上海世博中心举办的“2018年华为全联接大会”；仙桃数据谷公司副总经理徐忆就华为软开云项目落户仙桃国际大数据谷事宜接受重庆电视台采访。11月，《人民日报》第10版刊登题为《重庆渝北——“创新生态圈”驱动发展》文章，重点介绍仙桃国际大数据谷创新生态圈发展；央视新闻联播栏目走进仙桃国际大数据谷，以大数据智能化产业创新生态圈打造为主题，采访仙桃数据谷公司、西部大数据前沿应用研究院和仙桃前沿消费行为大数据公司。12月，中央电视台《朝闻天下》栏目“庆祝改革开放40年·百城百县百企调研行”聚焦渝北仙桃国际大数据谷。

（王文慧）

旅游工作

【概况】 2018年，渝北区旅游工作以习近平新时代中国特色社会主义思想为指导，深入贯彻落实党的十九大精神，全面落实习近平总书记对重庆提出的“两点”定位、“两地”“两高”目标要求，紧紧抓住全区旅游发展大会重大机遇，以全域旅游发展为主线，按照“一城两区三级示范”的产业发展布局，积极打造“六大旅游升级版”，旅游品牌创建和行业监管进一步加强，旅游基础设施进一步提升，“山水渝北、临空之城”旅游品牌形象进一步彰显，全区旅游经济呈现快速发展的态势，全年共接待游客2920万人次，旅游综合收入约98亿元，同比分别增长17%和21%。

【旅游行业规模】 全区共有A级旅游景区共6个（其中：AAAA级景区2个，分别是统景温泉风景区和两江影视城，AAA级景4个，分别是龙兴古镇、鳄鱼中心、印盒李花生态旅游区和茨竹放牛坪景区）；旅游星级饭店11个（其中：五星级酒店2个，分别是华辰国际大酒店和澳维酒店，四星级酒店4个，分别是创世纪宾馆、东和花园大酒店、长都假日酒店和奥蓝酒店，三星级酒店5个，分别是犀牛宾馆、新华酒店、机场宾馆、渝通宾馆和雾都宾馆·太阳城）；旅行社共366家（其中：出境社4家，分别是礼游国旅、长江映象国旅、美亚国旅、同盛假期国旅，一般社36家、分社10家、门市部316家）；旅游集散中心1个，即双凤桥临空旅游集散中心。

【旅游规划编制】《渝北区全域旅游发展规划》启动编制，北京巅峰旅游规划设计公司以198万元中标，计划2019年底完成《渝北区全域旅游发展规划》编制工作。加快推进“多规合一”，执行好《渝北区旅游专项规划》，把旅游重大项目纳入全区国土规划，优化、细化大盛镇天险洞等30个重点村村规划，完善了兴隆镇新寨村、龙兴镇铜锣山片区等村规划等，引导乡村旅游差异化发展。提高规划执行力，开展“三龙”片区、两路回兴片区修补型城市设计，持续推进产城融合发展，完成中央公园周边等重点区域城市设计，积极打造都市旅游新地标，高起点编制完成以打造“巴渝特色国际都市山乡”为战略定位的《“三环十景”农旅融合发展专项规划》等，不断提高旅游规划导向功效。

【旅游重点项目】 统景温泉旅游景区建设加速推进，海螺宾馆康养医养示范基地项目签订了战略合作协议和专项策划合作协议，《统景风景名胜区总体规划修编（2018—2035）》获得市政府批复，景区修建性详细规划编制通过区政府评审，景镇融合发展方面重点立足市级特色小镇、三环、城际铁路、两江大道等重点项目建设，谋划游客集散、御临湖环线休闲带，布局运动休闲慢行系统等康养旅游产业。铜锣山国家矿山公园项目，按AAAAA级景区标准积极启动公园建设，已完成公园24平方千米范围内地形图和规划图收集、1598亩土地流转，北京岭南公司中标矿山公园旅游策划及规划设计方案征集项目，计划2019年6月完成铜锣山矿山公园规划设计报审等工作。巴渝乡愁田园综合体建设有序推进，计划2

年内投资13.7亿元，11月巴渝乡愁民俗博物馆基本建成，计划2019年3月对外试营业。

【旅游设施建设】 “一环四射四支”铁路网、“三环五射”高速路网、600千米骨架公路提档升级快速推进，2018年共完成旅游干线公路82.5千米，完成道路绿化工程500千米，日渐形成“快进慢游路美”休闲旅游交通网络。全区旅游交通引导标识加快推进，乡村旅游点线干道指示牌7块，持续推进旅游厕所新三年革命，新建旅游厕所34个，茨竹放牛坪、兴隆五谷地等乡村旅游点配套设施进一步完善。双凤桥旅游集散中心开通“统景温泉”线、“兴隆花海”线、“两江影视城”线等3条旅游免费观光巴士线路。

【旅游产业体系】 区政府出台《渝北区全域旅游实施意见》，按照“一城两区三级示范”的产业布局，实施“旅游+”“+旅游”战略，着力打造临空旅游、都市旅游、乡村旅游、温泉旅游、会展旅游、人文旅游等六大旅游升级版，努力把渝北区建设成为国际临空旅游城。

【旅游行业监管】 推进行政审批标准化进程和网上审批工作，新增旅行社9家，旅行社分社3家。实施“增A添星”工程，积极指导澳维酒店五星级酒店、际华园AAAA级景区的创建工作，两江影视城1月正式挂牌国家AAAA级旅游景区，两江国际影视城、统景温泉风景区被评为重庆市首批研学旅游示范基地，大盛镇天险洞村被评为重庆市旅游名村。积极开展“文明出游，人人有礼”等5个文明旅游主题活动，渝通宾馆陈欢被评为“渝北最美文明劝导员”，统景温泉风景区、际华园荣获重庆市文明景区，区旅游局被区委、区政府评为2018年文明城区工作先进集体，并受到集体嘉奖。

【旅游市场秩序】 开展“利剑行动1号和2号”专项整治行动，加强了旅游市场综合整治，深入开展扫黑除恶专项斗争行动，打击旅游行业欺行霸市、强买强卖、旅游行霸等黑恶势力，开展“黑车、黑店、黑导、黑社”“不合理低价游”大整治大执法，全区旅游环境持续改善。持续开展旅游景区环境卫生整治，整治成效综合排名列全市第一。建立全员安全生产责任制、日周月隐患排查治理制度，以安全生产“执法强化年”为主题，持续开展安全生产大排查大整治大执法，旅游市场平安稳定，全年没有发生一起旅游安全事故，统景风景区被评为平安建设示范景区。

【旅游宣传营销】 编制《渝北区全域旅游宣传营销实施方案》，构建全域旅游营销体系。完善住宿消费奖励办法，建立联线营销模式，重点拓展广安、成都、贵州等重庆周边省市市场，真正做到市场互动、客源互送。健全联合营销机制，开展高铁沿线城市、渝北友好城市等联合营销。邀请央视拍摄“山水渝北·临空之城”专题片和《一脉乡愁·心归渝北》形象片，并在央视7台投放和展播，开展“再游长江·归来三峡”“重庆全球旅行商大会”等系列促销活动，成功举办乡村旅游休闲节暨烧烤美食文化节、茨竹梨花秀及梨花跑和统景登山比赛等旅游节会。策划包装服激情都市之旅、赏花朝圣之旅、文化民俗之旅、多情山水之旅等4条精品旅游线路，促进“重庆之美·临空渝北”旅游整体形象提档升级。

【智慧旅游建设】 智慧旅游云建设稳步推进，实现A级旅游景区和星级旅游饭店免费Wi-Fi全覆盖，完成统景风景区等所有A级旅游景区的门禁票务、视频监控旅游云接入，在统景温泉风景区、两江影视城、龙兴古镇和际华园推出乐游渝北产品，升级完成江北机场、龙头寺旅游集散中心等地智慧旅游系统建设，与巫山、丰都等13个区县智慧旅游系统后台实现了互联互通。

【旅游商品开发】 持续加大旅游商品资金投入和研发力度，新开发铁皮石斛、民国醮水笔和火漆印章等系列旅游商品，提升了农副产品附加值。2018中国特色旅游商品大赛，两江影视城推送的“民国火印印章”获得银奖，重庆乡媳妇公司推送的乡媳妇酱菜获得铜奖。

【旅游教育培训】 实施“素质能力双提”行动，常态化开展旅游行业标准、服务意识、服务规范、职业操守、岗位技能、旅游安全、文明旅游、法规政策等业务培训，分层级开展旅游管理人员培训，聘请旅游专家开展旅游专题讲座8次，年旅游培训达到1万人次以上。联合区委组织部，在重庆三峡学院参加为期一周的全域旅游专题培训，全区各镇街分管负责人、经办科室负责人和旅游企业负责人共计60余人参加培训。在全市“巴渝工匠”杯服务技能大赛，长都假日酒店彭艳荣获鸡尾酒调制技能大赛一等奖。

（李　彦）

统景风景区

【概况】 2018年，重庆统景旅游开发有限公司（以下简称“统景旅游公司”）共接待游客36.3万人次，实现经营收入5389.76万元、增长1.17%，完成年度收入增长1%的目标值。全年息税折旧摊销前经营利润实际完成791万元，补交以前年度房产税327万元，完成1105.4万元的目标值。累计获政策性资金64.35万元，其中，旅游厕所项目补助3.06万元、户外挑战赛补助40万元、创A添星补助10万元、研学示范基地补助2万元、申报Wi-Fi与无线局域补助6.50万元、转稳岗补贴2.79万元。2018年，公司较好完成全年经营目标。

【重点工作】 《统景风景名胜区总体规划修编（2018—2035）》于2018年9月18日获市政府批复；完成统景风景名胜区修建性详细规划编制并报送政府评审。统景风景区二期提档升级项目取得项目备案证，项目立项工作完成；子项“三洞联通工程”方案设计通过集团审批，由建管中心开展后续概算、预算编制、招标等相关工作。统景温泉海螺宾馆康养示范基地项目完成施工前期准备工作；与世界温泉气候养生联合会指定咨询机构碧纳泉公司签订《重庆统景国际温泉康养项目战略合作协议》，与重庆箱根温泉产业发展集团有限公司签订《统景温泉康养示范基地专项策划合作协议》。

经公司多次向渝北区国土相关部门汇报、沟通、协调，获22.8公顷土地出让合同竣工日期顺延两年批示，避免了该宗地项目竣工日期到期后公司将面临每天约6.6万元违约金及土地被收回的重大风险。完成景区兴发一社集体土地征地拆迁及77.6公顷储备土地征地的前期调查及勘界工作，进入项目征地报件阶段。

北京复华集团、中国旅游集团（港中旅）、华侨城集团、新奥集团、纵横文旅集团等十余家企业先后到统景考察，洽谈合作事宜，取得阶段性成果。公司与法国薇姿集团签订框架协议，就品牌使用达成部分共识；华侨城集团表达出合作意向。

【运营管理】 2018年，修订完善企业内部成本、资金、合同、担保、安全、人事等制度，新发布《安全生产风险抵押金管理办法》《防范化解重大风险行动实施方案》等办法，实现企业各项工作制度化、规划范、标准化管理。强化安全生产，严格落实安全生产责任制，全年生产经营活动无违规、违法行为和记录，实现全年安全生产“双零”目标。推动“法治国企”建设，建立健全企业治理主体依法履职保障机制、决策合法性审查机制、重大项目法律论证工作机制，对提请董事会审议的重大事项、对经理层经营管理活动，积极寻求法律顾问意见和建议，深化法治宣传教育。加强党风廉政建设，发挥党委在“三重一大”事项决策中的领导把关作用，实现经营发展和党风廉政工作齐抓共管。

2018年，统景旅游公司获得“市科普基地”

“渝北区社会实践教育基地”和“市社会实践教育基地”授牌，两江酒店入围“市政府2019—2020政府会议定点酒店”，创建重庆市A级游泳卫生场所、申报“市文明风景旅游区”，通过重庆市平安示范景区复审、AAAA景区监督检查、风景名胜区保护管理执行大检查、重庆市旅游业服务标准化试点示范督查、三体系认证监督审查。

【市场营销】 2018年，公司开展春节主题活动、元宵节主题活动、无9不成欢达人体验活动、2018美丽统景全民定向挑战赛等线上、线下营销活动共计24场。其中，线上抢票活动实现经营收入82.17万元，毕业季主题活动实现经营收入28万元。新浪大V“轰趴”和“无9不成欢达人体验活动”线上直播观看量均超过14万，微博话题阅读量高达250余万次。“2018美丽统景全民定向挑战赛”活动吸引468名来自全国26个省市的参赛选手参与，26家主流媒体对活动跟踪报道，腾讯网活动点击率同比增幅1344%。

（李　红）

森林公园

【概况】 2018年，渝北区实现玉峰山森林公园建设投资约2760万元，公园景区接待游客60万人次，实现旅游收入2600万元；对南天门森林公园建设投资约800万元，公园景区接待游客8万人次，实现旅游收入150万元。

【升级改造】 2018年，建设完成玉峰山森林公园改造升级工程新坪风貌整治二期、龙胆沟林相改造、玉峰山森林公园景区公路沿线绿化改造等3个项目。开工建设龙门登山步道及林相改造、自行车道、风貌整治二期市政管网及景观工程、玉峰山森林公园（生态园）林相改造、污水处理站扩建、南天门森林公园步道区域市政设施配套等6个项目。抓好环保督查，按时完成《渝北区贯彻落实重庆市环境保护集中督察反馈意见整改实施方案》中的整改任务。完成24宗“四山”疑似违法建筑清理核查工作，拆除未办理林地占用手续和违法搭建的地面彩钢棚及设施近7000平方米。

【保护建设】 为加强森林公园的保护管理，规范指导森林公园建设，委托相关资质单位编制完成《重庆市南天门森林公园总体规划（2017—2026）》《重庆市玉峰山森林公园总体规划（2017—2026）》，为森林公园保护建设提供理论规范。大力开展宣教活动，通过发布微信公众号信息、印发宣传资料等形式，对相关政策法规进行广泛宣传，提高公众保护意识。加大学习力度，派出技术人员参加有关业务知识学习培训，不断提高森林公园管理水平。定期组织人员深入公园景区开展宣传巡护工作，及时制止、查处和取缔公园内违法、违规行为。

渝北区高度重视森林公园的开发建设，将玉峰山森林公园作为重点来打造。将玉峰山森林公园的开发建设内容整体打包为“玉峰山森林氧吧”项目，列入区政府投资计划目录，计划投入财政资金6亿元。玉峰山森林公园内已完成农房风貌改造50余幢，建成公路景观绿化4.5千米，完成林相改造800余亩，新建步道约7.1千米。

（杨再福　谢　英）

龙兴旅游

【龙兴古镇】 龙兴镇位于渝北区东南部，距离重庆主城区36千米，江北机场25千米，紧邻江北区的鱼嘴、复盛镇，和统景风景区、张关水溶洞以及排花洞风景区形成一条旅游主线。龙兴古镇是中国历史文化名镇、重庆十大旅游名镇、国家AAA级旅游景区。场镇建成区2.4平方千米，其中古镇核心区0.4平方千米，老街全长约1500米，街面宽4~5米，街区宽60~100米，居民户数616户1101人，流动人口100余人，商户100余户。老街有房屋206宗，其中龙兴寺等文保单位占地面积约7600平方米。龙兴古镇距今已有600余年历史，内有众多的历史文化遗址，古街、古寺庙、古祠堂、古民居、古寨等古建筑保存完好，传承了鲜明的巴渝文化特色，具有很高的旅游观光价值和艺术欣赏价值。2018年，共接待游客50.75万人次，实现旅游综合收入2030万元，其中门票收入4.07万元，旅游带动力显著增强，古镇的旅游观光价值进一步提升。

2018年，先后投入资金300余万元实施场镇建设整治项目，完成龙兴古镇凉亭排危整治工程，完成古镇后街消防临时通道建设，升级改造A级旅游厕所，持续提升古镇管理品质，龙兴古镇“AAA”景区通过复查验收，古镇旅游设施进一步改善。依托古镇文化，加快建设文化体系，启动镇文化中心暨刘家祠堂修复工程，配合区委党史研究室，完成老街党史书屋新建工作。

【两江国际影视城】 两江国际影视城位于两江新区所属的龙兴工业园区内，地处御临河东侧、龙兴镇以南、复盛镇以北及明月山西侧地区。总建筑面积为35万平方米左右，创造性复建民国、巴渝建筑，渗透山水韵味，传承历史文化、沿袭民间习俗，还原重庆陪都时期作为中国中心城市及国际化大都市的时代风貌。景区大力发扬和推广抗战文化、统战文化和老重庆文化，让游客在游览的同时铭记历史，勿忘国耻，因独特的建筑风貌和浓厚的民族情结，广大游客也将两江国际影视城称为“民国街”。两江国际影视城在2017年被评为国家AAAA级旅游景区，重庆晨报评选为“新重庆十大旅游地标”，成为享誉全国的“近代历史文化旅游胜地”。2018年，两江国际影视城景区接待总人数为238.38万人，总收入为6675.22万元，其中，门票收入4037.56万元，商品收入722.82万元，餐饮收入1124.9万元，交通收入152.61万元，住宿收入637.33万元。

两江国际影视城自2017年开街以来，总投资近2亿元对景区进行基础设施建设，目前景区所有厕所进行了整改或翻新，停车场停车位已扩建至1400位，并增加了高洞河沿线绿化带范围，加强了景区内植被、景观的打造。景区智慧旅游也初见成效，景区监控系统、公共WiFi系统、无线广播系统和导视系统均已基本实现景区全覆盖，互联网专线光纤和固话接入服务也已搭建完毕，票务系统已全面实现智能化售票服务和管理。

【重庆际华园】 重庆际华园位于渝北区龙兴镇际华园东路188号，占地约62.87万平方米，是重庆主城唯一、西南最大的室内滑雪馆，户外基地等体育设施及商业街、环球美食会议中心等商业设施齐全。重庆际华园已形成以室内跳伞、室内攀岩、室内冲浪、室内滑雪四大极限运动为龙头，“极限运动+大众运动”“室内运动+室外运动”“空中运动+陆地运动”的业态布局，承办了室内跳伞、室内滑雪等系列国际国内重要赛事，被国家体育总局评为全国第一批运动休闲特色小镇试点项目和“中国跳伞队风洞训练基地”，被重庆市评为“重庆极限运动基地”“重庆市全民健身比赛活动基地”“重庆市青少年社会实践体验基地”“重庆市中小学社会实践教育基地”，被媒体界评为“2017重庆旅游年度最佳潮流运动旅游目的地”“2018重庆十大新网红目的地”“2018中国西部旅游年度总评榜最受欢迎旅游目的地”。

2018年，启动国家级AAAA景区创建工作，建成全国唯一以极限体育为主题的体育旅游景区。全年接待消费客群10万余人。2018年，建成室内滑雪馆，承办第一届亚洲及大洋洲室内跳伞（风洞）锦标赛、第三届全国室内跳伞（风洞）锦标赛、重庆首届室内滑雪公开赛等赛事，行业影响力、社会知名度进一步提升。

（侯林子）

移民工作

【后扶资金】 2018年计划完成后扶投资1065.06万元，截至12月底，实际完成投资1060.96万元。其中，移民直补到人资金拨付334.78万元，项目扶持资金拨付726.18万元。

【避险解困试点】 积极协调各有关镇街大力推进避险解困试点工作，截至2018年底，渝北区投入资金2935.61万元，其中市级资金2598万元，区级资金337.61万元，资金拨付率已达100%，试点工作基本完成。

【后扶项目建设】 全年完工移民后扶项目9个：茨竹镇金银村6社渠道整治后扶工程、茨竹镇金银村移民活动院坝硬化后扶工程、茨竹镇金银村人行便道后扶工程、茨竹镇茨竹村人行便道后扶工程、统景镇江口村5社山坪塘整治后扶工程、统景镇荣光村山坪塘整治后扶工程、统景镇江口村5社蓄水池新建后扶工程、统景镇平安村滚珠村公路太阳能路灯后扶工程、渝北区古路镇吉星村白树林—探测堡拓宽硬化公路后扶工程。

【小型水库困难扶助项目】 全年完工小型水库困难扶助项目6个：渝北区兴隆镇红卫水库进场公路硬化扶助工程、渝北区茨竹镇同仁村水猫公路扶助工程、渝北区茨竹镇同仁村新建人行便道扶助工程、石船镇丰收水库公路硬化扶助工程、茨竹镇六角水库防汛公路硬化扶助工程、兴隆镇山坪塘整治及蓄水池新建扶助工程，完善资料准备竣工验收。

【已批复项目实施】 全年新开工项目7个，完工项目7个，完成三峡后续工作补助资金7930万元。在8月30日，接受市政府督查室对渝北区已批复项目的实施情况专项督察。在督促项目业主抓好项目实施进度的同时，加强了对在建项目、退水期间临水房屋、消落区等安全工作的排查力度，多次对已批复项目建设情况进行拉网式安全排查，确保三峡后续工作项目的顺利实施。

【消落区规划编制】 8月份编制完成《渝北区消落区综合治理实施方案》，并通过市级评审。针对渝北区消落区实际，以及城市安全及滨水环境仍需提升等问题，共规划三峡水库消落区综合治理项目7个，其中保留保护类项目1个，生态修复类项目2个，库岸环境综合整治项目4个。规划项目总投资12.19亿元，专项补助资金9.69亿元。

【审计整改】 按照市移民、审计部门对三峡后续工作专项资金审计问题整改工作要求，认真对照《审计报告》，开展了渝北区2013—2016年度三峡后续工作专项资金审计问题整改的各项工作，针对审计报告提出的10项审计问题，归纳分类，逐项分析，将审计问题分解到各有关部门和项目业主单位，要求提出整改措施，并予以逐项整改到位。同时督促项目业主抓紧办理完工项目结算、统筹使用项目存量资金7252.18万元、完善石船镇农村居民点生活污染防治项目设计功能，在规定的期间内对相关审计问题进行全面整改。

【三峡水库综合管理】 切实加强三峡水库水位消落期以及175米试验性蓄水期间的安全监测与防范工作，对库区的临水房屋、高切坡、地质灾害隐患点等进行"拉网式"大检查。对洛碛镇175米试验性蓄水居住安全受影响的6人进行避险搬迁，确保库区移民群众的生命财产安全。

【高切坡监测预警】 为保证全区高切坡的运行安全，认真开展高切坡监测预警工作，按照市局统一安排，重庆市市政设计研究院对全区9处高切坡实行后期安全监测，群测群防9处，其中专业监测2处，监测人员4人，确保移民房屋的入住安全和移民工程基础设施及专业设施的安全运行。

【对口支援】 深入开展对口支援三峡移民工作取得实效，到位2018年度无偿援助资金1085万元。援建的洛碛镇上坝村杨左路新建工程、廖石塔休闲文化广场10 kV下地工程、洛碛法治公园工程、洛碛市政管护项目4个开工建设；洛碛移民迁建区消防设施改造工程、龙兴镇刘家祠堂修缮保护工程正在进行实施方案专家评审等相关前期工作。

（黄晓梅）

农　业

概　述

按照党中央、国务院和重庆市要求，渝北区“三农”工作以乡村振兴为统领，重点推进农村经济社会发展，农村改革，农村扶贫，同步协调推进农业结构调整，农产品绿色行动，民生实事，智能农业和乡村旅游业发展等工作，取得新成绩。

建设全市乡村振兴综合示范区。渝北区在全市乡村振兴“6+5”(6个综合示范区5个单项示范区)试验示范统筹布局中被纳入主城唯一综合示范区。以创建全市综合试验示范区为统揽，确定3个示范镇5个示范村引领全区乡村振兴行动。制定以《渝北区实施乡村振兴行动计划》《渝北区聚焦乡村发展难题精准落实“五个振兴”的实施方案》为统领，以《渝北区农产品绿色行动实施方案》《渝北区精品乡村旅游提升行动方案》等9个子方案为具体安排的“1+1+9”政策体系，实施乡村振兴农产品绿色行动，精品乡村旅游行动，交通建设提升行动，人居环境整治行动，森林提质增效行动，农村改革行动，文化兴盛行动，乡村善治行动，精准脱贫行动，促进产业振兴、人才振兴、文化振兴、生态振兴、组织振兴。

聚焦补齐农村发展短板，扎实推进农村脱贫攻坚。渝北区深学笃行习近平总书记扶贫重要论述，全面贯彻中央和市委、市政府关于农村脱贫攻坚的决策部署，全年召开区委常委会、区政府常务会研究脱贫攻坚工作25次，扶贫开发领导小组会部署脱贫攻坚工作7次，各类扶贫工作专题会、现场会40次，将脱贫攻坚纳入区委“10+3”行动计划。为全区各部门和扶贫干部配发《习近平扶贫论述摘编》，组织专题学习和培训。深入贯彻“三个到户、四个到人”扶贫政策，着力实施“三环十景”等项目，因户制宜为贫困户选准扶持发展致富产业。建立健康扶贫医疗兜底保障机制，建成“一站式”结算平台，为农村贫困人口就医推行七重保障体系。深入实施产业骨干人才和“雨露计划”“一户一人一技能”培训计划。为贫困户发放贷款，为贫困人口购买精准脱贫保和基本医疗保险。

深入推进农村改革，进一步激发农村经济社会发展的动力及活力。在古路镇乌牛村启动农村“三变”改革市级试点工作。继续开展村级集体经济发展试点，整合投入各类涉农项目资金5234万元，基本建成古路镇乌牛村、玉峰山镇玉峰村等5个村集体经济试点项目。有序推进古路镇古路村、大湾镇太和村等9个农村综合改革试点项目。建造绿色共享农庄，建成茨竹镇放牛坪村“梨园人家”，石船镇麻柳村“萤火虫之夏”绿色共享农庄。制定实施《渝北区农村集体产权制度改革试点实施方案》《渝北区农村集体资产清产核资实施方案》。

进一步调整优化农业产业结构，发展特色高

效农业。继续推进统大路现代化水果产业基地和南北大道现代农业产业带等示范基地建设，示范推广“林下+”等田间套种模式，发展特色水果、绿色蔬菜、生态渔业等特色高效农业，引进名特果蔬、中药材品种。继续调减传统粮食作物种植和生猪等养殖，发展农业产业化龙头企业、家庭农场、农民专业合作社，培育新型职业农民。统大路现代化水果产业基地吸引市内外同行考察学习，成为南方丘陵山区整村推进宜机化土地整理整治发展现代农业的样板，承办中国国际农机展览会，南方丘陵山区果茶桑麻生产机械化发展论坛暨农业机械装备演示展示活动，农业农村部和市政府有关领导参加活动。

深化农产品绿色行动，提升农产品质量安全水平。推进农产品绿色生产，推出“渝北乡愁”区域公用品牌，农产品绿色生产经营主体22家入驻“巴味渝珍”重庆农产品电商大平台。持续推进化肥、农药使用量“负增长”，绿色防控替代农药，畜禽养殖污染治理等重点工作，配方肥、绿肥、有机肥推广应用面积3.2万公顷，实施可降解农膜试验示范。建立农作物病虫害固定监测点和农药减量控害增效示范片，在全市首个实现高毒高残留农药下架销售。建成农业标准化示范基地18个，农产品追溯示范点45家，完善区镇村三级农产品质量安全监管联动体系，培育市级名牌农产品21个，位居全市第二；推进“三品一标”农产品认证。

发展智能农业，促进农业集约高效可持续发展。全市首个智能农业产业化实验基地落户仙桃数据谷，基本实现都市智能农业的种植、育苗、实验、科普以及高端光电信息技术高效研发与应用转化。按照“1+8+18”智慧农业总布局，建成统大路、牛皇片区智慧农业物联网应用示范基地，覆盖中晚熟柑橘、杨梅等特色产业333公顷。引进茶叶机器人，打造机器人茶博园。全国首个初级农产品产销对接平台落户渝北区。推进国有绿色蔬菜农场建设，利用物联网技术，建设自动控制温室系统，生产绿色、有机农产品。统景镇成功创建全国首批互联网特色小镇。

加快发展精品乡村旅游，促进农业与旅游业融合发展。成立“巴渝乡愁”农旅项目建设指挥部，投入区财政资金1亿元，编制实施“三环十景”农旅融合发展规划，一批景区于年底初见形象。建成“巴渝乡愁”田园综合体展示中心和农业特色小镇。实施精准招商，签约招商引资项目4个，总投资5.8亿元，中田农业双孢菇基地，玖创农业现代农业科技博览园等重大项目落地实施。

（王希明）

乡村振兴行动

【概况】 2018年，渝北区成立区委实施乡村振兴战略工作领导小组，由区委书记担任组长。建立乡村振兴政策体系，制定以《渝北区实施乡村振兴行动计划》《渝北区聚焦乡村发展难题精准落实“五个振兴”的实施方案》为统领的政策体系，搭建了“1+1+9”政策框架体系，确定189项重点任务130个重点项目，制定了《渝北区深化农业产业结构调整推动乡村产业振兴实施方案》《渝北区推动乡村生态振兴实施方案》等一系列政策文件。确定在兴隆镇、大盛镇、统景镇和茨竹镇放牛坪村、木耳镇学堂村、玉峰山镇玉峰村、石船镇胜天村、古路镇乌牛村，分层分类开展试验示范，编制《渝北区创建乡村振兴综合试验示范区实施方案》和3镇5村乡村振兴实施方案，形成"1+3+5"试验示范体系，实施精准招商，储备重点项目17个，总投资约30.4亿元，签约招商引资项目4个，总投资5.8亿元。建立推进乡村振兴战略督查考核落实机制，明确深化农业产业结构调整等7大发展类考核指标，将实施乡村振兴战略行动计划纳入区委、区政府对镇街和部门经济社会发展实绩考核的重要内容，建立督查督导机制，制定《渝北区2018年乡村振兴行动计划督查工作方案》；组建督导工作组，对除龙兴镇外的10个镇开展为期3年的乡村振兴行动大督导。

【产业振兴】 调整优化农业产业结构。调减低效粮食作物，提升优势特色产业，推进统大路现代化水果产业基地，南北大道现代农业产业带等5个集机械化、自动化、信息化于一体的万亩级现代农业产业示范基地建设，发展特色水果、绿色蔬菜、生态渔业、名贵中药材等现代高效产业基地1000公顷。推进农产品绿色生产，推出"渝北乡愁"区域公用品牌，区内22家农产品绿色生产经营主体入驻"巴味渝珍"重庆农产品电商大平台，建成农业标准化示范基地18个，农产品追溯示范点45家，建立完善区镇村三级农产品质量安全监管联动体系，培育市级名牌农产品21个，位居全市第二，认证"三品一标"农产品24个。编制实施《"三环十景"农旅融合发展专项规划》，投入区财政资金1亿元集中打造巴渝乡愁景区，放牛坪梨园景区，斗碗寨景区等10个精品乡村旅游景区。坚持"共建共享共赢"理念，创新提出"农民合伙人"运营模式，推进"巴渝乡愁"田园综合体建设，建成一期样板展示区33.33公顷。发展农业特色小镇，初步建成大盛灵芝小镇、礼朝屋基文化小镇、放牛坪咖啡小镇、沐丰园航空小镇。

【生态振兴】 推进农村人居环境整治行动，制定《渝北区农村人居环境整治三年行动方案（2018—2020年）》《渝北区"五沿"区域农村人居环境整治方案》《渝北区农村危房整治9条》，按照"八改""六化"的整治要求，全年投入资金近16亿元，建设农村人居环境整治示范片、示范点各13个，启动建设大湾镇太和村、洛碛镇大天池村等4个居民新村，实施特色小城镇建设项目1个，场镇综合整治项目17个，建设市级美丽宜居村庄1个。农村人居环境整治示范片、点项目顺利推进，农村配套设施日趋完善，惠及农户5396户。实施农村危房整治5143户，基本消除全区四类重点对象C、D级危房。实施森林提质增效行动，推进农村全域绿化、美化、香化，完成公路绿化463.54千米，水系绿化83.33公顷，林相改造73.33公顷，宅基地绿化6000户，聚居点绿化11个，步道绿化5千米。

【文化振兴】 着力培育农村文明乡风，深入实施乡村文化兴盛行动，推进建成全国文明村镇3个，市级文明村镇31个，区级文明村镇131个，农村精神文明示范点11个。提档升级22个镇街文化服务中心，建成乡村文化长廊（文化墙）12处，制作大型村庄标识3处。农村家庭获首届全国文明家庭1个，首届渝北区文明家庭11个。在农村评选道德模范、好人，获全国道德模范1名、市道德模范5名、区道德模范35名；获中国好人1名、重庆好人3名。在春节、元宵、清明、端午等传统节日开展"我们的节日"主题活动1000余场。建成农村"四会"组织11个，农村镇街开展"四进社区""三下乡""城乡文化双送""送流动文化服务进村"等移风易俗活动1000余场次。

【人才振兴】 坚持"近悦远来"，探索乡村振兴人才"积分评定"机制，制定实施《渝北区乡村振兴人才引进培育扶持办法》。实施新型职业农民培育工程，在全市率先制定实施《新型职业农民认定管理及扶持办法》，对经认定取得新型职业农民证书的职业农民补贴养老保险及医疗保险，培育新型职业农民400人。实施乡村就业创业促进行动，支持返乡农民工，普通中高等学校毕业生，退役军人，大学生村官，农村能人等创办家庭农场、农民合作社和小微企业，发展家庭农场、专业大户、农民合作社、农业产业化龙头企业等新型农业经营主体106个。实施农村本土人才培养计划，回引本土人才65人回村发展创业、挂职任职，选拔进入村“两委”班子13人。

【组织振兴】 实施乡村善治行动，推动党建强村工程，开展农村带头人队伍整体优化提升“六个一”行动，从区级部门择优选派40名干部，全脱产派驻到10个镇督导乡村振兴和脱贫攻坚工作。制定实施《农村党员发展工作三年规划(2018—2020年)》，确保181个村3年内每村至少发展1名年轻党员。完成1.1万名农村党员学习贯彻党的十九大精神全覆盖培训，在木耳镇金刚村等试点探索建立新时代讲习所，掀起学习贯彻新思想热潮。深化“网格化+网络化+信息化”社会治理工作，划分农村地区网格2065个，配备专兼职网格员2920人。制定实施《渝北区扫黑除恶专项斗争实施方案》，排查涉及农村地区涉黑涉恶线索10余条。查处农村基层腐败问题不正之风，查处侵害群众利益的不正之风和腐败问题16起34人，给予纪律处分14人，组织处理20人。查处扶贫领域违规违纪问题59起104人，其中，给予党政纪处分6人、组织处理98人，追究问责9起22人。

【农村精准脱贫攻坚】 紧扣“两不愁、三保障”要求，对全区17个镇街13.58万户农户开展逐村逐户大排查，识别建档立卡贫困户28户84人，制定一户一策帮扶措施。深化“三个到户、四个到人”扶贫政策。发展乡村旅游，实施“三环十景”等项目，为每个有劳动能力的贫困户选准致富产业。建立健康扶贫医疗兜底保障机制，建成“一站式”结算平台，为农村贫困人口就医推行七重保障体系，全区救助贫困人口420人次，区健康扶贫医疗基金救助107.3万元。实施产业骨干人才和“雨露计划”“一户一人一技能”培训计划，组织开展5期雨露计划技能培训班，培训学员250人。推进扶贫小额信贷，为贫困户发放贷款12.5万元。提供社会保障，为贫困人口购买精准脱贫保和基本医疗保险。开展结对帮扶，组织区级领导20名，区级部门107个，机关干部900余人参加每周扶贫帮困日活动，向贫困户宣传扶贫政策近7000人次，制定帮扶计划1051个，启动实施帮扶项目600余个，参加生产劳动近1500人次，帮助农村困难群体解决实际问题800余个。

【乡村路网建设】 完成投资43亿元，实施南北大道、两江大道延伸段等“十纵十横”骨架公路82.5千米，完成勘察设计等前期工作500千米，全部具备施工招标条件；完成“四好农村路”402千米，正在建设515千米；完成安保工程300千米；完成道路绿化工程400千米。

【续建国家农业科园区】 制定《关于落实乡村振兴战略加快建设渝北国家农业科技园区的意见》。实施精准招商，花青素提取精制项目(总投资近8000万元)和重庆磐擎物联网科技项目正式签约落户。渝北区与中冶赛迪公司共建全国首个初级农产品产销对接平台。深化产学研协同创新，中国工程院荣廷昭院士专家工作站签约落户，合作开展玉米育种高新技术研发及应用；国家农业信息化工程技术研究中心主任、中国工程院赵春江院士专家工作站正式落户，围绕农业大数据智能化、农业信息技术、精准农业技术、农业空间技术等领域，合作开展农业科技开发及成果应用推广。全市首个智能农业产业化实验基地落户仙桃数据谷，基本实现都市智能农业的种植、育苗、实验、科普以及高端光电信息技术高效研发与应用转化。与重庆市中药研究院合作共建渝北分院和大健康基地，建成标准化组培室1400平方米。推进国有绿色蔬菜农场建设，利用物联网技术，建设自动控制温室系统，生产绿色有机农产品。

（王希明）

农业综合开发

【概况】 实行“两坚持”，坚持因地制宜，科学合理地建设沟、路、凼、池、涵等配套设施；坚持农业综合开发项目公示制、投标制、监理制、区级报账制。确保组织领导、项目经费和管理责任“三到位”，进一步完善区农业综合开发工作领导小组和项目镇农业综合开发实施领导小组；区财政足额配套资金；把各项工作责任细化到人，把农业综合开发工作作为有关干部工作绩效的重要依据。做到“四结合”，农业综合开发与全区重点产业结构调整相结合；与全区“三环十景”建设相结合；与各实施镇特色产业发展相结合；与项目区群众积极性相结合。按当年下达，次年实施的项目工作安排，完成2017年农业综合开发土地治理，扶持农业产业化经营等3个大项目6个子项目。

【土地治理项目】 在古路镇双鱼村、古路村、乌牛村、继光村实施土地治理项目，到位中央财政资金1035万元，市级财政资金218万元，区财政配套资金486万元，项目区群众自筹资金109万元（群众投劳2.18万个工日折资），建成高标准农田773公顷，新增灌溉面积133公顷，改善灌溉面积200公顷，新增除涝面积和改善除涝面积均为133公顷，直接受益农户2896户，农业人口8895人。

【农业产业化项目】 新建猕猴桃种植基地10公顷，投入财政补助资金90万元，企业自筹116.89万元。改扩建生态鱼养殖基地4公顷，投入财政补助资金90万元，自筹98.8万元。建设野兽花园农庄，投入财政补助资金50万元，自筹50.63万元。对重庆华牧实业（集团）有限公司的生猪收购流动资金贷款财政贴息100万元。对天友纵横牧业发展有限公司的生鲜乳收购流动资金贷款财政贴息145万元。

（王希明）

农村经营管理

【概况】 开展“三变”改革市级试点工作，确定在古路镇乌牛村实施“三变”改革试点，转发、制定相关文件，建立、完善工作机制，全面清产核资，认定成员身份，引入社会资本，拟建乌牛村“四季有李”都市现代农业园。深化农村承包地确权颁证工作，全面开展清产核资及产权制度改革，推进绿色共享农庄和村级集体经济壮大发展项目建设，培育新型农业经营主体，进一步规范“一事一议”项目建设。

【农村改革】 渝北区列入农村资源变资产、资金变股金、农民变股东改革（简称农村“三变”改革）市级试点。制定《渝北区乌牛村“三变”改革试点实施方案》。成立由区长任组长，相关镇街、部门为成员单位的渝北区农村“三变”改革试点工作领导小组和由镇长任组长的古路镇农村“三变”改革工作领导小组，在乌牛村设立村级“三变”改革工作小组。成立古路镇乌牛村股份经济合作联合社，确定股东2096名，股权2096股，资产118.2万元。乌牛村股份经济合作联合社与重庆聚牛兴农业开发有限责任公司签订合作协议，计划2018年至2021年，乌牛村股份经济合作联合社整合“三环十景”等财政补助资金4000万元，重庆聚牛兴农业开发有限责任公司筹集资金4600万元，在乌牛村建设“四季有李”都市现代农业园。发展壮大集体经济，整合市区财政资金2200万元，在茨竹镇放牛坪村开展集体经济发展区级试点工作；在古路镇乌牛村、大盛镇青龙村、木耳镇金刚村和玉峰山镇玉峰村开展集体经济发展市级试点工作。投入1000万元，在古路镇古路村，大盛镇千盏村，茨竹镇方家沟村、大面坡村，统景镇民权村，洛碛镇沙湾村，石船镇胜天村，大湾镇太和村和双凤桥街道兴旺村开展农村综合改革市级试点工作。开展清产核资及产权制度改革，制定《农村集体产权制度改革试点实施方案》《农村集体资产清产核资实施方案》，召开清产核资及产权制度改革工作动员部署会和培训会，各镇政府，街道办事处与区政府签订清产核资及产权制度改革责任书，部分镇街开始进行集体资产清理工作。建造绿色共享农庄，建成茨竹镇放牛坪村“梨园人家”，石船镇麻柳村“萤火虫之夏”绿色共享农庄；启动建造玉峰山镇旱土村“氧吧玉峰”，大盛镇天险洞村“樱花小镇”“老厂坪”，古路镇古路村“橘园之恋”，双凤桥街道兴旺村“山水印象”等绿色共享农庄。

【农村承包地确权颁证】 完成第三方服务采购公开招投标，渝北区、各镇街分别召开确权颁证工作动员部署会和培训会，区政府与13个镇街签订《区农村土地承包经营权确权登记颁证工作责任书》。2018年，全区完成外调实测3.04万公顷，5个镇（街）110个村1073个社完成农村土地承包经营权确权登记颁证，涉及农户8.21万户，农村土地70.5万块。

【村级事务】 培育新型农业经营主体，培育家庭农场20家，累计217家；培育农民专业合作社39家，累计319家，其中新增股份农民专业合作社17家，累计100家。烂棚鹏农业发展股份合作社、紫妞家庭农场分别获市优秀农民合作社、优秀家庭农场称号。进一步规范一事一议项目建设，区农委配合区财政局实施市级财政奖补一事一议项目，市级财政奖补资金2900万元，全区8个镇40个村在建一事一议项目，建成部分项目。

（王希明）

农产品质量安全管理

【概况】 开展农产品绿色行动，全年通过“三品”认证农产品24个，完成区级农产品质量安全追溯平台的升级建设，市级主要农产品风险监测定量抽检240个样品，辖区农产品风险监测定性和定量抽检2376个样品。全年无重大农产品质量安全事故。

【农产品质量风险监督检测】 对区内生产基地、主要农贸市场、超市的食用农产品进行定性、定量抽检。定量监测，渝北区因实验室迁建只负责抽样和制样，样品委托农业农村部农产品质量安全监督检验测试中心（重庆）检测。每月在辖区内例行监测抽样1~2次，全年抽检种植业、畜禽、水产产品185个，检出不合格样品2个，样品合格率98.92%。每周对辖区生产基地、主要超市及农贸市场的食用农产品质量安全进行例行监测抽样.1~2次，全年抽检品种118个样品2191个，样品农残定性检测合格率100%。每月发布农产品质量安全信息。

【农产品“三品”认证】 培育品牌，指导农产品生产单位80余家实施标准化生产，邀请相关专家对60余家农产品生产单位进行无公害农产品、绿色食品、有机食品（简称“三品”）和农业部地理标志保护农产品（与“三品”合称“三品一标”）知识集中培训。17家农产品生产单位提交“三品”认证申请，参加全市“三品”内检员培训会。抽检19家有效期内生产单位的获证产品，样品合格率100%。市“三品”农产品证后监管，在渝北区抽检无公害农产品12个，绿色食品8个，样品合格率100%。完成3家农产品生产单位无公害农产品复查换证9个，绿色食品生产单位年检18家。完成3家农产品生产单位的6个绿色食品续展及1家农产品生产单位的3个有机食品再认证。建立“三品”农产品退出机制，确保安全农产品品牌公信度。重庆市渝北区渝兴莓农业有限公司等9家农产品生产单位的23个产品获绿色食品认证。重庆市阿尔泰生态农业发展有限公司生产的石斛通过有机食品认证。全区“三品一标”农产品累计认证234个，有效期内无公害农产品37个，绿色食品71个，有机食品4个，地理标志农产品2个，认证产品产量41.69万吨，产地面积1.9万公顷。

【农产品绿色行动】 创建国家食品安全示范城市，编制《渝北临空都市农业发展扶持（暂行）办法》（渝北区农产品绿色生产扶持奖励），《渝北区推进2018年农业质量年工作实施方案》，重点开展生产标准化，质量安全监测，质量安全执法，产地环境净化，农业品牌提升，质量兴农科技支撑，生产经营主体能力提升等行动，确保农产品总体抽检合格率保持在98%以上，确保不发生重大农产品质量安全事件。突出源头监管，保障农产品绿色生产。开展化肥农药使用量“负增长”行动。制订《渝北区2018年农药减量控害工作计划》,新建农作物病虫害绿色防控示范区10个。开展《农药管理条例》宣传和培训,农药药效及减量控害,对农业标准化示范园进行绿色防控技术指导。完成耕地质量提升项目,采集土样400个。实施农业部可降解地膜示范项目,建成示范片33公顷。配方肥、有机肥推广施用面积8000公顷。建成水肥一体化智能灌喷系统,应用面积100公顷。开展绿色防控替代农药行动,绿肥还田压青和绿色防控技术应用面积2.73万公顷,推广使用生物农药23吨,实施柑橘、水稻等作物病虫害航空无人机防治67公顷。建成区镇村三级病虫害监测点11个,区级病虫害绿色监测点2个。开展违禁药品专项整治行动,强化农业投入品管控和综合执法,全面取缔剧毒高毒高残留农药经销点25家;开展“绿剑护农、一打四放心”执法行动和兽药专项整治行动,加强疫病防控环节管理和畜禽养殖污染综合防治。围绕农业标准化示范基地建设和主要产业链条,制定农业地方生产技术标准45项。指导全区55家农业新型经营主体业主开展农业标准化示范基地项目建设。办理农产品绿色通行证等公共服务事项500余件。

(王希明)

种养业

【概况】 改良品种,经作产业引进水果、蔬菜、中药材新品种;区农技站引进常规稻、优质稻新品种,筛选出适合渝北区种植的优质稻新品种;区种子管理站建立新审定或引种备案品种展示示范片,筛选推荐主导品种;渔业生产增值放流8个品种。深化农业供给侧结构改革,调优农业结构,促进一二三产业融合发展。果蔬种植推进统大路现代化水果产业基地,南北大道现代农业产业带,张白路沿线蔬菜产业带,龙石路伏季水果产业带,大白路名贵中药材产业带等万亩级经作产业示范基地建设,示范推广“林下+中药材”“林下+蔬菜”等田间套种模式。集中打造放牛坪梨园景区等10个精品乡村旅游景区,加快建设大盛灵芝小镇、放牛坪咖啡小镇等农业特色小镇。粮油种植调减普通籽粒玉米、甘薯,增种鲜食糯玉米、优质稻、紫薯、马铃薯、特色花生和高粱等,推广“双低”“观光”油菜,优质粮油生产实现规模种植,标准化生产。畜牧养殖推进肉兔标准化规模化养殖,减量增效发展生猪产业,全年生猪、小家禽和兔存栏、出栏均减。建设休闲渔业示范场,水产养殖水面稳定,总产量略增。防控病虫,发展绿色农产品。区政府扶持发展绿色农业,区农委建立农作物害虫远程实时监测站,村级固定监测点和农作物病虫害绿色防控及农药减量控害增效示范片,实施柑橘、水稻等作物病虫害航空无人机防治示范,开展农作物病虫害专业化统防统治和化肥农药施用量“负增长”行动,农业农药施用量持续减少。推广配方肥、有机肥,建设水肥一体化智能灌喷系统,实施农业部可降解地膜示范。开展绿色防控替代农药行动,推广使用生物农药。推进“三品一标”农产品认证。加强农作物种子种苗监管,严禁销售不合格种子种苗。加强动物防疫,高致病性禽流感、口蹄疫、小反刍兽疫抗体合格率均稳步提升。深入落实动物疫病防控责任，未发生非洲猪瘟疫情。加强动物检疫，产地检疫、屠宰检疫、病害畜禽产品无害化处理均达100%。开展“瘦肉精”专项监测，均为阴性。加强农业行政执法，优化农业发展环境，开展违禁药品专项整治行动，全面取缔剧毒高毒高残留农药经销点；开展“绿剑护农、一打四放心”执法行动和兽药专项整治行动，加强疫病防控环节管理和畜禽养殖污染综合防治。启动“大棚房”问题专项清理整治行动。

【水果蔬菜中药材生产】 新建水果基地400公顷。引进柑橘（沃柑、8号血橙、濑户见、大雅）、李（茂县大李）、桃、蓝莓等优新品种。蔬菜种植面积1.35万公顷，产量29.5万吨，引进番茄、西瓜等新品种。中药材种植1027公顷，引进、试栽新品种淫羊藿、菊花（白菊、黄菊、金丝皇菊）、佛手和半夏共133公顷。建设龙石路伏季水果产业带，龙兴镇栽植果树45公顷，石船镇栽植果树33公顷、菊花20公顷。建设大白路名贵中药材产业带，重庆烂棚鹏农业发展股份合作社栽植灵芝，天险洞村栽植菊花各6.67公顷。统大路现代化水果产业基地新建柑橘基地200公顷，套种青菜头80公顷。南北大道现代农业产业带新栽果树47公顷，套种胡豆20公顷。调整经作产业结构，新增特色水果、蔬菜、中药材高效农业基地533公顷，引进水果、蔬菜、中药材品种34个。推广留树保鲜、测土配方施肥技术。推广避雨栽培、病虫害绿色防控、生草栽培、有机物覆盖、配方施肥、节水灌溉、套袋栽培、高接换种等适用栽培技术，减施农药、除草剂。推进“三园两场”（蔬菜、水果、茶叶标准园，畜禽标准化示范场，水产健康养殖示范场）建设，建成大湾金凤桃园、隆玉恒梨园。推出“渝北乡愁”区域公用品牌。编制完成以打造“巴渝特色国际都市山乡”为战略定位的《“三环十景”农旅融合发展专项规划》，投入区级财政资金1亿元，建设放牛坪梨园景区等10个精品乡村旅游景区。加快建设大盛灵芝小镇，放牛坪咖啡小镇等农业特色小镇。完成国土绿化经作林新造任务400公顷。

【粮油生产】 坚持“提质、增效”，突出镇街区域特色，调优粮油生产结构，调减普通籽粒玉米、甘薯等1333公顷，调增鲜食糯玉米、鲜食甘薯、春秋马铃薯、特色花生、高粱1333公顷。紫色甘薯栽植667公顷。优质水稻种植面积1333公顷。拓展示范稻鸭、稻鱼、稻鳅共生模式，促进绿色增产增收。推广“双低”“观光”油菜面积2000公顷。建立优质稻基地、优质花生基地、优质糯玉米基地各2个，优质高粱基地1个。建设化肥减量增效示范片1333公顷，施用配方肥100吨，商品有机肥1038吨，油菜籽饼肥80吨。推进测土配方施肥，采集土样70个，土壤化验735项次，开展水稻、玉米肥料利用率田间试验和有机肥替代化肥试验8个，全区测土配方技术覆盖率95%，化肥利用率38.1%。推广秸秆覆盖还田、粉碎还田、堆沤还田等模式，施用秸秆腐熟剂40吨，腐熟剂处理还田面积1333公顷。实现农作物养分还田率60%以上，农作物秸秆综合利用率85%。实施绿肥压青还田面积4000公顷，绿肥还田8.7万吨。在统景镇、兴隆镇示范推广春糯玉米、春马铃薯覆盖可降解地膜栽培共67公顷，开展全生物可降解地膜试验和田间径流监测。兑付耕地地力保护补贴资金当年市级划拨资金3529万元，往年结余资金11.97万元，惠及17个镇街190个村居1586个社10.26万户。补贴以计税面积为基准，全年补贴面积1.42万公顷。农业面源污染防治采集重点土样和农产品样品各12个，送市化验分析。完成12个农产品产地环境国控监测点的取送样工作。引进常规稻品种14个，优质稻新品种8个，筛选出优质稻新品种3个。引进渝薯1号、徐薯22等6个甘薯新品种；筛选出鲜食口感好甘薯新品种渝薯19。

【畜牧水产生产】 调整养殖业结构，推行标准化养殖。推进休闲渔业示范场、肉兔标准化规模养殖建设,减量增效发展生猪产业。完成市级畜禽健康养殖项目16个,市级农业产业发展资金项目(休闲渔业项目)通过验收9个,增殖放流鲢鱼、鳙鱼、草鱼、瓦氏黄颡鱼、厚颌鲂、中华倒刺鲃、胭脂鱼等水产8个品种86.78万尾。全年生猪、小家禽、兔出栏、存栏均减,水产品产量、养殖水面略增。区农委履行区畜禽养殖废弃物资源化利用工作领导小组成员单位职责,建立"事前评审,实时监管,目标考核"的三位一体闭环制度,"基本情况动态反映,真实数据实时监测"的二元高效管理体系和"零污染"种养循环发展机制。全区24家养殖场(户)完成畜禽养殖废弃物资源化利用项目。完成畜禽养殖场存栏生猪4000头当量的污染治理。奖补区县粪污治理完成9家。投入财政资金2546万元,关停畜禽规模养殖场(200头生猪当量以上)26家,养殖户(10头生猪当量至200头生猪当)129户,拆除圈舍面积28.51万平方米,搬迁处理猪8686头,羊2112只,牛370头,兔510只,禽2.25万只。开展第二次农业污染源普查,全区清查养殖场(户)382家,普查规模化畜禽养殖场41个,抽样调查养殖大户(养殖场)40户,种植户280户,种植业原位监测点1个。加强动物防疫,出具监(检)测报告320份,制发整改函10份。监测血清及组织样品等2.15万份次。高致病性禽流感、口蹄疫、小反刍兽疫抗体合格率均稳步提升。深入落实动物疫病防控责任,全年免疫生猪、牛、羊口蹄疫,羊小反刍兽疫,家禽禽流感和狂犬疫苗143.93万头(只)。监测人畜共患病,及时处置玉峰山镇旱土村天英汇友马术俱乐部未按正常程序从沙坪坝九滨马术俱乐部引进马匹马病。防控非洲猪瘟,成立非洲猪瘟等动物疫病防控工作领导小组,排查养殖场1.16万个次、生猪54.79万头次,排查屠宰场(点)1059场次、生猪48.21万头次,全区未发生非洲猪瘟。加强动物检疫,全年产地检疫生猪、牛、家禽等14.46万头(只),检疫率100%。屠宰检疫生猪、牛147.6万头,无害化处理病害生猪、家禽5100头(只),病害动物产品56吨,屠宰检疫率,出场动物产品检疫合格率,无害化处理率均为100%。开展"瘦肉精"专项监测,监测生猪样本4.8万个,检测结果均为阴性。流通环节监管,全年检查动物车辆4429车次,动物106.3万头(只);检查动物产品车辆7375车次,动物产品20.4万吨。拦截从非洲猪瘟疫情毗邻省陕西省调运至贵州省的屠宰生猪,按照农业农村部的规定,区农委、区公安分局无害化处理该批生猪68头。动物卫生监督执法,查处违法案件13起,立案4起,共处罚款6.7万余元。动物诊疗监管,检查全区37个动物诊疗场所,查处兽药案1起,对当事人处以暂停6个月动物诊疗活动的处罚。

【农作物种子管理】 农作物种子管理,监督抽查种子质量193件,查处不合格种子6批次,"两杂"种子监督抽查率首次超过70%,无种子质量纠纷。完成市农委下达的对巫溪、巫山、奉节种子经营单位的监督抽查任务。全区"两杂"品种网上备案率,市场销售的主要农作物种子持有效检测报告率均为100%。复检种子13.05万千克,柑橘、桃、梨等果苗8.32万株,遣返带疫果苗3批,下柜处置带疫柑桔50千克。种子经营单位3家进行品种展示104个,品种示范21个。

【植物保护、检疫】 加强植物保护植物检疫,建立害虫远程实时监测点5个,在统景、石船、茨竹等镇建立20个村级固定监测点,在农业镇建立水稻、柑桔、李、梨等农作物病虫害绿色防控和农药减量控害增效示范片10个,示范面积333公顷,全区主要农作物绿色防控面积2.29万公顷(复种面积),绿色防控覆盖率33.04%。全区农业农药使用量77.25吨,比上年减少2.55吨。组建植保专业化服务组织17家,其中工商注册的8家,从业人员225人,持证125人;拥有高效植保机械60台套,日作业小于4公顷的机械283台套；农用植保无人机12架，日防控作业能力280公顷；植保专业化统防统治累计面积8360公顷。全区主要农作物病虫害发生面积5.2万公顷，防治5.68万公顷。发布农作物病虫害防治信息17期35条，发送农作物病虫防控手机短信1000余条。柑橘大实蝇发生面积102公顷，平均蛆果率1%。全力开展江北机场红火蚁疫情防控工作。石船镇发生较大面积柑橘溃疡病。

【农业科技教育】 开展新型职业农民培育，培训生产经营型200人，专业服务型、创业创新各100人。开设教学培训班8个，其中1个生产经营型重点班，完成120学时、50学时培训任务。新建兴隆海川草莓创业孵化基地，培育青年农场主5人。认定新型职业农民初级36人，中级10人，高级32人。评选"十佳新型职业农民"，给予每人5000元物资奖励。累计培育新型职业农民1750人。举办新型农业经营主体财务规范管理专项培训，培训59人。举办全区农林水系统专业技术人员继续教育培训2期，培训331人。新建农民田间学校4所，农民田间学校累计28所；维护市级示范校等5所；培训农民田间学校辅导员41人。建设乡村振兴讲习所，兴隆镇牛皇村等8个讲习所试运行。开展蔬菜园艺工、果树园艺工、农业经纪人等职业技能鉴定，200人参加，110人获职业技能证书。

【农业行政综合执法】 持续深入开展大排查大整治大执法专项行动，召开专题研究安全工作会37次，落实各类安全监管资金116万元，开展安全检查1853人次，检查各类农业企业（个人）781家次，完成隐患整改120项，农业安全生产案件首次实现"清零"。办理行政处罚案件19件，结案16件，罚没款9.93万元。首次查处出售国家重点保护野生动物制品，使用饲料添加剂品种目录以外的物质生产饲料，非法变更渔船主机等案件。继续开展"绿剑护农"专项行动，重点监管重要产品、重点企业、重点区域和重要环节，抽检农资样品21个，检查农资经营户120家，立案查处兽药、农药、肥料等案件8起，下达整改10份，行政处罚4.72万元。以水果、蔬菜、水产品等为重点，开展农业投入品使用、生产记录、产品检测、质量追溯等执法工作。检查畜禽养殖场23家次，规模种植企业22家次，责令整改违法行为8项，立案查处使用未经无害化处理的餐厨垃圾饲养生猪案件2起，罚款5000元。实施"检打联动"，对重庆缘丰季生态农业发展有限公司，重庆沐丰园农业发展有限公司等10家农产品、水产品生产单位执法抽检6次，抽检样品25个，未发现不合格产品；开展兽药"二维码"追溯体系建设，40家兽药经营企业实现入网全覆盖，在中国兽药信息网上传兽药入库数据4300批次，出库数据1.4万批次。开展"零点行动""清江行动"，重点打击非法捕捞，检查发现（接受群众举报）非法捕捞行为150余起，销毁涉渔"三无"船50余艘，网具300余张，收缴电鱼器80余套，拆除草钩4236颗，放生江河鱼80余千克，立案查处非法捕捞案5件，行政处罚3.5万元。发放举报协查奖励22.07万元。办理渔业安全生产责任综合保险145人。配备机动渔船GPS动态监管设备覆盖渔船60艘，配发救生衣145件、救生圈60个。创建平安农机示范镇1个，平安农机示范村5个，平安渔业1个。全面落实安全生产企业主体责任，检查企业70余次，发出责令改正通知书11份，完成隐患排查整改87项，约谈企业主要负责人。强化生态保护，实行"河长"制，建立四大家鱼国家级种质资源保护区，敦促南两高速公路建设有限公司，临空都市农业公司等落实相关保护措施，实施生态补偿。区法院集中销毁电捕鱼器，发布生态修复令。开展保护饮用水源，控制面源污染等系列行动10余次。调处涉渔污染纠纷3件，为养殖户挽回经济损失6.5万元。救护娃娃鱼2

尾，立案查处非法出售暹罗鳄鳄鱼掌制品案，处罚款及没收违法所得9900元，没收暹罗鳄鳄鱼掌22.75千克。在各镇街设置农药废弃物统一回收点36个，农药废弃物回收率7%。开展秸秆焚烧巡查，秸秆焚烧减少。

（王希明）

农业机械

【概况】 完成机耕作业面积3.79万公顷，机插秧面积473公顷，机收面积3960公顷，全区耕种收综合机械化水平50.1%。推广耕整机、拖拉机等各类补贴机具722台（套），兑现购机补贴资金57.59万元。建设9个宜机化（高标准全程机械化果园）示范基地。

【农机管理】 推进农机与农艺融合，安排新型职业农民培育，设施农业示范，丘陵山区保供产业及特色产业链重点薄弱环节农机装备水平得到提升，主要农作物全程机械化试验示范等市级农机项目14个，资金396万，建成高标准全程机械化果园示范基地6个。安排区级农机专业合作社生产能力提升项目2个，资金65万，新建农机具停放库棚，硬化停机场地。落实购机补贴政策，优化农机装备结构，继续实施购机补贴政策，加大对购机补贴执行情况的监督管理，在各镇街组织召开机具展示会，机耕现场会，向镇村干部和农村居民进行农机宣传，介绍各种品牌农机具的价格、性能、使用以及售后服务情况。组织培训插秧机机手，在茨竹、兴隆、统景等镇开展机插秧技术应用示范。推广机械收割水稻，对农机跨区作业建立"绿色通道"，免收通行费，在石船、龙兴、统景、大盛、木耳等地组织100余台联合收割机开展水稻机收作业，全区水稻机收面积4000公顷，水稻机收节本增效近1600万元。推广新型农机技术，举办设施农业物联网，机械化深松整地，土地整理整治等专项培训。

【农机监理】 新增注册登记拖拉机5台，联合收割机2台。检验拖拉机6台，联合收割机8台，报废注销渝01变型拖拉机4台。开展变型拖拉机清理、整治，区农委牵头召开联席会3次，联合执法检查10次，查处违法行为5起，对各镇街开展专项指导、督查。清理统计挂外省籍拖拉机牌照车辆659台，核查变型拖拉机牌证516台，核查率78%，区农委向区公安分局、区安监局和各镇街抄告核查情况，向区公安分局函告变型拖拉机假牌假证经办信息。

（王希明）

林 业

【概况】 2018年，渝北区自觉践行“绿水青山就是金山银山”理念，坚持保护优先，绿色发展，立足守存量、促增量、提质量，积极开展公益性育苗和免费送苗下乡活动，以森林提质增效为抓手，推进国土绿化，开展林相改造，实施国有林场森林精准提升，培育森林景观，提升森林质量，强化森林资源保护，切实维护生态安全，全区生态文明建设有序推进，林业各项工作取得良好成绩。全区森林覆盖率为39.22%。

【造林绿化】 2018年，围绕“绿水青山就是金山银山”主题，在兴隆花海组织开展全区春季义务植树活动，各级领导、干部职工及当地群众1000余人参加植树活动，共栽植水杉、柳杉等1万株，植树面积200亩。据统计，在3月植树月活动中，参加各类义务植树活动的干部群众6万余人，栽植各类苗木30余万株。培育并完成楠木、香樟和乡土名优等公益性轻基质无纺布营养袋苗木150万株，通过开展送苗下乡等活动，无偿送给镇街、企业和农户栽植的公益性苗木100万株。完成年度森林提质增效行动计划。实施农村公路绿化464千米、溪河绿化1250亩、林相改造1100亩、步道绿化5千米、农村居民聚居点绿化9个和农村宅基地绿化6000户，完成国有林场森林质量精准提升工程任务6000亩，完成石船大叶麻竹产业发展任务1000亩。按照精准扶贫工作任务要求，围绕林业认真落实扶贫工作方案和计划。

【退耕还林】 2018年，完成退耕还林和森林生态效益“两项直补”兑现任务。兑现森林生态效益补偿资金7085281.96元，其中个人补助资金2979090.15元，涉及农户61818户，集体补助资金3550492.14元，集中管护费555699.67元。兑现退耕还林补助资金8235023.92元，涉及农户30037户继续开展了退耕还林专项整治工作，进一步完善退耕还林廉政风险防控机制。完成退耕还林易地造林任务4296.5亩。

【森林防火】 2018年，全区森林火灾受害率控制在万分之三以内，实现了控制目标。全年发放宣传资料近8万份，接受教育10余万人，市民森林防火意识得到普遍增强。新建森林防火蓄水池20个、森林防火步道30千米、森林防火阻隔带27.1千米、森林防火检查站7个。开展封闭式集中培训8次，完成森林火灾扑救演练5次。查处并整改隐患144起，强化火源监管和源头治理，确保森林资源安全。加强林业系统安全检查，发现隐患及时整治。

【林业有害生物防治】 2018年，全面完成2017—2018年度松材线虫病集中除治任务，并顺利通过国家级松材线虫病核查验收。开展松毛虫、银杏大蚕蛾的预防工作，年度林业有害生物成灾面积控制在较小范围、成灾率控制在3‰以内。开展诱捕器和飞机防治松墨天牛工作，挂设诱捕器1800套、防治面积6万亩；飞机防治2次，防治面积4万亩。

【森林资源管理】 2018年，完成公益林的重新区划落界。根据新的《国家公益林区划界定办法》

和《地方公益林区划界定办法》，共区划国家公益林7.1万亩，地方公益林52.21万亩。完成2017年林地变更调查，根据最新调查结果，全区森林覆盖率为39.22%。完成龙兴镇沙金村、下坝村和木耳镇金刚村等林权纠纷调处工作。狠抓森林督查工作，按照要求完成市交办的838个督查图斑外业调查工作。强化野生动植物保护和管理，尤其加强野猪非洲猪瘟的监测防控工作，认真开展排查，加强人工繁育和经营利用野猪场所的监管。制定出台《重庆市渝北区推行山长制实施方案》并下发全区各镇街和部门。落实4.53万公顷天然林和国有林管护责任，严格目标管理，确保森林资源安全。

【林业执法】 2018年，在全区范围内组织开展"飓风行动""春雷行动""四山行动""自然保护地涉林违法犯罪专项整治行动"。通过开展各项专项行动，打击各类涉林违法犯罪行为，加强森林资源保护管理，维护林区稳定。共查处办理涉林案件85件，行政处罚单位或个人84人次，行政罚款150余万元。国有林区禁种铲毒实现"零目标"。

【国有林场】 2018年，继续深化国有林场改革工作，健全完善国有林场内部管理。完成全区公益性育苗培育150万株，进一步完善苗圃基础设施；完成国有林场森林精准提升6000亩；集中力量抓好国有森林资源的保护和管理，加强国有林区森林防火基础设施建设，强化森林防火和松材线虫病防治工作，全力抓国有林区安全生产和信访稳定工作，切实维护林业安全稳定。

（杨再福）

农村水利

【生态文明建设】 全面普查水利行业生态保护工作中存在的问题，明确了责任单位、责任人和整改措施、整改时限，压实压细了责任。依法收回具有重要饮用水功能的新桥水库、团丘水库承包经营权，妥善解决了历史遗留问题。6月和9月，组织开展大规模的"清江1号、清江2号"行动，从水利系统抽调精干人员21名组成7个组，加大凌晨、深夜及周末等时段的巡查频次和力度，与公安部门开展6次联动执法，全年查处水事违法行为15件，处罚款20余万元，确保长江、御临河流域良好的水事秩序。对两塘、两岔等4个小水电站生态流量问题进行了整改，完成11处河流生态环境影响评估。高度重视水资源管理工作，逐一整改已发现问题，完成22个取水户的取水监督检查工作，定期对全区9个重要水功能区、8个集中式饮用水源水库进行监测，并将26个排污口纳入日常监测范围。全力做好饮用水源保护，对具有饮用水功能的水库和水厂进行了重点整治，对观音洞水库水源地保护工作进行了专题研究，落实了相关保护措施。

【脱贫攻坚】 加大精准脱贫攻坚工作中的农村饮水工作力度，坚持以开展农村饮水安全巩固提升工程、水利移民项目扶贫、结对扶贫工作"三结合"的方式，全力打好水利脱贫攻坚战。区水利局抽调15人组成5个调查组，实行家家见面、户户核实，对11个镇135个行政村1031户贫困户开展了"拉网式"饮水安全现状核查。

【九大行动】 按照年初制定的围绕一条主线、明确四项任务、采取五大措施、开展“九个”行动的“1459”思路，组织实施的农村环境综合整治、黑臭水体治理等“九大行动”，持续巩固了水环境整治成效，推进了双龙湖等城区湖库生态修复，推动了洛碛岸线环境综合整治和东方红水库流域治理以及后河、御临河流域的整治。实施的水行政执法“利剑行动”，对长江洛碛段、御临河统景、石船段非法采砂行为实施了全天候、拉网式打击。全区岸线治理、岸线绿化美化和水源保护工作取得新成效，如探索“固基绿地+优化产业+民生水利”的效能叠加模式，成功建设御临河小流域水土保持项目工程点；创新建立“人人河长”体系，设立“企业河长”、“民间河长”和“青年志愿河长”；探索“五方联动”跨界治水模式与周边区域对接工作联动机制，促进流域上下游、左右岸共同保护治理。在“发现重庆之美——百万网民点赞重庆最美河流”宣传活动中，重点推介的大洪河、观音洞水库等“最美河库”。《中国水利报》、《重庆日报》、重庆电视台等媒体先后98次报道渝北区河长制工作，中央电视台《纪录东方》栏目播出的《渝北治水》专题片在社会引起较大反响。

【重点水利设施建设】 全年投入2.14亿元，实施了41个水利设施项目。苟溪桥水库工程建设全面收官，美化绿化后形成的自然和谐、四季有绿的风景线，大大提升了其经济价值和社会效益。投入2600万元的过马滩水闸除险加固工程完成工程建设。投入800万元在大盛镇和兴隆镇治理水土流失面积22.4平方千米。投入494万元，完成洛碛镇自来水厂增压工程。投入1055万元，完成了12平方千米生态屏障区石船镇水土保持工程。投入6100万元，续建御临河岸线环境综合整治工程形象初显，多次迎接国家、市级检查，获得好评。已经开工的洛碛镇上坝村杨左路新建工程等4个项目顺利推进。关石片区自来水管网升级改造项目持续进行中。

【水库管理】 进一步深化水利改革，对全区2座水库进行了确权划界，并上报市水利局备案。新桥水库顺利通过市级水管单位复核验收合格。切实加强了三峡水库水位消落期及175米试验性蓄水期间的安全监测与防范工作，对库区的临水房屋、高切坡、地质灾害隐患点进行了“拉网式”检查，对居住安全受影响的6人进行了避险搬迁，确保了库区移民群众的生命财产安全。加大水库日常管理力度，注重规范化管理，落实专项资金，编制《水库大坝安全应急预案和水库调度规程方案》，进一步完善水库大坝安全监测设施建设，完成14座水库大坝安全鉴定工作。在丰收水库建设了三角梅鲜花长廊3千米，两岔水库管理处建成“渝北水利书院”，对卫星水库管理处管理用房进行了排危整修。

【防汛抗旱】 进一步落实责任，使全区55座小(二)型以上水库、重点山洪灾害防御区等“行政、管理、技术”责任人和各镇街防汛抗旱责任人责任明细。储备冲锋舟12艘、橡皮艇5艘、城市防汛抽水发电一体式拖车等物资；完成防汛抗旱物资仓库标准化建设及搬迁，使管理更加规范。向全区22个镇街和指挥部成员单位下发做好汛前各项准备工作的通知，分6批对全区55座小(二)型以上水库开展了拉网式防汛安全工作督查。开展有250人参加的冲锋舟培训演练、防汛抗旱业务培训、山洪灾害防御演练。严格执行24小时值班制度，督促抽查值班情况78次。加强信息沟通，印发防汛抗旱简报、发出重要水雨情短信2万余条，加强区水利局、区气象局、区国土分局各部门间会商沟通，实现了水文、气象基础数据共享。与长寿区和邻水县进行水事调度泄洪沟通3次，形成每日8时和17时电话互通雨情水情信息制度，确保了“7·12”洪水过境期间渝北区无人员伤亡和财产损失。

（黄晓梅）

工　业

概　述

2018年，面对国际国内经济严峻复杂、工业品产能过剩、生产经营成本居高不下等突出困难，渝北区工业紧紧围绕“加快建设国家临空经济示范区”奋斗目标、“加快智能制造基地建设”工作任务，实施“渝北区以先进制造业为重点的智能制造基地建设行动计划”，系统采取多种措施推动企业加快转型扩能，坚持“增量促发展、存量促转型”工作思路，稳中求进、积极作为，驻区工业企业攻坚克难、逆势而行。总体来看，2018年以来，由于长安福特大幅下滑、智能终端重大项目逐步投产两大因素影响，汽车、电子两大支柱产业呈现出“一降一升”态势，全年完成规模以上工业总产值2753.3亿元、下降16.0%，工业增加值同比下降24.1%，完成工业投资156.7亿元、增长2.8%，规模企业实现利润总额44.4亿元、下降82.9%，出口交货值927.1亿元、增长23.4%，其中电子设备制造业出口交货值804.4亿元、增长20.6%。

2018年，在规模以上工业企业中，分板块看，原北部新区完成产值1088.1亿元、下降36.2%；保税港区完成总产值770.1亿元、增长20.6%；龙兴工业园区完成总产值57.7亿元、增长21.5%；渝北自主板块完成总产值837.4亿元、下降5.5%。分支撑行业看，汽车制造业完成产值1205.7亿元、下降38.3%；电子制造业产值1020.2亿元、增长25.2%；装备制造业完成产值270.2亿元、增长3.7%；消费品行业完成产值139.1亿元、下降2.1%；化医行业实现产值49.5亿元、增长15.4%。

智能制造进程加快。全市重大工业项目集中开工活动在渝北区隆重举行，深科技智能制造产业园、中光电二期、光亚新材料、宇通智能终端产业园等16个重大项目开工建设，全年完成工业投资156亿元。智能终端产业持续放量，手机产量突破7000万台。新能源汽车产量达到15000辆、增长60.9%。完成技改投资56亿元、增长14%，南方英特等56家企业实施智能化、自动化改造，爱尔铃克铃尔等8家企业建成市级数字化车间，规模以上工业企业全员劳动生产率人均达到45万元、增长11.6%。

转型扩能持续推进。2018年新出台《渝北区工业企业技改扩能专项扶持方案（2018—2020年）》，安排2亿元工业发展专项资金，其中单个项目扶持比例最高达到设备投资的50%、扶持金额最高达5000万元，支持41个项目技改扩能，兑现扶持资金超1亿元。2018年全区186个项目获得国家工业强基项目、市工业和信息化专项资金、研发投入补助、中小微企业发展专项资金等领域的资金扶持，总金额达到9392万元。

着力降低企业运行成本。开展产业转型升级信用贷试点，由区财政出资5000万建立贷款风险补偿资金池，合作银行给予行业主管部门推荐的中小微企业最高400万额度、利息上浮不超过20%的无抵押纯信用贷款。2018年累计已向两家合作银行推荐企业53家。积极组织和指导工业企业申报大用户直购电试点，2018年自主板块获得准入的企业已达到77家，据测算平均到户电价可降低4分钱左右，预计可降低用电成本约7000万元。继续落实社保优惠政策，按照全市降低困难企业、困难行业、小微企业的缴费基数和比例等方面的优惠政策，2018年合计审批困难企业及困难行业企业219家，审批小微企业41家。

汽车制造业

【概况】 汽车制造业是渝北工业经济的支柱产业，主要包括长安福特、长安渝北制造厂、恒通客车、力帆汽车、上依红等5家整车制造企业及汽车零部件企业。2018年，全区有汽车制造业企业154家，完成工业总产值1205.7亿元、下降38.3%，生产汽车72.2万辆、下降43.1%，生产新能源汽车1.5万辆、增长60.9%，出口交货值75.6亿元、增长79.8%，产销率102.5%，实现利润总额9.1亿元、下降95.8%。

电器机械及器材制造业

【概况】 电器机械及器材制造业主要包括电机、输配电及控制设备、电线、电缆、电池、照明器具等产品制造，是装备制造业的重要组成部分。2018年全区电器机械及器材制造业有规模以上工业企业14家，完成工业总产值81亿元、增长0.6%，实现利润总额2.4亿元、下降31.4%。

专用设备制造业

【概况】 专用设备制造业主要包括采矿、冶金、建筑专用设备,化工、木材、非金属加工专用设备,电子和电工机械专用设备,农、林、牧、渔专用机械,医疗仪器设备及器械,环保、邮政、社会公共服务及其他专用设备等产品制造。2018年全区专用设备制造业有规模以上工业企业23家,完成工业总产值24.3亿元、增长12.9%,实现利润总额1.05亿元、下降65%。

化学原料及化学制品和医药制造业

【概况】 化学原料及化学制品制造和医药制造业主要包括涂料、化学药品原料药、化学药品制剂等产品制造,2018年全区有规模以上工业企业8家,完成工业总产值48.86亿元、增长15.9%,实现利润总额6.23亿元、增长18.4%。其中化学原料及化学制品制造业2家,完成工业总产值2.1亿元、下降24.5%;医药制造业6家,完成工业总产值46.77亿元、增长18.7%。

非金属矿物制品业

【概况】 非金属矿物制品业主要包括水泥、水泥制品、隔热和隔音材料、其他玻璃、玻璃纤维及制品、石墨及碳素制品等产品制造,2018年全区非金属矿物制品业有规模以上工业企业10家,完成工业总产值27亿元、增长12.0%,实现利润总额4.5亿元、增长4.6%。

印刷业

【概况】 印刷和记录媒介复制业主要是包装装潢及其他印刷业，2018年全区印刷业有规模以上工业企业4家，完成工业总产值8.7亿元、下降4.8%，实现利润总额0.68亿元、下降32%。

纺织服装鞋帽制造业

【概况】 纺织服装鞋帽制造业主要包括纺织服装、服饰制造业，2018年全区纺织服装鞋帽制造业有规模以上工业企业9家，完成工业总产值15.2亿元、下降10.7%，实现利润总额0.56亿元、下降8.8%。

驻区工业企业及区内工业企业（部分）

【长安汽车股份有限公司渝北工厂】 长安汽车股份有限公司渝北工厂（以下简称渝北工厂）是长安汽车自主轿车的发祥地，下辖两个整车制造基地，渝北基地和乘用车鱼嘴基地。其中，渝北基地是长安公司第一个自主轿车生产基地，建成于2004年10月，座落于重庆市渝北区双凤桥空港经济开发区长安工业园区内，占地面积约750亩，建筑面积约255亩，水、陆、空交通便利，地理优势突出，总投资28亿元，年设计产能双班28万辆，从2005年投产。

2018年，渝北工厂全面深化落实公司第三次创业——创新创业计划，顺利实现一二期车间整合及平稳过渡，并按期完成第二代逸动系列和CS35-PLUS的投产上量，全年完成商品车交付19.1万辆。

创新排班模式，推行“连班生产”模式，累计节创330万元。实施同工艺、跨工艺、跨基地人员平准6次，涉及人员1700余人次，通过打造多能生产线，使得生产组织更加灵活，柔性制造能力显著提升。

在质量管理方面，管理体系持续领先，产品质量稳步提升。五个结构化流程（FIP、QIP、SIP、QOS、过程一致性）专项审核全面领先；成熟度纵深推进，渝北基地体系成熟度排名公司第一，由个性化提升进入效率优化阶段。市场质量、过程质量稳步提升，6款车型R/1000@3MIS全部达到公司奋斗目标，连续两年降幅达30%，达到合资水平；CS35、逸动R/1000@12MIS达成公司指标，同比降幅达20%，基本达到合资水平；TGW趋势向好，总体2273，同比改善24%；新品FTT快速爬坡，CS35-PLUS仅3个月即爬坡至80%。

在人才培养方面，大师牵引成绩凸显，人才培养硕果累累。刘源劳模创新工作室获中国国防邮电工会授牌"新时代工匠学院""重庆市工人先锋号"称号，郭宗泽荣获重庆市五一劳动奖章、重庆市青年岗位能手称号，张国文等11人获国家、省市、兵装及公司各类技能比赛奖项。重点项目成果显著，6-Sigma推进持续领先，渝北工厂通过绿带评审项目166个（累计通过222个），黑带项目2个，培养后备黑带20人，实现经济效益2003万元。

【OPPO（重庆）智能科技有限公司】 OPPO（重庆）智能科技有限公司是OPPO广东移动通信有限公司的全资子公司，于2016年11月8日在渝北区注册设立，2017年6月在过渡厂房正式投产。OPPO（重庆）智能生态科技园落户，用地约1524亩，规划建设建筑面积约130万平方米，预计总投资70亿元。该园区将按全产业链方式，打造集软硬件研发、移动互联网、智能制造及物流于一体的智能生态科技园。OPPO（重庆）智能生态科技园项目土地，于2017年2月完成招拍挂，2017年11月28日项目奠基开工，预计2019年10月正式建成一期并部分投产。一期建成后可达智能手机年产能3000万部，全面建成后可达到智能手机年产能5000万部，预计年产值300亿元以上。2018年，实现工业产值约122亿元，营业收入约118.58亿元，入库税金约1.51亿元。

【重庆市中光电显示技术有限公司】 重庆市中光电显示技术有限公司成立于2016年8月，注册资本7.5亿元，是一家集液晶显示模组、背光、导光板、模切、注塑胶铁、盖板、传感器等研发、生产、销售于一体的高科技公司，是目前国内唯一一家将全配套资源整合的光电企业。公司已发展成为以重庆为中心，以河源中光电科技园、深圳科技园研发中心为支撑，以北京、上海、西安、深圳、香港为研发和销售网点，形成覆盖全国、面向全球的产业格局。公司已通过"ISO9001：2008"质量管理体系认证并先后被评为"国家高新技术企业""重庆市双百企业""重点工业企业"，取得了"博士后科研流动站""企业技术中心""导光板数字化车间"等成果。2018年，累计完成产值50.5亿元，完成纳税9037.4万元。

【嘉陵—本田发动机有限公司】 嘉陵—本田发动机有限公司是中国嘉陵工业股份有限公司（集团）、日本本田技研工业株式会社、本田技研工业（中国）投资有限公司共同投资组建的中日合资企业。公司成立于1993年1月，注册资金4170万美元。公司总部地处重庆渝北空港工业园，在重庆和福州分别设有具备生产职能的重庆分公司和福州分公司。公司占地面积约20万平方米，员工2500余人，主要从事通用汽油发动机、割草机、水泵、微耕机、割灌机、发电机和船外机等的研发、生产、销售以及零部件的制造、销售，并提供完善的售后服务。2018年，实现工业总产值19.38亿元、增长7.3%，主营业务收入22.64亿元、增长12.1%，利润总额1.87亿元，平均用工2078人。

【重庆泰山电缆有限公司】 重庆泰山电缆有限公司成立于1998年，占地面积520亩，建筑面积16万平方米，注册资本金4.75亿元，员工836人，是国家电网下属山东电工电气集团全资公司，是电力装备行业国有大型骨干企业，成为智能电网等输配电领域和世界级大型工程项目的优质供应商。公司先后荣获“全国用户满意企业”“全国守合同重信用企业”“中国电子信息百强企业”“全国再就业先进企业”“重庆企业100强”“重庆制造业企业100强”“重庆双百企业”等荣誉称号。2018年，重庆泰山电缆有限公司立足于改革创新，狠抓转型升级、提质增效，圆满完成各项经营指标计划。新签销售订单33.7亿元，完成产值26.41亿元，实现营业收入25.6亿元，实现利税总额4597万元。

【重庆鸽牌电线电缆有限公司】 重庆鸽牌电线电缆有限公司隶属于重庆机电股份有限公司，系全国电线电缆行业重点企业。60多年来专注于电线电缆，铜型材，高压电瓷，塑胶管业的研发与生产，致力于为国际国内航天航空，轨道交通，发电机组，输配电工程配套及家装系列提供安全、节能、环保产品和优质服务。公司现为中国西部最大的家装电线、特种电缆、铜型材产品加工制造基地，西南最大的高压电瓷产品加工制造基地。公司本部位于渝北区空港工业园，公司下设电线厂、电缆厂、铜材厂三个生产厂，拥有重庆鸽牌电瓷有限公司(全资)、重庆鸽牌电工材料有限公司(控股)两家子公司。公司拥有国际国内先进生产设备、检测设备1000余台(套)，有员工近千人。“鸽牌”商标被国家认定为“中国驰名商标”，鸽牌公司被授予“全国五一劳动奖状”“国家高新技术企业”“全国工人先锋号”“重庆市技术创新示范企业”“重庆市市级知识产权优势企业”等多项称号。2018年，公司完成重点新产品开发项目10余项：成功开发ABB高精度铜排、美国GE公司850MW超大型水轮发电机组用异形铜排、安德里茨高水头发电机组用铜排、绝缘铜接地母排、WDZ-BYJ-150类耐高温150℃无卤低烟绝缘电线研发、UL电线产品、钢丝铠装电缆开发与认证等。取得机器人电缆、轨道用防水阻燃B级电力电缆等10项2018年度重庆市高新技术产品。截至2018年12月底，公司共获得授权专利212项(其中发明专利19项，实用新型专利181项、外观设计12项)。

【重庆传音科技有限公司】 传音控股致力于成为全球新兴市场最具影响力品牌，且消费者最喜爱的智能终端产品和移动增值服务提供商，旗下拥有新兴市场知名手机品牌TECNO、itel及infinix。经过10余年的发展，传音现已成为全球新兴市场的中坚力量。据IDC数据，2017年传音旗下各品牌手机在非洲的总市场份额排名第一，在全球市场的手机销量排名第四。传音被facebook和毕马威评为“中国出海领先品牌50强”之一。传音旗下三大手机品牌入选英国权威商务杂志“Africa Business”2017/2018最受非洲消费者喜爱的品牌百强名单。传音旗下的品牌还包括售后服务品牌Carlcare，智能配件品牌Oraimo以及家电品牌Syinix。重庆传音科技有限公司是渝北区重点招商引资企业，成立于2017年6月1日，位于渝北区空港工业园，注册资本1亿元整，公司主营业务：手机及手机配件、电子产品的研发、生产及销售等。截至2018年12月，公司已投产手机组装线28条、手机包装线12条、自动化生产线1条，员工人数近1900人。2018年全年实现产值近40亿，手机销量近4900万台，综合缴税3605万元。

【重庆银翔摩托车(集团)有限公司】 银翔摩托车公司创立于1997年，公司是一家集摩托车和发动机研究、开发、制造、销售于一体的大型科工贸企业。企业通过了ISO9001国际质量体系认证，是国家工信部认定的摩托车整车和发动机生产企业，国家外经贸委批准的摩托车整车及零部件出口企业，是重庆市工业企业五十强。公司拥有国内先进的摩托车检测设备520多台套，年生产能力达到120万辆摩托车、250万台发动机。公司是重庆市创新型试点企业，拥有有效商标300余件，有效专利160项。2018年公司完成产值13.6亿元，其中出口交货值3.1亿元、增长3.3%，实现利润总额1亿元，平均用工1350人。

【重庆蓝岸通讯技术有限公司】 重庆蓝岸通讯技术有限公司成立于2013年10月，注册资本9967万元，是在政府扶持下发展壮大的重庆本土企业，先后获得世界500强企业英特尔、伟创力的入股投资，成为一家既有国际背景也有本地资源的高科技公司。公司是以物联网终端、智能终端以及应用软件为核心的研发创新型企业。创业团队脱胎于国内顶尖的ODM研发团队——比亚迪手机事业部，分别在北京、上海、重庆设有研发中心，有超过150名熟悉英特尔、高通和展讯等平台的工程师，为包括印度最大财阀集团RELIANCE、美国REPUBLIC、英国BULLITT、紫光集团等国际国内大公司提供集产品研发、设计、生产、出口为一体的全方位服务。2018年公司手机和笔记本电脑业务集中于印度和巴西市场，毛利在5%左右，设计业务和物联网业务集中于美国、以色列、英国等市场，该部分业务增长较快。2018年共申请发明专利17项，实用新型专利2件，全年有22项发明专利获得授权，2项实用新型专利获得授权。截至2018年底，累计申请专利322件，已获授权的发明专利32件，已获授权的实用新型专利176件，已获授权的外观专利8件。

【重庆光大产业有限公司】 重庆光大产业有限公司成立于1998年2月，是一家以汽车零部件为主的集设计、制造、销售、服务为一体的民营企业。位于重庆市渝北空港工业园溜马山大型生态公园脚下，占地面积105亩，建筑面积5.5万平方米。公司设有安全带工厂、飞轮工厂、零部件工厂、织带工厂、电子电器工厂等产品设计研发和生产制造机构。主要产品包括汽车安全带总成、安全带织带、汽车发动机飞轮总成、驱动盘总成、齿圈、组合开关、倒车雷达等7大系列百余类产品。2018年公司实现销售收入9亿元，实现净利润5868万元，截至2018年年底，公司总资产6.6亿元，净资产3.5亿元，共有员工764人，拥有专利证书25项。

【重庆市天友乳业股份有限公司】 重庆市天友乳业股份有限公司创始于1931年，是一家具有80余年历史的西南地区最大的专业乳制品全产业链企业。公司以加工经营乳制品为主，下设三个大型乳品加工厂、天友牧业公司、销售分公司、友生活物流公司、市级技术中心和四星级银河大酒店。公司按照现代化的养殖模式建设有生态牧场16个，拥有重庆95%优质奶源，并同时布局黄金奶源带，在四川、宁夏、陕西等投资兴建具有国内领先水平的现代化大型牧场。公司建立了以重庆主城区为中心、覆盖半径达600千米的周边省市销售市场，拥有终端销售网点数万个，构建了以天友健康生活馆为形象引领，商超、便利连锁店、社区副食店、送奶到户、学校以及电商为多渠道的立体销售网络。公司拥有西南地区最大的冷储中心，各型专业冷链运输车辆近200台，冷链运输及城市配送能力居于西部领先地位。“天友”商标被认定为中国驰名商标，“天友”“山城”和“百特”三个商标还被评为重庆市著名商标。2018年，公司全年实现乳制品销量超20万吨，实现营业收入超21.30亿元，实现利润8831万元，缴纳各项税费9688万元，企业核心竞争力和抗风险能力进一步增强。

【南方英特空调有限公司】 南方英特空调有限公司成立于2000年11月，是由中国长安汽车集团有限公司（CCAG）和澳大利亚空调国际热能系统（AITS）合资组建的绿色环保、高舒适性的车用热管理系统研发、生产、销售的企业，总部位于重庆渝北空港工业园区。公司现在拥有重庆本部工厂、南京工厂、北京工厂三个生产基地，年产空调系统150万台，芯体300万套。主要客户为长安、长安福特、长安马自达、长安标致雪铁龙、广汽、一汽、东风、吉利和长安铃木等公司。公司现有员工700余名，其中工程技术人员超过140人，拥有重庆工程技术中心、上海和日本广岛工程技术分中心三个研发中心。2018年，完成工业总产值8.96亿元，实现营业收入8.9亿元，实现利润总额6627.6万元。

【重庆银翔晓星通用动力机械有限公司】 重庆银翔晓星通用动力机械有限公司是银翔集团的核心子公司，成立于2004年，引进韩国发动机技术，专业研发、生产摩托车发动机、通用汽油机和柴油机，形成年产250万台摩托车发动机的生产能力和核心技术竞争力，已开发、生产排量从50 mL~800 mL等各类机型，近几年开发了从200 mL ~400 ml的水冷系列和平衡轴系列大排量发动机，多项技术填补国内空白。动力公司拥有4万多平方米标准联合厂房，8条国内一流的发动机组装生产线，6条发动机关键零部件加工制造流水线，具备年产发动机250万台的生产能力。2018年完成工业总产值4.8亿元、增长50%；实现利润总额1000万，平均用工人数450人。

【重庆科勒发动机有限公司】 重庆科勒发动机有限公司成立于2007年4月28日，注册资本1667万美元，是由美国科勒发动机公司与重庆银翔摩托车(集团)有限公司共同组建的合资公司，2014年6月12日，正式变更为科勒公司旗下的美商独资企业。重庆科勒发动机有限公司以通用汽油发动机及其终端产品的研发、制造、市场开发、销售等为主要经营范围。科勒发动机事业部是科勒动力集团的一部分，主要生产从3马力到38马力的四冲程汽油发动机，和低于136马力的非道路用柴油机。主要产品系列有KOHLER XT Series，KOHLER 3000 Series，Aegis，Command PRO和KOHLER KDI。2018年，工业总产值53105万元，同比增长18.50%，实现销售收入52078万元(其中出口创汇6035万美元)，利润总额3874万元，上交税费604万元，缴纳社保970万元。

【重庆天豪虹淘实业有限公司】 重庆天豪虹淘实业有限公司成立于2003年8月，是经重庆市建委批准的一级施工企业，具备建筑幕墙工程专业承包一级、钢结构工程专业承包二级资质。公司有专业技术管理人员50余人，专业制作安装施工人员250余人。员工队伍中具备大专以上文化程度有60余人，达到中级以上技术职称的有15人，获取一、二级项目经理及一、二级注册建造师资格的有8人。拥有国内最先进的塑钢门窗、铝合金门窗生产线6条，各类制作安装设备200余台/套。具有现代化的标准厂房，面积15000平方米，年设计生产能力80万平方米，设计年产值3亿~4亿元。2018年，完成工业总产值3.6亿元，实现主营业务收入3.6亿元，实现利润总额2300多万元。

【重庆金山科技(集团)有限公司】 重庆金山科技(集团)有限公司成立于1998年6月，总部位于中国重庆渝北区霓裳大道18号，注册资金2000万元，是一家集数字化医疗设备研发、生产、销售和服务于一体的国家级高新技术企业。公司在渝北区建有金山国际工业园，占地133亩，拥有员工800余人，建有多条先进的智能化的生产线，并拥有国际化的超净厂房和品质检验例行实验室，研发室、资料室、办公室等配套设施齐全.公司在医学影像、手术设备、生化检验、远程诊疗等领域开发了多个系列的无创、智能及网络化的民族高端医疗设备，特别在消化领域拥有很深的技术积淀和较大影响力，胶囊内镜、胶囊机器人、氩气高频电刀、宫腔观察吸引手术系统、pH胶囊、阻抗-pH联合检查系统、医疗健康互联网平台等高端创新性主打产品已在全球72个国家和地区5000多家医疗单位实现了临床应用，是中国医疗微系统的领导者。

【重庆嘉士德食品有限责任公司】 重庆嘉士德食品有限责任公司，系渝北区农业产业化龙头企业，成立于1998年10月8日，位于渝北区农业园区食品工业城，于2002年购置土地20.1亩，自建厂房2栋及1栋3层高办公楼共计11100平方米并于2008年8月迁入，主要经营嘉士德品牌的月饼、粽子、抄手、饺子、包子、净配菜、糕点；嘉香坊品牌的豆干、凤爪、猪皮、花生休闲食品等。有年产月饼300吨、粽子300吨、糕点250吨、小吃6000吨、休闲食品5000吨的生产能力。2018年，营业额达3.7亿元，其中，生鲜1.7亿元，休闲食品2亿元，利税总额近1000万元，公司资产总额达9000多万元。

【重庆市朗萨家私(集团)有限公司】 重庆市朗萨家私(集团)有限公司创建于2000年，是一家集板式家具、板木家具、实木家具、沙发、床垫等设计、制造与销售为一体的民营企业。现拥有三个子公司，两个生产基地，六个销售分公司，员工1700余人。目前有50多个自营专卖店，400多家代理商分布在全国28个省(直辖市、自治区)，部分产品已远销国外。旗下拥有炫彩、田纳西、纯尚、塞纳、清雅、和韵、纳维亚、约克森林及沙发、床垫等系列产品。2018年，公司先后荣获了"《中国家具30年》优秀企业""重点工业企业"等荣誉称号。在经济下行压力很大的情况下，公司全年累计销售同比有所增长，不仅解决周边区县的就业问题，并为当地的税收做出较大的贡献，也将带动重庆家具产业及相关产业的进一步发展。

(罗建华　王德娜)

商 贸

概 述

2018年，渝北区商务工作以习近平新时代中国特色社会主义思想为指导，全面贯彻落实党的十九大精神，努力提升开放型经济水平，大力推动商贸服务业转型升级，商务经济呈现稳中有进的良好态势。全区社会消费品零售总额同比增长6.8%，增速位居主城九区第三；商品销售总额同比增长10%，增速位居主城九区第七；住宿餐饮业营业额同比增长11.4%，增速位居主城九区第四；进出口总额1414亿元、增长16.5%，总量居主城第二、增速居主城第三；实际利用外资22亿美元、增长10%，总量居全市第一；实际利用内资312亿元、增长19%，总量居全市第一。

市场建设

【集市贸易】 2018年，渝北区建成的乡镇农贸市场共有38个，占地面积11.56万平方米，营业面积8万平方米，有固定摊位2365个、经营商户2037户、从业人员3229人，年交易总额5.31亿元。正常营业的城区菜市场共有31个，营业面积共有92322平方米，经营摊户2534户，从业人员4781人。

【商场超市】 2018年，渝北区共有营业面积3000平方米以上的大型商场、超市40个，营业面积100.07万平方米，年营业额62.7亿元。

【商品交易市场】 2018年，渝北区有各种专业交易市场22个，占地面积145.47万平方米，营业面积142.61万平方米，有固定摊位9943个、经营户4236户、从业人员14714人，年交易额63.53亿元。

【会展行业】 2018年，渝北区支持国博中心举办智博会、西洽会、汽车工业展等全国、全市大型展会68次。建立与悦来公司联席会议制度，联动推介渝北消费，全年会展直接收入20亿元。

商贸流通

【项目建设】 2018年，渝北区23个重点商贸项目推进有序，全年完成投资40亿元。爱融荟城、蘭亭新都汇等商业综合体建成开业，渝北粮食储备库完成3万吨仓库建设并投用，华帝王朝酒店、太平洋广场主体完工。

【嘉州商圈】 新光里特色商业街开业运营，成功举办2018重庆与世界嘉年华、台湾美食节等大型展会及文旅活动。启动智慧商圈建设，完成启用商圈室外公共区域免费局域网。

【两路空港商圈】 商圈核心项目太平洋广场主体完工。完成启用商圈室外公共区域免费局域网。

【两江国际商务中心】 两江国际商务中心全面进入建设阶段，龙湖商业综合体、新城控股吾悦广场、中粮大悦城、合景泰富UFUN、万科金融总部基地等项目实现开工建设。

【电子商务】 2018年，渝北出台《渝北区2018年促进农村电子商务发展实施方案》，建成运营“村之道”渝北区农村电商公共服务平台，入驻商家20余家、产品427款。布局运营3条农村电商公共物流线路，实现农村电商服务站点全覆盖。建成渝北区电子商务实时监测系统，建立电子商务数据科学统计体系，全年电子商务交易额突破700亿元，同比增长15%，网络零售额达到146.1亿元。

【市场监测】 2018年，渝北完成重要生产资料、重点流通企业、生活必需品等5大监测系统、80余家监测样本企业统计监测工作，加强数据催报和监管，做到应统尽统，及时准确上报各项数据报表，确保样本企业年报、季报、月报、周报和日报无漏报、迟报、瞒报、错报，数据报送率达到100%，受到市商务委的肯定。为及时应对非洲猪瘟疫情，及时启动猪肉价格日监测工作，共选取5家样本企业进行监测，期间猪肉价格无异常波动情况，运行基本平稳。

粮油购销

【粮油仓储】 2018年，渝北开展粮食库存检查、国有粮食仓库使用情况专项清查。全区国有粮食企业总仓容为65786吨，完好仓容30139吨；非国有粮食企业共有仓容11850吨，均为完好仓容。

【粮油购销】 2018年，渝北区商品粮购入（折原粮）504609吨，商品粮销售（折原粮）212771吨，粮食转化（折原粮）291838吨；食用油购入56014吨，食用油销售32449吨，工业用油24278吨。

【粮安工程建设】 2018年，渝北区建立完善粮油收储供应体系，完善粮食应急配送中心、应急加工企业、应急供应网点建设，区级1300吨成品粮储备情况良好。新建渝北粮食储备库（大盛库）投入使用2万吨仓容，余下仓容在建设阶段。2018年度全市粮食安全行政首长责任制考核渝北区获得良好等次。

（苗建波）

供销合作

【概况】 2018年，渝北区供销合作社（以下简称“区供销社”）围绕“服务三农”，顺应农业供给侧结构性改革，创新为农服务体系，壮大直属企业发展，加快推进供销综合改革，努力将供销社打造成服务全区农民生产生活的主力军和综合平台。是年，渝北区供销系统销售额6.9亿元，其中农产品销售额5.06亿元。

【基层组织体系建设】 2018年，在大湾镇新建顺民商合基层社1个；按照自主经营主体、为农服务载体、合作经济联合体为一体的新型基层社要求，对木耳镇、兴隆镇和统景镇等3个基层社进行功能化改造，开展供销超市、农村电商平台、农资配送、职业农民培训、再生资源回收等综合性为农服务功能建设，拓展服务领域。在大湾镇太和村领办农民专业合作社示范社1家，探索基层供销社、农民专业合作社融合发展模式，扩大服务范围、充实服务内容、创新服务方式，让有意愿加入专业合作社的农户用土地确权入股，村干部和当地种养业能人出资发展特色农业，增强专业合作社的带动力和市场竞争力。在大湾镇金凤村、杉木村建设农村综合服务社2个，建设生活资料小型超市，开展农业社会化服务，进行再生资源回收，强化服务功能。加强农民合作社服务中心建设，为基层供销社和农民专业合作社、农村综合服务社、农业企业等22家单位提供财务代理、政策咨询、档案管理、技术指导等专业化、系列化、规模化全程服务，规范日常营运，切实解决其发展管理中的困难和问题。

【流通体系建设】 2018年，渝北区加强放心农产品展销配送体系建设。区供销社社属企业重庆市渝北区巴江供销合作社有限责任公司与重庆市速正粮油有限公司联合成立重庆市聚农汇百货有限公司，建立放心农产品展销厅，与渝北区内符合放心农产品质量要求的专业合作社、农业企业签订合作意向书，经营范围涵盖蔬果生鲜、粮油副食、干货及日用品等6大类上百个品种。同时，加强与渝北区外优质农产品生产企业合作，推广销售全市乃至全国名特优新农副产品。在空港物流园区建设农副产品检测及配送中心1个，对建立农产品质量追溯体系基地拟上线销售产品进行检测，对检测合格产品分装，开展放心农副产品进机关、进学校、进医院、进社区、进超市“五进”行动。展示展销厅和配送中心、电商平台11月8日正式开业，线上线下同步推进，运行情况良好。加强农产品电商建设。以“供销鲜生”社区实体店为依托，在城市社区建设生鲜农产品零售终端，发展城市居民点“社区供销社”。建立推广“供销新里程”电商平台，实现线上线下整合发展，推进渝北名特优农产品销售线上线下一体化。加强与基层供销社、农民专业合作社、农业企业等有效对接，建立农产品电商平台生鲜农产品供货体系，畅通“农产品进城、工业品下乡”双向流通渠道。加强农资经营管理，对各基层社农资经营网点进行改造。规范进货渠道、农资库存，确保供需总量平衡，以充足的供应和平稳的价格及时投放市场。加强再生资源回收网络体系建设。依托重庆市再生资源集团和顺再生资源有限公司，按照“七统一、一规范”（统一规划、标识、着装、价格、计量、车辆、管理及经营规范）要求，对再生资源网点进行规范，委托再生资源行业协会开展行业调研和培训。做好污染防治工作，制定《渝北区供销系统推进污染防治攻坚战重点工程实施方案（2018—2020年）》（渝北供〔2018〕26号），建立渝北区供销系统污染防治重点工程指挥长制，按照“镇（村）回收+中心分拣贮运+综合利用”模式，依托重庆艳君融商贸中心建立健全废弃农膜和包装物回收利用网络，建成区级回收中心1个、镇级回收站7个，回收农地膜16吨。

【安全稳定】 2018年，渝北区供销社组织开展应急演练1次、安全生产知识竞赛1次，为各农村烟花爆竹常年经营网点赠送消防灭火器100个，开展各类安全生产宣传活动4次，累计发放、张贴警示标语及各类宣传资料6000份。加强烟花爆竹安全生产检查和企业隐患排查，全年安全隐患排查出动401人次，排查单位140个，排查出安全隐患46项，隐患整治率100%。全年安全生产“零事故”。

（杨　波　李　丹）

烟草专卖

【概况】 渝北区烟草专卖局（分公司）组建于1985年，内设办公室、综合管理科、政工科、专卖监督管理科、客户服务部、专卖内管与法制监督科、财务审计科等7个职能科室，辖5个区域客户服务部、5个市场稽查队、稽查支队、机动大队等12个基层部门。2018年底，在岗员工136人。

【经济运行】 2018年，渝北销售卷烟10.03万箱，同比增长4.3%；销售收入36.81亿元，增长7.9%；实现税利6.87亿元，增长8.76%，卷烟销量、销售结构、税利水平持续位居全市同行业前茅。

【专卖管理】 2018年，渝北区查处涉烟违法案件638起，查获非法卷烟1576万支，案值达2800万元，占全市查处案值的25%；破获国家局级网络案件1起，依法逮捕3人，为卷烟营销发挥重要的保驾护航作用。

【基层创优】 2018年，渝北区烟草专卖局被重庆市烟草局表彰为“年度工作业绩优秀奖”“卷烟营销先进单位”“年度全市烟草专卖管理专项工作先进集体”，被渝北区评为“A级诚信纳税企业”。

【队伍建设】 2018年，渝北区烟草专卖局进一步抓实教育培训，根据不同对象组织针对性的理论知识、实操技能培训，鼓励各部门、各条线积极开展个性化培训和“比学赶帮超”活动，进一步提升队伍整体素质，力争在全市系统各个领域有技术尖子、比武竞赛能摘金夺银。切实关心员工成长，及时把握员工思想动态，真情帮助员工解决实际困难，进一步活跃员工业余文化生活，增强员工积极性和归属感。

（邹　静）

部分驻区商贸重点企业

【重庆澳维酒店】 重庆澳维酒店是中澳投资8亿多元兴建的综合型五星级高端城市酒店。酒店位于渝北区冉家坝商圈，交通便利，距内环高速入口3千米，距机场20千米、约15分钟车程，距重庆火车北站5千米。酒店总建筑面积5万余平方米，设置209间客房、14个多功能厅、45个餐饮包房，酒店将澳洲文化风情和中国特色相融合，为宾客提供异域风情体验。澳维酒店为渝北区工商联龙山街道商会副会长单位，获得“2015—2018年度宾馆酒店国家安全工作先进单位”“携程旅行口碑榜2018最佳酒店设施奖”等多项荣誉。

【重庆银鑫世纪酒店有限公司】 重庆银鑫世纪酒店有限公司（以下简称银鑫世纪酒店）成立于2015年，是一家集生态环境、商务、宴会、会议、休闲度假于一体的湖景豪华酒店。酒店有335间湖景客房，有挑高8米、面积1500平方米的无柱宴会厅，有2000平方米湖畔草坪，拥有2个1000平方米以上的超级宴会厅和13个50～700平方米的多功能宴会厅，酒店配套大堂吧、自助餐厅、中餐包房、湖景茶苑、湖畔草坪等营业场所。银鑫世纪酒店获得“2018年全国最具人气酒店奖”“2018中国最受欢迎城市休闲酒店”“第五届中国旅游酒店业金鹰奖”“最受欢迎商务酒店”“十佳好评热选饭店”“携程旅行口碑榜2018最佳服务典范奖”“重庆最具人气酒店奖”等多项荣誉。

【重庆秦妈餐饮管理有限公司】 重庆秦妈餐饮管理有限公司（以下简称“秦妈公司”）于2005年9月组建成立，为集火锅餐饮经营、品牌火锅连锁及调味品生产为一体的大型餐饮连锁企业。秦妈公司拥有直营店10家、加盟店540家、食品生产基地1个、技术研发中心1家、原材料生产种植基地3个，斥资亿元打造重庆首个火锅产业化示范园，有在册员工3.2万人（含加盟店），年营业额突破18亿元（含加盟店）。秦妈公司先后获得“国际美食质量金奖”“中国十佳酒家”“国际餐饮名店”“中国十佳火锅店”“中国名火锅宴金鼎奖”“中国名火锅”“中国餐饮百强企业”“重庆市首届餐饮业诚信经营示范单位”“中国驰名商标”“重庆市著名商标”等百项荣誉。

【重庆华辰国际大酒店】 重庆华辰国际大酒店位于渝北区空港新城，是渝北区五星级旅游饭店、五叶级绿色饭店，集政务商务、会议住宿、餐饮康体、休闲娱乐于一体。酒店拥有中式、欧式、东南亚式三种不同风格房型共317间；配备多个特色餐厅，包括300人餐位芭提雅阳光西餐厅、200人餐位华府中餐厅、80人餐位阿里郎日韩料理餐厅、30人餐位风之语行政酒廊；有千人两江汇大宴会厅和多功能厅；配备900个停车位以及50米国标恒温泳池；有商务豪华接送机车队。酒店先后获得“世界酒店·五洲钻石奖——最佳智慧时尚酒店”“中国最佳酒店大奖——最佳会议服务酒店”“中外酒店白金奖——十大城市魅力酒店”等多项荣誉。

【重庆悦来温德姆酒店】 重庆悦来温德姆酒店位于嘉陵江畔，地处重庆国际博览中心核心位置，与悦来国际会议中心相连，酒店拥有390间豪华客房及套房，房间均配备独立阳台。

【重百渝北商场】 重百渝北商场位于渝北金港购物中心，商场定位为时尚大众百货，建筑面积1.75万平方米，共有4个经营楼层，主要经营黄金珠宝类、男鞋女鞋箱包类、化妆品类、少淑装类、童用类、男装类、户外运动类等品类，共300多个品牌。近三年商场实现销售12多亿元。商场连续多年被评为市、区级“诚信经营示范店”。

【重庆新光天地购物中心】 重庆新光天地购物中心由台湾新光三越集团与重庆中渝物业开发有限公司合作打造，是重庆市级城市核心商圈嘉州商圈的核心项目。购物中心占地面积7.5万平方米，总建筑面积35万平方米，营业面积25万平方米，停车位5200个。项目定位为“长江上游高端的购物及生活中心”，业态布局以“美丽市场”、“百货世界”和“天空之城”三个场景为主题，为消费者提供高品质购物服务体验。主要品牌包括：ROLEX、EMPORIO ARMANI、FERRAGAMO、LONGCHAMP、COACH、FURLA、TESLA、SWAROVSKI、LA MER、SK-II等。

【渝北区临空国际贸易示范园】 重庆市渝北区临空国际贸易示范园（以下简称“示范园”）位于渝北区回兴街道翠屏路3号，面积17000平方米，是在自贸区内试点以商招商、政策打包、效益对冲考核的创新示范项目。示范园由重庆巨豪渝科技服务有限公司负责以商招商、企业服务和综合运营管理等工作，是一个集贸易、金融、结算、仓储、办公于一体的外贸集聚园区。截至年底，示范园共招商引资企业117家，注册资金7.29亿元；完成进出口数据4.2亿美元；租赁面积共8461.38平方米。

（苗建波）

财政　税收　金融

概　述

2018年，渝北区以习近平新时代中国特色社会主义思想为指导，深入贯彻党的十九大精神，围绕“全面建成小康社会，加快建设国家临空经济示范区”奋斗目标，全力打好“三大攻坚战”，实施“十项行动计划”，全区经济社会发展呈现稳中有进、稳中有新的态势。完成公共财政预算收入（不含两江新区在渝北区范围内的直管区域）75.53亿元、同比增长21.9%，其中税收收入68.64亿元、占一般公共预算收入比重为90.9%，收入质量位居全市前列；完成公共财政预算支出106.31亿元，同比增长0.4%。公共财政安排民生支出持续提高，公共安全支出10.63亿元、增长11.0%，科学技术支出2.39亿元、增长10.2%，医疗卫生支出10.37亿元、增长19.6%。传统金融业市场进一步扩大，年末全区金融机构人民币存贷款余额达9925.66亿元，同比增长12.4%，其中，存款余额4521.49亿元、增长8.2%，贷款余额5404.17亿元、增长16.3%。

（李昆仑）

财　政

【概况】 2018年，渝北区财政工作围绕“全面建成小康社会，加快建设国家临空经济示范区”奋斗目标，全力打好“三大攻坚战”，实施“十项行动计划”，统筹推进稳增长、促改革、调结构、惠民生、防风险各项工作，财政运行总体平稳，完成一般公共预算收入（不含两江新区在渝北区范围内的直管区域）75.53亿元、比上年增长21.9%，其中税收收入68.64亿元，增长26.8%。非税收入6.9亿元，下降12.2%。全区一般公共预算支出106.31亿元，比上年增长0.4%。财政总决算获得全市二等奖、部门决算获得全市第一名，在预决算公开专项检查中获得全市第一名，在综合目标考核财政指标中位居主城区第二名，获得全市社会保障基金决算工作先进集体、国有企业财务决算和企业经济效益月度快报先进通报等荣誉。

【财政政策】 2018年，渝北区实施积极财政政策，全面推进供给侧结构性改革，将“三去一降一补”与财政工作有机结合，安排资金8亿元扶持工业、商务、旅游、金融等产业，帮助企业转型升级，推动经济高质量发展。落实增值税税率简并政策，依法扩大低税率享受范围，降低个税起征点，帮助纳税主体轻装前行。出资9690万元设立“升级贷”“科信贷”，支持企业上市，有效解决企业融资难、融资贵问题，支持民营企业健康发展。支持市、区重点项目协同共进，兑现资金3.3亿元，支持保税港区、悦来会展中心、机场快件中心等市级开发平台和工程建设。以高质量发展为引领，安排资金6亿元，支持园区（数据谷）基础设施建设和产业发展，增强平台公司硬实力。保障重点工作资金需求，安排资金15.2亿元，优化城市基础设施建设，构建“畅、安、舒、美”城市运输网络。改造城市危旧房和棚户区31万平方米，城市形象进一步提升。安排资金2.5亿元用于环保投入，安排资金4000万元整治4家烧结砖瓦窑和11家煤矿，生态环境明显好转。安排资金2.4亿元，落实科技强区、人才强区政策，全区科技型企业达到1063家，居全市第一。

【财政收入】 2018年，渝北区科学组织收入，积极应对复杂多变的宏观经济形势，争取各方对协税护税的大力支持，顺利完成收入目标。扩大财经运行分析系统涵盖范围，对重点纳税主体进行动态监控，对重点税种行业进行动态分析。优化收入结构，实行财税收缴责任追究制，建立健全征地资金管理模式，严格规范票据使用和非税收入征缴，确保财政收入依法依规。税收收入占一般公共预算收入的比重为90.9%，居全市前列。盘活存量资金，建立财政存量资金定期清理机制，严格控制资金结转规模，将“沉睡”的财政资金“唤醒”。首次对镇街存量资金进行清理，共统筹各类存量资金3.07亿元，补充社会事业发展需要。完善专项资金管理机制，促进专项资金集中投向，发挥聚合效应。

【财政支出】 2018年，渝北区以增进民生福祉为根本目的，坚持“问题导向、量力而行、尽力而为”的原则，积极主动回应群众关切，民生支出占一般公共预算支出的60%以上，民生保障能力显著增强。统筹各类财政资金16.4亿元，加大脱贫攻坚力度促进乡村振兴，脱贫攻坚战取得决定性进展。大力支持民生事业发展，安排19.1亿元用于教育支出，有效改善全区教育条件。安排12.2亿元用于社保和就业支出，社会扶贫济困救危作用进一步放大。安排10.4亿元用于医疗卫生支出，补齐城乡医疗保障短板。安排1.5亿元用于文化体育与传媒支出，助力百姓生活欣欣向荣。安排10.6亿元用于公共安全支出，促进社会安全和谐稳定。

【财政改革】 2018年，渝北区进一步理顺财政体制，积极配合市级财政做好事权与支出责任划分改革，建立完善科学高效的区与镇街两级财政体制，建立现代财政制度。首次正式编制政府综合财务报告，全面反映政府财务运行管理情况。进一步提高财政信息技术水平，在全市率先推进“互联网+”非税电子化征缴，积极稳妥推进电子支付管理改革，全区293家预算单位（含镇街）全部上线运行，预算单位覆盖率和预算资金支付率均达到100%。成功试点部门决算账表一体化系统，有效降低各单位财务工作量。预算公开评审提质扩面，邀请人大代表、政协委员、高校专家开展预算审查，将包含14个主管部门的52家单位纳入公开评审范围，评审项目共712个，总金额37.7亿元，占区本级预算资金的52.3%；审减预算资金3亿元，预算审减占比达8%，有效缓解收支平衡压力。

【依法理财】 2018年，渝北区依法开展审计整改，主动接受全市2017年财政预算执行交叉审计工作，对审计提出的七大类25个问题积极整改，整改率达100%。依法加强预决算管理，提前谋划并顺利完成2019年度部门预算编制工作，精心部署财政决算和各类结算工作。依法公开财政信息，除依法必须公开的信息外，还对项目预算、绩效情况、政府采购、“三公经费”等情况作出相关说明，财政信息更加阳光透明，在全市预决算公开专项检查中获得第一名。依法组织政府投资工程财政评审，参照全市标准提出渝北区公共投资建设项目预算计价原则和市场调减比例办法，并对评审计价原则进行更新。全年评审审减金额6.3亿元，综合审减率达14.7%。依法实施政府采购，全年共下达采购计划金额5.7亿元，实际采购金额4.9亿元，节约金额7263万元，节约率达12.9%。

【风险防控】 2018年，渝北区推进全区内控体系建设工作，加强财务管理风险防范，29家单位信息系统成功上线运行，相关情况被《中国会计报》《重庆会计之家》等媒体多次刊发，社会各界反响良好。防范政府债务风险，严格贯彻落实上级要求，全面清理全区债务和资产情况，制定《渝北区政府隐性债务防范化解方案》，牢牢守住不发生系统性区域性风险的底线。2018年全区政府债务余额140.5亿元，政府债务率低于全市90%的债务率风险预警线，全区政府债务风险总体可控。累计争取置换债券资金110.48亿元，有效降低偿债压力。防范财政资金风险，进一步优化财政资金动态监管系统，及时纠正预算单位违规支付630笔，维护财政资金安全运行。

（何腾蛟 傅 莉）

国有资产管理

【概况】 2018年，渝北区国有资产管理工作坚持以习近平新时代中国特色社会主义思想为指导，认真贯彻落实党的十九大精神，按照习近平总书记提出的“两点”定位，“两地”“两高”目标和“四个扎实”要求，紧紧围绕区委“1313”总体思路和国企改革发展重点任务，进一步创新观念、夯实基础、大力推进国有企业改革发展，各项工作取得明显成效。

【服务大局】 2018年，渝北区智能终端产业加速聚集，传音、深科技等重大项目成功落地，OPPO智能生态科技园开工建设，中光电产业园一期正式投产。租用机场商务楼打造临空经济总部，入驻企业20家；利用中渝香奈公馆打造的基金小镇，成功引进创新微、鑫缘鑫资本、浙商证券等金融机构59家。两江国际商务中心正式开工，临空智能终端产业园、木耳物流园、航空小镇有序推进。机场专用快速路、同秋立交等项目竣工投用，新华水库、盘溪河黑臭水体整治通过督查验收。开工建设御临河碑口水库，启动关石片区自来水管网升级改造，推进古路、洛碛、茨竹、兴隆等中心场镇提档升级。发展现代特色效益农业，常青藤四季田园项目一期、五谷地度假农场项目一期实现对外营业，院士专家工作站、花青素提取精制项目等农业产业项目落户。严格落实安全、环保和信访责任，召开国有企业安全工作会，开展安全消防培训，加强安全隐患的排查整改，全年无重特大安全事故发生。处理好临空农业公司农民土地租金问题，办理“扫黑除恶”转办件3件，收集各国有公司98名退役军人资料，切实做好安抚稳定工作。办理信访件36件，满意度100%，无重复信访事件发生，国资系统全年保持安全稳定。

【国企改革】 2018年，渝北区结合国企改革工作实际，在原有制度基础上，新出台“1+5”管理办法，以企业监督管理办法为引领，配套资产管理、经营性国有房地产管理、中层及以下人员管理、领导人员薪酬管理、对外投资管理5个制度办法。进一步完善考核指标体系，突出分类考核、差异化考核、量化考核。稳步推进混合制经济改革，空港经济公司出资2.45亿元同机场集团出资组建重庆临空经济示范区开发建设有限公司。临空投公司引进战略投资者进行混合所有制改革合资设立供应链管理公司。草拟《关于渝北区区属国有企业公务用车制度改革的实施意见》，积极推进国有企业公车改革。完成中央公园管理公司撤销工作，平稳完成员工安置补偿。稳步推进“三供一业”分离改革。完成市属国企供电移交1家、土建工程3家；供水移交1家施工改造；职工住房分离移交及退休人员与既有档案社会化移交工作达到目标任务要求；市政设施移交工作6家企业全部完成。驻渝央企剥离办社会职能工作有序推进，供电移交1家完成改造并移交、5家基本完成改造工程；供气移交全部改造完成并移交；供水移交1家完成改造、2家施工、1家签合同；物业移交签订协议数1884户；市政设施移交工作1家企业完成。圆满完成2017年度国有企业负责人经营业绩考核工作。在优化考评体系的基础上，采用“一企一策”方式确定各公司的考核指标，拟定2018年绩效考核实施细则。走访调研区属各国有公司，学习借鉴南岸、江北等周边区县经验，拟定区属国有企业2018年度薪酬总额核定方案。

【国资监管】 2018年，渝北区全面清查国有企业改革后资产情况，区属国有企业拥有的房产共计145.51万平方米，总价值63.70亿元。调剂9宗国有房产给社区无偿使用，无偿提供1宗国有空地修建新华路社区，安排2宗国有房产作公益性用房，全力支持社区公益性阵地建设。以国有企业为主体，回收新都花园幼儿园、阳光雅居配套幼儿园，用作开办公立性普惠幼儿园。完成金易E世界638个车位、金易伯爵世家酒店的购置及产权办理工作，完成3处权属遗留问题的办理。优化投资结构，区属国有企业对外投资总额10.58亿元，其中参投9只子基金共6.95亿元，直接投资11个产业项目共3.63亿元。探索“基金+直投”模式，超前参与战略性新兴产业投资，成功引进矽睿科技项目落地。推进组建航空产业基金，对接西部航空、华夏航空等储备航空项目。积极开展商业保理、供应链金融等业务，严格履行直接投资尽职调查的程序，确保投资项目的专业性和安全性。强化资产监管，根据区纪委督查问题线索，调查核实个别区属国有公司领导办公用房超标问题，联合区机关事务管理局排查行政事业单位及国有公司办公用房使用情况。

【国企党建】 2018年，渝北区强化政治引领，严明政治纪律和政治规矩，把维护以习近平同志为核心的党中央权威和集中统一领导作为根本的政治原则在国资系统高高举起，坚决执行党中央决策部署和市委、区委工作要求。深入学习贯彻党的十九大精神和习近平新时代中国特色社会主义思想，贯彻实施《中华人民共和国宪法》《中华人民共和国监察法》等法律制度，区国资委召开党委会20次、中心组学习7次，学习传达会议精神、理论文章58次，对照学习杨雪峰先进事迹、吴德华严重违纪违法案正反两个典型，以案促整改，全面彻底干净肃清孙政才恶劣影响和薄熙来、王立军流毒。筑牢思想根基，举办国资系统“筑梦渝北、唱响青春”歌咏比赛、“展国资风采、为党旗增辉”摄影展、庆祝建党97周年七一表彰大会，组织国资系统学习贯彻习近平总书记全国两会期间重要讲话精神宣讲报告会、监察法知识讲座，举办微型党课演讲竞赛，开展“理论麻辣烫”进企业宣讲11场次。严格落实意识形态工作责任制要求，把意识形态工作纳入国企党建考核的重要内容。夯实组织基础，全面推行“四步工作法”，深入开展国企党建突出问题排查整改113项。督导企业每月规范开展支部主题党日活动，党员领导干部带头上党课100余场次。开展国企党支部书记和党务工作者全覆盖培训，指导国企抓好党员发展工作，完成20个党员发展计划。与回兴街道高岩路社区共同开展支部书记互上党课、志愿服务、扫黑除恶等宣传活动。在招商小组、项目工地等设置临时党支部1个、党小组8个，在窗口、急难险重岗位设置党员责任区52个、党员示范岗84个、攻坚突击队12个，教育引导国企党员立足岗位、发挥作用。深化作风建设，党委会研究布置党建工作成为常态，全年研究党建议题23个。扎实推进兴调研转作风促落实专项行动，多次深入石船镇重桥村开展调研，对9户贫困户分户制定帮扶措施，从产业发展、种养殖业等方面进行帮扶。开展国企人员从事营利性活动专项清理整治和国有企业财务专项检查。通报违规违纪案例27次；综合运用监督执纪“四种形态”，加强党员监督教育，处理人员200余人次；推送“一起来学监察法”信息20期，举办监察法专题学习讲座12场次，到廉政基地接受教育11场次。

【队伍建设】 2018年，区国资委严格执行干部选任中个人有关事项查核、廉政审查、廉政谈话、“一报告两评议”、因公出国（境）管理等制度规定。择优调入工作人员1名，接收安置2017年、2018年军队转业干部各1名，干部队伍结构进一步优化。选派54人次参加十九大精神专题培训、意识形态工作培训、开放型经济专题培训等各项培训，干部职工业务素养和专业技能全面提升。鼓励企业专业技术人才积极申报专业技术职称或执业资格，申报初级职称5人、中级职称18人、高级（正高级）职称8人、重新确定职称4人。推进企业人员编制管理工作，核增区属国有企业人员总额231名。完善企业人员招录审查备案程序，审查备案人员招（选）聘实施方案34份，完成聘用结果备案89人。集中统一保管企业中层及以下人员因私出国（境）证件，严格执行审查（审批）和登记备案流程。完成中层干部人事档案调档归集、清理核查和补档归档工作。接收安置2017年冬季符合政府安排工作条件退役士兵5名、2018年军转干部随调家属1名，完成区国资办主管企业“三类人员”优抚申报5人。

（梁巧琳）

国家税收

【概况】 2018年，原重庆市渝北区国家税务局、原重庆市渝北区地方税务局合并成立国家税务总局重庆市渝北区税务局，负责辖区内税费征收管理工作。全局设15个内设机构、11个派出机构、2个事业单位，另有3个正科级单位（党建工作科、老干科、纪检组），年末有在职在编干部职工380人、退休干部职工108人。2018年，渝北区税务工作以机构改革为契机，强化责任担当，提升合力动力，紧抓组织收入中心工作，积极应对结构性减税扩围、存量税源增长乏力等严峻形势，税费收入实现稳定增长，累计组织税费收入248.16亿元，同比增长16.29%。其中，税收收入178.41亿元，同比增长10.76%；社保费及非税收入75.5亿元，同比增长32.63%。地方级税收实现102.25亿元，同比增长15.39%，其中区级税收实现59.83亿元，同比增长19.91%。

【机构合并】 2018年，渝北区税务系统全面深入领会上级关于国税地税征管体制改革的决策部署和工作安排，认真贯彻《改革方案》和上级相关会议精神，迅速成立机构改革工作小组，负责统筹实施机构改革工作。建立完善改革工作运行机制，设立行政保障、人事部门、纳税服务、党建工作、征收管理5个综合协调机构，具体协调落实机构改革任务。深入研究周密安排各阶段工作，明确"三步走、三确保"工作思路，拟定《挂牌工作方案》《落实"三定"暂行规定实施方案》《科所一级相关改革工作方案》《机构改革配套税收征管范围调整和征管资料整理工作方案》等系列专项工作方案，确保改革步伐走稳走实。细致深入做好"三个谈心"，制定谈心谈话日程计划，对表对标开展谈心工作。局党委书记、副书记与各部门主要负责人和"正转副"的同志开展谈心谈话87人次，班子成员与分管联系单位副职负责人谈话103人次，与全局干部职工广泛开展交心谈心1000余人次，开展基层调研30余次，实现谈心谈话全覆盖，为"事合、人合、心合、力合"奠定坚实基础。2018年7月5日，渝北区税务局正式挂牌成立。9月21日，区税务局内设机构、派出机构、事业单位负责人及工作人员到岗到位。9月30日，各派出机构统一挂牌。

【税费改革】 2018年，渝北区有序有力推进个人所得税税制改革，组建成立个人所得税改革领导小组，制定改革时间表、路线图、任务书，成立"税宣小分队""个税改革党员先锋队"，开通咨询专线，开设个税专窗，接受纳税人政策咨询8000余次，确保改革顺利落地。社保费和非税收入征管职责划转工作平稳推进，区税务局与区财政、人社、残联等相关部门建立联席会议制度，对辖区内的跨区登记社保户开展逐户核实，完成所有管户调整。组织力量清理金三系统中各类虚欠数据2000余条，对辖区9.3万个社保管户进行比对、逐户核实、清理，为推动征管职责划转提供有力的数据支撑。

【依法治税】 2018年，渝北区坚持以依法治税理念统领税收工作全局，积极推行权利清单制度，规范税收执法行为，推进依法治税进程，打造高标准、法治化税收环境。夯实依法治税的制度保障和人才保障，机构改革后及时成立重大涉税（费）事项审理委员会等6个法制工作领导小组，累计组织召开重审会11次，审理107件重大涉税事项。加快提升税务干部依法行政能力，23名干部顺利通过执法资格考试，9名干部取得律师资格证。扎实推进督察内审工作，加强交叉执法检查和外部审议发现问题整改，处理执法风险类疑点核查193条、行政管理风险类疑点11条、税务人员执法过错陈述申辩1105条。

【税收征管】 2018年，渝北区坚持抓征管、打基础、固根本的工作，积极构建科学严密的征管体系。加强基础征管，大力规范发票管理、户籍管理、汇算清缴管理等征管环节；联合社区网格员，持续排查漏征漏管户；从千户重点企业入手，对辖区内全部企业的基础数据信息进行全面清理维护；扎实推进金三系统并库各项工作，全力确保系统成功并库运行。加强重点税种和税源管理，以增值税、所得税、契税等重点税种和房地产、制造、金融等重点行业为主线，落实好增值税税率调整等新政策，确保重点税种管理到位、重点税源及时入库。加强欠税管理，建立欠税分级分类管理制度，分类采取追缴措施，提高追欠效率，全年追缴欠税1.5亿元。全面实施风险管理，全年共完成风险应对任务526户，查补税款1.6亿元。认真开展影视行业税收秩序专项工作，自查补缴税款及滞纳金247.36万元，促进影视行业健康发展。

【纳税服务】 2018年，渝北区持续深化便民办税春风行动，提高纳税服务水平，构建和谐征纳关系，进一步优化营商环境。组织开展民营企业大调研大走访活动，走访民营企业113户，召开民营企业座谈会8场。全面落实6大类179项“全程网上办”业务清单和7大类135项“最多跑一次”业务清单，促进纳税人便捷办税。认真评价纳税信用等级，扎实推进守信激励和失信惩戒工作的全面落实，全年推送银税互动项目302户次，贷款金额1.9亿元。有效发挥服务地方经济发展职能作用，全年共计减免税收41.1亿元。完成《长江经济带均衡性对比分析》等多篇调研文章，为地方党政部门决策提供参考。

【队伍建设】 2018年，渝北区税务局始终把人才队伍作为重要抓手，坚持严管厚爱并重原则，全面增强队伍的凝聚力和战斗力。把加强党的建设放在首位，增强政治素养。强化政治学习，深入学习贯彻习近平新时代中国特色社会主义思想和党的十九大精神。制定《国家税务总局重庆市渝北区税务局党委理论中心组学习制度》，自主编印《党员干部应知应会》口袋书向全局干部职工发放，推动学习教育常态化，引导干部职工牢固树立“四个意识”，坚决做到“两个维护”。聚焦党员干部、中层干部、军转干部、青年干部、退休干部5个层面，制定出台《“五个一百”队伍建设实施方案》，明确各层面干部加强学习、正向激励、工作履职等方面的目标和措施，引导并号召“百名党员干部勇冲锋”“百名中层干部做表率”“百名青年干部建新功”“百名退役军人不褪色”“百名退休干部稳后方”。把加强能力建设作为重点，提升业务工作水平。开设“业余党校”“职工夜校”，全年累计开办36期，组织骨干全脱产专项培训2场、全局性培训班4场、税务所自主培训班20余场。把党风廉政建设作为重要保障，确保队伍廉洁健康。贯彻落实中央提出的改革“六大纪律”、税务总局提出的“四个确保”“六个严禁”“五个一”以及市税务局提出的“三大纪律”、区税务局“六讲、七务必”等纪律要求，全年开展明察暗访17次，诫勉谈话1人次，党内警告、行政警告1人次，以监督执纪问责推动全面从严治党在渝北税务落地见效。

（何青枚）

金融业

金融管理

【概况】 2018年，渝北区积极引导银行机构扩大信贷规模，有序推动保险做大做优，支持鼓励证券公司特色经营，大力发展新兴金融业态，全区金融业呈现良好发展势头，实现增加值253亿元，同比增长11%；存贷款余额达9925.66亿元，同比增长12.4%；保费收入实现36.1亿元，同比增长12.4%，证券成交额实现3261亿元；新型金融业营业收入持续高位增长，达到245.38亿元，同比增长25.6%。

【金融招商引资】 2018年，渝北区加大重大项目跟踪力度，给予“一企一策”扶持政策，提供设立审批全方位优质服务。区金融办搜集各类招商信息400余条，拜访各类金融机构165家次，接访230家次，成功引进项目27个，其中投资额1亿元以上的项目15个，实际到位资金52.9亿元，其中外资2.45亿美元，新增从业人员218人，新增税收3.04亿元，新增营业收入1.15亿元。

【服务经济发展】 2018年，出台《渝北区推进普惠金融发展工作方案》及金融支持实体经济发展17条措施，新增贷款425亿元，存贷比达到1.2。支持全区重大决策、重大项目实施，与4家银行签订棚户区改造战略合作协议，授信292亿元，人居环境综合环境整治授信6.8亿元。试行“产业转型升级贷”“科技信用贷”，累计发放贷款1.3亿元，持续开展“助保贷”“助创贷”“扶贫小额贷款”，累计放贷1.1亿元，鼓励开展“微企创业扶持贷”“小额农户贷”“金穗快农贷”等，累计为涉农、小微企业放款280亿元。认真开展民营企业走访活动，精准解决民营企业融资难题，22家企业获得信贷资金5.9亿元。

【经济证券化水平提升】 2018年，渝北区建立完善提升经济证券化水平长效机制，制定《渝北区提升经济证券化水平五年行动计划》《渝北区企业上市相关政务服务事项办理规程》，建立拟上市挂牌资源培育库，储备上市挂牌后备企业80家，组织开展提升经济证券化水平业务培训，兑现改制上市财政扶持资金2890万元，成功推动有友食品成为重庆2018年唯一在主板上市企业，欧百特冷链在新三板、新创科技等20家企业在重庆OTC挂牌。

【集聚新型金融业态】 2018年，渝北区制定出台《加快重庆基金小镇、临空经济总部基地金融业发展办法》《重庆基金小镇防控金融风险管理办法》，建成重庆基金小镇西部路演中心，成功引进渝康建信、金浦二期、大凡基金等基金及其基金相关产业机构75家，基金管理规模超过810亿元。新牌坊金融服务集聚示范区获市政府批准，制定《渝北区新牌坊金融服务集聚示范区建设总体方案》《渝北区新牌坊金融服务集聚示范区建设2018年年度计划》，财富证券、通联支付等14家金融机构落户，集聚金融机构135家。

【推动金融开放创新】 2018年，浙商银行渝北支行、广发银行渝北支行相继在自贸区开业营运，自贸区金融机构达到150家。开展跨境结算专题培训，搭建进出口企业与有跨境结算业务资质的25家驻区银行机构对接交流平台，跨境人民币结算量达到85亿元，结汇量达到165亿元，国际结算量超过70亿美元。引导驻区银行机构为自贸区实体企业量身定制“海外代付”“内保外贷”“海外直贷”等20余款融资产品，累计实现海外融资23.6亿元。积极参与中新金融峰会，成功承办物流结算及金融服务创新专题会议。

【防范化解金融风险】 2018年，渝北区强化措施防范化解非法集资，排查风险企业690余家，化解处置风险线索14件，对7家涉非风险企业进行警示约谈、责令整改、限期清退；深入开展打非宣传，举办大型集中文艺演出活动1场、社区文艺巡演10场，开展打非宣传“六进”活动1780余场次，发放宣传资料35万余份。积案化解取得重大进展，完成司法判决9件，结案4件，张某非法集资市级重大挂牌督办案件完成判决。认真开展专项整治，全面排查7家P2P网络借贷机构，按期完成9.5亿元存量业务清零。开展小贷公司委托贷款业务、担保公司涉网业务、私募股权基金专项检查，责令整改28个违规问题。积极推动企业债务风险化解，协调工商银行给予北城实业公司北城·空港天地项目贷款1.5亿元，成功化解北城实业公司企业债务7亿元。

（张晗资）

中国银行股份有限公司重庆渝北支行

【概况】 中国银行股份有限公司重庆渝北支行（以下简称“中行渝北支行”）成立于1989年，2018年年末下设营业机构14个，在职员工214人。2018年实现经营利润（考核利润）24119.69万元，同比增加6065.79万元，增幅33.6%；实现人均净利润105.63万元，同比增加28.12万元，增幅36.28%；实现经济利润（EVA）11050.41万元，较上年提升2857.21万元，增幅34.87%；人民币各项存款日均余额118.82亿元，较年初新增15.12亿元，增幅14.59%；人民币贷款余额158.50亿元，较年初新增21.71亿元，增幅15.87%。人民币贸易融资余额3.06亿元，保函业务量4.57亿元，国际结算业务量6.16亿美元，跨境人民币结算量20.5亿元。2018年，荣获总行级和分行级“先进基层党组织”“五四红旗团组织”等荣誉称号。

【重点客户合作】 2018年，中行渝北支行立足区域优势，与重庆临空开发投资集团有限公司签署《2018—2020年渝北区棚户区改造项目框架合作协议》，完成棚户区改造项目贷款发放，实现市分行棚改项目首笔获批、首笔投放的“双第一”。牵头促成市分行与中铁开发投资集团有限公司签订战略合作协议，参与推动中国银行与中铁开投基建项目首次投资合作研讨会，促进深化与央企全面合作。与渝北区工商分局签署战略合作协议，促进完成工商行政准入改革后市分行首张工商营业执照颁发落地。

【服务实体经济】 2018年，中行渝北支行发挥跨境优势，为重庆航空飞机租赁引进SPV专户结算资格，应付租金达3.52亿美元，得到渝北区委、区政府和中新项目管理局的高度肯定。持续营销取得明显成效，2018年重庆航空旗下全资子公司——重航一号（重庆）融资租赁有限公司在该行开立基本户，该公司负责的7架保税租赁飞机结算事宜锁定中行渝北支行办理。加强与首尔分行联动，为重庆中科建设（集团）有限公司、重庆元创汽车整线集成有限公司分别叙做海外直贷业务6100万元与3500万元，完成近年来重庆首笔跨境融资。

【个贷投放】 2018年，中行渝北支行抓住“三北”地区楼市持续高涨的契机，进一步深化与万科、金辉、金茂、旭辉、首地等重点开发商的合作，全力抓投放、增规模。在总行、分行充分保障额度资源的情况下，全年累计投放个人贷款22.86亿元，投放总额排名分行第一位，实现个贷规模持续增长。

（杨 柳）

中国农业银行股份有限公司重庆渝北支行

【概况】 2018年，中国农业银行股份有限公司重庆渝北支行（以下简称“农行渝北支行”）以总行治行兴行“六维方略”为引领，围绕市分行“15156”工作指针和“13531”工作思路，推进改革攻坚、拿出创新举措、解决难题阻碍，全行经营管理再上新台阶。年末，内设部室6个，辖营业机构19个，在职员工312人。综合绩效考核排名市分行第2位，较上年度上升7个位次。连续8年被渝北区委、区政府评为“支持地方经济建设一等奖”；获总行“先进基层党组织”荣誉称号；获市分行“存款贡献（城市行）先进集体”“新兴重点业务贡献（城市行）先进集体”“综合绩效考核（城市行）先进集体”荣誉称号；机构业务营销团队获市分行“新时代弄潮儿先进集体”；石船支行获市分行“明星网点”荣誉称号；李方兵获重庆市“巴渝工匠”荣誉称号；蒋雨含获重庆市银行业2018年安全防范技能主题演讲比赛第一名；李佳获市分行2018年安全技能大赛第一名；3名员工被市分行授予“十佳理财师”荣誉称号。

【业务发展】 2018年，农行渝北支行实现拨备前利润9.63亿元，拨备后利润7.36亿元，净利润5.53亿元。全年经济增加值3.81亿元，较2017年增加3.60亿元，增幅达1722.05%。各项存款余额246.63亿元，比年初增加20.34亿元，余额列系统第一、同业第二；各项存款日均余额234.81亿元，比年初增加20.95亿元，其中储蓄存款余额119.73亿元，比年初净增6.03亿元；对公存款余额126.89亿元，比年初净增14.11亿元。各项贷款余额440.51亿元，比年初增加38.45亿元，余额列系统第一、同业第一；各项贷款日均余额430.15亿元，比年初增加52.43亿元，增量列系统第一，其中个人贷款余额205.37亿元，较年初增加29.81亿元；对公贷款余额235.14亿元，较年初增加8.64亿元。实现中间业务收入1.33亿元，同比下降13.45%，完成计划74.22%。其中对公板块实现中间业务收入0.73亿元，同比减少0.23亿元；零售板块实现中间业务收入0.60亿元，同比增加0.02亿元。对私贵金属业务收入、代理保险业务收入分别同比增加561万元、124万元；对公理财产品收入、对公国际结算业务收入、托管业务收入分别同比减少1566万元、435万元、302万元。

【负债业务】 做好源头客户与长尾客户的统筹。做好财政、社保、公积金、部队等源头性客户高端营销。做好个人贵宾客户营销维护，推广应用个人客户营销系统，开展私行客户专属活动及各类贵宾客户活动，提升高净值客户占比。优化渠道布局、扩大自助服务覆盖面、创新互联网金融服务模式，对具备条件的洋河、两路、城南、中华坊、鲁能等网点设立综合服务区，在鲁能、洋河等网点安装人脸识别系统，压降高柜窗口，促进传统柜面特别是高柜的优秀员工向大堂服务、产品经理、客户经理等前台岗位有序流动，增强厅堂营销服务力量。做好被动负债与主动负债的统筹。构建以网点为核心的客户圈生态体系，增强被动负债能力，合理利用大额存单、定利盈、活利丰、薪生利等产品，加大对客户的主动吸附能力。做好业务规模与效益提升的统筹。合理控制高成本存款占比，把财政偿债资金、代管资金、房管局大修基金、征地办征地补偿款、水投项目专项资金、交易中心保证金等资金的跟踪营销放在突出位置，提升存款利润贡献度。

【资产业务】 平衡对公贷款收回与投放。保持信贷合理投向，综合利用好到期贷款收回、票据转贴现等调节手段，统筹把控好贷款投放节奏。梳理总分行已批未放项目，加强与总分行以及客户的多方沟通，尽快落实用信条件，加快投放落地。倾斜个人非房贷款投放。落实名单制营销，梳理重点非住房贷款产品的目标客群，推广宣传家装贷、房抵贷等产品，通过"线上+线下"方式，向存量集团客户、机构和事业单位客户职工营销网捷贷等消费类贷款产品，深入挖掘核心企业客户上下游个体业主经营类贷款需求。加大小微企业支持力度。全面推广落地渝北区政府"政府增信+政策性担保"业务模式，在小微企业成长扶持贷款、科技创新型企业知识价值信用贷款方面加大支持力度。

【中间业务】 巩固优势发挥强项。做好产品转型及渠道拓展，在支付结算、代理保险、电子银行等传统优势业务上进一步挖掘增收潜力，巩固领先优势。突破瓶颈补齐短板。在理财、投行、国际业务、国内担保承诺、结售汇及外汇买卖等五项薄弱业务上进行突破。强化转型创新驱动。引导"存贷传统业务向多元化综合经营发展方式转变""依靠降价或免费价格吸引客户向通过增值服务提高综合回报转变""渠道型、低附加值产品向高端型、融智型产品转变""单项业务或单项产品支撑向全面均衡协调发展转变"，传导"新理念"，分享"好经验"，提出"金点子"，推广"新产品"，突出价值创造导向，促进中间业务收入增加。

【运营财务管理】 2018年，农行渝北支行按季组织技能培训，19个网点共计102名柜员参加培训，获得14项能手称号。分行运营主管、监管经理、柜员"三基本"考试，全行参考人员平均成绩93.48分，较2017年该项目考试平均分增加4分。响应"运营金点子、响应好专家"活动，对制度、系统、流程等方面存在的问题进行梳理上报，"金点子"被总行累计采纳77个、被分行累计采纳20个，采纳数列全市农行第一位。定期组织学习反洗钱相关法律知识及操作风险提示，加强员工反洗钱甄别能力和风险防范意识，全年共堵截诈骗事件52起，挽回客户资金逾30万元。按日做好大额资金预报、监测工作，对临时大额资金需求做好安排，对资金预报偏离度较高的网点进行监督管理。

【风险化解】 2018年，农行渝北支行不良贷款余额2.26亿元，比年初减少5.27亿元，不良占比0.51%，较年初下降1.36%。跟进金易、净升、江周公司分期还款协议落实等清收处置工作，加大逾期贷款催收力度，有效管控新生成不良金额，以表内不良资产、表外已核销呆账自主清收为主，用债转股、资产证券化等模式加快不良资产处置进度，对表内外重点不良大户施行"一户一策"，配合法院做好不良资产司法处置相关工作。

【案件防控】 2018年，农行渝北支行通过收集员工工作和日常表现、经济往来、社会交往、家庭状况、外部查办等信息，借助员工个人申报信息，结合员工行为排查、三线一网格系统反映、外部走访了解的信息，在综合研判后，按关培、关爱、关注定性，汇集全方位信息，对全体员工进行初步分类，建立员工"全息画像"。

【党建工作】 2018年，农行渝北支行成立党建工作领导小组，负责指导、协调全行考评工作，将考评结果与绩效工资和领导干部评先评优挂钩。全年共开展学习12次，党委班子成员和各党支部书记讲授党课共30次，参与党员170余人。开展"庆祝建党97周年""革命传统教育""三亮四比三评""弘扬爱国奋斗精神、建功立业新时代"等一系列活动，在七一期间对先进基层党组织、优秀共产党员和优秀党务工作者进行表彰。按照"三线一网格"管理模式要求，二级支行独立党支部建设比例达100%，二级支行行长兼任支部书记比例达到100%，有3名以上正式党员的营业机构和机关部室全部单独建立党支部，根据分行下达的发展党员计划，按照成熟一个发展一个的原则，在47名入党积极分子中筛选出3人参加分行入党积极分子培训，全年共培养预备党员2人，预备党员转正3人。全面加强班子和队伍建设，严格按照人员调整及干部选拔任用工作制度和流程，建立正科级、高级专员、副科级、运营主管、"四经理"5个后备人才库，受分行提拔行处级干部3人，支行提拔干部12人，启用"四经理"9人。以"家"文化建设为核心，组织开展篮球足球竞技比赛、"五四青年小镇"团建、全行"熔炼团队，提升自我"拓展训练等活动，以"家宴"形式开展每季员工集体生日宴会。关怀大龄员工，安排4名老同志从事押运、清点、自助区加钞等相对轻松的工作，慰问困难员工12人，发放困难补助6.25万元。

【宣传工作】 2018年，农行渝北支行在《中国城乡金融报》刊载信息6篇，4篇调研文章入选《重庆农村金融研究》，《文化农行》《瞭望农行》《农银早参》等总行微信订阅号采用支行信息7篇，总行网站采用"三线一网格"简报1篇，分行以简报形式刊发支行先进经验1篇，分行微博采用支行信息14篇。共25个机构、80名干部员工参与宣传投稿，支行全年编发宣传简报38期、宣传信息180期，拍摄《家乡情，农行梦》《不忘初心，再创佳绩》等微电影，其中《家乡情，农行梦》获分行"圆中国梦农行梦·做新时代弄潮儿"微电影大赛一等奖。

（伍　然）

中国建设银行股份有限公司重庆渝北支行

【概况】 中国建设银行股份有限公司重庆渝北支行（以下简称"建行渝北支行"）成立于1986年8月。2018年年末，内设10个部门，下设17个营业网点，在职员工235人，客户超过75万户。截至2018年12月31日，实现利润总额5.31亿元；一般性存款余额228.42亿元，比年初新增14.89亿元。其中对公存款时点余额117.57亿元，新增5.60亿元，对私存款时点余额110.86亿元，新增9.29亿元；各项贷款余额207.80亿元，新增35.49亿元，其中：公司类贷款余额92.85亿元；个人类贷款余额114.95亿元；资产质量方面，不良贷款余额2290.54万元，不良贷款率0.11%。

【内部管理】 2018年，建行渝北支行贯彻落实全面风险管理责任制要求，统筹汇总全行各类风险信息和全面风险报告，促进建立覆盖全员、全流程、全机构和各类风险形态的风险管理责任制。制定《中国建设银行重庆市渝北支行反洗钱工作管理实施细则》《建行重庆渝北支行反洗钱工作保密制度》《中国建设银行重庆渝北支行风险管理与内控管理委员会议事规程》《渝北支行反洗钱考核办法》等补充性制度规定，做到全行合规管理工作有章可循、有规可依。及时传达上级行及监管部门的风险内控工作要求、反映支行风险内控管理工作信息、解读风险内控管理政策、通报分析相关案例以及日常工作提示。落实上级行风险管理轨迹督察制度，夯实管理基础。加强对支行九大类风险的分析，梳理查找风险隐患，督促各条线部门整改，补齐管理短板。

【服务地方经济发展】 2018年，建行渝北支行贯彻总行、分行"以客户为中心"的发展理念，将"提质上量，做大做优对公客户"作为支行对公业务转型发展的重点，将产品创新和流程创新作为客户拓展的主要驱动力，全面提升精细化客户管理、协同联动和产品创新三项能力，对重点客户采取"一户一策"的经营策略。2018年招商引资包括中新机场商业公司基本账户，三大品牌手机企业、一家整机代工企业（深科技基本户），多家配套企业在续跟进落户，汽车零部件制造企业包括500强子公司佛吉亚、利纳马、爱尔铃克铃等；

云计算及大数据企业包括中科睿光、普华瑞光电、紫光信息等央企子公司；房地产企业包括新城控股、中粮地产、首都机场地产等全国知名房企。积极介入渝北区2018—2020年棚改项目的营销，成功突破方案调整、额度营销、授信申报、总行审批等多个工作难点节点，完成46亿元棚改贷款的审批、30亿元的贷款储备，年内累计投放贷款16亿元，投放额度居区内各行之首；紧盯政府债落地进度，提前营销，顺利实现土储债7亿元的二次承接。

【发展普惠金融】 2018年，建行渝北支行贯彻落实总行、分行普惠金融业务部署，制定实施《渝北支行2018年普惠金融推进实施方案》，年度预期目标完成较好。依托核心企业、政府类平台强化渠道建设和客户拓展，加强核心企业上下游小微企业的营销，根据企业实际情况营销银票质押贷、小微快贷、贴现等产品。加大同区金融办、区经信委、区商务局、区发改委、区科委及园区、镇街等单位的沟通联系，组织银政企对接会8次、送金融下基层培训5次。加强与区税务部门的沟通，推动“云税贷”批量化营销，促进重点税务所与网点的联系交流，通过短信电话营销、沙龙活动等方式，做好客户跟踪营销，提高目标客户转化率。通过区科委“种子基金”委托贷款的发放，推动小微企业的批量开户，有效拓宽小企业业务营销渠道。

【基层党建工作】 2018年，建行渝北支行坚持以党的政治建设为统领指导工作，制定《深入推进学习宣传贯彻党的十九大精神实施方案》，组织党员深入学习贯彻党的十九大、十九届二中全会、三中全会、全国国有企业党的建设工作会议、全国金融工作会议精神，撰写学习感言和心得，举办党建综合知识测试。加强党员发展工作，按照“坚持标准、保证质量、改善结构、慎重发展”的原则，吸收具有较高政治素质和奉献精神的骨干员工入党，为充实党员队伍后备力量奠定坚实基础。推动“党员之家”升级建设，积极筹备新建党总支党建综合阵地，在有条件的网点改造建设“党员之家”，切实巩固党组织建设阵地。

【履行社会义务】 2018年，建行渝北支行全力支持渝北区建设全国文明城区复查工作。为驻区高校在校学生提供实习岗位。配合区金融办等单位，积极开展形式多样的反假币、反非法集资、反电信网络新型诈骗等宣传咨询活动，为地方精神文明建设贡献力量。

（石昌吉）

中国工商银行股份有限公司
重庆渝北支行

【概况】 中国工商银行股份有限公司重庆渝北支行（以下简称“工行渝北支行”）成立于1984年。2018年年末，有辖属机构16个、在职员工284人；资产规模369.93亿元，同比增长22.90%；存款余额255.27亿元（其中，外币存款1203.98万美元）；贷款余额322.84亿元；中间业务收入1.6亿元；利税7.14亿元（其中，上缴区级税收0.70亿元）。2018年，工行渝北支行荣获“中国工商银行五一劳动奖状”“全国金融系统党建创新成果微视频优秀提名案例获奖单位”“中国工商银行职工代表大会制度建设示范单位”“中国工商银行安全管理星级支行”“中国工商银行结算与现金管理先进集体”，重庆市渝北区人民政府“驻区金融机构支持地区经济社会发展考核二等奖”等荣誉。

【业务发展】 2018年，面对外部经济环境变化和内部潜在贷款风险积聚的压力，工行渝北支行坚持以党的十九大精神为指引，认真践行习近平新时代中国特色社会主义思想，深入贯彻落实总行、市行工作会议部署和渝北区政府工作要求，实施“固本强基、提质增效、结构优化、风险控制”四项工程，全行业务发展态势良好。截至2018

年年末，支行拨前利润82743万元，较上年增加12540万元，增幅17.86%，拨后利润64398万元，较上年增加2404万元，增幅3.88%；中间业务收入15969万元，较上年增加1845万元，增幅13.06%；人民币存款余额254.44亿元，较年初新增9.68亿元；人民币贷款余额322.84亿元，较年初增加39.04亿元。

【区域经济支持】 2018年，工行渝北支行审批完成渝北区棚改项目贷款60亿元，投放区内首笔棚户区改造贷款2.8亿元，投放空港新城贷款4.5亿元，支持区重大项目建设。配合政府化解重点企业风险，在稳金融、支持渝北区经济发展过程中，发挥国有大行的引领作用。积极支持实体经济发展，重点支持区内产业客户，向长安福特汽车有限公司发放流动资金贷款11.5亿元，开立票据18.67亿元；为重庆平伟集团下属公司审批新厂房建设项目贷款2.6亿元，支持重庆驰骋汽车零部件公司等制造业客户流动资金贷款周转等，助力产业企业发展。开展“工银普惠行”主题活动，以经营快贷等产品累计向318户区内小微企业提供融资（含贴现）17.77亿元，积极服务小微企业。

【党建工作】 2018年，工行渝北支行坚持党委中心组学习制度，深入学习贯彻习近平新时代中国特色社会主义思想和党的十九大精神，着力提高基层党组织建设质量。加强党风廉政建设，认真落实中央八项规定精神和总行、市行党委26条作风建设规定，开展“四风”问题专项整治，用好监督执纪“四种形态”，特别是“第一种形态”，防微杜渐，打造风清气正的良好氛围。坚持党建引领，持续巩固、深化和拓展全面从严治党成果，通过“三会一课”、结对共建、树典立范、开展特色党日活动，做好党员发展工作，发挥党员先锋模范作用，进一步推动从严治党、从严治行，提振干部员工克难攻坚、锐意进取的精神面貌和奋发有为的工作动力。

【队伍建设】 2018年，工行渝北支行全年提拔干部10人，续聘干部6人，交流干部19人，改聘三级经理3人，增强干部队伍活力；减少柜面客服人员，增强外拓营销，优化人员结构；开展业务培训36次、管理人员专项培训2次，提升员工素质；完善绩效考核办法，调动员工工作积极性。注重人文关怀，为新入行员工举行入职仪式，为退休员工制作纪念相册，为困难员工提供适时救助，定制员工工作服，组织员工体检，全力为基层员工做好“十件实事”，传递组织温暖，增强员工归属感，打造家行同兴的文化氛围。

【渠道建设】 2018年，工行渝北支行加快推进新标准网点建设，对两路支行、人和支行等按照总行新标准进行重新装修改造，改变网点原有呆板陈旧的对外形象。通过加强服务专项整治，16个营业网点服务面貌迅速改观，服务考核从一季度市行的第16位提升至第1位，且连续三个季度保持第一，全面重塑支行对外形象。2018年获“重庆分行优质服务先进单位”，辖内龙湖支行获评“工总行服务五星级网点”。

【内控案防】 2018年，工行渝北支行着力化解信贷风险，实现不良资产有序释放处置，打包处置法人不良贷款4户、18614.81万元；收回法人受托资产1824.11万元，现金清收法人不良贷款30万元，收回账销案存资产5.78万元，个贷不良现金诉讼清收25户、1252万元，收回个贷证券化资产61户、3706万元。成功制定2户企业9亿余元潜在风险贷款风险化解方案，有效防范风险融资劣变。组织开展内控合规“操作风险管理年”“固本强化年”活动，强化员工合规意识；围绕监管部门八个方面要求、22个要点及反洗钱、征信条例执行等开展自查自纠工作，落实“治理金融乱象”大检查、“十大重点领域和关键环节”风险排查，清除各类风险隐患。保持内控评价一级行管理水平，全年无案件、事故发生。

（王正山）

交通银行股份有限公司重庆渝北支行

【概况】 交通银行股份有限公司重庆渝北支行（以下简称“交行渝北支行”）成立于1996年7月。2018年末，下设1个营业厅、3个二级支行、1个普惠支行；本外币存款34.69亿元，较年初增加3.98亿元，其中对公存款较年初增加2.91亿元，储蓄存款较年初增加1.07亿元；人民币贷款49.34亿元，较年初增加4.75亿元。

【支持经济发展】 2018年，交行渝北支行围绕重庆经济发展大局，明确投向重点。加大基础设施建设的支持力度，继续支持交通基础设施建设，做好中长期资产配置。致力于提供交通银行对渝北区政府及相关企业综合金融服务方案，取得良好效果。积极参与重庆市渝北区农村基础设施建设有限公司的渝北区农村道路建设项目，给予授信额度7.72亿元；对重庆仙桃数据谷投资管理有限公司和重庆空港经济开发建设有限公司分别给予授信支持，合计金额1亿元；积极接洽果园港的中新（重庆）战略性互联互通示范项目，对辉联—埔程集团有限公司提供金融服务方案；积极响应市政府推出政府采购贷款项目，成为该项目入围合作银行，为渝北区内小企业提供“政采贷”融资支持。把握消费升级蕴藏的巨大发展潜力，重点支持教育、健康、养老、文化、旅游、汽车等服务领域消费。把握“中国制造2025”机遇，支持战略性新兴产业和重点制造领域发展。大力发展小微业务，确保“三个不低于”。加大对科技型、大健康、节能环保及优质“双创”领域中小企业的支持力度。积极拓展个人信贷业务，主动对接个人消费者多层次金融服务需求，夯实零售财富管理品牌。

【内控管理】 2018年，交行渝北支行牢固树立“全流程、全覆盖”“横到边、竖到底”的全面风险管理理念，做到风险管理人人有责。加强内部建章立制，狠抓各项规章制度的督促落实，坚持抓好检查辅导工作，强化风险管理，强化整改抓落实，确保安全营运。加强员工行为管控，教育督导员工严格执行各项规章制度，建立“员工成长档案”，定期进行员工行为排查、谈心及家访工作，加强与员工的思想交流工作，增强员工责任意识、风险意识和履职能力。

【金融服务】 2018年，交行渝北支行成立以支行行长为组长的服务提升领导小组，制定《提升支行内部良好服务实施方案》《投诉快速处理流程》，严格执行银监会及总行、分行消保信访工作要求。加强教育培训，提高员工技能，加强检查、督促整改，及时妥善处理客户投诉，提高工作效率，提升服务质量，提高客户满意度，不断扩大客户群，促进业务发展。

【党建工作】 2018年，交行渝北支行把“两学一做”学习教育、“不忘初心，牢记使命”主题教育大调研，与分行巡察整改、内部审计整改和交通银行业务相结合，把严控业务风险、加强合规意识与全面从严治行相结合，从严落实党建责任。组织党员干部职工加强学习党章党规，学习习近平总书记系列讲话，学习党的十九大精神，坚持理想信念教育，将共产主义理想信念潜移默化植入党员思想、学习、工作和生活，教育引导党员坚定信仰追求，增强党性意识，提高党性修养，提高政治素质。

（杨　丽）

重庆农村商业银行股份有限公司渝北支行

【概况】 重庆农村商业银行股份有限公司渝北支行（以下简称“重庆农商行渝北支行”）系重庆农村商业银行的主城支行之一，坚持服务“三农”、服务中小企业、服务社会大众，大力支持渝北区经济社会发展。2018年年末，有38个分理处（含1个二级支行），下设机关部室9个、1个集中作业中心、3个业务营销部，全行员工总计331

人。各项存款余额172.64亿元，比年初净增13.89亿元；其中对公存款47.05亿元，比年初增加4.5亿元；储蓄存款124.26亿元，比年初净增8.27亿元。各项贷款余额86.7亿元，较年初增加12.64亿元，存贷比50.22%。

【业务创新】 2018年，重庆农商行渝北支行高度重视创新业务发展，托收、境外直贷、国际信用证、国内信用证等多个创新业务实现零的突破。重视对辖内实体企业的扶持，因地制宜与渝北区人民政府签订战略合作协议，针对渝北辖区内从事实体经济的中小微企业提供"产业转型升级信用贷款"产品。

【服务"三农"】 2018年，重庆农商行渝北支行以支持"三农"发展为切入点，不断拓展服务广度，挖掘服务深度，加大服务力度，加快推进农村金融产品创新，与重庆市农业担保有限公司达成战略合作，进一步加大支农创投贷、农村一二三产业融合贷营销力度。

【扶持中小企业】 2018年，重庆农商行渝北支行针对中小企业普遍存在的融资难问题，不断优化产品服务。金融服务个性化，采取订单抵押、应收账款质押、机械设备及厂房抵押等灵活多样的担保方式及无担保纯信用的方式，解决中小企业融资担保难、贷款难问题；业务流程简便化，建立"绿色通道"，从客户经理受理到贷款审批发放，均严格落实限时办理制度，切实做到快速受理、快速调查、快速审批、快速发放。

【基层党建】 2018年，重庆农商行渝北支行学习贯彻党的十九大精神，切实提高政治站位，坚持把政治纪律和政治规矩挺在前面，教育引导干部职工牢固树立"四个意识"，坚定"四个自信"，坚决做到"两个维护"，严格遵守各项政治纪律，严格执行中央、市委及上级党委各项要求，切实加强廉政建设，转变工作作风，创新用人机制，形成心齐气顺、风正劲足的良好局面。

（文　君）

中信银行股份有限公司重庆渝北支行

【概况】 中信银行股份有限公司重庆渝北支行（以下简称"中信银行渝北支行"）于2013年8月正式营业。2018年，中信银行渝北支行坚持服务客户、方便客户、以客户为中心的服务宗旨，通过便捷的金融服务助推渝北经济和社会发展，荣获渝北区人民政府"驻区金融机构支持地区经济社会发展考核二等奖"。2018年末，内设行长室，下设综合管理部、公司业务部、零售业务部、营业部等4个部室，有贵宾理财室1个、机场贵宾通道1个、公司业务柜2个、自助银行1个、个人业务柜5个；员工29人，其中正式工19人、聘用工3人、劳务工7人；22人取得大专及以上学历；平均年龄27岁。

【业务发展】 2018年，中信银行渝北支行确立并全面实施大投行、大零售、小微金融"两大一小"战略，强化支行专业能力和整体经营能力提升，为客户提供"一站式、一揽子"的最佳综合融资服务。以支持实体经济发展为使命，重点支持渝北区本土基础设施建设、区政府重点项目和重点领域、商贸物流等主流行业、10大战略新兴行业和国企混合所有制改革。资产规模迅速扩大，资产质量保持优良。截至2018年年末，自营存款达到13.49亿元，各项授信余额1.39亿元，无不良资产。

【履行社会责任】 开展年前走访慰问困难群众公益活动，深入了解贫困户的基本生活状况，落实帮扶措施并发动全行员工进行捐款，帮助群众解决生活困难，使他们切实感受到社会的关怀和温暖，度过一个欢乐祥和的新春佳节。

（杨　非）

重庆银行股份有限公司渝北支行

【概况】 重庆银行股份有限公司渝北支行(以下简称"重庆银行渝北支行")前身为重庆市商业银行渝北支行两路分理处,成立于1996年。2002年4月,经中国人民银行批准,重庆市商业银行渝北支行两路分理处升格为两路支行。2005年3月,经中国人民银行批准,重庆市商业银行两路支行升格为重庆市商业银行渝北支行,直属总行管理。2007年,更名为重庆银行股份有限公司渝北支行。2014年1月,重庆银行股份有限公司渝北支行搬迁至重庆市渝北区白果路9号;原网点更名为两路支行,属重庆银行股份有限公司渝北支行管理,驻重庆市渝北区双龙大道86号。2018年年末,下设营业机构2个,在职员工50人,客户超过10.2万户;存款余额337525.73万元;贷款余额244662.78万元;2018年累计上缴税收1500万元,荣获渝北区人民政府"驻区金融机构支持地区经济社会发展考核三等奖"。

【支持基础设施建设】 2018年,重庆银行渝北支行以服务渝北建设发展为己任,通过信贷、结算等金融工具和经营灵活、决策快速的体制机制优势,积极支持区域经济发展。全年向渝北区地方政府投融资平台投放贷款近12亿元,用于支持城乡基础设施建设,其中重庆北飞实业有限公司3亿元、空港新城5亿元、仙桃数据库4亿元。

【支持小微企业发展】 2018年,重庆银行渝北支行加强与渝北地方政府的合作,会同渝北区企业融资担保有限公司和渝北区兴农融资担保有限公司2家国有专业担保公司,为渝北地区中小微型企业搭建融资平台,2018年授信担保总额度1.15亿元,拓宽小微企业客户群选择范围,化解小微企业担保难问题。

【支持普惠金融发展】 2018年,重庆银行渝北支行加强与区金融办、扶贫办、科委的对接,积极推动精准扶贫贷款、知识价值信用贷款政策落地,全年发放知识价值信用贷款980万元。加强与区税务局的对接,全年发放好企贷信用贷款3600万元。

【加强内部管理】 2018年,重庆银行渝北支行建立健全各项规章制度,加强党风廉政建设和内控管理,不断提高员工思想素质,完善监督约束机制,坚持依法合规经营。以"预防为主、单位负责、突出重点、保障安全"为原则,层层签订责任书,强化内部治安综合治理,加强消防安全防范,细化落实物防技防措施,构建"人人参与"安全工作机制,安全保卫和内部案件防控工作全面加强,荣获"渝北区2018年度安全评估工作先进单位"荣誉称号。

【品牌建设】 2018年,重庆银行渝北支行以"地方的银行、市民的银行、中小企业的银行"为市场定位,坚持"以市场为导向,以客户为中心"的经营理念,着力打造"中小企业的银行",大力开展社区营销活动,发展支行的零售业务,取得较好的社会效益和经济效益。

(张莉娜)

大连银行股份有限公司重庆分行

【概况】 大连银行是中国东方资产管理股份有限公司旗下重要的子公司,注册资本为68亿元,中国东方为第一大股东,持有股份34.2亿股,持股比例为50.29%。大连银行股份有限公司重庆分行(以下简称"大连银行重庆分行")是大连银行的第8家异地分行,成立于2010年12月。2018年末,设营业机构7个,有在职员工270余人、客户29000余户;资产规模总计122.86亿元,同比减少11.16%;存款余额120.09亿元,同比增加41.22%;贷款余额117.57亿元,同比增长16.19%;全年累计上缴税收5388.7万元,拨备前利润为-0.82亿元。

【信贷投放】 2018年，大连银行重庆分行全面加大重庆地区信贷投放力度。从零售信贷投放区域看，大连银行重庆分行紧跟总行零售转型步伐，响应总行“一行两策”，抓住重庆房地产市场发展机遇，继续以个人房屋按揭贷款为个人贷款业务的重点攻关方向，充分发挥对公业务的“公私联动”，坚持“夯基础、调结构”的经营理念，改善客户薄弱的短板，以按揭业务为契机，扩大基础客户面。截至2018年12月31日，重庆分行零售信贷余额13.76亿元，较年初增加0.27亿元。从对公信贷投放看，2018年大连银行重庆分行积极落实市委、市政府各项要求，全力服务重庆经济发展大局，助力重庆市参与国家“一带一路”战略，切实用好信贷资源、调整信贷投向、优化信贷布局。深入贯彻落实市委、市政府关于金融支持实体经济、民营经济发展的各项方针政策，积极发掘实体经济转型升级业务机会，不断探索对不同类型实体经济、民营经济的专业化支持模式，按照有保有压、有扶有控的原则，合理配置有限信贷资源，对全市重点区域、重大战略项目、重点扶持群体行业进行信贷资源倾斜。截至2018年末，累计信贷投入约110亿元。

【支持小微企业发展】 2018年，大连银行重庆分行认真贯彻实施国家关于小微普惠方面的政策，密切关注小企业发展服务需求和工作进度，确保各项指标全面完成。成立小微及普惠工作领导小组，协调行内外资源，沟通解决问题。积极拓展小微业务渠道，鼓励公私联动，对营销客户交叉销售，打破内部营销壁垒、客户经理条线化管理及考核的局限性，鼓励以住房抵押贷款、供应链融资、“1+N”模式等产品为主导，以工商、税务、海关等线上数据为依据，推动线下小微业务开展。响应政府号召，在风险可控的前提下，积极宣传和推动续贷政策，减少企业“倒贷”资金成本。主动规范收费行为，落实“两禁两限”收费政策，主动向小微企业减费让利，降低小微企业贷款综合成本。截至2018年末，大连银行重庆分行圆满完成监管部门对小微企业贷款的“两增两控”管理目标。

【信贷产品】 2018年，大连银行重庆分行的零售信贷产品主要是以个人按揭贷款为主。按监管部门要求，为维护房地产市场平稳健康发展，对个人按揭贷款严格施行准入审核，合规有序开展个人住房按揭贷款业务，重点支持刚需及改善型住房，严格贷前调查环节，严厉打击投资、投机客、假按揭客户。按揭贷款产品贷款期限长，手续办理简便，还款方式灵活，客户反馈良好。公司信贷产品主要以公司类传统金融服务产品为主。在监管部门的政策指引下，合规有序开展各类公司信贷服务业务，依托中国东方全价值链金融服务平台，充分发挥综合金融集团优势，为重庆当地企业提供全方位、综合化金融服务支持。

【文明优质服务】 2018年，大连银行重庆分行将业务发展与文明优质服务紧密结合，不断提升客户服务质量，提高客户满意度，提升品牌影响力。建立完善工作机制，修订多版消费者权益保护管理办法，加强产品营销推介和信息披露，重视特殊消费群体的保护，积极开展金融知识宣传和教育情况。深入开展“3·15金融消费者权益日”“钱袋子”“金融知识万里行”“金融知识普及月，金融知识进万家暨提升金融素养，争做金融好网民”宣传服务月等活动，加深公众对银行金融知识的认识和了解。9月，在西南政法大学开展进校园宣传活动，以“校园贷”“电信诈骗”“个人征信”等内容对大学新生进行宣讲，增强大学生金融风险防范意识。全年开展宣传活动共计100余场，发放宣传资料1万余份，参与员工达90余人，受众客户达1万余人，活动取得良好效果，荣获“2018年‘金融知识万里行’最佳组织奖”。

【人才队伍建设】 大连银行重庆分行始终坚持“以人为本”的发展理念，加强考核和激励，培养、吸引、锻炼人才。2018年，引进一批精通银行、证券、保险、投行等多领域知识的复合型人才和具备丰富项目资源的营销型人才，准确分析市场，把握客户，挖掘客户潜力。积极培养和发现内部人才，建立明晰开阔的发展通道，配套优质的培训资源，激发员工自我学习自我成长动力，持续提升员工综合素质。关爱员工工作生活，营造良好的办公环境，丰富员工活动，不断提升分行员工团队合作意识和集体荣誉感，促进员工相互了解与交流，增强团队的凝聚力和向心力。

（贾　慧）

重庆渝北银座村镇银行

【概况】 重庆渝北银座村镇银行股份有限公司（以下简称“渝北银座村镇银行”）由台州银行主发起，成立于2011年10月28日，注册资本3亿元，是一家专注于小微企业金融服务的新型农村金融机构。2018年末，设有总部营业部、回兴支行、龙兴支行等16家营业机构，有在职员工444人；各项存款余额50.31亿元，各项贷款余额56.91亿元，余额贷款户6806户，不良贷款余额0.62亿元，不良率1.09%；全年实现净利润1.91亿元，缴纳税收0.64亿元。

【小微服务】 渝北银座村镇银行在目标客户的选择上，遵循与同业错位竞争原则，区别于传统以大中型企业为核心目标客户群的做法，在信贷投放的过程中，坚持落实额小、面广、期短、高效的贷款发放原则，为小微企业客户提供门槛低、金额小、期限灵活、手续简单的小本贷款。充分利用有利条件重点发展贷款业务，不断拓宽小微企业金融服务渠道，加大对小微企业的信贷支持，充分满足客户的小额信贷需求。有效缓解农民及其他个体小客户的融资难问题，拓宽其融资渠道。截至2018年12月末，各项贷款余额569077.12万元，小微企业贷款453679.59万元，占比达79.72%，小微企业贷款3709户，户均122.32万元。

【民生支持】 2018年，渝北银座村镇银行积极对接新兴旅游企业、科技型企业等新产业新业态，创新推广适合小微企业需求的信贷产品，努力打通金融与小微企业、“三农”客户的连接渠道，缓解其融资难题。积极推动动产抵押贷款产品的开办，帮助网约车司机购买符合政府规定标准的运营车辆；深入研究应收账款质押授信业务，支持新兴旅游企业、科技型企业发展；对《重庆市科技型企业名单》中的企业开展上门拜访和产品推介活动，予以信贷支持。全年开展科技型企业银企互联互通活动4次，76户企业参加活动，向26家科技型企业发放贷款共计4460万元；相继推出“免抵押、免担保”信用贷款、信用易贷等纯信用贷款产品，鼓励信贷人员在风险可控的前提下加大信用贷款投放，支持小微创业创新、转型升级。截至2018年年末，信用贷款余额为30684.57万元。

【提升服务】 2018年，渝北银座村镇银行优化升级行内各项软、硬件设施设备，全面提高对客服务效率。对柜面核心系统进行优化升级，在所有网点推广客户手写屏，实现客户密码输入、客户签名及服务评价功能，将柜员的纸质凭证转换为电子凭证，在优化客户体验的同时，实现绿色办公、资源节约。完成“24小时移动营业厅”APP建设并成功上线，运用大数据、AI人工智能、生物识别等技术手段，在原有的手机银行基础功能上增加视频柜员服务，客户足不出户就可体验到贷款申请与入账、个人信息修改、转账汇款等业务。对营业网点的内部设置、门头、停车区域等进行优化，统一安装残障人士专用通道或服务专用铃，提升机构整体服务形象。

【公益慈善】 2018年，渝北银座村镇银行弘扬扶贫济困、人心向善的中华民族传统美德，践行“取之于民、用之于民”的发展理念。1月，联合渝北区红十字会开展"博爱送万家暨博爱助学"活动，分别对统景镇中心小学校和空港乐园立人小学各20名品学兼优的贫困学生予以资助，资助金额共计5万元。注重引导下辖各营业机构与当地社区、机关、企事业单位联欢共建，开展丰富多彩的公益活动。针对网点周边居民开展"分福猪、享福气"以及免费磨刀、趣味运动会等公益活动，针对儿童、学生群体开展"小小银行家""转转涂鸦秀"等系列活动，针对老年人开展"微信大讲堂""免费义诊"等活动，全年组织各类社区活动共计60余场，参与人数达1000余人。

（朱丽娜）

华夏银行股份有限公司重庆渝北支行

【概况】 华夏银行股份有限公司重庆渝北支行（以下简称"华夏银行渝北支行"）于2010年5月成立。2018年，华夏银行渝北支行坚持质量、效益、速度、结构协调发展的经营理念，不断提高服务质量，加大在渝北区业务的推进力度，把支持渝北区实体经济发展当作重要职责，紧密依托渝北区政府提供的发展平台，坚持依法合规经营，全面加强风险管理，狠抓服务与案防安保，自觉维护金融市场秩序，各项工作取得明显成效。

【业务发展】 2018年，华夏银行渝北支行将支持渝北区平台公司发展作为头等任务，加大工作力度，全员行动加强客户开发，坚持存款立行，增强可持续发展能力，推行公私联动营销，持续推动个人业务，以优质服务带动业务发展，各项业务健康稳步发展。2018年年末，各项存款余额16.55亿元，其中对公存款12.68亿元、储蓄存款3.54亿元、其他存款0.32亿元；各项贷款余额40.07亿元，其中短期贷款5.47亿元、中长期贷款余额14.03亿元、票据贴现0.57亿元、表外贷款20亿元。全年实现经营利润6953.23万元。

【优化服务】 2018年，华夏银行渝北支行保持良好的服务态度，推行客户经理坐班制，做好营销条线客户服务，妥善处理各类客户投诉，加强沟融解释工作，取得客户的理解，服务质量持续提升，连续5年被评为"全国千佳网点"。

【内控建设】 2018年，华夏银行渝北支行认真贯彻落实"思想特别清醒，政治特别坚定，准备特别充分，工作特别扎实，反应特别灵敏"的工作方针，做到"五个坚决"。坚决防止发生危害国家安全的事件，坚决防止发生暴力恐怖事件，坚决防止发生大规模群体事件，坚决防止发生重大个人极端事件，坚决防止发生重大公共安全事件，圆满实现2018年内控"五个零"目标。

（熊　川）

中国农业发展银行重庆市渝北区支行

【概况】 中国农业发展银行重庆市渝北区支行（以下简称"农发行渝北支行"）是国家在渝北区设立的唯一的农业政策性银行，主要职责是按照国家的法律、法规和方针政策，以国家信用为基础筹集资金，承担农业政策性金融业务，代理财政支农资金的拨付，为农业和农村经济服务。2018年，农发行渝北支行以习近平新时代中国特色社会主义思想为指导，全面贯彻党的十九大和国有企业会议精神，深入贯彻市分行党委各项工作部署，坚持"稳中求进"的工作总基调，牢牢把握高质量发展总要求，围绕发展抓党建，抓好党建促发展，以服务农业供给侧结构性改革为主线，以服务乡村振兴战略为总抓手，"围绕一个战略、坚定两个统领、深化三项活动、狠抓管理四化、推进五个着力提高"，大力支持渝北区农村人居环境建设，促进渝北区农村人口生活和居住条件改善。2018年年末，农发行渝北支行内设部室3个，在岗员工19名；各项存款余额5.45亿元，各贷款余额15.81亿元，农发重点建设基金投资余额8.81亿元，账面利润2203万元，案件事故继续保持为“零”。

【保障国家粮食安全】 支持粮油购销和国家粮食储备是农发行第一要务。2018年，农发行渝北支行优先保证粮食储备及轮换资金需要，确保粮食库存账账、账实相符，累计支持重粮集团渝北区粮食公司轮换市级储备粮和区级储备粮9936吨，金额2800万元。

【服务乡村振兴】 2018年，农发行渝北支行积极支持渝北区农村人居环境建设项目，4月获批贷款6.8亿元，累计投放11780万元。该项目涉及渝北区11个镇、1个街道，计划改造人行道90千米、农村电力管线73千米、雨污水分流管网111千米、公厕160座、绿化改造面积644亩；农村住房风貌改造面积93万平方米，维修加固危旧房2600户，拆除危旧房120户，院坝整治240户；改造农贸市场11处、建筑面积共24350平方米。

【党建工作】 2018年，农发行渝北支行全面落实国有企业党建工作，始终坚持以加强领导班子建设和党员队伍建设为核心，深入实施“全面从严治党推进年”活动，扎实抓好“三会一课”学习教育，强化党员干部理想信念教育和干部队伍教育，完善长效管理机制，提升党建水平。2018年，经支部考察发展预备党员1名，讨论发展入党积极分子3名；慰问兴隆镇和双龙湖街道困难党员和困难群众6人、慰问金9000元。组织党员参观邱少云烈士纪念馆，与交行渝北支行、蓬莱社区联合开展“党建共建”。狠抓党风廉政建设，全面落实党风廉政建设责任制，积极构建惩治和预防腐败体系基本框架，深入开展廉政文化教育，严格执行中央“八项规定”，推进反腐倡廉。

（李世彬）

重庆国际信托有限公司

【概况】 重庆国际信托有限公司于1984年10月经中国人民银行批准成立，注册资本金3500万元，先后经过2002年改制重组、2004年和2010年增资扩股，注册资本金增至24.3873亿元。2015年9月，公司以整体变更的形式实施股份制改造，设立股份有限公司。2017年12月，公司增加注册资本金至150亿元，位居全国68家信托公司首位。公司业务范围包括资金信托、动产信托、不动产信托、有价证券信托、财产或财产权信托、信贷（票据）资产转让及投资银行等，可通过投资、贷款、担保、租赁、承销、买入返售、信托及基金等多种手段，为客户提供全面优质的综合金融服务。截至2018年年末，公司总资产297.85亿元，净资产229.00亿元，信托规模1904.69亿元。2018年，实现营业收入69.11亿元，净利润28.06亿元。

【服务地方经济】 2018年，重庆国际信托有限公司秉承“立足重庆，竭诚服务地方经济”的宗旨，依托在项目设计、资产管理、风险控制等方面积累的大量经验，充分发挥信托行业横跨货币、资本和实业市场的优势，立足信托行业灵活多变的特点，积极支持民营企业和中小企业的发展，在及时弥补企业资金缺口、加快企业流动资金周转速度、完善企业自身建设方面给予全力支持，促进企业发展壮大。截至2018年末，累计为重庆市经济建设募集资金1593亿元，为人民群众创造财产性收入620亿元。与重庆渝江压铸实业有限公司、重庆银翔实业集团有限公司及两公司实际控制人分别签署协议，大幅度降低两家企业及其实控人的关联担保责任额度，各方担保责任合计减少40亿余元，助力民营企业纾困，助推民营企业发展。

【普惠金融】 2018年，重庆国际信托有限公司积极响应号召，围绕“普及金融知识，惠及百姓生活，共建和谐金融”的主题，进企业、进商会、进社区广泛开展“金融知识进万家”宣传服务活动，向社会各界群众宣传普及金融知识。深入多家中小企业实地走访，开展专题培训并提供现场咨询，宣传金融知识、服务政策、产品类型等，主动拉近与企业之间的距离，深化双方合作，为企业提供更深入、更高效的金融服务，助力企业发展。进社区、进校园，重点宣传辨别正规金融产品服务、利用“双录”维护自身权益、远离违法违规借贷侵害以及金融诈骗识别等方面的内容，增强群众金融风险意识。

【社会公益】 2018年，重庆国际信托有限公司坚持开展扶贫助困活动，积极投身公益事业，用心回馈社会。截至2018年年末，累计向各类慈善活动捐款超过2.1亿元，其中“金色盾牌英烈救助基金”慰问救助金14935万元，向中华思源工程捐款2100.41万元，向“绿化长江重庆行动”捐款100万元，为酉阳扶贫、西藏开发建设捐款366.20万元，为抗震救灾捐款捐物320万元，为重庆市政府募集50亿元资金支持主城区危旧房改造，捐赠2500万元信托报酬支持地方经济建设。

（孙婉清）

合盈小额贷款（重庆）有限公司

【概况】 合盈小额贷款（重庆）有限公司是经重庆市政府有关部门批准，于2013年11月29日成立的外商独资企业，投资者为合盈国际金融控股（香港）有限公司，注册资本金9500万美元，主要从事办理各项贷款、票据贴现、资产转让等业务。公司产品主要包括小额担保贷款、小额信用贷款、担保公司贷款、联保贷款、抵押贷款和应收账款质押贷款，可满足各类贷款需求。截至2018年年末，公司总资产61337.62万元，上缴税金118.38万元，贷款余额6.37亿元。全年累计发放贷款3.94亿元。

【业务发展】 2018年，根据银保监会与市金融办对网络贷款的整改要求，结合行业发展前景和业务产品升级的迫切需求，公司加强对商业承兑汇票贴现产品和互联网小微贷产品升级，通过大数据风控管理，建立强大的风险评估数据库，制定个性化、差异化、自动化服务产品，提供全自动服务体验，实现客户使用过程中审批、授信、放款环节秒级响应，为客户提供更畅通、亲和的服务，实现高效转化，达到互惠共赢。

（余　蝶）

中鸿小额贷款有限责任公司

【概况】 重庆市中鸿小额贷款有限责任公司（以下简称“重庆中鸿小贷公司”）是经重庆市政府有关部门批准，于2010年10月成立的民营小额贷款公司，控股股东为重庆市博恩科技（集团）有限公司，注册资本金3亿元，主要从事重庆行政区域内线下小额贷款业务和通过备案网络平台获客的网络小额贷款业务。产品主要包括个人消费贷款、个体工商户经营贷款、小微企业信用贷款、应收账款质押贷款等，可满足个人、小微企业各类贷款需求。2018年，发放贷款5865.09万元，年末贷款余额68273.78万元，总资产34755.43万元，成立以来累计上缴税金3734.60万元。

【业务发展】 网络贷款业务方面，重庆中鸿小贷公司严守业务合规底线，持续完善网络贷款业务风控体系，以网络贷款备案获客平台的供应链金融和消费者消费金融为重点，积极完善产品，加强市场营销，培育网络贷款需求。线下贷款业务方面，重庆中鸿小贷公司认真总结前期传统业务的经验教训，积极创新不良资产化解方法，提速逾期债权清收，改善债权资产质量。

（沙　进）

重庆中金同盛小额贷款有限公司

【概况】 重庆中金同盛小额贷款有限公司(以下简称"中金同盛小贷")经重庆市政府有关部门批准于2017年9月成立,是银联商务股份有限公司旗下全资子公司,注册资金为7亿元,主要从事办理各项贷款、票据贴现、资产转让等业务。公司主要面向商户、企业及个人提供贷款服务,主营业务为个人金融消费贷款业务等。截至2018年12月,重庆中金同盛小额贷款公司累计放款8.73亿元,服务用户18万余人。

【业务发展】 2018年,中金同盛小贷成功上线消费贷产品"全民购",打开C端金融服务的突破口,产品具有轻量化接入、纯线上申请、即时审批快速到账的特点。积极拓展"商渠"模式,既为商户提供金融赋能,又以商户为渠道拓新引流。响应国家精准服务小微企业的号召,推出POS贷子产品"商e融",该产品以商户经营情况为依据进行授信,具有授信额度高、审批速度快、无需抵押担保、贷款期限灵活等优势,受到小微商户一致推崇,截至2018年年末,商户经营贷累计放款1112笔,放款额1.79亿元,服务商户511家。

(秦 戎)

保 险

中国人寿保险股份有限公司重庆市渝北区支公司

【概况】 中国人寿保险股份有限公司重庆市渝北区支公司(以下简称"中国人寿保险重庆市渝北区支公司")属中央直管专营人寿保险企业,隶属重庆市分公司管辖。自成立以来,中国人寿保险重庆市渝北区支公司始终秉持"专业、真诚、感动、超越"的服务理念,积极践行"成己为人,成人达己"的企业文化,以客户为中心,对社会履责任,企业服务水平和质量不断提高,一直保持"市级文明单位"光荣称号,累计荣获分公司级以上荣誉称号达40余项,先后被总公司评为"标杆党支部""先进基层党组织""先进集体""全国优秀基层单位""年度业务发展先进单位",被分公司评为"创先争优先进集体""经营指标考核AAA级公司""年度青年文明号""党风廉政建设量化管理优秀单位"等;荣获渝北区"金融工作目标考核先进单位""再就业工作先进集体""环境卫生评比先进单位"等10项荣誉称号。2018年年末,内设总经理室、综合管理部、个险销售部、团体业务部、银行保险部、教育培训部、客户服务中心,下辖营业机构16个、营业大厅1个,在职员工和个人代理人2500余人。

【业务发展】 2018年,面对经济下行压力和复杂严峻的外部形势,中国人寿寿险重庆市渝北区支公司认真贯彻落实集团公司、总公司和分公司年度工作会议精神,紧紧围绕"发挥三大优势、实施三大策略、明确三大目标"工作思路,统筹推进"五项重点工作"落实,公司总保费、保障型业务、短险保费、续期保费等指标均在上年高平台上实现稳中有升,全年保费收入完成7.67亿元,处理各类案件7256件,支付保险赔款(保险金)16042.08万元,上交各种税费1259.70万元。

【服务渝北发展】 2018年,中国人寿寿险重庆市渝北区支公司为全区30万名企业员工提供城镇职工大额医疗补充保险,承保保费1.60亿元,赔付支出超过1亿元以上;为全区10.76万名学生提供103亿元的风险保障,受理学生险理赔案件3232件,赔款460.14万元。配合区老委办做好老龄保险工作,2018年累计承保63950人,保费191.85万元,提供意外风险保障12.79亿元,意外医疗保障1.92亿元,全年发生理赔案件822件,赔付支出194.99万元,赔付率101.64%;服务"三农"建设,完成小额保险参保128036人、保费收入640.18万元,提供意外风险保障51.21亿元、意外医疗保障1.28亿元。全年赔付意外伤害死亡、残疾、医疗保险共2235件,赔款金额497.45万元;为全区2558名建档立卡贫困户提供精准扶贫保险,保费24.05万元,全年赔付案件378件,赔款金额28.86万元,赔付率120%;为全区1772名失独家庭人员提供失独家庭保险,保费31.47万元,全年赔付案件598件,赔款金额80.6万元,赔付率256.12%;孕产妇及新生儿保险赔付31件,赔款金额31.64万元。积极投身慈善公益事业,以关爱老人、妇女、儿童、残障人士等为主题,累计向渝北区慈善会捐赠25万余元,全力助推助老、助残、助学、助困等公益项目实施,服务民生,促进社会和谐。

(徐　欣)

天安财产保险股份有限公司重庆分公司

【概况】 天安财产保险股份有限公司(以下简称"天安财险重庆分公司")是中国首家由企业出资组建的股份制商业保险公司和国内第四家财产保险公司,成立于1995年1月,总部设在上海浦东,注册资本177.6亿元。重庆分公司成立于2002年7月,主要经营业务范围涵盖车险、企财险、工程险、责任险、货运险、农业保险、短期健康险与意外险等一切法定产险业务及再保险业务,2018年年末在主城区、三峡库区、渝西片区等20余个区县设立营业机构,在职员工400余人,保险营销人员2000余人。

【业务发展】 2018年,天安财险重庆分公司秉承"远见、学习、执行"的企业精神,坚持"一生相伴、为您而变"的服务理念,积极参与重庆社会经济建设,投身服务"三农"实践。在建设社会风险管理和保障体系、推动实体经济发展,完善新技术、支持实体经济创新战略方面切实发挥"保险姓保"的职能。2018年,累计为客户提供保险保障金额1123.7亿元,保费收入3.09亿元;上缴税收1787.57万元,支付保险赔款1.68亿元,服务客户逾20万余人次,荣获"2017年度渝北区金融工作特别贡献奖"。

【理赔创新】 2018年,天安财险重庆分公司为车险客户推出手机APP服务软件"车易赔"和微信小程序,进一步优化完善车险理赔服务沟通桥梁,让客户利用更便捷的手机操作办理理赔事宜,无需现场等待,直接手机连线视频与保险公司后台对接,提速事故车定损、修理等处理程序,努力实现客户理赔无忧。

(彭　越)

经济综合管理

概　述

2018年，面对严峻复杂的经济形势和前所未有的下行压力，在市委、市政府和区委的坚强领导下，渝北区坚持稳中求进工作总基调，坚持新发展理念，大力实施“三大攻坚战”“十项行动计划”，突出做好“六稳”工作，全力稳增长、促改革、调结构、惠民生、防风险，经济运行总体平稳，内陆开放高地建设提速，山清水秀美丽渝北建设加快，高质量发展步入新阶段，高品质生活迈上新台阶，国家临空经济示范区建设迈出坚实步伐，较好完成区十八届人大二次会议提出的各项目标任务。地区生产总值完成1543亿元，三次产业结构由1.9∶55.6∶42.5调整为1.5∶41.1∶57.4。城乡常住居民人均可支配收入快于经济增长。年初确定的13项经济社会发展主要指标中，2项约束性指标圆满完成，11项预期性指标中8项达到预期，地区生产总值增速、工业增加值增速、社会消费品零售总额增速等3项指标未达到预期。

渝北经济社会发展面临一系列困难和挑战。产业发展正处于转型的“阵痛期”，汽车一业独大、一企独大的结构没有根本改变，战略性新兴产业仍处于培育期，多点支撑的增长格局尚未形成，发展的持续性稳定性还有待增强。增长动能正处于“换挡期”，拉动经济增长的旧“三驾马车”动力逐步减弱，创新、改革和开放三大新动能尚在加快培育中。社会民生补短提质正处于“攻坚期”，“上学难”“看病难”“停车难”等问题仍然较为突出，高质量的教育、医疗服务仍然稀缺，城乡公共服务水平与人民群众对美好生活的向往仍有较大的差距。

（杨　贺）

固定资产投资

2018年，渝北区区基础设施建设不断完善，重点项目建设顺利推进，完成固定资产投资1376.38亿元，同比增长21.9%，投资总额继续保持全市第一，增速位居主城第一。其中：房地产开发投资完成946.74亿元，增长24.2%，占固定资产投资总额的69%；工业投资完成156.7亿元，增长2.8%，占固定资产投资总额的11%。

（朱兴元）

地质矿产管理

【概况】 2018年,渝北区有矿业从业人员41人,全年开采地下热水90万立方米,建筑用砂岩0.93万吨,实现工业总产值610万元。

【矿产资源管理】 健全矿产资源有偿使用制度,全面清理、分类处置历年矿山企业缴存矿山环境治理恢复保证金,推进矿山地质环境治理恢复基金改革,夯实企业矿山地质环境治理恢复责任。全年办理采矿权延续1宗,注销采矿权1宗,上报采矿权出让计划2宗。督促矿山企业开展实地核查2家,动态巡查检查矿山安全63人次,加大非法违法开采行为打击力度,切实规范矿产资源开发秩序。

【矿山地质环境综合治理】 督促推进华蓥山自然保护区内5个煤矸山恢复治理,加强矿山地质环境恢复治理工程安全质量监管。制定渝北区绿色矿山建设推进计划,编制重庆市渝北区统景温泉城有限公司2号井绿色矿山建设实施方案并完成工程治理和自评估,重庆铂钏建材有限公司大湾现代页岩砖厂绿色矿山建设有序推进。

(任　艳)

审　计

【概况】 2018年,渝北区共审计单位307个,其中审计83个,专项审计调查8个。查出主要问题金额658350万元,其中违规金额12462万元、管理不规范金额645888万元;审计发现非金额计量问题168个;损益(收支)不实金额532万元;出具审计报告和专项审计调查报告307篇,被批示、采用31篇次。审计处理处罚金额34870万元,其中应上交财政12509万元、应归还原渠道资金39万元、应调账处理金额22322万元;移送司法机关、纪检监察机关和有关部门处理事项29件,移送处理人员31人,移送处理金额6046万元。审计促进整改落实有关问题资金99404万元;审计促进拨付资金到位80万元;审计后挽回(避免)损失22122万元;核减投资额22333万元。审计提出建议530条,被采纳506条;推动被审计单位制定整改措施32项;促进被审计单位建立、健全规章制度49项;提交审计信息76篇,被批示、采用51篇次。向社会公告审计结果1篇,整改结果1篇。2018年度,渝北区审计局实施的渝北区城管局2017年度部门预算执行和其他财政财务收支审计项目获得重庆市审计局优秀审计项目表彰。

【国家重大政策措施贯彻落实跟踪审计】 2018年，重点审计重点建设项目推进情况、市创新驱动发展战略推进实施情况等6项政策措施的落实情况。审计揭示出研发补贴资金审核把关不严等问题。

【财政审计】 2018年，对区经信委、区工商联等29个部门单位预算执行和其他财政财务收支情况进行审计，揭示出预算编制及执行不规范、专项(项目)资金管控不严且绩效不高、国有资产管理粗放等问题。审计促进存量资金上缴财政6389.75万元。

【经济责任审计】 2018年，对木耳镇、区人民医院等9个单位、16名区管领导干部进行经济责任审计，将自然资源资产审计内容纳入木耳镇经济责任审计项目。

【固定资产投资审计】 2018年，累计完成政府投资项目结算审计246个，审计金额29.98亿元、审减金额1.65亿元。持续开展区人民医院、环湖雅居安置房等18个政府投资重点项目的跟踪审计任务，出具跟踪审计建议函32份。

【企业审计】 2018年，审计区属国有公司2家，对“三重一大”事项、投融资活动等情况进行重点审查。揭示出招商引资管理和考核督查机制不健全、国有投资存在损失风险等问题。

【交办任务】 2018年，完成北碚区财政预算执行和税收审计，渝北区残疾人事业发展专项资金审计调查，2016年度北碚区保障性安居工程跟踪审计项目，开展河长制执行情况审计，完成璧山区扶贫资金审计项目，开展2018年渝北区市交通三年行动计划落实情况跟踪审计。

【信息化建设】 2018年，渝北区健全数字化审计工作制度，完善数据安全保密、信息反馈机制，确立“1+N”的数字化审计模式。完善“渝北区审计数据管理系统”，建立审计数据定期报送机制，完成财政及部门预算执行审计数据分析平台建设，新建审计模型220个。

【内部审计】 2018年，渝北区完善内审计划及执行管理机制。区审计局与区政府督查室、区国资委等部门联合开展内审计划执行情况督查；加大培训指导力度，区审计局在区级媒体发布新修订的《审计署关于内部审计工作的规定》的政策解读；组织开展中介机构报告核查。

(唐迪姣)

统　计

【概况】 2018年，渝北区统计工作认真贯彻落实党的十九大精神，落实区委、区政府各项决策部署和工作安排，坚决维护习近平总书记的核心地位，维护党中央权威和集中统一领导，以习近平新时代中国特色社会主义思想为指导，创新思路，积极作为，圆满完成各项统计工作任务。

【国家统计局渝北调查队】 2018年7月12日，为贯彻落实中央关于深化统计管理体制改革、提高统计数据真实性的精神，进一步完善重庆国家统计调查网络布局、增强国家统计调查力量，国家统计局渝北调查队成立。渝北调查队配备队领导2名，从全国公考选配干部4名；设置办公室、综合科、城镇科、农村科等内设机构4个。

渝北调查队加强与区统计局沟通协调，保持业务工作的平稳过渡。以住户收支调查为业务工作重点，于8月底完成区统计局、渝北调查队住户收支调查工作交接。加大推进电子记账工作力度，全年电子记账率达到65%。10月底，建立农业统计调查工作交接协调机制，建立起由分管领导、业务人员等8名同志组成的农业统计工作交接协调小组，专门听取责任科室关于农业统计调查交接工作的汇报，指派3名业务人员具体实施农业产值工作和农林牧渔业统计报表工作。12月，顺利完成农业统计调查工作交接。结合渝北调查队实际，指派干部职工加强月度劳动力调查、农村贫困监测调查、农民工市民化动态监测调查等统计调查业务知识学习，为2019区统计局、渝北调查队之间工作的全部交接做准备。积极参与第四次全国经济普查和第三次全国农业普查后续工作。单独或与区统计局共同开展专项调查，如企业拖欠账款影响情况调查、营商环境调查等。

【第四次全国经济普查】 2018年，渝北区对第四次经普高度重视、狠抓落实，扎实推动经济普查的工作保障、宣传发动和培训指导，按时保质保量开展清查试点、普查区划分及绘图、清查底册编制和全面清查、审核工作。强化基础保障。专题研究“两员”管理办法，进一步明确“两员”报酬标准；积极与区财政协调保障经普费用，各镇街相应配套资金。普查物资准备齐全，采购筹集PAD设备1500台、数据采集卡1500套，开通专用网络、咨询热线，统一定制资料包、证件牌、记录本等。人员力量保障到位，聘请“两员”1731名，其中，大专以上学历占75.1%。高质量开展业务培训，一次性集中培训业务骨干400名，分散培训11场次，共2200余人次，“两员”考试合格后方能上岗。广泛宣传发动。在龙溪街道新光天地成功承办全市经普宣传月启动活动，有关市级部门和各区县经普办代表共同参与。统筹运用各种宣传方式，在绿梦广场、李家花园、中渝恒大广场、新光天地广场等30多处交通枢纽或城市中心设立大型户外广告牌；在7200台公安部门智慧天网终端滚动播放经普宣传片；制作发布H5、微信等新媒体作品，通过各类网络平台刊登信息1200条、推送微信5300余次。深入社区、楼宇和企业宣传发动，设立广告牌、LED显示屏114个，经普咨询台33个，悬挂横幅1200余条，张贴宣传海报1900余张，发放宣传资料10余万份。扎实开展清查。开展“地毯式清查”和三级审核编码，按时保质完成单位清查，单位核查率达到100%以上，清查单位数占名录库119.7%，全市第一；正常填表率占底册54.7%，个体工商户清查率占底册80%以上。高度重视编码工作，组建专业小组，与行业主管部门联动，三级层层审核，确保编码准确。

【统计基础工作】 2018年，渝北区统计局扎实开展日常统计调查工作，提升业务能力，夯实统计基础。高质量完成年报和定期报表工作。按时上报工业、服务业、商贸、房地产、投资等行业年报和定期报表，加大对关联性指标的审核力度，确保指标准确、数据平衡。夯实镇街基层统计工作。推进实施《渝北区镇街、国有开发类公司统计工作规范化建设标准》，联合区考核办将镇街基础统计工作纳入区里对镇街的全年综合考核，并对30个镇街统计规范化建设进行检查考评。组织重点镇街人员开展工作规范、法律法规、抽样调查等各类业务工作培训会20场次，参加人数达2100余人次。不断完善基本单位名录库。坚持条块联动，全过程、全方位监控调查单位增减变动情况，实行月度零报告制度。全区新增法人单位4000余家，年度入库四上企业141家，其中服务业企业20家、商贸企业42家、工业企业24家、房地产企业27家、建筑企业6家、投资企业22家。认真做好各项抽样调查。完成1%人口变动抽样调查，对34个调查点共计6000余户全面展开入户调查；做好月度劳动力调查，严格核实、查询、验收抽取的200户调查数据；完成涉及10个镇街9个行业的企业用工调查；扎实做好农产量抽样调查和农民工市民化进程动态监测调查工作；运用无人机创新农业统计调查，维护和完成36个样本网点的无人机地块实地飞行任务。

【统计信息化建设】 2018年，渝北区在全市率先建立统计智能数据库，编制大数据平台规划建设方案，组织专家进行评审优化，并作为单独项目纳入全区以智能化和大数据为引领的创新生态圈建设行动计划。筹建统计大数据平台建设项目，完成一期的招标采购和联网直报平台抓取解析工作。创新宣传模式，不断扩大统计宣传影响。以“一报两刊”为载体，加强统计工作的舆论和新闻宣传导向，精心组织，认真做好征订工作，为全体区领导各订阅1份“一报两刊”，强化区领导对统计工作的了解和支持。注重统计新媒体的使用和传播，完善“两微一端”建设，加大“渝北统计”新浪微博、腾讯微博自主信息发布力度，共计发布信息2191条，累计获得听众11172个，“渝北统计微讯”共获得关注量796个；收集“四经普”宣传素材，制作2条“四经普”H5，均被市局采纳并在微信公众号上转载；推进“数据渝北”移动终端动态运营，提高“数据渝北”统计服务的时效性，方便各级党委、政府和社会公众更快捷地获取统计信息，已安装“数据渝北”3062次。

【统计分析监测】 2018年，渝北区深入开展综合宏观分析和微观分析，在结构分析和动能转换上下功夫，强化和完善预警预测职能。与市发改委、市统计局围绕区域定位，构建临空经济示范区统计监测体系。结合《重庆临空经济示范区建设总体方案》、国家级建立临空经济示范区经济社会发展指标和市临空经济发展实际，基于发展基础、发展成效和发展质量等三个方面，初步构建起涵盖工业、交通、财政等31项综合性指标的“重庆市临空经济示范区统计监测指标体系”，科学、客观地评价临空经济区发展质量。完成“数字经济”认定工作，建立数字经济监测体系。对“数字经济”调查工业、服务业领域规上规下共800多家企业进行认真筛查，汇总收集信息并及时上报。提升统计分析能力。着眼全区经济发展宏观形势，结合渝北经济发展现状，做好数据解读分析，提供参考决策。成立5个专业课题小组，联合西南政法大学经济学院围绕乡村振兴、互联网+商贸、工业技改、战新产业发展和高质量发展指标体系建设等为研究方向确立课题。局领导带队赴深圳、西安开展学习交流活动，走访调研当地企业，学习两地先进工作经验，初步完成课题研究报告。调整优化统计月报指标构成，新增发展动能、质量效益等板块，重点突出供给侧结构性改革、新经济、高质量发展相关指标。加强信息的撰写报送，共撰写统计工作信息102篇，其中51篇统计工作信息被市局及市四经普办公室采用，3篇被《渝北时报》、渝北网采用刊载。强化统计分析研究，印发《统计分析》44期，7篇获区委区政府领导批示，《渝北区城乡收入差距实证研究》获2018年度全市统计系统优秀统计分析报告二等奖，《渝北区固定资产投资率情况简析》获三等奖。做好全区小康、妇儿两纲监测工作，撰写相关监测报告3篇。

【统计法治建设】 狠抓统计执法检查。统计监督执法实行行业统筹、专业联动，避免对同一调查对象的交叉、重复检查，提升法治实效，全年共对12家企业开展统计督导检查，对2家迟报统计资料和提供不真实统计资料的违法企业进行警告并处罚款5万元。在第四次全国经济普查清理工作中,对2家不配合的企业发出限期接受调查通知书,为全区经普工作保驾护航。扎实开展统计法律法规宣传。向区委常委会、区政府常务会汇报提高统计数据质量真实性意见和统计违纪违法典型案例,督促有关部门和镇街传达学习,推动统计法纳入干部教育培训课程体系,录制统计法律知识培训课程视频,全区领导干部的统计责任意识得到增强。局主要领导应邀为区委党校青干班开展统计讲座,统计知识第一次走进区委党校课堂,有力传播依法统计意识。邀请市统计局法规处专家为机关职工讲解统计法律法规,局法律顾问对宪法修正案作解读讲座。在重庆市财政学校举办全区基层统计干部教育培训,镇街、部门统计人员共计150余人参加培训,为近几年规模最大的基层统计培训。联合国家统计局渝北调查队开展“第九届统计开放日”宣传活动,向群众普及“依法申报,如实填写”的统计规定,营造知法守法的良好统计氛围。积极组织干部职工参加统计执法资格考试,3名职工通过执法资格考试。

【党建工作】 2018年,渝北区统计局按照党建工作与统计工作同部署同落实工作思路,持续抓好机关党建工作。加强思想政治教育。强化政德建设,开好民主生活会。加强理论学习,坚持集中学习,及时学习传达党中央的重大方针政策和市委、区委的精神要求,共召开党组专题学习会22次,党组中心组学习会8次,职工学习会20次。严肃党内政治生活。深入推进“两学一做”,共召开党员大会12次、支委会12次、党小组会30次,党员领导干部开展谈心谈话15次。严格落实党员领导干部双重组织生活制度,党组成员坚持以普通党员身份参加所属党支部的组织生活,带头讲党课3次。认真做好民主评议,评选出优秀党员、优秀党务工作者各1名,树立先锋模范典型。利用元旦、春节、“七一”建党节等时机,开展走访慰问活动,关心关爱退休老同志。加强与宝圣西路社区党组织的基层结对共建工作,制定《渝北区统计局城市基层党组织结对共建制度》。规范党员发展和日常管理,新确定入党积极分子1名,并组织其完成全区入党积极分子培训。注重干部队伍建设。认真贯彻执行《党政领导干部选拔任用工作条例》《领导干部选拔任用廉政审查的规定》和党章规定的干部条件、好干部标准,向渝北区调查队推荐担任队长(正处级)和纪检组长(副处级)人选,推荐1名正科级干部到市统计局挂职,局内部调整1名正科级、3名副科级骨干和3名科员的工作岗位,促进干部多岗位锻炼、全面发展。同时继续做好人才引进工作,新录用公务员2人,进一步改善统计队伍结构,增强统计力量。

(陈　昊　鲁慧伟)

工商行政管理

【概况】 2018年,渝北区坚持稳中求进、放管结合,沉稳应对机构改革,纵深推进商事制度改革,大胆创新事中事后监管,着力推进“证照分离”、“双随机、一公开”监管、消费维权三项重点任务,持续优化市场准入环境、竞争环境和消费环境，助推渝北经济高质量发展。因推进商事制度改革成效显著，落实事中事后监管等相关政策措施社会反映良好、成效明显，渝北区受到国务院通报表彰。5月份，区工商分局被市场监管总局评为商事制度改革信息化建设表现突出单位，并在全系统通报表彰。全区主体发展、商标培育、企业监管、消费维权等工作走在全市前列，受到市工商局多次表扬。

【商事制度改革】 2018年，渝北区贯彻落实“先照后证”“多证合一，一照一码”“证照分离”“全程电子化登记”等一系列商事制度改革举措，积极推进全程电子化登记，压缩企业登记办理时间，推行企业名称自主申报，带动市场主体数量逐年稳步增长。截至年底，渝北区市场主体总量达到103361户，其中内资企业51316户，个体工商户51176户，农民专业合作社324户，外资企业545户。2018年新增各类市场主体18593户，其中内资企业8358户，同比增长24.63%；个体10108户，同比增长36.8%；外资企业78户，同比增长8.33%，企业新增数量位居全市第一。此外，2018年受理网上登记申请6376件，发放电子营业执照3645户，电子化率近20%。企业开办压缩为设立登记、刻制公章和申领发票三个环节，办结时间压缩至5个工作日以内，较国务院要求的8.5个工作日缩短了3.5个工作日，效率提高41%。为让“信息多跑路，群众少跑路”，全年通过党政内网等信息平台，向区级部门推送工商审批信息近3万条。

【事中事后监管】 2018年，渝北区规范化、标准化推进“双随机、一公开”监管，先后开展跨部门联合抽查、外企出资信息抽查、全国部分领域双随机定向抽查、全区不定向市场主体抽查等4次随机抽查工作，抽查企业4524户，发现问题线索7起，在国家企业信用信息公示系统中公示抽查结果，接受群众监督。圆满完成年报和相关信息公示工作，全区内资企业2017年度年报率89.3%，与2016年度企业年报率齐平；外资企业2017年度年报率95.37%，高于2016年外资企业年报率1.75个百分点，双双完成既定目标，在主城排名靠前。创新日常监管方式，牵头自贸区（渝北板块）事中事后监管，建成自贸区辖区自动识别系统，推行企业集群注册试点，在仙桃数据谷园区开创产业聚集区“443”自主管理模式，入驻企业年报率达到89.6%，引入第三方出具企业信息评估报告65份，体现出平台管理、分类管理优势。优化“线上线下”一体化监管，规范电商企业经营行为，向99家问题网站（网店）下达责改通知书，关闭网站10个。强化涉企信息归集和失信联合惩戒，完善涉企信息归集共享工作机制，2018年新征集市场主体信用信息2.7万余条，提供查询6000户次，出具信用报告437份，开展“守合同重信用”单位公示活动，推荐企业167户，依法有序开放涉企信息，切实发挥信用信息在企业招投标、市场经营活动中的作用。加强竞争执法工作，聚焦民生热点问题，认真贯彻落实扫黑除恶相关工作，深入开展“双打促双创”和打击非法“会销”专项执法行动，集中查处一批大案要案，全年共立案查处各类经济违法案件97件，办结70件，处罚金额1069万元，执行入库648万元。

【服务经济发展】 2018年，渝北区工商分局围绕招商任务，列清单，做计划，重实推，全方位开展引资工作，先后前往北京、广州、深圳、苏州等地开展招商活动，落实招商引资项目48个，注册资金达51亿元，其中凯泰实业（注册资金10亿元）、领航高速（注册资金5.5亿元），耀高科技（注册资金3.1亿元）等12个项目投资过亿元，同时促成凯德集团、泰和集团等一批国内外大优企业落户渝北。精准实施商标广告战略，紧盯渝北实体产业，培育渝北本土品牌，加大商标专属权的创造、保护和运用力度，全年新增国内注册商标7726

件，同比增长95%，新增马德里商标1件（国家商标局已受理），新增单一国商标国际注册申请26件，注册7件。全区累计商标3.68万件，驰名商标17件，双项指标居全市第一，马德里商标15件，单一国商标75件，位居全市前列。新发展专业广告公司259户，同比增长28.6%，总量达1929户，广告经营额3.39亿元，同比增长51.8%。推进新的微企扶持政策落地，促进微企培育向重点扶持、精准扶持方向转化，全年新发展微企6452户，推荐进入全市微型企业成长库139户，34户微型企业获得成长扶持奖励，获奖170万元。为盘活企业存量资产，按照新的《动产抵押登记办法》，办理企业动产抵押物登记35件，抵押物价值5.8亿元，注销和变更登记19份。非公党建工作夯基固本。牵头抓好“小个专”非公党建工作，全年完成12371非公党建信息系统内52236户数据录入与维护，新建党组织5个，指导非公党组织90个，管理党员606名，覆盖市场主体4301户，新发展党员5名，转正5名，3个党支部按期开展换届。同时落实“三会一课”、主题党日等规定动作，持续开展“八个一”活动，组织“百堂党课进企业”145场，积极引导非公组织“跟党走、正道走、快步走”。

【营造放心消费环境】 2018年，渝北区开展了以“品质消费、美好生活”为主题的“3·15”消费维权宣传活动，畅通消费纠纷解决渠道，及时有效地保护消费者合法权益。区工商分局全年共受理消费者投诉3328件，办结3128件，办结率 93.99%，消费争议金额约2846万元，通过调解为消费者挽回经济损失约1769万元；受理举报案件748件，已办结689件，办结率93%。以流通领域商品质量抽查检验为工作重心，突出抽查检验与执法办案的有机结合，在“蓝天行动”、“红盾利剑”、旅游环境、食品安全等专项整治中，共抽检商品263组，其中不合格44组，移交案源线索21件。

（肖军先）

国土管理

【概况】 2018年，渝北区国土工作围绕“两点”定位、“两地”“两高”目标和营造良好政治生态，做到“四个扎实”要求，立足乡村振兴、城市提升两大基本面，聚焦“三大攻坚战”“十项行动计划”，细管理、精配置、优服务、强保障，成功争取将渝北铜锣山废弃矿山治理修复工程纳入《长江上游生态屏障（重庆段）山水林田湖草生态保护修复工程试点实施方案》，首期获得国家2.43亿元资金支持；有序开展渝北区集体建设用地盘活利用，完成区、镇两级试点方案，先期选定石船镇石壁村和兴隆镇徐堡村、新寨村2个试点盘活利用并初显成效，有力助推乡村旅游、田园综合体建设。2018年，渝北区获国务院“土地节约集约利用、土地利用秩序、土地利用计划执行好”通报表扬并奖励1000亩用地指标。

【土地规划】 2018年，渝北区启动国土空间规划重点问题研究，梳理评价本轮土地利用总体规划实施情况，科学研判全区产业用地空间拓展，为下轮土地利用总体规划编制提供基础。优化完善大盛镇天险洞等30个重点村村规划，细化兴隆镇新寨村、龙兴镇铜锣山片区3村2个村规划成果，开展资源禀赋好、产业发展好的重点村集体建设用地调查和基础测绘，为盘活利用集体建设用地打下基础，为乡村振兴提供规划支撑和空间保障。

【耕地保护】 2018年，建立健全渝北区耕地保护考核评价办法，层层压实耕地保护共同责任，编制"十三五"土地整治规划，划定永久基本农田保护面积18054.76公顷（划定城市周边永久基本农田面积2041.32公顷），建设高标准基本农田1244公顷，补充耕地59.6公顷，农村建设用地复垦28.1公顷，数量、质量、生态"三位一体"综合管护耕地，为坚决守住"三条红线"夯实基础。严格落实耕地占补平衡制度，实现占补平衡929.77公顷，年末全区耕地保有量39051.6公顷，圆满完成市对区耕地保护目标考核。

【土地资产管理利用】 扎实编制年度用地计划方案，统筹用好地票、人地挂钩等政策多途径争取新增建设用地计划，全年获批新增建设用地指标26宗、510.27公顷（不含两江新区），获批征收（转用）土地80宗、2012.8公顷。科学合理编制年度土地供应计划，适时有序供应土地525.8公顷（供应产业用地90.13公顷、经营性用地14.93公顷、基础设施用地420.73公顷），实现土地价款37.33亿元，为重点开发平台和基础设施、民生项目、重点产业发展提供了用地保障和资金支持。强化以土地出让合同为核心的开发监管，积极收取房地产项目竣工违约金，督促实现项目新开工262万平方米、完成新增投资217亿元，处置闲置土地9.4公顷。合理利用城市边角地建设社区体育文化公园5个7.53公顷，清理城市空闲地346.67公顷交区城管局、区级平台公司实施复绿，大力提升城市品质。

【地质灾害管理】 2018年，编制完成全区地质灾害防治工作方案，修订全区突发地质灾害应急预案。分片区培训全区四级网格地质灾害防治群测群防员507人，完成区级及单点地灾应急演练，全覆盖、重点化监管地灾隐患点，完成搬迁避让103户239人。优化治理工程前期管理工作流程，开工治理地灾工程32处，其中，已完工17处，在建或拟开工15处。建立安全检查专家库，制定地质灾害治理工程远程监控系统建设方案，运用科技力量监管治理工程。加强矿产资源开采监管、实地核查，规范安全管理采矿权。

【生态文明建设】 2018年，渝北区完成废弃矿山治理复垦116公顷，率先完成曹家山煤矿复垦项目市级试点，铜锣山废弃矿山综合治理二期、三期工程顺利实施，四期、五期、六期项目勘察设计等前期工作有序跟进，铜锣山国家矿山公园加快建设，该片区生态系统修复项目纳入《长江上游生态屏障（重庆段）山水林田湖草生态保护修复工程试点实施方案》，首期获得国家2.43亿元资金支持。大力推进绿色矿山建设，健全矿产资源有偿使用制度，推进矿山地质环境治理恢复基金改革工作，夯实企业矿山地质环境治理恢复责任。中央、市级环保督察及问题整改积极有效，完成明智石英砂厂超高陡岩复绿工程治理。

【信访和建议提案办理】 2018年，区国土分局坚持"阳光信访、责任信访、法治信访"，严格执行"大下访"、"日接待"、重大事项社会稳定风险评估等制度，全年受理土地相关政府信息公开申请83件，办理来信来访363件次，有效化解征地拆迁、补偿安置、土地权属等矛盾纠纷，维护群众合法权益，促进社会和谐稳定。全年办理相关建议提案18件（主办建议8件、提案4件），办结率、见面率、答复率、满意率均为"100%"。

【执法监察】 2018年，渝北区推动建设工程领域行政审批制度改革，对标对表上级要求，细化并入库行政审批事项26项。强化土地执法预防查处，全年开展巡查400余次，核查线索53宗，立案查处土地违法案件18件、涉及面积152.35亩，没收建筑物48263.5平方米、处罚并收取罚款109.24万元，发现、制止并按程序消除违法占地建筑5宗约6000平方米。推进完成2017年度土地矿产卫片执法、2018年第一期全天候监测图斑核查整改，共计核查遥感监测图斑819个（查处134个，含农房未办理转用手续89个）、面积16796.2亩（查处377.28亩）。有序开展自然保护地大排查大整治、“四山”违建整治等，整治存量违建51.2万平方米，拆除整改违法建筑272件、12.78万平方米，“拉网式”排查清理、有序整治大棚房问题60处、涉及违法面积209.38亩。全年办理行政复议案件13件，行政诉讼案件101件。结合重要节点、利用多种载体，发放宣传册、宣传页及宣传品8000余份，接受群众咨询200余人次，解答群众问题120余条。

【地籍管理】 2018年，渝北区高标准推进第三次国土调查工作，规定动作规范到位，自选集体土地所有权勘测建库、重点村集体建设用地调查确权、城镇内部土地利用现状调查三项工作有序开展，完成4.5万宗兴隆等4镇存量农房和其他区域新增农房测绘及木耳镇金刚村29个村民小组权属勘测、集体建设用地基础测绘，15个村规划编制重点村集体建设用地情况摸底测绘有序开展，为集体建设用地盘活夯实基础。全面完成2017年变更调查和城镇地籍数据汇交并通过国家验收，开展2018年变更调查和城镇地籍数据汇交。探索大数据和互联网+在国土领域运用，完成国土管理“一张图”数据自动更新，国土大数据平台基本建成并投入运用。

（任　艳）

国土资源整理储备

【概况】 2018年，渝北区土地储备整治中心（以下简称“区土储中心”）与渝北区人民政府征地办公室合署办公，主要负责征地拆迁补偿安置、国土资源储备整治、土地开发整理、安置房建设及管理等工作，内设办公室、计划财务科、组织人事科、建设管理科、国土资源储备科、征地拆迁一科、征地拆迁二科、群众工作科8个科室。

【征地拆迁】 2018年，渝北区实施征地2105.60公顷。1月征地215.50公顷，其中创新经济走廊0.41公顷，空港新城142.57公顷，其他项目72.52公顷（包含渝北区省道S101石船至统景段新改建工程农用地转用和土地征收的批复、渝北区省道S101龙兴至石船段新改建工程农用地转用和土地征收的批复、渝北区建设渝涪二线洛碛货站进场道路项目农用地转用和土地征收的批复等项目）。3月征地321.90公顷，其中创新经济走廊45.25公顷，空港新城57.09公顷，其他项目219.56公顷（包含渝北区土地征收的批复、渝北区建设重庆市洛碛垃圾焚烧发电厂项目农用地转用和土地征收的批复、渝北区建设洛碛餐厨垃圾处理厂项目农用地转用和土地征收的批复等项目）。4月实施创新经济走廊征地32.72公顷。5月征地222.73公顷，其中空港新城179.42公顷，其他项目43.31公顷（包含渝北区实施城镇规划建设农用地转用和土地征收的批复等项目）。6月征地356.54公顷，其中空港新城221.62公顷，其他项目征地134.92公顷（包含渝北区实施城市规划土地征收的批复等项目）。7月实施龙兴工业园区征地27.91公顷。8月征地198.93公顷，其中龙兴工业园区169.38公顷，创新经济走廊29.55公顷。9月征地84.95公顷。10月实施龙兴工业园区征地640.44公顷。11月征地3.9845公顷（包含渝北区建设重庆市环境保护技术科研基地项目农用地转用和土地征收的批复、渝北区实施城市规划建设农用地转用和土地征收的批复等项目）。

【安置房建设和分配】 2018年，渝北区加强政策调研培训，针对房价上涨过快导致的住房安置问题、规范村社证明导致优惠购房审核难问题，深入开展调研走访并拟定处置方案。针对土地管理法将修订情况，开展区片地价调研并形成初步成果。安置房环湖雅居B区B、C组团竣工。新建安置房项目3个，总建筑面积11万平方米，其中，大湾棚户区改造项目、御景雅居安置房（二期）完成主体工程的80%，玉坪雅居3、4号楼项目完成平基土石方工程。实施配套工程5个，其中完成环湖雅居除A、B区连接道外的其他道路工程，完成阳光雅居道路配套和环境建设，建成环湖雅居公交站场，两江小学B校区进入施工阶段，环湖雅居公园进入建设方案设计阶段。组织环湖雅居B区、环湖雅居A区7、8号楼以及玉坪雅居二期、阳光雅居剩余房源等安置房分配4次，龙兴工业园、创新经济走廊分配天堡家园A组团、富兴苑、金石小区等安置房，统景镇分配原风景区安置房，全区全年共分配近7300余套房屋，安置群众1.6万人。其中，分配环湖雅居B区4800余套、安置群众近万人，抽签率、接房率均达99%。

【土地储备】 2018年，渝北区发行土地储备专项债券资金10亿元，完成空港新城花石片区70公顷土地整治性储备。实施两路组团E标准分区E88-1/01、E88-2/01、E88-4/01地块、茨竹镇原康家山煤矿用地、况某某闲置土地（原石鞋乡政府办公楼用地）等5宗约15.87公顷国有土地使用权收回工作。启动搬迁昆仑化工、春瑞医药2家企业，涉及土地约2.07公顷。完成原回兴科技产业园片区E89-3/01、E90-1/01号地块约3.77公顷土地的勘界测绘、土壤修复治理等出让前期工作。划拨土地0.73公顷。提供回兴长河4组、统景御临村储备地13.33公顷，用于建设停车场、施工方临时生活区等基础设施。加强资产管理，收回观音岩3组和空港A019号原出租储备地，拆除违章建筑4000余平方米。建立储备地监管联动机制，实现涉及全区15个镇街储备地巡查全覆盖。通过修建围网、建设储备地安全巡逻站等方式，加强机场C2地块、玉峰山镇黑石子储备地的日常管护。投入970万元，收回阳光雅居、环湖雅居2个安置房小区幼儿园房屋并移交给区教委举办公立幼儿园。

【土地整理复垦】 2018年完成土地整理项目2个、土地复垦项目13个，新增耕地指标78公顷。其中，大盛镇菊花坝村、兴隆镇龙平村2个区级土地整理项目通过市级验收，补充新增耕地面积63公顷。新增农用地规模15.53公顷，新增耕地面积15.07公顷，至此，遗留长达6年的27个2011至2012年度农村建设用地复垦项目全部通过市级验收并下发合格证，总新增农用地规模44.27公顷，新增耕地面积42.93公顷。

【党建工作】 2018年，区土储中心推进“两学一做”学习教育常态化制度化，组织学习60余次，中心组专题学习6次。坚持“三会一课”制度，召开党员大会4次、支委会12次、党小组会12次，领导上党课6堂。强化廉政建设，发送廉政提醒短信50余条，开展纪律巡查20余次，领导与党员干部谈心谈话35人次。出台并执行《会风会纪监督方案》。组织党员干部到廉政教育基地参观学习2次。大力扶贫帮困，组建扶贫小组到杉木村看望贫困户9次，投入扶贫资金12万，贫困户户均增收3000元。结对帮扶开州区大进镇年华村，拨付18万元定向扶持年华村茶叶产业，帮助村民增收脱贫。加强组织建设，按期开展支部换届。帮扶后进基层党组织，向黄阳村划拨3万元整改资料不规范等问题。开展党组织结对共建，与瓦房社区召开联席会议3次，联合组建瓦房片区征地党员小组。开展建军节座谈、迎中秋国庆知识竞赛等组织活动。加大宣传力度，开展“学习宪法监察法”“扫黑除恶专项斗争”等主题宣传，近20篇新闻稿被采用。开展政法工作，在征地、工程建设、储备地管理等领域推进扫黑除恶专项斗争，有序完成防范化解重大风险攻坚战各项任务。完成人大建议、政协提案回复办理各5件，完成率100%。因在江北机场东航站楼征地中表现出色，中心荣立集体二等功。机关支部被区直机关工委评为先进基层党组织。

（杨　彬　黄圣杰）

安全生产监督管理

【概况】 2018年，渝北区真抓实干、攻坚克难，圆满完成2018年安全生产各项目标任务，全区未发生较大及以上事故，危险化学品、消防火灾等7个行业实现“零死亡”目标。是年，全区共发生生产安全事故36起、死亡38人，同比分别下降12.2%、13.6%。

【党政同责】 2018年，区领导带队检查162次，其中区委书记13次、区长16次；区委常委会、区政府常务会专题研究10次，区领导主持召开安全生产相关专题会122次。各部门、镇街党政负责人主要负责人平均每月开展安全生产相关工作2.51次，其他负责人平均每月开展安全生产相关工作2.85次。

【隐患整治】 2018年，组织专家参与检查425人次，17条重大隐患纳入区领导挂牌督办。全年检查直管企业58家次，查出安全隐患136条。全年录入到“三清三进”系统中的新增隐患共计8530条，整改8110条，整改率95.1%。实施安全生产行政罚款1677.9万元（不含交巡警），其中事前监管处罚1310.4万元，占总罚款的78.1%；事故罚款367.5万元，占总罚款的21.9%。

【事故调查】 2018年，区安监执法大队现场查勘事故56起，立案调查涉嫌生产安全事故28起，完成事故调查报告28起，区政府批复结案28起，认定为生产安全责任事故24起。按期结案率100%，事故调查组单独设立应急处置评估组达100%，《应急处置评估报告》入卷率达100%，应急处置评估内容纳入事故调查报告达100%。召开事故调查通报会、事故分析会共计56次。处罚事故责任单位17家，处罚相关责任人35人，移送司法机关10人，行政处罚罚款632.54万元。无行政复议、诉讼败诉案件。召开警示约谈会11次，约谈企业32家次，约谈责任人76人次。

【油气长输管道监管】 2018年，开展油气长输管道检查45次，发现隐患87条，全部整改；督促7家管道企业完成油气管道高后果区识别报告，共梳理高后果区38处，其中Ⅰ级5处、Ⅱ级6处、Ⅲ级27处，共计长度67.07千米；大力推动空港新城航油管线和D325相两线迁改工作、新牌坊立交D426碳大线改线工作、渡两复线宝桐路段安全隐患整改工作。

【行政审批】 2018年，在区行政大厅集中受理办结审批事项152件，其中危险化学品经营许可42件，非药品类易制毒备案10件，烟花爆竹经营（零售）许可核发100件。面向社会公示行政处罚信用信息50条。

【打非治违】 2018年，渝北区持续深化打非治违专项行动，开展联合执法行动30余次。缴毁非法烟花爆竹935件，警告教育33人，关闭取缔绕城高速路以内烟花爆竹经营零售店19家。查处非法经营、储存成品油8起，非法运输烟花爆竹1起，没收非法经营汽油0.56吨、柴油3吨。处行政罚款6.5万元，行政拘留3人，有效震慑不法分子非法违法行为。

【危险化学品（含烟花爆竹）监管】 2018年，渝北区持续深化实名制模式，压实危险化学品监管责任。全年检查企业208家次，下达整改指令103份，责令停产整顿10家，完成加油站防渗漏改造9家，改造率为100%。查出隐患393条，整改隐患393条，整改率达100%。完成3座中航油油库、1家烟花爆竹批发公司标准化评审与监管执法一体化体检工作。举办2018年第二届“安康卫士杯”加油员安全知识竞赛，扎实开展动火和受限空间特殊作业以及涉油涉气领域专项整治，全面完成涉及“两重点一重大”危险化学品企业自动化控制系统改造。配合完成“建新化工”停产搬迁工作，配合推动“春瑞化工”和“昆仑化工”搬迁工作。

【职业卫生】 2018年，量化分级管理等级评定企业306家，其中A级85家、B级177家、C级44家。监督检查企业215家次，发现问题和隐患618条，下达责令限期整改指令书81份，立案查处12起，行政罚款40.7万。对134家小微企业发放扶持资金80余万元。

【应急救援】 完善应急预案管理，完成直管企业修订备案20家次。强化应急队伍建设，投入90万元采购应急物资装备。推进企业应急预案“三化一卡”工作，开展应急管理培训和“三化一卡”专题培训，共计450余人次参加。与中交隧道局联合承办渝北区2018年隧道坍塌事故应急救援演练。开展应急物资和应急队伍普查工作，掌握全区政府和社会应急队伍20余支。

【安全宣传】 大力推进安全宣传教育“七进”活动，联合相关单位新打造6个典型现场点，组织开展现场观摩交流、业务培训。深入开展安全生产月活动，采取文艺汇演、知识有奖竞答、设置咨询台等多种形式集中宣传，全区32个重点部门单位参加，发放居家安全手册等资料12万余份，发动7.2万余人参与全国安全知识网上竞答活动。广泛宣传《安全生产法》，发放宣传资料9万册，依托“爱上安全”APP，开展应急和安全知识网上有奖竞答活动试点。联合开展安全创作活动，开展“安全在我心中”美术书法大赛，“安全伴我行”岗位安全文艺创作比赛等。重新修订《安全生产领域举报奖励办法》，提高举报奖励标准，全年受理安全生产举报事项1177件、奖励26.191万元，其中安监局直接受理27件、奖励2.07万元。

【培训考试】 2018年，组织安监干部业务培训3期，完成执法资格培训考试77人，同时在局机关开展消防、宪法、健康教育等知识讲座，提升干部队伍综合素质。严把特种作业资格水平，实行“理论+实际操作”的考试模式，全年完成焊工、电工、高处作业等取证考试共209期，6314人参考，合格率81.4%。按计划对企业安全教育培训、特种作业持证上岗等情况开展执法检查，统筹全区开展安全培训、特种作业操作证专项治理，指导、督促企业强化对从业人员的安全培训和特种作业资格把关。

（胡　静）

房产管理

【概况】 渝北区房屋管理局(以下简称“区房管局”)系渝北区政府的工作部门,内设5个职能科室,下辖5个直属事业单位,另设局党委。2018年,空港乐园公租房小区租金收缴率达到99.8%;全区物业覆盖率达97.1%,全区物业矛盾纠纷化解率达93%;新售商品房在办理房屋产权分证前物业专项维修资金归集率达100%;局系统安全隐患整改率达100%,安全生产实现“零死亡”目标。

【住房保障】 2018年,大力推进天堡寨A组团、石船安置房一期一标段、和合家园D组团等3个安置房建设项目(共43.56万平方米、5280套),其中天堡寨A组团15.72万平方米、2171套项目完成竣工备案,石船安置房一期一标段进入室内安装阶段,和合家园D组团主体完成88%;空港佳园公租房总建筑面积191万平方米、27016套,开工144万平方米、19595套,停缓建47万平方米、7421套,开工建设的房屋完成装饰装修,配套设施建设正协调推进。投入400多万元对洛碛民生乐园2.2万平方米的外墙砖脱落问题进行整治。投入157余万元对全区的直管公房、廉租房进行安全隐患整治和更新改造163处。开展直管公房、廉租住房安全排查145次,检查出安全隐患126处,整治安全隐患126处,整改率达100%。对全区8.82万平方米、1588套的廉租房、直管公房住宅和1.2万平方米、269套直管公房非住宅进行全面清理,并完成直管公房非住宅移交区属国有公司前期工作。完成2017年度全区293个机关事业单位、10535名在职职工的住房补贴审核工作,审核资金达4269万元;完成龙山等地区68套农转非房出售审核工作、完善公有住房部分产权27套;办理房屋租赁合同备案登记169件,注销10件。

【物业管理】 2018年,成功举办渝北区首届物业发展大会。邀请行业专家就业主委员会建设与规范、物业行业发展趋势与企业拓展经营范围等热点问题进行讲解和探讨,全区街道社区工作人员、物业企业负责人、业主委员会成员500余人参加大会。开展“最美小区”等创建活动,利用三年时间持续开展创建“最美小区”和寻找“最美物业人”“最美义工”活动,为确保实效,共印制1万份宣传海报发放至每个街道及社区张贴。推动“街区制”物业管理试点工作。龙溪街道松树桥片区6.35万平方米实施街区制管理,获得业主好评;双龙湖街道启动老旧单体楼“小区化”治理试点,对龙盛街64号、龙裕街118号、双龙西路238号农转非单体楼片区等首批5个片区进行整治,完善业委会制度,聘请物业企业提供专业的物业服务,惠及1640户居民;宝圣湖街道开展街道、社区、街区三级联动,提升老旧单体楼居民安全感、幸福感,维护社会和谐稳定。开展智能小区创建工作。创建示范小区12个,3年内共创建472个智能物业小区。开展央企、市属国企“一业”移交工作。国企“一业”移交方面,移交任务数共计6637户,补齐补缴物业专项维修资金户数3277户,占总任务数的49.37%;无需整治房屋的户数为534户,占总任务数的8.05%;需整治整改已开工的户数为3825户,占总任务数的

57.63%；接收方正式实施“一业”管理的户数为1033户，占总任务数的15.56%；央企“一业”移交方面，签订协议数1884户。建立渝北区物业服务监督管理信息平台。投入68万余元，初步建立起物业服务监督管理信息平台，实现行政主管部门、街道、社区、物业企业、物业小区有效连接，并正式上线投入使用。

【城镇房屋安全监管】 截至10月底，纳入全区城镇零星C、D级危房管理的共315栋、429户，对于C级危房采取动态监测方式进行监管，对于D级危房采取解危重建或者搬离封存方式进行整治。实施解危重建127栋、154户，完成避险搬离132栋、145户。全年大排查大整治大执法工作开展执法检查796次，参加检查人员2746人次，检查发现安全隐患1060条，整改1060条；开展“企业安全主体责任落实”“白蚁防治专项检查”“汛期房屋安全检查”“火灾隐患专项检查”等专项执法检查，实施行政处罚4起，其中完成处罚2起、立案调查2起。联合相关单位对全区31个楼盘白蚁防治工作进行专项检查，检查覆盖房屋面积700余万平方米，发现问题41条，督促房地产开发企业全部整改到位。

【国有土地上房屋征收】 2018年，渝北区实施国有土地上房屋征收项目共42个，其中棚改项目21个、危改项目5个、环保项目4个、其他公益性项目9个、收购项目3个。覆盖全区13个镇街，征收房屋面积约173.74万平方米，涉及土地面积约255.55公顷，被征收户约3077户，总投资约214.07亿元。其中，年内启动项目27个，征收房屋面积约123万平方米，涉及土地面积约196.47公顷，被征收户约804户，投资约154亿元。截至10月底完成征收项目10个，征收房屋面积约23.6万平方米，完成棚改任务1036户，完成投资33亿元，有8个项目拆除完毕（11.9万平方米），交地18.6公顷。

【房产执法及中介机构监管】 2018年，开展商品房销售市场秩序专项整治，共检查销售项目40个、房地产中介机构50余家，检查共发现问题20个，约谈企业60余家，立案查处企业7家，罚款9万元，清退费用约50.841万元；轮流循环对销售项目、房地产中介机构进行暗访，发现问题10个，并责令全部整改。开展房产市场执法监督工作，牵头执法100余次，配合执法30余次，外出查勘现场130余次，约谈开发企业、物业服务企业、中介企业及个人100余次，处理各类信访案件（含电话、上门投诉）120余件，主要集中在占用物业共用部分、房屋买卖纠纷及收取茶水费问题，共发放责令整改违法行为决定书300份，立案查处12件，结案10件，处罚罚金9.9万元。加强房地产中介机构监管工作，全年办理经纪机构门店备案207家，在全市率先搭建房地产经纪监管服务平台。在主城区率先推进二手房交易资金监管，规范二手房交易市场秩序，保障交易资金安全。

【物业专项维修资金使用与管理】 2018年，归集物业专项维修资金2.12亿元，归集建筑面积297.26万平方米，户数38345户。全力追收因历史原因造成的被开发商侵占（挪用）的物业维修资金共64万元，重点追欠富都广场小区、香山花园、渝景大厦等项目。受理申请使用项目779个，支用资金3565万元，第三方审价机构审减资金1891万元，审减率达34.65%。

【队伍建设】 2018年，区房管局始终秉承“围绕中心抓党建，抓好党建促发展”的理念，抓好局系统党建工作规范化建设，为中心工作提供有力的组织保障。建立“以讲引学+以读促学+以考践学”的三学机制，系统干部职工逐渐强化不断学习、终身学习意识。在市、区各级媒体发稿50篇，其中央视网转发2条。始终把党建工作与业务工作同部署、同检查、同落实，党委会学习或研究党员发展、意识形态、群团工作等事项10余次，发展党员1名。按照推动全面从严治党向基层延伸的要求，结合“三八节”“五四节”等开展参观看守所、重温入党誓词等活动，确保每月1个廉政教育主题。教育引导干部牢固树立“四个意识”，加强对干部思想的关注，建立健全谈心谈话制度，每月与分管领导、科室（单位）负责人开展谈心谈话，全年共开展谈心谈话100余次。完善考核考评机制，建立健全干部日常考核和重点工作考核制度。严格把关，按程序选拔任用干部，坚持以《干部选拔任用工作条例》为遵循，进一步细化干部选拔任用操作流程，完善配套制度。推进干部轮岗交流，稳妥实施干部选拔任用工作。3月，对局机关、下属事业单位的人员现状、岗位设置、岗位需求等情况进行深入调研，科学设置局系统岗位215个，并开展人员与岗位双向选择，做到人尽其才，轮岗交流干部3名。9月，按程序推荐提拔副处级干部1名。

（陈　瑶）

不动产登记

【概况】 重庆市渝北区不动产登记中心（以下简称“区不动产登记中心”），职责是为不动产权利人提供登记发证服务。区不动产登记中心编制数55人，在编职工54人，聘用人员65人，农房登记窗口13人。设有综合科、受理审查科、登记复核科、缮发证件科、档案管理科、信息管理科、市场监管科、法制事务科、财务科等9个科室。2018年，区不动产登记中心共受理各类登记约22万余件，登记费等各项收费收入6590万元，为渝北区经济社会发展做出积极贡献。

【登记服务】 9月，渝北区税务局纳税中心进驻区不动产登记中心办件大厅，改变过去交易登记、办税不在一起、两头跑路的情况，群众“只进一个窗口、只交一套资料”即可完成二手房过户等业务办理，受理时间缩减到20分钟左右，服务效率大幅提高。升级“咨询区”为“咨询帮办区”，提供自助打印、咨询、帮办等服务；主动推出服务实体经济绿色通道、园区联系机制等“五条举措”；开展“二手房转让+抵押”等20余种并案业务办理；优化农村农房档案查询，申请人可直接向各镇街农房登记窗口申请查询，群众不需到中心大厅查询；全面清理并取消部分农房产权办理中的证明材料；优化经济适用房协税流程；开展延时服务，坚持缩短登记时限；坚持对特殊群体开通绿色通道和实行上门服务，全年上门服务500余次；严格落实首接首问责任制和一次性告知制度，执行《服务规范》和“五主动，五严禁”服务清单。运用“不动产登记+互联网”技术，便民服务更高效。在全市率先推出寄递送达服务，“送证上门”2800余人次；全年自动推送可领证短信等便民信息近9万条；通过智能排号系统实现简单业务快速办理，全年取号叫号超过8.2万个；微信公众号提供多种服务，掌上办事更方便；完成网上申报/效验系统；实现涉税信息共享；实现自助合同打印和邮寄系统集成；设立“电子税务网上申报区”，实现涉税类登记“不再复印、查询任何资料”和二手房买卖登记“零”填写、录入资料。登记质量大幅提升，完成重点登记类别的操作手册（一期），严格落实业务制度，加大业务登记案件的质检力度。

【农村区域不动产登记】 2018年，区不动产登记中心协同区国土分局、市勘测院启动存量农房数据清理工作，初步清理存量农房数据12万条。各镇街农房受理窗口人员由不动产登记中心统一管理，加强农房登记窗口的日常管理和巡查，制作办件指南和流程图，完成农房登记工作调研。制定农房不动产登记就近办理工作方案，在各镇街公共服务中心设置农房受理窗口，启动村级代办试点工作。

【房地产市场监管】 2018年，渝北区贯彻落实房地产市场调控政策，持续落实三无人员购房房产税和购房限售政策，严格落实解除网签和认购名单变更有关规定，防止炒房。统筹供应力度，增加有效供给。加强房地产市场监测分析。全面推行“互联网+商品房市场交易”及新网签系统。开展市场秩序专项整治工作。

【遗留问题办证】 2018年，渝北区全面清理区内已竣工未办证、信访矛盾突出的开发项目。积极解决学校、医卫等国有房产未办证的遗留问题，登记办证面积约23万平方米。积极协助国有土地上房屋征收工作，做好征收项目的无证房认定工作，协调处理相关权属纠纷。

【档案管理】 2018年，区不动产登记中心强化档案查询管理，创新档案查询方式，重点发展自主查询和联网查询，在全市率先推出产权调查证明自助查询，全面启用网上协查试点工作。规范档案查询秩序，采取自动批量与人工核实、面向群众与远程申报相结合方式进行查询，全年共计70余万人次查阅档案。规范档案管理，完成211万卷档案的清理工作，完成2011年至2017年产权档案移交工作。

（付永利）

质量技术监督

【概况】 2018年，渝北区质量技术监督工作深入贯彻落实党的十九大精神，坚持以习近平新时代中国特色社会主义思想为指引，认真落实习近平总书记对重庆提出的“两点”定位、“两地”“两高”目标和“四个扎实”的要求，紧紧围绕区委、区政府和市重点工作，各项工作有力推进，取得良好成效。

【营商环境】 2018年，渝北区加快推进“互联网+政务服务”工作，编制公共服务行政权力事项1项。梳理行政权力事项128项，其中行政审批7项、行政处罚94项、行政强制10项、行政确认2项、行政裁决2项、行政奖励2项、行政检查3项和其他行政权力8项，让权力有章可循、有法可依。大力推进行政许可标准化建设，对网审平台进行升级更新，按照“四办”和“不见面审批”以及“延时服务”的要求，除食品相关产品许可外，其余所有承诺件实现现场办结。全年办理各种行政审批件3246台（件），无一差错，窗口连续九个月获评“优质服务窗口”。

【事中事后监管】 2018年，渝北区深入推进“双随机一公开”工作，对食品相关产品、电线、通用汽油机、汽车内饰、高低压成套设备等5类产品、45家企业开展双随机摇号抽查活动，共抽取样品35组。开展对电线、电缆等产品的国家监督抽查活动，共抽查企业20家。对食品相关产品生产企业开展飞行监督检查。对监督抽查不合格的7家企业按要求进行了后处理。定期到机动车安检机构进行监督检查。指导24家企业、50项企业产品标准进行自我声明公开,并监督企业对45项不符合要求的标准及时整改。对8家企业11类产品的执行标准开展了对标达标提升行动。加强对重点民生计量器具监管,强制检定集贸市场电子秤1785台(件)、出租车计价器583件、加油(气)枪371把;开展民用"三表"轮换制度落实情况调查;对乡村集贸场点计量器具首次进行了摸底调查和强制检定;开展新闻媒体机构法定计量单位使用情况专项监督检查;开展计量行政许可监督检查;开展三亚湾水产品市场、两路菜市场计量专项整治。

【服务企业发展】 2018年,渝北区质监局大力开展"兴调研转作风促落实"行动,通过实地走访、发放调查问卷、邀请专家现场指导等形式,共调研企业48家,收集意见建议150余条,为企业解决实际困难25个,向市局反馈意见建议4个。为企业免费开展质监法律法规、卓越绩效管理、特种设备安全监察和标准化知识等培训6场次,受众达3000余人。组织企业到质量管理标杆单位开展互帮互学活动。召开QC小组成果发布会,表彰奖励优秀成果并汇编成册发放企业。帮扶金山科技申报获批国家高新技术标准化试点项目;指导长安新能源等7家企业新参与27项国家标准、行业标准制修订和1项重庆市地方标准制定;指导10家企业建立完善13个产品质量标准体系;指导华兴印盒生态观光农业标准化试点市级项目建设并以"优秀"结果通过项目验收;指导"梨橙种植技术规程""歪嘴李种植技术规程"等2项团体标准制定;指导隆生农业等3家企业制定4项农资产品企业标准;会同区民政局对3家养老服务标准化示范创建单位开展中期评估;配合区商务局指导1家企业开展农产品冷链流通标准化试点工作。深入20户中小企业调研计量需求,推动"计量精准服务企业行"活动顺利实施;持续开展好基层医疗计量强制检定工作,免费检定医用计量器具682台(件);指导12家检验检测机构开展评审工作。

【聚集质量发展】 2018年,深入学习贯彻中共中央、国务院《关于开展质量提升行动的指导意见》、市委市政府《关于开展质量提升行动加快建设质量强市的实施意见》和市政府《关于加强质量认证体系建设促进全面质量管理的实施意见》等文件精神,召开部门联席会,相应草拟了渝北区配套实施意见,并根据市委、市政府的要求将成立相应的领导小组,推动相关工作有序开展。强化因企施策提升质量,成立质量提升领导小组,制定年度质量提升工作方案。扎实开展"双零"行动,组织对汽车及零部件、内燃机、智能制造等行业的企业开展质量管理调查活动,收到调查问卷60余份,根据企业在质量提升中的需求,出台帮扶企业质量提升工作方案,引导和帮助企业解决生产经营中出现的困难和问题。强化发展质量指标测评,与中国认证中心联合完成渝北区城市发展质量指标测评工作并出台报告,探索建立符合渝北区区情的质量发展水平的长效评价机制,找出城市发展质量的优势和短板,为政府决策提供有力支撑。强化名牌战略,对获得2017年度重庆市长质量奖、参与国家和行业标准制修订的企业进行通报表彰,并发放奖励资金90万元;加强对重庆名牌产品企业的监督管理,着力维护重庆名牌产品信誉;帮助指导企业申报重庆名牌产品32个;在全区企业广泛推进卓越绩效管理模式,促使企业持续改善发展质量,不断追求卓越,指导5家企业开展区长质量管理奖申报。

食品药品监督管理

【概况】 2018年，渝北区食品药品安全工作树牢“四个意识”，遵循“四个最严”，推动落实企业主体责任和属地管理责任，聚焦风险隐患，创新监管方式，深入排查整治，严格依法行政，全区食品药品安全形势总体平稳，未发生较大及以上食品安全事件和药品安全事故。

【食品药品监管】 2018年，渝北区食药监分局抓好抽检监测，全年开展“三品一械”监督抽检1115批次、食品快检1627批次，不合格5批次，发现异常13批次，并对抽检不合格的产品均进行了后续处理。同时，共上报药品不良反应报告752例，医疗器械不良事件报告170例，药物滥用报告640例，化妆品不良反应监测报告110例。抓实风险防控，为有效防范和坚决遏制重特大食品药品安全事故发生，制定《机构改革期间渝北区食品药品安全风险隐患大排查大整治大执法大督查工作方案》和《进一步做好渝北区食品药品安全稳定风险隐患大排查大整治大执法大督查工作实施方案》。全年按照268项“三品一械”风险隐患排查重点逐店逐户深入摸排食品药品生产经营单位16475家，排查出风险隐患913处，整改875家，形成风险隐患研判结论69份，约谈8家，停产停业48家，行政处罚结案31件，罚没金额24.80万元。同时，为有效防控风险隐患，突出重点管控，在全覆盖监督的基础上，制定食品药品生产经营各环节飞行检查方案和“双随机一公开”实施方案，建立“两库一单”，全年对184家食品药品企业开展“双随机”抽查，下发整改通知书5份，现场责令整改5家。抓牢食品药品监管，先后集中开展食品“两超一非”、食品、保健食品欺诈和虚假宣传、火锅类餐饮业“地沟油”、网络食品等专项整治20余个，对全区涉及会议营销食品、保健食品的单位和出租单位、食用油生产和涉及食用油的使用单位、“美团外卖”和“饿了么”等平台的地区负责人分别开展集体约谈，专门召开全区食品生产企业、白酒小作坊专题工作会，在火锅类餐饮企业免费张贴承诺书和告知书各1000余份，检查食品药品生产经营企业2万余家次，景区食品药品企业1000余家次，网络经营食品企业4000余家次，药械企业798家，督促整改问题300余个，发现未备注“网络经营”餐饮单位500余家，未在网页上公示证照的2119家。加大依法打击力度，进一步深化行刑衔接，全年共立案250件，拟罚没款424.6万元，其中60%以上来源于日常监管，10%来源于投诉举报。

【全面深化改革】 2018年，渝北区食品药品安全工作围绕“放管服”，深入推进简政放权，进一步精简审批事项，优化审批流程，压缩审批时限，提高审批效率。全年共发放食品经营许可证8448件（新办7493件，变更955件）、注销871件，药品经营许可新办发证106件、换证10件、变更194件、注销41件、补办4件，医疗器械经营许可新办发证55件、换证4件、变更31件、注销7件、补办2件。食品小作坊、食品摊贩、家宴承办者备案登记285家，建立指导服务机制，主动介入指导服务食品工业城等重点建设项目，助推食品药品产业发展。深抓食品药品安全放心工程，深入开展“放心肉菜示范超市”等创建，创建示范镇街4个、示范街3条、示范学校34个、示范企业8个和示范店（户）105个，拟创建示范肉菜超市1家。同时开展餐饮业质量安全水平提升行动，在全区大中型餐饮企业、学校食堂、旅游景点餐饮企业等1030家推行“明厨亮灶”工程建设，将“后厨”引到堂前，引导消费者参与监督。全年受理食品药品投诉举报1311件，办结1116件，无超期办理等情况，办理率、群众满意率均100%。

【社会共治】 2018年，渝北区推动民生实事落实，牵头开展渝北区保障和改善民生行动计划（2018—2020年）“食有所安”专项行动，牵头制定“食有所安”专项行动方案，并明确了2018—2020年的工作目标以及实施“农产品绿色行动、食品生产质量保障工程、餐饮业质量提升工程、食品流通规范化建设工程、食品智慧监管工程”五大工程和推进“放管服”一项改革的重点任务。全年完成全区22个镇街基层食品安全监管机构规范化建设，按照常住人口每千人4份的标准开展监督抽检，并全面实施食品药品安全放心工程，在学校食堂、托幼机构食堂、火锅类餐饮企业全覆盖推进“明厨亮灶”工程建设。落实企业主体责任，继续实施“黑名单”制度，共公开“红名单”11家、“黑名单”2家，及时曝光严重违法违规企业，加强社会惩戒，倒逼企业落实主体责任。积极落实食品药品安全举报奖励办法，共兑现举报投诉奖14件、23060元，推动食品药品安全社会共治。积极开展食品安全责任保险进学校、进企业试点工作，全区289家公办学校、餐饮企业共投入资金37.76万元，购买食品安全责任保险。强化宣传教育，为提高全区人民群众食品药品安全意识，营造食品药品安全共治共享氛围，渝北区围绕创建国家食品安全示范城市，以网站、官方微博等媒介，“六进”等宣传方式，广泛开展食品药品安全知识宣传，2018年共开展全国食品安全宣传周、全国安全用药月、“3·15”等大型宣传8次，发放宣传资料20万余册。同时培训食品药品从业人员2万余人次。

物价管理

【概况】 2018年，渝北区价格工作认真贯彻区委、区政府全面建设“国家临空经济示范区”经济中心工作和国家发展改革委、市物价局“抓改革、转职能、惠民生、促稳定”工作部署，以科学发展观为统揽，以民生价格为导向，以稳定物价为首要任务，强化价格监管、提升价格服务，确保价格总水平基本稳定，为全区经济社会更好更快发展做出应有贡献。

【宏观调控】 2018年，渝北区认真贯彻落实国务院、市政府关于加强价格调控监管、保持价格总水平基本稳定的工作部署，紧紧围绕价格控制目标实施专项价格调查活动。重点开展渝北区生猪进销价格调查、民办幼儿园收费情况调查、渝北区景区门票价格调查等专项价格调查活动，为上级价格宏观决策、规范经营者价格行为、改善价费环境提供基础调查资料。推进全区农业用水价格综合改革，制定并出台《重庆市渝北区农业用水价格管理办法》。推进全区城镇居民生活用气价格改革,城镇居民用天然气销售价格在现行各价区价格水平基础上上调每立方米0.26元执行。其中,一价区玉峰山镇、木耳镇、茨竹镇、大湾镇、大盛镇、凯源北新公司供气的王家及沙坪部分居民生活用气由1.78元/立方米整到2.04元/立方米。二价区统景镇、古路镇、兴隆镇居民生活用气由1.83元/立方米调整到2.09元/立方米。伟盛燃气供石船河水、石壁、天坪、关心等村价格执行二价区价格。三价区洛碛镇居民生活用气由1.88元调整到2.14元/立方米。石船镇和龙兴镇(两江新区规划范围的)不再执行城镇居民用气价格,执行城市居民用气价格政策。开展转供电不合理加价清理规范工作,完成国家提出的一般工商业电价平均降低10%的目标要求。

【收费管理】 2018年,渝北区结合市政府公布的行政事业性收费项目,开展全区行政事业性收费报告和清理规范工作。全区应报告的收费单位123个,实际报告的收费单位123个,年度报告率100%;按照市物价局有关物业服务收费、教育收费管理权限,对辖区内小区物业服务、停车场、民办教育的收费标准进行备案管理,规范收费行为。备案小区物业服务收费10个、停车场收费60个、民办教育收费42个。

【物价检查】 2018年,渝北区针对群众反映强烈的价格热点、难点问题,分时段开展烟酒价格、幼儿园收费、殡葬服务业收费、房地产价格秩序、涉农收费、涉企收费、转供电环节收费等专项检查,并加大执法力度,对查处的违法违规问题严格依法进行处理。保持12358价格举报电话24小时畅通,对每一件咨询、举报、投诉都在第一时间调查处理,做到件件有落实、事事有回音。认真研判每个物价举报和投诉事项,协调双方合理解决问题和矛盾,并做好政策解释工作,做到办结率100%。全年共收取群众价格投诉咨询618件,按来源分为"12358价格咨询举报系统"办理413件、政府信箱(含群众平台)转办158件、来电36件、来访11件;按性质分为投诉举报523件、咨询95件。投诉举报比较多的领域为停车收费104件,主要问题为小区停车库月租上涨,无证停车场收费过高,占道停车不按规定标准收费等;物业收费60件,主要问题为物业费质价不符,强制收取除渣费,空置房按全价收费等;商品零售53件,主要问题为卖价和标价不符,不标价随意出售等。根据"一房一价、一次性公开房源、一价清制度"的要求,针对房地产市场从火热到趋于平稳的走势,进一步加强全区商品房明码标价监管工作,定期不定期对新开盘的鲁能泰山7号等40余个楼盘进行现场检查,现场到位率100%,督促开发企业切实做到商品房明码标价。

【价格认定】 2018年,渝北区价格认证中心全年共完成各类价格认定649件,标的金额1278.91万元。其中涉案物品价格认定638件,标的金额1119.92万元;其他价格认定11件,标的金额158.99万元。所有价格认定均按规定时间和程序办结,无投诉或申请复核案件。

(邓　娅)

公共资源综合交易管理

【概况】 2018年，渝北区公共资源交易中心深入贯彻落实党的十九大精神和习近平总书记视察重庆重要讲话精神，紧紧围绕“两点”定位、“两地”“两高”目标和“四个扎实”要求，着力提升公共资源交易服务质量和效率，持续推进建立“阳光、诚信、规范、高效”的公共资源交易平台。

【工程建设项目】 2018年，全区进入区公共资源交易中心的政府投资类工程建设项目合同共287个，交易金额25.97亿元，节约资金2.08亿元。其中施工类项目200个，交易金额22.30亿元；其他类（含勘察、设计、监理、与工程相关的设备材料采购等项目）87个，交易金额3.67亿元。进场交易的287个工程建设项目中，公开招标286个，邀请招标1个，公开招标率99.7%。在工程建设方面，严格执行场内规定和禁令，做好对招标人、招标代理机构、评标专家等入场主体的管理，针对工程投资1亿元以上的项目，提醒行政监督部门严格审查营业执照和资质证书原件，禁止与投标无关的、未取得授权委托书的人员进入交易现场，提醒招标代理机构严格按照规定程序开展开评标活动，提醒行政监督部门在评标环节督促评标专家签订廉政承诺书。

【限额以下项目】 自2017年3月1日起启动招标限额以下项目随机抽取工作，渝北区公共资源交易中心严格按照既定原则提供随机抽取服务，建立详细工作台账，安排专人办理入场和抽取。2018年限额以下抽取项目367个，总金额4.4亿元。其中，施工333个、金额4.2亿元，服务类（勘察、设计、监理）34个、金额1543.63万元。弃选项目共33个，弃选率为8%，比上年下降11%。

【政府采购与产权交易】 2018年，渝北区公共资源交易中心共组织实施集中采购项目494批次，其中公开招标195批次、竞争性谈判149批次、询价采购72批次、单一来源采购59批次、邀请招标采购1批次、电子协议供货采购1批次、竞争性磋商采购17批次。政府采购预算资金297.3亿元，实际采购资金288.3亿元，节约资金9亿元，节约率3.02%，节约率同比下降7.98个百分点。（其中：棚户区改造项目预算资金286亿元，采购资金278.4亿元，节约资金7.6亿元。除去棚改，政府采购预算资金11.3亿元，实际采购资金10亿元，节约资金1.3亿元，节约率12%，节约率同比上升1%）。产权交易情况方面，公开招租22宗26批次，交易面积30988.73平方米，保底金额701.6万元，成交金额805.5万元，增溢额103.9万元；协议招租1宗，保底额95.4万元，成交额106万元，增溢额10.6万元。按照政府采购内控管理制度严格执行政府采购各环节程序，严格执行财政部门审批的采购方式，认真编制采购文件，严格进行资格审查，组织好政府采购的开评标及结果公示。根据业务特点对经办人员进行政策培训和业务流程培训，杜绝经办人员私底下与政府采购供货商接触，促进政府采购和产权交易向良性交易和健康交易发展。

【信息化建设】 2018年，按照重庆市电子招投标系统区县推广方案，加快建立全区全流程电子招投标系统。完成水土云计算至交易中心机房的专线连接、局域网搭建和开标所必须的电脑软硬件、投影仪及幕布和音响系统、自主一体解密机、远程评标视频终端、录像文件存储服务器和查询一体机等相关设备的购置配备，开展保证金账户和虚拟账号配置与银行的对接以及交易流程系统和监督系统的调研测试，并牵头向区级各部门、镇街、国有开发公司及相关投标企业做好电子招投标系统的推广宣传，渝北区电子招投标平台初步搭建完毕。

【党建工作】 提高政治站位，及时传达学习贯彻中央、市、区各级会议精神。持续推进“两学一做”学习教育常态化制度化。制定学习计划，组织党员领导干部和全体干部职工原原本本、全面系统学，确保学习效果。严肃组织生活，做好党务日常管理工作。按要求开展组织生活会、民主生活会和民主评议党员工作，认真抓好征求意见、批评与自我批评、整改落实等环节；严格落实“三会一课”制度和党务公开制度，做好党员发展工作，区公共资源交易中心党支部发展入党积极分子2名，发展预备党员1名。紧密联系实际，推进“党群共建”工作。与仙桃街道兰馨社区开展结对共建，开展“我们的节日——七夕”及“浓情中秋，欢乐国庆”等活动；参加双凤桥街道的现场办公会，并筹集3万元支持宏锦路社区环境建设。联系帮扶大湾镇高兴村困难群众7户17人，制定具体帮扶计划、建立帮扶工作台账，并形成长效机制，落实干部一对一帮扶，通过物质帮助、教育指导、项目支持、就业协助、生活关心、思想解惑等多种形式对帮扶对象给予帮助。积极开展扫黑除恶专项斗争，召开党组会专题研究部署工作，利用宣传标语、横幅、宣传海报、微信群等深入广泛宣传，印制扫黑除恶专项斗争宣传册、海报10500份，向社区居民、服务对象等宣传扫黑除恶知识并分发宣传册共8000余份，营造良好的社会治安氛围。

（颜会香）

城建　环保

概　述

2018年，渝北区以习近平新时代中国特色社会主义思想为指导，全面学习贯彻落实党的十九大精神，坚决做到"两个维护"，树牢"四个意识"，坚定"四个自信"，扎实开展各项工作，推动城乡建设各项工作取得新突破、迈上新台阶，为全区经济社会的发展发挥了骨干支撑和基础保障作用。全年实施城市基础设施项目187个，完成投资约67亿元，新增道路长度20千米，建成区道路里程累积达到738千米，全区的城市基础设施投资额度、建设项目数及建成道路里程均位居全市前列。轨道4号线一期、环线建成试运营，9号线二期正式开工建设，9号线一期、6号线支线二期均有序推进。全年实现建筑业产值504.36亿元，完成房地产开发投资463.71亿元。全年完成城市棚户区改造21.29万平方米、拆迁安置1036户。2018年，全年计划投入资金约11亿元，建设农村人居环境整治示范片13个、示范点13个，实施中心场镇提档升级项目8个(续建5个、开展前期工作3个)，综合整治撤并场镇项目9个，建设市级特色小镇项目1个，创建美丽庭院1000户，创建13个绿色示范村庄，完成3200盏农村公共照明路灯安装，新建居民新村4个，完成农村危房整治4892户，农民生产生活条件不断改善，乡村面貌持续提升。

(刘　琦)

城乡规划

【**概况**】 2018年，渝北区规划工作围绕"两点"定位、"两地""两高"目标和"四个扎实"要求，紧扣城市提升、乡村振兴两大基本面，高标准开展渝北区2035年国土空间规划大纲编制并有序实施木耳、多宝湖、五重、麻柳沱、石坪、洛碛港等片区国土空间拓展，成功推动农业园区、西南汽贸城、前沿科技城和空港新城(两路S分区)规划修编(修改)获批，高质量完成两江国际商务中心等4

个重点片区城市设计，高效率助推欧珀（重庆）智能生态科技园、深科技、巴渝乡愁等全区重点招商引资项目建设，为国家临空经济示范区建设提供持续有力的规划支撑保障。渝北区规划分局被市人社局评为重庆江北国际机场东航站区及第三跑道建设集体三等功。

【规划编制】 配合完成重庆新总规编制、空间规划编制体系和规划实施体系3个专项调研，开展渝北区2035年规划大纲以及相关专题研究，细化2035年和2050年渝北城市定位、城乡规模布局以及重大基础设施支撑体系等内容。完成全区产业用地拓展研究，结合“多规合一”以及重庆城乡总规备选用地初步划定5片（五重、多宝湖、麻柳沱、石坪、洛碛）约75平方千米城市空间扩展用地。开展“北碚—蔡家—悦来—中央公园—江北机场”都市快轨线东西向线网研究，推动主城北部片区整体发展。按照临空经济示范区“一核五区”空间布局，深化《重庆临空经济示范区总体规划》编制以及上报审批工作。按照城市提升要求，完成人和组团B、N标准分区（创新经济走廊片区）控规修编方案并获市政府批准，上报唐家沱组团N、C分区（前沿科技城片区）控规修编方案，加快西南国际汽贸城等重点项目落地；两路S片区控规修编工作推进顺利，按照控规一般性内容技术修改程序完成公示工作，并开展入库，为加快空港新城开发建设提供了规划依据。围绕“两升两降”等城市提升要求，将中央公园片区、机场路和机专线沿线和江北机场周边作为空间形态管控，两江国际商务中心城市设计和商业综合体方案审查工作推进顺利；结合城市设计相关要求，同步开展新城、龙湖、合景泰富的商业综合体方案审查，按照控规一般技术性内容完成丰大国际项目（区招商引资项目）控规调整，并按照城市设计给定容积率对接丰大公司；同时高标准开展西南国际汽贸城城市设计，完成航空小镇和江北机场D6工作区城市设计。分级分类优化创新经济走廊建成区、两路回兴和“三龙”片区公共服务设施功能布局，跟踪落实冉家坝片区环境整治及景观大道方案深化，保障规划测绘创新基地顺利入驻。深化完善渝北区城市功能疏解方案，配合做好建成区边角地等零星用地的清理利用，完成全区11个社区体育公园规划手续办理，统筹推进全区48个公共停车场库规划建设并将部分项目纳入《主城区停车场专项规划修编》上报市政府。完成《两路老城区交通改善规划》，开展观音岩片区城市更新研究和龙塔乡镇企业园片区等棚户区改造规划调整研究，配合推进两路老城区、渝湖路和双北街“城市双修”规划，加快实现片区交通、公共空间和建筑风貌整体优化。

【规划管理】 全面落实规划“放管服”改革和民营企业服务要求，重点协调推进欧珀（重庆）智能生态科技园、深科技等重点招商引资项目规划调整和方案审查，促进项目落地建设。实行控规与城市设计“双控”，完成两江国际商务中心、西南国际汽贸城、航空小镇和江北机场D6工作区城市设计，实行“三个同步”高效推动两江国际商务中心商业综合体方案审查。常态化开展拟出让地块规划设计条件研究，核发建设用地规划条件函55件，用地面积约207.2万平方米。有序推进11个社区体育公园边角地规划手续办理，统筹推进全区48个公共停车场库规划建设并将部分项目纳入《主城区停车场专项规划修编》，完成两路老城区交通改善规划，加快推进龙塔、龙溪、观音岩、双北街和渝湖路等建成区棚改和城市修补。全年召开区专委会4次，审议两江国际商务中心等重点项目29个；核发建筑工程项目选址意见书40件，建设用地面积约200.3万平方米；用地规划许可证144件，用地面积约421.6万平方米；方案审查意见函89件，建筑面积约698.8万平方米；建设工程规划许可证217件，建筑面积约644.6万平方米；规划竣工核实114件，建筑面积约554.1万平方米；市政工程选址意见书136个，建设用地规划许可证36个，方案审查意见函93个，建设工程规划许可证56个，竣工规划核实确认16个。

【规划执法】 2018年，加强在建项目批后管理，加大违法建筑整治力度，向各镇街提供空白《关于限期拆除违法建筑决定书》6498份和《责令停止违法建设通知书》3700份，对镇街报送的845处存量违法建筑、416处新增违法建筑提请区政府作出强制拆除和消除决定，并制作强拆决定书和强消文书。全区共整治存量违法建筑40.3万平方米，圆满完成2018年度拆违任务。

（石　龙）

城市建设

【概况】 2018年，渝北区以实施国际临空大都市建设为统揽的城市提升行动计划为主线，切实加强城市基础设施建设，加快城市路网建设、完善人行交通体系、加快公共停车场建设、助推轨道项目建设，全年实施城市基础设施建设项目187项，其中区级基础设施建设项目176项。全年开展重点基础设施及民生项目策划101个。房地产开发和建筑两大行业发展速度和质量继续保持全市前列，为区域经济社会发展做出了积极贡献。

【重点项目建设】 2018年，全年实施城市基础设施项目187个，计划完成投资约67亿元，新增道路长度20千米，建成区道路里程累积达到738千米。金山大道北延段、秋成大道三期、机南线东延伸段一期及二期、空港新城F分区基础设施项目（一期）等一批项目建成通车。新牌坊立交加速建设、回兴立交基本完工。全力推动33条断头路建设，横五路（一期）等5个项目完工，学成路（二期）等12个项目推进顺利。全民健身中心一期及二期等5条步道全面完工，黄桷坪人行天桥已完工，宝圣大道地通道、市一中、双凤桥枢纽站天桥基本完工。全力服务保障甘悦大道、椿萱大道等市级在区重点项目建设。

【重点项目策划】 2018年，全年开展重点基础设施及民生项目策划共101个。其中，开展人行过街设施项目15个、公共停车场项目12个、道路交通类项目前期工作23个，新南路卜蜂莲花人行地通道、仙桃数据谷北立交等11个项目完成前期工作并移交，桃源大道桃源印象人行天桥、花园小学操场停车场等21个项目完成初步设计。同时，推进全区48个停车场建设，完工12个（含临时停车场），新增车位2680个。有序开展24个教育系统项目、8个卫生系统项目、10个民政系统项目前期工作，其中石船中心卫生院业务用房改造项目、锦华学校新建工程等6个项目完成前期工作并移交，两路G28-3/02地块新建幼儿园项目、两江小学食堂扩建工程等18个项目完成方案设计。跟进渝北区"十三五"综合管廊建设专项规划、渝北区"十三五"海绵城市建设规划2项规划研究，开展渝北区自行车系统研究、渝北区回兴及龙山等片区交通研究、两路老城区交通改善规划深化研究、渝北区两路老城区"城市双修"规划等6个规划研究项目，同步统筹渝北区2018年市政消火栓建设。

【房地产开发】 2018年，全年房地产开发完成投资463.71亿元，新开商品房面积581.82万平方米，竣工商品房面积464.69万平方米，商品房销售建筑面积476.62万平方米。

【建筑管理】 2018年，全年实现建筑业产值504.36亿元，全年新办资质31家，新增一级专业承包企业2家，重点培育重庆万泰建设(集团)有限公司申请建筑工程总承包特级资质。年底建筑业企业总数达到605家，其中一级企业65家(总承包33家)、二级企业222家(总承包56家)、三级企业190家(总承包103家)、专业承包不分等级企业128家。全年进行建筑节能专项审查项目56个，总建筑面积187万平方米，其中取得绿色建筑设计标识项目39个，建筑面积175万平方米，新建绿色建筑占比超过90%；通过建筑能效测评建筑397栋，建筑面积357万平方米，其中绿色建筑218栋，建筑面积177万平方米。全年质量累计监督项目302个，其中房建265个，面积约1590.23万平方米，市政项目、装饰装修项目37个，造价约28.36亿元；竣工项目133个，其中房建项目竣工116个，面积约518.83万平方米，市政项目、装饰装修项目17个，造价约3.73亿元；验收合格率保持100%。安全累计监督项目284个，建筑面积1825万平方米，竣工工程107个，竣工面积613万平方米，监督覆盖率、工程施工验收合格率、竣工验收备案率均达到100%。全年创建、巩固扬尘示范工地20个、市级文明工地10个。全年未发生一起较大及以上建筑安全生产事故，直接监管项目事故起数及死亡人数较去年均同比下降35%。

【建筑综合执法】 2018年，全年立案查处违法违规建设案件197件，罚款2398.26万元，办结率100%；接建设相关投诉303件(装饰装修限额投诉142件，其他投诉161件)，处理率100%。全年参与“蓝天行动”联合执法100余次。

【建筑行业培训】 2018年共实施各类建设岗位培训16010人次，其中，一线建筑工人技能考核鉴定1191人次、专业人员培训618人次、“平安卡”安全教育培训4956人次、专业人员继续教育4869人次、专项培训4376人次。开展施工现场从业人员证书备案，共办理证书信息化备案项目238件。其中，新报建项目119件1320人次，变更项目69件123人次，竣工解除项目50件536人次，规范从业人员上岗管理。开展两期农村建筑工匠培训，核发合格证书397人次，加强农村技术人才队伍建设力度。组织举办渝北区建设行业职业技能大赛，遴选组织优秀选手参加重庆市“巴渝工匠”杯职业技能大赛总决赛，渝北区斩获团体二等奖，重庆丰功建筑选手朱遵光获得镶贴工一等奖。牵头建设工程标准化产业化示范基地，创建杨德兵架子工市级技能大师工作室，促进行业技能鉴定和高技能人才培养工作。

(刘　琦)

街镇建设

【概况】 全年计划投入资金约11亿元，建设农村人居环境整治示范片13个、示范点13个；实施中心场镇提档升级项目8个(续建5个、开展前期工作3个)，综合整治撤并场镇项目9个，建设市级特色小镇项目1个；完成场镇雨污分流管网18.08千米；创建美丽庭院1000户；创建13个绿色示范村庄；完成3200盏农村公共照明路灯安装。新建居民新村4个，完成农村危房整治4892户。

【场镇建设】 投入资金约4.8亿元，实施了5个中心场镇的提档升级项目，开展3个中心场镇项目的前期工作；完成石船青杠、茨竹华蓥、统景龙安等9个撤并场镇的综合整治。

【改善农村人居环境】 2018年，全年投入建设资金约5.7亿元，建设农村人居环境整治示范片13个、示范点13个，实施旧房整治提升8348户，完成1000户美丽庭院与13个绿色示范村庄的创建。农村配套设施日趋完善，安装公共照明路灯约3000盏。

【市级建设项目】 统景镇滨河街区建设项目全年投资5540万元，完成草统路隧道口至入口鲜花大道建设、特色小（城）镇整体标识系统的制作安装工作、青龙湾公园文化长廊的建设工作、青龙湾片区建筑立面整治及坡屋顶改造、建成景御路（南北向）、景同路等6条道路、生态停车场和农贸市场的施工建设。

【居民新村建设】 2018年，全年投入资金2848万元（基础设施配套资金848万元，农户补助2000万元），实施大湾镇太和村、洛碛镇大天池村、木耳镇白房村及金刚村等4个居民新村建设。

【农村危旧房改造】 2018年，全年投入资金2.35亿元，全力推进农村危房整治工作，通过拆除重建、维修加固、投亲靠友、住敬老院等方式，完成农村危房整治4892户。

（刘　琦）

公用事业建设

水建设

【概况】 2018年，市、区两级持续加大渝北区供排水基础建设，城区供排水能力持续提升，老旧居民小区庭院管网改造有序推进，有力保障和改善了城市发展环境。

【供水基础建设】 2018年，渝北区城市管理局协调重庆中法供水有限公司实施Q分区连接道新建DN800mm给水配水管道工程，长约450米；实施南方·玫瑰城旁新建DN400/300mm给水管道工程，长1420米。增加输配水能力，打通供水瓶颈，保障供水需求。

【供水保障工作】 根据重点民生实事目标任务要求，区城市管理局协调中法供水公司、城区有关街道，强力推进老旧居民小区庭院管网改造，2018年完成老旧居民小区庭院管网改造4639户，超额完成年度目标任务，进一步改善供水水质。

【排水基础建设】 2018年，完成城南一期污水处理厂一级A标改造，完成肖家河三期扩建主体工程和设备安装调试运行，启动石坪污水处理厂改造工作。渝北区每日污水处理能力达到20万吨，生活污水收集处理率达到96.01%。

【排水设施维护】 2018年，全面推进渝北城区雨污分流治理工程，完成6个片区的施工图设计工作。全年渝北区共新建雨水管网4千米、污水管网9千米，改造雨水管网500米，污水管网2743米，更换井盖2295个、雨篦子2789个，确保城区排水设施正常运行。

（杨　静）

电力建设

【概况】 渝北辖区的电力配供全部由重庆市电力公司江北供电公司保障。截至2018年底渝北区域内有变电站48座，包括：500 kV石坪变电站1座；220 kV变电站10座（含龙兴园区1座）；110 kV变电站32座（含龙兴园区3座）；35 kV变电站5座（含龙兴园区1座）。

【电力基础设施建设】 全面提升电网规划指引、提前做好项目储备，满足全区工业发展和两江新区建设需要。十三五期间还将投资28亿元，加快推进500 kV明月山、金山两个片区电源支撑点建设，拟新开工输变电工程27个，建成输变电工程31个，重点支撑回兴两路老城区，仙桃数据谷、空港新城、创新经济走廊等重点功能园区以及北部农村片区。

【迎峰度夏电力保障】 2018年夏季，为保障夏季高温渝北区生产生活用电，及时、正确、有效和快速地处理渝北区停电等突发事件，成立渝北区处置电力事故指挥部，协调江北供电公司做好电力迎峰度夏保障工作。同时，加强迎峰度夏工程管理，建成110 kV新牌坊变电站，进一步提升市人大、政协，以及嘉州商圈片区供电可靠性。完成10 kV两江、兴昌石新等线路配变改造，加强渝北城区及北部农村片区供电能力。加强设备运行维护，建立三级监督巡视维护制度，全面整治设备缺陷及隐患，提升设备健康水平，降低故障机率。

（罗建华　王德娜）

天然气建设

【概况】 截至2018年底，渝北区燃气行业共建成调压或输配气站31座，供气管道4205.06千米。全年最高日供气达到236.16万立方米，销售燃气总量为6.40亿立方米，其中居民3.04亿立方米、工业1.34亿立方米、商集1.02亿立方米、CNG1亿立方米。发展燃气用户1011096户（其中：居民994671户、工业299户、商业16113户、CNG13户），用气人口约262.83万人。建成了较为完善的“横向到边纵向到底”的燃气供给网络。区内各燃气公司共投资6833.41万元，新（改）建燃气管道约98.1千米，改造燃气管道18.12千米，维修维护基础设燃气调压箱和燃气表1633只；协调处置燃气投诉30多件，进一步提升了燃气服务质量，为全区经济社会发展提供了充足的燃气保障。

【从业人员培训】 加强燃气公司从业人员安全知识更新培训教育工作，提升燃气工作人员综合素质。2018年，组织区内燃气公司174人参加市经信委组织的“三类人员”考试，131人取证，通过率达到了75.29%。

【安全综合监管】 加强燃气安全运营监管，确保能源正常平稳供给。2018年，渝北区进一步强化安全主体责任，要求各燃气公司必须认真落实各项安全制度，设立并足额提取安全专项资金，严格按照相关法律法规规范要求开展安全自查和设施（备）改造升级。据初步统计2018年区内各燃气公司提取安全专项资金2284.05万元，使用安全专项资金3130.57万元。整改24台燃气调压柜（箱）、更换1619只计量表、改造老旧管道18.12千米，提升燃气设施（备）和管道“服役”能力。加强燃气安全日常监管，全年检查燃气安全45次，查找安全隐患65处，督促整改65处，整改率达到了100%。组织佳渝、凯源和中燃等天然气公司100多名人员参加燃气应急演练10次。利用安全月、环保日和消费者宣传等契机，组织燃气公司开展了4次安全常识宣传，发放3万册燃气安全册。

（罗建华　王德娜）

市政管理

【概况】 2018年，渝北区认真落实市委、市政府关于“大城智管、大城细管、大城众管”工作部署，围绕全区城市管理158工作思路，拟制《渝北区提升城市综合管理水平推进共建共治共享专项行动方案（2018—2022）》，以“精细化、智能化、人性化”为突破点，在城市综合管理工作提档升级、提质增效上下功夫，有效破解影响渝北城市品质形象的突出问题和薄弱环节，各项目标任务按序完成，强力推进重庆最美生态园林城区建设，为国家临空经济示范区建设营造了良好的城市环境。

【基础建设】 统筹策划年度重点投资项目38个，其中续建项目1个，新建项目34个，前期项目3个，建立项目前期手续办理跟踪记录制度，采取月调度、季评估方式，制定路径图，倒排时间表，推进项目实施。统筹区内平台市政园林基础建设移交，完成人行道改造约30千米，由区城管局接管石港大道、桐桂大道、金山大道北延伸段、桃源大道人行地通等市政设施项目，建成纵达城万隆市场和长河村12社临时货运停车场2个。在城区公园、广场、车站等人流密集区域建设投用直饮水点61个，实施老旧居民区庭院管网改造4639户，新建城市公厕15座，开放社会单位厕所44座，新改建公园游园10个，新增城市绿地面积136万平方米，安康路、桃源大道、金果大道等老旧片区改造全部进场施工。持续做好城区夜景增彩系列工程，精心打造城市景观照明，完成城区景观照明工程老城区部分施工图设计，重点打造双龙大道、机场路、余松路、龙头寺公园等区域道路、楼宇景观照明建设，督促指导仙桃数据谷、空港新城、创新经济走廊等国有平台公司完善辖区范围内楼宇景观照明建设方案设计。2018年渝北区迎春灯饰工程在重庆晨报举办的重庆最美灯饰评选中获得第一名。

【薄弱环节整治】 一是雨污管网分流治理。按照源头治理与设施完善同步推进思路，先行启动违规排水专项执法整治治源头，采取全方位、立体化和先地下、后地上的方式，从地下管网、地面铺装、附着设施、广告店招、暴露线缆等方面开展管网分流治理和设施完善，完成城区1000千米管网勘察和新华水库、盘溪河、双龙湖、南方翻译学院、汉渝路等5个流域片区雨污分流治理方案设计。二是重点区域周边整治。开展清洁卫生整治和城管综合执法行动，全力做好智博会、国创会市容环境保障工作，落实执法队伍“强转树”专项行动，扎实开展停车秩序、校园周边秩序、建筑垃圾运输等集中整治，清理整治一碗水后街、宝圣大道自发夜市、花卉西路占道经营等城市顽疾。加强对同茂大道、渝航大道等干道沿线和花卉园、中央公园等窗口区域周边的环境综合整治，抓好中央环保督察整改事项和黑臭水体整治，共开展联合执法18次，专项执法200余次，清除违规广告招牌4504块，查处违规占道停车1052辆，设置摩托车停放点94处，处罚违规运渣车辆56台次，累计罚款201.67万元。加强对红树林、狮子山等社会单位自建自管公园的管理，市容环境秩序得到有效改善。三是城乡结合部和农村生活垃圾治理。按照城乡结合部“八无”整治工作目标，统筹协调双凤桥街道、两路街道、创新经济走廊公司等相关街道和平台公司，实施城乡结合部整治提升。根据农村生活垃圾治理“五归五无”的工作要求，持续巩固农村生活垃圾治理成果，建立完善农村生活垃圾收运体系，健全农村环卫长效保洁机制，制定《渝北区农村生活垃圾长效管理实施方案（2018—2020）》，逐步实现农村生活垃圾减量化、资源化和无害化处理，提高农村环境卫生质量，农村生活垃圾治理水平保持全市领先，工作经验在全市现场会上交流推广，成功通过住建部组织的国家农村生活垃圾治理检查验收。

【城市品质提升】 一是城区裸露空地整治。统筹城区山体及空地绿化美化，在2017年整治176块、约5200亩空地基础上，投入资金约900余万元，聘请专业景观设计单位对空地逐块进行整体景观方案设计，通过覆绿和造景的有机结合，对新摸排出的28块、约248亩城区闲置空地进行覆绿整治，完成东原香山、桃源居旁山体护坡9300余平方米草花撒播。二是重要干道及节点景观提升。按照“增花增色彩、添绿添层次”和“简洁美观、易于养护”的原则，在尽量保留现有苗木基础上，对城区重要干道、立交节点通过增植开花植物、色叶植物和安放景观置石等方式进行景观提升。完成渝北广场、白杨沟立交等25个重要节点，金山路、红锦大道等31条城市道路，6个公园游园节点，轨道三号线滨港路段、轨道十号线同茂大道和食品城大道段绿化提质改造工作，提升城市绿地面积130余万平方米。三是设施涂装美化及改造。统筹推进设施涂装和护栏整治，对城区路灯灯杆、临街箱体、桥隧设施进行涂装美化，人行护栏进行更换涂刷。完成2.5万余根灯杆涂装、约1800个临街箱体美化、93座桥隧设施和约71千米护栏更换涂装，设施品质提升连续多次位列主城第一，相关指标均达到或超过市级考核标准。

【城市管理】 探索实施市政道路与小区结合部清理整治，持续深化市容环境综合整治和市政设施改造，着力解决管理盲区市容环境脏乱差和市政设施老化破损问题，坚持综合整治与分步提升相结合，积极探索以委托管理、移交管理等方式，推动政府主动介入市政道路与物业小区交叉区域管理，完成320个小区、77.60万平方米道路、18.95万平方米绿化、1.36万株行道树的初步摸排。深化智慧城管建设和城市精细化管理，以提高市政设施、园林绿化、公园湖库、环卫保洁和市政执法五大常态管理精准度、精细化为目标，依托大数据、物联网等新技术，编制《渝北区智慧城管（2018—2020年）建设总体规划方案》，完成数字城管智慧平台升级改造和181套市政园林作业车辆北斗定位系统增配，建成智慧执法系统，优化智慧停车系统，整合12319服务热线、粪便处理设施气体在线监测、智慧停车系统、城市照明智能控制系统、作业车辆定位系统等数据信息，提升“大城智管”新水平。以共建共管共享为抓手，建立行业企业诚信信息库，试点开展“律师驻队”工作，全面推进社区网格员开展城市管理信息采集，制订镇街和国有平台公司城市日常管理考核方案，编制完成《渝北区市政设施标准化设置导则》《市政园林项目内部审计办法》等管理制度，全年数字城管结案率达到93%，行政审批和行政执法案卷合格率达到100%，构建“大城众管”新格局。创新开展生活垃圾分类治理和迎检创建机制完善，在金色池塘、青麓雅园、远洋航港等8个小区完成生活垃圾分类试点探索，推动双凤桥、仙桃街道生活垃圾分类全覆盖，承办全市生活垃圾分类工作现场会，生活垃圾分类收运试点1234工作法经验在全市推广并在《改革简报》上发表，与城市综合管理模式创新同步推荐入选全市城市管理创新范例，得到市领导和上级部门的充分肯定。以国家卫生区复审、全国文明城区迎检和智博会、国创会环境秩序保障等为契机，积极推行街道牵头、城管、公安等部门参与的城市综合管理“1+8”联动协作机制，保障迎检创建工作的良好成效，提升城市常态管理水平。

（蒲志宇）

环境保护

【概况】 2018年，渝北区生态环境保护工作在区委、区政府的坚强领导下，认真贯彻落实党的十九大精神和习近平生态文明思想，坚持生态优先，绿色发展理念，以生态文明建设示范区创建为抓手，以打好打赢污染防治攻坚战为重点，深入实施环保“五大行动”。进一步补短板，强弱项，加强环保基础设施建设，生态环境保护工作取得较好成绩。

【蓝天保卫战】 2018年，渝北区狠抓大气污染防治“春季、秋冬季”百日攻坚行动，落实大气污染防治措施，加大污染监管力度，加强部门联防联控。完成统景矸砖厂等4家烧结砖瓦企业的整治，完成90家餐饮企业的油烟治理，完成重庆远翅塑料有限公司等7家公司废气整治，完成重庆渝北区伟业汽车修理厂环评手续，督促重庆劲德兴汽车配件公司等3家公司搬迁。严格实施17个重点施工现场在线监控，加强城区道路水雾喷洒，坚持联动执法机制，严厉查处违法施工、车辆运输等行为。2018年，渝北区城区空气质量优良天数309天，比去年同期增长13天。

【碧水保卫战】 2018年，渝北区认真完成双龙湖、龙舌湖、晚晴园、木鱼石水库水生态修复工作。晚晴园水生态修复工作率先完成，加快双龙湖等3个湖库的深度治理工程，预计2019年6月前完成。完成古路多宝、洛碛污水处理厂技术工艺改造和36个地下油罐防渗改造工程，实施餐饮船舶污染专项整治。进一步巩固悦来水厂水源地规范化建设成果，开展木耳镇观音洞水库牛头岩水厂水源地等12个乡镇集中式饮用水源地规范化建设。进一步完善45个重点企业的排污在线监控系统建设、强化监督，确保污水达标排放。采取有力措施，进一步巩固新华水库等黑臭水体治理成果，新华水库、盘溪河等河湖水环境得到进一步改善。

【净土保卫战】 2018年，渝北区认真开展“绿质2018”自然保护区监督检查专项行动，实施自然保护区人类活动遥感监测实地核查和生态环境监察，启动土壤污染综合防治示范区建设，配合市级部门完成农用地土壤详查和重点行业企业用地信息采集。落实土壤环境保护主体责任，与重庆裕祥新能源电池有限公司等4家重点企业签订土壤污染防治目标责任书。开展疑似污染地块环境调查与风险评估，完成化医新天重庆制药六厂、重庆长风化学工业有限公司庆风分厂等8个地块调查评估，完成大石坝组团B27-1号地块污染场地治理修复，对川庆化工厂场地等暂不开发利用污染地块实施环境风险管控。完成中渝梧桐郡市级安静居住小区创建、圣湖天域等市级安静小区复查及两路20.86平方千米噪声达标区复查，化解渝北区殡仪馆深夜12点至凌晨4点噪声扰民等问题。

【维护环境安全】 2018年，渝北区建立环境风险防范全过程管理机制。按照“谁主管谁负责，谁审批谁负责”“管业务要管安全”“一岗双责”的原则，明确各科室、站、队防范环境风险的职能职责，使环境风险防范贯穿环境管理各环节。完善应急预案管理体系，完成《重庆市渝北区创新经济走廊突发环境事件应急预案》修订工作，有序推进40家企事业单位预案编制修订工作。全面完成2018年度重点突发环境事件风险企业和工业园区信息登记及深化突发环境事件应急预案管理工作，纳入管理企业35家。提升突发环境事件应对能力，11月15日区环保局会同两江新区环保分局，开展2018年上汽通用五菱汽车股份有限公司重庆分公司安全生产事故次生突发环境事件综合应急演练。全年全区未发生环境突发事件。

【环境督察反馈问题】 2018年，渝北区采取进一步完善责任体系、强化组织领导、强化生态环保主体责任、创新“1+N”办理工作模式、加强督查督办和实绩考核、举一反三，排查解决突出环保问题等措施，认真办理了中央、市环境督察反馈意见，其中，中央反馈意见中的整改措施30项清单于上半年全部完成，43项具体整改问题完成

39项，其余4项属于持续推进的问题，其中3项正在抓紧推进，得到市核查组的充分肯定。4月，市委、市政府对渝北区展开环保集中督察，渝北区印发《渝北区集中督查反馈意见整改方案》，明确区迎督办牵头，进一步加大部门协调力度，严格责任清单管理、定期通报工作情况。在办理中央、市环境保护集中督察反馈意见的同时，渝北区还分别接受国家"城市集中饮用水水源地保护""重金属防治""黑臭水体综合治理"等5个方面的专项督察和办理中央环境督察整改"回头看"专项检查。在相关专项督查工作中，由于渝北区前期工作扎实、效果明显，得到专项督察组的高度评价。同时，对提出的有关问题，采取切实可行的措施，整改到位。

【环境监测执法】 2018年，渝北区强化环境行政执法，提升环境监管执法水平。开展环境执法大练兵活动，切实提高执法人员作战能力和工作效率，提升执法人员的综合素质。严格落实司法衔接机制，区环保局深化与公安、检察院、法院司法联动，配合公安开展3次执法检查，依法查处环境违法犯罪典型案件。加大执法力度，严厉打击环境违法行为。以"双随机一公开"为基本手段开展随机执法检查企业282家，全年共立案90件，处罚金额442.83万元，实施扣押查封3件，移送公安机关1件。严格信访投诉办理，认真维护群众的合法权益。全年共受理群众环保投诉4515件，办理率100%、及时办结率100%，满意率99.7%。加强生态环境监测，严格管控环境监测质量，加强监测能力建设，全面完成环境质量、污染源和各项专项监测任务，出具监测报告407份，获得监测数据6.8万个。

【创建生态文明示范区】 2018年，渝北区进一步夯实创建基础，深入开展生态文明建设示范区创建工作。根据国家的相关新要求，再次修定《渝北区创建国家生态文明建设示范区规划》，并通过国家生态环境部委托的专家评审。协调市环保局将渝北纳入重庆市2019年度创建国家生态文明建设示范区指标范围，力争提前一年初步验收。认真开展创市级生态文明建设示范区的各项工作，市里在年底进行验收。先后三次召开全区创建国家生态文明建设示范区的工作会，进一步明确工作目标，下达各有关单位的工作任务，明确工作责任，区委、区政府领导作具体要求。加大生态文明建设示范区创建相关工作的督查督办，促进有关项目的完成和有关工作的推进。进一步加强宣传、通过有关主流媒体、生态环境保护服务队志愿者进社区宣传等多种形式广泛宣传，使生态文明建设示范区创建工作深入人心。认真开展细胞建设工作。全年新增绿色小区4个，绿色学校3所，市级生态村3个。

【全国第二次污染源普查】 2018年，渝北区制定污普实施方案，建立工作机制，落实普查经费，全面完成普查前期准备工作。对9234个工业源、207个集中式污染治理设施、72台生活源锅炉、382家畜禽养殖场进行清查；确定为普查对象的工业源1639个、集中式污染治理设施74个、生活源锅炉44个、规模化畜禽养殖场41个，入河排污口43个，已通过市普查办审核并报国家普查办备案，全面完成清查建库阶段各方面工作。全面启动入户调查工作，完成渝北区第二次污染源普查服务招投标采购和普查分区电子地图系统的划定。

（石栗铭）

园林绿化

【概况】 2018年，渝北区以城市公园、干道绿化建设和城区国有空地覆绿为重点，全年投入资金约8.17亿元，完成50个项目的建设任务，新增136万平方米，城区人均公园绿地面积保持18平方米，城区绿化覆盖率达45%。

【绿化建设】 2018年，完成翠屏路山体公园、全民健身中心体育公园、机场南联络道东延伸段道路绿化工程等30个政府投资绿化项目建设。完成统景中心校改扩建、宝桐佳苑住宅小区工程等15个社会单位项目的配套绿化建设。全年新增城市绿地面积136万平方米。

【移交接管】 2018年,临基建公司、空港新城公司等国有平台公司及社会单位将13.55余万平方米建成绿地,1631余株行道树移交由区城管局管理。

【绿地管护】 全年补栽草坪、地被119460平方米,灌木184504平方米,行道树、乔木约600株;修剪绿篱、绿带约4335490平方米,修剪行道树、乔木低矮枝、内堂枝约83362株,修剪草坪约433700平方米,修剪球型植物约6095个,修剪遮挡路灯和标示牌合计约363株;清除杂草、落叶、白色垃圾等5019040平方米,除渣4690车。2018年雷雨暴风等极端天气累计吹断树尖、树枝1287余处,树木倒伏411余处,区园林绿化处及时安排人员对倒伏、断枝的行道树进行了移除、剪枝、扶正处理,消除安全隐患;对枯枝死树和倾斜树木处理,累计扶正倾斜树木370余株,清理藤蔓缠绕树70余株,移除枯死树175余株,清除枯死树枝1070余处。加强抗旱保苗和扬尘控制,重点对土质较薄的路段、新栽苗木路段进行抗旱浇水,并对扬尘控制示范路段进行不定时冲洗,浇水7451车,用水93108吨。树干刷白作业,对机场路、龙山大道等多条主次干道的10万余株行道树和绿地内大乔木进行树干刷白处理。

【公园管理】 管护中央公园、龙头寺公园、碧津公园、桃源公园、黄桷坪公园等城市公园21个,碧津湖、双龙湖等城区湖库10个及龙门苗圃1个,管护面积9000余亩。编制《渝北区公园管理手册》行业标准,制定“一长六员”工作制、绿化“五随时”、环卫“六不见、八不乱”管护措施,确保园林景观品质不断提升,基础设施功能日趋完善,公园生态环境更加优美。严格按照“规范化、标准化、精细化和专业化”要求积极开展植物管护、园容卫生、设施管理、文化活动等方面工作。加强植物修剪,杂草清理,积极移栽补栽,强化水肥管理及植物病虫害防治;加强园路、广场等清洁卫生管护,强化公厕管理;加强公园基础设施及配套服务设施维修维护,确保各类设施完好率达96%以上;打造多个城市公园鲜花景观节点,强化鲜花展示效果,有效提升渝北城区文明形象和景观品质。完善公园配套服务设施,新建和改建公厕8座;设置直饮水设施20台、健身器材143套、公厕63座、休闲座椅2560套、垃圾桶1208个、健身步道3条。区城管局代表渝北区参加首届长江上游城市花卉艺术博览会,精心设计的“花蕴渝北”主题展台在主展场展出,并获评“最佳展园”。

(蒲志宇)

交通　邮政　通信

概　述

2018年，渝北区深入贯彻习近平新时代中国特色社会主义思想，围绕“全面建成小康社会，加快建设国家临空经济示范区”奋斗目标，主动融入“一带一路”，加快建设内陆开放空中门户，新开通巴黎、多伦多等国际航线14条，国际航线增至82条，江北国际机场旅客吞吐量达到4159.59万人次，同比增长28.4%，货邮吞吐量达到38.22万吨，同比增长4.3%。城市交通日趋完善，椿萱大道等跨区道路加快建设，金山大道北延伸段、龙港大道等骨干道路建成通车，秋成大道三期、航空小镇一期路网完工，打通城市断头路9条，新增城市道路20千米。轨道交通加速成网，4号线一期、轨道环线建成通车。农村道路加速提升，改造“十纵十横”骨架路82.5千米，建成“四好农村路”515千米，新建村社便道520千米，完成道路安保工程300千米，在全市率先实现安保工程全覆盖。全力服务市级重点项目，铁路枢纽东环线渝北段建设加快推进，全年完成投资16.96亿元。邮电业务发展平稳，全年实现邮电业务收入14.60亿元，同比增长5.7%。年末固定电话用户、移动电话用户、互联网用户分别为39.20万户、166.04万户和54.53万户。

（白小玉）

公路交通

【概况】 2018年末，渝北区公路通车里程2994.302千米（不含城市道路、两江新区在渝北区范围内的直管区域道路和机场专用道），其中高速公路160.27千米，一级公路40.28千米，二级公路92.438千米，三级公路198.578千米，四级公路2502.736千米。全年完成公路客运量1165万人，同比下降10.4%；公路客运周转量63559万人公里，同比下降13.9%；公路货运量3350万吨，同比增长12.4%；公路货运周转量308731万吨公里，同比增长7.9%。

【公路工程项目建设】 2018年，渝北区按照市级交通基础设施提升行动总体部署，实施南北大道、两江大道延伸段等“十纵十横”骨架公路82.5千米，完成勘察设计等前期工作500千米，完成“四好农村路”515千米。完成道路绿化工程400千米，完成南北大道综合养护服务区二期、G351新草统路温泉统景隧道装饰，启动新草统路大桥栏杆及文化打造工程。加强施工现场质量检查，国省道工程项目合格率100%、公路工程质量总体抽检合格率100%。

【道路养护】 2018年，渝北区新接养国省道59千米，组织养护、路政执法人员专业技能培训14次，利用视频网络传输、智能防碰撞系统、健康检测系统、路政养护联合巡查系统等大数据平台开展公路路况评定4次，投入洒水车、清扫车、高空作业车等多功能养护车2000余台次，养护技能、效率大幅提高。投入143万元，购买公路综合保险1年。及时抢修垮方、危桥危路、较大水毁22处，积极应对“5·17”“5·22”恶劣天气，奋战7天7夜清理损毁树木800余株，群众出行安全得到及时保障。

【路政巡查监管】 2018年，渝北区出动路政执法人员1.5万人次，检测车辆33万台次，治理超限车辆900余台次，区交通局联合区交巡警查处超限超载车辆70余台次，卸载超限超载车辆1000余台次，卸载货物重量3400余吨，移交交巡警罚款3.2万元，计446分，全年平均固定超限率为0.2%，稳定控制在1%以内。办理路政许可案件29件，路政许可收取赔补偿费约49万元。查处违法案件及损害公路附属设施案件95起，行政处罚42起，收取赔补偿费约15万元。

【交通运输服务】 2018年，渝北区全面落实65岁以上老人免费乘坐公共交通政策，提升广大群众对公共交通的幸福感。协调落实机场路等公交优先道4条26千米，实现“零突破”。持续优化城市公交线网，探索推进“快速公交、干线公交、支线公交”线网分级管理，新增、优化公交线路12条。积极推进公交向农村普及，年底开通公交线路2条。投入新能源公交车辆179台，对609、877等8条线路127台公交车进行车型升级。完成300个农客招呼站的申报和审批，确定建设管养单位，进场施工。制定8个行政村的农客通行方案，全区实现“村村通农客”。推进交旅、交农融合发展，设立双凤桥临空旅游集散中心，开通旅游专线9条。开通两路至道真、渠县、隆昌省际班线3条，两路至武隆县级班线1条，增强两路至开州、南川、綦江运力共8辆，客运市场进一步扩大。

【交通安全管控】 2018年，渝北区投入经费1000万余元，深入开展出租车、危化品、非法营运、超限运输等专项执法，查处案件8100余件。狠抓公交、客运、水运、施工、旅游、驾校、危化品运输和农村公路运输安全管理，安全隐患整改率100%，实现连续12年未发生较大以上事故的目标。加强长江和嘉陵江汛情排查防控，确保37年来最强洪峰顺利过境。继续发扬争分夺秒抢险保畅的优良作风，多次高效完成路面清理、水毁修复等紧急任务。

【高速公路建设】 2018年，渝北区积极协调三环、南两、渝广、渝长扩能4条高速公路项目。三环高速红线用地4363亩、临时用地1140亩全部交付，路基工程完成42%，桥涵工程完成31%。南两高速红线用地56亩、临时用地100亩全部交付，太洪长江大桥北岸5号主塔左、右幅分别完成152米、164米。渝长高速扩能红线用地2000亩全部交付、临时用地交付100亩，挖方填方完成29%。渝广高速正式通车运营，继续抓好征地拆迁费用结算等后续协调工作。

（徐　毅）

水上交通

【概况】 渝北区境内主要通航水域有长江、嘉陵江、御临河，通航里程167.81千米。全区共有船舶119艘，其中货船118艘、运力68.2万吨，客船1艘、12座。全年完成水路货运量803万吨，同比增长9.3%；水路货运周转量1468974万吨公里，同比增长9.9%。

【水运建设】 2018年，渝北区加快水运基础设施建设，引导船舶运力结构向标准化、大型化、专业化方向发展。辖区企业完成内部运力调整，新增船舶11艘，新增运力10.6万吨。洛碛“过河趸”淘汰换新工作顺利完成，打造1艘新趸船，消除了安全隐患。为保护御临河流域生态环境，实现“水清、坡绿、岸美”的总体目标，将42艘非法采砂船舶全部拆解取缔。为深入贯彻落实长江经济带发展“共抓大保护、不搞大开发”的要求，对辖区2艘餐饮船舶“紫荆城”和“江山宾馆”进行全面拆解，彻底消除餐饮船舶污染，顺利完成市政府下达的餐饮船舶污染专项整治工作目标任务。

【水运市场监管】 2018年，办理行政许可10件，指导老旧码头检测评估1座，发放渡运补贴、渡工补贴1.89万元。推进水运企业安全生产标准化建设，完成水运企业资质核查，6家企业、1家个体、103艘船舶通过核查及年审，核查通过率100%。

（徐　毅）

轨道交通

【概况】 截至2018年底，渝北区建成通车线路7条，分别是轨道3号线一期和二期、3号线北延伸段、4号线一期、5号线一期、6号线一期、10号线一期和环线，区内通车里程达76.6千米。在建线路共5条，分别是轨道9号线一期、9号线二期、4号线一期、6号线支线二期和环线，在建里程达26.876千米，区内总投资约194亿元。

【轨道建设】 2018年，渝北区在建轨道线路共5条。其中，轨道4号线一期、环线于2018年12月28日开通试运营。全区轨道交通运营里程从上年的72.11千米增至76.6千米。全年计划完成投资40亿元，实际完成投资42.2亿元，超额完成年初投资计划任务。

（刘　琦）

铁路建设

【概况】 2018年，渝北区全力服务市级重点项目，加快推进铁路枢纽东环线渝北段建设。铁路枢纽东环线渝北段完成投资16.96亿元。

【项目征地拆迁】 铁路枢纽东环线以及机场支线、黄茅坪支线征地拆迁涉及渝北区13个镇街。区支铁办会同区国土、征地、林业、环保、水利等部门以及沿线镇街，本着"积极配合，热情服务，规范管理，高效处置，依法办事"的原则，主动加强与铁路业主单位、施工单位的联系，召开铁路建设协调会议50余次，研究制定铁路建设工程征地拆迁、临时用地等实施办法，多措并举及时开展征地拆迁工作。2018年，铁路枢纽东环线及2条支线交付红线用地4680亩、临时用地2882亩，圆满完成市、区下达的目标任务。

【强化措施保进度】 加强分片、分项目包干责任制，落实工作责任。按照铁路建设进度需要，全力推进各项工作。加强政策宣传引导，全力做好群众工作，保障施工环境。完成龙盛、庙坝车站及1.05万米隧道建设，有力保证工程进度，圆满完成年初目标。

（徐　毅）

民用航空

重庆江北国际机场

【概况】 重庆机场集团有限公司(以下简称"重庆机场集团")，是重庆市属国有重点企业。主要负责重庆江北国际机场(以下简称江北机场)、黔江武陵山机场、巫山神女峰机场和武隆仙女山机场的建设运营，经营范围涵盖机场运营、物流仓储、货物进出口、广告、酒店、客运站经营等多个板块。2018年，重庆机场集团深入学习贯彻习近平新时代中国特色社会主义思想和党的十九大精神，认真落实市委市政府的工作要求和部署，坚持品质化发展思路，聚焦打赢"深化改革、效益提升、效率升级"三场硬仗，沉心静气、真抓实干，保持平稳健康发展态势，全面深化改革，迈向高质量发展之路。

【运输生产】 2018年，集团公司所属重庆江北国际机场完成旅客吞吐量4159.59万人次，同比增长7.4%，成为全国第九个迈入4000万量级的机场，货邮吞吐量38.22万吨，同比增长4.3%，飞机起降30万架次，同比增长4.2%；集团公司所属黔江机场完成旅客吞吐量40.9万人次，同比增长42%，货邮吞吐量163吨，同比增长35.6%，飞机起降4923架次，同比增长48.3%。

【航线网络】 2018年末，重庆江北国际机场航线总数为329条，其中国内航线247条、国际（地区）航线82条，通航城市203个。国际（地区）航线新开通巴黎、芝加哥、多伦多、西雅图、波士顿等，国际（地区）通航城市共计61个、通航国家26个，“一带一路”航线52条。

【安全服务】 2018年，重庆机场集团深入学习贯彻习近平总书记对民航安全工作的重要批示精神和接见川航英雄机组的重要指示精神，始终把安全作为头等大事来抓，全年未发生机场责任原因的安全事故或事故征候，江北机场、黔江机场安全运行平稳可控。制定《深入贯彻落实习近平总书记重要批示精神措施清单》，协助举办英雄机长刘传健先进事迹报告会，荣获“全国‘安全生产月’活动先进单位”荣誉称号。构建“五区两网”区域管理模式，实现安全责任全覆盖。狠抓“三基”建设，发布安全文化体系，全面开展安全大检查。推进企业法定自查机制建设，开展扫黑除恶专项斗争，圆满完成第二十一届西洽会、首届智博会、首届中新金融国际峰会等重大保障任务。国内首批推出全流程“无纸化”乘机、临时身份证明自助办理、离境退税办理、停车场无感支付等便民举措。江北机场荣获国际机场协会颁发的“全球旅客吞吐量2500万~4000万层级最佳机场第一名”“旅客吞吐量2500万~4000万层级亚太地区最佳机场”“总干事机场卓越服务质量奖”三项国际性大奖。

【深化改革】 2018年，重庆机场集团全力推动集团管控模式改革，编制完成《集团管控体系改革方案》。江北机场公司股权回购、空港地服公司股权重组顺利完成，江北机场公司确立为集团公司骨干子企业获得重庆市国资委批复。组建4个董事会专门委员会并正式运行。“三供一业”按进度推进工程维修改造和责任移交工作，退休人员移交社会化管理服务全部完成。重庆市人大审议通过《重庆市民用航空条例》，首次将行政处罚权直接授予机场管理机构。对接打好“三大攻坚战”，建立应收账款监控机制；对巫溪县天元乡实施精准扶贫帮扶，向重庆市扶贫基金会捐赠扶贫资金100万元；制定《建设生态环保靓丽机场行动方案（2018—2020年）》，成立江北机场河长委员会。

【效益提升】 2018年，重庆机场集团狠抓降本增效，全面推行“成本中心、利润中心”目标责任考核机制。深挖资源价值，着力开拓新业务，推出“重庆飞·畅逸行”商旅服务产品。推动航空物流发展，引入国货航入驻东区1号货运站，吸引72家物流企业到江北机场开展航空物流业务；深化与顺丰速运的战略合作，快件集散中心引进顺丰智能枢纽，推动顺丰西南地区最大空侧货运站投入使用；与普洛斯、东航物流签署战略合作协议，联合开发航空物流项目。

【效率升级】 2018年，重庆机场集团大幅度提升货物保障效率，主动面向社会发布货运保障标准和服务规范，压缩货物保障时间超过50%，实现国际鲜货1小时提货。大幅度提升航空器运行效率，通过优化三跑道飞行程序、投用Ⅱ类仪表着陆系统、提高低能见度起飞标准等措施，江北机场平均航班放行正常率为87.9%。大幅度提升行李提取效率，实现首件行李在旅客到达行李转盘10分钟内交付。大幅度提升通关效率，协助联检单位启用边检自助查验通道、实行国际贸易“单一窗口”作业等便利措施，全面实现7×24小时通关、旅客最快9秒通关。

【枢纽建设】 2018年，重庆机场集团配合市政府、民航局编制重庆国际航空枢纽战略规划，推动市政府设立市级民航发展专项资金。开通重庆面向“一带一路”沿线国家航线52条。引入厦航成立重庆分公司，江北机场基地航空公司达到7家，高峰小时容量提升至49架次。江北机场T3A航站楼及综合交通枢纽荣获国家建筑工程最高奖——鲁班奖，黔江机场新增揭阳、珠海航点，航线数量达到10条，巫山机场基本建成，武隆机场、黔江机场改扩建、快件集散中心等重点项目按进度推进，全集团完成固定资产投资14.5亿元。

【党建群团工作】 2018年，重庆机场集团深入学习贯彻习近平新时代中国特色社会主义思想和党的十九大精神，持续推进“两学一做”学习教育常态化制度化。坚决彻底肃清孙政才恶劣影响和薄熙来、王立军流毒，营造良好政治生态。对照市委巡视组巡视4户企业反馈意见，举一反三自查自纠。创新构建党建工作“两力”体系，形成激发基层活力的“动力机制”、压紧压实管党治党责任链条的“压力机制”。选拔机场管理人才到新加坡参加专题培训，组建专家库，获批设立博士后工作站。组建班组长协会，举办职工运动会、第五届青春榜样评选表彰等工会群团活动。启动《重庆民航志(1990—2020)》编纂工作。

（周创业）

中国民用航空西南地区空中交通管理局重庆分局

【概况】 2018年，中国民用航空西南地区空中交通管理局重庆分局(以下简称“民航重庆空管分局”)贯彻落实习近平总书记关于民航安全工作的重要指示批示精神，确保安全运行平稳可控26条措施落地，以建设“四强”空管为目标，贯彻落实西南空管局“一二三四”总体工作思路，通过强化安全运行机制、基础设施设备、综合管理机制、人才队伍、从严管党治党等五项基本建设，完成三跑道搬迁后人、机、环、管的新旧磨合，实现重庆空管常态化运行。全年保障各类飞行1014128架次，同比增长5.19%，其中本场起降300449架次，本场起降高峰单日达914架次，进近保障311492架次，区域402187架次。航班正常率稳中有升，始发航班正常率为89.21%，同比提高2.92%。设备正常率达99.994%，全要素天气预报准确率达90.25%。完成“春运”“两会”及博鳌亚洲论坛、进出口博览会、智博会等一系列重大空管保障任务。

【安全管理】 2018年，民航重庆空管分局贯彻落实习总书记关于民航工作的重要指示批示精神，执行党委议安全、抓安全和领导下基层制度。根据民航局党组26条措施研究制定分局具体管控措施并推动落实。深化安全管理体系，结合空管新区实际运行情况，开展法定自查，推动新版质量管理体系手册修编。梳理完善应急管理机制和应急预案，组织“市电中断”“航空器风挡破裂”应急演练和应急指挥车联合演练，应急保障实战能力初步形成。建立职能部门现场督察机制，督查整改现场交接班、现场管控等问题。

【服务保障】 2018年，民航重庆空管分局开展新版《民用航空空中交通管理规则》宣贯、培训及实施工作，完成缩减管制移交间隔。做好设备系统人机磨合，推进新设备问题跟踪解决，自动化双主用日趋成熟。开展气象预报能力和气象服务能力提升专项工作，组织江北机场局地小气候规律研究，建设雾平流视频补盲系统。制定并实际运行江北机场低能见度空管运行程序，加强与机场、航空公司的信息共享，完善分局MDRS(航班大面积延误应急处置机制)预警与机场运管委之间的协调机制，制定江北机场临界延误处置方案，持续提高航班正常率。2018年12月26日完成江北机场西机坪管制移交，促进地面运行协同效率提升。支持帮助通航和中小机场发展，编发重庆通航保障服务范围业务管理通告，落实通航“放、管、服”工作要求。发挥空管优势，派出技术骨干支援巫山机场校飞工作。

【基本建设】 2018年,民航重庆空管分局推进值班用房和管制员体能训练设施工程,完成初设及概算编制,协调办理规划审批相关手续。推进重点工程建设,完成航管楼、气象楼改造工程,管制楼改造进入收尾阶段;江津白沙、北碚静观导航台的土建和设备安装工作基本完成;西部地区ADS-B工程、民航通信网工程在重庆地区的建设和安装工作顺利完成。推进项目建设,运行值班系统、江北机场闪电定位系统、新版协同办公系统等一批重点项目通过验收。先后启动并参与协调、编制江北机场四跑道空管工程、重庆国际航空枢纽规划相关工作。

【综合管理】 2018年,民航重庆空管分局开展作风建设年活动,推进效能型机关建设,改进请示流转程序,优化办公协同系统功能。建立合格供应商制度,优化采购流程。加强服务型机关建设,坚持局长、书记、工会主席接待日制度,增设东区现场办公联络点,畅通职工反映意见的渠道;职能部门主动走下基层,开展重大政策、制度宣讲和释疑解惑。加强固定资产管理,规范实物资产日常管理。清理、审核职工人事档案,推动人事档案管理规范化。推进管理手册修编,形成新版管理手册目录框架。强化预算管理,定期通报预算执行情况;完善内控制度建设,开展内控检查和整改。优化生产办公环境,提升职工吃、住、行等后勤保障服务品质。

【队伍建设】 2018年,民航重庆空管分局加强干部队伍管理,按照"强一线,精机关"的原则,配齐配强各级管理干部,重点选拔一批年轻管理干部。强化专业技术队伍建设,梳理规范教员评、聘流程,严格选拔专业教员。狠抓专业人员资质能力建设,编制2018管制员复训计划,编制通导和气象专业岗位复训大纲并落实完成。强化新员工作风建设和职业道德教育。调整空管新区岗位设置,推行设备保障大班组运行模式,优化岗位设置和人员配置,加强岗位协同和业务交融。开展分局台站无人值守运行综合评估,拟定台站无人值守运行初步方案。

【党建群团】 2018年,民航重庆空管分局强化理论学习,学习贯彻党的十九大精神和习近平新时代中国特色社会主义思想。集中学习十九大报告原文、习近平总书记关于民航工作的重要批示指示精神,开展专题研讨。组织党员到重庆市委党校培训和重走长征路党性锻炼。加强基层党组织建设,为运行一线配齐配强专职党支部书记。规范党员徽章佩戴,强化党员身份意识。强化监督执纪问责,针对安全生产中出现的问题,开展提醒谈话。加强对询价采购、干部提拔、人员招聘等重要环节的监督检查。

(敖 翔)

中国国际航空股份有限公司重庆分公司

【概况】 2018年,中国国际航空股份有限公司重庆分公司(以下简称"国航股份重庆分公司")以习近平新时代中国特色社会主义思想和党的十九大报告精神为指导,贯彻落实习近平总书记关于民航工作的重要批示指示、接见川航英雄机组时的讲话精神,认真落实上级工作部署,严谨有序组织推进各项工作顺利开展。完成公司"十三五"发展规划制定的任务和目标,积极参与重庆地方经济建设,新开国航重庆出港"重庆—呼和浩特—海拉尔"国内航线,调整"重庆—淮安—长春"航线结构为"重庆—长春",执管飞机增至48架,加大国航在重庆区域的运力投入,有力提升重庆对外互联互通的开放水平,助推重庆地方经济的繁荣和发展。强化预防性安全管理,促进安全责任落实,以持续安全文化引领、典型不安全案例警示教育、常态化专业化安全督导检查为主线,推进"要我安全"向"我要安全"的文化进步,全年安全飞行16.0878万小时、6.3716万架次,运输旅客717.39万人，同比增长1.69%，运输总周转量9.92亿吨公里，同比增长3.12%，顺利实现年度生产目标，实现第43个航空安全年。"红岩"和"银鹰"两个乘务组继续保持"全国青年文明号"称号；"阳光"乘务组继续保持"全国巾帼文明岗"称号和重庆市"青年文明号"称号。

【安全管理】 2018年，国航股份重庆分公司结合运行特点、季节变化、队伍技术状况等因素，全面梳理安全运行风险，动态开展针对性风险管控；推进安全教育进班组、作风辅导进班组、风险防控进班组，全方位开展人为差错管理，年度安全管理绩效同比取得明显进步。在空防安全、客舱安全、地面安全及网络安全等方面，分公司各级各专业保持清醒认识，扎实开展针对性的安全警示教育和人员资质培训，加大各环节人防物防技防的投入，强化各级领导责任意识，确保管理要求落实到位，坚持开展重点地区、敏感时段、风险航线的空防安全评估和风险管控，坚持开展网络安全、消防安全及员工人身安全防范意识的教育警示，定期开展相关风险梳理和防控。航空安全取得明显进步，区域内各专业的安全生产保持相对平稳的良好态势。

【运行管理】 2018年，国航股份重庆分公司针对转场重庆江北国际机场T3航站楼运行后管理平台增大、运行距离延长的新变化，分公司及区域各单位精心组织、通力协作，坚持问题导向，协力拓展航班正常性提升空间，以优化资源配置、深化专项管理成果应用为着力点，持续改进航班正常性管理，全力促进真情服务呈现，年度航班正常性管理绩效保持稳中向好态势，在驻场6家航空公司中国航进出港航班正常率保持第二，出港航班正常率高于机场平均值2.8个百分点。推广使用大序号行李条，年度因拉行李造成延误航班量同比大幅度减少。运行评估、生产组织、专项保障严谨有序，实现新引进机型的安全平稳运行，运行品质持续向好。

【提升服务】 2018年，国航股份重庆分公司践行"以人民为中心"的服务理念，坚持"价值、问题、客户需求"服务导向，坚持服务标准和规范，持续优化服务流程，促进服务基础建设，提升服务品质呈现。强化服务管理基础，全面加强检查员队伍管理、"两长"管理、服务协调机制管理、人员资质能力管理，促进服务队伍建设。强化服务过程管控，推进法定自查检查问题整改，定期梳理分析旅客投诉，及时发布服务风险提示，强化服务品质监督，推动风险提示到位、问题整改到位。提升高端旅客服务品质，重点提升自营休息室服务品牌形象和空中服务品质。持续打造"金凤姊妹组"服务品牌，挂旗示范飞行渝京、渝穗航线。完善服务激励机制，充分发挥服务奖励机制的效能。

【运营综合管理】 2018年，国航股份重庆分公司以"质量第一、效益优先"管理原则为主线。坚持绩效导向，强化目标管理，优化飞行小时资源供给，促进市场营销保障，年度机组实际飞行时间还原至执管飞机的日利用率；深化管理人才、技术人才培养选拔工作，着力成就优秀员工更多享有与公司一起成长进步的机会，年度以公开竞聘、民主推荐、组织调整等方式，完成多次干部提拔、轮岗；按政策规定组织购买内蒙古自治区苏尼特右旗和广西省昭平县扶贫地区农牧产品，深入开展志愿扶贫、结对帮扶志愿支教等行动，积极践行扶贫攻坚战工作要求；成功立项飞行模拟机项目建设，按计划进度有序推进后续各项工作；"三供一业"工作完成水电气供给工作的移交，物业管理移交按计划进行。

【党建工作】 2018年，国航股份重庆分公司聚焦十九大精神学习，筑牢理想信念根基。始终把学习宣传贯彻习近平新时代中国特色社会主义思想和党的十九大精神作为首要政治任务。落实国企党建会议精神，坚决贯彻两个"一以贯之"，促进党建与中心工作相融合。组织开展"四好"

领导班子创建，认真完成民主生活会，落实“一岗双责”，把加强党的领导和完善分公司治理统一起来。丰富党员教育方式，建好基本队伍。组织多名党务工作者分批赴古田、韶山开展革命精神实地教育，以“朗读者”形式交流体悟。创新宣传方式，营造和谐文化氛围。创建“凤凰渝飞”微信公众号，围绕春运、班组建设、航班换季、工作会等进行积极宣传，塑造国航和分公司的良好社会形象。抓好党风廉政建设，营造风清气正氛围。专题研讨部署推进集团巡视发现共性问题自查自纠工作，成立分公司督导检查组深入基层检查，各单位制定措施立行立改。

（古耀文）

四川航空股份有限公司重庆分公司

【概况】 四川航空股份有限公司重庆分公司（以下简称“川航重庆分公司”）成立于2004年10月11日，是四川航空股份有限公司成立的第一家分公司。2018年，川航重庆分公司始终坚持“安全第一”的思想不动摇，围绕公司“深化改革、二次创业、战略转型”的方针，持续推进SMS、QMS、SEMS体系建设，全面落实规章手册，不断夯实安全基础。年末有驻站飞机20架，日均航班量百余架次，干部员工1900余人，开通国内国际（地区）航线达80余条（含台湾地区航线，澳大利亚、泰国、菲律宾、越南、柬埔寨等国际航线），形成覆盖全国60余个大中城市的航线网络布局，全年保障出港航班3.82万架次，航班正点率为86.66%，居江北国际机场首位；运输进出港旅客558.14万人，货邮运输量1.5万吨。截至2018年年末，自成立以来的安全飞行记录持续保持。2018年5月14日，四川航空公司3U8633航班机组成功处置险情，被中国民用航空局、四川省人民政府授予“中国民航英雄机组”称号，9月30日，中共中央总书记、国家主席、中央军委主席习近平邀请四川航空“中国民航英雄机组”全体成员参加庆祝中华人民共和国成立69周年招待会，并作出重要指示。

【安全运行管理】 2018年，川航重庆分公司强化安全责任落实和安全压力传导，深入开展安全整顿、问诊全员安全访谈、安全大检查等系列活动，以安全绩效为手段，将风险管理融入部门，促进安全体系建设，将安全血液融入日常，实现安全形势总体平稳。持续巩固“平安民航”建设成果，提升空防安全裕度，完善安保管理体系。以去隐患为关键，完善安保质控体系，顺利通过局方对分公司“平安民航”建设的考核工作；在“两会”“博鳌”论坛等国家重大会议期间，成立安保工作专项小组。以航班正常工作为切入点，狠抓运行管理，确保运行安全。高度重视预警航班，巩固两场运行模式。制定有效措施，专项协调和保障预警航班，大幅提升预警航班整体正常率。全力协调重庆江北机场，实现分公司T2、T3航站楼飞机集中摆放，减少飞机地面滑行时间，提升两场运行效率。

【航线网络】 作为川航成、渝、昆“金三角”战略发展布局中的鼎力支撑，川航重庆分公司积极顺应国家西部大开发战略实施，持续加大运力投放，优化航线网络。2018年新开通重庆—柬埔寨西哈努克国际航线。截至2018年底，以重庆为始发点，覆盖全国60余个大中城市的航线运输网络达80余条，有力助推重庆与世界的联通，促进重庆经济社会发展。

【服务质量】 川航重庆分公司关注旅客感受，不断提升服务质量水平，圆满完成2018年春运、暑运、国庆黄金周等重要阶段的航班安全生产任务。推进标杆航站建设，打造重庆贵宾服务品牌，完成新贵宾室升级改造，优化服务流程，提升服务标准，引进各类小食品、热食、重庆特色小吃等增值服务，提供高端旅客专车接送服务，有效提升高端旅客体验满意度；补齐服务品质短板，有效降低旅客投诉，在旅客行李托运各环节系统性地开展监察工作，旅客投诉得到有效管控；建立共管共建新模式，加强对代理单位的监管力度，与代理单位构建共管共建命运共同体。加强与重庆国际马拉松持续合作，连续参展渝洽会等大型活动，加大品牌推广力度，巩固良好品牌形象。

【党建群团】 2018年，川航重庆分公司与重庆机场海关、重庆机场地服公司开展“三方”党群共建活动，实现信息共享、资源整合、优势互补。持续实施工会“暖心工程”，做好困难职工帮扶慰问工作，组织各类技能、文体活动，加强班组建设，促进团队融合。团总支青工分部围绕生产经营工作，开展青年创新创效、航空知识进校园等活动，积极引导团员青年投身生产经营服务运行主战场，立足岗位，建功立业。积极参与社会公益事业，响应重庆市市委宣传部、市文明办、公司党委号召，关注留守儿童，资助贫困学子，弘扬真善美，传播正能量，树立新风尚，主动承担起企业的社会责任。

（郑　佳）

邮　政

【概况】 中国邮政集团公司重庆市渝北区分公司（以下简称“中邮渝北分公司”）开办有国际（国内）邮件寄递、国内报刊发行、邮政汇兑、邮政储蓄、邮票和集邮品销售、机要通信、邮政物流、分销以及各类代办业务。2018年8月，实施寄递翼改革工作。内设综合办公室（党委办公室、安全保卫部）、财务部、人力资源部（党委组织部）、党委党建工作部（监察室）、工会5个综合职能部门，市场营销部、服务质量部（普遍服务部）2个市场经营部门，金融业务部、集邮与文化传媒部、渠道平台部3个经营支撑部门和寄递事业部；下设双龙、龙溪、人和3个主城支局，龙兴、统景、茨竹、木耳、洛碛5个农村支局。各支局下辖胜利路、航天职大等60个邮政所，设有双龙、鸳鸯、人和、龙溪4个投递站，双龙、服装城、空港、人和等11个揽投部。截至2018年年末，有员工408人。全年实现业务收入2.35亿元，同比增长8.42%。实现营业利润5317.23万元，收入利润率22.65%。全员劳动生产率40.39万元/人，同比提升13.68%，员工收入同比增长4.86%。

【党建工作】 2018年，中邮渝北分公司坚持和加强党的领导，牢牢把握中央关于新时代党的建设一系列战略部署，不断增强党的政治领导力、思想引领力、群众组织力，推动全面从严治党向纵深发展，为企业改革发展“固根守魂”。在思想上、行动上坚决同以习近平同志为核心的党中央保持高度一致，全面深入贯彻落实党的十九大、国企党建工作会议等精神，用习近平新时代中国特色社会主义思想武装头脑、指导实践。对照市委“十破十立”要求，全面彻底干净肃清孙政才恶劣影响和薄熙来、王立军流毒，营造良好的政治生态环境。

【生产经营】 2018年，中邮渝北分公司坚持“一体两翼”“三步走”发展战略，新增余额5.63亿元，储蓄余额规模达到101亿元；全年新单保费规模3.78亿元，实现保险收入1620万元，保险综合手续费率4.29%。加快推进手机银行、快捷支付工作，在2018年全市邮政“创新创优”竞赛活动中，获得“电子渠道拓展”先进单位称号。组织开展“提升普遍服务特殊服务水平，拓展便民公益服务三年行动”，积极实施网点优化布局、机具布点，网点自助设备覆盖率达到95%以上。组织开展3·15“金融消费者权益日”、打击电信网络新型违法犯罪宣传月等活动，提升社会公众风险防范和使用正规金融服务的意识。提质增效加快寄递业务发展，实现收入8037万元。与区商务局签订《渝北区农村电商项目合作协议》，按照农产品物流运输要求，开设3条农村电商公共物流专线，实现已建成运营农村电商服务站点全年365天全覆盖；开展统景梨橙等渝北区名优农产品邮乐网线上销售，收寄李子、脐橙、饲料等农产品进城邮件4.5万件，投递镇村级电商服务站农村居民网购物件33.14万件，在全市邮政“创新创优”竞赛活动中获得“电商造包”先进单位称号。报刊、集邮、函件、电商分销四项传统业务围绕高质量发展要求实施转型发展，实现收入4621万元。协助区委宣传部、区文旅委等深入开展图书巡展惠民购书活动，进一步打造“全民阅读”品牌，丰富市民文化生活；全力做好党报党刊发行工作，《习近平新时代中国特色社会主义思想三十讲》及《习近平谈治国理政》（第二卷）发行量分别列全市第一位、第二位。

【渠道建设】 2018年，中邮渝北分公司累计建成区级运营中心1个、乡镇服务中心6个、农村电商村级服务站329个，农村电商三级服务体系进一步完善。装修改造营业网点5个、管理和生产辅助用房4个、投递及邮件处理场地3个，装修改造面积5028平方米，投入资金1029.67万元，各网点、投递站综合服务能力持续增强；调移、更新、安装ATM、CRS机15台，网点自助服务能力普遍提升。

【窗口服务】 2018年，中邮渝北分公司持续开展发票代开工作，53个网点全年代开国税发票24488张，代征国税税金1178万元，代征地税税金729万元；继续发挥网点、便民服务站遍及城乡的优势，全年代收水、电、气、通信费和交通罚没款等45万笔，便民纳税、缴费服务持续开展。龙溪邮政支局、双龙邮政支局、汉渝营业所、兰桂路营业所、冉家坝营业所、新牌坊营业所作为渝北区文明城区创建示范点。

【服务质量】 2018年，中邮渝北分公司将普遍服务纳入经营发展战略规划，提前完成249个建制村村邮站挂牌恢复运营目标，建制村通邮达标率达100%；邮政机要通信工作连续26年质量全红。开展“六大歼灭战”“情系万家”等专项服务质量提升活动，用户满意度明显提升；开展金融稽核差错专项治理，稽核差错率列全市第2位；开展用户投诉、申诉压降工作，用户有理由投诉、申诉总量下降63.16%，处理满意率持续保持100%，投递服务质量明显改善。

【运营管理】 2018年，中邮渝北分公司积极推进寄递翼资源整合，实现普遍服务达标，增加处理进口快递包裹32万件。制定旺季生产作业组织应急预案，临时新增投递车辆34辆、外包投递及内部处理人员25人，旺季期间各项重控指标均达标且同比提升。全年三级骨干网零中断，信息化设备管理达标率、信息化设备维护完成率、现场检查达标率、防止病毒感染率均并列全市第一。增设烟感探测器106个，更换高清摄像机74个，全年投入案防设施资金38.468万元，风险防控能力持续提升。

【财务管控】 2018年，中邮渝北分公司出台《全面预算管理实施细则》，强化预算编制和执行管控，成本费用预算月度计划执行偏离度不断缩小，低于5%考核目标。积极发挥财务核算支撑作用，定期分析通报生产经营情况及专业损益结果，指导业务结构调整。强化欠费联动管控和风险预警，月均欠费率18.54%，优于全市平均水平0.46个百分点。建立全面战略绩效考核体系，推进差异化考核及绩效闭环管控，发挥绩效考核的战略导向作用。

【人力资源管理】 2018年，中邮渝北分公司强化岗位履职、考核工作，通过考核深入治理“担当不够、落实不力”的问题；以岗位交流、多岗位锻炼等方式，加强年轻干部、大学生员工培养及人才队伍建设，选拔组建一支23人的分公司级内训师队伍和一支20人的后备理财经理队伍，在拓展优秀员工晋升通道的同时建立人才造血机制。强化“内功”修炼，提升员工素质，2018年培训率、合格率均达100%，全年新增技师1名，银行业专业人员初级资格持证率达49.66%，15人持有AFP资格证，1人持有CFP资格证。

（潘　静）

通　信

中国电信股份有限公司渝北分公司

【概况】 2018年，中国电信股份有限公司渝北分公司（以下简称“中国电信渝北分公司”）贯彻执行集团公司转型升级战略，始终坚持学习领会党的十九大精神，以习近平新时代中国特色社会主义思想武装头脑，紧紧围绕市公司关于2018年的工作部署，结合市场、行业和自身实际情况，围绕“党建质量提升年”、强区行动、融合业务发展、新兴业务推广、提速降费等重点工作不断促进分公司综合实力全面提升，圆满完成2018年分公司经营目标。年末，内设综合管理部、网络部、销售服务部、政企客户部、宽带电视部、综合服务支撑中心、党群工作部7个职能管理部门，下设回兴支局、双湖支局、宝圣湖支局、工业园区支局、双凤支局、两路支局、双龙支局、悦来支局、新牌坊支局、黄泥塝支局、加州支局、龙溪支局、龙山支局、冉家坝支局、龙塔支局、龙兴支局、洛碛支局、统景支局、木耳支局、王家支局、兴隆支局、渠道支局22个支局，回兴营业厅、胜利路营业厅2个自有营业厅。有员工267人，其中合同制员工137人、代管外包130人。

【业务经营】 2018年，中国电信渝北分公司基础业务稳中有进，政企市场有所突破。以持续提升“以我为主”的服务营销队伍意识为抓手，以新兴业务推广为切入点，寻找新的业务增长点。凭借细分市场、变守为攻、突破转型等策略，以提速降费、下调国际漫游流量资费、推广全国流程不限量业务为切入点，加大分公司各项业务经营力度。2018年底，分公司主营收入累计同比增长9.68%，电信电视对宽带的渗透率达到81.34%，较2017年末有所提升。

【网络建设】 FTTH建设方面，全年全区FTTH覆盖住户规模达85万户，FTTH覆盖占比99.11%。站点建设方面，有移动基站1501个。政企专项工程方面，公安“智慧天网”项目共计开通7022

个接入点，公安“人脸识别”项目开通1087个接入点，交巡警976专网开通368个接入点，教育城域网开通147个接入点。圆满完成重庆首届“智博会”保障工作，实现智博会期间“网络零事故、零投诉、优质网络体验”的保障目标，获得主办方好评。2018年工程建设获得市公司优质工程项目一等奖1个、二等奖1个，是全市唯一获得两个奖项的分公司。

【党建工作】 2018年，中国电信渝北分公司深入开展“中国电信党建质量提升年”活动，全面夯实党建基础工作，发挥基层党组织战斗堡垒作用。建立健全分公司党建工作责任制和党风廉政建设工作责任制，强化规范党委会会议组织管理，开展“大学习、大宣传、大落实”活动，优化党建组织队伍。2018年完成分公司党委纪委换届选举以及4个支部换届选举、1个支部委员增补，支委成员中优秀青年比例达70%。开展标准化支部建设工作，2018年申报2个标准化支部，1个通过市公司验收。3名党员获得市公司“先进工作者”荣誉。

【工会工作】 2018年，中国电信渝北分公司坚持市场经营与员工关怀两手抓，不断增强分公司的凝聚力，为分公司进一步发展奠定坚实基础。围绕企业转型3.0战略和强区行动等企业中心工作，扎实推进“强基础、铸品牌”重点工作，深耕“四小建设”品牌工作，丰富员工关爱内涵，推进解决员工合理诉求，提升员工获得感和幸福感。持续开展“五必访，五必贺”，开展“送温暖、送清凉”活动，关心员工切身利益，构建和谐劳动关系。组织员工集中庆祝传统节日、重大节日，全年举办新春游园、包元宵、趣味抽奖大型群体性活动共3次。深入开展“比技能、赛业绩、争一流”竞赛活动，扎实推进岗位创新，2018年5月成功创建“刘成敏劳模创新工作室”，被市公司工会授予“十大员工岗位创新工作室”称号。

（马 攀）

中国移动通信集团重庆有限公司渝北分公司

【概况】 2018年，中国移动通信集团重庆有限公司渝北分公司（以下简称“移动渝北分公司”）秉承中国移动“正德厚生、臻于至善”的企业核心价值观，积极致力于移动通信事业的技术创新、业务创新和服务创新，以“创无限通信世界，做信息社会栋梁”为使命，彰显优秀的企业文化，体现高度的社会责任感和使命感。年末，设综合部（党群工作部）、建维部、市场部、集团客户部4个职能管理部门以及渠道中心等7个生产机构，有员工156人。

【市场发展】 2018年，移动渝北分公司深入学习贯彻习近平新时代中国特色社会主义思想，不忘初心，按照重庆公司统一部署，坚持以“大连接”战略为主导，以“卡”“线”为根，以客户为中心，转型规模发展。截至2018年12月底，移动渝北分公司用户近85万户，其中宽带用户超15万户，实现用户和宽带用户规模双领先。

【网络建设】 2018年，移动渝北分公司激活开通4G基站1067个，驻地网新建近8万户，驻地网覆盖网小区达到1142个。集团专线新建784条，维护专线数量累计达到3000条。全年无重大网络故障发生，顺利完成智博会、渝洽会等各项大中小型会议的通信保障上百次，2018年度通信保障工作成效显著。

【集团发展】 2018年，移动渝北分公司围绕党的十九大报告提出的乡村振兴战略，加快推进农业农村信息现代化建设，在渝北范围内建设170个益农信息社，在公益服务、便民服务、电商服务、培训服务四个方面，将城市服务带入农村，全方面便捷农村生活，实现服务进村、信息入户，助力打赢脱贫攻坚，实现乡村振兴。在渝北区统景镇、兴隆镇建设互联网试点小镇，结合大数据、物联网、云计算等先进信息技术，提供政务、产业、民生三大模块内容，每个模块整合相关应用，向政府及村民提供“一站式”信息服务，助推政府管理能力提升，为居民足不出户了解政策方针、办理业务提供便利。

（李　西）

中国联合网络通信有限公司重庆市渝北区分公司

【概况】 中国联合网络通信有限公司重庆市渝北区分公司（以下简称“联通渝北分公司”）主要经营GSM移动业务、数据和固话业务、增值业务等。2018年，联通渝北分公司抓党建推动企业文化，提升员工幸福感获得感，团结一致砥砺前行。严控成本收入和毛利共生，聚焦5G全面建设“五新”联通，提升网络使用感知水平，实现互联网化转型新突破。2018年末，有员工145人，其中本科以上学历占82.13%，考核收入17293万元，固定用户75595户，移动用户237293户，互联网用户97065户。

【机构设置】 2018年，联通渝北分公司提高企业整体执行能力，满足网格化营销需要，促进市场进一步发展。年末，设办公室、市场销售服务支撑中心、政企营销服务中心、建设维护部4个职能部门，按区域划分有两路综合营销服务中心、回兴综合营销服务中心、乡镇营服中心、鸳鸯综合营销服务中心、融合业务营销中心等一线销售部门。

【网络建设】 2018年，联通渝北分公司围绕疑难站、市场驱动、投诉集中、MR覆盖空洞、新建区域等问题，集中力量开展建设工作。新建室分围绕政企单位、A/B类场景、重要市场营销及口碑场景、市场发展校园及集中投诉点实施。切实解决传输类隐患，调整不合理结构，梳理消除校园、厂区、高速路等重点场景站点的配套及传输隐患，制定故障类考核机制，制定规模小、投资少、解决面广的网络覆盖方案，提高用户满意度。全年完成新建基站44个、扩容54个、拆闲63个（80台RRU，盘活资产额127万元）、搬迁基站19个；完成新建室分站51个、扩容室分站13个，有效解决大容量型场景问题；光改建设立项2个，投资73.05万元，完成覆盖住户数17667户，新建设FTTH端口3984。

【市场发展】 2018年，联通渝北分公司推进泛金融泛终端泛权益化价值运营转型，强化公司价值经营主线，助推公司互联网化转型，加快实现公司高质量发展。积极探索、不断迭代传统通信业务与金融、权益业务的深度嵌入式运营，从宣传、产品、营销、触点、支撑方面加快实施营销模式转型。从过去以终端销售业务为主，转型切换到泛权益、泛终端运营。以用户需求为核心，以资源互换为契机，加快资源型异业商盟合作，逐步强化对“衣食住行、吃喝玩乐”消费领域的渗透，打造紧密围绕客户消费需求的营销体系。从传统实体门店场景逐步转型切换到传统实体门店+各类异业触点。以实体门店为基础阵地，以权益资源为导向，广泛拓展异业触点，打开业务受理面，广泛获取价值型权益资源填充。通过金融权益业务运营的关系纽带，促进各个异业领域间资源的二次整合，主导并构建生态化商盟平台模式。

【党建工作】 2018年，联通渝北分公司全面贯彻落实党的十九大精神，坚持党的全面领导根本政治原则，落实管党治党政治责任，坚持党建工作与中心工作同安排、同部署、同检查、同考核。进一步规范落实组织生活制度，党委的创造力、凝聚力、战斗力明显增强。坚持做好党建基础性工作，严格执行“三会一课”等党内制度，全面加强党组织建设和党员管理工作，推动“两学一做”学习教育常态化制度化。严格落实党风廉政建设主体责任，大力加强党风廉政建设。扎实推进精准扶贫工作，结对子“一对一”帮扶。开展“党章大家读”、党员大会集体重温誓词宣誓、围绕“宗旨意识、工作态度、作风养成、贯彻落实”开展“大讨论大反思”，“不忘初心，牢记使命”主题教育取得实效。

【工会工作】 2018年，联通渝北分公司坚持党建引领，以党建带工建，以工建促党建，有组织、有计划、有步骤地推动工会工作健康发展。积极探索与企业科学发展相适应的工会工作新思路新办法，始终抓住经营生产不放松，围绕中心不动摇，加强工会自身建设，全力打造学习型创新型群众组织。开展趣味拔河比赛、三八节摄影培训户外采风活动、金秋企业文化趣味活动等丰富多彩的文体活动，切实增强工会的吸引力、凝聚力。关注关爱员工，及时了解并协调解决员工在工作或生活中遇到的困难和问题，积极传递组织温暖，构建和谐团队。深化企业民主管理，深入实施“总经理在线”活动，定期召开企务公开发布会，以解决问题为导向，落实闭环管理机制，强化责任意识，注重结果反馈，实现公开解难题，民主促发展。

（但 娟）

科教　文卫

概　述

2018年，渝北区科技、教育、文化、广电、卫生、体育、档案史志等事业健康发展。

科技　科技工作继续走在全市前列，科技型企业、国家高新技术企业、国家创新型企业、国家高新技术产品、市级以上研发中心、有效发明专利增加量等多项工作在全市名列前茅。全区社会研究与试验发展（R&D）经费投入超60亿元，万人有效发明专利拥有量达到20.7件，均提前实现“十三五”规划目标。在区县综合科技创新水平指数排名中，渝北区连续三年位列全市38区县之首。

教育　渝北区（不含两江直属区）有各级各类学校367所，比上年减少2所，下降0.5%；在校学生179291人，比上年增加7240人，增长4.21%；有教职工14955人，比上年增加342人，增长2.34%。全区（不含两江直属区）学校占地448.86万平方米，比上年增加39.09万平方米，增长9.54%；校舍建筑面积277.66万平方米，比上年增加30.79万平方米，增长12.47%。

文化旅游　召开渝北区旅游发展大会，明确发展方向与目标；碧津美术馆、渝北历史文化陈列馆建成开放，再添渝北文化新地标；建成24小时自助图书馆2个，提档升级镇街文服中心7个，建成社区文化室10个、社区体育公园5个、社区健身点15个，成立图书馆文化馆分馆22个。文化产业增加值66.7亿元、同比增长16.7%，旅游综合收入98亿元、增长21.7%，体彩销量2.86亿元、增长25%。

卫生　全区共有医疗机构731家，其中公立三级专科医院2家，二级医院4家，社区卫生服务中心6家，中心卫生院11家，疾病预防控制中心1家，民营医院56家，社区卫生服务站38家，个体诊所及门诊部397家，血液透析中心1家，医学检验所2家，预防保健中心1家，医务室40家，村卫生室172家。共有床位7201张，执业（助理）医师3487人，注册护士4177人。全区公办医疗机构资产总额148528万元，净资产总额114256万元，总诊疗人次186.36万人次，医疗收入8.24亿元。全区人均期望寿命77.34岁，孕产妇死亡率8.84/10万，婴儿死亡率3.4‰。

广电新闻　区广电台先后推出《在习近平新时代中国特色社会主义思想指引下——新时代新气象新作为·部门、国有公司负责人系列访谈》、《脱贫攻坚进行时》大型系列报道，《兴调研转作风促落实》等10余个专栏；配合纪念改革开放40周年摄制完成的微视频《100秒看重庆·渝北》参加重庆市“100秒看重庆”网络微视频接力大赛荣获二等奖，上线7天点赞率超过40万；微信公众号“渝北视界”《行走渝北》短视频、《89个瞬间看渝北改革开放四十周年》原创文章点击率超过10万。全年《渝北新闻》共播出新闻2400

条,《渝北周刊》共播出48期。在重庆电视台新闻中心各档栏目共播出新闻911条,其中《重庆新闻联播》播出新闻320条,新媒体"第1眼"采用289.5条。央视各档栏目播出新闻57条,其中《新闻联播》3条。渝北新闻社新闻报道获得"重庆市区县报新闻奖"15件、"重庆人大新闻奖"2件,获奖数量居全市第一。渝北新闻社获得"重庆区县手机党报优秀团队奖","渝北掌媒"客户端被评为"重庆客户端集群联盟优秀客户端",《渝北时报》连续七年被评为"重庆市优秀区县报"。

(朱保东)

自然科学

【概况】 2018年,渝北区R&D经费支出超过60亿元,万人有效发明专利拥有量达到20.07件,均提前完成"十三五"规划目标。科技创新工作继续走在全市前列,国家高新技术企业、市级科技型企业、市级高成长性企业、市级以上研发中心等多项工作在全市名列前茅;在重庆科技创新指数报告中,渝北区连续三年排名第一。

【创新主体】 2018年,渝北区新培育科技型企业325家,总数达1083家,占全市的9.8%,数量居全市第一;国家高新技术企业达441家、市级高成长性企业达101家,数量居全市第一。新增市新型研发机构5家,总数达15家,占全市的24.2%,居全市第一;元韩汽车设计院等3家机构被评为市新型高端研发机构,市新型高端研发机构总数达8家(全市24家,占比33.3%)。

【科技项目】 2018年,区科委围绕全区重点产业方向,优选实施对全区经济社会发展有重要影响的前沿技术、重大共性关键技术科技计划项目51项,并首次实施"临空人才科技专项",设立"大数据智能化专项"。

【创新平台】 2018年新建成国家级众创平台2家,示范性众创空间达19家,其中国家级5家、市级7家,孵化企业在市OTC科创板挂牌27家、成长板32家。支持企业新建市级以上重点实验室等科技创新基地11个,总数达194个。深化科技创新券试点,完成线上平台优化升级,接券机构数达80家,发放券额3665万元,累计已发放面额7275万元。完成渝北汽摩产业"火炬计划"项目,渝北区被科技部授予"国家'火炬计划'重庆渝北汽摩制造及现代服务特色产业基地"称号。

【科技金融】 2018年,释放科技"种子、天使、风险"投资基金作用,投资基金规模达27.73亿元(占全市总规模138.8亿元的20%),投资创新团队和企业48家,股权投资及无息贷款金额达13.17亿元。与市科技金融集团新建规模3亿元的知识信用担保基金,依托该基金,合作银行为46家企业提供信用贷款6036万元。

【创新氛围】 2018年,渝北区组织企业参加第十三届高交会,区政府获评优秀成交奖、区科委获评优秀组织奖。举办"全国知名创投机构渝北行""临空杯""农创杯"等活动,支持区内众创平台开展项目路演、创业培训等152场;组织115个项目参加中国创新创业大赛(重庆赛区),获一等奖3个、二等奖2个,参赛数和获奖数位居全市前列。在重科院发布的全市区县双创指数排名中,连续9个季度排名第一。在庆祝改革开放40周年活动中,《人民日报》、《光明日报》、《科技日报》、中央电视台等相继对渝北区创新生态圈建设作专题报道。

(任　地)

社会科学

党史研究

【党史基础研究】 2018年,区党史研究室完成近20万字《中共重庆市渝北区党史大事记(1919—2006)》定稿送审和6万余字的《重庆市渝北区"不忘初心·牢记使命"主题教育读本》、5万字的《曾霖同志传略》初稿。为纪念改革开放40周年,启动《春风化雨话渝北》文献系列丛书编辑,内部出版4万余字的《人民日报篇》和2万字的《光明日报篇》,精心编印"不忘初心唤醒红色记忆、牢记使命传承红色基因"为主题的《红色印痕·鸿爪春泥》画册。

【党史资政研究】 2018年,渝北区率先在全市完成80多万字的《中共渝北区委执政纪实(2017年卷)》(总第一卷),真实记录区委全面贯彻党的十九大精神、决胜全面建成小康社会和加快建设国家临空经济示范区的执政历程。认真开展"深化党史资源挖掘,优化党史基地建设"等课题调研,形成2篇专题报告。恢复《资政史鉴》专刊,转发市委党史研究室论文《中国共产党在重庆历史上几个重要阶段的政治生态》。《周钦岳的德治实践》及《周钦岳德治实践研究》被收入重庆历史名人法治与德治研讨会论文集。《"狱中八条"对从严治党的启示》《中央一号文件指引下的渝北农村改革40年》《改革开放40年·渝北城市大发展》等20余篇论文在市区媒体刊物发表。

【党史宣传教育】 2018年,渝北区率先在全市建成"不忘初心、牢记使命"党史文化画廊,集中反映革命时期渝北共产党人肩负的初心和使命。新建区民政局机关党史书屋、龙塔街道党史书屋、华蓥中学党史校史馆和龙兴古镇党史书屋,完成两江影视城"新华日报社旧址"和龙兴公司党史书吧展陈设计,党史研究工作加快走进基层、走进学校、走进社区。扩大发行《史镜今鉴》,将全区中小学校纳入免费发行范围。围绕"不忘初心、牢记使命"主题教育活动,面向全区30余个单位公开宣讲《做实做优新时代渝北党史工作》。配合全区征兵工作,在新兵入伍欢送仪式现场精心布展"不忘初心传承红色基因、牢记使命永远听党指挥"主题党史文化画廊。配合区历史文化陈列馆建设,专题提供渝北革命斗争史文稿。反映中国战时儿童保育会的纪实影像专题片《爱的行动》在重庆卫视"第一眼"客户端播出。新华网、华龙网、凤凰网等报道渝北党史工作10余次。

【党史资料征集】 2018年,党史资料征集工作突出抓好实物资料征集和红色革命遗址遗迹保护。

聘请专人对石船、龙兴等7个镇的党史文物资料进行集中排查和征集。走访重要历史亲历者和见证者1700余人次，全面清理石船地下党活动旧址等23处红色遗址，新挖掘红色遗迹遗址和宣传标语150余处。累计收集整理文字资料174件、音像资料93件454分钟、口述资料73件778分钟、实物资料365件、个人留存资料408件，其中，包括邓小平参观视察上海展览中心时使用过的放大镜和原始照片以及龙兴地下党接头暗记"歪红五星"门板等。加强影像资料征集，系统收集1958年至2018年中央电视台、中央新闻纪录电影制片厂等有关渝北的宣传报道影(声)像，发现资料26条，其中中央电视台8条、重庆电视台18条；内含1990年1月22日国家领导人出席重庆江北机场开航典礼等珍贵影像资料。走访慰问老红军罗云同志亲属、中国第一代集成电路专家兼光伏电池先行者王儒全等"活化石"30多位，拍摄图片120张，录制视频总长20小时，整理采访文稿5万余字。

(陈 艳 尹江君)

地方志编修

【概况】 2018年，渝北区地方志工作以习近平新时代中国特色社会主义思想为指导，深入学习贯彻党的十九大精神，认真贯彻落实习近平总书记对重庆提出的"两点"定位、"两地""两高"目标和"四个扎实"要求，以及市委、市政府各项决策部署，对照区委、区政府2018年工作安排，聚焦修志编鉴主业，按计划稳步推进区志编纂、年鉴编辑、地情服务等工作。

【志书编修】 2018年，渝北区全面实施《重庆市渝北区志(1995—2015)》(以下简称《区志》)编纂工作。6月，组织召开《区志》编纂工作动员部署暨业务培训会，全区各级各部门共220余人参加。7月，印发《重庆市渝北区志(1995—2015)编纂工作实施方案》，明确将《区志》编纂工作纳入全区年度综合目标考核。建立《区志》编纂工作QQ群，邀请专家分期分批开展上门培训辅导、座谈讨论，采用线上线下联动方式加强对《区志》编纂参与单位的沟通衔接和业务指导，《区志》编纂工作在全区范围内全面铺开。截至年底，各级各部门已全部按要求组织实施《区志》编纂工作，其中20余家单位完成初稿编纂，提前完成阶段性任务。加强部门镇街修志指导，全年指导部门、镇街、园区编修志书3部，批复付印志书1部。

【《渝北年鉴》编辑出版】 2018年，区志办结合实际，重新调整编审人员分工，注重在工作中培养锻炼年轻同志，全面加强年鉴组稿、编辑和审稿工作力量。加快《渝北年鉴》编修进度，在全面完成《渝北年鉴(2017)》编印基础上，组织全区各级各部门实施《渝北年鉴(2018)》编辑出版工作，按计划完成资料收集和初稿编纂，加快推进印刷和公开出版工作。

【编印《渝北区大事记》】 《渝北区大事记》是全面反映渝北区政治、经济、科技、文化等综合性区情的重要资料，每季度编发一期。全年按时高质编印《渝北区大事记》4期8万余字，印制成纸质件送相关部门及人员，并在全区党政网发布，为各级各部门编修志书、存史资政提供第一手资料。

【市级供稿】 4月，渝北区按照市志办统一部署，在规定时间内高质量完成《重庆年鉴(2018)》渝北区稿件组稿报送任务，全文约11000余字。按照市志办工作要求，组织区旅游局等单位积极撰写《重庆市景区志》渝北区稿件，共收集、撰写区内5个景区共3.5万字资料、图片20余张，顺利通过市志办审核，于8月完成资料上报。按照中指组统一部署和市志办总体安排，积极承担地方志工作对口援藏任务，主动与西藏芒康县地方志工作机构对接，对口支援地方志工作经费10万元，为当地开展地方志工作给予切实帮助。

【地情资料服务】 2018年，区志办加强与全国各地地方志工作机构及重庆图书馆、渝北区图书馆等交流合作，收集入库《中国地情资料报告》《重庆历史政德人物》《衡山县志（1978—2005）》《綦江县志（1986—2011）》《万州年鉴2017》等地情资料一批，馆藏资源进一步丰富。广泛开展读志用志，充分利用现有文献资源，向区内外有关单位和个人提供地情资料达1000余次。协助配合区委宣传部、区广电台等单位，开展纪念改革开放40周年相关活动，收集整理提供有关“渝北区改革开放40周年”“开发园区发展”等资料5件次、3000余字。创新地方志工作宣传形式，统一印制“方圆天下，志书古今”宣传伞2500把，免费赠送给区内志鉴编修单位，有效增强地方志工作宣传的广度、深度。提高信息化建设水平，及时更新完善“渝北方志”专栏信息，完成《重庆市渝北区志·城乡建设志（1998—2014）》《重庆市渝北区志·气象志（1931—2014）》的数字化转换和数据上传，上传《渝北年鉴》1部、《渝北区大事记》4期。

【方志馆建设】 2018年，区志办协调推进方志馆建设，学习借鉴全国各地特别是“方志之乡”江浙一带方志馆建设的先进经验和做法，积极配合空港新城公司等建设单位，提前谋划区方志馆建设和陈展设计。截至11月，该项目《可研报告》通过评审，初步设计基本完成，项目平场基坑浇筑完成。

（刘奕含）

档案工作

【概况】 2018年，渝北区档案工作紧扣工作重点、创新工作方法、突出工作特色，扎实推进各项工作任务的完成。继续推进《关于加强和改进新形势下档案工作的实施意见》的贯彻落实，强化全区档案业务规范化建设，实现渝北区档案事业创新发展并取得历史性突破，区档案局（馆）被评为全市档案业务目标考核工作先进单位。

【依法治档】 2018年，渝北区开展以“档案见证改革开放”为主题的“6·9国际档案日”宣传活动，6月8日在碧津公园大门设立现场咨询点，举办渝北区行政区划调整专题图片展，印发《渝北区档案局（馆）简介》《渝北区档案馆馆藏民生档案利用服务指南》《档案知识问答》等宣传资料，全方位多角度宣传档案知识及档案相关法律法规。采取“两随机一公开”方式，对全区20个单位集中开展档案行政执法检查。区档案局（馆）成功创建重庆市渝北区法治政府建设示范单位。

【指导监督】 2018年，渝北区档案馆深入全区各部门、镇街、村居及企业，对文书档案、农村土地承包经营确权登记颁证档案、地名普查档案等不同种类档案收集整理开展业务指导，全年指导人数达450余人次。联合区财政局对全区36个单位开展会计档案管理专项检查。指导全区30个村（社区）成功创建“重庆市渝北区示范村（社区）档案室”。承担市环保督查组对渝北区环境保护督查的档案资料收集整理指导工作。

【安全管理】 2018年，渝北区档案馆坚持抓好档案保管保护“八防”工作，对渝北区市属国有企业退休人员档案专用库房进行集中消毒杀虫。加强区综合档案馆档案安全工作，坚持执行每日安全巡查工作制度和节日前后、极端天气安全大检查，严格落实档案资料出入库登记制度。对全区各立档单位档案安全工作进行指导监督，全区全年无档案安全责任事故发生。

【信息化建设】 2018年，渝北区档案馆加快推进区综合档案馆馆藏档案数字化加工进度，全年完成数字化加工档案30484卷、320万页，馆藏档案数字化率达到66%。接收重庆巨能集团、重庆中环建设有限公司等6家单位档案数字化副本数据，全年新增数字化副本141.1Gbps，案卷级目录数64149条，文件级目录数140390条。

【人才培养】 2018年，渝北区档案馆加大业务培训力度，与区委组织部、区行政学校联合举办全区档案综合业务知识培训班2期，对350余名专兼职档案人员进行档案业务培训；开展基层单位“登门送课”活动，深入各镇街、村居开展档案基础业务知识培训；选派局机关17名干部职工参加国家档案局干部教育中心举办的业务知识进修班学习。

【资源建设】 2018年，渝北区档案馆启动全区第五批档案集中移交入馆工作，计划接收全区82个一级立档单位2005年前形成的档案3.5万余卷。完成市属国有企业退休职工档案接收工作，接收8个市属国有企业3903卷档案。接收撤并建单位原粮食局档案683卷、1956件。接收档案资料家谱2册、志书2册。对7.2万件档案进行开放鉴定，其中民国档案4.9万件、建国后档案2.3万件。

【利用服务】 2018年，全区各档案馆（室）共接待查阅群众18万人次，提供利用档案22万卷（次）。其中，区综合档案馆接待到馆查阅者1.5万人（次），提供利用档案3.5万卷（次）。全力参与主城九区和长寿区“异地查档、跨馆服务”试点工作，为125名群众提供婚姻档案异地查询服务。利用区综合档案馆馆藏档案资源，与西南政法大学合作编印《江北县社会纠纷及其裁断（1927—1949）》下册；研究制定《渝北档案参考》编辑方案。

【基础建设】 2018年，渝北区档案馆组织开展“渝北区机关档案室建设及现藏档案情况”实地调研，形成《渝北区机关档案室建设状况调研报告》，以区政府名义印发《关于进一步加强机关档案室规范化建设的通知》，为全区机关档案室规范化建设提供保障。在区委区政府的高度重视和关心下，区新综合档案馆于2018年5月正式开工建设，预计2020年底建成投用。

（邓　颖）

文联工作

【概况】 2018年，渝北区文学艺术界联合会（以下简称“区文联”）及各协会紧紧围绕学习宣传贯彻党的十九大精神这条主线，以习近平新时代中国特色社会主义思想为指导，切实履行团结引导、联络协调、服务管理、自律维权职能，围绕中心、服务大局，深化改革、奋发有为，全面完成区文联一届六次全委会部署的各项任务，为繁荣发展渝北文艺、推动文化强区建设做出积极贡献。

【特色品牌】 2018年，区文联联合四川中国画学会和重庆中国画学会创办“巴山蜀水”这一面向川渝、辐射全国的中国画活动品牌。联合四川美术学院、中国抗战美术研究中心，举办“艺为人生·弦歌不辍——抗战时期中央大学中国画艺术及传承”展览，将“巴山蜀水”提升为具有全国影响力的品牌活动。联合《中国书法》杂志社，创建中国（渝北）书法论坛暨全国书法名家作品展。成功举办第三届“生态渝北”全国摄影大赛，参赛作品2600余件，评选出入展作品100件；顺利开办“开心60分，欢乐小舞台”周周演曲艺剧场，为群众提供丰富的精神食粮。

【文艺活动】 对外交流活动方面，区美协主席沈小虞、副主席何国胜参加市级国际交流活动俄罗斯展；区书协举办“双北向上”渝北北碚书法篆刻作品联展，两地艺术家联展相互切磋、深入交流。展赛展演活动方面，美协举办“砥砺前行——重庆市渝北区第六届美术作品展”，收到作品366件；摄协举办“渝北美丽乡村”摄影展，收到作品1000余幅，联合渝北区公园管理中心举办重庆·渝北“公园让城市更美好”摄影大展活动，收到摄影作品1610余幅；舞协参与举办“欢跃四季·舞动巴渝”——纪念改革开放40周年渝北区广场舞展演活动、“时代楷模”杨雪峰同志先进事迹文艺巡演活动。文艺培训方面，美协联合重庆画院油画艺委会举办2018首届“夏之梦”中小学美术教师创作研修班，来自重庆市渝北区、黔江区、沙坪坝区、巴南区、南岸区、江北区、渝中区、九龙坡区、酉阳县等20多名中小学美术教师参加研修班；摄协聘请区内外摄影专家举办后期PS、指导拍摄项目等专题培训4次，举办渝北区首期金像专题纪实摄影高级研修班，聘请中国摄影金像奖得主和中摄协专家进行为期1个月的教学；联合举办第二届“文以载道”渝北区机关干部文化艺术培训12期，内容涉及书法、国画、油画、声乐、舞蹈和吉他弹奏，参训人数超过1000人。文艺采风活动方面，美协组织南方翻译学院师生20余人到尧龙山进行写生创作，邀请市美协专家现场指导教学；摄协组织开展渝北区“农村让城市更向往”摄影采风活动，摄协党支部组织党员及会员先后6次参与“川染里杯”醉美统景采风活动拍摄。文艺志愿服务方面，美协、书协承办“文化进万家”红色轻骑兵市区书画家赶场走进渝北区龙兴和合家园，用书画作品为基层群众送去新春祝福，共送出春联200副、福字100张、国画作品60幅。

【文艺扶持】 2018年，出台《重庆市渝北区文艺创作奖励扶持暂行办法》，以更大的力度对获奖作品、文艺项目、文艺家工作室给予奖励、资助与扶持。

【协会建设】 2018年，成立渝北区民间文艺家协会和渝北区观赏石协会。壮大渝北区文艺家协会队伍，为民间文艺家和观赏石爱好者提供发展和交流平台。区摄协成功举行换届大会，顺利完成换届。

（杨璐瑶）

社科联工作

【理论武装】 2018年，渝北区社科联开展学习新思想征文研讨活动，共收征文稿件109篇，评选出37篇优秀征文并编印成集；开展理论宣讲活动，积极组织参与习近平总书记参加重庆代表团重要讲话精神、习近平总书记在民营企业座谈会重要讲话精神等系列宣讲活动，先后在江津、沙坪坝、九龙坡和双凤桥街道、仙桃街道等地方及单位宣讲10余次；通过“理论麻辣烫”微信公众号，开展学习《习近平新时代中国特色社会主义思想三十讲》知识竞赛活动，吸引来自全国20多个省市共计2.4万余人参与答题，活动经验得到市委宣传部肯定批示；学习弘扬“时代楷模”精神，举办学习杨雪峰同志先进事迹征文活动，征集文稿220篇，评出56篇优秀稿件并编印成册，推动形成向杨雪峰同志学习的浓厚氛围。

【课题研究】 认真落实市社科联关于社科普及和项目申报的相关要求，组织区委党校、统战部等部门申报“中国特色社会主义进入新时代”“基于‘新三种人党外知识分子’画像精准识别的政治本领研究”等2个市规划普及项目；结合实际组织开展区级社科课题研究，区委党校、区商务局、区税务协会、重庆工业技术学校等8个单位申报14个课题，涉及党的建设、法制建设、商贸发展、民生工程、人文历史、高职教育等方面；完成渝北区科技计划项目，“渝北区建设临空都市区的对策及建议”结题等相关工作；结合兴调研转作风促落实行动，深入基层调查研究，形成《基层社科组织发挥作用的调研与思考》等10余篇调研报告。通过一系列的理论研究，为渝北的政治、经济、社会、文化、生态文明建设提供借鉴。

【社科普及】 打造“临空社科讲堂”，举办“临空社科讲堂·漫谈重庆古道”讲座，与区图书馆、区委党校等单位合作，联合开展接地气、群众喜闻乐见的科普讲座，深受群众欢迎；设计独特的LOGO，印制一批社科宣传资料，制作一批社科普及用品，让群众深入了解社科知识和社科工作；充分发挥社科社团和社科基地等社科普及阵地作用，通过科普活动周、科普知识讲座、科普展览等形式，深入广场、院坝、社区开展卫生健康、文明礼仪、家庭教育、传统文化等社科普及活动，累计开展社科普及活动80余场次，惠及人民群众10万余人，推动社科普及进社区、进农村、进机关、进学校、进企业。

【智库建设】 积极贯彻落实关于加强新型智库建设的意见精神，研究出台《关于加强渝北区新型智库建设的实施意见》（渝北委办发〔2018〕24号），确立渝北智库建设的目标任务和责任清单，明确区委宣传部统筹协调、指导管理区内新型智库，区社科联做好日常管理服务工作的职责。新型智库建设各项工作积极推进，区委党校启动新型社会智库建设试点工作。

【社科队伍】 着力推进社科联职能调整，结合群团改革和社科工作实际，区委办印发《重庆市渝北区社会科学界联合会机关机构编制方案》（渝北委办〔2018〕1号），进一步强化社科工作职能职责，明确内设机构和人员编制，并提出“可以通过兼职、挂职、政府购买服务等多种方式充实工作力量”；着力发展社团组织，新成立渝北区发明创新服务协会，全区社科管理社团组织共计15个，区级社科普及专家库1个，国家级人文社科普及基地1个，市级社科普及基地1个，区级人文社科普及基地18个；社团组织和人文社科基地发展更加壮大。

（覃业群）

教　育

【概况】 2018年，渝北区（不含两江直属区）有各级各类学校367所，比上年减少2所，下降0.5%；在校学生179291人，比上年增加7240人，增长4.21%；有教职工14955人，比上年增加342人，增长2.34%。全区（不含两江直属区）学校占地448.86万平方米，比上年增加39.09万平方米，增长9.54%；校舍建筑面积277.66万平方米，比上年增加30.79万平方米，增长12.47%。

【学前教育】 2018年，渝北区统筹推进学前教育普惠发展，出台《渝北区2018—2020年度加快推进普惠性学前教育工作方案》《渝北区第三期学前教育行动计划实施意见》《渝北区推进2018年普惠性学前教育工作实施方案》等系列文件，成立渝北区推进普惠性学前教育发展工作领导小组；配合区人大常委会开展学前教育专项评议工作，配合市区相关部门开展幼儿园专题调研工作，助推学前教育发展。积极协调推进公办幼儿园师资建设，向市编办争取幼儿园周转编制144名，协调区编办成立公办独立法人幼儿园17所；通过渝北幼儿园、庆龄幼儿园和部分小学选派、中小学校长兼任等方式配备公办独立幼儿园和附属园园长44人；从中小学、幼儿园抽调25人充实新建幼儿园教师队伍；公开招聘全日制本科以上、学前教育专业幼儿园教师77人，选聘区外优秀教师3人，充实学前教育专业队伍。加大学前教育投入，全年投入学前教育专项资金（不含两江直属区）23373万元，其中财政性投入20373万元、平台投入3000万元；新建及装饰装修幼儿园44所，投入资金9688万元，公办幼儿园公用经费新增投入资金1708万元；临聘幼儿教师和新招教师方面投入资金2471万元，幼儿园教玩具、厨房设施设备等投入资金4623万元。全区公办园(含公办性质园)由上年44所增至97所,新增学位11250个,公办园占比由15%提升到30%。开展幼儿园等级审定工作,新认定普惠性幼儿园11所,全区普惠性幼儿园增至215所,占比由上年的53%提高至63%。

【义务教育】 2018年,渝北区着力推进全区义务教育优质均衡发展,旭辉小学、长安锦尚小学及黄炎培中学3所新扩建学校投用,新增学位5160个。出台《渝北区2018年义务教育阶段学校招生方案》,采取"网上报名+现场审核"方式,全区义务教育阶段招生工作平稳顺利。出台《渝北流动人口随迁子女等流动人口子女入学办法》,全年解决流动人口子女入学6369人。实施特殊教育提升计划,成立渝北区特殊教育资源中心,建立21个二级资源教室;区特殊教育学校增设幼儿园、高中部,首届分别招收16人、15人;完善随班就读和送教上门机制,全年招收随班就读学生248人、送教上门学生85人。率先在全区中小学开展免费课后服务工作,承办全市"课后服务"现场会和全国"课后服务"现场会,渝北课后服务工作经验在全市和全国推广;加强课程改革,召开全区中小学新课程改革成果展示会,推出智慧共生课堂。义务教育入学率100%、巩固率100%,三残儿童入学率达100%,初中升入普通高中学校升学率86.8%,初中升入高中阶段学校(普高、职高)毛入学率97.4%。中招严格执行70%的指标到校考试录取和联招考试统一划线录取的规定,全区7638人参加联招和指标到校考试,其中指标到校录取2577人,联招考试上线2021人。质量监测显示,全区小学差异系数为0.4072,初中差异系数为0.3241。全区城乡之间、校际之间差距进一步缩小,义务教育均衡发展水平进一步巩固。

【普通高中教育】 2018年,重庆八中、渝北中学、华蓥中学成功创建高中课程创新基地,6门课程成功申报精品选修课。完成新高考模式"走班选课"学校管理经验学习研修班等8个项目的采购工作。组织高中教师适应全国卷高考专项培训及高三教师统一全国卷高考题测试活动,提高教师适应新的全国高考的能力。全区新招高一年级新生6173人,高三毕业学生6306人,全区有普高在校学生18207人,规模保持相对稳定。高考成绩取得新突破,重本裸分上线2151人(含八中829人),比上年增加136人;全区有29人(含八中26人)被北大、清华录取。

【中等职业教育】 2018年,渝北区持续深化职业教育改革创新,全区中职学校共与145家企业开展校企合作;重庆装备制造职业教育集团探索实施实训基地托管运营、股份合作、订单合作培养等模式,建成38个校外实习实训基地;加强国际合作交流,成立中德(重庆)AHK智能制造认证培训中心,完成"中澳职场健康与安全培训"项目第二期培训工作。积极打造职教品牌,汽车运用与维修专业成功申报市级双基地立项建设项目,计算机应用专业和数控技术应用专业成功申报现代学徒制市级试点项目,城市轨道交通运营管理专业成功申报紧缺骨干专业建设项目,建筑工程施工专业成功申报中职高水平骨干专业建设项目。中职办学水平显著提升,全区中职完成招生5900人,中职毕业生就业率97%以上,获"双证"率85%以上;中职高考本科上线410人,上线率31.8%,占全市本科招生计划13%;成功举办全国职业院校技能大赛中职组"电子产品装配与调试"比赛,参加全国职业院校技能大赛获国家级奖7项,其中一等奖3项;职教研究课题《中等职业学校学生综合素质"多元立体"评价模式研究与实践》被教育部评为国家级教学成果一等奖。

【成人继续教育及社区教育】 2018年,渝北区进修校全年共开展7个类别26个项目培训,累计培训人数达9270人次。其中干部培训6项890人次，教师专项培训、专题培训19项7375人次，骨干培训322人次，国培27人次，资格培训458人次。完成1082人次的教师资格认定及注册工作，完成全区7872人次的专业技术人员继续教育学分审核。渝北电大继续开展开放教育、奥鹏学历教育日常面授辅导工作和网上教学工作，组织试点高校网络教育部分公共基础课统一考试和国家开放大学试点课程考试及期末纸质考试，完成8类考试15280科次，无一差错。全年招新生964人，毕业学员896人，在籍学员2457人，办学规模位于全市前列。社区教育组织开展"社区教育微课大赛"和"社区教育特色课程"作品项目申报工作，与区文联联合开展"市区书画赶场活动"和"书画进社区活动"，向市民免费赠送书画作品200余幅(件)；举办"全民终身学习活动周"活动，向市民免费发放《渝北区市民终身学习卡》1000余张。

【民办教育】 2018年，渝北区加强民办教育机构管理，依法审批民办普惠幼儿园5所、民办教育培训机构及分校(点)11个，完成民办幼儿园及培训机构变更事宜22个，筹设民办学历学校2所；对全区9所民办学历学校、26所非营利培训机构、246所民办幼儿园进行年检；区教委联合相关部门及街道对全区校外培训机构进行拉网式排查清理，对1家文化传播机构非法经营活动、2家托管机构违规组织"小升初"考试进行联合查处；建立校外培训机构联系会议制度，成立校外培训机构联合执法队伍；强化对民办幼儿园的监管，狠抓安全检查、应急处置工作，及时开展民办学校安全隐患大排查，共整改隐患253处。

【队伍建设】 2018年，渝北区全面贯彻《中央关于深化新时代教师队伍建设改革的意见》，出台《渝北区教育系统人才引进办法》，提高人才引进条件，增加激励措施，对引进的高层次人才分别给予100万、80万和50万的安家费补贴；简化考试考核程序，优化考核方式，全年引进省级教学名师1人、特殊专长急需紧缺人才2人。开展教师招聘调配工作，全年组织招聘新教师484人，其中考核招聘优大生181名，公开招聘教师264人，公开选聘区外优秀教师34人，安置渝北籍免费师范生5人；考核选调农村非超编学校教师17人到城区学校工作；统筹选调其他类教师68人，实现区内交流200人。完成龙山中学等6所超编学校教师分流115人，彻底解决历史遗留问题。为保证农村学校教师稳定，区教委作出"2个10%"的规定，即农村学校缺编人数达到核定编制数10%以上的当年不得调出教师，农村学校调出教师后缺编人数不得超过核定编制数的10%。狠抓师资培训，壮大名师骨干教师队伍，全年完成220名区级骨干教师培训、50名幼儿园园长任职资格培训、100名普惠性幼儿园业务骨干培训和500名新教师岗前培训工作；选送150名优秀小学、幼儿园教师到上海、南京参加培训；开展为期三年的区级未来教育家培养对象、区学科带头人、区学科名师培训工作；组建第三届名师工作室10个，选拔研修学员55名；开展中小学市级骨干教师周期考核，有2人被确认为重庆市教育家型教师和校长培养对象，有5人被评为重庆市特级教师，有1人被评为重庆市名师，1人被遴选为教育部举办的"中小学名师名校长领航工程培训班"学员。大力弘扬师德师风，开展第34个教师节表扬慰问及文艺汇演活动；在《重庆日报》、华龙网等媒体开辟专栏宣传50余名优秀教师事迹；组织8名教师参加教育部举办的"加强师德师风建设做新时代党和人民满意的好老师"示范班培训。加强师德师风专项整治，全年查处违纪违规教职工5人、辞聘教职工11人。

【学校基本建设】 2018年，渝北区编制《2018—2020年新建中小学幼儿园建设年度计划》，计划新建中小学幼儿园89所，估算总投资98亿元。

启动实施新建学校8所，总投资134756万元，建筑面积近29万平方米；茨竹中心校迁建工程主体完工，三峡职业教育龙兴校区、悦来中学迁建、锦华学校续建、统景幼儿园新建等4个项目全面开工；完成改扩建学校7所，总投资28412万元，新增学位1500个；完成维修改造项目46个、幼儿园建设项目40个，总投资13251万元，幼儿园新增教学班259个；完成91所公办中小学、独立公办幼儿园的校舍年检和防雷检测；完成隐患整改投资39万元。强化学校设施设备装配能力，全年完成教育信息技术、实验仪器设备配备、图书资料及智慧校园、创客项目等资金6442万元，其中学校自主招标采购配备校园监控设施设备及特色功能室装备1359万元、自主招标采购计算机教室设施设备144万元、统筹调配技装资金566万元、由区教委直接完成全区中小学设备设施配备4374万元。新增幼儿园设施设备配置1440余万元。完成教育城域网络计算资源采购年基准服务费和“全面改薄”投资161万元，组织11个招标采购项目验收，合同总金额1714万元。

【特殊群体关爱工作】 2018年，渝北区做好教育精准扶贫工作，强化贫困户子女入学教育保障，全面落实学生资助政策，实现“贫困学生全资助、义务教育阶段全免费、特殊群体全关爱、帮扶措施全到位、精准支持全落实”五全目标。全年共有33407名家庭经济困难学生获得各类教育资助6660余万元，资助对象包括学前教育、义务教育、普通高中教育、中职教育、大学阶段教育等各阶段学生；建立“一对一”“多对一”教育扶贫帮扶机制，有效解决贫困学生生活、学习问题。实施“一杯奶工程”，全年投入资金1450余万元，惠及9.2万余名公办义务教育阶段学生。对义务教育阶段非寄宿贫困学生9475人实行“营养午餐”补助，补助金额达939.2万元。全面收回重庆爱苗公司对21所学校食堂（超市）的经营管理权，对学生实行零利润经营。全年投入生源地贷款989万元。

【党建工作】 2018年，区教委扎实抓好思想建设工作，通过层层宣讲、专题党课、书记培训、专题培训、党务干部培训等多种形式，广泛开展学习贯彻党的十九大精神和习近平新时代中国特色社会主义思想系列活动。全年组织中心组学习讨论10次，撰写调研文章1篇。出台《进一步加强中小学党务公开校务公开财务公开的通知》。成立新建学校党组织3个，调整党组织设置1个，全年发展党员32名。严格执行基层党组织任期制度，完成学校基层党组织换届19个。认真开好民主生活会和党员民主评议会，抓好后进党组织整顿工作，全年培训党组织书记297人、党务干部150人。开展党组织书记述职工作，91名书记集中述职。开展城市基层党建结对共建活动20次、参与党员200余人次。修订完善校级干部考核实施细则，强化党建、业务考核，推动形成重党建、重主业、抓质量的良好氛围；完善干部实名推荐制和学校二级干部备案审查制，新提任正职4名、副职10名，试用期转正干部39名；搭建新建幼儿园筹备组14个，选配幼儿园筹备组人员25名、幼儿园园长4人；七一表扬先进基层党组织20个、优秀党员和优秀党务工作者140名，慰问困难党员以及50年党龄以上的老党员。按照主体责任清单落实工作责任，开展三个专项整治和党风廉政建设学习活动，对有苗头性倾向性问题的4所学校负责人进行重点约谈和诫勉谈话。开展教育系统廉政约谈，做到校级干部全覆盖。

【安全稳定工作】 2018年，区教委按照“党政同责、一岗双责、齐抓共管”运行机制，构建教委、学校、家长“三位一体”安全防范责任体系。成立安全隐患排查机制和重点人员摸排及工作信息报送机制，上好开学安全第一课，全年聘请法制副校长和法制辅导员141名，开展法制专题教育课166场次。开展安全生产宣传进校园活动，将空港实验小学打造为全市安全生产宣传进校园示范点。开展防溺水宣传活动，在大湾镇召开防溺水宣传月启动仪式，强化防溺水责任落实。开展以防范校园欺凌事件、反恐防恐、毒品预防等为主题的法治安全教育讲座。狠抓突发事件应对，各学校不断完善安全应急预案，并定期开展演练。狠抓“三防”建设，为新开学的36所学校幼儿园配备专职保安76名。区教委成立11个检查督查组，定期对全区所有学校安全稳定工作进行拉网式检查督查，开展专项督查3次，出动检查人员1150人次，发现各类隐患308处，完成整改253处。在城镇学校上放学高峰期实现“见警车见警灯见警察”全覆盖。开展示范创建活动，龙塔实验学校荣获“国家禁毒示范学校”称号，渝开学校、农业园区实验小学荣获“重庆市依法治校示范校”称号，两江小学、旭辉小学荣获“渝北区防震减灾示范学校”称号。

（余　景）

招　生

【概况】 2018年，渝北区国家教育考试规模持续扩大，办考能力不断提升，联动保考取得实效，各类考试平安稳定，杜绝失泄密和考务重大事故，实现“零差误”和“零投诉”。渝北区教育考试工作获全市目标考评综合工作优秀奖。

【普通高考】 2018年，渝北区共有8313人报名参加普通高考。按类别统计：文史类2724人，占32.77%；理工类4167人，占50.13%；中职类1399人，占16.83%；体育单招类22人，残疾单招1人。艺术生报考937人，占总人数的11.3%，其中文科艺术考生765人、理科艺术考生172人。报考体育的有113人，占总人数的1.4%，其中文科体育95人、理科体育18人。与上年相比，报考总人数增加230人，增幅2.8%。本科提前批录取117人，占录取总数的1.6%；本科一批录取1143人，占录取总数的15.8%；被“双一流”大学录取342人，占录取总数的4.7%。

【成人高考】 2018年，渝北区共有4092人报名参加成人高考，比上年减少1337人。从报考层次看，高中起点升本专科2930人；专科起点升本科1162人。从报考类别看，文科478人、理科2452人，报考层次进一步优化。成人高考共录取2904人，其中专升本673人、本科63人、专科2168人。

【自学考试】 2018年，渝北区自学考试报名总人数达11004人，其中新生总人数3343人、27399科次，本科毕业260人，专科40人。全年办理免试322科，转出102科，办理毕业证219人。

【社会考试】 2018年，渝北区共组织教师资格考试笔试生源8925人、面试生源2516人。

【研究生考试】 2018年，区教育考试中心首次承办全国硕士研究生统一招生考试，组织研究生报名3060人，现场确认和参加考试2859人。

【阳光招考】 2018年，区教育考试中心全面实施招生考试阳光工程，严格执行招生考试“六公开”和“六不准”要求，对报名信息、资格审查、加分照顾等关键内容进行“三级公示”，广泛接受社会监督，有力促进招考工作管理的科学化、民主化和制度化。

【安全保密】 2018年，为适应新时期平安办考需要，区教育考试中心积极投入资金3万余元采购移动考务平台监控设备，确保国家教育考试卷（卡）的运送、发放和保管以及卷（卡）回收、运送、保管等每个环节全方位、无死角监控。

【智能化办考】 2018年，区教育考试中心结合工作实际，开展外语口试签到评分系统、教师资格面试签到编场系统、研究生现场确认叫号系统，有效提高工作效率和质量，节省考生等待时间，办考手段智能化水平不断提高，考生和群众更加满意。

【标准化考点建设】 2018年,区教育考试中心为积极适应新高考改革和学业水平考试需要,在区委区政府的大力支持下,投入资金2860万元,开展14所考点的标准化考场建设,为国家教育考试顺利开展提供坚实的技术保障。

(罗　超)

文　化

【概况】 2018年,渝北区深入落实习近平总书记对重庆提出的“两点”定位、“两地”“两高”目标和“四个扎实”要求以及参加十三届全国人大一次会议重庆代表团审议时的重要讲话精神,以“新时代文化发展年”为主题,着力打造公共文化服务先进区,不断开创文化工作新局面。

【公共文化服务体系建设】 2018年,渝北区建成开放碧津美术馆、渝北历史文化陈列馆,新建成龙塔街道、统景镇、大盛镇3个文服中心,建成嘉悦社区、桂馥路社区、舟济路社区等10个社区文化室。进一步提高“三馆一站”免费开放绩效,三馆到馆78.5万人次,镇街文服中心到站40余万人次。积极推进总分馆建设,全区22个文图分馆全部挂牌成立。全市“三馆一站”绩效考核中区图书馆、区文化馆、巴渝民俗博物馆以及代表渝北区被抽查的石船镇考核成绩均为一等(优秀)。制定《“十三五”时期全民阅读规划纲要》《建设“书香渝北”实施方案》,全面推动全民阅读工作。开展图书馆特色馆藏建设,建设重庆名人文献馆,打造“状元书房”特色人文阅读空间,建成空港广场和新光天地24小时自助图书馆。开展“4·23”世界读书日暨全民读书月活动启动仪式等系列读书活动92场次,展览56场,讲座30次。举办临空文化讲堂《建文帝与重庆的传说》等专题讲座12场次,开展“阅读与生活”摄影展等主题展览11场,举办“知识大咖来荐书”活动8期。全面推进数字文化馆、图书馆、博物馆建设,作为全市15个试点单位之一的文化馆积极推进“重庆文化云”建设工作,图书馆启动国家数字图书馆2018年资源联建,文保中心完成非遗数据库机房建设及数据库平台建设。建立具有渝北特色的文艺资源库,整合全区群文、图书、文博物等各类资源。加大公共文化物联网工作力度,开通镇(街)子平台,形成“1个区平台+22镇(街)子平台+N个群众”的三级服务网络,制作文化产品479个,完成预约配送服务231次,服务达40643人次。积极开展数字阅读推广,通过举办数字资源推介专题展览,设立听书区,网站、微信公众号、移动图书馆新媒体服务等多种形式推广数字阅读,网站访问量3万多人次,微信粉丝数量1.02万人次,粉丝活跃度95%。开展“渝北区数字文化建设宣传推广培训进各镇街”工作15场,深入镇街、社区开展“常青e路·幸福夕阳”老年人数字阅读免费培训8场次。

【群众文化活动】 2018年,渝北区承办了重庆市首届合唱节、第六届重庆市戏剧曲艺大赛、2018中国·重庆吉他艺术周、渝北区新春文艺演出等市级重大赛事及区级重大活动11场。加强文化交流,举办渝芒情深——西藏芒康·重庆渝北交流演出,引进北京现代舞团现代舞《棱角》、梁山灯戏《好人邓平寿》、大型儿童剧《三只小猪》等精品演出,惠及群众11200余人次。举办2018年渝北区第六届美术作品展、重庆市书法精品展、丝路思语——法国当代艺术展、重庆市渝北区书法篆刻作品展、“空中的灵魂”——杜磊个人油画展等大型展览12次,共计展出作品640余件,累计观展人员达26000人,精心推出“喜乐汇”戏剧曲艺专场节目,定期在空港新城广场演出,进一步丰富群众文化生活。开展全民艺术普及——《国学的力量》主题讲座、中国音乐学院声歌系教授周强声乐讲座、现代舞——中国文艺复兴讲座等文艺普及讲座12次。开办2018年农民工子女免费艺术培训、寒暑假少儿免费培训等各类免费培训班共计109期，累计参训学员达4600人。举办“文以载道”——机关干部文艺培训提升班，开设书法、舞蹈、国画等9门课程，共有72个单位共计1261人参加，成功举办培训汇报演出及展览。

【文艺创作】 2018年，区文化委组织文艺骨干深入群众开展“深入生活、扎根人民”主题创作，累计创作摄影、书画、歌舞、综艺、戏曲类作品230余件，获市级以上奖励107件。绘画作品《绿风晨韵》入选“翰墨青州”中国画作品展，《春风又绿》入选“入蜀方知画意浓”中国画作品展，《版纳写生》入选“时代新象——全国青年中国画家推介工程”。选送渝北实验小学“哆来咪”合唱团参加第九届中国少年儿童合唱节。应邀赴北京参加央视财经频道《魅力中国城》节目录制，在重庆与甘肃的比拼中代表重庆获胜；舞蹈《田埂密语》参加重庆市第八届乡村文艺会囊括一等奖、网络人气奖、组织奖等所有重要奖项。小品《亲情订制》参加第六届重庆市戏剧曲艺大赛，荣获戏剧类一等奖。渝北区临空文化艺术团入选第七届全国服务农民、服务基层文化建设先进集体，被《人民日报》宣传推广。

【文化遗产保护开发】 2018年，渝北区印发《关于进一步加强全区文物安全工作的实施意见》，成立渝北区文物保护审查委员会，进一步加强文物保护法治化、规范化。组织1000余人次开展文物巡查，排除发现文物安全隐患20余处，启动龙兴龙藏宫保护工程，顺利完成嘉州别墅搬迁保护工程，全年文物安全无事故。加强藏品征集，结合巴渝民俗博物馆馆藏特色，全年征集文物、艺术品等藏品32件套，进一步丰富馆藏序列。公布第七批区级非物质文化遗产项目及第六批市级非物质文化遗产项目申报工作。开展“戏曲进校园”活动99场，举办“我们的节日”系列文艺演出及主题文化活动30余场，打造特色戏曲学校5所。先后举办“渝北非遗·带爱回家”非遗赶场活动、“5·18国际博物馆日暨第九届文化遗产宣传月活动”等主题文化活动57场次。编辑出版《渝北非遗名录》《小河锣鼓研究》等书籍，将全区62项非遗项目的文字、照片资料进行收集整理编辑。启动“渝北人文精神挖掘与运用”重点课题，深入挖掘提炼渝北本土文化符号。实施乡村文化振兴行动，大力培育和塑造优秀乡村文化，启动11个乡村文化振兴示范点建设。大力发展文化旅游，积极配合兴隆镇做好巴渝乡愁项目文化元素植入、礼朝屋基“礼文化”主题策划、统景镇圆通坝彩色村庄艺术设计，积极跟进耕读文化旅游休闲度假小镇项目，推动渝北全域旅游升级发展。

【文化产业发展】 2018年，渝北区加强文化产业招商，区文化委共计拜访市内外企业60家次，接待到区回访企业76家次，签定投资服务协议企业19家，协议引资金额3.675亿元，实际到位资金超3.3亿元。优化市级重大产业项目服务，重庆创意产业园入驻企业430余家，四期建设稳中推进。重庆新闻传媒中心二期动工建设，一期入驻9家媒体单位。重视传媒总部基地建成，并开始部分节目录制，重庆纪录片基地正式挂牌成立。做好第四次经济普查中文化产业单位核实和调查工作，核实全区文化产业活动单位1万余家，其中规上企业72家。

【文化市场管理】 2018年，区文化委受理各类文化体育行政审批和备案事项共229件，群众满意率达100%，并多次荣获优质服务窗口和季度服务明星称号。全年不断规范文化市场秩序，加强安全生产监管，扎实开展五个专项整治及“扫黑除恶”专项斗争，有力促进全区文化市场的平安稳定和繁荣发展。

（马　雪）

卫　生

【概况】 2018年，渝北区共有医疗机构731家，其中公立三级专科医院2家，二级医院4家，社区卫生服务中心6家，中心卫生院11家，疾病预防控制中心1家，民营医院56家，社区卫生服务站38家，个体诊所及门诊部397家，血液透析中心1家，医学检验所2家，预防保健中心1家，医务室40家，村卫生室172家。共有床位7201张，执业（助理）医师3487人，注册护士4177人。全区公办医疗机构资产总额148528万元，净资产总额114256万元，总诊疗人次186.36万人次，医疗收入8.24亿元。全区人均期望寿命77.34岁，孕产妇死亡率8.84/10万，婴儿死亡率3.4‰。

【医药卫生体制改革】 2018年，渝北区推进公立医院综合改革，区人民医院、区中医院开展公立医院薪酬制度改革和医院章程试点，设立便民门诊，开展预约门诊、微信缴费、自助查询、缴费、打印报告等服务，院内免费Wi-Fi全覆盖。推进100个病种的单病种付费改革，实施63个病种的单病种结算。组建家庭医生签约服务团队182个，设置家医联合门诊18个，全区签约总数29.63万。区人民医院上联北京301医院、重医附一院，下接各镇街医疗和民营医院，构建市、区、镇街共同参与的医联体模式。茨竹精神病区与区中医院实现“医通、人通、财通”。建成覆盖全区的远程会诊中心、区域影像中心和心电中心，累计会诊1325例。落实基本药物制度，区级医疗机构基药采购占比55.72%，基层医疗机构基药采购占比95.63%。开展医疗卫生、公共卫生等专项检查6253户次，监督覆盖率100%，查处案件464件，罚款68.79万元。与区人力社保局等部门开展专项执法，查处2起骗保行为。开展法治宣传，发放宣传资料13000余份、宣传品4500余件。

【卫生事业基础建设】 2018年，区医院三甲项目主体工程完工，进入装修阶段；区中医院三甲项目完成土石方平整、超前钻施工。区精神卫生中心、区中医院茨竹精神病区投入使用，新增床位350张。木耳空港乐园、王家、宝圣湖等项目建设进展顺利，区第二人民医院、区第四人民医院等新建工程前期工作有序推进。投入2.52亿元为区人民医院三甲项目购置设备，投入1200万元为17家基层医疗机构配齐和更新常规、老旧设备。强化人才培养。公开招聘76人，引进正高2人、副高5人、博士1人，特聘专家4人。50人赴国内外医院进修，创建市级重点专科1个、市级区域重点学科1个，填补全区心脑血管造影、动静脉溶栓及内镜支架植入等技术空白。

【医疗质量管理】 2018年，渝北区卫计委优化审批流程，新审批医疗机构76家，办件16189件，办结率100%。实行首席代表授权制，清理行政权力580项，完成行政权力清单目录、流程图及办事指南。实施医疗机构、医师护士电子化注册管理。发展中医事业，开展渝北区名老中医药专家传承工作室遴选，完成2家精品中医馆基础建设，双龙湖赵氏正骨术被评为市级非物质文化遗产。中医诊所备案13家，开展中医药“百千万”人才工程实用型人才培训，开展岐黄学者摸底调查，申报2名岐黄学者。开展中医医术确有专长人员医师资格报名初审，60人通过初审。成功创建“全国基层中医药工作先进单位”。开展医疗业务培训15次，参与人数4500人次。聘请第三方开展病例评审及处方点评，落实不良执业计分管理办法，注销医疗机构25个，处理医务人员300余人次。召开行业作风整治专项会议，开展过度医疗专项整治，重点整治不合理用药、乱开大处方等行为，医疗机构监督覆盖率100%。全年纠纷数量同比降低24%、赔偿金额降低29%。开展龙溪医院改革，完成人员分流及资产负债清理清查。清理社区卫生服务中心下属社会举办的站及门诊38个，在法律关系上全部与中心脱钩。

【公共卫生服务】 2018年，渝北区卫计委健康教育宣传活动296次、讲座1338次，发放宣传资料5

万余册，群众基本公共卫生服务知晓率53.09%，居民健康素养水平22.82%。规范接种管理，新、改建11个数字化接种门诊，全年一类疫苗接种58.6万针次，“八苗”接种率98.72%，稳妥处置狂犬疫苗、百白破疫苗等全国性重大疫苗事件2起。规范疾病防治，艾滋病感染者随访率96.93%，结核病患者总体到位率70.22%，治疗成功率84.58%。加强孕产妇和儿童系统管理，孕产妇死亡率8.84/10万，婴儿死亡率3.4‰。0~6岁儿童健康管理54627人，新生儿入户访视率87.7%。孕产妇数1.12万人，产后访视率87.4%。开展宫颈癌筛查8806人次，乳腺癌筛查7978人次。兑现1927人无证无档案离岗乡村医生医疗及养老补助3413万元。

【红十字会工作】 2018年，渝北区召开红十字会第一次会员代表大会，选举新一届理事、常务理事、红十字会会长、常务副会长、秘书长。组织4088人参与无偿献血活动，采集血液5370.7袋，遗体捐献志愿者登记18例，实施捐献10例，开展应急救护培训88场次，招募志愿者693名。

【爱国卫生工作】 2018年，渝北区推进城乡环境卫生整洁行动和医疗机构健康服务环境提升行动，开展第30个爱国卫生月活动，举行“关注小环境共享大健康”爱卫月启动仪式。渝北区成功通过国家卫生区复审。推进“厕所革命”，新改建农村公厕9座、农村户厕6985户，全区卫生厕所普及率81.99%。

【健康扶贫】 2018年，渝北区实施“三个一批”行动，设立集中救治定点医院，将建档立卡贫困人口全部纳入慢病签约健康管理范畴。制作健康扶贫就医卡，建成健康扶贫“一站式”结算平台，开设人工救助渠道。贫困人口核实核准率、救治进度100%。全年救助6254人次，救助兜底金额433.78万元，贫困人口兜底保障门诊自付比例13.4%，住院自付比例2.9%。

（唐　静）

体　育

【概况】 2018年，渝北区快步推进体育事业发展和公共体育设施建设，建成一大批群众身边的健身场地和设施，大力倡导市民健康行为意识，广泛开展群众体育活动，狠抓群众体育和竞技体育协调发展，有力提升渝北公共体育服务综合水平。

【群众体育】 2018年，渝北举办区第二届迎春登山比赛、区健身气功交流比赛、区首届游泳比赛、区第五届武术比赛暨武术段位制考评活动、区柔力球交流活动、2018年渝北区巴渝武术操总决赛、区全民健身周系列活动启动仪式等20余次有规模的群体活动；承办中国柔力球公开赛（重庆渝北站）、“际华杯”全国室内跳伞（风洞）锦标赛、市第八届全民健身运动会健身气功比赛、2018第三届重庆中央公园全民跑步季、区第六届残疾人运动会、庆祝第十九个中国记者节第三届重庆新闻界迷你马拉松赛、2018年渝北区轮滑技能暨社会体育指导员培训、2018健身气功骨干、教练员培训班暨第一期社会指导员培训、2018年渝北区太极拳培训暨第二期社会体育指导员培训等活动。

【公共体育服务体系建设】 截至2018年底，全区有全民健身站点84个，市、区级社区健身点44个；建有国民体质监测站21个，注册好体育人志愿者824人；有区体育总会、区老年人体育协会、区武术协会、区篮球协会、区门球协会、区游泳协会、区足球协会、区轮滑协会、区信鸽协会、区国际象棋协会、区围棋协会、区柔力球协会、区跆拳道协会、区羽毛球协会、区网球协会、区钓鱼协会、区乒乓球协会、区户外运动协会等18个体育社团，拥有会员数超10万余人。全区有一级运动员39人、二级运动员226人、三级运动员4人；有社会体育指导员2750人，其中国家级13人、一级社会体育员85人、二级社会体育员612人、三级社会体育员2040人；有等级裁判员660人，其中国际级裁判员1人、国家级裁判员18人、一级裁判员51人、二级裁判员193人、三级裁判员397；有武术段位制人员2116人，其中高段位7人、中段位32人、初段位2077人。

【竞技体育】 2018年，渝北区组队参加各级各类赛事，获得国家级比赛金牌28枚、银牌23枚、铜牌8枚；获得市级比赛金牌74枚、银牌48枚、铜牌38牌。其中：组队参加第十五届全国武术之乡比赛获得一等奖13个、二等奖13个、三等奖7个，获得团体第六名。参加第六届中国四川·峨眉山国际武术节获得金牌15枚；参加重庆市青少年武术比赛，获得金牌18枚、银牌12枚、铜牌8枚。成功承办重庆市青少年排球锦标赛；全国U16女子排球锦标赛。在16所学校建立武术、足球、田径、跆拳道、篮球、排球等项目的培训基地24个；成功创建重庆市武术后备人才训练基地1个。

【青少年体育】 截至2018年底，全区审批通过18个区级后备人才单项训练基地，并给予资金补助。同时加派专业教练到暨华中学、两江中学、空港实验小学、空港新城小学、龙山中学、渝北实验小学、兴隆小学、立人小学等学校进行武术、足球、篮球、田径、射箭、羽毛球、跆拳道等项目的指导。

【基础设施】 根据区政府制定的《办理区人大〈重视并加快公共体育场地和全民健身设施规划建设议案〉的实施方案》要求，区属板块（不含两江直属区）共有镇街健身广场5个、塑胶运动场33块，新增或改建农体工程29个，新增健身路径709件，新建社区健身点15个。新增政府公共体育面积122615平方米，全区公共体育设施面积达到3318406.92平方米，每万人公共体育设施面积达到20707平方米，其中政府公共体育设施每万人面积达到15518.54平方米，社会公共体育设施每万人面积达到5189.14平方米。

【体育产业】 2018年，渝北区编制《渝北区健身休闲产业专项规划（2019—2025）》；引导大型国有企业际华园建成室内滑雪馆，并承接多个国际性赛事；领导重庆鼎霸体育传播有限责任公司项目，成功打造重庆WBO国际赛事中心；联合市体育局，依托御峰马术俱乐部打造马术运动基地；全区体彩销量达2.36亿元，增幅21.35%。

（颜　麟）

广电　新闻

渝北区广播电视台

【概况】 2018年，渝北区广电台以习近平新时代中国特色社会主义思想为引领，不断加强对党的十九大精神的学习，严格按照“两点”定位、“两地”“两高”目标和“四个扎实”要求，围绕中心工作，加强策划报道，充分发挥区内主要媒体的作用，为全区经济社会发展营造良好的宣传舆论氛围。

【新闻宣传】 2018年，区广电台以《渝北新闻》《渝北周刊》两档品牌栏目为载体，紧扣重点和热点，先后推出《在习近平新时代中国特色社会主义思想指引下——新时代新气象新作为·部门、国有公司负责人系列访谈》，“在行动”“看效果”

"脱贫攻坚进行时"大型系列报道,"兴调研转作风促落实""智汇八方·博采众长"等10余个专栏。将镜头对准基层一线,先后播出《高考面孔:那些望眼欲穿的爱》《新闻特写:勤劳脱贫户老黄的一天》《八旬老人爱"新潮",满屋土墙玩涂鸦》等一大批"冒热气""带露珠"的报道。全年《渝北新闻》共播出新闻2400条,《渝北周刊》共播出48期。

【对外宣传】 2018年,区广电台在重庆电视台新闻中心各档栏目共播出新闻911条,其中《重庆新闻联播》播出新闻320条,新媒体"第1眼"采用289.5条。央视各档栏目播出新闻57条,其中《新闻联播》3条。渝北区在重庆区县新闻总量、《重庆新闻联播》上稿量和新媒体"第1眼"新闻播放量三项比拼中均名列全市各区县第一。

【专题广告】 全年制作播出《渝北纪事》54期、《美食大侦探》54期;制作播出《律师说法》12期、《法律微课堂》12期;配合纪念改革开放40周年摄制完成的微视频《100秒看重庆·渝北》参加重庆市"100秒看重庆"网络微视频接力大赛荣获二等奖,上线7天点赞率超过40万,浏览、点赞量均创历史新高;新开设的落实党的十九大精神电视专题栏目——《对话新时代》,摄制的创一级台迎检形象片《和你一起不平凡》受到市文旅委及相关专家一致好评;《糖艺》《古镇米香》《白岩山老腊肉》等"非遗"系列电视专题节目荣获"2018年度重庆区县好新闻评选一等奖";《漆器匠人》荣获"重庆市2018年'工匠精神'电视专题片创作二等奖"。加强各类公益广告播出频率,共播出公益广告视频1056条次、字幕标语300条次。

【广播】 2018年,区广电台对广播频率进行全新定位,将呼号定为"渝北人民广播电台",频率宣传语为"我们,距离世界很近,距离你们更近"。在仅有《渝北新闻》《书香渝北》两档自办节目基础上,增加《亦途旅行》《从前那些事》《渝北龙门阵》等8档节目。

【新媒体】 新媒体宣传以"渝北手机台"、"渝北视界"微信公众号、"渝北视界"今日头条号为媒介,日常推文唱响主旋律。全年在"渝北手机台"发布新闻2100余条,在"渝北视界"今日头条号推文285条,在"渝北视界"微信公众号推文1056条;通过拥有近30万粉丝的微信公众号"渝北视界",不定时发布原创短视频及文章,其中,短视频《行走渝北》、原创文章《89个瞬间看渝北改革开放四十周年》的点击率超过10万;以新媒体为载体开展多项主题活动,其中,"渝北视界"微信公众号推出"昂首奋进新时代"庆祝建国69周年暨改革开放40周年知识竞赛活动,参与网民20余万、答题400万次。

(付 瑶)

渝北新闻社

【概况】 2018年,渝北新闻社坚持践行新闻舆论工作48字方针,以习近平总书记增强"四力"要求为抓手,唱响主旋律,弘扬正能量,讲好渝北故事,塑好渝北形象。全年获得"重庆市区县报新闻奖"15件、"重庆人大新闻奖"2件,获奖数量居全市第一。新闻社获得"重庆区县手机党报优秀团队奖","渝北掌媒"客户端被评为"重庆客户端集群联盟优秀客户端",《渝北时报》连续七年被评为"重庆市优秀区县报"。

【新闻宣传工作】 2018年,渝北新闻社策划"推动重庆各项事业沿着习近平总书记指引的方向奋力前行"等主题报道,展现各级各部门的新气象新作为,其中新媒体产品"'学习吧'——学习贯彻党的十九大专题"获得"重庆市新媒体报道创新奖"。紧跟全区重要决策部署和阶段性工作重点,开设"在行动大型系列报道""重庆环保督查在行动"等时政专栏。开展改革开放40年、建党97周年成就宣传,回顾渝北城乡的巨大变化,展现渝北干部群众敬业向上的面貌。在全媒体平台同步开设"向时代楷模杨雪峰同志学习进行时"栏目，推出消息、通讯、评论及融媒体产品，其中，报告会专场直播点击量达到21万次。推出"幸福都是奋斗出来的·渝北人的一天"等贴近基层的专栏，展现渝北一线劳动者火热的生产场面。精心打造人文类专栏，以"文化魂·镇街行"为主题宣传10余项本地非遗项目，推出渝北首档读书栏目"书香渝北·知识大咖来荐书"。

【媒体融合发展】 2018年，渝北新闻社加快硬件设施设备采购和技术装备升级，采购无人机、GoPro运动相机、360全景相机、数字摄像机等设备，提升融媒体产品制作能力。对"渝北发布"微信公众号进行改版升级，增设"早安渝北""原创""专访""悦读"等栏目，加强GIF动态图解、手绘、动画、360全景、VR等技术和特效运用，丰富受众的观赏选择。与"大美渝北"采风组合作推出系列航拍作品，利用VR技术展现沐仙湖、园博园等地标。智博会期间，推出H5作品《看！渝北人的智慧生活》并获得"重庆客户端集群联盟优秀网络爆品奖"。推出"栉风沐雨写忠诚——致敬时代楷模杨雪峰"专题，全面展示杨雪峰的政治品质和价值追求。推出"敬时代，爱渝北——庆祝改革开放40周年"专题，融合H5、沙画、微视等新媒体呈现方式，点击率达13万。

【人才队伍建设】 2018年，渝北新闻社组织采编业务骨干参观人民日报中央厨房、上游新闻和华龙网新媒体演播室，考察渝中区、巴南区新闻中心网络直播室建设。加快传统媒体人才借助现有优势转型，要求摄影记者参与视频拍摄，美术编辑参与视频剪辑、特效合成，缓解媒体转型过程中人才匮乏问题。引进2名编导、视频制作专业人才和2名全媒体记者，充实新媒体人才。充分发挥绩效考核指挥棒作用，新增视频动漫制作人员考核办法和新媒体采用记者稿件计分办法，鼓励各岗位多劳多得、优绩优酬，增强采编人员工作的积极性、主动性。

【党务群团建设】 2018年，渝北新闻社扎实做好城市基层党建结对共建活动，与龙塔街道紫福路社区签订结对共建协议，双方党组织书记互讲党课。开展党建品牌、标识公开征集活动，以及"党员承诺上墙"活动、"五微"党建活动等，充分调动全体党员干部参与党建工作积极性。举办"颂歌献给党，清风谱华章"七一活动，通过自编自演、生动活泼的文艺节目，展现干部职工积极进取的精神风貌。制定《2018年结对帮扶工作方案》，定期到洛碛镇老君山村贫困户家开展"五个一"结对帮扶，并为贫困户量身定制帮扶计划，投入帮扶资金达3.5万余元。

（杨　青）

社会生活

概 述

2018年，是贯彻落实党的十九大精神的开局之年，也是实施“十三五”规划承上启下的关键一年。渝北区深入贯彻习近平新时代中国特色社会主义思想，紧紧围绕“全面建成小康社会，加快建设国家临空经济示范区”奋斗目标，全力打好“三大攻坚战”，实施“十项行动计划”，全区经济社会保持平稳健康发展。

2018年末，渝北区常住人口166.17万人，较上年增加2.94万人，其中城镇常住人口137.59万人，城镇化率82.80%，较上年提高1.27个百分点。户籍总人口136.75万人，其中城镇人口103.12万人，比上年增加8.01万人；乡村人口33.63万人，比上年减少1.73万人。全年出生人口19513人，人口自然增长率9.33‰，符合政策性生育率99.42%。全区城镇居民人均可支配收入39546元、同比增长8.6%；城镇非私营单位在岗职工平均工资89379元、增长7.7%；农村常住居民人均可支配收入17950元，增长8.7%，其中人均工资性收入7690元，人均经营净收入4301元，分别占人均可支配收入的42.8%、24.0%。2018年末，全区城镇单位职工基本养老、医疗、失业、工伤参保人数分别达63.20万人、39.70万人、38.61万人和33.60万人，分别同比增长17.5%、11.1%、11.4%和10.4%。城乡养老、医疗保险参保率分别稳定在95%、96%以上。全区民政经费支出3.71亿元。全区城乡低保对象达12454人，较上年减少2111人，其中城镇低保3048人、农村低保9406人，全年累计发放城乡低保金6711.30万元，创历史新高。城乡居民最低生活保障标准分别为546元/月和410元/月，分别增长9.2%和17.1%。城乡居民平均每万人(按照户籍人口计算)拥有固定电话2934部、移动电话12427部。年末固定电话用户、移动电话用户、互联网用户分别为39.20万户、166.04万户和54.53万户。建成开放45个城市公园(含两江新区)、120个社区公园，人均公共绿地18平方米，城区绿化覆盖率达到45%。全年空气质量(AQI)优良天数达到309天，优良天数比例达84.6%。

(李昆仑)

人民生活

【城乡居民收入】 2018年，渝北区城乡居民收入稳步增长。全区居民人均可支配收入35557元，同比增长9.5%，增速高于地区生产总值增速12.3个百分点。城镇常住居民人均可支配收入39546元，同比增长8.6%，其中人均工资性收入达到25913元，增长7.6%；人均经营净收入2627元，增长14.8%；人均财产净收入3572元，增长11.0%；人均转移净收入7435元，增长8.9%。农村常住居民人均可支配收入17950元，同比增长8.7%，其中人均工资性收入、人均经营净收入、人均财产净收入、人均转移净收入分别为7690元、4301元、698元、5261元，分别占人均可支配收入的42.8%、24.0%、3.9%、29.3%。

【物质文化生活】 2018年，渝北区城乡居民物质文化生活水平显著提升。城镇常住居民人均消费支出26748元，占总支出的67.6%。城镇居民恩格尔系数为30.9%，较上年降低0.2个百分点。农村居民人均生活消费支出13662元，其中用于居住、生活用品及服务、交通通信、教育文化娱乐和医疗保健消费支出分别占总消费支出的19.7%、5.3%、13.2%、6.2%和12.0%。农村居民恩格尔系数为36.7%，较上年降低0.6个百分点。全区城乡居民平均每人年消费品零售额49814元，同比下降8.0%。全区城乡居民平均每万人(按照户籍人口计算)拥有固定电话2934部、拥有移动电话12427部；平均每万人拥有卫生技术人员88.4人，其中医生33.56人，拥有病床74.18张；学龄儿童入学率100%。城镇居民家庭平均每百户年末拥有家用汽车45.38辆、摩托车3.53辆、彩色电视机164.38台、电冰箱105.81台、洗衣机100.16台、空调272.47台、计算机100.90台；农村居民家庭平均每百户年末拥有家用汽车18.35辆、摩托车18.98辆、彩色电视机125.76台、电冰箱105.56台、洗衣机77.63台、空调58.62台、计算机17.67台。

（熊林森）

劳动　工资　就业再就业

【概况】 2018年，渝北区大力实施就业优先战略和积极就业政策，实现城镇新增就业7.76万人，城镇登记失业率1.6%，比控制目标低1.9个百分点。开展各类职业培训4268次，发放创业担保贷款5679万元。离校未就业高校毕业生就业率稳定在90%以上。认定工伤3034件。审批不定时工时制438家，新审批人力资源服务机构26家、劳务派遣机构36家。受理劳动监察举报投诉956件，结案927件，按期结案率100%，为非建设领域劳动者追发工资192万元。立案受理劳动争议案件3314件，审结3063件，立案结案率为92%。牵头开展公立医院薪酬制度改革，区人民医院、区中医院试点工作进展顺利。完善事业单位绩效工资政策，公布全区2018年事业单位基础绩效水平。

【就业创业】 2018年，渝北区实现城镇新增就业7.76万人，城镇登记失业人员就业1.5万人，就业困难人员就业0.62万人；城镇登记失业率为1.6%，比控制目标低1.9个百分点，就业局势保持稳定。坚持专户管理和资金“直拨”，兑现13项就业补助资金8500余万元，鼓励企业稳岗，促进群众就业。实施高校毕业生就业创业促进计划，积极推进实名登记和定制服务，离校未就业高校毕业生年底就业率达97.4%。帮扶6152名就业困难人员、复员退役士兵、征地农转城人员就业，确保城镇零就业家庭至少有一人稳定就业。健全四方对接和内控审核制度，完善创业担保贷款管理平台，将贷款额度与实体规模、经营行业挂钩，纵深推进“创享渝北”服务品牌建设，大力开展创业沙龙、创业课堂、创业大赛、创业典型宣传等活动，发放创业担保贷款5679万元，助力创新创业。推进创业孵化基地建设，14家孵化基地入驻企业1445家，累计吸纳就业1.5万人。

【就业帮扶】 2018年，渝北区开展“春风行动”“就业援助月”等公共就业服务，搭建线上线下供需对接平台，持续推进“两江人才”就业品牌打造，常态化举办114场现场招聘会，2.1万名求职者达成就业意向，网站、微信、手机APP等线上访问量达120万人次。实施培训全程监控、推进培训满意率回访等措施，全面提升培训质效，累计培训4268人。推动技能人才队伍建设，培训技师、高级技师1068人，开展新型学徒制培训449人。帮助城口县举办贫困人员挖掘机培训4期、帮助西藏自治区芒康县举办农牧民重庆美食班培训1期，以技能培训搭起帮扶、援藏的友谊桥梁。

【人力资源】 2018年，渝北区健全人力资源产业园信息员制度，推进园区企业台账动态更新服务企业升规入统，21家规模以上人力资源服务企业实现营业收入31.83亿元。优化区内招工政策，积极协调区级重点企业完善配套设施，引导企业规范用工。坚持社招与校招、内挖与外引相结合，与四川达州、广元等地签署人力资源战略合作协议，积极引进外部资源，保障重点企业用工，全年累计为区智能终端企业送工1.8万人次。

【行政审批】 2018年，全区办理人力资源服务行政许可26件，民办职业培训办学许可1件。审批不定时工时制438家，涉及职工2.6万人；审批综合工时制483家，涉及职工11.3万人。推进退休审核一站式办理服务，全年共为7581名符合退休条件和享受养老待遇资格的人员办理退休手续(其中正常退休5381人，特殊工种退休374人，因病完全丧失劳动能力退休183人，农转非享受养老待遇1639人，因工伤后办理退休3人、超龄1人)，全力保障退休待遇政策落实。

【工伤认定】 2018年，渝北区坚持维护单位和受伤职工双方合法权益的原则，健全工伤事故调查核实和疑难案例评议制度，全年共接受工伤认定申请3130件，作出受理3140件(含上年年末数据)，认定结论3034件(其中认定工伤2838件，驳回138件，不予认定50件，不予受理8件)。召开评议会8次，评议作出决定案件148件。工伤认定行政复议17件，行政诉讼90件，无不作为、乱作为引发败诉发生。当期节余工伤保险基金超亿元。

【劳动监察】 2018年，全区受理举报投诉案件138件，结案138件，按期结案率达到100%，其中支付工资87件，参加社会保险和缴纳社会保险费13件，解除和订立劳动合同27件，其他11件。主动监察用人单位723户，涉及劳动者3030人；书面审查用人单位215户，涉及劳动者1431人；参与处理突发事件24件，涉及劳动者570人；为316名劳动者追发工资待遇189.8万元；解决交办信访件698件，约占全局总量的80%。向公安机关移送欠薪入罪案件1件，涉及劳动者人数26人，涉嫌欠薪金额13.3万元。全年无行政复议和行政诉讼案件，未发生影响较大的群体性讨薪事件、个人极端讨薪事件和负面网上舆情事件。

【劳动仲裁】 2018年，全区受理劳动争议案件3314件，比2017年增加70%，占全市劳动争议案件数量1/9。立案受理案件已审结3063件，立案结案率92.43%。其中，调解结案2056件，调解率67.12%。仲裁院人均承办案件414件，人均办结案件383件。创新重大集体争议处理机制，平稳、快速处理集体争议31起，涉及劳动者1232人。劳动争议调处网络进一步扩大，建成龙山、双凤桥、回兴三个仲裁派驻庭。成立渝北区劳动争议人民调解委员会，镇街综合调解示范工作推进顺利。

【工资福利】 2018年，全区完成对1295名转正定级人员和职务(岗位)变动人员按政策重新确定工资，完成16492名公职人员正常晋级、晋档、晋薪工作。落实机关工作人员目标绩效奖和离退休人员健康休养费政策，审批兑现警察值勤岗位津贴、加班补贴和政法委机关工作津贴，规范执行中小学教师基本工资标准提高10%的政策，完成全区机关事业单位工作人员基本工资标准调整和离休人员离休费增加工作。牵头开展公立医院薪酬制度改革，区人民医院、区中医院试点工作进展顺利。完善事业单位绩效工资政策，公布全区2018年事业单位基础绩效水平。

(肖　钻)

社　保

【社保扩面】 2018年，渝北区城镇企业职工“五险”新参保21.86万人次，累计参保175.1万人次。全区参保单位达到16242户，其中新参保3355

户,比2017年底净增3171户。“同舟计划”全面落地,累计参保建筑项目488个,参保建筑工人6.2万人,其中新增参保建筑项目291个。城乡居民养老、医疗保险分别参保25.25万人、68.60万人,参保率分别稳定在95%和96%以上。累计征收社保基金81.03亿元。

【待遇落实】 2018年,渝北区城稳步推进机关事业单位养老保险制度改革,全年累计发放养老金4.11亿元。加强养老待遇领取资格核查,加大死亡冒领行为打击力度,10.39万人实现待遇正常发放,领待人员资格认证率达到98.5%,同比增长18.5%。全年累计支付各类社保待遇41.58亿元。

【重点改革】 2018年,渝北区实施企业社保阶段性降费政策,为7883家小微、困难企业减少社保缴费11.98亿元。全面完成486家机关事业单位、17425名在职人员、7223名退休人员的工资基数核定和养老待遇足额发放。仙桃街道睦邻路社区退休人员社会化管理服务中心建成投用,社区退休人员服务水平进一步提升。深化医保付费方式改革,有效管控定点医疗机构医保总额,全年发生额低于2017年度市级下达渝北区的医保总额控制指标,区中医院、区第二人民医院新增纳入全国异地联网结算平台,全年共为1128人次办理异地就医联网登记备案,基金支出988.23万元。

【服务创新】 2018年,渝北区开展行风建设“百日攻坚”专项行动,聚焦上级部门暗访通报的共性问题及本单位个性问题实施集中治理,16个服务群众难点问题全部销号。深化“真情人社,服务先锋”党建品牌创建,全面落实“放管服”改革要求,19类35项材料清单精简30%,疏通解决20个办理社保事项堵点问题,“一次不跑”和“只跑一次”事项达90%以上;清单内事项网上可办率达50%以上,群众获得感和满意度大大提升。推进社保业务档案数字化进程,整理社保业务档案1万余卷、190余万页;改造排队叫号系统,开放公共区域免费Wi-Fi,进一步规范办理秩序,方便群众办事;制作社保形象宣传片,分解政务信息任务,汇编信息宣传手册,强化社保政策和工作动态宣传,全面增加工作透明度。

【基金监管】 2018年,渝北区保持基金监管高压态势,加大社保欠费催缴力度,追缴历史欠费1900万元。开展养老保险重点指标专项核查、工伤保险内部控制专项检查和城乡居保经办机构内控检查“回头看”,追回多领、冒领基金105.87万元。强化医保基金监管,全面推行《廉政合同》《服务协议》双合同管理,修订年度综合评价考核办法,对辖区1204家“两定机构”逗硬执行总额指标与综合考核挂钩。全年处理医保违规行为264起,暂停费用结算64家次,暂停医保网络51家次,查处违规费用366.1万元,处违约金728.9万元。清算扣除2017年度“两定机构”总额付费不合理支出1729万元,扣除项目付费不合理支出138万元。2018年反映医保基金监管成效的8项指标中,渝北区有6项指标为全市最好。

(肖 钻)

低保 福利 社区建设

【城乡低保】 2018年,渝北区落实《重庆市渝北区最低生活保障条件认定办法的通知》(渝北府办发〔2016〕27号)及《市、区低保认定办法差异条款执行意见的通知》(渝北民〔2017〕88号)要求,进一步规范低保工作流程。全区城乡低保标准分别提高到546元/月和410元/月,全年累计发放城乡低保资金6711.30万元、162522人次,有力保障困难群众的基本生活。

【慈善救助】 2018年,区慈善会强化自身建设,增强慈善组织公信力,全年接收捐赠收入1044.7万元,开展公益活动支出费用315万元,救助活动涉及4399人次。

【养老设施】 2018年3月29日，渝北区社会福利中心竣工，5月正式运营。全区全年共投入593万元，对洛碛镇新渝敬老院、茨竹镇华蓥山敬老院、大盛镇敬老院装修工程、大盛镇明月敬老院装修工程进行改造，为大盛、茨竹、洛碛等镇敬老院购置监控设备及护理床。投入1500万元，建设龙山街道龙山路社区养老服务站、龙塔街道龙头寺社区养老服务站、龙塔街道黄泥塝社区养老服务站、宝圣湖街道翠苹路社区养老服务站、回兴街道羽裳路社区养老服务站、回兴街道双湖路养老服务站、两路街道义学路社区养老服务站、两路街道同茂社区养老服务站、双龙湖街道翠湖路社区养老服务站、双龙湖街道鹿山社区养老服务站、双龙湖街道龙旺街社区养老服务站、仙桃街道金玉路社区养老服务站、仙桃街道百果路社区养老服务站、仙桃街道同盛路社区养老服务站、仙桃街道沐仙湖社区养老服务站等15个社区养老服务站，双龙湖街道社区养老服务中心、宝圣湖街道社区养老服务中心、龙山街道社区养老服务中心3个市级示范社区养老服务中心。

【社区建设】 2018年，渝北区稳步推进村(居)民自治工作，制定出台《关于进一步加强和完善城乡社区治理的通知》(渝北委发〔2018〕28号)，促进城乡社区治理体系和治理能力现代化。印发实施《加强乡镇政府服务能力建设实施方案》(渝北委办发〔2018〕15号)，提高镇街服务能力，推进体系现代化。出台《2018年村(居)务公开目录》(渝北社区办发〔2018〕4号)，指导全区村(居)规范党务、政务、财务、服务四个方面具体公开内容。区民政局会同区委组织部出台《关于扎实做好城乡社区协商工作的通知》(渝北民〔2018〕404号)，推进城乡社区协商制度化、规范化和程序化建设。印发《重庆市渝北区民政局关于推广基层治理"三事分流"工作机制的通知》(渝北民〔2018〕308号)，在全区推广建立"三事分流"工作机制。出台《关于扎实做好村规民约和居民公约修订完善工作的通知》(渝北民〔2018〕309号)，引导和培育村民健康文明的生活方式。按照市委、市政府和区委、区政府统一部署和要求，进一步明确规范村(社区)证明事项，深化"放管服"改革。切实加强村民自治领域整治有关问题，督促镇街推动村民自治领域扫黑除恶专项斗争工作。推进村(居)公共服务中心建设，2018年全区共投入财政资金3340万元对社区便民服务中心进行提档升级，其中11个项目完工、16个项目进入施工阶段、17个项目完成前期手续办理。推进社区社会工作服务项目，采取公开招投标方式，引入3家专业社工机构对8个镇街20个社区开展社工服务，培养本土社工人才10名，组建本土志愿者队伍15支、志愿者430余名。从为老、助幼、帮困等方面入手，拓展社区服务领域，不断提高居民幸福指数。全年累计对老年人开展居家养老、生活照料、精神慰藉、健康保健、代际沟通、法律援助等服务15300余人次，对青少年开展教育辅导、思想引导、心理疏导、社交指导、安全教育等服务12600余人次，对困难群体开展社区融入、心理辅导、技能培训、关系调适等服务2500余人次。

（王　宇）

人口和计划生育

【概况】 2018年，渝北区人口和计划生育工作按照夯实基础、健全管理机制、创新工作理念的思路，落实全面两孩政策，兑现各项计生惠民政策，推进服务均等化，做实法治计生，圆满完成各项指标任务，在全市率先创建成功"全国首批流动人口基本公共卫生计生服务均等化示范区"，荣获"全国生育状况抽样调查优秀单位""全国流动人口动态监测调查优秀单位"荣誉称号。2018年末，全区户籍总人口136.75万人，其中城镇人口103.12万人、乡村人口33.63万人；户籍人口中，男性人口68.10万人，女性人口68.65万人，人口性别比为99.2(以女性为100，男性对女性的比例),较上年缩小0.6。全年出生人口19513人,死亡人口7049人,人口自然增长率9.33‰。出生人口性别比为106.04,符合政策性生育率99.42%。

【全面两孩政策】 2018年,渝北区深入贯彻落实全面两孩政策,切实做好政策衔接与配套,实行首问负责、一次性告知、全程代办、服务承诺制。2018年共办理生育服务证12524个、再生育服务证764个、独生子女父母光荣证1875个,网上登记率、网上办证率达100%。开展全面两孩政策实施效果评估,发放调查问卷4530份。加强计生政策宣传,发放宣传资料12万余份,接受咨询1.3万余人次,群众政策知晓率达90%以上,符合政策性生育率达99.42%。

【母婴室建设】 2018年,渝北区加快推进母婴室建设,区卫计委联合区发改委等9个区级部门印发实施《加快推进公共场所母婴室建设实施方案》,在全区范围内开展两轮摸底排查,摸排出符合母婴室建设标准的公共场所14处,建成设统一标识标牌的母婴室60个,引导新光天地百货等4家母婴室申报创建"重庆市示范母婴室",发挥示范引领作用。

【计生民生】 2018年,渝北区第四次计划生育协会会员代表大会召开,选举新一届理事、常务理事、秘书长。落实计生惠民政策,完成1982份奖、特扶案卷交叉审核及信息录入,与FIS系统进行信息比对,及时更新奖、特扶人员信息,审核汇总计生惠民政策资金,发放奖扶金4587.321万元,惠及4.44万人。深化"3+X"联系人制度,走访慰问计生特殊家庭和计生困难家庭1890人次,慰问总金额达269.8万元。为1773名独生子女死亡、残疾父母购买2018年度住院护理保险,全年理赔人数600人次,理赔金额80.93万元。开展"幸福家庭"创建活动,评选"幸福家庭"472户。畅通"绿色就医"通道,为计生特殊家庭办理"优先就诊服务卡"208张。推进"阳光计生"行动,规范公示计生政策类、维权类、动态类、服务类、程序类信息,全年未发生一起计生特殊家庭失独人员上访事件。

【计生技术服务】 2018年,全区开展各项计生技术服务34426例,免费孕优项目参检2103对,检查结果及评估完成率100%,市人口和计划生育研究院抽查档案合格率100%。开展新生儿免费基因检测7126人。全区设置国家避孕药具发放网点557个、药具自助发放机99台,免费药具发放实现全覆盖。

【流动人口均等化】 2018年,渝北区作为全市唯一成功创建"全国首批流动人口基本公共卫生计生服务均等化示范区"的区(县),多次在全国、全市相关会议上就流动人口服务均等化工作作经验交流发言。投入12.8万元配置免费自助健康体检一体机,方便流动人口自助进行基本健康指数检查。开展"把健康带回家"流动人口卫生计生关怀关爱专项行动暨"健康幸福过大年"宣传活动,投入经费35.71万元,举办健康科普知识讲座1275场,发放健康宣传包1.14万个,发放宣传资料3.6万余份。全区流动人口信息提交率达99.4%,协查通报接收反馈率达99.3%。开展流动人口健康教育和促进行动,创建国家级流动人口健康促进示范企业3个、示范学校1所、健康示范家庭43户。

【依法行政】 2018年,渝北区健全计划生育监督执法体系,推动委托执法,明确镇街社事办(卫计办)承担辖区卫生计生监督执法职责。成立计划生育联合执法小组,对42家计划生育被监督单位进行监督检查,查处违法生育案件1件,查办计生行政处罚案件2件,对1026名评先评优人选开展资格审查。保持打击"两非"高压态势,开展联合执法2次,全区出生人口性别比106.04,保持在正常值范围(正常值区间为103~107)。人口与计划生育工作保持行政败诉案件"零"纪录。

【世界人口日现场宣传活动】 2018年7月11日，渝北区成功承办国家卫生计生委第29个世界人口日现场宣传活动，活动主题为“共建生育文明·共享美好生活”。国家卫生健康委党组成员、全国老龄办常务副主任王建军，重庆市政府党组成员陈和平，联合国人口基金驻华代表处副代表Navchaa Suren，市卫生计生委党委书记、主任黄明会，渝北区政府副区长马成全等出席活动。

（唐　静）

妇女儿童　婚姻家庭

【概况】 2018年，渝北区围绕全区经济社会发展大局，加强妇女工作思想引领，助推妇女创业就业发展，扎实推进家庭文明建设、妇女儿童维权、特殊群体关爱、基层妇联组织建设等各项工作，动员引领广大妇女在新时代建功立业，为渝北国家临空经济示范区建设作出积极贡献。年末，有直属妇联组织111个，其中镇街妇联组织22个、区级机关事业单位妇联组织66个、非公经济组织妇委会3个（同舟集团、武陵山珍、空港创业孵化基地）、社会组织中建妇联2个（金港国际商圈、区餐饮住宿行业协会）、国有公司妇联组织9个（临空农业公司、创新经济走廊公司、空港经济开发公司、空港新城公司、仙桃数据谷公司、重庆临空开发投资有限公司、重庆临空现代服务业投资促进有限公司、重庆临空都市基础设施建设运营有限公司、重庆市农信合作投资有限公司）、系统妇委会9个（教委系统、卫生计生系统、市政系统、交委系统、文化系统、农委系统、城乡建委系统、水利系统、林业系统）。2018年，全区妇女工作获全国表彰家庭2户，先进个人1名；获市级表彰家庭14户，市级先进集体16个，市级先进个人6名；区委、区政府表彰先进个人1名。2018年，全区妇女工作在全市性会议上交流2次，在市级以上媒体宣传报道发稿141条，其中《人民日报》、中央电视台新闻联播、新华社、中央人民广播电台等中央媒体5条，区内媒体宣传报道162次。

【思想引领工作】 2018年，渝北区妇女工作以学习贯彻习近平新时代中国特色社会主义思想、引领妇女听党话跟党走作为首要政治任务。成立巾帼宣讲团，开展“百千万巾帼大宣讲”200余场；编发宣传学习资料2万余册，依托“渝北姐妹”微信公众号开展网络知识问答15期；创作主题诗、三句半等，在妇女群众中广泛宣传习近平新时代中国特色社会主义思想和党的十九大、中国妇女十二大精神。开展“巾帼心向党·建功新时代”主题活动，举办纪念“‘三八’国际妇女节108周年暨‘时代风采·巾帼礼赞’诗歌诵读会”，开展“晒家乡新貌·展巾帼英姿——庆祝改革开放40周年”网上点赞活动。推选命名一批市、区级“三八红旗手（集体）”“巾帼文明岗”“巾帼建功标兵”，推选出席中国妇女十二大代表1名。开展先进典型进基层巡讲活动，组织基层妇联干部参观“全国巾帼文明岗”，发挥先进典型示范引领作用。

【妇女创业就业发展】 2018年，区妇联围绕全区经济社会发展大局，举行“乡村振兴·巴渝巾帼行动”誓师大会暨2018年农村留守妇女“双学双比”技能竞赛，实施“自力更生·勤劳致富”巾帼脱贫行动，培育命名望梅农业公司、五谷地农业公司、乌牛农业合作社等12个农村留守妇女创业就业实训基地，培训3000余名农村妇女。发动农村妇女参与全市“最美农家乐”评选活动。引导妇女积极投身家政、月嫂、手工编织等适宜产业，举办家政月嫂等技能培训16期，培训妇女1200余人，推荐就业800余人，形成“龙山月嫂”等独特地域品牌。联合人力社保部门发放妇女小额担保贷款2441万元，举办“春风行动”专场招聘会24场。承办全市首届“巴渝巧姐”手工作品展，助力全市脱贫攻坚、巾帼创新创业，38个区县5000余件女性手工艺作品参展。

【妇女儿童维权】 2018年，渝北区深入实施《妇女儿童发展纲要规划》，召开妇女儿童工作专题会，举办监测统计培训，完成2017年度监测评估，指标推进率达93.18%。增加妇女儿童事业财政经费预算，为妇女儿童事业提供更加有力保障。成立区妇联法律援助工作站，落实2名专业律师定期到服务站维权接访，聘请2名专业律师常驻区婚姻登记中心婚姻家庭纠纷调解室，及时为各界妇女提供法律服务。防范化解重大家庭矛盾风险，接待妇女群众来电来访368次，成功调解婚姻家庭矛盾纠纷306件，化解其他矛盾纠纷62件，矛盾化解率达98%。开展“建设法治中国·巾帼在行动”联合普法宣传，购买服务开展“家庭教育流动学校”禁毒宣传，持续开展每月一次区婚姻家庭纠纷调解委员会普法进社区活动，增强妇女依法维权意识。深化“平安家庭”建设，巩固创建试点工作成果，在全市作经验交流发言。

【家庭文明建设】 2018年，渝北区开展“寻找渝北‘最美家庭’”活动，全区20余万人次、2万余个家庭参加活动。推选报送龙山街道袁镇涛家庭、龙溪街道符爱浓家庭为“全国最美家庭”“全国五好家庭”，其中符爱浓家庭作为“全国五好家庭”代表在人民大会堂作交流发言。以纪念全市第二个“家庭教育日”为契机，围绕“共同养育·幸福成长”主题开展宣传，举办家庭教育讲座40余场。开展“我爱我家”儿童书画作品征集活动，选送3个家庭参加“让诵读走进家庭·用声音温暖你我”重庆市首届家庭诵读大赛。联合区纪委、区委组织部组织新提拔处级领导干部及其配偶参观铁山坪廉政教育基地，发出“家庭助廉”倡议书，录制廉政亲情寄语，在全市展播。联合区教委、区文明办等开展“我的家风故事”征集活动，评选优秀家风故事、好家训400余个(条)。培育仙桃街道全区首个“好家庭、好家教、好家风”示范小区，古路镇古路村“慈孝文化”家风教育基地，龙塔街道开设“夕拾学堂”，以“诗、礼、传、家”系列活动为载体，建设全区家庭教育示范基地。

【关爱特殊群体】 2018年，全区各级妇联组织共筹集资金78万元，在元旦春节、端午、中秋等重大节日期间为3072名贫困妇女儿童送温暖。坚持每周二“扶贫工作日”制度，开展“五个一”结对帮扶，组织贫困群众开展“喜看渝北新变化·我们一起奔小康”主题活动。联合区群团公益基金会，向全区32名农村贫困“两癌”妇女发放救助金32万元，实现救助全覆盖。创新开展“1+1+N”困境儿童关爱工作，落实专项经费建立“爱心妈妈”考核激励机制，受到市妇联好评，在全市推广。开展“春蕾圆梦行动”，通过“渝北姐妹”微信公众号、各级网上“妇女之家”，多渠道全方位筹集爱心助学款16万元，帮助82名贫困女大学生(女高中生)顺利入学。组织开展“欢乐‘六一’，奇妙科技之旅”“平安一夏，快乐暑期——儿童安全体验行”“从军励志，快乐前行——军事夏令营”等活动，帮助留守儿童、困境儿童在活动中认识自我，树立信心。

【妇联基层组织建设】 2018年，渝北区新(改)建妇联组织共7个，进一步提升妇联组织覆盖。出台《全区示范性妇女之家儿童之家管理办法》，实施2018年示范性阵地创建工作，打造区公安分局出入境管理支队、区房管局7个“示范妇女儿童之家”。充分发挥村“会改联”、镇街区域性妇联组织作用，落实村(社区)妇联主席家访制度、执委挂牌上岗制度、“四位一体”联系制度，妇联干部进入社区网格、院坝楼栋，打通与妇女群众联系的“最后一公里”。创新培训方式，组织妇联干部赴北京、贵州、铜梁及区内各示范点进行考察学习650余人次。下更大力气解决脱离妇女群众、脱离基层等突出问题，切实“兴调研、转作风、促落实”，严格落实妇联干部“五个一”联系制度，妇联机关干部走出机关、走进群众，大兴调查之风，为妇女办实事200余件。坚持群众提出

——群众参与——群众评价工作机制，开展妇女需求调研，机关干部到洛碛、大盛、古路、龙山、保税港区等走访群众200余人次，分片区召开座谈会5次。

（刘妍利）

老龄工作

【概况】 2018年，渝北区老龄工作认真贯彻落实党的十九大精神和习近平总书记、李克强总理对老龄工作的重要指示批示精神，充分遵循“党委领导、政府主导、社会参与、全民行动”的方针，以实现“五个老有”为目标，突出加强和改善老年民生，大力强化措施，狠抓政策落实，全区老年人的物质生活、精神生活得到明显改善，老年人的幸福指数明显提升，老龄事业得到长足发展。全区人口老龄化程度日趋严重，2018年末60岁以上老年人20.69万人、占户籍总人口的19.63%；70岁以上老年人口为9.15万人、占8.69%；80岁以上老年人口为2.66万人、占2.52%。

【惠老政策】 2018年，渝北区深入贯彻《渝北区关于进一步加强老年人优待工作的通知》精神，制定出台渝北区《关于进一步加强老年人关爱服务体系建设的意见》《关于开展人口老龄化国情教育宣传的通知》，切实加强老年人优待工作。高龄津贴政策得到全面落实，全年发放高龄津贴1145万元，惠及全区2.7万名老年人；“孝老安康工程”扎实推进，全年老年人意外伤害综合保险参保59791名，占全区65岁以上老年人的48%，财政补助参保资金达99.78万元。开展“爱心助老——黄手环”公益活动，会同市阳光助老中心向容易走失的高龄、失智老人累计赠送黄手环1393个，关爱老人公益活动社会反响良好。

【走访慰问送温暖】 在全区范围内深入开展贫困、空巢、失能、高龄等特殊老年群体慰问活动。2018年春节，为90~99岁高龄老人每人发放慰问金200元，为100岁及以上老年人每人发放慰问金500元，为1100名空巢老人每人发放慰问金100元，全区发放慰问金总计55.63万元。端午节，为百岁老人、部分留守老人和贫困老人购买粽子、食用油等物资。夏季高温天气，组织防暑降温物资为空巢、贫困、百岁老人“送清凉”。敬老月，组织开展贫困、空巢、失能、高龄等特殊老人慰问活动，区政府副区长、区老龄委主任张广莉带队慰问百岁老人、空巢老人代表，全区爱老敬老氛围浓厚。

【敬老表彰活动】 2018年，于“敬老月”期间开展敬老表彰活动。对“十大孝子”“十大老有所为明星”“十大敬老楷模”“十佳老年协会”“敬老模范单位”等一批敬老先进予以表彰；对获得第八届“长寿之星”排行的百岁老人进行奖励，第一名奖励1万元，第二名奖励9000元，第三名奖励8000元，第四名奖励7000元，第五名奖励6000元，第六名奖励5000元，第七名奖励4000元，其余百岁老人各奖励3000元，全区共45名百岁老人，奖励资金共计16.3万元；对获得第七届“铂金婚排行榜”第一名的铂金婚夫妻奖励6000元，第二名奖励5000元，第三名奖励4000元，其余各奖励3000元，发放奖励资金共计11.4万元；表彰“新时代渝北魅力老人”20名、“新时代魅力老人入围奖”32名。

【老年文体活动】 2018年，渝北区开展健步走和元宵节老年文体展示活动，开展庆祝改革开放40周年暨第四届“夕阳好声音”声乐大赛、第三届“幸福渝北老年文艺活动周”等活动。以“敬老月”为契机，组织老年诗书画影研究会举办“祖国颂”为主题的老年书法、美术、摄影展示活动。举办渝北区2018年庆重阳文艺联欢活动文艺联欢会，500余名老年演员通过歌舞形式，以《重庆名字由来》《钓鱼城奇功》《重庆谈判风云》《长江三峡情思》等8个篇章演绎重庆历史，展示渝北老人丰采。

【敬老宣传活动】 2018年，渝北区加大敬老宣传力度，在全区范围内发放读本、悬挂标语、深入社区进行宣传，组织各涉老单位通过公共显示屏滚动播放PPT，联合渝北报社、区广电台媒体进行专题宣传，全面贯彻实施2018年3月新出台的《重庆市老年人权益保障条例》。深入开展老年人防电信网络诈骗宣传活动，制作发放宣传折扇5000把，切实提高老年人识骗防骗能力。开展敬老爱老主题宣讲，结合改革开放40周年和人口老龄化国情教育，广泛开展以家庭、社区为单位的敬老爱老实践活动，全年共发放各类宣传资料10万余张、宣传画报2000余张、宣传条幅500余条。

（龚志平）

残疾人工作

【概况】 2018年，渝北区残疾人工作以习近平新时代中国特色社会主义思想为指引，深入学习贯彻党的十九大精神，围绕两个体系建设、以残疾人为中心、坚持问题和需求导向、加快推进残疾人小康进程目标，全力促进残疾人事业取得新成效。截至2018年末，渝北区有六类持证残疾人共计22204人，其中视力残疾4638人、听力残疾1184人、言语残疾249人、肢体残疾11244人、智力残疾2042人、精神残疾1819人、多重残疾1028人。

【落实惠残政策】 2018年，渝北区残联为473名接受学前到高中教育阶段教育的残疾儿童提供生活资助，共计35.39万元；资助120名残疾大学生或残疾人子女大学生，共计32.9万元。做好“两项补贴”残疾人审核工作，全年发放贫困残疾人生活补贴4342人，共计231万元；发放重度残疾人护理补贴6775人，共计670万元；发放三四级精神、智力残疾护理补贴1415人，共计92万元。区残联会同区财政局印发通知，提高三四级残疾人参加城乡居民基本养老保险资助标准；为8725名残疾人按一档标准资助参加城乡居民合作医疗保险，共计资助157万元；对2017年10—12月参加城乡居民基本养老保险的535名三四级残疾人给予资助。为全区21743名持证残疾人购买团体意外保险，投入资金50余万元，协助53名残疾人办理理赔事宜。对291名因病、因灾造成家庭困难的残疾人给予资助，金额总计185万元；区残联指导各镇街开展2018年元旦春节贫困残疾人走访慰问工作，共计慰问361人。对1个残疾人扶贫基地和1户残疾人种养业大户提供资金扶持。在两路、龙塔等6个街道为200名重度残疾人开展居家服务。在洛碛镇开展“邻里互助”农村残疾人居家服务项目的探索。结对帮扶古路镇银花村脱贫户6户、16人，帮扶资金约3.9万元。

【残疾人康复工作】 2018年，渝北区残联为25名0～6岁残疾儿童提供矫治手术，适配假肢、脊柱矫形器；为86名儿童、少年提供脑瘫、孤独症、智力康复训练，其中纳入市级项目的享受2万元的训练救助资金；为6名残疾儿童提供助听器、人工耳蜗项目；为80名残疾儿童发放34.55万元儿童康复训练生活补贴；为区内2个儿童康复机构提供资金15.12万元。区残联联合区慈善会举办“99公益日”残疾儿童捐助活动，筹集善款35万元，88名残疾儿童家庭获得4000元/户的资助金；举办“我与你同在”“孤独症孩子的家庭教育”等6个主题培训，邀请教育学、心理学专家为180名残疾儿童家长授课；走访36名残疾儿童家庭，讲解儿童家庭预防、康复知识。2018年康复需求数为5618人，服务率达到97.78%。26名残疾人享受“百万贫困白内障复明工程”；为1269名精神残疾人办理药物救助卡，在部分镇街采取集中送药的服务模式；为区内残疾人基本型辅具1149件，其中成人轮椅396辆、儿童轮椅12辆、拐杖253件、手杖107件、助行器35件、坐便器132件、盲杖98件、助视器92件、导盲眼镜24件；为12名贫困残疾人免费适配助听器；邀请市级定点机构为9名残疾人安装假肢；新建村（社区）康复室50个，为3个已建成的标准化示范性社区康复站配齐康复设备，新建2个标准化示范社区康复站；推进残疾人家庭医生签约服务，完成签约6688人。在茨竹镇、兴隆镇为85名重度肢体残疾人开展中医理疗上门康复服务，依托悦来卫生服务中心为26名残疾人提供康复服务；20名骨髓损伤者参加生活重建培训，积极探索残疾人康复与家庭医生签约服务相结合的工作模式，促进残疾人康复事业发展。

【残疾人就业工作】 举办2018年就业援助月专场招聘会，共有16家企业、400余名残疾人参加活动，76名残疾人与用人单位现场达成初步就业意向；组织55名残疾人参加市残联与市就业局组织的专场招聘会；为渝北区中高端企业推荐30余名残疾人就业。为7家残疾人微型企业、22家个体工商户发放创业补贴共计10万元；给予全区16家机构共计23.28万元的扶持资金；指导2017年享受规范化建设补贴的15家按摩机构进行规范化建设。印发《渝北区残疾人职业技能提升计划（2016—2020年）实施方案》；为50名残疾青壮年文盲进行扫盲培训；50名残疾人参加残疾人“小儿推拿按摩”职业技能培训；35名残疾人参加残疾人创业培训；组织37名残疾人参加市级职业技能培训班；指导6个镇街残联为197名残疾人开展农村实用技术培训；组队参加“巴渝工匠”杯2018年重庆市残疾人职业技能竞赛，1人获得盲人保健按摩比赛第四名。加强与区税务局工作配合，完成对329家企业1490名残疾人用工情况审核。

【残疾人文体生活】 2018年，邀请重庆梦翔残疾人艺术团在仙桃等街道开展3场巡演，共有700余名群众观看；组织270名残疾人到电影院集中观看电影《厉害了，我的国》《中国蓝盔》；区残联、区文化委联合开展残疾人文化月活动，现场赠送励志书籍，展出残疾人剪纸书画作品；组织残疾人参加市级蜀绣培训，诗歌比赛。为147名残疾人发放有线电视收视维护费补贴；向全区持证残疾人及其家属发放残疾人旅游卡43238张。成功举办渝北区第六届残疾人运动会；建设残疾人文化体育示范点1个；举办以“特奥五十年，辉煌新时代”为主题的第十二次全国特奥日活动，开展残疾人健身周活动；组队参加重庆市残疾人游泳锦标赛，1人获奖；44名残疾人工作者参加残疾人体育健身指导员培训。为残疾人文化产业示范基地（剪爱）提供资金10万元，带动近20名重度下肢残疾人提升剪纸技能。通过华龙网、重庆手机台等市级媒体宣传渝北区残疾人工作亮点、成效20余次；挖掘残疾人自立自强和爱残助残先进典型，志愿上门为残疾孩子授课4年的八旬老人邓林明当选“2018全国十佳最美家乡人”“全国最美志愿者”。

【残疾人维权工作】 2018年，渝北区全面加强残疾人依法维权工作，切实维护残疾人合法权益。区残联全年接待残疾人来访15次，协助处理残疾人集访7次；推荐60余名残疾人通过法律援助维护合法权益。实施残疾人家庭无障碍改造67户；办理下肢残疾人机动轮椅车燃油补贴63人（车），残疾人C2、C5驾照路桥费次票减免58人，发放残疾人C5驾照学车补贴17人。

【残疾人专门协会】 加强残疾人专门协会管理，充分发挥残疾人专门协会作用。组织残疾人专门协会负责人和残疾人代表参加法制学习5次，各专门协会召集各类别残疾人学习500余人次，发放《残疾人法律小顾问》等法律法规读本3000余册，集中开展法制宣传6次。组建残疾人励志宣讲队，在全区镇街举办残疾人代表巡回宣讲2次。组织残疾人骨干参与和协助处理残疾人信访、集访案件6次。各类别协会班子成员主动到各镇街道访贫问苦，全年走访慰问困难残疾人600余户。

【基层队伍建设】 2018年，对120余名残疾人工作者进行为期两天的集中培训，提升基层残疾人工作者整体素质。严格残疾人证办理工作，为21个镇街146名群众提供下乡鉴定服务，全年办理残疾人证1131个，注销残疾人证552个。全区动态更新工作总计调查残疾人22078人，其中查无此人11人、已搬迁97人、空挂户93人、外出158人、死亡注销257人，入户调查20419人、电话调查1043人、入户调查率95.14%。

（谭小红）

民政工作

【概况】 2018年，渝北区民政工作坚持以习近平新时代中国特色社会主义思想为指引，深刻领会习近平总书记对民政工作的重要指示精神，以及对重庆提出的“两点”定位、“两地”“两高”目标和“四个扎实”要求，牢固树立“民政为民、民政爱民”理念，在区委、区政府的坚强领导下，全面推进新时代大爱民政建设，倾力服务渝北改革发展稳定大局，各项工作取得新的成效。

【医疗救助】 2018年，渝北区加强医疗救助资金的管理和使用，运用“一站式”医疗救助信息平台进行救助，救助医疗救助对象186796万人次，支出医疗救助资金4001.76万元，困难群众得到医疗救助的实惠，有效缓解因病带来的经济压力。

【临时救助】 2018年，渝北区全年救助困难群众1672户次，发放临时救助金1210.76万元，户均救助额达到7241元，有效解决群众突发性、紧迫性、临时性基本生活困难，保障困难群众基本生活。

【特困供养】 2018年，全区共有特困供养对象3953人，其中城市特困1477人、农村特困2476人，月供养标准提高到710元/人。对肢体、智力、精神、视力四类一、二级重度残疾或因病瘫痪卧床不起6个月以上以及16岁以下的特困人员发放照料护理补贴，全护理补贴标准为每月300元/人；半护理补贴标准为200元/人。全区共有27个特困供养机构，床位2192张，入住人数为1456人（其中特困人员1430人、社会老人26人），床位利用率为66.42%。

【救助管理】 2018年，渝北区完善区、镇（街）、村（社区）流浪乞讨三级救助网络，积极推进救助基础设施标准化建设，引入社会力量参与救助，全面开展专项救助行动。全年救助流浪乞讨人员2008人次，其中未成年人82人次，救助救治各类病人、残疾人287人次。

【防灾减灾救济】 2018年，渝北区进入汛期早，防汛时间长达半年，自然灾害影响全区持续时间长，给渝北区统景、茨竹、兴隆等镇的农业生产、居民住房、道路交通等各方面造成一定程度的损失。全区全年遭受风雹灾1次、洪涝灾害9次；受灾乡镇11个，受灾人口2386人，紧急转移安置受灾群众45人；农作物受灾300.4公顷，其中成灾263.0667公顷，绝收37公顷；因灾倒塌房屋14户、22间，严重损坏房屋20户、36间，一般损坏房屋221户、409间。灾害造成直接经济损失438.7万元，其中农业损失262.1万元，基础设施损失30万元，家庭财产损失146.6万元。灾情发生后，区民政局积极协同相关镇政府迅速开展查灾、核灾、救灾工作，妥善安置房屋倒塌户和受损重灾户。截至2018年年末，区民政局有救灾物资储备仓库11间，库容面积约260平方米，区级救灾物资储备保障量达6000人（次），基本能适应全区民政应急救灾工作需要。

【双拥优抚】 2018年，渝北区将双拥工作纳入全区经济社会发展和部队建设的总体规划，纳入年度政府工作报告和驻军党委工作报告内容。深入推进军民融合发展，全力支持驻区部队深化改革和全面建设，提升服务军队和国防建设质量，不断巩固军政军民团结的大好局面，不断巩固“全国双拥模范城”成果。通过区委议军会、军地联席会、走访慰问等方式，大力支持驻区部队建设，解决驻区部队实际困难。春节、八一等节日期间为驻区部队送去共计130万元的慰问金和慰问品。全面落实抚恤优待政策，为6983名重点优抚对象发放抚恤和生活优待补助资金5208万元；为705户义务兵家庭发放优待金821.8万元；加强烈士褒扬工作，积极开展烈士纪念活动，为138名烈士遗属、因公牺牲军人遗属、病故军人遗属发放优待金145万元。切实做好退役军人服务保障工作，建立优抚对象帮扶体系，投入医疗和生活帮扶解困资金104万元，解决799名优抚对象医疗和生活困难。全面完成退役士兵安置接收任务，落实退役士兵安置政策，开展退役士兵政策宣讲和工作招聘会。办理自主就业退役士兵343人，发放自主就业补助金1341万元，符合安排工作条件的退役士兵11人全部安置到企事业单位并保障其第一次就业，安置率为100%。做好退役军人和其他优抚对象信息采集工作，采集登记信息3.39万份。

【殡葬服务】 2018年1月，渝北区启动实施文明治丧补贴政策，将惠民政策从火化环节拓展到治丧环节。全区全年免除“四类”困难群众基本丧葬服务费的人数为437人，减免金额59.69万元；免除农村户籍死亡人员基本丧葬费的人数为1502人，减免金额157.62万元；为750名群众减免厅堂费约280万元，人均减免费用为3700余元；为72名在区外治丧的群众发放文明治丧补贴10.76万元，有效减轻群众丧葬负担，促进群众自觉实行文明殡葬。

【社会组织管理】 2018年，渝北区新登记社会组织38家（社会团体16家，民办非企业单位22家），变更社会组织53家（社会团体29家，民办非企业单位24家），注销社会组织23家（社会团体6家，民办非企业单位17家）。强化社会组织年检工作，将年检通知通过党政网、微信公众号、民非社团QQ管理群等方式发给各业务主管单位和社会组织，依托重庆市社会组织登记管理网上填报系统全面实行网上年检。坚持“三年一抽查”原则，要求被抽中的社会组织提供会计师事务所出具的2017年度财务审计报告，切实提高年检数据的合法性。2018年全区应参加年检的社会组织472家（其中社团106家，民非366家），实际参加年检的社会组织为393家，参检率达83%。加强社会组织信用管理，按照《社会组织信用信息管理办法》（中华人民共和国民政部令第60号）第十一条第（六）项的规定，将无法联系的10家社会组织列入社会组织异常活动名录并网上公开。

【区划地名】 2018年，渝北区共命名地名105件，其中道路86条，小区18个，广场1个。渝北区第二次全国地名普查工作圆满完成并顺利通过国家民政部、重庆市民政局验收入库，编纂印刷《渝北区地名词典》《渝北区地名故事》等普查成果3000本，安装区划地名标志牌15块。

（王　宇）

街道 镇

龙溪街道

【概况】 龙溪街道位于两江新区核心区，东接龙塔街道、南与江北区接壤、西接龙山街道、北接天宫殿街道。辖区面积6.6平方千米，辖龙湖、新牌坊、嘉州等14个社区，常住人口20余万人，其中户籍人口8万人。辖区有新华社重庆分社、人民银行重庆营业管理部2个中央驻渝单位；有市人大、市政协、市高级人民法院、市国安局等26个市级部门单位，有锦红小区警卫中队等3个驻辖区部队。辖区有龙溪小学、松树桥中学等4所中小学校，庆龄幼儿园等28所幼儿园；有渝北区第二人民医院等9家医院。街道被民政部评为“全国和谐社区建设示范街道”，街道办事处连续多年获得平安渝北建设工作先进单位、安全稳定工作优秀单位等荣誉。

【经济发展】 2018年，龙溪街道完成地区生产总值110亿元，同比增长7.5%；辖区社会商品零售总额同比增幅达到15%；新增各类市场主体2156家，新增“四上”规模以上企业11家。全年全口径税收完成20.55亿元，本级财政收入完成3.46亿元。建立街道领导干部联系重点企业等制度，倾力打造渝北区服务贸易基地和双创孵化园、香奈公馆高端商贸基地、北京·基金小镇。加大服务嘉州商圈工作力度，协调解决嘉州新光里2.5万平方米特色购物街开业，助推新光天地开展都市宴席展、2018“重庆与世界嘉年华”等活动。

【城市管理】 2018年，龙溪街道推进新牌坊立交、新南路立交、安家咀立交人行地下通道等基础设施项目顺利实施。投入435万元开展城市立面整治、地面基础建设及地下管网完善。全年依法拆除违法建筑263处2.36万平方米，处置市、区举报中心交办问题63件。全面推进河长制，镇街级河长共巡河30人次，社区级河长共巡河40人次。开展闲置空地暴露垃圾整治和清洁卫生专项整治，清运废弃垃圾等1000余吨，绿化提档升级1万平方米。组织召开不同形式物业联席会议15次，解决各类安全问题70余个，审查物业专项维修资金使用96项578万余元，调解物业纠纷707件。完成23个国企“三供一业”移交工作，松树桥支路项目594户完成签约591户，搬迁交房585户。红旗河沟换乘节点项目征收工作进入风险评估阶段。

【社会事业】 2018年，龙溪街道创新社保大厅延时服务制度和综合窗口制度，深化松树桥老旧单体楼街区式管理工作。“金绸街区”“柳荫街区”“颜家湾街区”建设全面启动。14个社区全部完成社区文化室建设，嘉州社区打造成为书香社区。投入288万元对29台10年以上老旧住宅电梯进行改造。实施单体楼电力设施改造144户，新建城区公厕1座，设置公共便民直饮水点10个，背街公共设施维护维修改造198处。全年累计发放各类优抚、低保金、奖扶、救助等资金472.6万元，实现新增就业人数7241人，就业困难人员实现就业396人，新增发放再就业小额担保贷款307万元，同步推进与渝北古路镇兴盛村、云阳县双江街道、开州区大进镇新元村的扶贫帮困工作。全面完成金龙路175号、武陵路145号项目征收签约工作，超额完成区里下达的575户棚改任务。

【平安建设】 2018年，龙溪街道建立网格87个，组建群防群治队伍14支236人。全年开展安全宣传66次，应急演练32次，专项安全培训54次。组建物业应急救援队伍，建立企业微型消防站4个。组织开展扫黑除恶集中宣传活动22场。完善社会治安防控体系，积极推进街道、社区综治中心和“雪亮工程”建设，深入开展打击非法集资工作，深化重点领域专项治理。全年共摸排处置各类“欠薪讨薪”问题19件，涉及金额近1100万元；调解重庆国瑞中医院股权纠纷等案件816件，涉及金额1013万元。

【文化宣传】 2018年，龙溪街道举办“改革开放40周年”大型文艺汇演、“改革开放40周年——龙溪新旧变迁图文展”、“渝北区道德模范及文明家庭事迹巡展活动——龙溪场”等活动，开展“我们的节日”系列活动20余场、各类培训80余次、惠民电影进社区66场次，编排展演《鼓舞飞扬》等10余个节目。承办“礼让斑马线”市级示范活动，打造“文明礼仪我带头”区级示范点。开展“大学生进社区”等志愿服务活动300余次，“志愿服务+”项目被评为“渝北区2017年度最佳志愿服务项目”。“电池婆婆”符爱浓家庭被评为“全国五好家庭”。全年中央级媒体上稿5篇，市级媒体上稿170余篇，区级媒体上稿180余篇；其中《重庆新闻联播》播出6条，《重庆日报》刊登25条。

【党建工作】 2018年，龙溪街道办事处中心组学习9次，创新推出微党课，覆盖133个党组织1906名党员。深入商会、社区开展“理论麻辣烫”宣讲5场次，宪法宣讲、杨雪峰先进事迹宣讲4场次。选拔任用街道科级干部2人，培养和发展预备党员6名，接收新转入党员747名。与市政协、市交委等10余家市区级部门单位深化城市基层党建结对共建。推进辖区商务楼宇新兴领域党建，重点对新光里商业街、协信中心、美源国际、香奈公馆和基金小镇、都会首站9号等写字楼进行延伸覆盖。全面开展党员亮身份活动，制定并发放党员亮身份座牌228个。组织召开街道党风廉政建设会议、纪工委会议13次，开展《监察法》等专题宣传教育15次。组织200多名党员干部到长寿区预防职务犯罪警示教育基地开展警示教育，排查机关和社区廉政风险点200多个，修订风险防范制度50个。

（徐晓燕）

龙山街道

【概况】 龙山街道系渝北改革开放、经济发展前沿阵地，2006年12月由原龙溪街道一分为三后设立。辖13个社区，面积6.4平方千米，有武警重庆总队、国家审计署重庆特派办、重庆海关、市环保局、市林业局、市卫生局、市工商局、市广电集团、重庆市妇幼保健院等14个中央和市级机关（事业单位），区域总部企业21家、中小学幼儿园42所、医院14所、高档住宅小区26个，农转城安置房40万平方米，下辖冉家坝商圈、冉家坝市级美食一条街、SM广场、聚信广场等产业带，户籍人口7.6万人，常住人口22万人。近年来，街道先后荣获“国家节约型公共机构示范单位”“全国先进基层司法所”“全国综合减灾示范社区”“全国最美志愿服务社区”“市级文明街道”“重庆市安全社区”等称号，连续七年被区委命名为“先进基层党组织”，连续四年获全区综合（绩效）考核一等奖。龙山街道商会荣获“全国四好商会”。

【经济发展】 2018年，龙山街道完成地区生产总值68.2亿元，同比增长9%；限额以上社零总额实现12亿元，同比增长5%；城镇居民可支配收入44500元，同比增长9%；完成招商引资内资任务15.4亿元，占全年任务的102.7%。加强现代服务业和创新金融板块招商工作，全年招引落户企业7家，实际到位资金5500万元。

【城市管理】 2018年，龙山街道配合支持市区部门完成和推进搪瓷厂停车场建设、冉家坝广场南一路和龙脊路延伸段建设、龙山老旧城区地下污水管网改造工程、盘溪河黑臭水体整治工程等市政工程项目9个。推进成片违法建筑整治工作，拆除面积26418平方米，完成总任务量的103.6%。先后开展疑似违法建筑摸排核实工作和鸽棚类疑似违法建筑摸排工作，核实违法建筑873处，面积50123平方米；核实鸽棚类疑似违法建筑45处。开展油烟整治噪声污染专项治理工作，结合中央和市环保督查，组织环境类综合执法25次，整治油烟、噪声污染餐饮19家，整治存在异味、噪声的小加工厂作坊5家，整治违规喷漆汽修店4家，办理完成市环保督查案件12件。

【安全稳定】 2018年，龙山街道严格落实安全生产"党政同责、一岗双责"，累计排查企业单位及各类场所1400家次，查出隐患1446条，累计消除隐患1319条，整改率91%；协调资金21万元，完成天一新城小学高压电线安全隐患整改，督促香草天空小区、龙山B区和清迈阳光小区投入94万元，完成消防设施整治。深入推进网格化治理，辖区划分为87个网格，3月、6月、9月、10月完成专职网格员的4次补录工作。辖区刑事案件立案600件，较上年同期下降7%，其中可防性案件125件，较上年同期下降25%，打击处理198人。查处治安案件1100起，处理违法人员260人，治安形势进一步好转。深入开展扫黑除恶专项斗争，制作宣传资料14万份，宣传通告1200张，"应知应会"宣传单800份，在辖区悬挂横幅388条，天桥标语6个，喷绘13幅，张贴通告1244张，发放宣传资料12万余份，发送短信22万余条。摸排整治治安乱点40个，办结"车立带"违法经营、聚众斗殴等涉黑涉恶案件2例。全面推进综治中心暨"雪亮工程"建设，完成综治中心方案设计。有效推进矛盾纠纷排查化解。全年成功排查化解较大矛盾纠纷8件、其他矛盾纠纷138件。龙山街道公共法律服务站"线上+线下"免费"5见服务"受到高度肯定，11月26日作为全市坚持发展"枫桥经验"深化重庆实践行动现场会参观点，接受各级领导视察并获得好评。

【民生民利】 2018年，龙山街道认真兑现落实各项惠及民生民利政策，共计慰问群众1456人次，慰问金额48.2万元；发放临时救助、老年残疾补贴、优抚、低保、计生奖扶等各类资金470余万元；实现新增就业6571人、帮助450名就业困难人员实现再就业。深入推进龙山健康行，开展义诊、健康讲座等进小区、进社区、进网格40余次，服务居民5200人次。全年通过"渝北群工平台"解决群众反映事项720余件，群众满意率达到100%。完成龙脊新村社区办公楼、银桦路社区和旗龙路社区阵地装修；全面完成龙山路社区养老服务站和残疾人康复室的建设。成功举办"激情龙山大家唱"、"缘聚龙山·遇见美好"单身青年派对活动、"我们的节日·春节"文艺演出活动等50余场次。

【党建工作】 2018年，龙山街道制定《龙山街道社区专职干部管理办法》，修订了《龙山街道社区专职干部绩效考核办法》《龙山街道社区"两委"班子2018年度综合目标考核办法》，从选拔任用、离职辞退、行为规范、请休假教育培训、纪律作风、考核运用等方面进行严格规范。强化学做结合，深入推进"两学一做"学习教育常态化制度化，举办支部书记全覆盖培训2次，受训人次达300余人；强化学习成效，拍摄党员形象微公益广告《平凡的坚守》。正风肃纪，有效提高反腐倡廉能力，做好监督执纪，做到违纪必查。

（王小燕）

龙塔街道

【概况】 龙塔街道地处渝北区南端，位于两江新区中央商务区的核心地带。辖区面积6.6平方千米，辖黄泥塝、红土地、工农、龙头寺、龙塔、紫荆路、紫园路、紫福路、鲁能西路、鲁能东路10个社区，常住人口18余万人，户籍人口7.42万人。街道区位优势突出，资源丰富，紧邻机场高速、渝邻高速，毗邻江北嘴中央商务区、观音桥商圈，轨道交通3号线、6号线贯穿全域，有市一中院、市公安局、市司法局等10余个市级机关入驻辖区。街道下辖12个直属党组织，非公党支部64个，现有党员2465名；下设16个办公室（站、所、中心、队），共有领导班子成员12人，编制66名。2018年，街道坚持稳中求进工作总基调，科学谋划、精准发力，人居环境优化，社会治安稳定，社会保障全面，文化生活丰富，城市形象大幅提升，各项事业全面开创新局面。

【经济发展】 2018年，龙塔街道深入推进改革创新，着力转方式、调结构、稳增长，全年新增市场主体1985家，成功打造社区"一站式"电商服务平台，注册商家1167家，各类经济主体活力争相迸发。实际利用内资16亿元，GDP（地区生产总值）总量达49.7亿元，限上法人企业社零总额达8.1亿元，同比增长11.5%，完成税收收入11.04亿元，同比增长57.9%，创街道历史新高。

【平安建设】 2018年，龙塔街道进一步完善矛盾纠纷多元化解机制，积极对接大渡口茄子溪街道等单位，圆满化解高某某疑难信访案件，成功调处佳华北宸里项目拖欠民工1000余万元工资、杰壹新天地工地抗滑桩垮塌及龙联幼儿园搬迁、长安华都业委会与物业企业矛盾升级等重大事件，排查调处矛盾纠纷629件，接办化解信访案件28件，满意率100%，及时维护辖区的和谐稳定。优化辖区防控力量布局，创新群防群治体系建设，刑事立案案件同比下降14%，可防性案件同比下降21%。

【安全生产】 2018年，龙塔街道深化重点领域专项整治，扎实开展大排查大整治大执法、大型商业综合体消防安全行动等专项行动15余项，顺利完成10个小区84台老旧电梯改造，召开各类安全生产工作会议35次，累计开展各行业领域的安全检查4959家次，排查整改安全隐患4391个。

【民生工作】 2018年，龙塔街道扎实做好就业再就业服务，新增城镇就业7195人，城镇登记失业率控制在3%以内。办理单位人员参保2178家6014人，城乡居民小额意外保险6279份，完成免费孕优检查302人、"两癌"筛查73人、夏季义务献血140人，均超额完成全年任务。不断健全完善养老服务体系建设，持续开展残疾人居家（日间）照料服务项目，"一中心八站"阵地面积达4000平方米。创新推行"五微"服务，全年受理各类服务事项23640件，接待群众咨询1516人次，群众满意率达99%以上。

【城市环境】 2018年，龙塔街道不断巩固文明城区创建成果，"智博会"期间辖区市容环境秩序得到入住嘉宾好评。积极整治油烟污染、噪声扰民等环保突出问题，顺利通过中央和全市环保督察"回头看"。创新建立"巡查+监测"体系，新华水库顺利迎接国务院黑臭水体整治检查。顺利完成吉安园地灾治理项目，强力推进违法建筑整治工作，全年共计制止、拆除新增违建6处445平方米，消除存量违建222户17875平方米，罚没78户623.25万元，违法建设得到有效控制。

（卢 斌）

双凤桥街道

【概况】 双凤桥街道紧邻江北国际机场、两路寸滩保税港区，空港工业园区坐落境内，210国道、渝邻高速公路、重庆主城外环高速公路、轨道交通3号线北延伸段横穿辖区。街道东邻王家街道，南接两路街道，西与双龙湖街道、北碚区复兴街道交界，北与木耳镇相连。辖区面积34.5平方千米，辖10个社区居委会、1个行政村、3个社区筹委会；有耕地391.4公顷，林地372.2公顷。户籍人口44074人，其中农业户籍人口3077人，非农业户籍人口40997人。政策性生育率99.7%、人口自然增长率4.5‰。

双凤桥街道有大专以上普通高等学校1所（重庆工业职业技术学院），在校学生15000余人；中学2所，在校学生6000余人；小学3所，在校学生4600余人；幼儿园18所，适龄儿童入学率100%。有社区卫生服务中心1家，床位30张，执业医师30人、助理执业医师6人，注册护师、护士23人。文化室10个，文化中心1家，农家书屋1个，小型运动场45个。

【经济建设】 2018年，双凤桥街道地区生产总值为143.8亿元，城乡居民收入增长与经济增长基本同步，农业产值为736万元，同比增长8.08%，农村人均纯收入为18354元，同比增长10%。辖区支柱产业为工业，共有工业企业317家，其中规上工业108家，规下工业209家，全年实现规上工业产值440亿元。商贸业发展快速，2个商圈（金科空港城、长安锦尚城）建成开业，2个商业综合体（桃源天地购物中心、桥达茂宸广场）在建，全年限上商贸企业社零总额2.34亿元，同比增长34%，实际利用内资2.1亿元。

【民生工作】 2018年，双凤桥街道完成城乡居民养老保险参保2974人、基金征缴23.68万元、参保率100%，城乡居民基本医保参保完成2579人、参保率100%。对辖区低保、五保、特困、高龄空巢老人、优抚对象、残疾人、特殊家庭实施动态管理，发放低保金845456元、临时救助金184500元、特困供养310710元、特困医疗费14900元、节日困难群众慰问物资25万元、高龄津贴200575元、高龄失能津贴3万元、临时救济金2.5万元、优抚抚恤定补救济金260万元、优抚节日帮扶慰问21万元、残疾人护理补贴175419元，残疾人生活补贴32300元。发放国家奖扶305人、394920元，国家特别扶助69人、522480元，市级奖励扶助176人、55376元，区级奖励扶助301人、176200元。依法办理生育登记553人、再生育证27人、独生子女父母光荣证90个。开展健康义诊20场次，创建健康社区4个、健康家庭8个，开展家庭医生进社区活动12场次。开展“我们的节日”系列主题活动30余次，大型文艺演出活动5次，流动文化服务进村活动8场，鉴赏展览5次，播放惠民电影64场次。组建志愿服务队伍11支，注册志愿者9013人，开展志愿服务活动20余次。强化文化阵地建设，建成并顺利开馆空港广场24小时自助图书馆。

【城乡管理】 2018年，双凤桥街道开展空港新城、保税港区T分区、东环铁路建设征地工作，涉及瓦房、中建和兴旺村3个村。推进农村危房改造和人居环境整治，全年整治C、D级危房112户，开展农村人居环境整治173户。进行违法建筑整治，整治瓦房社区27421平方米，拆除长空路社区金色阳光小区8400平方米、建设透明遮雨棚1.2万平方米，拆除园区企业4668平方米、缓拆65754平方米，拆除“四山”外违法建筑2000余平方米，制止16起新增违法建筑，面积约3000平方米。接到各种投诉举报共8件，现场核实处理回复8件。开展“1+8综合执法”36次，按期处置文明城区常态化管理案件142件，“12319”案件21件，数字化城市管理平台案件154件。初步完成环湖雅居B区A组团物业交接，启动宏锦路社区农转非自建房剩余6幢房屋的外墙综合整治。审核物业专项维修资金申请85件，涉及金额约1178万元，审减金额约250万元。开展居民小区消防安全知识培训32次、物业企业负责人安全工作专题培训38次。开展物业小区安全检查385次，排查出安全隐患250个，整治241个，维修电梯56部，整治外墙砖空鼓34处、消防问题

3个、屋面渗水9处、化粪池及排污管道问题35个和其他涉及公共安全的相关问题26个，排查窨井盖6295个，对234个存在安全隐患的窨井盖进行整治。

【环境保护】　2018年，双凤桥街道开展平滩河—东方红水库流域、高堡湖水库水环境综合治理工程，完成该流域内有害水生植物清理，核实排查沿线排污情况。全面落实河长制，河长巡查84次、村（社区）级社长巡查261次，聘请5名人员常态化监管巡查河（库），对发现的问题严肃追责问责。开展城市黑臭水体整治环境保护专项行动。完成全国第二次污染源普查工作，走访辖区工业企业1168家，全部清查建库。办理环保集中督察交办案件22件。加强生态环境保护修复，对仁睦路沿线等6处共计4.4万平方米的国有空地开展覆绿整治。对仁睦场镇及沿线、桃源大道、红树林外围等城乡结合部进行环境卫生综合整治，改造红树林片区雨污管网，购置抽提设施解决雨污混流环境污染问题。进行厕所革命，整修仁睦场镇公厕，推进兴旺村、中建村生活污水治理。积极配合市政空港环卫所对辖区的生活垃圾开展分类试点工作并取得成功。

【平安建设】　2018年，双凤桥街道以创建“平安建设示范街道”为抓手，专题研究综治暨平安建设30余次，开展综治暨平安建设宣传活动9次，文艺节目展演4台次，发放宣传资料10450余份。深入开展扫黑除恶专项斗争，张贴通告2000余张，悬挂宣传标语790条，宣传喷绘70余张，向辖区宾馆、酒店、餐馆、企业等发放宣传资料2.5万余份，利用LED屏、天网终端屏不间断播放扫黑除恶专项斗争宣传片，扫黑除恶知晓率96.67%，在11个村居设置扫黑除恶专项斗争举报箱，排查各类矛盾纠纷2193件，收集群众意见1851件。推进专职网格化治理工作，招聘专职网格员65人，制定专职网格员考核办法，制作网格信息公示栏1600余张，走访入户120712户，走访率90%。规范办理网上信访事项31件，开展领导下访接访群众480余次，开展群众工作日活动110次，排查出各类重点矛盾纠纷68件，深入排查劳资劳务、物业管理、拆迁安置等行业、领域矛盾纠纷396件，第三方调解室受理物业纠纷、邻里纠纷等疑难复杂纠纷案件148件，调解案件142件，妥善处置丹翼工贸、申重速递等公司欠薪，瓦房、中建征地，增容户口群众，长安锦尚城小区车库租金纠纷等事件28余次，完成各类安保任务24余次。强化禁毒宣传，增强全民禁毒意识，开展“感恩生命，健康生活”知识讲座进校园等宣传活动15次。开展社会治安重点地区排查整治，启动长翔路社区C类社会治安重点地区专项整治，开展集中整治8次，整治治安各类乱象10余起，立案38起，打击人数13人，查处治安案件14起，查处治安违法人员19人。

【安全生产】　2018年，双凤桥街道组织辖区300余家企业开展企业安全工作专题培训，开展《职业病防治法》宣传活动，接受群众咨询100人次，发放各类宣传资料1000份。印制并发放市民安全手册1万份，发放安全常识读本500套，向辖区生产经营单位发送安全知识信息6000余条，利用赶场天在仁睦场镇开展交通安全宣传3次，设立道路交通安全宣传栏15处。开展安全生产月宣传活动，发放居家安全知识手册4000本、安全知识科普读本500套。开展道路交通安全宣传活动25次、劝导员培训1次，发放宣传资料1.2万余份。积极发挥安全体验中心作用，开展安全教育培训50批次，受训人员高达3148人。健全安全监管责任体制，主要领导亲自抓安全生产领域调研工作，完成《仁睦场镇消防安全整治调查与思考》《双凤桥街道安全生产工作调研》《如何发挥专职安全员工作履职作用》3个调研报告，成功处置长安五厂“4·11”事故。完成园区二环以北区域属地安全监管工作交接，加强东环铁路双凤桥段项目安全检查,开展安全生产大排查大整治大执法行动,街道各“一岗双责”科室累计排查隐患1250条,督促整改1239条,整改率99%。继续购买企业安全监管第三方专家服务,建立“一企一档”制度和“一企一报告”整治制度,对辖区九小场所等实施安全监管,实现安全生产监管专业化全覆盖。抓好重点领域安全生产检查排查,切实防控安全风险隐患。加油站监督检查15次,道路交通安全检查86次,纠正违规行为500余条、处理道路交通安全隐患5起、检查登记车辆1.8万余台,排查群租房462户,九小场所1000余家,安装独立烟感器300个,配备灭火器900个,检查企业402家、排查整治各类隐患近900条。开展森林防火检查42次、清理森林防火安全隔离带杂草18500米,排查特种设备2235台、整治隐患80起,检查文化娱乐场所30余次、排查隐患10条,整改10条。完成锦绣丽舍、空港商业楼、聚盛家居等重点物业小区94幢房屋疏散通道专项整治工作。开展中建社区仁睦场镇消防安全专项整治。

【全面从严治党】 2018年,双凤桥街道办事处坚持民主集中制、严肃党内政治生活,组织学习党的十九大精神、习近平新时代中国特色社会主义思想和中央、市委以及区委重要会议精神80余次,党工委理论中心组集中学习14次,组建宣讲队伍2支,开展主题宣讲40次。定期开展调研成果交流,建立调研联系点28个,形成调研课题18个,完成调研报告10篇。严格落实“三重一大”制度,召开党工委会议24次,党建形势分析会2次,党建联席会会议2次。严格落实“三会一课”制度,辖区130个党组织全部召开组织生活会,113个党支部开展民主评议党员工作,推进党员组织生活规范化、常态化,对11个村(社区)检查指导党建工作2次。按照“1+3+6+X”的模式,以党支部为单位,固定每月20日开展主题党日,村(社区)、非公党组织书记上党课220余次。探索传统文化与党的建设融合发展,积极指导村(社区)打造党建特色亮点,全年接待参观考察20余次。打造10个非公党组织示范点,组织开展50余期党性主题活动。班子成员汇报“一岗双责”履职情况1次,与分管科室、村(社区)主要负责人开展廉政谈话80人次,开展扶贫领域作风问题等专项监督检查90余次、通报16期。做好惠民政策公示,累计150人次。夯实统战阵线力量,开展理想信念教育实践、企业家座谈会、帮扶慰问等活动5次。指导凤鸣路社区、桃源社区积极创建“侨胞之家”,开展侨台政策宣传44次,侨界人士联谊活动5次。推进基层协商工作,11个村(社区)召开民主议事会44场,解决议题30余个。认真组织开展征兵工作,26名应征青年光荣入伍。

(杨芸霞　杨　梅)

双龙湖街道

【概况】 双龙湖街道地处两江新区核心区域,紧邻重庆江北机场,东临双凤桥街道、两路街道,南与回兴街道相邻,西与仙桃街道接壤。面积22.5平方千米,城区面积10.65平方千米,辖18个社区、25个社、183个居民小组。街道办事处距区政府驻地1.5千米。街道户籍总人口66610人,其中农业人口2232人、非农人口64378人;户籍人口出生率7.6‰,人口自然增长率2.5‰。辖区有中小学4所,在校学生6997人,教职工689人,适龄儿童入学率达100%。有公立医院2所,较大民营医院3所,卫生技术人员762人。辖区内有碧津公园、巴渝民俗文化村、双龙湖公园等景点。

2018年,实现地区生产总值38.2亿元,比上年增长6%。城镇居民可支配收入3.82万元,比上年增长10.7%;农民人均纯收入2.09万元,比上年增长11%。社会消费品零售总额17.5亿元,比上年下降29%;限上社零2.3亿元,比上年下降80%。实际完成税收1.6亿元,比上年下降

10.11%；财政支出1.09亿元，比上年增加14.1%。

【开放开发】 2018年，双龙湖街道着力提升服务空港新城、保税港区两大开发平台的能力，完成征地任务313.33公顷，安置群众370人，拆除农房5.69万平方米；平稳实施鸽子沟司法强拆，妥善化解鸽子沟片区及观音岩2社遗留问题11件，顺利推进春华立交、保税港区Q分区建设及两江商务中心4条通道建设，保证市区重点项目顺利推进。围绕拓展两路商圈，助推丁字口片区城市双修工程，完成马儿站片区2.8万平方米征收扫尾和皮鞋城片区一期5.69万平方米征收任务，全面启动丁字口片区城市双修及皮鞋城二期征收工作。

【城市建设管理】 2018年，双龙湖街道进一步完善"1+3"城市管理体系（即：制定《城市管理工作实施意见》，细化《环境卫生常态化管理考核办法》《城市管理工作责任制度》及《环境卫生作业要求与质量标准》）和"三五五"文明城区长效管理机制（即：强化区、街、社区三级管理，整合清扫保洁、城管综合执法、网格员队伍、治安巡防以及志愿者服务等五支队伍，建立完善清扫保洁、物业管理、综合执法、违法建筑整治、社会参与共建五大机制），下放清扫保洁到社区，按照管干分离，加强日常监督管理，强化区、街道、社区三级考核结果运用，城区精细化管理水平迈上新台阶。大力整治背街小巷破损路面、化粪池等600余处；完成全国第二次污染源普查的清查工作，清理污染源1263家，顺利通过国家环保专项督察；积极开展餐饮油烟污染整治，对8家餐饮企业油烟进行治理；在辖区设置6个点，用新型无烟环保腊肉熏制机代替传统腊肉熏制。

【违法建筑整治】 2018年，双龙湖街道提前谋划、统一规范、人性操作，整治锦湖、龙顺等6个社区违法建筑14万立方米，做到在全区整治面积最大、整治速度最快、整治过程最平稳、整治效果最好，区委、区政府主要领导多次点赞，市整违办先后推荐江北、开州等区县到辖区学习，《重庆日报》、华龙网等媒体多次报道。

【单体楼管理】 2018年，双龙湖街道积极推行"一创四化"模式，即创新物业管理模式，推进老旧单体楼建设街区化（小区化）、管理规范化、服务人性化及投入多元化，先后对一碗水街区、康裕园片区、翠湖路片区等12万立方米街区进行街区化（小区化）治理，取得较好实效，《重庆日报》进行宣传报道，社会效果反响良好。

【社会事业】 2018年，双龙湖街道新建龙旺街、翠湖路和鹿山社区养老服务站；全力抓好双龙湖街道市级养老示范中心建设，探索试点"公建民营"养老服务机构，构建"1+N"养老服务体系。努力办好家庭医生签约、电表"一户一表"改造、单体楼外墙砖整治等20件民生实事，全力实施单体楼电梯增设，组织召开协调会60余次，工作推进情况全区排名前列。制定《双龙湖街道城市困难群体精准帮扶实施办法（试行）》，着力解决城市困难群体最集中最突出的问题。

【平安建设】 2018年，双龙湖街道通过制作海报、悬挂标语、推送手机信息、网格入户等多种形式广泛宣传，提升群众知晓率。对社区干部进行全面"体检"，将治安乱点较多的龙旺街社区作为后进基层党组织，督促社区解决存在的突出问题。对A类挂牌整治地区"一二三支路"片区"涉黄、打架斗殴"突出问题开展专项整治工作，强化入户走访、巡逻防范、隐患排查及环境整治，加强该片区的规范和管理。

【安全生产】 2018年，双龙湖街道强化安全生产监督管理，建立健全"党政同责、一岗双责、失职追责"安全生产责任体系，制定安全监管责任清单，班子成员开展检查251人次、研究解决问题102件；全年检查企业场所1351家，排查隐患1719条，整改率98.78%，没收烟花爆竹598件，处罚企业17家，处罚金额1.12余万元。妥善完成津和苑垮塌堡坎治理、一碗水殡仪馆危岩排危、飞湖路106号等5处老旧单体楼外墙砖脱落整治，以及龙平街89号琉璃瓦脱落紧急排危整治，确保全年无安全责任事故发生。

【党建工作】 2018年，双龙湖街道办事处实施"三化"联动，创新推动城市基层党建工作。构建以街道社区为核心、驻居单位和非公党组织为单元的"一核多元"组织体系，建立街道社区两级党建联合工作委员会及制度。将党建工作与群团工作同安排、同部署、同落实，加强党组织、群团组织人员联用，科学整合党群场所阵地功能。围绕"年初相约话党建、年中观摩看党建、年末述职评党建"运行模式，推动与结对单位的工作联议、活动联办、资源联享、服务联抓。街道共吸收30余个辖区部门单位作为联席会成员，与18个部门单位成为结对共建单位，召开党建联席会议1次，开展共建活动46个，研究确定资源服务项目107个，有效推动党建资源由"碎片化"向"一体化"整合。

（聂　磊）

回兴街道

【概况】 回兴街道位于渝北区南部，辖区面积16.42平方千米，辖16个社区，总人口18万余人，是渝北临空示范区建设的核心组成部分，辖区有空港新城、创新经济走廊两大国有公司。辖区交通便捷，渝都大道、机专线、轨道交通3号线和在建的轨道交通9号、10号线纵贯全境；商居条件优越，有宝桐路、双湖路2个市级社区商圈；文化资源丰富，辖区内有川外南方翻译学院、重庆机电工程技术学校、市一中寄宿学校、渝北职业教育中心、黄炎培中学等学校。

【经济发展】 2018年，回兴街道全年财政收入3.83亿元，实现地区生产总值80.8亿元，同比增长17.1%；完成规模以上工业总产值183亿元，固定资产投资3亿元，利用内资5亿元，社会消费品零售总额9.7亿元，同比增长34.7%。居民人均可支配收入37182元，同比增长8%。有序开展第四次全国经济普查，全面完成清查摸底工作。持续推动低效企业转型升级工作，助推服装小镇建设，全面推进国有土地上房屋征收工作，松鹤路项目全面完成征收，科兰路片区"退二进三"和轨道9号线站场项目征收工作有序推进。全力做好轨道交通9号线和10号线、铁路枢纽东环线、回兴立交、甘悦大道、渝航大道、长河和白鹤棚户区改造等市、区重点项目建设的征地、协调工作。

【社会事业】 2018年，回兴街道坚持财政支出80%以上用于民生，完成一般公共预算支出9077万元。有序推进计生、卫生、老年、残疾等工作，深入推进双拥、优抚工作，积极开展退役军人和其他优抚对象信息采集。收回社区用房1000余平方米，高标准完成3个社区阵地建设、2个养老服务站和1个便民服务中心打造。街道两级服务中心共办理各类行政服务事项近3万件，"同区通办"服务事项近5000件，群众满意率达到99%。群工平台受理群众诉求1000余件，办结率100%。全面完成长河、白鹤社区D级危房综合整治。对大盛镇人和村建档立卡贫困户进行慰问帮扶，制定产业帮扶计划，划拨帮扶资金20余万元。主动与云阳县盘龙街道和泥溪镇石缸村对接，制定对口帮扶和志愿服务工作实施方案，扶贫工作全面推进。220名低保人员做到应保尽保，累计发放各类服务补贴360余万元，让困难群众实实在在得到帮助和救济。积极推进全民参保，超额完成城乡居民养老保险和城乡居民医保筹资目标任务。建立劳动就业大数据库，全年实现城镇新增就业4980人。在羽裳路社区打造劳动仲裁庭，协调处置各类劳动纠纷44件。就业创业工作被《重庆日报》、华龙网等报道10余次，并代表渝北区接受全国人大调研。

【平安建设】 2018年,回兴街道积极推进安全生产“七进”活动,切实开展以“生命至上、安全发展”为主题的安全生产月宣传咨询活动。率先推行实名制安全监管,并在全区示范推广。深入推进安全生产大排查大整治大执法行动,持续开展重点行业领域安全专项整治。辖区各类安全生产责任事故继续保持零发生、人员保持零死亡。扎实推进扫黑除恶专项斗争工作并取得阶段性成果。成功处置典雅悦润交房、回兴立交临时占用水木宜家红线等20余件突发事件,成功化解历时20年的龙某住房安置历史遗留问题。全面建成街道“1+16”综合信息管理平台和综治中心,将16个社区近百万条人地事物组织信息和3000个监控画面全部录入和接入系统,梳理、整合各类数据,实现应急管理、线上指挥、线下联动、办事服务、网上办公等多种功能并行,创新理念走在全区前列。

【城市建设】 2018年,回兴街道加大市政设施维护、园林绿化管护力度,全力协调推进城区人行过街设施、断头路、停车场库“内畅外联”工程的实施。办理各类平台交办案件近5000件,办结率为100%,城管考核实现零失误。全力推进宝圣东路、双湖路开展老旧单体楼街区制管理试点工作,积极开展城乡环境综合整治,全年拆除存量违法建设306处,超额完成拆违任务。全面整治餐饮油烟、汽修、洗衣等行业污染,污染防治攻坚行动取得实效。认真开展第二次全国污染源普查工作,接受区污普办检查并得到充分肯定。认真落实河长制工作,扎实推进“一河两库”水环境治理,加强巡查监管,顺利通过市级环保督查和国家级黑臭水体整治专项督查迎检工作。完成4.1万余平方米国有空地覆绿,查处违法弃渣20余次,处罚清运渣土近千吨。加强对临时弃渣场的监管,督促轨道9号线完善弃渣场及周边道路的安全防护措施。全面完成黄家湾和岩湾地灾项目整治,有序推进老君湾和回龙桥地灾治理,确保全域无地灾安全事故发生。

【党建工作】 2018年,回兴街道深入学习习近平新时代中国特色社会主义思想和党的十九大精神,教育引导广大党员干部自觉在思想上政治上行动上同党中央保持高度一致,全年开展中心组学习12次,撰写理论调研文章12篇,在各级新闻媒体刊登稿件135篇。开展城乡“文化双送”等文艺宣传活动115场,演出节目463个,参与群众3万余人次。深入开展第七届“八好”表扬会,评选出先进个人128人。严格落实意识形态责任制,加强监管,成功处置圣名世贸城违规塑像问题,全年未发生意识形态安全事件。深入推进“两学一做”学习教育常态化制度化。强力推进“1+16+16+X”城市基层党组织共驻共建工作,基层党组织组织力得到有效提升,党员身份意识得到强化。创新推出以“和”“乐”“德”“家”文化为主题的党建和服务群众工作新品牌,进一步强化社区的政治功能和服务功能。提拔调整33名人岗不适的机关干部和社区工作者,因才施用在提拔调整后取得良好效果。积极推进事业单位机构改革。将廉政教育纳入中心组学习和干部大会学习的必修课。扎实开展党员干部发生在群众身边的“四风”问题、扫黑除恶和基层干部不作为慢作为乱作为等问题专项整治。强化党员干部八小时外监督,认真处理7件各类问题线索。高标准打造宝圣东路“党风廉政”示范点。全面完成羽裳路社区“两防一体化”建设任务,认真开展兵役登记、预征和征兵工作,圆满完成征兵任务。积极推进市“四好商会”创建,建立回兴街道商会党支部。党群服务中心全面建成投用。

（杨　洁）

悦来街道

【概况】 悦来街道位于重庆正北部、渝北区南部,是两江新区的核心板块,靠嘉陵江北岸,向北辐射水土，南与礼嘉相连，东连中央公园，西接蔡家，紧邻江北国际机场、龙头寺火车站、仙桃数据谷、两路寸滩保税港和果园港。立体交通有三纵（滨江大道、会展大道、金山大道），两横（同茂大道、柑悦大道），一桥（会展大道张家溪大桥），一隧（金竹湾隧道）；轨道交通交通有6号线（支线）、10号线。辖区面积23.5平方千米，辖7个社区居民委员会。2018年，辖区户籍人口16478人，人口出生率8.21‰、人口自然增长率-0.31‰。有中学1所，教师36人，在校学生150人；小学1所，教师47人，在校学生806人；幼儿园40人。正规医院1所，医护人员36人。固定资产投资99.25亿元，增长23.24%；社会消费品零售总额实现1.7亿元，增长5%；规模以上工业企业2家，总产值20845万元。

【服务市级平台】 2018年，悦来街道坚持辖区“一盘棋”理念，细化落实会展服务方案，制定《服务悦来投资集团助推临空会展区建设工作方案》，形成服务会展中心的全方位长效机制，确保智博会等国际大型展会圆满成功。是年，辖区内共计举办各类展会活动351次，其中街道参与服务大型展会活动48次，服务展会天数217天。无一起安全事故和意外事件发生。

【城市建设管理】 2018年，悦来街道加强与兴城公司、龙悦公司、悦来城管大队等部门协调配合，处置影响城市市容环境的脏、乱、差现象，整治施工噪声、扬尘、车辆带泥上路等环境卫生问题，共联合执法7次，出动执法车辆100台次，检查建筑垃圾密闭运输车辆2838次；加强阳光雅居安置房周边摆摊设点、清洁卫生等环境整治，规范悦来菜市场合法经营秩序，圆满完成国家卫生区复审工作。健全巡查管控机制，与两江新区规划局密切配合，建立小区管控联系人制度和装修备案制度，做到“即查即拆”，街道共开展日常巡查120余次，有效拆除违法建筑18568平方米，辖区违法建筑管控工作取得实效。首地江山赋和棕榈泉悦江国际等2个小区申报“无违小区”，嘉陵路社区和嘉悦社区等2个社区申报“无违社区”。组织多部门综合执法，制止燃煤和露天焚烧38次，规范工地进出口13次；整改建筑工地围墙广告220平方米，整改市政设施6起。以建设国家级生态城和国家级海绵城为目标，配合悦来投资集团，保护传承悦来18.67平方千米范围内的山地、森林、水域等原生态资源，引进最新科技和TOD国际城市规划打造环保新城，充分利用嘉陵江水、城市污水作为主要冷热源，打造重庆首个可再生能源集中供能生态绿色项目，建设生态驳岸，有效控制雨水径流，成为全国独此一处的山地海绵城市并初具规模。

【水源保护】 2018年，悦来街道在全市率先高标准实施水源地围挡建设，杜绝人、畜及其他污染物进入一级饮用水源保护区；实施嘉陵江岸线生态保护建设、张家溪和后河流域生态环境综合整治等系列生态环保工程，水体水质明显好转。嘉陵江悦来水厂饮用水源地保护区位于街道合力社区，为国家级重要饮用水源地，总面积47.46万平方米。街道投入资金200万元实施悦来水厂饮用水源地规范化项目建设，实施一级保护区隔离工程，新建隔离网2566米、隔离墙186米；实施保护区应急防护工程，新建波形防撞护栏832米（双层）、事故导流槽900米、应急池约70立方米；实施保护区标志规范化建设，设置一二级保护区界标4块（翻新2块、利旧2块）、航道及道路警示牌8块、安全警示标志2块；开展防护区污染源治理，修建悦来水厂污水截污管道636米；新增3套高清摄像系统，实施视频监控工程。建立街道、社区、志愿者三级巡逻队伍，禁止社会人员进入一级保护区进行垂钓和烧烤活动；强化江边保洁力量，常态化开展日常保洁与清漂工作。

【改善民生】 2018年，悦来街道推行“社区便民服务互办”工作机制，群众可就近办理民政救助、就业管理等19个服务项目，实现“一窗式办理、一站式办结”，打通联系服务群众的“最后一公里”；实行低保动态管理，做到应保尽保；严格执行救助政策，解决群众临时生活困难，全年发放救济金31.57万元，发放重点优抚对象定期补助金105.25万元；帮助困难就业对象实现就业，新增就业人员1285人。完成阳光雅居78套小二室分房工作；在高义口设立公交车站，开通3路公交车；投入33万为嘉陵路社区养老服务站进行装修，并添置家具、家电等。

【安全稳定】 2018年，悦来街道实行动态分析研判，以国博中心、302地区、建筑工地为重点，强化安全隐患排查治理，联合相关部门开展安全生产排查整治执法活动，组织专家开展安全检查，针对检查出的安全隐患和违法行为，限期整改。与各社区、企业签订安全生产目标责任书35份。街道党工委会议、行政办公会议、专题会议对安全生产专题研究部署22次。对辖区152家监管对象共开展执法检查1681家次，整治绕城高速桥下石材加工厂无证生产经营、重庆中建西部建设悦来分公司无资质生产经营、国博中心展会违规搭建、烟花爆竹经营户违规经营等违法违规行为289起。查处安全隐患1376个，其中当场整改1087个，限期整改并复查289个；约谈违规违章企业13家，行政处罚12件，罚款5500元。组织街道及辖区单位共开展各类安全学习培训24次，培训“一岗双责”部门、社区、企事业单位人员920人次，组织开展危化品安全、消防安全、建筑安全、小区物业安全、高温森林防火安全等演练15次。

2018年，悦来街道按照中央、市、区的要求部署，制定扫黑除恶专项斗争“1+4”(一个总方案，宣传方案、工作方案、线索排查方案、健全制度方案4个子方案)工作方案，深入开展“进校园、进社区、进会展场馆、进建筑工地”的“四进”宣传活动，向辖区居民、60个在建工地等重点地区和重点领域发放宣传资料4万份，并通过播放电影、居民院坝会、主题党日等活动开展宣传181次。悦来辖区治安形势、交通秩序良好，悦来派出所在全区同行考核排名第一。街道坚持部门联动、多元化解机制，深入推进人民调解与派出所行政调解衔接工作，分类解决征地遗留问题112件(包括中央、市级交办各1件)。妥善处理棕榈泉、北辰悦来壹号等12起项目民工讨薪事件，涉及欠薪人员200余人，民工工资600余万元。

【改革创新】 2018年，悦来街道配合悦来投资集团打造“宜居、宜业、宜商、宜游”悦来，利用山地地形和江岸线优势，建成会展公园和滨江公园。11月，川美国际设计学院正式签约落户悦来。深入推行河长制工作，搬迁关闭沿江码头9个和砖厂2个。以余光中“乡愁文化”底蕴为基石，打造“乡愁文化”品牌，11月初，“渝台两地摄影家重庆行活动”在悦来顺利开镜。

【基层党建】 2018年，悦来街道办事处召开党建工作联席会议2次，解决问题5个，7个社区与19个单位签定共建协议，实现“街道社区党建”向“城市基层党建”转变。推进嘉悦社区、嘉陵路社区、阳光社区的硬件建设，打造党建品牌，嘉悦社区举办“法治小区”“高义之家”“诚信商户”“共享嘉悦”等主题文化活动，打造以“德法共治、悦人悦心”为品牌的标准社区，提升基层党组织整体建设水平；街道、社区建成规范化的党员电教活动室。选优配强社区“两委”，整顿软弱涣散党组织，对辖区79名居民小组长、75名社区“两委”成员及社区专职干部、24名社区监督员开展联合审查和综合研判，对5名有违法违纪记录人员作出研判处置；选好用好管好干部，全年向区级部门输送优秀干部4人，新提拔科级干部7人，晋升正处级职级2人，推荐优秀年轻干部5人参加区委组织部中青班培训；引进优秀社区书记2名，充实社区干部队伍。开展新入职、新任干部岗前廉政谈话19人；组织机关、社区130余名干部参观渝北区看守所。全年举办中心组学习12次，组织开展全民素质培训3期12次，干部职工撰写各类心得体会100余篇，实现理论学习全覆盖。

（万晓东）

两路街道

【概况】 渝北区两路街道西邻双龙湖街道，南接回兴街道，北连双凤桥街道，东与王家街道接壤，是渝北区委、区政府所在地，街道办事处驻渝航路69号，辖区面积36.8平方千米，辖14个社区。区位优势和交通优势明显，江北国际机场和双凤桥换乘中心位于境内。距离重庆最大深水港集装箱码头寸滩港12千米，距龙头寺铁路枢纽站16千米，距重庆朝天门码头23千米，渝邻、机场高速、轨道交通3号线、10号线及20多条区内外公交线路纵横交错，形成快捷的水、路、空立体交通网络。2018年，两路街道共有户籍人口19667户51165人，其中城镇18959户49345人、农村708户1820人，人口自然增长率1.75‰。城市居民人均可支配收入38113元，农村居民人均纯收入19124元（全区13513元）。耕地202.33公顷，其中田121.8公顷、土80.53公顷。粮食总产量445吨，水果产量91吨，出栏山羊430只，家禽出栏8560只。街道辖区内全日制学校8所，其中街道托管学校1所、教委直管7所；在校学生16309人，适龄儿童入学率100%，小学毕业生升学率100%。剧场、影剧院3个，文化中心1个。医院、卫生院6个。两路街道办事处内设9个科室（综合科、经发科、社事科、城建科、综治办、安监办、党建办、征地办、规建办），下设2个中心（文化服务中心、社区服务中心）、3个所（财政所、社保所、司法所）和1个公共服务大厅。

【经济发展】 2018年，两路街道实现地区生产总值65.5亿元，比上年增长6%；社会消费品零售总额44亿元，其中限上法人社零单位目标任务9.1亿元，同比增长10%；实际到位内资10亿元，限上法人单位商品销售额59.7亿元，同比增长18.31%；住宿及餐饮营业额11.92亿元；外贸进出口1.1亿元。服务重庆太平洋森活广场招商引资企业的注册落地工作；协助四川航空重庆机场配餐服务有限公司注册的商标“SACAC”落地使用，并荣获重庆市著名商标；与银行合作开展多次创业担保贷款政策宣传活动，帮助辖区企业解决融资难问题，放贷金额达660万，完成比例排名全区第一。

【社会事业】 2018年，两路街道坚持“发展成果普惠共享”的理念，大力发展社会事业，不断提升群众生活水平，全年城乡低保人数共计271人，发放低保金170.75万元；发放特困人员供养金22.94万元；优抚对象277人，发放补助金额295.4万余元。为进一步做好老龄工作，提高老年人生活质量，全年共计发放高龄津贴53.95万元；结合春节和重阳节慰问生活困难的空巢老人及90至99岁老年人3.26万元；修建完成同茂和义学路社区养老服务站。春节慰问城市低保6.69万元，农村低保0.75万元；慰问特困人员0.75万元。建立短信群发平台，及时通知农转城人员社保缴费，城乡居保（扣除征地农转城人员）参保比例达99%，基金征收率100%；城乡合作医疗参保率99.5%。

【就业创业】 2018年，两路街道城镇新增就业人员6241人，登记失业人员就业再就业1539人，“4050”等困难人员就业再就业605人；新办理就业失业登记证337个；技能培训103人；高校毕业生实名登记率100%；城镇登记失业率为2.1%；全年办理灵活就业社保补贴685人，补贴金额3734293.64元。创业担保贷款发放670万元。

【城市建设】 2018年，两路街道深学笃用习近平生态文明思想，牢固树立绿水青山就是金山银山的理念，推进山清水秀美丽渝北建设，举办环保公益宣传活动2场。在全国第二次污染源普查工作中完成辖区422户工业企业的清查工作，顺利通过市级部门的抽查，并达到A类标准；顺利通过市环保督察组对两路街道生态文明建设台账和现场检查工作；完成市级10家餐饮油烟整治任务，对粪池管网全面清掏整治；维修维护渝航路沿线、义学路沿线100多根道路隔离桩；对破损地面进行硬化、3000平方米裸露地块进行绿化补植或硬化、边坡堡坎进行硬化或补绿；集中除渣约400车；逐一排查并消除89处风貌整治遗留问题存在的安全隐患；整治国有空地3块；核实背街小巷清扫保洁面积，重新招募常态化保洁员23名。在同兴、汉渝、义学、双凤4个社区5个街区总建筑面积约为25.48万平方米的老旧单体楼试行物业街区化管理工作；开展老旧电梯增设工作。完成3个成片社区违法建筑整治238件1.7万平方米；完成13栋建筑面积1.8万平方米的外立面和环境综合整治工程；完成4栋房屋建筑面积2.8万平方米的外墙瓷砖整治工程。

【乡村振兴】 2018年，两路街道同心聚力打赢扶贫攻坚战。开展农村居民“一达标、两不愁、三保障”工作，603户达到要求；扎实开展对口帮扶茨竹镇同仁村、云阳安溪镇工作。加大农村危房旧房的改造，完成农村人居环境农房风貌整治92户，全面推进“五沿”整治工作近500户，完成沙坪社区C、D级危房的全面改造和搬迁23户。解决农村社区出行难问题。修建农村公路7千米，硬化人行便道5千米。认真推进农林牧渔各项工作，全面落实河长制工作。

【平安建设】 2018年，两路街道深入推进平安建设和综合治理创新，确保街道社会大局和谐稳定。扎实开展扫黑除恶专项行动，利用悬挂张贴宣传横幅、标语、橱窗、LED显示屏、短信、微信等宣传载体以及开展集中宣传、入户宣传、工作会议、院坝宣传等方式，使群众知晓率达98%；紧紧围绕12类黑恶势力问题，聚焦涉黑涉恶问题突出工作领域，共办理涉黑涉恶类刑事案件8件，抓获涉黑恶人员14人。将临港社区确定为社会治安重点地区（街级）进行整治，刑事发案率同比下降50%。建立完善领导干部接访下访制度，完善社区网上信访代理点14个，信访事项及时受理率、按期办结率100%，群众满意率达100%，化解积案1件；排查各类矛盾纠纷224起，处理平息重点矛盾纠纷4起，化解率达到100%；人民调解案件共计623件，调解成功率达100%。开展“红袖章”巡逻防控，建成社区警务室10个，配备民警12人，开展“智慧天网”系统查漏补缺，实现辖区“天网”全覆盖、无死角。进一步细化和明确网格（长）员职责任务，开展网格政策宣传，组织网格员业务培训。完成两路街道综治中心和5个社区综治中心的规划建设，大力推动平安家庭、平安社区、平安校园、平安企业等平安细胞创建。坚持将安全检查与整改安全生产事故相结合，在抓好日常监督检查的同时，对重点时段、重点区域多次开展安全生产大检查，全方位开展安全生产隐患排查，累计排查企事业单位951家次，排查隐患1015条，整改率达99.8%，实现安全责任零事故。14个社区微型消防站规范运行无阻碍并成功创建消防安全示范社区。积极开展各类法治宣传活动37场次，接受群众法律咨询230余人次，共调解矛盾纠纷517件次，申请法律援助15件。积极开展公共法律服务工作，两路街道公共法律服务工作站接受咨询122件，共136人次，其他事项共计161件。规范社区矫正管理，落实安置帮教工作。做好安置帮教人员日常帮教工作。

【文化宣传】 2018年，两路街道全面加强宣传工作，全年举办理论宣讲60余场，通过区宣讲团集中讲、领导干部带头讲、街道宣讲小分队深入讲，让党的创新理论在基层落地生根；加强意识形态工作的前瞻性和主动性，压紧压实主体责任，坚定不移地贯彻党管宣传、党管意识形态、党管媒体要求，街道意识形态工作平稳有序。全年市级以上媒体正面宣传报道街道13篇，《渝北时报》、渝北电视台上稿160余篇，“美好两路”微信公众号编发推送信息940篇，采写上报舆情信息40余篇，市委摘报采用7篇，市委直报采用2篇，区内采用3篇。街道以深化文明城区建设为契机，累计投入资金12万元在辖区内增设公益广告，大力营造文明和谐氛围。全面启动街道综合文化服务中心建设，投入资金30余万元完成双北街、沙坪、新华社区文化室建设；开展“我们的节日”民俗文体活动30余场，开展“文化双送”等文艺演出4场；组织开展好“全民健身周”系列活动、趣味运动会、巴渝武术操、登山、业余乒乓球联赛等群众文体赛事活动20余场。挖掘提炼街道特色文化符号，推出《常回家看看》《洋学生求职记》等小品和《文化双北·手留书香》《正》等书画摄影原创作品；组织开展“道德讲堂”“梦想课堂”“梦想社区”等主题活动40余场。

【党建工作】 2018年，两路街道办事处全面贯彻党的十九大精神，深入学习贯彻习近平新时代中国特色社会主义思想，扎实开展“不忘初心、牢记使命”主题教育，抓实“‘1+3+6+X’支部主题党日”，开展“书记诵经典”“党务知识竞赛”“业务大比拼”等系列活动。抓好城市基层党建结对共建工作，开展共建活动100余次，志愿服务50余次。强化党建引领多元共治，细化社区项目清单15条，解决社会治理问题30个，成立“包青天巡回调解工作室”和“老党员巡回调解工作室”。持续整顿后进基层党组织，合理选派、统筹使用第一书记，整改突出问题3个。狠抓示范提升，将3个党建示范点工作经验推广到各非公党组织，做实非公企业和社会组织党建工作。

（代雯文）

王家街道

【概况】 王家街道地处两江新区核心区域，于2010年4月成立。街道东与玉峰山镇、石船镇接壤，南与两路街道毗邻，西与双凤桥街道、木耳镇相依，北与古路镇相接，重庆绕城高速公路和渝邻高速公路纵贯境内。2018年，王家街道实现地区生产总值51亿元，按可比价格计算增长3.24%；完成固定资产投资17亿元；完成税收收入1094万元；农村常住居民人均可支配收入达20400元，增长10.57%。

【服务平台】 2018年，王家街道完成重庆机场快件物流中心52公顷征地交地工作，启动保税港区P分区17～25批次80公顷征地工作，完成环湖雅居A区、B区分房工作，妥善解决征地矛盾纠纷50余件，拆除历次征地遗留应拆未拆的红线外房屋8000平方米。加强保税港区空港功能区社会治安整治，万人发案率同比下降10%，观月路社区被应急管理部评为“第四届全国119消防奖”先进集体。利用重大节日、传统节日举办大型文艺演出5场，组织体育比赛2场，开展各类文化活动9场，丰富辖区企业员工的业余文化生活。海领（临空）国际农产品交易中心投入运营。

【乡村振兴】 2018年，王家街道启动苟溪桥村和玉峰山村农村人居环境整治示范点、示范片工程，开工280户、竣工242户，完成农村存量危房整治12户。开通和延伸698路、626路和655路等公交线路，续建2017年“村村通”硬化路14.7千米，完成2018年“四好农村路”张玉路路基整治7.7千米，村级公路实现社社通。新建分散式供水工程6个，基本实现户户通自来水。落实农村保洁员77人、卫生监督员7人、卫生志愿者9人，开展保洁员培训3场，健全环境卫生管理长效机制，持续强化农村清扫保洁。扎实开展“两不愁、三保障”工作，对口帮扶大盛镇顺龙村21户37人，开展云阳县高阳镇对口帮扶工作。

【生态环保】 2018年，王家街道查处凡明碎石厂等污染企业3家，关闭和搬离李某猪头加工厂、大屋村9社王某某养殖场等污染企业及养殖场10家，建成反恐基地污水处理厂并投入使用，督促琴江铝合金厂完成煤改气环保整治，劝导制止多起野外焚烧等污染环境行为。完成松材线虫治理175.07公顷，扎实开展河长制工作，落实"一河一档""一河一策"，建立健全基础档案数据资料，启动平滩河水环境整治工程，全面推行街道、村两级山长制。拆除存量违法建筑10处9980平方米，超额完成区下达任务607%。

【民生实事】 2018年，王家街道初步完成场镇综合整治设计方案，搬离封堵场镇D级危房29栋35户，79栋11500平方米场镇C、D级危房及毗邻房屋纳入区2019年棚户改造任务。发放各类惠民资金约500万元，征收城乡居民养老保险43万元，办理灵活就业人员社保补贴78人39万余元，2019年城乡居民合作医疗保险办理10693人。城镇新增就业2302人，登记失业人员再就业219人，困难人员再就业88人，发放小额创业贷款160万元。深化落实"二孩"政策，推进一站式服务办证278个，家庭医生签约4763人，免费老年体检1189人。开展食品药品安全"四大"专项行动和系列专项整治，食品安全抽检42批次、快检79组，处理投诉举报25件，办结案件14件，责令企业停产6家。街道、村(居)两级政务服务办理各类事项1.3万余件、"同区通办"1000余件、群工系统事项200余件，按时办结率100%。完成场镇体育设施改造项目并投入使用，开展各类主题文化活动50余场、文体活动40余场，组织参加2018年渝北区巴渝武术操比赛获总决赛三等奖。

【安全稳定】 2018年，王家街道持续开展扫黑除恶专项斗争，深入开展防范化解重大风险攻坚战、矛盾纠纷多元化解等专项行动，排查涉黑涉恶线索，妥善处理侵占集体资产的遗留问题1件，引导化解原硚田村和大屋村5组集体资产分配潜在的社会矛盾，改革创新网格化社会治理模式，完成观月路社区等村(居)综治中心规范化、标准化建设4个，群众安全感不断提升。开展"七五"普法专题法治宣传活动，做好人民调解、社区矫正、安置帮教、法律援助等工作，群众法治意识、法治观念不断增强。完成荣华村后湾地灾治理工程并初步验收，完成市司法局危岩整治及苟溪桥村17社徐某某地灾搬迁，开工实施苟溪桥村21社桃子碥斜坡地灾应急治理工程。构建"党政同责、一岗双责、齐抓共管、失职追责"的安全生产责任体系，推行"日周月"隐患排查制度，每季度召开安全形势分析会，聘请第三方检查机构开展辖区各领域全覆盖安全检查，全年未发生安全责任事故。

【党建群团】 2018年，王家街道办事处召开党工委会14次，开展党工委中心组集体学习12次，组织机关干部学习会20余次，举办村(居)干部和基层支部书记培训2次，交流科级干部2人，调整村书记、主任3人，发展党员6名。实施党建工作季度督查，推行党员积分管理制度，继续推行无职党员设岗定责。开展廉政风险点查找、整改、防控工作，明查暗访纪律作风12次，完成2017年度村(居)财务收支审计和28个工程项目结算审计。市、区级报刊杂志发稿60余篇，电视台发稿20余条，《重庆日报》上稿3次，组织优秀理论宣讲稿评比和"理论麻辣烫"宣讲比赛各1次。完成民兵整组改革和征兵工作，继续做好侨台宣传服务工作，加强民族宗教工作，街道妇联获得"重庆市巾帼文明岗"称号，街道科协代表渝北区参加重庆市首届公民科学素质大赛获全市总决赛三等奖。

(刘强威)

宝圣湖街道

【概况】 2018年，宝圣湖街道全面贯彻落实党的十九大精神，坚持以习近平新时代中国特色社会主义思想为指导，持续推进"两学一做"教育常态化制度化，切实加强全体街居干部思想政治建设和专业能力建设，不断增强“四个意识”，坚定“四个自信”，坚决做到“两个维护”，严格对照区委、区政府的决策部署，对照区级相关部门下达的目标任务，对照街道年初制定的工作目标，以“务实创新、攻坚克难、全面开花”为主线，抓好全年工作。

【经济发展】 2018年，宝圣湖街道完成财政收入2.03亿元、财政支出7004.6万元。实现国内生产总值总量60.8亿元，增长10%；限上法人社零总额15.6亿元，增长21%；完成税收2.17亿元。城镇居民可支配收入达4.02万元，增长8%，实现辖区居民人均收入与GDP同步增长。全力助推商业发展，全面铺开三亚湾水产市场提档升级工程，拆除三亚湾水产市场内临街违建约1.25万平方米，建成7000平方米室外生态停车场，动工5栋立面整治工程、完成环境整治工程70%工程量；全面推进华荣路片区征收工程，完成19家企业入户测量、8户企业搬迁，超额完成全年任务。

【平安建设】 2018年，宝圣湖街道扎实开展扫黑除恶专项斗争。成立以党工委书记为组长的领导小组，举办宣传活动200余场次，制发宣传资料28万余份，建立“三级”例会制度，做到实时研判，严打“黄赌毒”和三亚湾水产市场“五乱”等乱象，有力处置涉“黄赌毒”案件103件。推进市级A类双挂牌整治地区西政社区和区级A类动态挂牌整治地区兴科四路片区整治工作，西政社区刑事案件发案率同比下降30.67%。强化安全生产监管，开展安全生产大排查、大整治、大执法工作，累计2149人次参与安全隐患排查和整治工作，排查处置安全生产隐患896条，检查企业710家（次），发现隐患946条，整改隐患896条。维护社会和谐稳定。加强治安巡逻防范，坚持民警与社区干部每周一夜巡。深化法律宣传服务，举办律师讲法30场，律师参与调解纠纷15件，协助办理法律援助140件。化解信访积案2件，妥善处置重庆星火机械有限公司欠薪、湖山花园修建停车场矛盾等20件不稳定事件。在金石路社区金石小区的15个单元楼安装智能化门禁系统。招聘专职网格员102个，制订网格管理办法，全年采集基础信息6.66万条，解决和处理民生民情问题2.76万件。

【社会事业】 多措并举保障就业。收集发布用工信息2.8万个，举办现场招聘会2场，全年实现城镇新增就业6235人，为42名失业人员办理创业担保贷款515万元，城镇登记失业率在2.6%以内。严格落实惠民政策。落实医疗保险服务，城乡困难居民参保率达100%；做到低保应保尽保，按时足额发放低保金132万余元，发放社会救助资金21.6万元；办理养老金领取人员指纹采集、指纹认证1.6万人；办理城乡居民小额人身意外保险和老年险4800份。提升公共服务水平。丰富健康教育形式，开办健康讲座15场、专栏60期、集中宣传15场，落实家庭医生签约服务。建成翠苹路社区养老服务站，每季度举办爱老敬老活动。摸清退役军人和其他优抚对象底数，采集信息800余份。持续开展巩固脱贫成果帮扶。建立一对一结对帮扶机制，落实帮扶领导和责任人，对统景镇16户困难户量身定制帮扶措施，提供帮扶现金、物资共计8万元。

【文化事业】 依托阵地常态提供文化服务。图书馆借书共计953人次，2210册次；书法棋艺室使用共计1570人次；健身器材使用共计1560人次；排练厅预约使用共计224场次，服务居民2850人次。多形式开展文化主题活动。打造湖滨西路文化墙共计420平方米；举办渝北区宝圣湖街道第三届全民运动会，44支队伍、共计3000余人参与；举办“我们的节日”系列活动26场，组织开展渝北区“文化双送”宝圣湖专场文艺演出和书画摄影展；开展惠民电影展播60场，组织

"宝圣之声"群众文艺展演4场;组织《一带一路》节目组参加渝北区2018年新春文艺演出活动。积极推动群文团体发展。组织金凤凰艺术团、民乐团队等26支队伍开展排练和演出,开展瑜伽培训9期,舞蹈、声乐、书画培训30期,其中《田坎蜜语》获市级奖励,《拆违的故事》在区曲艺大赛获二等奖,《不忘初心》参加区广场舞大赛获二等奖。

【城市管理】 2018年,宝圣湖街道持续推进城市管理常态化制度化。进一步优化联动管理考核办法,实行每季度评选最好中队和最差中队,分别授予红黄旗帜。全年开展联合执法700余次,处置问题共计1286个。拆除西政片区违建752处、整治面积4.3万平方米,全面完成全年违建整治任务。加强生态环境保护。完成空地覆绿20余公顷、摸排雨污混流4118户、全面完成肖家河黑臭水体整治一期工程、青河湾101栋滑坡应急治理工作。强化物业安全监管。完成逸静花园小区、帝豪雅苑小区提档升级。完善老旧小区常态化管理办法,新增电话征求业主满意度环节。推动老旧住宅增设电梯民生工程,受理居民增设44台电梯的申请。全力做好回兴立交工程的协调任务,顺利推进区重大民生工程顺利完成。

【党建工作】 2018年,宝圣湖街道党工委切实发挥"动力轴心"作用,构建"1+10"城市基层党建联动新模式,创新提出"各尽所长、各有所得、共同提高、共谋发展"的工作思路,首期联动西南政法大学等10个党组织,成立联席会议办公室,制定联动制度,建立资源、需求两张清单,搭建联动、互动两个平台。开展"五老话改革"等纪念改革开放40周年系列活动8次,共同建立"大爱进小家"爱心基金40余万元,成功培育"快乐兴科""五新海福"等10个社区党建品牌;开展互动活动近百次,解决互动单位难题38个,"1+10"城市基层党建联动模式被区委组织部推荐为全国城市基层党建参评案例,并在全区组织工作会上作经验交流发言。党内政治生态持久风清气正。严肃党内政治生活,严格执行民主集中制、领导班子成员参加双重组织生活会制度,认真开展"三会一课"、主题党日活动,开展中心组学习12次,"理论麻辣烫"基层宣讲31场次。严明纪律规矩,层层夯实"两个责任",梳理分解任务22条,签订党风廉政责任书43份。开展"三对照一剖析",查纠问题45个。强化干部作风建设,开展督查33次,开展集体约谈、重点约谈76人次,从严监督管理干部,诫勉2人次,批评教育5人次,提醒谈话16人次。严格落实"一案三查"制度,调查处理实名信访举报3件。人民武装、工会、共青团、妇联、残联等群团工作蓬勃开展。

(任诗瑶)

仙桃街道

【概况】 仙桃街道于2015年9月17日正式挂牌成立,街道东邻双龙湖街道、南接回兴街道和两江新区翠云街道、西连悦来街道、北与北碚区复兴街道接壤,辖区面积23平方千米,建成区12平方千米,总人口近15万人,辖11个社区居委会、1个社区工作筹备组。街道地处两江新区核心地带和空港新城片区核心板块,中央公园、两江国际商务中心、重庆仙桃国际大数据谷、空港佳园公租房、市人力资源产业园、市检察院、重庆八中、区人民医院、全民健身中心等市、区重大项目落户境内。截至2018年底,街道辖区有交房入住小区楼盘35个,各类工商贸企业3200余家。

【经济发展】 2018年,仙桃街道实现地区生产总值52.43亿元,同比增长15.2%,财政收入1.6亿余元,城镇居民可支配收入基本与经济水平保持一致,限上社零总额同比增长25.3%,累计新增市场主体2000余家。助推引进龙湖、中粮、万科等五大品牌地产商打造两江国际商务中心,充分发挥商会媒介桥梁作用，清理推介辖区闲置商业资源，帮助企业落实各项优惠政策，服务民营企业发展，打造居易天街特色餐饮街区，推进融创中央广场综合商业体提档升级，激发辖区商贸流通活力。充分利用中央公园区位优势，支持企业开展消费购物节等营销促销活动，积极打造“汇祥好莱坞”示范社区商圈，加快辖区新建特色商业体发展。

【项目征迁】 2018年，仙桃街道完成年度294.17公顷征地工作，拆除征地红线内已征农房7.9万平方米，安置征地拆迁户389户，完成仙桃老场镇13户3500平方米遗留农房拆迁任务。清理征地红线内企业49个，签订拆迁协议21个，清理丈量农房202户，签订住房安置协议187户444人，完成优惠人员调查213人。稳妥处理悦港大道等项目建设遗留问题。完成仙桃旧场镇片区危旧房改造征收签约54户，签约率98.2%，拆除征收房屋1.29万平方米，完成睦邻路片区棚改一期宇邦线缆4.53万平方米土地征收及2.8万平方米房屋拆除工作，签订二期民康实业2.9万平方米土地征收协议。

【民生实事】 2018年，仙桃街道大力办好20件重点民生实事，进一步增进民生福祉。开展“居家托养”政府购买服务活动，构建居家养老服务新体系，积极引进樱桃养老服务公司打造5个社区养老服务中心（站），为社区老人提供大众化服务。举办专场招聘会4次，累计新增就业1万余人，实施全覆盖免费技能培训。发放“4050”补贴170余万元，创业担保贷款700余万元。坚持文化惠民、文化乐民、文化育民，着力提升辖区市民文明素质，组建15支文艺队伍，开展各类培训20余次，参加全区广场舞展演荣获第一并参加全市比赛。百果路社区获评市级“和谐示范社区”，睦邻路社区成为渝北区“家风教育示范基地”。睦邻路退休人员社会化管理服务中心建成投用。

【城市管理】 2018年，仙桃街道大力实施城市管理治理攻坚“六大行动”，持续开展“1+3+X”集中整治，辖区占道停车的乱象得到有效遏制。全力推进违法建筑整治，全年累计拆除违法建筑1200平方米，完成嘉德庄园、麓山别苑等重点小区和睦邻路社区、百果路社区等重点区域的成片违建整治任务，率先打造中央公园无违片区。提档升级基础设施，推进沐仙湖公园升级改造，进一步拓宽辖区居民休闲运动场所；建成兰馨社区疫苗接种点，缓解辖区婴幼儿疫苗接种难题；完成同茂大道景观大道打造，市政道路绿化，修缮人行道、车行道等多项基础设施，加大公交枢纽站和停车站场建设力度，新增公交线路2条，优化公交站点布局，轨道交通9号线和轨道交通5号线北延伸段建设加速推进，辖区公共交通出行能力得到明显改善。改善城市人居环境，大力宣传生态文明理念，整治污染源，强力推动中央公园镜湖黑臭水体整治，顺利通过国家检查验收。提升城市管理水平，强化驻街部门协调联动，大力宣传推介垃圾分类管理，金色池塘小区成功创建垃圾分类管理示范小区。

【平安建设】 2018年，仙桃街道严格落实安全生产“一岗双责”，排查整改隐患182条，特种设备定期检验率达100%。建立安全隐患三色管理台账，整改隐患81条，深化重点行业领域隐患整治，发放《市民安全手册》及《安全生产常识卡》2万余份，开展消防知识讲座11次，组织安全培训291人次，开展应急演练12次，完成汇祥好莱坞小区消防管网整治，开展安全执法检查4000余人次，没收非法销售烟花爆竹20余件，成功创建睦邻路社区“安全之家”示范点。加强平安示范街道建设，接访群众700余人，维稳处突80余次，受理办结各类信访问题68件。抓实领导干部下访接访，妥善缓解、化解群众的矛盾诉求。抓细矛盾纠纷排查化解，全年累计排查辖区各类矛盾纠纷524起，处置化解521起，化解率达99.43%。

妥善处理农民工欠薪讨薪事件40起，累计讨回欠薪7800余万元。大力推进扫黑除恶专项斗争，开展平安巡防552批次2700余人次，专项整治沐仙湖C类社会治安重点地区，处置各类突发事件共240余批次。

【党建工作】 2018年，仙桃街道对标对表区委巡察工作要求，围绕6方面17大类54条反馈意见制定整改方案，共新建制度34个，修订完善制度62个，补收工会会费8487元，清退超额超范围发放经费4笔共计4余万元。推进“两学一做”学习教育常态化制度化，严格落实“三会一课”等基本制度，扎实开展主题党日活动。成立和庆路社区筹备组，新招录工作协理员21名，举办4期街道干部综合素质能力培训，开展纪律作风检查63次，完成同盛路社区1600平方米及祥和路社区700平方米的办公阵地打造，积极推进社区综合服务中心主体工程建设。受理“群工系统”群众反映问题1024件，办结率98.6%、满意率94.1%。开展党工委中心组集体学习11次、党员政治理论学习活动12次，审核会议申报22次，承办渝北区理论麻辣烫宣讲比赛3次（预赛、决赛、重庆主城片区赛）；建立网格群团工作室，圆满完成群团改革试点任务；完成睦邻路社区、沐仙湖社区、舟济路社区等3个民兵连部正规化建设；百果路社区成功创建市级科普示范社区。

（陈军飞）

鸳鸯街道（两江新区直属区）

【概况】 鸳鸯街道东临渝北区宝圣湖街道；南靠金山街道、人和街道，以金州大道、金渝大道中心线接蓝湖郡西面自然山脊线为界；西接礼嘉街道、康美街道，以重光立交接金山大道北段中心线为界；北连翠云街道。辖区面积22.01平方千米，辖丹鹤、白鹭、金桥、金谷、金岭、金州6个社区，常住人口10.2万人，其中户籍人口4.3万余人。辖区有汽博中心、聚信美家居城、居然之家等大型卖场，有保利高尔夫、美利山、约克北郡等高品质商业楼盘，有国家AAAA级风景区——园博园。辖区有长安福特、宝钢、爱思帝等规上工业企业6家，限额以上批发零售企业27家，限额以上住宿餐饮企业3家，重点服务业企业18家，新型金融企业4家。有中小学7所、幼儿园14所。

【经济发展】 2018年，鸳鸯街道“四上”企业实现总收入136.49亿元，利润总额1.21亿元，上交税金0.85亿元，规上工业企业实现总产值35.05亿元，限额以上批发零售企业实现商品销售额67.79亿元，其中零售额55.21亿元，同比增长10.62%。

【开发建设】 2018年，鸳鸯街道狠抓遗留问题处置。全年共解决台账内征地遗留问题9件，接待因征地遗留问题来访群众30余次，平稳移交原白寺村、柿子村、花沟村2社、11社等48.6公顷土地给用地单位。

【安全稳定】 2018年，鸳鸯街道针对重点隐患场所累计开展检查138次，共发现安全隐患65处，现场整改60处，责令整改5处，整改率100%，全年无一例安全责任事故发生。全年受理来信110件，接待群众来访148批次568人次。利用第三方安全技术服务120余次，排查并现场整改安全隐患1900余条。积极推进儿童交通安全体验馆建设升级，新增4项体验项目，接待12家幼儿园多批次入馆体验。打造金岭社区中冶白麓原食品安全示范一条街，成为创建食品安全街道的模范示范一条街和辖区食品相关企业的学习基地。街居两级公共法律服务工作室正式挂牌，接待来访群众法律咨询44人次，解决来访群众实际法律问题10人次，成功调解各类案件41件，涉及案件金额120余万元，举办各类法治宣传活动7次，发放宣传资料3万余份。深入开展扫黑除恶专项斗争，街道党工委专题研究扫黑除恶专项斗争5次，组织召开动员会、部署会、督查会等26次，向辖区全体党员发放倡议书1500份，上门入户发放扫黑除恶宣传折页5.8万份、“致广大居民群众的一封信”3万份，设置扫黑除恶线索举报箱7个，在辖区人行天桥制作固定宣传标语10条，制作宣传插牌298块，街道网站开设扫黑除恶宣传专栏，LED宣传屏播放扫黑除恶宣传视频累计达240小时。社会治安乱点得到有效整治，社会环境明显改善。

【城市管理】 2018年，鸳鸯街道以“控新增、消存量”为工作目标，全面完成市区两级整治任务共507户，将违建处理在萌芽状态。集中开展市容整治，对辖区占道停车、户外广告、大气污染等问题进行专项整治，共纠正各类市容违规行为11594起，办理回复投诉案件13700件。大力整治夜市摊区，关闭鸳鸯路夜市摊区，联合辖区相关部门，引导投诉量较大的新疆羊肉串摊点经营户入店经营。突出抓好生态环境保护，制定工作实施方案，确定“路长”9名、“巷长”35名、“楼长”246名、“店长”1756名。完善街道河长制组织体系，每周一次定期巡查台账。督促整改肖家河等水生态环境污染问题。通过完善市政设施、提升绿化景观、强化清扫保洁等措施，大幅提升鸳鸯城市环境。

【社会事业】 2018年，鸳鸯街道大力推进民生实事。完成白鹤游园建设、丹鹤小区房屋开裂维修整治、丹鹤小区外墙砖脱落整治等民生实事工程共5个；白鹭、金桥社区成功创建为“市级示范社区”。加强社区干部队伍建设，全年开展专题讲座2场，业务培训3次，会议培训142人次，社区持证率为88%；12月22日，金州社区成立；完成金桥、金州社区办公用房标识标牌制作安装，完成丹鹤、白鹭、金桥和金州4个社区办公用房用电改造；主持召开辖区物业联席会13次，协调物业矛盾126起，处理并回复群众来信来访6件；开放社区文化室1个、小区文化室2个，开办各类培训课400课次，举办各类文体活动70余场次。全面落实惠民政策，对现有的36户47人低保人员、9名特困供养人员、442名持证残疾人实行动态管理，一户一档，定期核查；开展低保政策宣传活动4次，发放各类宣传资料3000余份，发放各种慰问金72.8万元；发放各类抚恤金95.14万元，安置退役士兵10人，发放退役士兵自主就业一次性经济补助50.27万元；做好退役士兵和其他优抚对象信息采集工作，共采集人员1000余人；全年按政策办理新增、迁移、变更残疾证35个，发放困难残疾人大额临时救助1件9300元，重度残疾人护理补贴1628人次18.79万元，贫困残疾人生活补贴285人次1.72万元，发放慰问金39.72万元；建立辖区贫困对象精准帮扶台账，录入医疗救助台账335名，为18户因疾返贫家庭申请13.02万元临时救助，慈善帮扶3户困难群众共计9500元；全面启动居家养老服务，共发放80岁以上高龄老人补助金5535人次191930元，办理居家养老服务补贴468人次，涉及金额8.79万元，发放居家运营补贴14.4万元。完成金岭社区养老服务站建设；全方位搭建就业创业平台，完成城镇新增就业2549人，完成率101.96%；创业担保贷款175万元，完成率104.54%；成功推荐就业735人，完成率112.42%；及时办理、审核、兑现各项惠民补贴636人次3550653.67元。成立服务企业领导小组和办公室，实施“五进企业”措施，召开企业家联谊会，收集企业意见建议29条；拟定《鸳鸯街道集中走访精准服务民营企业活动方案》，走访规上民营企业36家，梳理问题意见50余条，现场解决问题1件，政策解释3件，转办研究3件，提请上级部门研究43件；街道成立专班对汽博中心实行集中专项整治，交警部门查处乱停乱放违法行为300余起，驱离收车人员10余人次；城管执法部门收缴收售二手车临时广告20余个，驱离占道收车人员70余人次，整改园区内秩序问题共163个，整改汽配市场安全及门前环境问题119个。开展园区环境卫生整治，整改环境卫生问题29个；开展安全检查8次，下发现场检查记录4份，责令整改通知书1份，清理整治僵尸车、无牌无照车辆5台次，开展特种设备安全检查，检测升降机4台，排查出6大类问题；深入开展“涉黑涉恶”专项整治行动，抓获沃尔沃4S店诈骗案件嫌疑人1名，破获案件12件；通过集中整治，汽博中心园区秩序明显改善；开展“五进企业”活动（即政企联系卡、服务清单、政策简读、用工信息、服务问卷进企业），为企业开展法律法规咨询，制作《办理指南》和《服务企业联系表》，扎实开展专项检查；按要求推进“两网化”建设，充分发挥街道三方协调机制作用，依法依规开展劳动纠纷调处，全年接待群众劳动纠纷问题咨询180余人次，受理投诉举报案件25起，结案25起，结案率100%。

【党建工作】 2018年，鸳鸯街道党工委以党的十九大精神和习近平新时代中国特色社会主义思想为指导，结合中心组学习，先后组织开展专题学习、讨论14次。各社区、非公党组织以宣讲、专题党课、观看十九大专题片、十九大专题文艺活动等形式开展深入学习。向党员干部发放《习近平谈治国理政（二）》《习近平新时代中国特色社会主义思想三十讲》等相关辅导资料240本，借助微信、QQ等推送学习资料1127次，组织集中学习165场次，制作围挡688平方米，并利用辖区LED屏滚动宣传。全面落实从严治党“一岗双责”，带头过好双重组织生活，建立街道、社区两级党建责任清单，全面落实党建工作责任。与各部门、社区和国企签订廉政责任书41份。结合实际制定“两个责任”清单，每周一组织集中开展廉政教育。强化监督执纪，14次对街道机关部门、社区和下属单位的纪律作风进行暗访与督查，对检查出的问题进行认真梳理，并及时反馈责任单位，要求限期整改。落实廉政风险防控，班子成员共约谈229人次，对科室负责人、社区书记（主任）、转业干部、新调入干部、新招聘的社区工作者和新提拔调整社区干部46人次开展廉政谈话。录入299人申报的2481条亲属信息，录入2018年1至6月工程类涉权事项6个、政府采购类事项1个和资金补助类事项15类2451条信息。处理反映问题线索15件，了结13件，立案2件，结案2件，给予党纪政纪处分2人，诫勉谈话3人次，批评教育2人。建立健全基层党建组织体系，配强配齐基层党建书记、副书记、组织委员、宣传委员。街道设立党群办，整合组织、宣传和群团力量，配备党建指导员7名，指导下属基层党组织党建工作。新组建非公党支部9个，建立网格党支部28个，社区与企业开展党建联席会议18次，联办组织生活10次，联训党员329人。

（李永胜）

人和街道（两江新区直属区）

【概况】 人和街道位于渝北区南部，辖区面积16.87平方千米；辖10个社区居委会、1个社区筹备组，其中6个社区以转非安置居民为主，5个为全商住小区。2018年，人和街道常住人口15万人，户籍人口6.6万人；人口出生率14.91‰，人口自然增长率13.21‰。辖区有中小学6所，在校学生5560人，教师404人，适龄儿童入学率100%。有正规医院1所，卫生技术人员420人。辖区内有中央、市级机关事业单位及大型国有企业6家。

【基层组织建设】 2018年，人和街道通过举办专题培训班、专题党课、专题学习、网络视频学习等方式，认真学习宣传贯彻党的十九大精神和习近平新时代中国特色社会主义思想。全年开展集中学习215次，党员补学57次，网络推送学习内容891条，上门送学59次。按要求发展党员10名，按期转正预备党员11名，定期开展党员排查确保非公党组织覆盖率达标。全年召开党建联席会议45次，开展共建活动71次，解决基层社会治理问题170件。坚持以党的建设为统揽，建立“党组织+中心工作”“党员+岗位职责”“主题党日+服务群众”工作机制。建立党员积分考核机制，广泛开展党员“四亮”活动，668名党员认领367个党员服务岗位，全年各基层党组织开展“主题党日+”活动121次，服务群众8790人次。开展专项检查15次，廉政约谈50人次，廉政专题教育6次，发送廉政短信1400余条，受理办结信访举报案件14件。

【优化营商环境】 2018年，人和街道大力优化营商环境，制定《关于进一步优化营商环境的意见》《关于开展精准服务民营企业工作方案》。借助第四次全国经济普查工作对辖区5896家单位2628家个体户进行清查摸底。组建11个组，由街道班子成员带队对辖区30家规上民营企业进行实地走访精准服务。指导13家单位创建劳动和谐企业。全年妥善处理上町料理、棕榈泉月子中心等劳资纠纷68起，涉及318人3712万元。

不断巩固深化国家级优质服务窗口建设，推行公共服务中心标准化建设，实行“前台综合受理、后台分类审批、综合窗口出件”模式，成为重庆市首个实现社保业务通接通办一站式服务窗口。公共服务中心共受理相关业务3万余件，提供网上咨询服务224人次、预约申请服务58人次，发放企业社保补贴400余万元、稳岗补贴152家300余万、创业担保信贷10人190万元、创业补贴3人190万元。为企业提供优先预约参保服务62人次，较上年同期增长40%。改革后企业和群众平均每月少跑服务大厅约5次，因“一窗受理”而平均节省排队等候时间约30分钟，因“一次办”而平均节省办理时限约2天。

“全方位”提高服务促进生活融合，在社区和物业服务企业设立涉外服务岗和外籍管家，建立外籍居民工作服务群，引进涉外社工服务站，制作两江生活服务手册，打开外籍人士了解两江的第一扇窗口。“多维度”搭建平台促进文化融合，整合派出所、耀中国际学校、金山医院等单位资源，以“和睦邻里节”为统揽开展国际文化交流。全年开展活动32场，参与外籍人士500余人次。“深层次”增强沟通促进感情融合，免费开设语言基础班帮助外籍居民更快更好地融入社区，提高参与度。

全力服务项目建设用地。根据各项目施工进度和用地计划，完成金童中学等19个项目用地，共交地163.87公顷。全年协调用地阻工88次，涉及人数588人，确保重点工程用地和施工“零受阻”。

【城市品质提升】 2018年，人和街道以提升城市品质为目标，投资1.89亿元推进完成3个社区室内消防管网整治、转非社区房屋漏水等民生工程及原人和粮站地块新建地下停车库、社区服务中心项目方案设计；有序推进重点民生工程邢家桥社区安置房综合整治项目。开展市容环境综合整治7次，拆除破旧广告牌369个，修复人行道、车行道共3.5万多平方米，与2256户商铺签订“门前三包”责任书，清运暴露垃圾5065吨、清除牛皮癣58.5万张，补种绿化1.83万平方米，妥善处理各类城市管理投诉1.8万件。平稳顺利关闭邢家桥临时市场，消除安全隐患。完成两江新区管委会9项约谈问题整改，邢家桥老区的占道经营、万年路下段（老粮站）违章搭棚、人兴路夜市摊区不规范等长期困扰街道的城市顽疾得到根本解决。拆除违章建筑447处20152平方米。受理群众投诉214条，开展“一对一”约谈360人次。

【生态文明建设】 2018年，人和街道作为全区2个全域推广生活垃圾分类试点街道之一，以万年路小区、金科东方雅郡等2个试点小区为标准，通过开展首届生活垃圾分类工作宣传月活动广泛宣传。先后投入80万元，购置520个生活垃圾分类容器，发放室内垃圾桶3000余个，修建生活垃圾收容器摆放点21个63平方米，改造收集容器进出水管及冲洗点13处200余平方米。全面完成小区垃圾分类桶布设，设置11个垃圾分类服务站。居民办理环保积分卡20021户，知晓率90%，实现分类减量600吨，试点工作取得初步成效。持续开展蓝天行动，加强道路扬尘控制，冲洗降尘用水15.5万吨，查处违章渣车41台次，处罚金额24.8万元，对辖区内符合规范的42家露天烧烤严格按照"三有三限三控"标准执行，制止露天焚烧62起，扬尘污染明显下降。持续巩固无煤区建设成果，加强对辖区格力生态园、金州公园工地、龙湖舜山府、肖家沟南路二期工程等11个在建工地的检查力度，每周进行一次突击检查，确保辖区无违规燃煤现象。认真落实河长制工作要求，全年召开河长制推进会14次，制作警示牌25个，巡查河库760次，清运漂浮物4吨，发现上报2起违法排污行为，顺利通过国家部委黑臭水体整治专项督查和黑臭水体"回头看"检查。

【安全稳定工作】 2018年，人和街道严格落实安全生产"党政同责、一岗双责"，扎实开展安全稳定大排查大整治大执法行动。召开各层级安全工作会议21次，班子成员带队检查安全工作56次，开展安全生产"打非治违"等12项安全专项整治，组织对辖区323家工商贸、物业、危化品企业及2708家九小场所开展全方位安全检查诊断，及时消除万科城建筑工地工人入住架空层严重消防安全隐患，督促整改加新综合交易市场地下车库配电房等392处安全隐患，开展各类安全应急演练培训15场，发放资料1万余份。全年辖区无安全生产责任事故及食品药品安全事故。强化矛盾纠纷排查化解，全年排查发现重大矛盾纠纷14件。开展万年路A类动态挂牌整治地区（市级）、万寿山社会治安B类挂牌整治地区（区级）乱点整治，发案率同比分别下降50%、35%。积极开展21场（次）"七五"普法、禁毒等系列宣传教育活动，进一步做好法律政策宣讲、解疑释惑工作。推进公共法律服务体系建设，在街道和11个社区（筹备组）设立公共法律服务工作室两级平台，满足群众法律服务需求。成立扫黑除恶专项斗争工作领导小组，全年党工委召开扫黑除恶专项传达学习会议8次，安排部署会10次。聚焦涉黑涉恶问题突出领域，开展"问题"和"苗头"的双重梳理和摸排，召开线索排查分析会议6次，排查上报线索3条。开展专题扫黑除恶宣传活动12场次，发放宣传资料、宣传品56795份，张贴海报、宣传画2659幅，悬挂宣传标语223条，利用微信等新媒体发布宣传信息2224条。充分发挥基层党组织战斗堡垒作用，着力铲除黑恶势力的滋生土壤，扎实开展万紫山、万寿山、龙寿路示范党组织创建和后进党组织帮扶提升工作。对113名社区两委班子成员及社区专职工作者情况进行分析研判、备案登记，并对其亲属基本情况、涉权事项情况进行调查，进一步增强基层对涉黑涉恶问题的"免疫力"。

【民生服务】 2018年，人和街道累计发放低保314户次20.36万元、残疾人救助金33万元、养老服务券6.5万元、高龄补贴21万元、灵活就业补贴400余万元，慰问1640人次73.39万元；精准助学43人，建成养老服务站1个，残疾人就业率达95%，最低生活保障覆盖率100%，特困群体建档覆盖率100%，精准建档人员全部实现脱贫。扎实做好20名退伍士兵安置工作，采集退役军人及其他优抚对象信息1500条。成功举办第七届"和谐人和"全民健身活动，辖区25家企事业单位积极参与，3300余名企事业单位员工和居民报名参加拔河、男子篮球、健身舞、乒乓球、趣味运动会和照母山健步走等运动项目，参与人数创历届之最。培育天湖美镇社区时装队、龙寿路社区龙腾合唱团等特色文化队伍12支，组织文艺骨干参加中央电视台"唱响新时代——国庆特别节目"录制活动。开展各类群众文化活动176场，群众参与达5万余人次。10个社区结合自身特点分别打造出“五美五好”“服务三次方”“七彩之家”“幸福六园”“五桥惠民”等特色品牌，实现“一社一特”全覆盖。通过政府购买服务，引进5家专业社工机构，并引进四川外国语学院社会工作专业教授团队，打造两江新区棕榈泉国际友人之家。成功创建“更高质量就业街道”。

【特色亮点工作】 2018年，人和街道积极探索党建引领基层治理有效途径，将11个社区划分为141个综合党建网格，统筹使用党建、综治、安全、城管、环保物业等各方力量，整合各方志愿者队伍，网格内设置党员先锋管家和特色网格小组，广泛收集民情民意、化解矛盾纠纷、开展居民自治活动。全年召开网格议事会议186次，收集重大议事问题48件，协调规范小区车辆管理、公共设施维护、调处网格纠纷等大情小事345件。在社区创新治理中，以“三事分流”工作法为基础，深化“真情走访、真心帮助”活动，建立“四访四事四色四送”走访机制。走访形式多样化，形成重点走访、扫楼走访、集中院坝走访、单位走访“四访”形式；将走访信息建立台账，分类形成“家事、小事、大事、难事”四大类，分别设置绿色、黄色、橙色、红色“四色”预警机制。红色积极协调、挂单销号办理，橙色共商共议推动办理，黄色社区协调办理，绿色居民自行协商处理。

（王云霓　张建伟）

天宫殿街道（两江新区直属区）

【概况】 天宫殿街道位于渝北区南部，东接金山街道，南靠龙塔、龙溪、龙山街道，西临龙山街道，北连大竹林、人和街道，辖区面积9.04平方千米，辖8个社区，户籍人口5.3万人，常住人口约12万人。辖区内有物业小区87个，中小学校、幼儿园25所，医院卫生服务站6个，区级保护文物2处。街道交通便捷，6条轨道交通线和渝涪、渝黔、渝邻、渝合、渝湘、210国道等6条高速路贯穿境内；重庆火车北站、汽车北站、龙头寺公交枢纽站位于辖区内。街道办事处距渝北区政府所在地17千米，距市政府5千米。

【民生实事】 2018年，天宫殿街道协调推进民生配套基础设施建设，“一厕一站四路五桥”建设推进顺利。泰山大道公厕正式投入使用，天龙路垃圾站优化项目设计方案确定，太湖东路招商花园城人行天桥进入收尾阶段，庐山大道人行天桥、太湖东路、童心小学人行天桥进入施工阶段，锦橙路人行天桥完成初审。安置房小区提档升级，东湖南路社区安置房小区外墙整治工程基本完工，小区楼栋通道整治工作启动招标。公共服务阵地建设加速。街道社区养老服务中心装修工程进入施工阶段；星湖路社区服务用房完成装修并正式投用，“中国社区”标识标牌制作安装完毕，社区养老服务站启动装修设计；太湖西路社区筹备组服务平台进入施工阶段。物业专项维修资金使用监管愈加规范，严把“入户核查”“第三方评审”两大关口，基本杜绝因物业专项维修资金使用而引发的物业矛盾纠纷。开展“更高质量就业”街道建设。针对性开展就业培训3期，培训人员295人；举办大型招聘会5场，推荐就业成功739人次；城镇新增就业人数4241人。全面落实精准帮扶举措，帮扶建档困难对象20户29人实现动态脱困。通过“一对一”帮扶，14名就业困难人员走上公益性岗位。加强食品安全监管。与辖区240家重点企业和社区签订安全生产责任书；摸排并建账食品经营单位1393家，发放宣传资料2万余份，对62家火锅经营企业进行全面检查。深化“天天向上”文化活动品牌建设，相继开展各类活动30余场次。积极推动解决与渝北区毗邻区域行政管理争议。

【公共服务】 2018年，天宫殿街道探索建立“1+1”社会保险经办新架构，除街道社保大厅外，新建星湖路社区社会保险服务窗口，重点服务财富中心产业园、上丁企业园片区的企业参保，打造

"15分钟服务圈"。创新社区服务模式，街道洪湖东路社区首创"快递式服务"，即针对社区老弱病残等特殊群体，由社区开展"你下单，我上门"的快递式服务。

【社会救助】 2018年，天宫殿街道发放各类政策性补贴6394人（户）次260余万元，发放残疾人政策性补贴2046人次22.2万元，慰问低保、建档立卡、特困、困难残疾人等1787人（户）次78.5万元，帮扶134名"两有"残疾人实现就业。

【社会综合治理】 2018年，天宫殿街道预防和化解社会矛盾新机制初步形成。统筹整合物业小区"好邻居调解室"、"人民调解委员会"和"劳动争议调解委员会"，建立"一室两会"人民调解新机制，成功化解各类矛盾纠纷150余起。有序推进全街扫黑除恶专项斗争工作，全面完成9个综治中心站选址和建设任务；率先在3个安置房小区启动志愿者巡逻防控试点；街道公共法律服务工作站和8个社区公共法律服务工作室全部挂牌成立。

【安全生产】 2018年，天宫殿街道各级领导带队安全检查120余人次，排查生产经营单位729家，消除突出安全隐患37处；常态化巡查地质灾害隐患点160余次，临时排危12次；鑫路公司地块及周边安全隐患整治圆满完成。

【城市管理】 2018年，天宫殿街道城市管理综合执法体制改革初具成效。调整优化城管执法组织架构，建立"1+5+8"（即1个大队、5个中队、8个城管工作站）城管执法体系，将人员混编整合，实行扁平化管理，城市管理综合执法一体化、规范化、网格化格局基本实现。推进城市管理"八乱"、违章大棚取缔等专项整治工作，取缔流动游摊800余个，拆除违章大棚60余个；圆满完成东湖南路火锅一条街城市管理品质提升工程；深入推进生态文明建设，检查在建工地120余个，取缔露天烧烤40余起，全年10家餐饮油烟专项整治任务全部完成，贯彻落实"河长制"和城市综合管理"五长制"要求，现场解决雨污混排等问题30余起，收集反馈各类城市管理问题120多个。严格整违，新增违建实现零增长；完成存量整治任务373户，面积达5510.5平方米。全程指导完成辖区首例业主依法罢免业委会成员并进行成功改选；受理物业专项维修资金使用申请125起，审减金额约190万元；新设"物业管理宣传专栏"84处；九建、中国移动、成铁集团家属院全部签订"三供一业"物业分离移交协议，公开选聘的社会物业企业全部进驻。成功完成N区立交C工程、N3-2/03D等11块国有土地的用地协调，交地15.41公顷，确保工程建设顺利推进。

【企业服务】 2018年，天宫殿街道全力助推民营经济向高质量发展。建立健全招商引资工作保障服务机制，制定并下发《天宫殿街道办事处关于进一步优化营商环境的意见》；召开民营企业专题座谈会30余次，全覆盖实地走访民营企业112家，建立民营企业发展面临困难台账，现场协调解决实际困难30多个，动态梳理上报问题20多个；加大优惠政策扶持力度，完成申报失业保险稳岗补贴企业159家，发放企业各类补贴、小额贷款等共计620万元。

【党建工作】 2018年，天宫殿街道紧紧围绕深入学习宣传贯彻党的十九大精神和习近平新时代中国特色社会主义思想这条主线，严格执行"第一时间学习"制度，共开展党工委中心组学习12次，学习宣讲培训会50余场次，征集到心得体会200余篇，发放各类学习资料3600余册。严肃党内政治生活，组织召开2017年度党员领导干部民主生活会，指导督促131个基层党支部召开组织生活会，认真开展批评和自我批评。抓好党的基层组织建设。按期保质完成重庆汇艺科技有限公司后进党支部整改提升任务；建立城市基层党建工作联席会议制度，召集机关、社区（筹备组）和辖区30余家单位共商城市党建发展策略；持续深化星湖路社区党总支、北京城建党支部2个示范基层党组织创建工作；及时更新基层党组织换届信息台账，提醒督促37个党支部完成换届选举工作；认真办理群工事项，办结率达99.4%，群众满意度达93.9%。持续推进党的作风建设。开展党风廉政教育19次，完成321名党员干部亲属涉权事项信息采集工作；开展廉政谈话124人次，任前谈话63人次。受理问题线索12件，办结10件；开展明察暗访12次，专项检查14次。

（段悠捷）

翠云街道（两江新区直属区）

【概况】 翠云街道位于渝北区西南部，东邻回兴、宝圣湖街道，南接鸳鸯街道，西连礼嘉、悦来街道，北靠仙桃街道。街道面积19.1平方千米，辖4个社区居委会。街道办事处位于重庆市渝北区翠云街道翠渝路3号，距两江新区管委会金山大厦7千米，距渝北区政府7.8千米，距210国道3千米，金开大道、金兴大道和轨道交通3号线穿越境内。辖区总人口11.3万人，其中常住人口4.3万人（户籍人口2.8万人），流动人口7万人。有小学2所，在校学生2593人（翠云小学1476人、花朝小学1117人），教师147人（翠云小学81人、花朝小学66人）。2018年，翠云街道有规上工业企业40家，实现工业总产值504.49亿元，同比下降46.05%；营业收入573.23亿元，同比下降42.71%；营业利润17.22亿元，同比下降87.48%；固定资产投资19.72亿元，同比增长49.6%。

【开发建设】 2018年，翠云街道认真贯彻“守土有责”精神和“属地管理”原则，全力做好辖区中央公园东侧道路南延伸段一期道路及配套工程、渝北金山500 kV输变电工程等10余处在建工程施工协调和用地保障工作，积极配合区国土分局、区土储中心、市地产集团完成重庆康田置业房地产开发建设用地、万科（重庆）房地产开发建设用地等9宗地99.953公顷的交地任务，妥善处置征地遗留问题4起。加强农转非社区房屋资产管护工作，积极配合区土储中心做好农转非社区房屋资产的核查、清理工作，为下步办理产权证打下基础。

【城市管理】 2018年，翠云街道积极落实城市品质提升工程，全年出动作业人员4.4万余人次，清扫保洁总面积约97.8万平方米，重点整治卫生死角250余处，清理暴露垃圾6290吨。全年共处置存量违法建筑46户，其中没收违法所得42户，处罚没款2604868元；查处并拆除新增违法建筑12处，拆除违法建筑总面积3550平方米，实现存量违法建筑整治率、新增违法建筑发现率和拆除率3个100%。推行升级版“门前三包”制度，为辖区所有临街商户安装门前三包责任牌500余块。及时处理回复12319及网络舆情投诉154起；数字城管派发案件9612件，处置9075件，结案率达95%。严格落实河长制，共计巡查河流湖库244次，迎接住建部和生态环境部关于城市黑臭水体治理效果专项检查，全面清理辖区肖家河（宝圣湖至童家沟大桥）河道内及河岸两侧视线范围内临时堆放垃圾和拆除违章建筑，共拆除违法搭建500余平方米，清理填埋暴露垃圾30余吨。加强大气扬尘控制，检查运渣车2955台次，处罚违法运渣车辆20台。全面排查辖区133家餐饮单位，完成餐饮油烟专项治理工作；开展噪声专项整治工作，完成翠云花园市级“安静居住小区”复查工作。全年处理环保投诉22起。

【社区建设】 2018年，翠云街道按程序推进社区卫生服务中心、社区农贸市场等6项建设工程，完成社区综合服务中心等3项拟建工程调研及估算、立项申报、项目评审等前期工作。全年实施专项及小额建设工程17项，实现投资约461万元，涵盖社区配套、文体娱乐、环境改造等多个领域。以零星维修方式，修缮处理社区缺损漏等问题235处，进一步夯实服务民生。实施以文明、文化、环保、健康、法治、安全等为主要内容的素质提升工程，分别在云竹路、云卉路、翠渝路和福安社区培育以“家”“和”“孝”“福”为主题的特色文化品牌，全年开展党群面对面宣传院坝会、“体验书法魅力，弘扬国粹文化”、“小青成长课堂”等各类活动200余场次，服务居民2万余人次。大力开展精神文明创建活动，组织专门力量深入社区、企业，寻找“最美翠云人”，发现先进典型32人，传播正能量。云卉路社区顺利通过区级合格社区创建检查验收，翠渝路社区积极筹备创建全国和谐示范社区。不断深化“一居一品牌，一社区一特色”，翠渝路社区初步兴盛“睦邻守望、共治共享”建设方案，云竹路社区完成邻里中心建设前期论证工作，“和美云竹525+”服务品牌得到进一步夯实。

【民生实事】 2018年，翠云街道新建工会4家，辖区内职工200人以上的非公企业建会率和职工入会率达98%。配合企业做好劳动安全保障、工资集体协商、民主管理、劳动纠纷调解等工作，协调解决企业劳动纠纷21件，结案率100%；排查建筑企业15个项目，农民工工资拖欠案件10件，涉及金额约167万元。积极创建和谐劳动关系示范点，辖区正常生产企业142家，其中用工25人以上的企业57家，指导劳动关系和谐企业创建成功47家，其中已成功创建国家级AAAAA级劳动关系和谐企业1家、重庆市AAA级劳动关系和谐企业4家、区级AA级劳动关系和谐企业19家、街道A级企业21家。积极创建劳模创新工作室，辖区有2名全国劳动模范、4名省部级劳模。对困难群体着力长效救助机制，发放低保金1163人次58.2万余元，重大节日慰问3522人次149.82万元；临时救助17人29.7万余元，发放贫困残疾人生活补贴634人次3.22万元，重度残疾人护理补贴2749人次34.5万元。救助贫困精神病85人，发放精神病药物共计12万余元，确诊并实施白内障免费复明手术13例，“两有”残疾人就业率达96%。依靠现有的3个养老服务中心（站），自筹资金近30万元用于公共场所意外保险、购买服务等配套服务，有针对性地开展科普教育、文化大讲堂、法制讲座等活动。购买“暖心夕阳，关爱服务”项目，对32户困难群众开展结对帮扶、上门服务。对辖区260余名老人开展问卷调查，根据调查结果，在社区养老服务中心开设长者互助食堂，日均40余名老人到养老服务中心就餐。

（王阳璇）

大竹林街道（两江新区直属区）

【概况】 大竹林街道成立于2007年3月，背靠照母山，面朝嘉陵江，东接人和街道，南靠天宫殿街道、江北区石马河街道，西临嘉陵江，北连康美及人和街道，面积14.65平方千米，户籍人口32084人，辖凤栖沱、紫竹苑、水竹苑、汪家桥、星汇、龙竹苑（筹备中）6个社区，街道拥有两江新区服务贸易产业园、互联网学院、自动化仪器仪表生产研发基地、医疗器械生产基地；汇聚了重庆市政法委等市级机关事业单位，机电控股等国企，全市的高新技术企业及各大银行的地区总部，是区域性金融、科技、商务中心和两江新区高品质居住区。

【营商环境】 2018年，大竹林街道制定出台《大竹林街道进一步优化营商环境实施方案》及街道集中走访精准服务民营企业工作方案，组建15个集中走访服务组，对辖区43家企业进行实地走访，宣讲相关政策。对企业提出的问题，督办2件，提交上级部门研究116件。协助承办片区民营企业座谈会。完成金海湾公园等10个项目表土清理及纵四路北段滑坡抢险工程用地，清理面积约969亩。协调纵四路北段、横五路北段、香港置地、金海湾公园等项目用地过程中的群众矛盾纠纷56次,接待群众来访75次。处置遗留问题11件。完成"江与城""黑沟村农房屋拆迁"打包工程结算,做好"五云村农村房屋拆迁"打包工程资料收集整理工作。

【城市管理】 深化市容环境综合整治。开展城市管理"五长制"试点工作,持续开展"强基础、转作风、树形象"专项行动。深入开展机动车维修、占道经营、大气(水)污染、广告招牌等专项整治,查处无机动车维修经营许可证等商户23家;处置占道停车70余辆,劝导游摊游贩占道经营400余次;清理盘溪河、跳墩河白色垃圾266吨,拆除违章搭建的棚房43处;持续开展蓝天行动,扑灭露天焚烧行为86起;拆除违规户外广告43个,整治一店多牌35家,面积约560平方米。

深化违法建筑专项整治。拆除新增违法建筑34件、540平方米。整治完成市级违法建筑214件,面积10305平方米;整治完成区级违法建筑76件,面积3456.55平方米。完成凤栖沱社区"无违社区"及江与城千山万树、金科天元道、新江与城天琅"无违小区"的创建迎检工作。

物业管理规范有序。审核物业专项维修资金使用报告50件,查看物业现场50次。受理小区临时公约备案2份,业主委员会备案3份。调解处置物业、业主、业委会等物业纠纷以及政策咨询和相关投诉案件共计50余起。开展物业安全隐患排查12次,重点做好海州建材公司危旧房安全监管工作,确保房屋使用"零事故"。

推进城市品质提升行动。全面完成大竹林商业中心广场整治。全面展开照母山立交、内环沿线(319跨线桥、212跨线桥)升级改造和胡杨路轨道交通站出口的品质提升工程。协助区管护中心做好江与城片区品质提升工程。完成莱佛士重庆医院周边道路灯饰工程新增工作。

生态环境持续改善。进一步完善街道"河长制"工作机制,街道、社区河长开展巡河360余次,接受国家住建部、生态环保部对辖区黑臭水体专项治理的专项督查。制止露天焚烧84起、露天烧烤79起;劝导违规工地180余次,处罚违规工地9起、罚款9万元;持续巩固"无煤街道"的创建成果。稳步推进"全国第二次污染源普查""六五世界环境日"等各项工作。清理辖区卫生死角近670处,清理"牛皮癣"101400处,生活垃圾清运量7300吨。整治施工扬尘污染,开展查处夜间运渣车辆联合执法行动10余次。

【社区建设】 完成金海湾社区临时办公用房接房手续,成立新社区筹委会(暂命名为龙竹苑社区)。完善"三社联动机制",累计引入4个社工服务项目,社区办公服务设施达标。社区专职工作者职业资格持证率96.7%。完成紫竹苑社区养老服务站建设设计。积极开展筹建公办幼儿园的各项准备工作。落实星汇社区办公服务用房选址,拟定自贸区社区服务示范点建设方案。完成紫竹苑智慧社区项目打造工作,全面投入运行。辖区注册志愿者5363人,注册率达到10%,志愿队伍56支。依托弘益社工等社会组织,开展"梦想课堂""牵手夕阳红·温暖老年人"等志愿服务活动70余次。先后举办"我们的节日"—春节、清明、端午等主题活动;参加"唱响新时代"中央电视台国庆特别节目录制。星汇社区入选全国"扫黄打非"进基层示范点。紫竹苑社区荣获"重庆书香社区"。

【社会保障】 提高社会保障水平。做好各项就业管理服务工作,举办各类招聘活动4次,职业介绍成功672人,完成就业培训296人,街道城镇新增就业人员2661人,辖区登记失业率控制在1.8%。受理农民工工资拖欠投诉案件89起,涉及辖区务工者744余人,讨回工资691余万元。做好原有业务及下沉200余项社会保险的经办业务工作,办理2018年度城乡合作医疗保险共

11852人，筹资缴费337万元。全年办理单位参保业务31项共20424笔，涉及352487人(次)。退休人员指纹资格核查率达到100%，社保保险业务资料报送差错率低于5%。

完善社会救助体系。落实低保户动态管理，坚持C类每月、B类半年、A类一年入户调查，实现最低生活保障档案材料完整率和覆盖率达到100%。建立精准帮扶台账，在元旦、春节、五一、端午、中秋、国庆等重大节日开展慰问活动，对建档立卡困难户、重度残疾人、三无人员及低保户等困难群体1974户、2099人进行走访慰问，发放慰问金114万元。动态管理精准帮扶建账对象66人，建账对象人均月收入达到700元以上。严格落实新区其他惠民政策，大力开展扶贫帮困工作。

做好劳动监察等工作。开展日常巡查和排查，及时协调处理劳动纠纷，调处成功率100%。积极推进和谐劳动关系综合试验区建设，成功创建(保持)劳动关系和谐企业132家，新培育和谐劳动关系企业2家。开展劳动监察"两网化"及执法能力建设，落实专人担任兼职监察员、兼职仲裁员、专职调解员各1名，巡查企业40户，并在劳动保障监察网上及时更新巡查信息，录入所有调解案件信息。

【社会事业】 2018年，大竹林街道与5个社区、119家机关企事业单位签订《食品药品安全责任书》，食品经营动态等级评定评级1037家，保持持证率95%以上，群众知晓率、满意度70%以上，做好迎接国家、市级食品安全创建工作的检查验收准备工作。广泛开展全民健身活动，组织各社区、辖区企事业单位参加两江新区举办的全民健身运动会，顺利开展以"拥抱新时代、健康大竹林"为主题的第六届社区运动会。

【安全监管】 2018年，大竹林街道全面落实"党政同责、一岗双责、齐抓共管"的安全监管工作责任制度，念好安全工作"十字经"，做好安全"十件事"，深化安全工作"十重点"。投入11万元购买技术服务，对1024家九小场所安全进行全面摸排；投入13万元购买技术服务，辖区29家职业健康企业、6家创建安全标准化建设企业、5家危化企业进行全面清理。制定2018年安全生产计划，开展大排查、大整治、大执法，共计检查63家单位，查出隐患157条隐患，已整改150条隐患，未整改7条，有效消除了各类安全隐患。完成街道及3个社区综治中心建设工作。完成汪家桥社区社会治安重点地区(市级A类)整治工作。印发《大竹林街道扫黑除恶专项斗争工作方案》，成立扫黑除恶专项斗争领导小组。通过多种形式广泛宣传发动，对辖区内的重点人群、重点行业、重点领域开展"问题"和"苗头"的双重梳理和摸排，共排查出涉黑线索2条，上报区扫黑办1条。修订街道"1+11+5+N"的应急预案，建立街道综合应急救援大队，完善应急避难场所管理体系。结合"5·12防灾减灾日""11·9消防日"等重点宣传期，大力开展宣传工作，组织应急管理培训6次。

【法治建设】 2018年，大竹林街道利用"3·15"消费者权益日、"6·26"国际禁毒日、"12·4"国家宪法日等重要节点，开展普法宣传教育活动10余场次，发放宣传资料10万余份。成功承办区"12·4"宪法宣传日活动启动仪式。落实"法官在社区暨庭审进街道"工作。全年累计接收社区服刑人员18人，解除矫正措施18人，接收安置帮教人员31名，全年未发生脱离监管情况。司法所全年共接受300余名人民群众法律咨询，成功调解各类纠纷39件，街道人民调解委员会荣获"全国人民调解工作先进集体"称号。

【海州建材公司国有土地征收工作】 2018年，大竹林街道成立工作专班，抽调专人，积极配合征收中心做好了海州建材公司国有土地征收测量、测绘及相关公示等工作。加强被征收对象的思想疏导，多次组织经南公司、会江公司及凤栖沱社区召开现场会。加强危旧房安全巡查，做好海州建材待拆迁期间安全稳定工作。

【碧湖山庄征地遗留问题】 2018年，大竹林街道配合两江新区国土分局、土地储备中心、市政管护中心，完成了碧湖山庄遗留问题处置。6月15日，市政管护中心、碧湖山庄、大竹林街道办事处三方签订了租用协议，长达十余年的遗留问题得到了妥善处理。同时，街道积极督促碧湖山庄责任人，做好移交后的管护工作，切实履行管护责任。

【党建工作】 2018年，大竹林街道组织召开2017年民主生活会及组织生活会。根据街道全面从严治党责任清单55条126项要求，落实党组织主体责任、书记第一责任、班子成员分管责任和一岗双责，将责任落实情况纳入部门、社区目标考核，"一票否决"评优。开展街道党工委、社区及直属非公党组织、社区下设党组织半年及年终述职。拟定十九大精神学习通知及宣讲方案，组织开展党员十九大精神全覆盖培训；开展集中宣讲18次，微党课83次。严格执行社区干部及直系亲属享受惠民政策"十公开"制度。培育紫竹苑"五型"社区等党建品牌，完成大方公司党支部等后进基层党组织整顿转化任务。完成辖区23个党支部的换届选举工作。调整星系列楼宇12个党组织隶属关系，建立街道党建联席制度，推进社区共驻共建。按程序调整任用6名中层干部。以"六套组合拳"为抓手，加强党风廉政建设。完成纪工委"三转"工作。查改街道党工委2017年民主生活会班子及个人问题152个。积极开展对照形式主义、官僚主义十种表现自查自纠工作。加强群团改革力度，开展"四季帮扶"，学雷锋系列志愿服务，"五四"青年节系列宣传，"第二个家庭教育日""一个鸡蛋的温暖""最美阳台/庭院"等活动。

（幸　青）

礼嘉街道（两江新区直属区）

【概况】 礼嘉街道位于渝北区西南部，东接鸳鸯街道，南靠康美街道，西邻北碚区童家溪镇。东距江北国际机场15千米，南距主城区13千米，东北距悦来会展中心5千米，金渝、金通、金山、金海等四条大道横贯境内；渝武高速、渝怀铁路、轨道交通6号线途经辖区。2018年，辖区内有规上企业6家，工业生产值233.7亿元，销售生产总额175亿元，固定资产投资企业（5000万元以上）4家，计划总投资23.05亿元，本年度完成投资4.58亿元，规上服务企业3家，累计营业总收入9亿元。

【用地保障】 2018年，礼嘉街道按照"3333"工作措施，紧盯全年目标任务，规范工作程序，强化工作措施，妥善处置原白马村2社范氏四兄弟的征地遗留问题，化解了长达11年的信访积案。全年处置各类遗留问题152件，新增遗留问题处置化解率100%，排除阻工221次，完成交地1344.88亩，项目用地率达98%以上，保障了雅居乐、白云寨遗址公园、礼悦路等22个新开工项目的施工用地，和76个续建项目的顺利施工。

【优化营商环境】 2018年，礼嘉街道从服务企业入手，打造便利化环境，通过摸实情、送政策、听意见、解问题等措施和办法，全覆盖走访企业，精准服务企业，累计走访了解建筑施工项目50家、民营企业8家，召开座谈会、现场办公会7场，收集问题和建议31件，或现场解答、或研究转办、或整理上报，实现件件有回音；对接企业用工需求，召开培训会5次，发放法律书籍800余本，为42家企业输送人力200余人；强化政策扶持，发放稳岗补贴23家239万余元；配合区社保业务下沉，协助开通网上社保业务，办理业务61次，社保补贴6家70万余元，惠及职工137人，为企业减负309万余元。

【安全稳定】 2018年，礼嘉街道压实责任、多方施策，圆满完成稳定工作各项工作任务。全年排查矛盾纠纷82件，化解72件，整体化解率达87%以上；领导公开接访159件次，216人次；排查化解带群体性苗头的矛盾纠纷1件，重点化解了渣车扰民、嘉和社区农贸市场搬迁和拆除违章搭建等问题；重视信访积案化解，全年化解市级交办积案2件，化解率100%，化解市维稳办交办的重点问题、重点人员、重点群体攻坚化解5件，化解率62.5%，排查化解区级交办积案2件，本级积案10件。扎实履行安全生产“一岗双责”，深化重点领域专项整治，加大风险隐患防控，完成安置小区32个室外消防器材箱建设，投入18万余元购买安全技术服务，排查风险隐患1196项，完成礼嘉教师楼、礼嘉综合农贸市场、白马社区农贸市场等重点隐患整改。推进社会综合治理信息化防控，如期完成街道综治中心及社区综治中心硬件设施建设任务，加大对107名在册精神障碍患者管控和服务，集中排查诊断严重精神障碍患者2次，危险性评估3级以上13人，全部纳入重点管控对象；开展专项整治行动，立案刑事案件2件，打击处理违法嫌疑人4人，未发生影响恶劣的案件和事故；扎实开展扫黑除恶专项斗争，对社区“两委”班子按“十不选”要求重新进行排查，检举揭发12类黑恶势力性质违法犯罪活动线索。

【城市管理】 2018年，礼嘉街道加强城市日常管理和生态环境治理，突出欢乐谷、背街小巷、两江新宸等重点区域的环境整治，全年整治骑门摊、占道经营等环境乱象16200余起（处），摸排城市品质项目清单121处，报送重点整治清单9处，完成嘉和社区菜市场拆迁和违规亭棚、临时摊区取缔，协调修建人行道护栏3500米，处置露天焚烧85起，整治餐饮油烟10家，处罚渣车71台，违章工地11个，罚款48.5万元。防治水域污染，落实《两江新区城市综合管理工作考核办法》，完成全年河长工作任务，处置环保投诉18件。重视城管案件办理，接收受理12319、数字城管等各类案件10837件，处置率达100%。狠抓违建整治，全年整治违法建筑29件10097平方米，超额完成全年任务，推进无违创建，完成1个无违社区、3个无违小区创建工作。

【社会治理创新】 2018年，礼嘉街道围绕社会治理创新这一主题，主动作为，推进社区建设，开展学雷锋、“妈妈帮”等系列主题志愿服务活动，1000余名志愿者参与，服务群众3600余人次；引入社工组织3家，成立社区社会工作室（站）4个，开展活动100余次，服务居民2660余人次。富安社区、嘉和社区通过区级和谐示范社区和区级合格社区检查验收，嘉兴社区做好全国和谐示范社区创建准备工作；白马社区推行“一室一会一平台”居民自治，嘉兴社区深化“4S”自治模式，嘉和社区组建“嘉和·帮”和嘉和学院，富安社区围绕“家庭成长”组建特色兴趣小队，满足老青少居民文化需求。精心打造“1+3”社区社会治理新模式，居民自治协商委员会正常开展工作，提出提案39件，解决21件，社会工作孵化平台完成方案设计、选址等。

【社会事业】 2018年，礼嘉街道精准帮扶61户76人89.08万元，发放低保金38.80万余元，医疗救助495人，临时救助28户38.77万余元，慈善救助5人0.93万元，特困救助6人4.45万余元，兑现优抚优恤89.16万余元，发放军人安置费43.75万余元。嘉兴社区养老服务站投入运营，安置房外墙砖安全整治和社区屋顶漏水整治工程顺利推进。文化事业蓬勃发展，全年开展各类文化体育活动41次，学雷锋志愿服务系列活动19次、文体骨干培训3次；推送“重庆好人”“文明家庭”“道德模范”“两江榜样”等先进典型17名，唐建军家庭被评为重庆市“十大最美家庭”，陈宾家庭被评为重庆市“最美阳台”之一，陈宾家庭、鄢运霞家庭、冉昆家庭、张华家庭荣获两江新区“最美阳台”。

【劳动就业】 2018年，礼嘉街道全年发布用工信息340条，提供就业岗位2862个，职业介绍675人次，就业培训完成322人，开发公益性岗位14人，办理公益性岗位补贴14人13.8万元，公益性岗位社保补贴14人8.4万余元，实现街道新增就业2600人。做好劳动关系和谐创建（保持）工作，2018年新申报和谐企业A级2家，AA和谐企业4家，AAA级和谐企业1家，重点企业参与创建率100%。通过开展工资清欠专项行动，狠抓劳动监察工作和举报投诉案件的处置，成立专班、合署办公，上下联动，接待处置举报投诉180批次，接待受理劳资纠纷58件，涉及民工2630人，涉及工资金额2784万元。

【法治建设】 2018年，礼嘉街道推进公共法律服务体系建设，完成街道公共法律服务站建设，4个社区成立了公共法律服务工作室，聘请常年法律顾问（律师）5名，配置兼职法律服务人员12人，公共法律服务工作站为来电来访群众提供法律咨询服务10人次，提供法律援助经济情况证明8人次。发挥公共法律服务站（室）作用，街道和4个社区分别建立了公共法律服务微信群5个，解答法律咨询70余人次，提供法律援助指导9人次。向企业、居民推广使用“12348中国法网”APP和“掌上12348”微信公众号，开展普法宣传活动9次。发挥社区法律顾问作用，参与矛盾纠纷化解、重要经济合同签订等4件，为企业和群众提供专业法律意见18条，开展法律知识讲座8场。发挥基层调解作用，联合排查调处受理各类矛盾纠纷112起，调解108起，调处成功102起，涉及当事人215人。完成司法所规范化建设标准，配置高拍仪等配套设施设备，安装监控设备，实现联网监控矫正执行情况，累计接受社区矫正人员28人，解除19人，目前在册9人，无一人脱管漏管，无重新犯罪。

【党建工作】 2018年，礼嘉街道召开党建工作专题会议15次，细化党风廉政建设责任分工28项，开展中心组学习会11次，组织讲党课50余人次，便民窗口服务群众18000余人次，代缴费用158万余元，错时上下班办理业务4000余人次，“群工系统”接件办结898件，群众满意度100%。开展作风纪律检查督查29次，工作现场监督17次，专项监督检查8次，廉政约谈287人次，廉政风险点排查1次，初核问题线索5件，立案查处1件，批评教育1人，诫勉谈话组织处理1人，撤销党内职务党纪处分1人。

（吴翠菊）

金山街道（两江新区直属区）

【概况】 金山街道于2013年10月29日经重庆市政府批准设立，2014年2月18日正式授牌成立。金山街道东接江北寸滩街道，西临人和街道，南靠天宫殿街道，北连鸳鸯街道，辖区面积11.56平方千米，常住人口约12万人，含民心佳园一、二、三社区，奥园、金渝、金湖等6个社区。办事处地处重庆两江新区东南部，金渝大道100号。街道设党政办公室、社会管理综合治理科、社会事务科、城市建设管理科、财务统计科、司法所等党政办事机构6个；社会保障服务所、社区服务中心、文化服务中心、园林绿化环卫所、市政管理监察大队等事业单位5个。

【违建拆除】 2018年，金山街道保持查处违法用地及违法建筑工作高压态势，全年共整治存量违法建筑133处，10501.81平方米，发现消除新增违法建筑41处，消除面积985平方米，按期完成率为100%，确保新增违建“零增长”。在整治过程中，确保安全责任事故“零发生”，党规党纪“零违规”。

【社会保障】 2018年，金山街道受理各类社会保险业务122项，受理单位新参保259户，退休养老资格认证（指纹认证）累计3854人，居民医保中途参保1059人。全年发放各类残疾人补贴慰问共111人次，累计69550元，受理残疾人精准康复服务补助等各类服务申请共计19人次。发放高龄老人营养补贴32475元，办理老年证171个，办理老年免费乘车卡共计1524人。

【就业服务】 2018年，金山街道城镇新增就业2729人，创业担保贷款完成申报180万元，就业培训294人，发布用工信息350条，发布招聘高校毕业生岗位634个，完成率均达到100%以上。累计举办专场招聘会4场，进场用工单位51家，提供就业岗位1760个，完成“泛海扬帆”大学生创业行动项目推荐4人。全年累计落实各种就业创业补贴政策涉及590人，达175万余元。

【社区建设】 2018年，金山街道4个社区以党建为引领，主动作为，大胆创新，打通社会治理和服务群众“最后一公里”。民心佳园围绕“家园型”社区开展“三帮服务”，温暖123名独居老人，“心灵花语”项目精准服务49名重症精神障碍患者，楼层互助情暖邻里，13956户居民互帮互助。奥园社区积极探索“文化聚民、文化育民、文化惠民”新路子，广泛举办广场舞、百家宴等大中型文化活动30余场次，社区自治能力不断提升。金渝社区“渝家课堂”蓬勃发展，获居民好评。金湖社区“创新型”服务初见成效，提出3大类共26个项目的“订单式服务”居家养老模式，构筑社区共治共建共享新格局。

【城市管理】 2018年，金山街道针对破坏市容环境的行为和现象，采取以点带面、疏堵结合、多方管控的办法，大力整治游商占道经营行为，全年累计劝离、规范占道经营4850余处，处置乱堆放230余处，违规户外广告店招160余处，处罚占道经营案件69件，占道停车11件。针对市政设施缺口，协调完成加工区四、五、六路道路提升工程，修建文化假山，解决金童路火凤山路口三不管地带“脏乱差”问题。

【安全稳定】 2018年，金山街道共召开各类安全会议26次，聘请第三方专业机构定期参与安全检查工作，查出隐患356处，并提出整改措施。全年共组织89批次、300余人次，对辖区1400余家企业、单位和九小场所开展安全执法大检查，共排查出各类安全隐患965处，整改948处，其余17处持续整改中。全年共受理群众来访81批次，网上信访代理案件69件，按期办结率达100%，群工系统累计受理事项1183件，无亮红灯现象，录入人民建议15件。成功处置突发群体性事件15件。

【文宣工作】 2018年，金山街道向两江新区管委会办公室报送信息共1493条，采用261条，在街道中名列前茅。向各类媒体报送稿件300余条，被采用115条，其中市级媒体103篇，新区外宣网12篇。开展十九大精神、宪法等宣传演出共计5场，开展十九大精神知识竞赛3场，辖区企业、社区、机关参与人数达800余人。

【基层党建】 2018年，金山街道制定下发《2018年金山街道党建工作要点》，先后3次组织党建工作规范化业务培训。排查非公企业1786家，查找党员203人，新建非公党支部3个，完成27个支部换届选举，非公经济、社会组织党组织覆盖率分别达84.26%和80%，组建率达100%。群工系统累计受理事项1183件，无亮红灯现象。辖区57个基层党组织民主生活会共查找班子问题182个。开展工作纪律督查23次，公车督查28次，开展廉洁纪律和服务群众纪律督查18次，开展节日暗访13次，督查私人会所6次，街道干部主动上交红包11000元。

（张维桃）

康美街道（两江新区直属区）

【概况】 康美街道位于渝北区南部，辖区面积13.97平方千米，辖4个社区居委会（其中金竹苑社区、银竹苑社区为农转非社区，康庄美地一社区、康庄美地二社区为公租房社区），总人口8.79万人，其中户籍人口1.24万人，常住人口4.33万人，流动人口3.22万人。2018年，辖区有小学2所，在校学生2673人，教师141人，适龄儿童入学率100%。有正规医院3所，社区卫生服务中心1个，社区卫生服务站1个，以及透析门诊部1个，卫生技术人员共450人。辖区内共有规模以上企业35家。

【社区建设与服务】 2018年，康美街道组织社区专职工作者参加培训3次，完成社区专职工作者聘用合同的签订工作。引入专业社工服务，将仁爱社工组织引入康庄美地二社区，指导康庄美地一社区冬青社工、康庄美地二社区仁爱社工、金竹苑社区仁爱社工、银竹苑社区仁怀社工开展社区社会工作室建设，开展社工服务项目4个，深化社工+义工+社区工作者+志愿者“四位一体”的志愿服务模式。积极开展文化活动，购置5万元的健身器材，为社区文化室配备了2万元的图书，进一步完善社区文化体育设施。举办公租房邻里节、群众文化汇演、“渝洲大舞台”送演出进基层等活动17场。组织参加乒乓球比赛、全民健身运动会等体育赛事，乒乓球比赛获得全区第一名、拔河比赛获得全区第二。强化公租房管理，利用公租房社区大党委工作联席会，研究解决了公租房小区市容环境整治、承租户与物管矛盾等相关问题。完成康二社区服务用房维修工程、门头改造工程和康一社区公厕维修整改工程。

【开发协调】 2018年，康美街道完成L65道路及配套工程、金海湾公园滨水活动体验区项目绿化用地、礼嘉儿童医院公共防护绿化带整治工程、康庄美地第四幼儿园工程等9宗计473480平方米的项目用地移交工作。接待征地开发上访人员58起，依法处置征地遗留问题125件。协调处理金海湾公园用地、高科江澜项目用地、互联网产业园3期等项目的用地阻工事宜，保证在建工程的顺利施工。完善配套设施，配合区城管局，在平场工业园修建移动公厕2个，固定公厕1个。金通大道沿线进行规划选址。

【城市建设】 2018年，康美街道开展城市品质提升工作，开展背街小巷整治、机动车维修治理、占道经营治理、餐厨垃圾收运等8次专项行动，纠正占道经营4782起，整治洗修车门店和废旧收购点9处，拆除过街条幅860条，清理乱堆放360处，整改存在餐厨垃圾收运问题的门店8个。在平场工业园划设停车位标线15145米，摩托车停车位标线906米。完成金通大道扬尘控制示范道路创建工作。推进生态文明建设，实施蓝天、碧水、宁静、绿地、田园“五大行动”。制定《康美街道生态环境建设实施方案》，开展大气污染防治、扬尘控制整治、餐饮单位油烟整治等专项行动，取缔露天烧烤40处，排查餐饮单位260余家、干洗店3家，完成餐饮单位油烟整治10家。推行“双总河长制”，设立河长11位，开展嘉陵江边卫生整治工作2次，处理违规倾倒垃圾3起，约谈违规施工工地1家。打好污染防治攻坚战，完成中央第五环保督察组交办案件2件。完成拆违任务，全年新增违法建筑26处，拆除面积3507平方米，违法建筑发现率、拆除率达100%。指导康一社区成功创建“无违社区”，华宇御澜湾、旭原创展江山樾、互联网产业园成功创建“无违小区”。

【安全稳定】 2018年，康美街道与消防支队、各校园、各企业等签订了安全工作(生产)目标责任书35份，组织召开安全工作(生产)联席会和安全(消防)隐患排查整改会4次，组织安全知识培训9次。开展烟花爆竹、“打非治违”、“扫黄打非”、城市燃气、特种设备、消防隐患等一系列专项治理行动。现场整改烟花爆竹销售点4起，整改消防安全隐患54个。更换金、银竹苑社区6140户居民室内燃气燃管，更换率99%以上。开展“扫黄打非”宣传5次，社区“扫黄打非”建设率达100%。

开展食品安全示范城市创建和安全标准化建设工作，开展食品保健和虚假宣传、食品安全风险隐患等专项整治行动10次，辖区食品生产企业持证率达100%，食品经营企业持证率达95%，“四小”备案率达90%。完成技术体系达标建设2家、岗位达标建设5家，企业职业健康和标准化建设申报率、检测率达100%。

维护信访稳定，做好重庆市两会、全国两会、智博会以及全国扫黑督导组、中组部调研组、中央巡视组在渝期间等重点敏感时段的维稳工作。共接待群众来访63批次260人次。劝返欲进京上访的重点人员3批次4人次。

加强治安防控，截至11月辖区共发案立案340件，同比下降了4%，可防性案件发案96件，同比下降了3%。开展辖区社会治安重点地区（市级A类）整治工作，集中整治行动6次、整治宣传活动4次，12月17日接受市综治委检查组的考评验收，各项指标符合摘牌标准。委托重庆云计算投资运营有限公司，完成街道和社区综治中心建设。开展扫黑除恶专项斗争，制作户外固定宣传牌16幅，悬挂标语41幅，LED播放宣传片累计3000次，微信群（短信）发放信息1.5万条，发放居民公开信等宣传资料4.5万份，公布5种涉黑涉恶线索举报方式。

完成街道和社区公共法律服务工作站建设工作，新增调解员32人，完成人民调解员培训206人次。全年调解纠纷59件，涉及158人、金额106.02万元。银竹苑社区调委会获得重庆市优秀人民调解委员会荣誉。全年接受群众法律咨询152件，配合区法律援助中心完成法律援助审核6件。

牵头协调了康庄枢纽站商铺出租信访问题，街道组织区政法委、市交通枢纽集团、通邑物业、商户代表等相关人员，召开协调会5次，协调市公交枢纽集团退还退租商户保证金。成立站场稳定协调小组，维护社会稳定。商场开始提档升级，康庄枢纽站232家商户已全部搬出，消防整改工程已进场施工。开展渝兴·新街坊3号楼非法小旅馆整治工作，联合公安、土房等部门组织召开相关会议5次，开展为期7个月的集中整治行动，依法禁止3号楼非法小旅馆的继续经营。

【社会保险与劳动就业】 2018年，康美街道共接待咨询群众40人，处理监察、调解案件42件，10人以上争议调解案件8件，结案率100%。协调处理农民工工资案件30件，涉及农民工315人、金额306万元。组织育婴师培训、适应性培训等职业培训8次，累计培训347人；举办招聘会8场，达成意向性协议807人；全年帮助433名“两有”人员实现就业，城镇新增就业人数2720人。申报参保单位年度工资总额64家，涉及1203人，无差错。完成居民医保参保任务11909人，完成率119%。

【惠民社会兜底】 2018年，康美街道开展精准帮扶，辖区精准帮扶对象74户，共99人，累计落实帮扶资金36万元。慰问困难群众1142人次，发放慰问金77.1万元，做到救助及时、足额、到位。推进养老服务站建设，完成康一和康二养老服务站的装修工作，推动2个养老服务站外挂电梯的安装工作。

【干部队伍建设】 2018年，康美街道党工委下属基层党组织共33个，有在册党员616人。其中机关和社区党组织14个，党员324人；“两新”非公党组织2个，党员有20人。街道组织社区工作者参加各类培训及职业资格证考试，社区工作者持证率达89.83%以上。有社区专职工作者59名，平均年龄34.9岁，大专以上文化56人，占94.91%，取得职业资格证书的有53名，占89.83%。坚持教育常态化，围绕党的十九大精神、习近平新时代中国特色社会主义思想的学习贯彻等内容，召开中心组学习11次，并撰写调研报告。班子成员以“不忘初心、牢记使命”为主题讲党课13次；开设固定讲习所5个，开展讲习服务140余次。开展基层党组织提升工程,实施党支部建设"三个一"行动,到基层指导帮扶创建3次,听取汇报2次,帮扶提升满意率达87%,创建示范党组织2个,帮扶提升党组织1个。规范干部队伍管理,严格干部选拔和任用,全年任免调整干部9人次。严格发展党员,举办培训班1期,新发展党员8名,并清理出有犯罪记录的党员1名。制定完善《事业绩效考核办法》《加强机关公务员日常管理规定》等考核制度。

【全面从严治党】 2018年,康美街道召开党建形势分析会4次,制定5个大方面15个小方面的街道党建工作要点。按照中央部署和市委"十破十立"要求,召开领导班子民主生活会,对查找到的6个方面、17个问题进行清单管理,限期整改落实,坚决肃清孙政才恶劣影响和"薄熙来、王立军"思想流毒。组织31个基层党组织开展组织生活会和民主评议党员,共评议党员510人,评出优秀党员139人。抓好意识形态工作,推选道德模范、两江榜样等典型人物事例18起,开展"文明家庭""康美榜样"评比、学雷锋活动月等活动,培育和践行社会主义核心价值观。对辖区的23处会议场所进行登记管理,落实场所属地管理责任。对2017年和2018年意识形态工作开了自查自纠。加强党风廉政建设,严肃党内政治生活,领导班子成员、相关部门负责人、各社区逐级签订党风廉政建设承诺书、责任书共77份。重新排查梳理出街道15项廉政风险点并修订完善防控措施。推进廉政约谈常态化、全覆盖,全年完成廉政约谈160人次,办理信访件4起、移交问题线索1起。给予1名机关干部诫勉谈话,对违规违纪的2名党员干部依法作出处理。持续深化巡视反馈意见整改落实,开展二级班子以上干部利用名贵特产类特殊资源谋取私利问题的自查自纠、违规发放津补贴福利问题的清理整改等专项行动。

(陈雁铃)

石船镇

【概况】 石船镇位于渝北区东部,东接洛碛镇,西与玉峰山和古路镇接壤,北与统景镇相连,南与龙兴镇毗邻,长江一级支流御临河贯穿境内13.5千米。辖区面积129.7平方千米,辖24个村、3个居委会。户籍人口65065人,其中农业人口50632人,非农业人口14433人。人口出生率13.52‰,自然增长率4.18‰。有敬老院4个,床位465张,收养老人140人。有中心卫生院一家,床位90张,医护人员117人。2018年,完成地区生产总值9.72亿元,增长4.5%;固定资产投资22.37亿元,增长33.9%;农业产值4.72亿元,增长4.75%;工业产值0.24亿元;社会消费品零售总额3.48亿元,增长19.6%;农民人均可支配收入18410元,增长3.5%。地方财政收入2.04亿元,增长33.18%;地方财政支出1.65亿元,增长19.7%;民生类支出占一般公共预算支出的73%,全年经济运行平稳,持续向好。

【征地工作】 2018年,征收土地620公顷,丈量房屋2800栋,拆除房屋35万平方米,审核外调优惠人口1100件,订购定销商品房5000套。积极与区政府和两江管委会协调,回复信件97封,化解各类矛盾纠纷和遗留问题120件,处置征地个案1053件,没有因征地拆生产责任事故,实现了安全、和谐、廉洁征地。协调解决长寿晏家—北碚水土天然气管道建设项目临时用地和永久用地,同时配合两江新区和区征收中心做好国有土地上房屋征收前期工作。

【产业升级】 重点打造重桥葡萄、胜天雪青梨、石翔柚子、元邦鱼翅瓜、旭捷血橙等优质农特产品品牌,引进推广"新、特、优"经果品种,初步形成秋桃园、梨园、枇杷园、雷竹园等规模化果蔬园。提档升级镇级电子商务综合服务站,整合全镇农特产品资源,实现"线上线下"双向推广销售,全年网上营业额达500万元。深化落实《石船镇乡村旅游发展规划(2015—2020)》,成功举办萤火虫节、蓝莓采摘节等一系列乡村旅游活动。推动成立区级铜锣山国家矿山公园建设领导小组及指挥部、管委会,征集选定矿山公园旅游策划及规划设计方案,编制完成《石船镇矿山公园三村村规划》。

【城乡建设】 投资9000万元,启动农村人居环境综合整治示范片(点)项目,涉及整治任务1182户。整合区镇两级财政资金3295万元,开展存量危房安全鉴定及整治,全年整治完成602户,特困家庭实现拎包入住。完成石壁、麻柳、青杠、关兴4个聚居区主体建设,为群众新建房屋444套。投入9360万元,实施石船中心场镇整治,投入1860万元,完成关兴、青杠场镇整治。

【民生民利】 启动建设通组泥结石道路9千米、四好农村路(通组硬化路)16千米,全镇实现100%通达率和通畅率。推进东环铁路节点工程,基本打通两江大道北延伸段和三环高速。启动关石片区自来水管网升级改造工程,预计到2020年实现两江水务供水全镇全覆盖。完成2017年农田水利设施维修养护和青杠水库整治,核查并确权颁证山坪塘266口,完成碑口水库实物摸底调查。治理地质滑坡2处,搬迁2户5人。投入"一事一议"项目资金248万元,建设饮水管道5.5千米、蓄水池2口、排水沟1.4千米、产业便道15千米、泥结石道路1.1千米。扎实推进脱贫攻坚,帮助4名脱贫户实现就业,累计发放健康扶贫资金34万元,救助贫困户47人,办理扶贫小额贷款4户,发放贷款16万元。

【社会事业】 投入资金170万元,建成梅溪村活动阵地,改建民利村便民服务中心。社会保障覆盖面持续扩大,城乡居民养老保险参保3.5万人,医疗保险参保5.4万人,小额意外保险参保9770人;发放小额担保贷款150万元,办理"40、50"社保补贴160人、90万元,发放低保金1020万元,发放救助救济资金200万元,救助救济434人;发放优抚金677万元、节日慰问金100万元;发放计生惠民资金510万元,新增国家奖扶304人、国家特扶17人。开展文艺演出和体育活动130场次,完成流动文化服务进村100场,举办全区中秋示范活动、改革开放40周年暨元旦文艺晚会。

【安全稳定】 全年开展安全生产监督检查1850人次、1000家次,发现安全隐患1100条,及时督促落实整改,实现安全生产闭环管理。强化幼儿园、学校、敬老院等重点领域日常监管检查,巡查场镇D级危房720次。全面加强畜牧春防、秋防工作,扎实开展非洲猪瘟防控,全镇未出现重大疫情。强化领导干部下访接访工作,接待来访群众1200人次,成功化解石龙村20年前租地历史遗留问题等区交办的疑难重点信访问题3个。妥善安置农转非人员,及时足额兑现征地过程中的各类补偿资金近10亿元。全力维护社会稳定,荣获党的十九大期间全区维稳安保工作集体嘉奖。扎实开展扫黑除恶专项斗争,重拳打击违法犯罪行为,破获案件105件,捉获逃犯4人,群众安全感大幅提升。

(吴玉娜 廖杰文)

洛碛镇

【概况】 洛碛镇位于渝北东部、长江以北,地处渝北、江北、巴南、长寿四区交界结合部,是渝北最大的水码头、唯一的长江口岸、通往三峡库区的咽喉。南与两江新区零距离接触,北与长寿晏家的重庆市化工园区接壤;坐拥长江,背靠明月山,镇域沿长江带状展开,是三峡库区后续规划发展地区。是全国重点镇、市级中心镇、市级卫生镇、市级文明镇、市级生态镇和三峡移民重镇。全镇面积95.34平方千米,其中城镇面积2.8平方千米,辖17个村、5个社区。至2016年底,有耕地16445亩,其中田8447亩,土7992亩。总户数

21901户，其中农村11537户，城镇10364户。总人口50532人，其中农业人口26802人，城镇人口23730人，农村劳动力19429人，外出务工11870人。2018年实现地区生产总值12.36亿元，同比增长23%；规模以上工业总产值达到3.75亿元，同比增长7%；农业总产值实现3.57亿元，因重点项目建设征地，产值同比略有下降；社会消费品零售总额达到3.8亿元，同比增长13%；固定资产投资总额累计完成24.54亿元，同比增长199%；农民人均纯收入达到18900元，同比增长12%；实现地方财政总收入1.95亿元，同比增长32%；完成本级财政收入900万元，完成年初镇人代会预算任务；全年安排民生支出1.02亿元，占镇财政支出的71%。

【小城镇建设】 累计投入资金3269万元，先后完成场镇环境综合整治（三期）、药川路环境综合整治、移民迁建集镇小区综合帮扶（第一批）、状元广场、法制广场、杨左路等6个移民重点项目，共整治环境2.8万平方米、新建广场4100平方米、改造屋顶7245平方米、修复外墙1.68万平方米、黑化道路1200平方米、改造人行道1.12万平方米、新建道路0.87千米，基础设施进一步完善。投资8350万元实施中心场镇提档升级项目，累计改造房屋立面135栋、17万平方米，完成公厕改造10座，新增背街小巷路灯102盏，安装人行道锌钢花台护栏1920米，修剪老场镇树木121棵，新增场镇绿化面积600平方米，补植绿化800平方米，投资41.8万元完成2019年迎春灯饰工程。全年投入220万元，委托专业公司对场镇36万平方米区域进行全方位清扫保洁及绿化管护，累计清理各类垃圾3800余立方米。完成12宗卫片执法综合整治、31宗“四山”违法建筑整治、13宗“大棚房”问题整治，拆除场镇违法建筑6860平方米，率先推进阳光玻璃棚拆改示范项目，有效解决居民违建与屋顶漏水矛盾问题。有序实施雨污管网测绘工程，进一步畅通城市“毛细血管”37千米，建成区内涝问题得到基本解决。以居民素质提升为导向，以全国文明城区建设为契机，探索开展“以洁为标”“路长制”等工作，集中整治乱搭灵棚、占道操办红白喜事等现象，累计依法取缔流动摊点890余起，处置占道经营、乱堆乱放等违规行为40余处。

【农业农村】 投资3000万元全面推进大天池村、老君山村、水溶洞村、上坝村等4个片区农村人居环境整治，完成示范点建设75户，示范片建设329户，其中朝家坝示范点整治效果多次接受上级检查并得到充分肯定。投资近200万元实施大天池居民新村一期提档升级项目，完成健身广场、停车场建设工程。大力实施乡村亮化工程，安装路灯200盏，创建美丽庭院70户，改厨309户，改厕318户，净增天然气用户562户。继续推进农村自来水“村村通”，投入484.57万元启动沙地、上坝2个村自来水扩网工程，高质量完成11口山坪塘整治。加强全镇183千米农村道路日常养护，完成硬化公路15.6千米、泥结石道路21.6千米，打通宝华、箭沱、幸福、新石等村际间断头公路，基本实现农村公路“社社通”，新建村社便道53千米，全镇便道通户率达95%以上。推进“资源变资产、资金变股金、农民变股东”的“三变”改革，采取“基层组织引领+业主牵头+农户参与”的方式，培育探索村级集体经济发展新模式，成立沙湾银珠子股份专业合作社、经开快活劳务合作社、箭沱佳谷农业股份合作社3个农村合作经济组织，其中沙湾村在原银珠子专业合作社基础上进行“三变”改革试点，通过采取“136”股份合作模式，初步实现村集体股权分益收入5万元。全面开展农村“三资”清理、农村土地承包确权颁证和第四次全国经济普查清查工作，为2019年开展量化确权、发展和壮大农村集体经济打下基础。今年新增2户因病致贫建档立卡贫困户，各级帮扶部门和帮扶干部围绕“六个精准”，全面落实“三个到户”“四个到人”帮扶措施，按照“一户一策”“一人一措施”办法，为脱贫户量身定做帮扶计划，54户脱贫户、2户建档立卡贫困户按不同需求得到产业、住房、医疗、教育、金融及生活物资等方面扶持，其中，投资约873万元，基本消除“四类人员”C、D级危房，186户困难群众有了新住处，40户建档立卡脱贫户享受了五保、低保兜底政策，15名困难家庭子女享受教育资助，组织25名困难群众参加技能培训，3户困难户享受10万元扶贫金融贷款，“四类人群”基本实现健康医疗保障。

【生态环保】 通过“下狠力、出重拳”，全力协助区级部门对长江岸线餐饮船舶进行关闭拆除，督促业主对排放不达标的长江过河趸船进行更换，对渝碛建材厂实施环保关停。大力开展全镇养殖污染巡查治理，全年投入1200余万元对禁养区49家养殖场实施关闭，拆除圈舍面积3.8万平方米。完成对重庆海朋废油回收有限公司污染土壤定性评估。先后投入30万元对农村公路两侧及长江、御临河流域岸线范围垃圾进行集中整治。全年投入230万元治理农村生活垃圾，配备121名义务保洁员，农村垃圾清运更加规范有序。加强森林资源保护，投资517万元绿化农村公路25.87千米，投入73.4万元实施易地造林2426.5亩，率先达到全区森林覆盖率目标。全面实行河长制，镇村两级河长共巡河278人次，镇域河流水质全部达标，河道非法采沙、非法捕鱼得到有效治理。积极推进场镇雨污分流，洛碛第二污水处理厂已完成主体工程并进入试运行阶段，根本解决生活污水直排长江问题。有序开展全国第二次污染源普查工作，高质量通过固体废物国家级专项督察、饮用水源地保护市级督查以及市环保专项督察等各级督查检查，新石村成功创建市级生态文明示范村。切实推动历史遗留矿山复垦工作，完成金华能源洛碛煤矿治理复垦等片块的前期测绘设计。

【征地工作】 全面完成渝涪二线洛碛货运站进场道路、洛碛仓储物流园、垃圾填埋场及影响区征地拆迁工作，全力支持环保产业园基础设施建设，先后完成南两路、三环及渝长扩能等项目补征地清理丈量及交付使用工作，稳步推进环保产业园国有土地房屋征收，全年累计征地4000亩，推荐安置人员1350人，办理住房安置1234人，完善优惠安置738户831人，拆除红线内外房屋1676户、17.3万平方米，全镇国有土地储备达到3000亩。积极推动历史遗留问题解决，在区政府和区级相关部门支持下，原沙地11社征地遗留问题得到妥善化解。

【社会事业】 成功举办“龙兴·洛碛对口帮扶招聘会”及“洛碛春风行动招聘会”，新增城镇就业人员2215人，城镇登记失业人员和就业困难人员就业244人，发放创业担保贷款120万元。持续改善民生，加大民生保障投入，为544户776人低保对象发放低保金491.9万元，为1389人发放各类社会救助金333.6万元，兑现计生奖扶资金279.4万元、优抚补助360万元，完成670人农村妇女“两癌”筛查。全年发放惠农强农资金450万元。投入93万元，完成新渝移民敬老院电梯安装和餐厅改扩建。非洲猪瘟防控工作有效开展，全镇未发生一例疫情。投资450万元新建镇综合性文化服务中心，群众文化生活再添新去处。打造上坝乡村文化振兴示范点，按照公共文化服务标准化要求，完善村居文化室开放功能。结合传统节日举办大型文艺活动6场，开展流动文化服务进村活动34场，完善提升图文两馆洛碛总分馆建设成果，开展培训、展览、科普、惠民电影等活动，促进公共文化服务均等化。成功举办渝北（重庆）首届番茄文化节和首届全民运动会等大型文化体育活动，特色文艺作品《铁骨状元冯时行》荣获市、区戏剧曲艺比赛一等奖。以状元故里和全国武术之乡为载体，打造一文一武办学特色，狠抓教师队伍建设，新建镇中心幼儿园和迎祥雅居幼儿园并投入使用。全镇家庭医生签约12201人，健康建档36561人。大力推进丧葬服务费补助工作，享受文明治丧补贴58例。

【安全稳定】 严格落实安全生产“党政同责、一岗双责”，持续开展安全生产大排查大整治大执法，全年各责任领导共计带队开展安全检查调研390余次，召开各类安全会议57次，解决各类安全问题60余件，各责任部门围绕重点领域开展安全检查3260余人次，查处隐患669条，整改率达98.8%，收缴罚款5500元，推动了重点企业安全实名制监管、天地家园消防隐患整改、16家烟花爆竹经营户规范化管理、危化应急救援队建设等工作，重点整治了渝长高速桂湾跨线桥超重运输、张白路石子车超载超速运输等重大安全风险隐患，全镇安全生产总体形势保持平稳。对各类重点特殊人群进行有效服务管理，新购置专职巡逻车2台，设立7条固定巡逻路线，做好了校园周边环境综合整治，并对新农贸市场周边C类治安重点地区进行集中整治。深入开展扫黑除恶专项斗争，采取“四个一”“5+5+1”等宣传模式，努力扩大扫黑除恶专项斗争在群众中的知晓度，切实做好线索摸排和核查。扎实抓好网格化管理，将长专线纳入护路范畴，新增铁路护路队员10名，对全镇5个寄递网点进行重点监管。全年辖区刑事案件、可防性案件等均同比下降，群众安全感指数高于全区平均水平。建立健全矛盾纠纷多元化解机制，完善政府各科室、司法所、法庭、派出所等相结合的多元联动工作体系，坚持矛盾纠纷网格、村居、镇三级排查机制，定期对全镇稳定形势进行预警研判，全年调处矛盾纠纷400余件。扎实做好信访基础工作，全年受理各类信访件160件，信访案件回复质量得到提升，认真做好领导干部大接访大下访工作，切实把社会矛盾稳控在当地，没有到市进京等情况发生。

（向　璇）

龙兴镇

【概况】 龙兴镇地处重庆市渝北区东南部，距区政府驻地22千米，距重庆市中心36千米，紧邻江北国际机场和寸滩深水港码头。东依洛碛镇，西邻玉峰山镇，北连石船镇，南接江北区复盛镇和鱼嘴镇。龙兴镇交通便利，绕城高速、渝利铁路和御临河越境而过。镇境处于川东平行岭谷地带，背靠玉峰山，面向张关山，四周高，中间低，坐落在被民间称之为“五马归槽”的浅丘盆地上。全镇面积111.31平方千米，辖6个行政村、14个社区。年末总人口60466人，农业人口6177人，非农业人口54289人。出生人口519人，死亡人口581人，人口自然增长率-1.02‰。有中、小学校7所，在校学生4816余人，适龄儿童入学率100%。有医院1所，卫生技术人员103人，病床95张。

【经济发展】 龙兴镇围绕把龙兴建设成为“两江产业新高地、渝北临空新窗口、城乡融合新都市”的“三新”目标定位，推动经济社会发展，全年实现地区生产总值23亿元，同比增长18%；固定资产投资200亿元；规模以上工业总产值实现50亿元，同比增长43%；全社会消费品零售总额6.75亿元，同比增长25%；农民人均可支配收入达到1.86万元，同比增长9.8%。

【征地拆迁】 完成5个村26个社共计346.67公顷的征地任务，发放各项征地补偿款54557万元。完成定销商品房订购1932套，发放租房补助金5944万元。完成天堡家园2215套定销商品房的选、接房工作。妥善处置征地遗留问题144件。

【城乡建设】 投入资金300余万元，实施场镇标识标线规范整治、三八水库堤坝排危整治、凉亭排危整治、109号公房整治、仿古街河沟整治、计生服务站和南龙门广场周边环境整治等20余个场镇建设整治项目，张家坝临时停车场建成即将启用。实施御排路、双双路、江门路等10余千米农村公路硬化，硬化人行便道11.8千米。按照“一点两线三片”思路，对生态涵养区560户农房及周边环境进行整治，2018年完成人居环境整治300余户。

【生态建设】 完成龙兴煤矸石砖厂关闭工作，并通过市区验收。投入10万元，对龙兴场镇雨污管网进行清理整治，场镇污水全部接入复盛污水厂。投入187万元，开展农业污染整治，搬迁关闭养殖大户15户，顺利通过市级环保督查。集中对辖区河库进行清漂11次，累计清理垃圾近7吨，内河道区域经营性船只全部关停撤出，御临河龙兴段水质已达Ⅱ类标准。

【社会事业】 2018年组织开展农转城人员职业培训、创业性培训、就业适应性培训、新市民素质培训16期1468人。积极与龙兴公司对接，组织现场招聘会5场，进场招聘单位200余家，提供就业岗位8000余个，达成就业意向2000余人。开设了“龙兴就业”微信公众号，为辖区招聘单位和求职者搭建平台，建立沟通渠道，推送招工信息28条，现场达成意向性就业协议约260人。开展临时救助64户，发放救助资金54.49万元；临时救济140人次，发放救济资金38.44万元。广泛开展慰问帮扶困难群众活动，累计发放物资和资金250余万元。帮扶四类重点对象及档外困难群众134户建档立卡贫困户2户，完成农村四类重点对象危房改造78户。

【文教事业】 新建天堡家园、天堡公租房、龙兴中心校、庆龄四所幼儿园，有效缓解农转城人员子女就读难问题，办好人民满意的教育。完成“记住乡愁——龙兴·纾困解难”“七彩铜锣”等宣传片摄制，承办重庆市“粽情粽意·传承文明”端午活动，得到央视新闻频道等20多家媒体竞相报道。依托古镇文化，加快建设文化体系，启动镇文化中心暨刘家祠堂修复工程，配合区委党史研究室完成老街党史书屋新建工作。

【社会治理】 扎实推进扫黑除恶专项斗争工作，确定镇级C类挂牌整治地区1个，积极开展治安重点地区排查整治。全镇辖区优化调整为65个城镇网格和8个农村网格，配齐配强网格员队伍，调整选配专职网格员13名，通过网格发现办理问题6129件。镇群众接待室接访群众448件1251人次，办理来信来访144件241人次。完成市交办的1件信访积案的化解工作，全年化解3件疑难信访案件。全镇各部门结合年度监督检查计划开展检查931家次，查出安全隐患884条。着力创建食品安全示范城市，累计检查生产经营单位726家，全年查封扣押不合格食品8起，下发执法意见书57份、责令改正通知书16份，立案处罚9件，征收罚款8.9万元，确保了在全镇范围内无食品安全事故发生。

（侯林子）

大湾镇

【概况】 大湾镇是渝北的北大门，也是重庆的北大门，周边与渝北区统景、古路、兴隆、茨竹等4镇相邻，东与长寿区毗邻，北与四川省邻水县接壤，位于两省市三区县交界处。全镇面积117.71平方千米，为全区辖区面积第二大镇，总人口4.2万，辖23个村、2个社区。2018年，全镇地区生产总值达到5.3亿元，同比增长8.1%；农业总产值预计实现4.6亿元，同比增长7.8%；农民人均纯收入达到1.8万元，同比增长11%；社会消费品零售总额预计实现1.6亿元，同比增长8.9%。2018年，完成税收186.3万元。

【产业发展】 确定创建全市休闲农业与乡村旅游示范区的目标。对太和花漾渔村、金凤桃园分别投入“三环十景”农旅融合项目资金1000万元、156万元，推动农业旅游项目转型升级。对23个村的集体资产进行了清理并进行量化确权。初步形成建立专业合作社输出劳务、发展黄桃等产业发展思路。开展新一轮土地确权颁证工作。河嘴村试点大叶麻竹培育管护，凤龙村、河嘴村、三沟村试点种植笋壳青菜，并与龙头企业毛哥食品公司达成笋壳青菜收购协议。

【脱贫攻坚】 扎实开展“五个一”结对帮扶工作，精准制定帮扶计划，解决贫困户的实际问题。实施“四类重点人员”C、D级危旧房改造730户。全面做好200户575人建档立卡贫困户“两不愁、三保障”工作。认真协调落实区级部门、镇、村一对一帮扶机制，圆满完成全年脱贫攻坚工作任务。年底代表渝北接受市级交叉检查验收，受到充分肯定。

【美丽乡村建设】 开展人居环境示范点、示范片建设，涉及6个村951户。有序推进居民聚居区建设和老街棚户区改造。完成大湾中心场镇提档升级项目初步设计；全面完成大湾、高嘴、两岔场镇整治项目，实现雨污分流。协助区水利局依法收回团丘水库经营管理权。落实对全镇2个污水处理厂、6个人工湿地的日常监管及维护；拆除10家污染养殖场，加强对污染企业玺陶、铂钏砖厂的监管。完成“四五”水库、“打儿洞”水源地保护工程。9月起开展四类重点对象“卫生清洁户”评比活动。全面推行河长制，保护两岔湖、团丘湖、四五水库3个水源地。抓好林政资源管理，严查盗伐林木和滥伐林木，除治松材线虫森林面积23349亩。实施森林提质增效。做好场镇清扫保洁及农村生活垃圾收运处理。全面完成全年存量违法建筑整治任务；完成26处“四山”违法建筑专项整治工作任务；全镇无新增违法建筑。完成水口村5个地灾点整治，启动凤龙村手爬岩、彭家坝子地灾治理工程。开展“大棚房”问题专项清理整治行动。银海星月湾、安置桥等历史遗留问题解决取得实质性进展。

【乡村振兴】 9月13日，在区委书记唐川的推动下，区乡村振兴领导小组审议通过《渝北区大湾镇乡村振兴工作实施方案(2018—2020年)》。镇党委、政府每月召开会议共同研究推动落实。全面完成2018年目标任务，制定2019年度工作计划。

【基础设施建设】 建设2018年“四好农村路”，硬化道路72.1千米、泥结石道路16.3千米。在杉木村芭干路实施道路安保工程，对全镇硬化公路和泥结石道路进行养护，建设生产便道75千米。启动两岔湖杨家河2#桥、龙庙村头塘河桥前期手续办理。承办渝北区2018年地质灾害应急演练。整治山坪塘21口。开工建设荣家湾、大地坝等下号水库整治工程，在太和村、三沟村建设高效节水灌溉工程。

【社会民生事业】 实现城乡低保、医疗救助、临时救助、特困对象供养全覆盖。开展低保专项清查工作，发放低保金607.3万元，2018年新增五保23人。开展医疗救助16302人次，报销医疗救助金额263万元；开展临时救助88人次，发放救助金额54.95万元；开展暖冬行动，发放救助物资共计17万余元。发放优抚对象抚恤、补助金457.6万余元，采集退役军人信息907人。改造大湾敬老院，1号楼全面入住，抓紧开展2、3号楼排危整治。基本完成水口等活动阵地改扩建工程。贯彻落实全面两孩政策，开展卫生计生宣传活动15次，做好农村独生子女家庭奖励扶助、重点人群家庭医生签约服务工作。金安村、杉树村成功创建为市级卫生村。

【社会保障】 做好镇、村(社区)劳动就业和社保平台建设工作，坚持“四每一炼”工作模式，组织就业招聘活动3场，达成就业意向100余人，实现城镇新增就业2028人，城镇登记失业率控制在1.5%以内。城乡居民小额人身意外保险参保8295份，城乡居民医疗保险参保3.4万人次，参保率96%；城乡居民养老保险参保2.5万人次，新增参保398人，老年人参保100%，正常人参保率96%。

【群众文化建设】 加强文化遗产保护传承，做好47个文物点的保护。组建社区文艺队伍6支，培养乡土文化人才80余人，开展大型文化活动7场。大湾镇编排的《金钱板——我的美丽家乡》

在2018年渝北区镇街戏剧曲艺比赛中荣获二等奖。开展文化活动343场，放映惠民电影206场。规范管理农家书屋和社区文化室，阅览室藏书8万余册，全部实现免费开放。传承保护国家级“非遗”小河锣鼓，促成小河锣鼓进课堂。

【平安建设】 全面开展“扫黑除恶”专项斗争，渝邻高速草坝场收费站旁加水乱点被依法强制拆除，面包车非法营运和特种车辆随意上路等治安乱象得到有效遏制。全年共发生治安案件11起，刑事案件20起，刑事案件中八类可防性案件2起，打击人数11人。排查、受理并成功调解各类矛盾纠纷161件；落实重点信访人员的稳控措施，全年无到区到市进京非访和集访、群体性事件；收到信访件85件，回复率100%。继续推行网格化管理，解决处理问题3097个。全年无新增邪教人员、无邪教事件发生。加强禁毒宣传，开展铲毒行动，无违法种植毒品原植物行为。

【安全生产】 共检查各类场所1512家次，排查安全隐患1010条(含处罚交通违章648起)，整改安全隐患1001条，隐患整改率达99.1%，罚款4起共计1400元。完善森林防火公路2.5千米，为各村(社区)配备简易消防设备。开展森林防火、农房消防演练13次。

【食品药品监管】 加强食品药品安全监管，健全《农村家宴备案管理制度》《食品药品生产经营单位档案》等10项工作制度。规范行政审批，新办食品经营许可证19家。出动执法人员156人次，对68家单位的食品药品进行抽检，落实整改意见48条，全年未发生食品药品安全事故。

【政府职能】 深入开展“七五”普法宣传活动，推动法律“八进”及义务法律顾问进村(社区)。全面推进政务公开、法治政府建设，严格落实中央八项规定精神。深化村(居)务公开，实行每月公示。加强对资金、资源密集领域的监督和经济责任审计，主动接受上级检查。规范财政补贴资金运行管理。完善便民服务体系，注重规范运行。

【党建工作】 镇党委中心组集中学习7次，全面完成干部网络学习任务。召开民主生活会1次、党委会(扩大)会议25次。广泛开展兴调研转作风促落实行动，确定调研课题10个，开展调研50余次，调研成果全面推动工作实践。新提任科级干部2名，科级干部转正考察3名；及时招录、调整村(社区)干部；发展党员6名，培养积极分子3名；开展党组织书记全覆盖培训4次，入党积极分子培训1次；推动“两学一做”常态化制度化，严格“三会一课”制度；开展主题党日活动270余次，并开展“不忘初心、牢记使命”主题教育；建立党建工作季度督查制度；扎实落实后进基层党组织整顿。有序推进8个村(社区)基层阵地整改；12371党建信息平台、党员远程系统、群工平台有序运行。深入开展作风建设，全面实现“三转”，坚决抵制“四风”，落实“四种形态”，从严查处违纪违规行为。制定责任清单，严格落实党风廉政建设“一岗双责”；印发《大湾镇规章制度汇编》，收录各种制度7类41个；开展交心谈心260人次，任前廉政谈话27人次，诫勉谈话2人次，批评教育19人次；组织镇、村干部160余名接受廉政警示教育；重点对扶贫、民生等关键领域开展监督检查，对侵害群众利益的不正之风和腐败问题进行严肃处理；探索工程项目监督环节前置；积极调查处理信访举报，从严查处违纪违规行为，组织处理1人，诫勉谈话2人，批评教育1人。宣传、统战、武装等工作取得了新进展，工会、妇女、儿童、青少年等事业取得了新进步。

(李承澄)

古路镇

【概况】 古路镇地处渝北区中部，东接统景镇，南靠王家街道，西临木耳镇，北与大湾镇、兴隆镇接壤，是两江新区的重要区域，紧靠空港工业园区及保税港区，是保税港区出口加工区和农业园区的拓展区。古路镇距江北机场15千米，二环、渝邻高速公路纵贯全境。镇政府驻草坪场，距区政府驻地26千米。全镇地貌东高西低，一年四季分明，属于亚热带气候。镇域面积92.96平方千米，辖16个村1个社区，253个村民小组。全镇总户数14595户，总人口3.694万人，其中农业人口3.64万人，非农业人口5376人。全镇有中学1所，小学2所，在校学生299人。医疗卫生机构13个（含个体诊所）、中心卫生院1个，医疗机构有床位45张，卫生技术人员13人。文化服务中心1个，村级农家书屋16个，社区文化室1个，小型综合运动场地3个（含塑胶篮球场），镇健身广场1个。2018年实现地区生产总值4.4亿元，同比增长3%；税收收入569万元，同比增长67%；社会消费品零售总额达到1.7亿元，同比增长7%；农村常住居民人均可支配收入达到17964元，同比增长8%。

【改革发展】 深化“三变”改革试点，古路镇、乌牛村分别成立“三变”改革试点工作领导小组和工作小组，筹备成立股份经济合作联合社，按照农民占股50%、社会资本占股40%、集体经济占股10%的“541”模式，推行“土地租金+劳务收入+二次返利”机制，整合全村60%以上的土地，栽种仙桃李2500亩。2018年乌牛村仙桃李产量达10万千克，销售额80万元，入股农户人均增收800元。乌牛村与“在希望的田野上”乡村振兴报告团6名成员达成协议，投资8600万元，建设乌牛村“四季有李”都市现代农业园合作项目。推进区级重点改革项目，稳步有序推进第二轮土地承包经营权确权颁证工作、集体资产清产核资和产权制度改革工作。依法收回新桥水库经营管理权。认真开展居家养老试点工作，配置线下工作人员37人，为398名老人提供线下服务；发放手机416部，线上呼叫中心24小时接听老人电话。服务市、区平台建设，全年征地1689亩，其中三环高速征地830亩、保税港P分区征地859亩，共安置群众673户1494人。支持铁路枢纽东环线项目建设，完成拟征地公告公示，签订临时用地补偿协议580余亩，交付先行用地1353亩。全力推进古路建筑产业园项目。初步完成两规调整和沙草路拓宽设计。

【攻坚战役】 全面打好防范化解重大风险攻坚战。深化扫黑除恶斗争，建立综治、组织、纪检和公安联动机制，实行宣传发动周报、线索摸排月报，开展扫黑除恶谈话。全力维护社会稳定，全年侦破案件121件，打击处理各类犯罪嫌疑人23人，群众安全感指数大幅提升。办理各类信访件44件，领导干部接访下访210余次。切实抓好安全生产工作，落实安全生产“党政同责、一岗双责、属地管理”原则和“三个必须”，监督检查企业1218家次，排查整改隐患1288条，对单位和个人罚款7次，食品药品安全监管实现全覆盖，投诉举报处理率达100%，全年未发生一例食品药品安全事故。

全面打好精准脱贫攻坚战役。落实“三个到户”，确保扶到点上。产业覆盖到户，安排专项资金19万元，区、镇、村三级帮扶责任人与贫困户共同制定产业发展计划，因户施策、一户一策。危房改造到户，四类重点对象C级危房整治73户，D级危房新建270户，搬迁269户。设施延伸到户，自来水普及率达90%，场镇4G通信和16个行政村光纤实现全覆盖。落实“四个到人”，确保扶到根上。就业创业帮扶到人，积极开发镇村公益性岗位，为10名贫困户提供了就业岗位。医疗救助到人，为贫困户购买“精准脱贫保”和城乡合作医疗，发放健康扶贫就医卡1359张，四类对象家庭医生签约1017人。教育资助到人，将31名贫困户在校学生纳入资助计划，其中1名贫困大学生2018年减免学费5800元。社会保障到人，全力推进农村贫困线和低保线有效衔接，确保实现应保尽保。

全面打好污染防治攻坚战。严格践行“绿水青山就是金山银山”理念,加强生态环境保护,严查污染源,关闭养殖场6家。开展“大棚房”问题清理整治,在全区率先完成“四山”范围内违法建筑整治,拆除违法建筑17处、3945平方米。成立河长制工作领导小组,实行双河长制,落实“一河一档”“一河一策”,组建保洁员队伍,加强河道巡查,保证河库安全。及时处理三环、东环工地污染辖区河道、水库事件。完成丰收水库水源地规范化建设,完成多宝场镇污水处理厂改建项目。

【基础设施建设】 道路交通更加完善,新建泥结石路35千米、硬化路39千米,投资418万元完成村社便道硬化55千米,惠及13个村。农业设施不断提升。投资1060万元,完成地块缓坡化和土地整治改造760亩,新建大棚155亩,新建人行便道4000米、旅游步道1500米,整治排水沟2000米;高标准种植四季李和百果园700亩,培植花卉景观带3000米、桃花长廊5000米;新建休闲亭12个、山坪塘16口;新建农产品交易场地3个。人居环境持续改善。整治渝邻路、三环十景可视范围内农房263户,打造乌牛村何家榜人居环境示范点38户。推广安装太阳能路灯240盏。拆除违建21件7800平方米。组建清扫保洁志愿者队伍93人,农村环境整治常态化,95%以上的生活垃圾得到有效治理。投资950万元,完成林区道路绿化35千米、宅基地绿化1903户、居民聚居点绿化2个。

【社会民生】 规范低保动态管理,全年发放低保金382万元;切实提高特困人员供养水平,现有特困供养人员全年发放供养费364万元。全面落实各项优抚政策,发放各类优抚金、慰问金364万元。办理各类残疾人护理补贴和生活补贴632人次,发放补贴53万元。落实临时救助98人,救助金额63万元,临时救济1934人次,救济金额201万元。完成城镇新增就业1980人,发放就业补贴17万元,创业担保贷款110万元。兑现各种涉农补贴资金350万元。计生奖励扶助2013人次,共计金额279万元。文体事业稳步发展,开展流动文化进村演出64场,开展春节、端午、重阳等节庆日基层文化服务活动10场,开展展览、政策宣传、科技宣传、志愿服务等活动60次,放映惠民电影196场,租建文化服务中心功能室300平方米,新建群众体育活动场地3处,参加区级文体赛事6次。乌牛村被评为渝北区乡村文化振兴示范点和“宣传教育示范村”。

【社会治理】 落实安全生产领域改革要求,严格执行“党政同责、一岗双责”制度,定期分析研判安全生产形势,强化重点行业领域安全监管,查找薄弱环节,加强隐患整治,实现闭环管理。加大对重点行业、重点单位监管力度,全面实现食品风险管理,强化“四小”规范化管理,加大案件查处力度。加强村居网格管理,发挥网格管理员在综治平安中的主体作用。深入推进镇、村综治中心建设。加大巡逻防控力度,积极动员社会各方力量共同参与社会治理工作,实现政府、社会、群众三方深度融合互动,保持良好的社会秩序。建立政府法律顾问审查政府合同、信访回复和参与规范性文件起草等机制,定期开展依法行政培训。加强预防和化解矛盾纠纷,做好信访接待、干部下访、建议回复等工作。定期排查各类不稳定因素和问题,综合研判辖区稳定形势。细化和推进矛盾纠纷多元化解机制建设,充分发挥好人民调解组织、义务法律顾问、法庭等各类组织的作用。

(简 红)

统景镇

【概况】 统景镇位于渝北区东北部,东与大盛接壤,南与石船相望,西与古路相邻,北与长寿区连界。距重庆江北国际机场35千米,距重庆市中心45千米。境内铜锣山脉横亘南北，略呈西高东低，北高南低之势，高程海拔612米，低程海拔174米，御临河、温塘河横穿全境，东河过境。旅游资源丰富，尤以天然温泉为著，以“水量大、水温高、水质好”而闻名，山、水、泉、峡、洞、瀑、天池、小岛、古寨融为一体构成旅游胜景，被评为中国最佳温泉度假胜地，全国第一家以温泉为主的AAAA景区，重庆和中国十佳休闲旅游景区，入选“新巴渝十二景”。乡村旅游发展迅速，印盒李花名扬市内外，印盒李花生态旅游区被评为AAA级景区。全镇辖区面积117.3平方千米，其中城镇面积2.5平方千米，辖21个村、2个居委会，183个组。

2018年，全镇总人口46173人，其中农业人口39418人，非农业人口6755人。人口出生率为8.6‰，人口自然增长率为-0.38‰。粮食总产量18509吨，比上年增加3.3%。蔬菜产量19228吨，增加1.75%。生猪出栏27039头，增加0.6%。水果产量44747吨，增加0.58%。出栏家禽41.93万只，减少7.3%。水产品产量712吨，增加2%。2018年实现地区生产总值8.75亿元，增长8.2%；农民人均收入16811元，增长9.2%；完成固定投资总额5.2亿元，增长5%。完成财政收入391万元，比上年332万元增长17.8%，其中税收完成388万元，比上年331万元增长17%；完成一般公共预算支出18521万元；全镇总财力达到1.9亿元。全镇有中小学校5所，在校生2718人，教师188人，九年义务教育普及率100%，学龄儿童入学率100%。有正规医院1所，卫生技术人员70人。

【产业发展】 2018年实现地区生产总值9.36亿元，同比增长7%，其中第一产业30801万元，同比增长8%，第二产业13139万元，同比下降5%。第三产业49966万元，同比增长10%；农民人均收入18391元，同比增长9.2%；完成固定投资总额14303万元，同比增长12%。全年粮食总产量17785吨，生猪出栏27852头，家禽出栏41万只，兔子出栏26万只。

制定乡村振兴三年实施方案。推进构建“泉·橙·花”大景区格局，承接中国首届温泉与气候养生旅游国际研讨会和“再游长江，归来三峡”分会场活动，接待外宾1000余人次；温泉景区全年接待游客40万人次，实现综合收入5500万。建成印盒景区摄影平台，完善导视系统及标志标识牌，全年接待游客26万人次，带动农副产品和农家乐收入260余万元，全镇综合收入约1000万元。完成沿御临河流域11个村2000公顷柑橘产业带的培育，年产量达4万吨。统大路沿线现代化水果基地完成86.67公顷土地整治，栽种柑橘3.9万株，间种秋糯玉米等短期作物。

【城镇基础设施建设】 市级特色小镇项目全面开工，场镇4个停车场进入施工阶段；景区安置房工程全面推进，完成85套安置房的分配；成立四个工作组，支持三环、城际铁路、碑口水库、两江大道北延伸段、温塘河片区国有征收项目。布局“一点一线一片”共1582户的农村人居环境整治项目有序推进。斥资247万元对农贸市场进行提档升级改造；推进市级卫生镇复查复牌工作，投入75万元对水果市场进行规范化整治。

【农村基础设施建设】 完成新建泥结石道路3.8千米，农村硬化路59.4千米；新建人行便道40千米。新湾桥和河坝湾桥已建设完工并通车。完成公路绿化36.6千米，退耕还林新造林124.67公顷，宅基地绿化7.6公顷。整治病险山坪塘9口，小型水库2座，完成平安、合理等水厂的整治。推进河长制工作，完成“一河一档”。关停、搬迁禁养区养殖场8家、拆除采砂船20艘，土地确权颁证和经济普查等工作有序推进。开展农村生活垃圾集中整治，建成生活垃圾集中点152个，中转站1个，农村生活环境得到极大改善。2018年9月，启动农村集体资产清产核资及产权制度改革工作。

【民生民利】 持续推进脱贫攻坚。调整充实扶贫干部队伍力量，专门成立西新驻村工作队，多次组织脱贫攻坚工作培训，开展“一达标两不愁三保障”大排查2次，统筹安排到户资金32.6万元，办理扶贫免息贷款2笔10万元；积极宣传健康扶贫“三个一批”政策，为贫困人群提供免费体检1240人次，发放就医卡2079张，兜底救助贫困户45人次7万余元。扎实推进农村危房整治。民权村21户房屋竣工，景观设计完成。特困家庭分四个片区同步推进，开工327户（开工率为100%），竣工245户，进敬老院6户，投亲靠友或租房76户。落实惠民政策。共发放低保金667户441万元、临时救助金103人36.04万元。开展现场招聘会2场，技能培训2期，推荐建档立卡贫困户参加培训或专场招聘会14人次，发放创业贷款158万元、就业补贴24.9万元。完成农村改厕30户，家庭医生签约6100户14200人。开展农村土地确权工作。2018年农村土地确权颁证涉及21个村176个社13998户，测绘公司完成所有工作底图和14个村摸底表录入，测绘面积14201.45亩，涉及9个村38个组2427户35503块地。开展村级财务定期审计工作。对全镇23个村（社区）从2016年4月至2017年12月的财务进行审计，发现现金形式发放租金、村干部领取会议补助等问题，并及时进行整改。

【安全稳定】 开展扫黑除恶专项斗争。成立专项斗争领导小组，通过发放宣传资料、院坝会等多种形式，营造了强大舆论声势。组织整合多方力量，全方位、多领域排查掌握涉黑涉恶活动线索，结合村级“两委”班子研判，教育处理存在“前科劣迹”村级干部13名。

深化平安统景建设。持续完善“雪亮工程”，充分发挥应急救援指挥中心作用，中和等13个村级综治中心竣工投用。以网格化建设抓好信访维稳，全年无到市、进京非正常上访和群体性事件发生。组织防邪、法治等系列宣传活动，营造良好稳定的社会环境。开展“交安行动”8次，烟花爆竹等行业领域安全检查1000余次，组织应急演练3次，做好重点节假日的道路交通安全、森林防火等工作，全镇大局安全稳固。

强化安全生产检查。严格按照镇“一岗双责”文件精神，着重对辖区内的工商贸企业、天然气企业、液化气经营部以及乡村旅游景区安全进行定期和不定期的检查，全年未出现安全责任事故。

【基层党建】 完善主题党日和“三会一课”制度，推进“两学一做”学习教育常态化制度化，实现党组织书记、入党积极分子培训全覆盖。调整优化基层党支部设置，撤并党支部18个，撤换党组织书记2人；撤并整合云溪谷党支部和来英党支部2个非公党组织，完成现有裕印支部、兴骆支部、民权生态农业发展支部、长胜支部4个非公党组织换届工作。持续整顿后进党组织，中坪、江口后进转化成效明显。严格按照党员发展流程发展党员8名。全面推行党员“亮身份”，农村“党员家庭户”挂牌1300余户，党员模范带头作用成效明显。积极组织中心组学习11次，机关干部学习会10余次，及时传达学习党的十九大精神和市区会议精神。全面完成巡察反馈问题的整改落实，排查廉政风险点43个，提醒约谈85人，批评教育12人，诫勉谈话4人，党内警告1人，责令辞职1人，收缴违纪资金8000元。

【宣传工作】 成功举办大型消防演练活动和防治地质灾害知识的宣传活动，围绕李和柑橘产业，重点开展种植管理技术讲座4场次，惠及群众基础3000余人次，发放宣传资料完整6000余份，进一步巩固了社科及基地创建成果。

全年编写《统景之窗》33期，每周至少更新一次镇政府微信公众号内容，每次至少4条信息。协助中央、市、区新闻记者的采访，向中央、市、区新闻媒体报送稿件，2018年被区新闻媒体登载的稿件有46篇，被市级新闻媒体登载的稿件有4篇。

开展"深入基层，扎根群众"的主题实践活动，镇党委政府主要流动文化活动进村文艺演出的形式，把贴近群众生活，喜闻乐见的文艺作品送到群众的家门口。全面完成文艺演出84场，惠及群众路线近10000人；组织大型活动3次（全民健身趣味运动会、坝坝舞展演活动、端午文艺演出），开展坝坝舞展演等系列文化活动60余场，举办第八届印盒李花观赏季暨全民趣味运动会，建成印盒浮雕墙和全民健身广场，镇村文化氛围愈加浓厚；配合区文化为开展书香渝北读书活动4次，分别发布在黄印村、农安村、印盒村、远景村，深受老人和儿童欢迎；积极完成宣传部、文明办的各项志愿者活动。开展"我们的节日"春节、清明、端午、中秋等传统节日7场，李花观赏季、柑橘采摘季等大型活动各一场。完成综治中心篮球场的建设工作、龙安文化中心氛围营造工程、镇文化中心基础装修，完成送文化进城演出。

（吕文华）

大盛镇

【概况】 大盛镇位于渝北区东北部，东接洛碛，南靠石船，西连统景，北与长寿区接壤。辖区面积97.76平方千米，辖16个村、2个社区居委会，距区政府驻地两路城区、重庆江北国际机场约50千米。辖区内御临河（东河）横贯全境，明月山清秀怡人，有较好的农业生产条件和得天独厚的自然生态环境，可进行融合发展的优势资源较多，是渝北区定位的"乡村振兴产业引领型试验示范镇"，曾获得重庆市科普示范镇、重庆市生态镇、重庆市卫生镇、重庆市文明镇等荣誉称号。2018年，大盛镇常用耕地面积2400公顷，其中田1184公顷，土1216公顷。总人口40942人，其中农业38837人，非农业人口2105人。人口出生率为6.5‰，人口自然增长率为-1.8‰。粮食总产量12605吨，同比增长2.3%。油菜籽产量385吨，增加2.7%。生猪出栏14509头，同比下降0.02%。家禽出栏22.23万只，同比下降0.02%。水产品产量1479吨，同比增长0.96%。水果产量13405吨，增加28.1%。地区生产总值4.9亿元，增长4%，财政支出2.53亿元。全镇有中小学6所，在校学生974人，教师118人，适龄儿童入学率100%。农民人均纯收入达到17037元，增长9%。有医院1所，卫生技术人员27人。

【人居环境整治】 按照"八改六化"要求，全力推动人居环境整治示范点和示范片建设，青龙村太和场示范点房屋主体工程完工，天险洞、顺龙、千盏等7个村人居环境整治示范片建设总体进展顺利。多措并举推动河长制、山长制等工作全面落实，共清理辖区内河流26条、水库5座，清运垃圾420余吨，清理水域3.5平方千米。持续开展森林提质增效行动，投入资金3000余万元，实施公路绿化138千米、林相改造600亩、聚居点绿化4个、步道绿化5千米、水系绿化200亩。成功创建顺龙村、隆盛村2个市级生态建设示范村和天险洞村市级绿色新村，顺利关闭禁养区养殖场8家，累计治理场镇雨污管网15余千米。深入开展"大棚房"问题排查整治，完成"四山"拆违整治任务32件1万余平方米，存量违建拆除整治任务2件1300平方米。

【农业产业结构调整】 持续推进明月山中药材基地建设，新增石斛、灵芝、白芨等名贵中药材种植面积1000余亩。青龙村整村实施土地宜机化整治，整合各类涉农资金4000余万元，高标准推进新统大路现代化特色水果产业基地建设。新培养龙头企业1家，家庭农场5家，农民合作社4家。利用林相改造和步道绿化，投入各类资金700余万元，初步建成600亩红枫观赏园。全力推进"樱花小镇"建设，成功举办第四季樱花赏花季，共接待游客10万余人。

【基础设施建设】 全年实施农村人行便道硬化80千米、新修森林防火水池3口、整治山坪塘、下号水库4口，完成集中式供水水质监测站7座，完成分散式供水设施维修及责任到村12处。实施公路硬化55千米、新建泥结石路20.4千米。投入1600余万元用于道路安保工程，投入220余万元用于公路养护，确保辖区道路行驶安全。白岩、明月、东山、隆仁四个撤并场镇综合环境整治工程基本结束，大盛场镇人行路板、路灯改造工程顺利完工。大白路、张白路及云龟山支线道路升级改造基本完成，渝北粮油储备基地和大盛二桥建设项目有序推进。镇综合文化服务中心主体及装修工程完工，将免费开放，丰富群众文化活动需求。

【社会民生事业】 全年把脱贫攻坚工作作为重要政治任务和第一民生工程，累计为贫困户送圣桔苗3000余株、提供公益性岗位163个，累计为贫困户申请各类救助帮扶政策77次，帮扶资金56.9万元。创新产业帮扶方式，对贫困户实施差异化、激励式、个性化的帮扶措施，充分调动贫困户内生动力，使贫困户从“要我脱贫”到“我要脱贫”转变。推进农村存量危房整治工作，通过入住敬老院、租房、新建等方式重点解决700余户特困家庭及四类重点对象住房安全问题。大力实施文化共享工程，组建舞龙队1支，提供图书借阅服务5000余人次，放映电影200场，开展送文化下乡演出64场，开展“我们的节日”系列活动71场，成功举办大盛镇第二届全民运动会。

【平安建设】 以平安和谐为目标，持续推进安全稳定工作。加大各领域安全隐患排查力度，全年共开展排查921次，发现并整改隐患400余条，整改率达100%。建立起镇、村、社及社会力量“三级一方”的多元化解机制，成功解除全镇最后1名C类信访稳控人员，办结市交办信访件2件、区交办信访件1件、镇级信访件77件。纵深推进扫黑除恶专项斗争宣传工作，全年张贴发放扫黑除恶宣传资料2.9万余份，利用彩铃、手机短信等渠道推送扫黑除恶宣传信息5万余条，群众对扫黑除恶知晓率达94%。创新开展“三见四巡”巡防模式，获得全区推广。

（乔　侨）

木耳镇

【概况】 木耳镇面积83.42平方千米，地处华蓥山主峰以南的川东平行岭谷地带，位于渝北区中西部，东承古路镇、王家街道，南起双凤桥街道，西与北碚区复兴镇毗邻，北与兴隆镇接壤。全镇辖7个社区、11个村，户籍总人口3.8万人。截至2018年底，地区生产总值8.77亿元、同比增长7%；实现固定资产投资31.04亿元；全镇总财力16168万元，其中一般公共预算收入完成1923万元。农村居民可支配收入达到20224.65元、同比增长9.5%。城镇登记失业率2.6%，城乡养老、医保参保率稳定在95%、96%以上

【经济发展】 农旅项目提质增效，围绕全区“三环十景”规划布局，全力推动木耳镇斗碗寨产业园建设，持续推进石鞋村体育运动公园项目球场平场、公路修建、污水管网安装等基础建设工作，通过第三方招商代理公司引进中英智慧教育有限公司入驻金刚村龙潭子片区。积极发展特色农业，种植蓝莓200亩，并被评为绿色食品。继续发展白云优势产业，种植西瓜550亩，种植白云脆桃650亩，种植梨子300亩，渝北区云美苗木种植专业合作社的“段二娃梨”被评为重庆名牌农产品。开放开发有序推进，全力保障“航空小镇”、木耳航空物流园建设以及“三环”高速、G210改扩建、南北大道补征地、东环铁路等市区重点项目共计2000余亩用地任务。保税港区I分区全面开工建设，招商、金科、首钢、美的等地产公司相继入驻开发建设。公租房至木耳场镇片区市政道路启动建设，嘉民物流西区、菜鸟物流园正式投用，成功拆除保税港区I分区2013年

前征地项目全部农房和企业；成功解决新合村7—12社遗留问题，将集体资产全部分配到户；成功化解保税港区Ⅰ分区2015—2016年项目10余户农户、7家企业拆迁难题。根据区统一安排，年底对环湖雅居B区安置房进行分配，通过班子成员包村、社，工作人员包户的三级联动方式，成功化解分房难问题，得到区领导的高度赞扬和认可。

【乡村振兴】 按照“公私联营、集体控股”经验做法，以项目引领助推村集体经济多元化发展。全镇11个村，有9个村成立合作社或集体公司，6个村实现“脱空壳”。投入约940万元完成卢湾路、石鞋支路等路基建设，启动染河路路基建设。投入1700万元完成农村公路25.7千米硬化。投入约350万元完成廖家岚垭等4处水毁点工程治理。投入600万元启动“四好农村公路硬化”8千米。完成57千米农村泥结石道路设计。启动33千米泥结石道路招标工作。开通空港至木耳公交线路，投入334万元完成垭口、白房、石鞋等10个村48千米人行村社便道修建。投资160万元完成4千米的森林防火公路建设。建成石鞋场镇A区停车场、群众休闲广场，完成B区新村广场管网、道路、外立面整治。推行“三三制”出资办法，结合产业发展启动金刚村5社、学堂斗碗寨人居环境区级示范点建设，金刚村涂家庄、白房村18社、五通庙7、8社为镇级示范点。

【社会稳定】 按照“333”的工作思路，强力推进扫黑除恶专项斗争，被市级主流媒体报道3次，区级媒体报道6次，尤其是“舞前三分钟”宣传形式得到全区推广。紧盯公租房重点，调整派出所警力，整合社区干部、巡防队员、物业保安及网格力量，坚持用“小网格”服务“大民生”。坚持“党政同责，一岗双责”，集中开展道路交通、工贸企业、在建项目、食品药品、森林防火等重点行业领域安全专项整治。全面加强学校及周边食品安全专项整治，“火锅类”餐饮业地沟油专项整治，疫苗接种专项整治，非洲猪瘟联防联控等专项工作。坚持和发展枫桥经验，金刚村作为深化“枫桥经验”重庆实践行动现场会观摩点，接受市委副书记任学锋等领导带队调研并获好评。全面推进公共法律服务体系建设，在华晖路社区打造的“法润社区·司法同行”品牌成为全市示范，在富民路社区打造的“金牌调委会”成为渝北品牌。

【生态文明】 深入实施环保“五大行动”，持续开展大气、水、土壤污染防治，取缔搬迁企业2家，处理环保不达标企业3个，罚款20余万元。完成市级环保督查工作，修建金刚村、学堂村日处理能力100立方米的污水处理站，石鞋敬老院污水提升泵站投入使用。完成观音洞水库规范化建设工作，重庆市宏利水务技术开发有限公司全面接管镇域内农村人饮供水。生态保护不断加强，新增造林绿化植树11000株，栽植行道树9647株，完成450户宅基地绿化栽植任务，治理水土流失面积5.8平方千米，整治山坪塘18口，开展“大棚房”问题清理整治，拆除存量违法建筑4964平方米，“四山”违法建筑13446平方米，完成2宗非煤矿山自然复绿治理，制止消除破坏耕地违法行为1宗。全面实行双河长制，配备河库保洁员18人，开展河道巡查400余人次。新乡村成功创建市级生态文明建设示范村。农村生活垃圾治理工作在国家验收核查和区城市管理局聘请的第三方检查评比中，排名全区前列。

【民生福祉】 脱贫攻坚实行双组长制，按照“235”工作方式，全面开展调查摸底，共制定帮扶计划113份，开展入户帮扶2800余人次，政策宣传1200次，办理实事600余件。帮助45户贫困户发展种、养殖业，仅余的1户2人建档立卡贫困户也有稳定收入，实现脱贫目标，落实贫困户动态管理，严格按照贫困户纳入“四进七不进”和进退“八步工作法”要求组织召开会议，做好评议、公示等工作。公租房社区卫生服务中心启动装修，新开设公租房4所公立幼儿园，保税港巴蜀常春藤学校建成投用，扎实抓好低保、救助、优抚工作，镇公共服务中心被评为“区级优秀公共服务中心”。在金刚村成功引进“智慧医疗”服务终端，让居民足不出户“面对面”就医。成功举办公租房社区邻里节、社区运动会。全市“寻根乡愁·记住祖先”现场工作会在石鞋小学成功开展。全镇11个村，7个社区均设立基层综合性文化服务中心，对群众实行“免费开放”，开展学习宣传贯彻党的十九大精神主题演出19场，举办“时代楷模”杨雪峰同志先进事迹文艺巡演2场，积极培育乡村文明新风，金刚村成功创建市级志愿服务站。

【自身建设】 深学笃用习近平新时代中国特色社会主义思想，坚决做到“两个维护”，树牢“四个意识”。坚决肃清孙政才恶劣影响和薄熙来、王立军流毒，召开专题会议深刻反思吴德华严重违纪违法案，坚决清除“袍哥”文化、码头文化，着力营造风清气正的良好政治生态。落实全面从严治党要求，压紧压实“两个责任”，坚定不移纠“四风”，切实履行监督第一职责，坚决整治群众身边腐败和作风问题。建立完善项目建设、干部管理等23项制度，增强了政府公信力、干部执行力和制度约束力。自觉接受人大监督，认真办理人大代表建议28件，办结率和满意率达100%。全面深化“放管服”改革，实行办事程序、服务内容等“五公开”。全年接待群众咨询服务2000余人次，运用群工平台办结事项1037件，满意度达98.8%。

（王　娟　张耀丹）

兴隆镇

【概况】 兴隆镇位于渝北区中北部，北临茨竹镇，东连古路镇，西与北碚区三圣镇接壤，是重庆市卫生镇、文明镇、生态镇。镇政府驻地距离区政府驻地约27千米，210国道纵贯全境，全镇辖区面积93.5平方千米，辖15个行政村、233个村民小组和2个社区、9个居民小组。2018年，地区生产总值达到6.5亿元，同比增长12%；工业总产值达到6.3亿元；农业总产值实现4.86亿元，同比增长12%；农民人均纯收入达到18958元，同比增长12%；财政收入295.48万元，增长3.5%。

【产业融合发展】 发展特色乡村旅游，举办第九届杨梅节，五谷地、兴隆花海、常青藤、石斛基地、海川草莓累计接待游客约50余万人次，旅游综合收入约2800万元。有序推进礼朝屋基、流水艺墅、后河溪谷等文创+项目。新发展龙平村青花椒1000亩，小五村血橙100亩，保胜寺茂县大李400亩，牛皇村蓝莓、柑橘、观光性试验稻田等300亩，天堡寨村李子200亩，永兴村观赏性桃、李、梨花等270亩。投入资金1600万元，宜机化整治土地1500余亩，便于机械化农业生产。启动新寨村、徐堡村集体建设用地盘活利用试点工作，成立新寨、徐堡实业公司。

【人居环境整治】 礼朝屋基示范点充分挖掘“礼”文化，打造牛皇村牛天路、后洪路、小五路与南北大道沿线作为示范片，呈现出川东农村生活场景。落实工作考核经费100万元，配备垃圾桶、箱体等收运设施设备800余个，整治生活垃圾3000余吨。永庆污水处理厂建成投用，投资近100万元完成观音洞水库、四五水库、红旗水库三处饮用水源地规范化建设。完成39.5千米农村公路绿化、3.7千米防火步道、2.5千米防火隔离带、3口防火蓄水池建设，在杜家等村实施后河水系绿化600亩，全年未发生一起森林火情。完成龙平、小五村水土流失治理项目。根据“四山”卫片违章建筑图斑，集中在一个月内完成17处、1万平方米拆除整改任务，及时取缔饮水源周边养殖户7户、处理牲畜800余头。全面完成2011—2012年农村建设用地复垦项目市级竣工验收，并支付农户补偿款194余万元；2017年建设用地复垦443户入库备案资料上报。

【基础设施建设】 整修街面1000余平方米，清掏化粪池39口、更换水篦子75个，维修路灯58盏。投入资金4750万元，新建森林防火路、干雷路、唐独路、李黄路、汪凉路、沙长路等泥结石路43千米，硬化公路46千米，铺设草油路4千米。投入资金80余万元，在10个村23条道路增设回车道116处，投入资金290万元新建村社便道40千米。增设安全设施13处，更换防护栏500米，垮方清理886立方米，边坡维护600米，塌方治理4处。实施2451亩高效节水灌溉工程，完成龙寨、徐堡、广佛村的自来水改扩建工程并顺利供水。17个村居安装"云视讯"专线，推进信息化建设。

【社会事业发展】 解决244户特困家庭住房安全保障问题，完成207户四类重点对象危房改造；为四类人群种植花椒等106亩；解决农村饮水问题30余处；开展扶贫创业培训100余人次、农技培训250余人次；摸排救助医疗困难临界群众8户，落实"三个一批"诊疗135人次、先诊疗后付费141人次，全面完成贫困对象家庭医生签约、慢病随访和免费体检服务；红十字会兜底和门诊定额救助25人次。按时定规发放优抚、抚恤、五保、低保、临时救助等各类救助金近1048万元。累计城乡居民养老保险参保18691人，居民医疗保险参保26060人。新增城镇就业1048人。涉军稳控全年发放各类优抚定补、医疗、慰问等经费400余万元。帮扶吃穿困难群众70余户，发放慰问经费60余万元。兴隆小学马自生老师获得重庆市中小学音乐教师技能大赛一等奖，永庆小学荣获督导评估三等奖，渝兴中学2018年中学升学率高达86.8%，居同类学校前列。办理计生奖扶1635人，发放奖扶金215万元。超额完成孕前优生检查和"两癌"筛查。开展家庭医生签约服务9463人，65岁及以上老年人免费健康体检4371人，免费基础疫苗接种1688人次，慢病健康管理4218人次。"古法榨油"作为兴隆镇首个非物质文化遗产入选区级名录，镇综合文化服务中心顺利封顶，完成徐堡村综合性文化服务中心打造，兴隆社区通过市级健身点创建验收；开展各项文体活动50余场次，读书活动、展示展览100余场次。举办兴隆镇新年乡土美食季活动，评选出"兴隆乡土美食十大碗"。众创空间成功举办"2018城乡互动融合·乡村振兴发展"农创大赛，开展培训32场、1000余人次。

【重点项目建设】 签订232个土地承包经营权证的流转委托书，房屋置换协议264户，迁坟包638个，丈量房屋297栋，区级重点农旅项目"巴渝乡愁"博物馆12月16日开馆。全面完成国道G210新建工程土地费用补偿、人员安置、红线内房屋补偿和安置、管线搬迁等工作。完成红线外房屋拆除工作，对178户299人进行货币安置，搬迁企业20余家。协调解决房屋炮损纠纷50余起，清理涵洞水毁农田100余亩，完成南北大道连接道建设6处。全面完成相国寺天然气储气库、南北大道补征地24亩。徐堡聚居区8栋楼560套房屋主体工程完成80%。龙寨聚居区完成勘界工作。

【安全稳定治理】 完善镇、村居、网格"三级巡防"体系，建立网格考核奖惩制度和立体化监管机制，加强夜间巡逻制度，实现"两升三降"的目标，2018年镇安全感指数、网格知晓率调查群众满意度高。全年化解各类矛盾纠纷300余件，接待群众来访500多人次，走访群众1100余人次。全年开展安全培训460余次，邀请安全专家上课3次，悬挂标语300余幅，出动流动宣传车60余次，安装安全警示牌400余块，发放T恤8000件，提升群众安全意识。全镇组织各类安全监管培训520余人次，开展交通等专项整治350余次，出动安全检查2500余人次，监督检查624家，排查整改隐患729条。全年未发生安全责任事故。

（倪婷婷）

茨竹镇

【概况】 茨竹镇地处渝北区最北端，华蓥山主峰以南的川东平行岭谷地带，东与大湾镇相邻，南与兴隆镇相接，西与北碚区偏岩镇毗邻，北与四川省邻水县高滩镇、华蓥市溪口镇接壤，镇政府距区政府驻地沿公路40千米，210国道横穿过境直达川陕，素有重庆“北大门”之称。2018年末，全镇面积112.79平方千米，辖16个村、2个居委会、115个社、9个居民小组；有耕地30243亩，其中田13201亩、土17042亩；全镇总人口34084人，其中农业人口30796人，非农业人口3288人，人口出生率7.5‰、人口自然增长率-0.2‰。2018年，乡镇工业总产值2059万元，比上年减少58.5%。全镇粮食总产量10503吨，比上年增长1.96%。蔬菜产量38497吨，增长5.56%。油菜籽产量252吨，增长5.88%。生猪出栏10301头，同比减少0.28%（与上年基本持平）。水果产量4925吨，增长6.67%。农业总产值36948万元，比上年增长7%。其中家禽出栏192400只，比上年减少1.73%。水产品产量875吨，比上年增长3.3%。全年财政总收入23158.15万元，其中本级税收收入691.71万元，增长23.32%，财政支出13200.92万元，减少10.69%。全镇有中小学4所，在校学生1877人，教师177人，适龄儿童入学率100%。农民居民年人均纯收入16442元，比上年增加1425元。有正规医院1所，有卫生技术人员43人，病床142张。全镇有16个村通公路，16个村通电话。

【农业产业发展】 2018年，特色农业稳步发展。巩固和发展好现有的高山蓝莓、中药材、花椒、青椒、嫩南瓜等特色产业。新建龙虾基地100亩，牛蛙养殖基地200亩。集体经济发展有序推进，大面坡青椒加工厂完成主体工程及生产设备采购，年内投入运行。农产品配送走出新路子，缘丰季、寨坪农业合作社探索CSA模式，依托农村电商平台、微信等，实施农产品“六进”行动，为主城居民、单位提供农产品配送服务。

【城乡统筹发展】 2018年，抓规划引领，不断完善场镇功能。推进场镇开发建设，完成中心场镇综合整治，总投资3400余万元，主要完成雨污管网1.5千米，新铺设人行道板10000余平方米，场镇建筑房屋外立面改造58500余平方米，并配套相关市政设施和公共服务设施及道路绿化，场镇品质得到提升。大力推动人居环境整治，持续改善人居环境。在大面坡村、方家沟村、中兴村公路沿线启动人居环境综合整治示范片项目，在大面坡村学堂堡启动人居示范点项目，3个村共改造农房297栋。9月，梨园牧歌改善农村人居环境市级示范片顺利通过市级验收，并被评为全市十个优秀示范片之一，获得市级绩效奖励资金200万元，用于进一步示范片的提档升级。落实地质灾害防治责任，为全镇域范围内41个地质灾害点配备地灾监测人员，确保汛期每周2次、非汛期每周一次的安全监测工作，全年完成巡查监测次数4000余次。全面完成放牛坪村磨家沟、自力村小屋基、三江村沙湾等9个地质灾害搬迁点搬迁任务，共计搬迁威胁对象户33户76人。全面完成华蓥村双水井地灾抢险工程治理，启动放牛坪村中间院子和花云村凉水井的地质灾害工程治理项目。

【农村基础设施建设】 2018年，投资261万元，完成茨竹镇水土保持重点项目，并接受区级验收；完成茨竹镇高效节水灌溉项目500亩及2018年度水系绿化项目200亩；完成茨竹场镇饮水管网改造工程，总投资599.35万元。全面完成大水沟水库整治工程，并整治山坪塘27口、河道800余米。在秦家村、花云村新建5.5千米森林防火公路，新建森林提质增效农村公路绿化工程共计42.99千米。除治、清理松材线虫病疫木共计27000亩，并发放PVC宣传牌300余张、宣传资料8000余份。全年新建“四好”农村路建设工程34.484千米，“通组”泥结石道路建设总里程共10千米。

【平安建设】 2018年，全力以赴做好重要群体的稳控，通过扎实的基础工作，落实“一人一专班”的工作要求，及时进行情报收集和信息研判，制定稳控方案，全年走访重点人员70余次，做好涉军、民办教师、电影放映员的稳控工作，实现其他“七个坚决防止”的“零”目标，用实际行动和作为为全国、全市、全区“减压”和不添乱。全力做好邪教防范管控工作，以创建“无邪教创建示范镇(村)”为契机，努力巩固无邪教示范创建成果，切实加强茨竹和中兴两个场镇农贸市场、车站等人流密集场所的巡逻，密切关注“打横幅”“贴标语”和发反宣资料等政治事件的发生。狠抓重点地区整治，整合网格员、社区干部、市政队员力量，会同辖区派出所加强对场镇、主要干道、农贸市场、省际交界区域的安全巡逻，对全镇确定的社会治安重点地区茨竹车站，按照“有黑扫黑，无黑除恶，无恶治乱”工作要求，加大整治力度，确保车站治安环境安全有序。

【社会事业】 2018年，对全镇低保对象进行复审，及时调增、调减和停发，全年停发103户、176人，调减101户、230人，调增26户、39人，新增45户、80人。办理临时救助180人，发放救助金109.5万元；支助2150名低保户、特困人员、残疾人、优抚对象等困难群众参加医疗保险，推进落实“惠民济困”商业保险，完成1643名“惠民济困保”投保工作，办理理赔87人。完善农村留守儿童关爱服务体系和救助保护机制，集中排查留守儿童245个，签订监护协议，为每位留守儿童建立健康档案。开展留守儿童性安全教育专题宣传3场，主动为6名特殊困难儿童申报特困人员，办理特困人员照料补贴，为39名低保儿童发放阿尔法机器人39台。整合资源，完成华蓥山和中河敬老院撤并工作；投入43万元对华蓥山敬老院进行整修及购买电视、饮水机等电器一批。提升院内管理服务水平，为辖区2所敬老院配齐了服务人员，多渠道改善院民生活。

【文化建设】 2018年，茨竹镇在渝北区巴渝武术操比赛中，获得优秀组织奖；在渝北区广场舞比赛预赛中获得第一名；原创小品《越说越想说》参加渝北区镇街曲艺大赛获得三等奖，该节目参与统战系统演出，获得好评；在渝北区老体协“茨竹杯”健身操舞比赛，中河社区代表队获得一等奖；6月、11月分别到16个村送文化下乡，共计演出35场，展览16场。举办职工运动会、渝北区第二届迎春登山跑活动、茨竹镇第六届全民运动会、荷花基地健步走活动及首届丰收节文艺活动。

（梁新鑫）

玉峰山镇

【概况】 玉峰山镇位于渝北区东南部，东邻两江新区龙石先进制造功能区和鱼复现代物流功能区，西接台商工业园和回兴、宝圣湖、两路街道，南与江北区和寸滩保税港区、海尔工业园毗邻，北连双凤桥、王家街道，玉峰山、环山两山环抱全镇，朝阳河、福寿河两河纵贯南北。辖区面积61.12平方千米。2018年，全镇林地22578亩，耕地面积25047亩，其中田8679亩，土8557亩，临时性地4973亩。粮食总产量5442吨，比上年减少22.3%，蔬菜产量23224吨，减少14.9%。水果产量1755吨，减少28.7%，农业总产值11309万元，比上年增长11.4%。其中家禽23933只，比上年减少76.2%，水产品产量475吨，比上年增加13.7%。全镇总人口32240人，其中农业人口16615人，非农业人口15625人。人口出生率9.2‰，人口自然增长率11‰。全镇有中小学3所，在校学生700人，教师130人，适龄儿童入学率达100%。有中心院1所，病床40张，卫生技术人员43人。全年完成地区生产总值达7.47亿元，增长12%；全社会固定资产投入达25亿元，增长23.7%；社零总额达2.1亿元；完成财政一般公共预算本级收入6631.88万元，为全年任务的131%，增长45.5%；城乡居民可支配收入达19874元，增长8.5%。

【开放开发】 2018年玉峰山镇开放开发工作取得重大进展。开发征地全速推进，完成创新三期、四期征地3766亩，东渝水厂水管安装、龙兴隧道、东环铁路等共计1246亩。园区配套日臻完善，累计建成龙港大道、玉龙大道等22条道路，完成前沿科技城商务中心、前沿产业园标准厂房（二期）配套用房、石龙大道等12条道路及其余零星项目设计共20余个。项目引进持续发力，市政府市长唐良智出席在玉峰山镇举行的全市重大工业项目集中开工仪式，深科技智能制造产业园、中光电二期、光亚新材料、宇通智能终端产业园等16个重大项目集中开工。新签约蓝岸通讯、民康、安迪、环普等项目，总用地面积408亩（协议总投资22.3亿元，达产产值64.45亿元，达产税收1.6亿元）。全年完成工业投资150亿元。工业投资占区属板块的63%。

【农村产业】 启动全域旅游规划编制工作，与重庆工商大学旅游与国土资源学院签订政校合作共建协议，开展全域旅游规划编制工作。大力发展休闲旅游，按照强化"产业基地＋都市旅游"发展模式，结合"三环十景"项目，提档升级玉峰花岛湖、雅婷庄园和荣春红生态园，玉峰山"森林氧吧"加快建设。协助御峰马会成功举办"2018国际马联（FEI）青少年场地障碍赛"。积极举办2018年玉峰樱桃促销活动，销售樱桃5万余千克，帮助基地农民创收。打造重庆临空客乐得房车风情小镇，并入选全国优选旅游项目。完善基础设施建设，继续投入200万扶持资金，建设玉峰村壮大村级集体经济示范点，提升旅游接待能力。深度调研谋划，与重庆工商大学共同开展玉峰山镇发展壮大村集体经济调研课题研究，在摸清各村现状的基础上，针对发展瓶颈和可利用资源，探索发展壮大村集体经济的可行性路径。规范村居集体资产分配，制定《玉峰山镇村居集体资产分配指导意见》，保障集体经济组织及成员的合法利益，完善《玉峰山镇一事一议项目管理办法》。深化土地承包确权登记颁证工作，开展第四次全国经济普查前期宣传及清查工作，启动农村集体资产清产核资和产权制度改革工作。

【城乡建设】 环保管理工作不断加强，接受市环保集中督察，按时办结督察交办件。开展渝北区第二次全国污染源普查工作，完成176家企业的清查及48家企业的入户普查。加大地灾治理工作，核销龙门22社金银坡、环山17社九块田2处监测点，投入126万元完成龙门枫香湾滑坡地灾治理工程。推行河长制，坚持巡河制度，全年巡河342次，关闭和拆除违规养殖场8家，有效改善朝阳河、福寿河流域水质。探索推行山长制，完成玉峰山森林公园生态保护红线勘界定标试点工作。加强森林资源管护，协助市林业督查，核查89处疑似案件，全年无火灾发生。加强场镇综合治理，成立石坪场镇综合整治项目专项工作小组，龙门场镇、旱土场镇竣工验收，石坪场镇立面改造、外循环道有序施工，石坪污水处理厂基本建成。协同区林业局投入1600万元改造新坪老街外立面85栋，投入2300万元对新坪片区市政管网和景观工程进行升级。加强场镇清扫保洁工作，全年投入经费96.8万元，保证日常清扫、保洁、管理，在全区考核中取得较好成绩。整违控违拆违持续加力，拆除新增违法建筑6起、1920平方米，完成市、区交办（或督办）案件6件。对存量违建按程序，依法进行认定，对其中43户重点违法建筑户下达了限期拆除文书。完成龙井村、玉峰村存量违法建筑整治113件，39533平方米。强力推动"四山"违建整治工作，完成整治76处，59373.92平方米。积极开展"大棚房"问题专项清理整治工作，共清理“大棚房”104处，对发现的9处问题“大棚房”进行整改和拆除。

【社会事业】 出台《玉峰山镇关于开展扫黑除恶专项斗争的实施方案》《玉峰山镇扫黑除恶专项斗争宣传方案》等文件。收到涉黑线索3条，销号1条，移交2条。在10月接受中央专项巡察时得到巡查组充分肯定。定期召开矛盾纠纷排查分析会，排查和调处矛盾纠纷223件，成功率100%，接到信访案件65件，全部按程序办结。签订了安全责任书，专题研究安全生产19次，镇领导检查安全261次。排查隐患436条，完成滚动闭环421条。全年未发生1起进京到市非访，未发生1例安全生产事故。

城镇就业再就业工作上新台阶，成功举办企业用工现场招聘会2场，城镇新增就业1755人，登记失业率2%，“4050”人员就业困难对象再就业107人；发放补贴22万元，发放创业担保贷款195万元。

新增参加职工养老保险523人，收缴居民养老金68万元，合作医疗保险参保22241人，缴费522万元。完成小额意外伤害保险及老年意外保险9464人9554份。为民政对象发放各类节日慰问金、优抚抚恤金、补助金等321.5万元。发放计划生育奖励扶助金281.8万元。低保五保应保尽保，完成各类核查416户1102人次，发放城乡低保金201.15万元，临时救助14.96万元。

加快推进镇综合性文化服务中心规划设计、立项、建设等工作。免费向公众开放图书借阅、电子阅览、展览、讲座、培训等，受益人数达5000余人。开展送文艺演出、展览、图书阅览等进村63场，放映农村惠民电影124场。创作小品《协议》参加全区镇街戏剧曲艺大赛取得第一名，以改革开放40周年为主题创作文艺节目10个、摄影作品50幅、书画作品30幅，送渝北区临空文化剧场展出。探索建立村级文化室运行管理办法，指导各村（社区）利用传统节日等开展丰富多彩的文体活动。

【脱贫工作】 2018年，为12户巩固脱贫户“量身定做”帮扶计划和帮扶措施，解决再就业4户，土地入股村社集体经济1户，土地流转农业企业5户，扶持产业1户，低保兜底1户。进行逐户调查核实，共入户调查5884户农户。经查，全镇未解决“两不愁，三保障”农户120户，均属住房无保障类型，已全部确保住房保障。

【党建工作】 玉峰山镇深入推进“两学一做”学习教育常态化制度化，扎实开展“兴调研、转作风、促落实”活动，努力抓好自身建设。扎实推进“两学一做”学习教育常态化制度化，全年开展12次党委中心组集中学习，353名党员参与“人人讲党课”“我为群众办件事”特色活动，为群众办事267件。落实书记任职备案制，调整村（社区）党组织书记3名，下属党支部书记27人。高质量地开好民主生活会，严格落实党员领导干部过双重组织生活制度。出台《关于进一步贯彻落实全面从严治党的实施意见》和《镇属党组织落实全面从严治党责任清单》，层层签订责任书。镇党委专题研究审议作风整治、巡察整改等廉政议题15个。党政主要领导严格落实“四个亲自”要求。修订、完善镇党委会议议事规则、行政办公会议议事规则、采购管理、内部审计等多项制度，从加强领导、完善制度入手落实全面从严治党责任。通过全面从严治党专题会、党委会传达学习重要会议精神、通报违纪典型案例、研究部署相关工作20余次；召开半年班子及班子成员述责述廉报告会；准确把握监督执纪“四种形态”，全年约谈镇村干部26人次。调查、处理信访举报6件，立案1件，党纪处分1人，诫勉谈话5人、提醒谈话6人；排查风险点319个，制定工作整改措施343条，切实从源头上规范权力运行。督促落实镇村党员干部亲属涉权事项报告，排查核实五条违规线索，约谈6人，诫勉谈话1人。

（严　心）

人物和先进名录

人物简历

段成刚

男，汉族，重庆江北人，1963年6月生，硕士研究生，1983年8月参加工作，1985年6月加入中国共产党。2016年5月至2018年10月任中共重庆市渝北区委书记，2018年10月调任中共重庆市市委常委。

1980年9月至1983年8月，重庆第二机械工业学校机械制造专业学习。1983年8月至1985年1月，重庆市机床工具工业公司团委干事。1985年1月至1988年7月，共青团四川省重庆市江北区委干事（其间，1984年4月至1987年10月四川省高等教育自考大专党政专业学习）。1988年7月至1993年4月，四川省重庆市江北区团委副书记（其间，1990年5月至1992年12月挂职江北区华新街道党委副书记）。1993年4月至1994年5月，共青团四川省重庆市江北区委书记。1994年5月至1997年6月，四川省重庆市江北区观音桥街道党委书记（其间，1995年9月至1997年6月四川省委二党校党建专业学习）。1997年6月至1998年3月，重庆市江北区观音桥街道党委书记。1998年3月至2001年3月，重庆市江北区委办公室主任。2001年3月至2001年4月，重庆市江北区委常委、办公室主任。2001年4月至2003年1月，重庆市江北区委常委、统战部长。2003年1月至2003年2月，重庆市江北区委常委、统战部长，政府党组副书记。2003年2月至2006年12月，重庆市江北区委常委、副区长（其间，2004年3月至2006年6月重庆大学高级管理人员工商管理专业学习，获高级管理人员工商管理硕士学位）。2006年12月至2007年2月，重庆市巴南区委副书记、代理区长。2007年2月至2014年1月，重庆市巴南区委副书记、区长。2014年1月至2016年2月，北部新区管委会主任、党工委副书记，两江新区管委会副主任、党工委委员。2016年2月至2016年3月，两江新区党工委副书记（正厅局长级）；2016年3月至2016年5月，两江新区党工委副书记、管委会副主任（正厅局长级）。2016年5月至至2018年10月，重庆市渝北区委书记。

唐　川

男，汉族，重庆大足人，1964年4月生，研究生，经济师，1985年7月参加工作，1984年12月加入中国共产党。2016年4月至2018年11月，任重庆市渝北区委副书记、区长、区政府党组书记，重庆两江新区开发投资集团有限公司董事；2018年11月起，任重庆市渝北区委书记、区长、区政府党组书记，重庆两江新区开发投资集团有限公司董事。

1982年9月至1985年7月，江津师范专科学校数学系数学专业大专学习。1985年7月至1985年11月，四川省合川县南屏乡政府工作。1985年11月至1987年1月，四川省合川县南屏乡团委书记（其间，1986年9月至1986年12年四川省委第二党校青干班学习）。1987年1月至1990年2月，四川省合川县南屏乡党委副书记（其间：1988年5月1989年12月兼任合川县丝绸印染厂厂长）。1990年2月至1993年1月，四川省合川县（市）南屏乡党委书记。1993年1月至1995年3月，四川省合川市计划委员会党组成员、副主任（其间：1993年3月至1994年6月兼任合川市矿管所所长，1993年9月至1993年12月重庆市委党校中青班学习）。1995年3月至1997年6月，四川省合川市委常委、组织部部长（其间：1994年9月至1996年12月四川省委党校经济管理专业大学学习）。1997年6月至2003年2月，重庆合川市委常委、组织部部长（其间：1999年9月至2002年7月中央党校政治学理论专业研究生学习）。2003年2月至2006年12月，重庆合川市委副书记（其间：2005年5月至2005年9月美国加州大学洛杉矶分校重庆市领导干部美国高级研修班学习）。2006年12月至2007年2月，重庆市铜梁县委副书记、副县长、代理县长。2007年2月至2014年6月，重庆市铜梁县委副书记、县长。2014年6月至2014年7月，重庆市铜梁区委副书记、区政府党组书记。2014年7月至2016年3月，重庆市铜梁区委副书记、区长。2016年3月至2016年4月，重庆市渝北区委副书记，区政府副区长、代理区长，区政府党组书记。2016年4月至2018年11月，重庆市渝北区委副书记、区长、区政府党组书记，重庆两江新区开发投资集团有限公司董事。2018年11月起，任重庆市渝北区委书记、区长、区政府党组书记，重庆两江新区开发投资集团有限公司董事。

李联铁

男，汉族，四川省自贡市富顺县人，1963年2月生，硕士研究生，1986年8月参加工作，1986年5月加入中国共产党。现任重庆市渝北区人大常委会主任、党组书记。

1986年8月至1988年7月，西南农业大学土化系助教、讲师。1988年7月至1989年10月，四川省支教讲师团泸州分团副团长。1989年10至1991年7月，比利时根特大学农学院进修示踪原子技术、瑞士（苏黎世）联邦理工学院植物所进修。1991年7月至1994年3月，西南农业大学土化系副主任、讲师。1994年3月至1996年1月，西南农业大学资源与环境学院副院长（党总支组织委员、副书记，副教授）。1996年1月至1997年6月，四川省北碚区政府区长助理。1997年6月至1998年2月，重庆市北碚区政府区长助理。1998年2月至1998年3月重庆市北碚区委常委、区政府区长助理。1998年3月至2003年2月，重庆市北碚区委常委、区政府副区长（其间：1999年3月至2002年3月，兼任北碚区新城建设管委会主任；1998年9月至2000年7月，西南政法大学法学专业研究生进修班学习结业；2001年9月至2002年1月，中央党校第3期西部班学习）。2003年2月至2006年12月，重庆市北碚区委副书记、区纪委书记。2006年12月至2011年12月，重庆市渝北区委副书记、区委党校校长（兼）（其间：2009年3月至2009年12月，市委党校第一期中青班学习）。2011年12月至2012年2月，重庆市渝北区委副书记、区政协党组书记、区委党校校长（兼）。2012年2月至2016年10月，重庆市渝北区政协主席、党组书记；2016年10月至2017年1月，重庆市渝北区政协主席、区人大常委会党组书记；2017年1月至2018年1月，重庆市渝北区人大常委会主任、党组书记；2018年1至今，重庆市第五届人民代表大会农业与农村委员会副主任委员，重庆市渝北区人大常委会主任、党组书记。

彭建康

男，汉族，重庆市巴南区人，1963年10月出生，博士研究生，1983年8月参加工作，1995年9月加入中国共产党。现任重庆市渝北区政协主席。

1979年9月至1983年8月，重庆交通学院道桥系桥梁与隧道专业学生。1983年8月至1985年5月，交通部第二公路勘察设计院技术员、助理工程师。1985年5月至1989年3月，重庆市公路养护总段公务科助理工程师。1989年3月至1994年8月，四川省重庆市交通局科技处副主任科员（其间：1992年9月至1994年7月，天津大学管理系国际工程管理专业学习，获第二工学学士学位）。1994年8月至1995年10月，四川省重庆市交通局公路处副处长。1995年10月至1997年6月，四川省重庆市交通局公路处处长；1997年6月至1998年2月，重庆市交通局公路处处长（其间：1997年7月至1998年2月挂职市纪委党风廉政室纪检监察员）。1998年2月至2000年5月，重庆市交通局副局长。2000年5月至2008年9月，重庆市交通委员会党委委员、副主任（其间：2005年9月至2006年1月，中央党校第四期半年制中青班学习）。2008年9月至2009年3月，重庆市建设委员会党组成员、副主任。2009年3月至2011年12月，重庆市城乡建设委员会党组成员、副主任（其间：2003年9月至2010年7月，北京工业大学交通运输规划与管理专业学习，获工学博士学位，2010年8月至2011年1月，市委党校第二期中青班学习）。2011年12月至2012年1月，中共重庆市渝北区委常委，渝北区政府党组副书记。2012年1月至2月，中共重庆市渝北区委常委，渝北区政府党组副书记、副区长。2012年2月至2013年5月，中共重庆市渝北区委常委，渝北区政府常务副区长、党组副书记，区行政学校校长（兼）。2013年5月至2016年10月，中共重庆市渝北区委副书记、区委党校校长（兼）。2016年10月至12月，中共重庆市渝北区委副书记、渝北区政协党组书记、区委党校校长（兼）。2017年1月至今，重庆市渝北区政协主席、党组书记。

2018年获区级及其以上表彰奖励的先进集体名录(部分)

获奖单位	获奖名称	授奖机关	授奖时间
渝北区	通报表扬奖励新增建设用地计划指标1000亩	国务院办公厅	2018年4月
渝北区	全国流动人口基本公共卫生计生服务均等化示范区	国家卫生健康委员会	2018年8月
渝北区	2017年度土地利用和管理形势观测分析工作成效突出观测点	国家土地总督察办公室	2018年2月
渝北区	第三届万步有约职业人群健走大赛获国家优秀健走示范区	中国疾病预防控制中心	2018年10月
渝北区	2016—2018全国基层中医药工作先进单位	国家中医院管理局	2018年12月
渝北区政府	第十三届重庆高交会暨第九届军博会优秀成交奖	中国重庆高新技术成果交易会组委会办公室	2018年6月
区委办公室	在第五届全国文明城区创建和综合复查中表现突出获集体嘉奖	区委、区政府	2018年9月
区政府办公室	2017年信息工作成效突出单位	市政府办公厅	2018年2月
区政府办公室	在第五届全国文明城区创建和综合复查中表现突出获集体嘉奖	区委、区政府	2018年9月
区政协	新闻宣传工作优秀集体	市政协办公厅	2018年11月
区人民法院两江新区知识产权法庭	全国法院知识产权审判工作先进集体	中华人民共和国最高人民法院	2018年3月
区法院	第二届全国法院环境资源优秀裁判文书评选活动三等奖	中华人民共和国最高人民法院	2018年5月
区法院	2018年度司法宣传工作通报表扬	中华人民共和国最高人民法院政治部、中华人民共和国最高人民法院新闻传媒总社	2018年8月
区法院	2017年度执行工作先进法院	市高法院	2018年2月
区法院	2017年度全市法院审判执行工作特别贡献奖	市高法院	2018年2月
区法院	多元化纠纷解决机制改革专项工作先进法院	市高法院	2018年2月
区法院	刑事认罪认罚制度改革专项工作先进法院	市高法院	2018年2月
区法院	环境资源审判专项工作先进法院	市高法院	2018年2月
区法院	2017年度全市队伍建设工作先进法院	市高法院	2018年2月
区法院	纪检建设工作先进法院	市高法院	2018年2月

续表

获奖单位	获奖名称	授奖机关	授奖时间
区法院	信息工作先进法院	市高法院	2018年2月
区法院	新闻舆论工作先进法院	市高法院	2018年2月
区法院	全市法院案件繁简分流机制改革优秀业务成果法院	市高法院	2018年7月
区法院刑事审判庭	集体三等功	市高法院	2018年12月
区检察院	一级规范化检察室	最高人民检察院	2018年1月
区检察院	2017年度全国检察文化建设示范院	最高人民检察院	2018年3月
区检察院	2018年度全国检察宣传先进单位	最高人民检察院	2018年9月
区检察院	2017年度全市检察机关政工信息先进单位	市检察院	2018年1月
区检察院	2017年度工作实绩考评先进集体	市检察院	2018年2月
区检察院	党的建设工作考评先进集体	市检察院	2018年2月
区检察院	职务犯罪侦查工作考评先进集体	市检察院	2018年2月
区检察院	全市检察宣传工作先进单位	市检察院	2018年2月
区检察院	全市检察信息工作先进单位	市检察院	2018年2月
区征兵办公室	征兵工作先进单位	市政府征兵办公室	2018年7月
区委宣传部	重庆市宣传思想文化工作先进集体(2013—2017年)	市委宣传部、市人力社保局	2018年1月
区委宣传部	全市舆情信息工作优秀单位	市委宣传部	2018年5月
区委宣传部	党的十九大期间全区维稳安保工作先进记集体三等功	区委、区政府	2018年5月
区委网信办	2016—2017年信息工作先进单位	市委网信办	2018年7月
区委宣传部(区文明办)	在第五届全国文明城区创建和综合复查中表现突出记集体三等功	区委、区政府	2018年9月
区委统战部	全市统战工作实践创新成果奖	市委统战部	2018年2月
区委党校	全市党校行政学院系统2018年度办学考评工作一等奖	市委党校	2018年3月
区委党校	全市党校行政院校系统年度办学考评工作创新奖	市委党校	2018年3月
区委党校	全市基层理论宣讲先进集体	市委宣传部	2018年12月
渝北新闻社	2017重庆区县党报新媒体报道创新奖	重庆日报、重庆市新闻工作者协会	2018年1月
渝北新闻社	第四批全国学雷锋活动示范点	市委宣传部	2018年3月
渝北新闻社	2017年度重庆市区县报综合质量考核优秀区县报	市文化委	2018年3月
渝北新闻社	在第五届全国文明城区创建和综合复查中表现突出记集体嘉奖	区委、区政府	2018年9月
渝北新闻社	2018年智博会社会宣传工作先进集体	市文明办	2018年10月

续表

获奖单位	获奖名称	授奖机关	授奖时间
渝北新闻社	首届重庆新媒体作品大赛三等奖	市委宣传部、市委网信办、市政府新闻办、重庆高新区管委会、九龙坡区人民政府	2018年12月
区广电台	《渝北周刊》获第四届重庆市区县广播电视好新闻奖(电视专栏)一等奖	市工作者协会广播电视专业委员会	2018年7月
区广电台	《渝北区非遗文化系列》获第四届重庆市区县广播电视好新闻奖(电视系列报道)一等奖	市工作者协会广播电视专业委员会	2018年7月
区广电台	《鸡司令》获第四届区县广播电视好新闻奖(电视专题)二等奖	市工作者协会广播电视专业委员会	2018年7月
区广电台	《本周关注》获2017年度重庆市广播电视 优秀作品新闻类节目二等奖(广播评论类)	市文化委	2018年8月
区广电台	《鸡司令》获2017年度重庆市广播电视优秀作品新闻类节目三等奖(专题类)	市文化委	2018年8月
区广电台	《八旬老人爱“新潮” 满屋土墙玩涂鸦》获2017年度重庆市广播电视优秀作品新闻类节目二等奖(电视类)	市文化委	2018年8月
区广电台	《渝北区非遗文化系列》获2017年度重庆市广播电视优秀作品新闻类节目二等奖(专题类)	市文化委	2018年8月
区广电台	在第五届全国文明城区创建和综合复查中表现突出记集体嘉奖	区委、区政府	2018年9月
	电视节目交流特等奖	重庆广电(集团)总台	2018年12月
区总工会	2017年度区县工会工作综合目标考核一等奖	市总工会	2018年3月
区总工会	2018年重庆市汽车检测与维修技能大赛优秀组织奖	市总工会	2018年11月
区总工会	2018年重庆市卫生护理技能大赛优秀组织奖	市总工会	2018年11月
区橄榄树社会工作服务中心	第四届中国青年志愿服务项目大赛银奖	团中央	2018年12月
团区委	“青春喜迎十九大·不忘初心跟党走”——团支部书记岗位实践能力大比武优秀组织单位	团市委	2018年1月
团区委	2017年度重庆共青团工作目标考核等次特等	团市委	2018年3月
区青协	2018年中国青年志愿者服务春运“暖冬行动”优秀志愿服务团队	团中央志愿者行动指导中心、中国青协秘书处	2018年3月
团区委	2017年度团支部书记“背靠背”满意度测评通报表扬	团市委	2018年7月
团区委	2017—2018年度重庆市大学生志愿服务西部计划优秀区县项目办	市项目办	2018年7月
区青少年活动中心	“不忘初心跟党走·做新时代好少年”第七届重庆市青少年军事夏令营优秀组织奖	市校外联	2018年8月

续表

获奖单位	获奖名称	授奖机关	授奖时间
团区委	2018年“仙桃杯”重庆青年创新创业大赛暨第五届“创青春”中国青年创新创业大赛重庆地区赛优秀组织单位	团市委	2018年10月
区青少年活动中心	“书画新时代·绘就中国梦”第六届重庆市青少年书画大赛优秀组织奖	市委宣传部、市教委、团市委、市校外联	2018年12月
区妇联	2017年度区县妇联工作综合考核特等奖	市妇联	2018年2月
区妇联	重庆市首届最美巾帼农家乐展示展演活动组织奖	市妇联、市商务委、市文旅委、市扶贫办	2018年12月
区科协	2018年重庆市全国科普日优秀组织单位	中国科协	2018年12月
区科协	第三十三届全国青少年科技创新大赛基层赛事优秀组织单位	第33届全国青少年科技创新大赛组织委员会	2018年8月
区科协	第28届重庆市青少年科技模型大赛优秀组织单位	市科协	2018年1月
区科协	2017年度科协工作考核特等奖	市科协	2018年2月
区科协	第三十三届重庆青少年科技创新大赛优秀组织单位	市科协、市教委、市科委、市环保局、市体育局、市知识产权局、团市委、市妇联	2018年5月
区科协	首届重庆市公民科学素质大赛三等奖	市科协	2018年9月
区科协	首届重庆市青少年STEAM创新大赛优秀组织单位	市科协	2018年12月
区科协	庆祝中国科协成立60周年美术书法大赛优秀组织奖	市科协	2018年12月
区工商联	民营企业调查点工作先进基层单位	全国工商联	2018年12月
区工商联	全国工商联系统先进集体	国家人社部、全国工商联	2018年12月
区工商联	优秀区县工商联	市工商联	2018年2月
区残联	2017年全市残疾人工作先进单位	市残联	2018年1月
区残联	2017年全市残疾人稳定工作考核通报表扬	市残联	2018年1月
区侨联	全国侨联系统先进组织	中华全国归国华侨联合会	2018年8月
民革区委	2017年度参政议政工作先进集体	民革市委	2018年3月
民革区委	《团结报》发行征订工作先进集体	民革市委	2018年11月
民盟区委	民盟中央思想宣传工作先进集体	民盟中央	2018年11月
民盟区委	民盟中央《群言》杂志社发行工作突出成绩奖	民盟中央	2018年12月
民盟区委	民盟重庆市委扶贫济困先进集体	民盟市委	2018年11月
民盟区委	民盟重庆市委盟务工作先进集体	民盟市委	2018年12月
民建区委	2017年度会务工作考评一等奖	民建市委	2018年1月

续表

获奖单位	获奖名称	授奖机关	授奖时间
民建区委	2017年度参政议政先进集体	民建市委	2018年3月
民建区委	2017年度理论宣传报道先进集体二等奖	民建市委	2018年3月
民建区委	2018年度会务工作考评一等奖	民建市委	2018年12月
民进区工委龙塔支部	民进全国宣传思想工作先进集体	民进中央委员会	2018年10月
民进区工委	2018年度参政议政、会刊、新闻宣传工作先进单位	民进市委	2018年12月
农工民主党区委	2018年度《前进论坛》发行工作先进单位	农工民主党中央办公厅	2018年9月
农工民主党区委	2017年度参政议政工作先进集体	农工民主党市委	2018年1月
农工民主党区委	2017年度社会服务工作先进集体	农工民主党市委	2018年1月
农工民主党区委	2017年度社情民意信息工作先进集体	农工民主党市委	2018年1月
九三学社区委	第五届重庆九三青年论坛优秀组织奖	九三学社市委	2018年1月
九三学社区委	坚持和发展中国特色社会主义学习实践活动先进集体	九三学社市委	2018年11月
九三学社区委	参政党理论与社史研究工作先进集体	九三学社市委	2018年12月
九三学社区委	组织建设工作先进集体	九三学社市委	2018年12月
九三学社区委	社情民意信息工作先进集体	九三学社市委	2018年12月
九三学社区委	参政议政工作先进集体	九三学社市委	2018年12月
九三学社区委	机关建设工作先进集体	九三学社市委	2018年12月
致公党区工委	纪念中共中央发布“五一口号”70周年活动优秀组织奖	致公党市委	2018年4月
致公党区工委	2018年度致公党重庆市委宣传思想先进集体	致公党市委	2018年12月
致公党区工委	2018年度致公党重庆市委参政议政先进集体二等奖	致公党市委	2018年12月
区发展改革委	在第五届全国文明城区创建和综合复查中表现突出记集体嘉奖	区委、区政府	2018年9月
区教委	渝北区生态文明建设和环境保护做出突出贡献记集体三等功	区委、区政府	2018年5月
区教委	在第五届全国文明城区创建和综合复查中表现突出记集体三等功	区委、区政府	2018年9月
汉渝路小学校高段语文组	2018年重庆市巾帼文明岗	市妇联	2018年10月
区科委	第十三届重庆高交会暨第九届军博会优秀组织奖	中国重庆高新技术成果交易会组委会办公室	2018年6月
区科委	重庆市科技系统先进集体	市科技局、市人力社保局	2018年12月

续表

获奖单位	获奖名称	授奖机关	授奖时间
区经济信息委	在第五届全国文明城区创建和综合复查中表现突出记集体嘉奖	区委、区政府	2018年9月
区民政局	荣获2018年年度全国民政宣传工作先进单位	中国社会报	2018年9月
区司法局基层科	全国人民调解工作先进集体	司法部	2018年5月
区司法局	国家统一法律职业资格考试	司法部	2018年5月
区司法局	国家司法考试工作先进单位	司法部	2018年8月
区司法局	《法制日报》宣传、发行工作先进集体	法制日报社	2018年11月
区财政局	2017年度社会保险基金及社会保障专项资金决算工作先进单位	市财政局	2018年1月
区财政局	2017年度区县预决算公开专项检查得分排名第一	市财政局	2018年4月
区财政局	2017年度区县财政总决算工作获二等奖	市财政局	2018年11月
区财政局	2017年度区县财政部门决算工作获“优”	市财政局	2018年11月
区财政局	2017年度国有企业财务会计决算工作获通报表扬	市财政局	2018年11月
区财政局	2018年企业经济效益月度快报工作获通报表扬	市财政局	2018年11月
区就业人才局	2017年全市人力社保系统优质服务窗口单位	市人力社保局	2018年1月
区就业人才局	重庆市首届“渝创渝新”创业创新大赛优秀组织奖	市就业人才局	2018年1月
区就业人才局	“创享渝北”荣获“2017年重庆地方就业创业工作十大创新事件	市就业人才局	2018年4月
区就业人才局	第六期、第七期“泛海扬帆——重庆大学生创业行动”优秀组织奖	市就业人才局	2018年6月
区人力社保局	“巴渝工匠”杯第五届三峡工程重庆库区职业技能大赛优秀组织奖	市水利局	2018年9月
区人力社保局	在第五届全国文明城区创建和综合复查中表现突出记集体嘉奖	区委、区政府	2018年9月
区就业人才局	重庆市第二届“渝创渝新”创业创新大赛优秀组织奖	市人力社保局	2018年12月
区环保局	渝北区生态文明建设和环境保护做出突出贡献记集体三等功	区委、区政府	2018年5月
区环保局	在第五届全国文明城区创建和综合复查中表现突出记集体嘉奖	区委、区政府	2018年9月
区城乡建委行政审批科	2016—2017年度重庆市青年文明号	重庆市创建青年文明号活动组委会	2018年1月
区城乡建委重点建设办公室	2018年重庆市巾帼文明岗	市妇联	2018年10月

续表

获奖单位	获奖名称	授奖机关	授奖时间
区城乡建委	重庆市“我与宪法”微视频三等奖	市司法局、市互联网信息办公室、市普法办公室	2018年11月
区交委	渝北区生态文明建设和环境保护做出突出贡献记集体嘉奖	区委、区政府	2018年5月
区交委	在第五届全国文明城区创建和综合复查中表现突出记集体嘉奖	区委、区政府	2018年9月
区房管局	在第五届全国文明城区创建和综合复查中表现突出记集体三等功	区委、区政府	2018年9月
区水利局	2017年度“禹王杯”水利综合目标考核优秀等次	市水利局	2018年3月
区农产品质量安全中心	重庆市农产品质量安全检测技能竞赛团体二等奖	市农委、市人力社保局、市总工会	2018年1月
区农委	渝北区生态文明建设和环境保护做出突出贡献记集体嘉奖	区委、区政府	2018年5月
区文化委	在第五届全国文明城区创建和综合复查中表现突出记集体嘉奖	区委、区政府	2018年9月
区卫生计生委	全国生育状况抽样调查优秀单位	国家卫生健康委员会	2018年6月
区卫生监督局	2017年度卫生计生执法优秀典型案例	国家卫生健康委员会	2018年6月
区卫生计生委	全国流动人口动态监测调查优秀单位	国家卫生健康委员会	2018年9月
区妇幼保健院	全国母婴友好医院	中国妇幼保健协会	2018年6月
区疾控中心党委	全国疾控系统2018年“百强支部”	中国疾病预防控制中心	2018年8月
区疾控中心	中国卫生政促会疾控分会论文优秀奖	中国政促会	2018年8月
区卫生监督局	重庆市2017年度卫生计生执法优秀案例(2个案例)	市卫生计生委	2018年8月
双龙湖社区卫生服务中心	首个中国医师节一等奖	市卫生计生委	2018年8月
玉峰山中心卫生院	首个中国医师节二等奖	市卫生计生委	2018年8月
区卫生计生委	在第五届全国文明城区创建和综合复查中表现突出记集体嘉奖	区委、区政府	2018年9月
区二院	家庭医生签约服务调研工作获得“市人大重点建议办理优秀件”荣誉	市人大、市政府	2018年12月
区审计局	重庆市2014—2016年度教育重点专项资金审计调查获优秀项目	市审计局	2018年1月
区审计局	2016年保障性安居工程跟踪审计获优秀项目	市审计局	2018年1月

续表

获奖单位	获奖名称	授奖机关	授奖时间
区审计局	2017年度重大政策措施落实情况跟踪审计获优秀项目	市审计局	2018年1月
区审计局	2017年区县审计局获优秀审计项目——渝北区审计局实施的2016年区级部门(单位)预算执行和其他财政财务收支审计	市审计局	2018年1月
区审计局	重庆市审计机关2017年度综合目标考核第一片区二等奖	市审计局	2018年2月
区安监局	2017年度安全生产综合监管先进集体	市安监局	2018年1月
区安监局	2017年度全市职业健康监管工作先进单位	市安监局	2018年1月
区安监局	2017年度危险化学品烟花爆竹安全监管先进集体	市安监局	2018年1月
区安监局	2017年度安全培训先进集体	市安监局	2018年2月
区安监局	2017年度应急管理值班值守先进集体	市安监局	2018年3月
区安监局	渝北区生态文明建设和环境保护做出突出贡献记集体嘉奖	区委、区政府	2018年5月
区安监局	党的十九大期间渝区维稳安保工作先进集体记三等功	区委、区政府	2018年5月
区旅游局	在第五届全国文明城区创建和综合复查中表现突出记集体嘉奖	区委、区政府	2018年9月
区信访办	党的十九大期间全区维稳安保工作先进集体记三等功	区委、区政府	2018年5月
区金融办	在第五届全国文明城区创建和综合复查中表现突出记集体嘉奖	区委、区政府	2018年9月
区档案局	2017年度区县档案工作目标考核先进单位	市档案局	2018年1月
区档案局	渝北区法治政府建设示范单位	区政府	2018年4月
区行管办	在第五届全国文明城区创建和综合复查中表现突出记集体嘉奖	区委、区政府	2018年9月
区征地办	集体二等功	市人力社保局	2018年4月
龙溪街道	在第五届全国文明城区创建和综合复查中表现突出记集体嘉奖	区委、区政府	2018年9月
龙山街道人武部	先进基层武装部	重庆警备区	2018年1月
龙山街道龙山路社区	重庆市2017年度先进巾帼志愿服务社区	市妇联	2018年1月
龙山街道	法治政府建设示范单位	区政府	2018年4月
龙山街道花园新村社区	重庆市2017年度优秀妇女之家	市妇联	2018年5月
龙山街道	党的十九大期间全区维稳安保工作先进集体记三等功	区委、区政府	2018年5月

续表

获奖单位	获奖名称	授奖机关	授奖时间
龙山街道	渝北区生态文明建设和环境保护做出突出贡献记集体嘉奖	区委、区政府	2018年5月
龙山街道	在第五届全国文明城区创建和综合复查中表现突出记集体三等功	区委、区政府	2018年9月
龙塔街道	在第五届全国文明城区创建和综合复查中表现突出记集体三等功	区委、区政府	2018年9月
双凤桥街道安康路社区团总支	2017年度全国五四红旗团委(团支部)	共青团中央	2018年5月
双凤桥街道	重庆市第五届“安全伴我行”岗位安全文艺创作比赛三等奖	市总工会、市安监局	2018年5月
双凤桥街道溜马山社区	重庆市2017年度十佳妇女之家	市妇联	2018年5月
双凤桥街道	党的十九大期间全区维稳安保工作先进集体记三等功	区委、区政府	2018年5月
双凤桥街道	渝北区生态文明建设和环境保护做出突出贡献记集体三等功	区委、区政府	2018年5月
双凤桥街道	在第五届全国文明城区创建和综合复查中表现突出记集体三等功	区委、区政府	2018年9月
双凤桥街道长空路社区	重庆市社区科普大学示范教学点	市科协	2018年12月
两路街道临港社区侨胞之家	全国侨联系统先进组织	中华全国归国华侨联合会	2018年8月
两路街道	在第五届全国文明城区创建和综合复查中表现突出记集体三等功	区委、区政府	2018年9月
王家街道观月路社区	第四届全国119消防奖先进集体	应急管理部	2018年11月
王家街道妇联	2018年重庆市巾帼文明岗	市妇联	2018年10月
王家街道综治办	党的十九大期间全区维稳安保工作先进集体获嘉奖	区委、区政府	2018年5月
双龙湖街道凯歌路社区	重庆市2017年度妇女之家	市妇联	2018年5月
双龙湖街道	在第五届全国文明城区创建和综合复查中表现突出获集体嘉奖	区委、区政府	2018年9月
回兴街道	在第五届全国文明城区创建和综合复查中表现突出记集体三等功	区委、区政府	2018年9月
宝圣湖街道	党的十九大期间全区维稳安保工作先进集体记三等功	区委、区政府	2018年5月
宝圣湖街道果塘湖社区	重庆市优秀人民调解委员会	市人力社保局、市司法局	2018年7月

续表

获奖单位	获奖名称	授奖机关	授奖时间
宝圣湖街道	在第五届全国文明城区创建和综合复查中表现突出记集体三等功	区委、区政府	2018年9月
宝圣湖街道	2018年渝北区巴渝武术操总决赛"二等奖"	区委、区政府	2018年10月
宝圣湖街道	重庆市"我与宪法"微视频征集展播活动优秀奖	市司法局	2018年11月
悦来街道嘉陵路社区	重庆市2017年度优秀妇女之家	市妇联	2018年5月
悦来街道	党的十九大期间全区维稳安保工作先进集体记嘉奖	区委、区政府	2018年5月
悦来街道	在第五届全国文明城区创建和综合复查中表现突出记集体嘉奖	区委、区政府	2018年9月
仙桃街道	党的十九大期间全区维稳安保工作先进集体记三等功	区委、区政府	2018年5月
仙桃街道	在第五届全国文明城区创建和综合复查中表现突出记集体嘉奖	区委、区政府	2018年9月
仙桃街道办事处	第二批全市"扫黄打非"进基层示范点	市"扫黄打非"工作领导小组	2018年12月
仙桃街道睦邻路社区	重庆书香社区	市委宣传部、市文明办、市教委、市文旅委、团市委、市妇联	2018年12月
仙桃街道百果路社区	重庆市社区科普大学示范教学点	市科协	2018年12月
人和街道天湖美镇社区	重庆书香社区	市委宣传部、市文明办、市教委、市文旅委、团市委、市妇联	2018年12月
大竹林街道人民调解委员会	全国人民调解工作先进集体	中华人民共和国司法部	2018年5月
大竹林街道星汇社区	全国"扫黄打非"进基层示范标兵	全国"扫黄打非"工作小组办公室	2018年12月
大竹林街道星汇社区	全国"扫黄打非"进基层示范点	全国"扫黄打非"工作小组办公室	2018年12月
大竹林街道武装部	先进基层武装部	重庆警备区	2018年1月
大竹林街道紫竹苑社区及汪家桥社区	重庆市和谐示范社区	市民政局	2018年2月
大竹林街道	2017年度考核先进领导集体	中共重庆两江新区工作委员会、重庆两江新区管理委员会	2018年5月

续表

获奖单位	获奖名称	授奖机关	授奖时间
大竹林街道机关支部、紫竹苑社区党总支、重庆仁和压铸有限公司党支部	先进基层党组织	中共重庆两江新区工作委员会	2018年6月
大竹林街道星汇社区	全市“扫黄打非”进基层示范标兵	重庆市“扫黄打非”工作领导小组办公室	2018年12月
大竹林街道办事处	全市基层理论宣讲先进集体	市委宣传部	2018年12月
大竹林街道紫竹苑社区	重庆书香社区	市委宣传部、市文明办、市教委、市文旅委、团市委、市妇联	2018年12月
礼嘉街道白马社区	最美志愿服务社区	市宣传部、市文明办、市民政局、市生态环境局等12单位	2018年12月
康美街道计生科	重庆市尊医重卫先进集体	市人力社保局、市卫计委	2018年8月
石船镇	党的十九大期间全区维稳安保工作先进集体记嘉奖	区委、区政府	2018年5月
洛碛镇	党的十九大期间全区维稳安保工作先进集体记嘉奖	区委、区政府	2018年5月
洛碛镇	渝北区生态文明建设和环境保护做出突出贡献记集体三等功	区委、区政府	2018年5月
洛碛镇张关社区劝导站	优秀劝导站	市安交办	2018年6月
洛碛镇	渝北区文旅委获第六届重庆市戏剧曲艺大赛曲艺类一等奖(洛碛镇选送)	市文旅委	2018年10月
龙兴镇同乐社区	重庆市2017年度优秀妇女之家	市妇联	2018年5月
大湾镇	党的十九大期间全区维稳安保工作先进集体记嘉奖	区委、区政府	2018年5月
大湾镇虞贵苑	重庆市首届最美巾帼农家乐	市妇联、市商务委、市文旅委、市扶贫办	2018年12月
古路镇综治办	党的十九大期间全区维稳安保工作先进集体记三等功	区委、区政府	2018年5月
统景镇综治办	党的十九大期间全区维稳安保工作先进集体记嘉奖	区委、区政府	2018年5月
统景镇	渝北区生态文明建设和环境保护做出突出贡献记集体三等功	区委、区政府	2018年5月

续表

获奖单位	获奖名称	授奖机关	授奖时间
大盛镇政府	党的十九大期间全区维稳安保工作先进集体获嘉奖	区委、区政府	2018年5月
木耳镇华晖路社区	青年之家·城乡社区市民学校市级示范点	团市委	2018年2月
木耳镇	党的十九大期间全区维稳安保工作先进记集体三等功	区委、区政府	2018年5月
木耳镇安监办	优秀交安办	市安交办	2018年6月
木耳镇舵白路劝导站	优秀劝导站	市安交办	2018年6月
木耳镇	在第五届全国文明城区创建和综合复查中表现突出记集体三等功	区委、区政府	2018年9月
木耳镇华晖路社区	重庆市社区科普大学示范教学点	市科协	2018年12月
兴隆镇兴隆社区	重庆市2017年度优秀妇女之家	市妇联	2018年5月
兴隆镇	党的十九大期间全区维稳安保工作先进集体获嘉奖	区委、区政府	2018年5月
茨竹镇放牛坪村	全国一村一品示范村镇	中华人民共和国农业农村部	2018年10月
茨竹镇	党的十九大期间全区维稳安保工作先进集体获嘉奖	区委、区政府	2018年5月
茨竹镇放牛坪村	渝北区梨园牧歌改善农村人居环境市级示范片	市城乡建委	2018年9月
茨竹镇秦家村	2018年卫生村	市爱卫会	2018年11月
玉峰山镇	党的十九大期间全区维稳安保工作先进集体获嘉奖	区委、区政府	2018年5月
玉峰山镇	在第五届全国文明城区创建和综合复查中表现突出获集体嘉奖	区委、区政府	2018年9月
重庆空港经济开发建设有限公司	重庆市2017年度优秀妇女之家	市妇联	2018年5月
重庆仙桃数据谷投资管理有限公司	2017年度重庆服务贸易工作先进集体	市服贸协会	2018年1月
重庆临空都市基础设施建设运营有限公司	重庆五一劳动奖状	市总工会	2018年4月
区公安分局出入境管理支队	2017年度重庆市职工职业道德建设标兵班组	市总工会	2018年1月
区公安分局仙桃派出所	党的十九大期间全区维稳安保工作先进集体记三等功	区委、区政府	2018年5月

续表

获奖单位	获奖名称	授奖机关	授奖时间
区公安分局交巡警支队车管所	党的十九大期间全区维稳安保工作先进集体记三等功	区委、区政府	2018年5月
区公安分局交通巡逻警察支队龙塔大队	渝北区生态文明建设和环境保护做出突出贡献记集体嘉奖	区委、区政府	2018年5月
区公安分局改革办	2017年公安改革创新工作先进记集体三等功	市公安局	2018年6月
区公安分局政治处	新闻宣传舆论工作成绩突出记集体三等功	市公安局	2018年6月
区公安分局	在第五届全国文明城区创建和综合复查中表现突出记集体三等功	区委、区政府	2018年9月
区国土分局	渝北区生态文明建设和环境保护做出突出贡献记集体嘉奖	区委、区政府	2018年5月
区国土分局	2018年度自然资源报刊征订发行及读报用刊工作先进单位	中国国土资源报社	2018年9月
区地方税务局龙山税务所	重庆市工人先锋号	市总工会	2018年4月
区税务局第一税务所	2018年重庆市巾帼文明岗	市妇联	2018年10月
区规划分局	重庆江北国际机场东航站区及第三跑道建设记集体三等功	市人力社保局	2018年3月
区规划分局	渝北区生态文明建设和环境保护做出突出贡献获集体嘉奖	区委、区政府	2018年5月
区食药监分局	在第五届全国文明城区创建和综合复查中表现突出获集体嘉奖	区委、区政府	2018年9月
区气象局	“巴渝工匠”杯第十届重庆市气象行业技能竞赛团体二等奖	市气象局、市人力社保局、市总工会	2018年10月
重庆海关缉私局	在第五届全国文明城区创建和综合复查中表现突出获集体嘉奖	区委、区政府	2018年9月
中共中邮渝北片区分公司委员会	基层党组织示范点	中共中国邮政集团公司重庆市分公司委员会	2018年3月
区消防支队	先进支队	市消防总队	2018年3月
区消防支队双龙湖中队	先进中队	市消防总队	2018年3月
区消防支队双龙湖中队	集体三等功	市公安局	2018年4月
区消防支队	集体嘉奖	市公安局	2018年4月
民航重庆空管分局	重庆江北国际机场东航站区及第三跑道建设工程先进集体	市政府办公厅	2018年4月

续表

获奖单位	获奖名称	授奖机关	授奖时间
3U8633机组	中国民航英雄机组	中国民用航空局、四川省人民政府	2018年6月
3U8633机组	2018年全国工人先锋号	中华全国总工会	2018年6月
刘传健机组	全国轻暖安全生产示范岗	共青团中央	2018年8月
川航重庆分公司	媒介整合类实战金案奖	世界传媒产业协会	2018年8月
川航重庆分公司	2018年重庆国际马拉松赛特色合作商	重庆国际马拉松组委会	2018年5月
川航重庆分公司	优秀音乐加油站二等奖	重庆国际马拉松组委会	2018年5月
川航股份有限公司	第二十一届中国西部投资贸易洽谈会最佳设计奖	西部国际投资贸易组委会	2018年5月
川航重庆分公司	红樱桃“冬日针爱”志愿行动优秀组织单位	市委宣传部	2018年6月
交通银行渝北支行	2017年度渝北区金融工作考核评价三等奖	区政府	2018年2月
中国农业银行股份有限公司渝北支行	2017年度渝北区金融工作考核评价一等奖	区政府	2018年2月
天安财险重庆分公司	2017年度金融特别贡献奖	区政府	2018年2月
中国人寿保险股份有限公司重庆市渝北区支公司	2017年度渝北区金融工作考核评价二等奖	区政府	2018年2月
中国人寿保险股份有限公司重庆市渝北区支公司	百强e化服务支公司奖	中国人寿保险股份有限公司	2018年5月
中共中国人寿保险股份有限公司重庆市渝北区支公司支部委员会	2017—2018年度中国人寿保险股份有限公司先进基层党组织	中共中国人寿保险股份有限公司委员会	2018年6月
中国人寿保险股份有限公司重庆市渝北区支公司	县(区)支公司“一把手”培养基地	中共中国人寿保险股份有限公司委员会	2018年6月
中国人寿保险股份有限公司重庆市渝北区支公司	2018年度基地平台培养项目优秀基地	中共中国人寿保险股份有限公司委员会	2018年10月
中共中国银行重庆渝北支行委员会	先进基层党组织	中共中国银行委员会	2018年6月
中国银行重庆渝北支行	2017年度渝北区金融工作考核评价三等奖	区政府	2018年2月

续表

获奖单位	获奖名称	授奖机关	授奖时间
中国银行重庆渝北支行	2017年度重庆市分行中银卓越集体	中国银行股份有限公司重庆市分行	2018年2月
中国银行重庆渝北支行团委	中国银行五四红旗团组织	共青团中国银行股份有限公司委员会	2018年5月
中共中国银行重庆渝北支行委员会	“四强”党组织	中共中国银行重庆市分行委员会	2018年6月
中信渝北支行	2017年度渝北区金融工作考核评价一等奖	区政府	2018年2月
大连银行重庆分行	“中国银行业文明规范服务五星级营业网点”	中国银行业协会	2018年1月
大连银行重庆分行	特别贡献奖	区政府	2018年2月
大连银行重庆分行	重庆市银行业理财师大赛“最佳组织奖”	市银行业协会	2018年7月
大连银行重庆分行	重庆市银行业2018年安全防范技能大赛实作演练三等奖	市银行业协会	2018年9月
大连银行重庆分行	重庆市银行业2018年安全防范技能大赛团体三等奖	市银行业协会	2018年9月
大连银行渝北支行	2018年度重庆市银行业文明规范服务优秀营业机构	市银行业协会	2018年7月
工行渝北支行	安全管理星级支行	中国工商银行	2018年2月
工行渝北支行	结算与现金管理专业先进集体	中国工商银行	2018年2月
工行渝北支行	五一劳动奖状	中国工商银行	2018年4月
工行渝北支行	职工代表大会制度建设示范单位	中国工商银行	2018年4月
工行渝北支行	驻区金融机构支持地区经济社会发展考核二等奖	区政府	2018年3月
工行渝北支行	全国金融系统党建创新成果微视频优秀提名案例	中国金融思想政治工作研究会、中央和国家机关工委《紫光阁》杂志社	2018年7月
工行重庆龙湖支行	总行级青年文明号	中国工商银行	2018年3月
工行重庆金开支行	总行级青年文明号	中国工商银行	2018年3月
渝北银座村镇银行股份有限公司	2017年度渝北区金融工作特别贡献奖	区政府	2018年2月
重庆国际信托股份有限公司	2017年度优秀资产托管机构进步奖	中央国债登记结算有限责任公司	2018年1月
重庆国际信托股份有限公司	2017年度渝北区金融工作考核评价特别贡献奖	区政府	2018年2月
重庆国际信托股份有限公司	重庆五一劳动奖状	市总工会	2018年4月

续表

获奖单位	获奖名称	授奖机关	授奖时间
重庆国际信托股份有限公司	2017年度社会责任公益慈善爱心奖	市银行业协会	2018年5月
重庆国际信托股份有限公司	第十一届中国优秀信托公司·中国优秀信托公司	证券时报	2018年6月
重庆国际信托股份有限公司	第十一届诚信托·卓越公司奖	上海证券报	2018年7月
重庆国际信托股份有限公司	2018年度卓越信托公司奖	每日经济新闻	2018年10月
重庆国际信托股份有限公司行政管理部	重庆市巾帼文明岗	市妇联	2018年10月
重庆市朗萨家私（集团）有限公司生产二线包装组	重庆市工人先锋号	市总工会	2018年4月
重庆阿兴记产业集团有限公司金港国际分公司三楼班组	2018年重庆市巾帼文明岗	市妇联	2018年10月
符爱浓家庭（龙溪街道松树桥社区）	第十一届全国“五好家庭”	全国妇联	2018年5月
袁镇涛家庭（龙山街道盘溪河社区）	2018年全国“最美家庭”	全国妇联	2018年5月
钟从荣家庭（鸳鸯街道四川力登维汽车部件有限公司）	2018年全国“最美家庭”	全国妇联	2018年5月
杨雪峰家庭（区公安分局）	2018年重庆“最美家庭”	市委宣传部、市文明委、市妇联	2018年12月
江礼君家庭（双凤桥街道宏锦路社区）	2018年重庆“最美家庭”	市委宣传部、市文明委、市妇联	2018年12月
王宗沛家庭（龙山街道）	2018年重庆“最美家庭”	市委宣传部、市文明委、市妇联	2018年12月
陈福明家庭（渝北区统景镇河坝村3组）	2018年重庆“最美家庭”	市委宣传部、市文明委、市妇联	2018年12月
吴高成家庭（仙桃街道）	2018年重庆“最美家庭”	市委宣传部、市文明委、市妇联	2018年12月
曾令容家庭（仙桃街道）	2018年重庆“最美家庭”	市委宣传部、市文明委、市妇联	2018年12月

续表

获奖单位	获奖名称	授奖机关	授奖时间
黄雅莉家庭(区法院)	2018年重庆“最美家庭”	市委宣传部、市文明委、市妇联	2018年12月
唐建军家庭(礼嘉街道嘉兴社区)	2018年重庆“最美家庭”	市委宣传部、市文明委、市妇联	2018年12月
刘尧琴家庭(龙溪街道新牌坊社区)	2018年度重庆“最美阳台”	市妇联、市文明委、市教委、市城管局、市生环局、重庆报业集团	2018年11月
颜运霞家庭(宝圣湖街道湖滨西路社区)	2018年度重庆“最美阳台”	市妇联、市文明委、市教委、市城管局、市生环局、重庆报业集团	2018年11月
邹小娇家庭(悦来街道阳光社区)	2018年度重庆“最美阳台”	市妇联、市文明委、市教委、市城管局、市生环局、重庆报业集团	2018年11月
柏雪家庭(现代服务业公司)	2018年度重庆“最美阳台”	市妇联、市文明委、市教委、市城管局、市生环局、重庆报业集团	2018年11月
田一卫家庭(龙山街道龙华社区)	2018年度重庆“最美庭院”	市妇联、市文明委、市教委、市城管局、市生环局、重庆报业集团	2018年11月
何彬家庭(双龙湖街道龙旺街社区)	2018年度重庆“最美庭院”	市妇联、市文明委、市教委、市城管局、市生环局、重庆报业集团	2018年11月
程明家庭(统景镇民权村)	2018年度重庆“最美庭院”	市妇联、市文明委、市教委、市城管局、市生环局、重庆报业集团	2018年11月
谢小琴家庭(仙桃街道百果路社区)	2018年度重庆“最美庭院”	市妇联、市文明委、市教委、市城管局、市生环局、重庆报业集团	2018年11月

2018年获区级及其以上表彰奖励的先进个人名录(部分)

获奖人姓名	获奖人单位	获奖名称	授奖单位	授奖时间
陈伯全	区委办公室	渝北区生态文明建设和环境保护做出突出贡献记个人三等功	区委、区政府	2018年5月
刘畅	区委办公室	在第五届全国文明城区创建和综合复查中表现突出记个人三等功	区委、区政府	2018年9月
廖强、周良懿	区委办公室	2015—2017年连续三年年度考核为优秀公务员记个人三等功	区委、区政府	2018年12月
冉利行	区人大办公室	在第五届全国文明城区创建和综合复查中表现突出记个人三等功	区委、区政府	2018年9月
冉利行	区人大办公室	2015—2017年连续三年年度考核为优秀公务员记个人三等功	区委、区政府	2018年12月
陈相颖、徐志红、莫爱	区政府办公室	2015—2017年连续三年年度考核为优秀公务员记个人三等功	区委、区政府	2018年12月
孙群坤	区政协社情民意信息办公室	新闻宣传工作先进个人	市政协办公厅	2018年11月
高娇娇	区政协社情民意信息办公室	新闻宣传工作优秀通讯员	市政协办公厅	2018年11月
罗天念	区政协办公室	2015—2017年连续三年年度考核为优秀公务员记个人三等功	区委、区政府	2018年12月
曹兴兵	区纪委监委	在第五届全国文明城区创建和综合复查中表现突出记个人三等功	区委、区政府	2018年9月
喻应平、熊德芬、游燕、贺晓曦、陈黎	区纪委监委	2015—2017年连续三年年度考核为优秀公务员记个人三等功	区委、区政府	2018年12月
罗钢	区纪委监委	优秀网络评论员	中央纪委国家监委宣传部、中央网信办网络评论工作局	2018年12月
赖希娟、朱依德、刘平、郭敬彬	区法院	荣誉天平奖章	市高法院	2018年2月
黄雅莉	区法院	党的十九大期间渝北区维稳安保工作先进个人记三等功	区委、区政府	2018年5月

续表

获奖人姓名	获奖人单位	获奖名称	授奖单位	授奖时间
江安建	区法院	党的十九大期间渝北区维稳安保工作先进个人获嘉奖	区委、区政府	2018年5月
李世华	区法院	在第五届全国文明城区创建和综合复查中表现突出获个人嘉奖	区委、区政府	2018年9月
唐中政	区法院	个人三等功	市高法院	2018年12月
李鲲鹏、张世礼、唐国荣、陶本军、邹富奎、徐振中、任韵霖、蒋光燕	区法院	2015—2017年连续三年年度考核为优秀公务员记个人三等功	区委、区政府	2018年12月
刘飞龙	区检察院	全市信息工作先进个人	市检察院	2018年1月
雷晶	区检察院	全市检察宣传先进个人	市检察院	2018年1月
门丽、沙宁远	区检察院	个人三等功	市检察院	2018年2月
秦晴	区检察院	嘉奖	市检察院	2018年2月
杨辉	区检察院	全市刑事执行检察竞赛业务标兵、最佳法律文书制作奖	市检察院	2018年7月
胡师坦	区检察院	全市刑事执行检察竞赛业务标兵、最佳答辩奖	市检察院	2018年7月
廖飞亚	区检察院	全市刑事执行检察竞赛业务能手	市检察院	2018年7月
从小娟	区检察院	在第五届全国文明城区创建和综合复查中表现突出获个人嘉奖	区委、区政府	2018年9月
刘显平、郭训德、温璇、李学田、杨熹	区检察院	2015—2017年连续三年年度考核为优秀公务员记个人三等功	区委、区政府	2018年12月
任伟	区人武部	践行强军目标先进个人	重庆警备区	2018年12月
刘姝伶	区委组织部	2015—2017年连续三年年度考核为优秀公务员记个人三等功	区委、区政府	2018年12月
包季伟、张铭铭、周帆	区委政法委	2015—2017年连续三年年度考核为优秀公务员记个人三等功	区委、区政府	2018年12月
黄莉	区直机关工委	在第五届全国文明城区创建和综合复查中表现突出获个人嘉奖	区委、区政府	2018年9月
刘炼	区委老干局	2015—2017年连续三年年度考核为优秀公务员记个人三等功	区委、区政府	2018年12月
王丹	区委党校	“微宣讲”比赛三等奖	市委宣传部	2018年9月

续表

获奖人姓名	获奖人单位	获奖名称	授奖单位	授奖时间
袁月	区委党校	在第五届全国文明城区创建和综合复查中表现突出获个人嘉奖	区委、区政府	2018年9月
王丹	区委党校	全市基层理论宣讲先进个人	市委宣传部	2018年12月
涂利军	区委党校	全市党校行政院校系统第三届精品课比赛 评为精品课	市委党校	2018年12月
杜娟	渝北新闻社	在第五届全国文明城区创建和综合复查中表现突出获个人记功	区委、区政府	2018年9月
舒丽佳	区广电台	民盟重庆市委纪念中共中央发布“五一口号”70周年演讲比赛二等奖	民盟重庆市委	2018年4月
税莺	区广电台	在第五届全国文明城区创建和综合复查中表现突出获个人记功	区委、区政府	2018年9月
舒丽佳	区广电台	社会服务工作先进个人	民盟重庆市委	2018年11月
陈睿	区广电台	2018年度知识产权保护十佳台长	重庆广电（集团）总台	2018年12月
汪年庆、朱强、文寒	区广电台	2018年度知识产权保护先进个人	重庆广电（集团）总台	2018年12月
鞠笛	区广电台	“清风润万家”家庭廉政文化诵读比赛获最佳作品奖	市妇联、市直机关工委、市文联	2018年12月
朱涛	区总工会	在第五届全国文明城区创建和综合复查中表现突出获个人嘉奖	区委、区政府	2018年9月
张晏	团区委	2017年度重庆市优秀团委书记	团市委	2018年3月
方芳	团区委	2017年度重庆市优秀共青团干部	团市委	2018年5月
陈强	团区委	在第五届全国文明城区创建和综合复查中表现突出获个人嘉奖	区委、区政府	2018年9月
李雨佳	团区委	重庆市青年岗位能手	团市委	2018年12月
谭 莲	区妇联	全国青少年毒品预防教育“6.27”工程优秀校外辅导员	国家禁毒委员会办公室、中国禁毒基金会	2018年6月
姜 澜	区妇联	在第五届全国文明城区创建和综合复查中表现突出获个人嘉奖	区委、区政府	2018年9月
郑溪璐	区科协	在第五届全国文明城区创建和综合复查中表现突出获个人嘉奖	区委、区政府	2018年9月
李小华	区科协	第三届科协改革研讨会论文三等奖	市科协	2018年10月

续表

获奖人姓名	获奖人单位	获奖名称	授奖单位	授奖时间
郭渝江	区残联	在第五届全国文明城区创建和综合复查中表现突出获个人嘉奖	区委、区政府	2018年9月
黄璇	市民政局(渝北民革党员)	2017年度优秀公务员	市委组织部	2018年2月
雷勇	西南政法大学(渝北民革党员)	2017年度参政议政工作先进个人	民革重庆市委	2018年3月
郑　辉	重庆凰腾地产集团有限公司(渝北民盟盟员)	社会服务工作先进个人	民盟中央	2018年5月
苏玉梅	民盟渝北区委	社会服务工作先进个人	民盟重庆市委	2018年11月
王育庆	区人民医院(渝北民盟盟员)	社会服务工作先进个人	民盟重庆市委	2018年11月
郑辉	重庆凰腾地产集团有限公司(渝北民盟盟员)	社会服务工作先进个人	民盟重庆市委	2018年11月
付福碧	渝北区人大财经委、财经委(渝北民盟盟员)	优秀盟务工作者	民盟重庆市委	2018年12月
吴太轩	西南政法大学(渝北民盟盟员)	优秀盟务工作者	民盟重庆市委	2018年12月
童立强	区水利局(渝北民盟盟员)	优秀盟员	民盟重庆市委	2018年12月
郑辉	重庆凰腾地产集团有限公司(渝北民盟盟员)	优秀盟员	民盟重庆市委	2018年12月
刘杰	区法院民事审判二庭(渝北民盟盟员)	优秀盟员	民盟重庆市委	2018年12月
马国力	市应急管理局调度信息(宣传)中心,渝北民盟盟员	优秀新盟员	民盟重庆市委	2018年12月

续表

获奖人姓名	获奖人单位	获奖名称	授奖单位	授奖时间
徐忠	安琪尔儿童摄影连锁机构（渝北民建会员）	中国儿童摄影行业辉煌十年领军人物	中国人像摄影学会	2018年11月
张群星	民建渝北区委	2017年度会务工作考评先进个人	民建重庆市委	2018年1月
龙维众	市发改委农经处（渝北民建会员）	2017年度参政议政工作先进个人	民建重庆市委	2018年3月
胡伟	马上消费金融股份有限公司（渝北民建会员）	2017年度参政议政工作先进个人	民建重庆市委	2018年3月
肖忠意	西南政法大学经济学院（渝北民建会员）	2017年度参政议政工作先进个人	民建重庆市委	2018年3月
周静毅	重庆萱颜园林景观规划设计有限公司（渝北民建会员）	2017年度反映社情民意信息工作先进个人	民建重庆市委	2018年3月
张继均	渝北区信访办信息中心（渝北民建会员）	重庆市社会稳定风险评估市级专家库成员	市维护稳定工作领导小组办公室	2018年4月
秦远红	秦妈集团（实业）有限公司，渝北民建会员	重庆市优秀民营企业家	市委统战部	2018年7月
秦远红	秦妈集团（实业）有限公司，渝北民建会员	优秀企业家会员	民建重庆市委	2018年9月
郭晓	重庆微界科技发展有限公司（渝北民建会员）	改革开放40周年“争先创优”优秀个体工商户	市市场监督管理局	2018年12月
严洁	民建渝北区委	2018年度会务工作考评先进个人	民建重庆市委	2018年12月

续表

获奖人姓名	获奖人单位	获奖名称	授奖单位	授奖时间
侯东德	西南政法大学高等研究院（渝北民进会员）	全国宣传思想工作先进个人	民进中央	2018年10月
李定伟	重庆市两化融合节能降耗技术应用中心（渝北民进会员）	参政议政优秀成果三等奖	民进中央	2018年12月
侯东德	西南政法大学高等研究院（渝北民进会员）	纪念中共中央“五一口号”发布70周年征文二等奖	民进重庆市委	2018年6月
汤贤君	区旅游局（渝北农工党党员）	2017年度党务工作先进个人	农工党重庆市委	2018年1月
汪官余	区商务局（渝北农工党党员）	2017年度党务工作先进个人	农工党重庆市委	2018年1月
杜建	农工党渝北区委	2017年度党务工作先进个人	农工党重庆市委	2018年1月
吴忠	市环保局两江新区分局（渝北农工党党员）	2017年度党务工作先进个人	农工党重庆市委	2018年1月
罗本德	西南政法大学经济学院（渝北农工党党员）	2017年度党务工作先进个人	农工党重庆市委	2018年1月
常馨匀	区经信委（渝北农工党党员）	纪念“五一口号”发布70周年演讲比赛三等奖	市委统战部	2018年4月
卿烈蓉	西南政法大学经济学院（渝北农工党党员）	理论研究三等奖	农工党重庆市委	2018年12月
王乐乐	渝北致公党	2018年度优秀党员	致公党重庆市委	2018年12月
陈冰梅	西南政法大学（渝北致公党党员）	2018年度优秀党员	致公党重庆市委	2018年12月

续表

获奖人姓名	获奖人单位	获奖名称	授奖单位	授奖时间
薛山、杨永红	西南政法大学（渝北致公党党员）	2018年度参政议政优秀个人	致公党重庆市委	2018年12月
魏红、石颖慧	九三学社渝北区委	宣传工作先进个人	九三学社重庆市委	2018年12月
王玉妍	重庆仙桃数据谷投资管理有限公司（渝北九三学社社员）	参政议政工作先进个人	九三学社重庆市委	2018年12月
袁野	区科学技术局（渝北九三学社社员）	参政议政工作先进个人	九三学社重庆市委	2018年12月
唐宗	王家街道办事处（渝北九三学社社员）	参政议政工作先进个人	九三学社重庆市委	2018年12月
黄建	市科学技术研究院技术评估与转移服务中心（渝北九三学社社员）	参政议政工作先进个人	九三学社重庆市委	2018年12月
彭克斌	市司法局（渝北九三学社社员）	参政议政工作先进个人	九三学社重庆市委	2018年12月
孟芸	市审计局（渝北九三学社社员）	社情民意信息工作先进个人	九三学社重庆市委	2018年12月
黄建	市科学技术研究院技术评估与转移服务中心（渝北九三学社社员）	社情民意信息工作先进个人	九三学社重庆市委	2018年12月
彭克斌	市司法局（渝北九三学社社员）	社情民意信息工作先进个人	九三学社重庆市委	2018年12月
廖宏文	重庆展图实业有限公司（渝北九三学社社员）	社会服务工作先进个人	九三学社重庆市委	2018年12月

续表

获奖人姓名	获奖人单位	获奖名称	授奖单位	授奖时间
魏红	九三学社渝北区委	组织建设工作先进个人	九三学社重庆市委	2018年12月
石颖慧	九三学社渝北区委	机关建设工作先进个人	九三学社重庆市委	2018年12月
袁野	区科学技术局（渝北九三学社社员）	参政党理论与社史研究工作先进个人	九三学社重庆市委	2018年12月
彭克斌	市司法局（渝北九三学社社员）	参政党理论与社史研究工作先进个人	九三学社重庆市委	2018年12月
崔丹丹	四川外语大学重庆南方翻译学院（渝北九三学社社员）	参政党理论与社史研究工作先进个人	九三学社重庆市委	2018年12月
王玉妍	重庆仙桃数据谷投资管理有限公司（渝北九三学社社员）	专（工）委工作先进个人	九三学社重庆市委	2018年12月
杨天江	西南政法大学行政法学院（渝北九三学社社员）	专（工）委工作先进个人	九三学社重庆市委	2018年12月
邓潘颖	区发展改革委	在第五届全国文明城区创建和综合复查中表现突出获个人记功	区委、区政府	2018年9月
朱兴元	区发展改革委	2015—2017年连续三年年度考核为优秀公务员记个人三等功	区委、区政府	2018年12月
沈萍	区实验中学	参与的中国教育督导“十三五”规划重点课题《优化中小学生规则意识教育的策略研究》结题并获得一等奖	中华人民共和国教育部	2018年7月
张巧艳	两江新区花朝小学	第33届全国青少年科技创新大赛少年儿童科幻画比赛获指导教师二等奖	中国科协、教育部、科技部、生态环境部、体育总局、知识产权局、自然科学基金会、共青团中央、全国妇联	2018年8月
张志辽	西南政法大学	高等教育国家级教学成果二等奖	中华人民共和国教育部	2018年9月

续表

获奖人姓名	获奖人单位	获奖名称	授奖单位	授奖时间
曾凡昌	西南政法大学	重庆市发展研究奖三等奖	市政府	2018年5月
颜勇	渝北幼儿园	重庆市三八红旗手	市人力社保局、市妇联	2018年3月
张巧艳	两江新区花朝小学	在第33届重庆市青少年科技创新大赛中荣获优秀指导教师奖	市科协、市教委、市科委、市环保局、市体育局、市知识产权局、团市委、市妇联	2018年5月
袁苗达	重庆工业职业技术学院	在2018年"巴渝工匠"杯重庆市第十一届高等职业院校学生职业技能竞赛中获优秀工作者	市教委、市人力社保局	2018年5月
袁苗达	重庆工业职业技术学院	重庆市教学成果一等奖	市教委	2018年8月
苏志银	渝北中学	全国文学特长生优秀指导教师	全国校园文学委员会	2018年9月
程飞	重庆工业职业技术学院	2018年重庆市汽车检测与维修技能大赛汽车故障诊断与排除项目二等奖	市总工会	2018年11月
张晋源	重庆工业职业技术学院	2018年重庆市汽车检测与维修技能大赛发动机拆装与测量项目一等奖	市总工会	2018年11月
苏志银	渝北中学	论文大赛一等奖1篇、三等奖2篇	市教育学会	2018年12月
付启萍 樊遗志	区教委	2015—2017年连续三年年度考核为优秀公务员记个人三等功	区委、区政府	2018年12月
陶柱铸	区科委	先进个人	市科技局、市人力社保局	2018年12月
陶柱铸	区科委	2015—2017年连续三年年度考核为优秀公务员记个人三等功	区委、区政府	2018年12月
江双迁	区科委生产力促进中心	先进个人	市科技局、市人力社保局	2018年12月
唐菊	区民政局	在第五届全国文明城区创建和综合复查中表现突出获个人嘉奖	区委、区政府	2018年9月
邱隆秀	区民政局	2015—2017年连续三年年度考核为优秀公务员记个人三等功	区委、区政府	2018年12月
旷剑	区司法局	国家统一法律职业资格考试表现突出个人	司法部	2018年12月
鄢文俊	区司法局	在第五届全国文明城区创建和综合复查中表现突出获个人嘉奖	区委、区政府	2018年9月
聂国倡 袁海溢	区司法局	2015—2017年连续三年年度考核为优秀公务员记个人三等功	区委、区政府	2018年12月

续表

获奖人姓名	获奖人单位	获奖名称	授奖单位	授奖时间
刘勇	区财政局	渝北区生态文明建设和环境保护做出突出贡献记个人三等功	区委、区政府	2018年5月
代生会	区财政局	在第五届全国文明城区创建和综合复查中表现突出获个人嘉奖	区委、区政府	2018年9月
刘勇、龙静	区财政局	2015—2017年连续三年年度考核为优秀公务员记个人三等功	区委、区政府	2018年12月
邓贤伦	区人力社保局	渝北区生态文明建设和环境保护做出突出贡献获个人嘉奖	区委、区政府	2018年5月
童杭军	区人力社保局	党的十九大期间全区维稳安保先进个人记嘉奖	区委、区政府	2018年5月
张姝	区就业人才局	重庆市人力资源和社会保障法治知识竞赛江北赛区决赛最佳选手奖	市人力社保局	2018年7月
周峰	区人力社保局	在第五届全国文明城区创建和综合复查中表现突出获个人嘉奖	区委、区政府	2018年9月
邓贤伦、谷宏、刘振亮、冯宗伦、陈善均、赵文薪	区人力社保局	2015—2017年连续三年年度考核为优秀公务员记个人三等功	区委、区政府	2018年12月
蒲章明、张姝	区环保局	渝北区生态文明建设和环境保护做出突出贡献记个人三等功	区委、区政府	2018年5月
曹兴进、刘正实	区环保局	渝北区生态文明建设和环境保护做出突出贡献获个人嘉奖	区委、区政府	2018年5月
李德志	区环保局	重庆市2018年“责任在心·担当在行”环境执法大练兵演讲比赛三等奖	市环保局、市总工会	2018年7月
邹莹	区环保局	在第五届全国文明城区创建和综合复查中表现突出获个人三等功	区委、区政府	2018年9月
晏其川	区城乡建委	智博会社会宣传工作先进个人	市文明办	2018年10月
周乾坤	区城乡建委	渝北区生态文明建设和环境保护做出突出贡献记个人三等功	区委、区政府	2018年5月
王继均	区城乡建委	党的十九大期间全区维稳安保先进个人记嘉奖	区委、区政府	2018年5月
陈霖、游楠	区城乡建委	在第五届全国文明城区创建和综合复查中表现突出获个人嘉奖	区委、区政府	2018年9月
曹剑、童舟、谭帷幄、肖楠	区城乡建委	2015—2017年连续三年年度考核为优秀公务员记个人三等功	区委、区政府	2018年12月
徐毅	区交委	在第五届全国文明城区创建和综合复查中表现突出记个人三等功	区委、区政府	2018年9月
叶强	区交委	2015—2017年连续三年年度考核为优秀公务员记个人三等功	区委、区政府	2018年12月

续表

获奖人姓名	获奖人单位	获奖名称	授奖单位	授奖时间
吴红卫	区城市管理综合行政执法支队	在第五届全国文明城区创建和综合复查中表现突出记个人三等功	区委、区政府	2018年9月
黄波	区城市管理局龙溪市政环境卫生管理所	在第五届全国文明城区创建和综合复查中表现突出获个人记功	区委、区政府	2018年9月
龚建光、李国建、唐国宏	区城市管理局	在第五届全国文明城区创建和综合复查中表现突出获个人嘉奖	区委、区政府	2018年9月
幸莉、童立智、石冬梅、熊斌、陈嘉、沈红、刘松青、阳波、孔卫兵	区城市管理局	2015—2017年连续三年年度考核为优秀公务员记个人三等功	区委、区政府	2018年12月
周光伦	区房管局	2015—2017年连续三年年度考核为优秀公务员记个人三等功	区委、区政府	2018年12月
申丽琼	区农产品质量安全中心	重庆市农产品质量安全检测技能竞赛区县检测机构个人定量检测成绩第一名、重庆五一劳动奖章	市农委、市人力社保局、市总工会	2018年1月
申丽琼	区农产品质量安全中心	重庆市农产品质量安全检测技能竞赛水产品药物残留定量检测个人二等奖	市农委、市人力社保局、市总工会	2018年1月
杨义	区农产品质量安全中心	重庆市农产品质量安全检测技能竞赛种植业产品农药残留定量检测个人二等奖	市农委、市人力社保局、市总工会	2018年1月
李霞	大盛镇农产品质量安全监管站	重庆市农产品质量安全检测技能竞赛农药残留速测个人二等奖	市农委、市人力社保局、市总工会	2018年1月
潘建华	区农业监测站	渝北区生态文明建设和环境保护做出突出贡献获个人嘉奖	区委、区政府	2018年5月
曹厚强	区经济作物技术推广站	在第五届全国文明城区创建和综合复查中表现突出获个人嘉奖	区委、区政府	2018年9月
梅琴、胡春艳、徐天全、何秀娟	区农委	2015—2017年连续三年年度考核为优秀公务员记个人三等功	区委、区政府	2018年12月
王艳莲	区商务局	在第五届全国文明城区创建和综合复查中表现突出记个人三等功	区委、区政府	2018年9月
徐茜	区商务局	在第五届全国文明城区创建和综合复查中表现突出获个人嘉奖	区委、区政府	2018年9月

续表

获奖人姓名	获奖人单位	获奖名称	授奖单位	授奖时间
陆明、刘艳	区商务局	2015—2017年连续三年年度考核为优秀公务员记个人三等功	区委、区政府	2018年12月
范尚蓉	区水利局	在第五届全国文明城区创建和综合复查中表现突出获个人嘉奖	区委、区政府	2018年9月
李永清	区文化馆	重庆市第六届戏剧曲艺汇演中小品《协议》获三等奖	市委宣传部、市文化委、市文联	2018年1月
马　雪	区文化委	在第五届全国文明城区创建和综合复查中表现突出记个人三等功	区委、区政府	2018年9月
夏大武	区文化委	2015—2017年连续三年年度考核为优秀公务员记个人三等功	区委、区政府	2018年12月
江峰锦	区人民医院	2017年全国学雷锋志愿服务先进典型：最美志愿者	中央宣传部等15个单位	2018年4月
颜林	区卫生计生委	全国流动人口动态监测优秀个人	国家卫生计生委	2018年9月
童丽、刘爱玲、赵倩	区人民医院	发明的防垃圾袋滑脱式垃圾桶获得国家实用新型专利	中华人员共和国国家知识产权局	2018年9月
刘崇强	统景中心卫生院	全国乡镇卫生院优秀院长	中国农村卫生协会	2018年9月
苏小元	区疾控中心	中国卫生政促会疾控分会论文获优秀奖	中国政促会	2018年9月
李永	区中医院妇产科	重庆市优秀巾帼志愿者	市妇联	2018年1月
靳浩	区人民医院	“贯彻十九大，永远跟党走——我身边的医改”暨第八届重庆人口文化节系列活动摄影作品（故事图文）获一等奖	市卫生计生委	2018年1月
吴帮礼	区妇幼保健院	国家免费孕前优生健康检查项目获先进个人	市人口和计划生育科学技术研究院	2018年2月
唐燕	区人民医院	2018年重庆市优质护理服务先进个人	市医院协会	2018年5月
刘洋	区卫生计生监督执法局	2018年团干部岗位实践能力大比武获优秀奖	团市委	2018年6月
徐西东	区人民医院	市卫生计生系统”妇幼杯“书法比赛获一等奖	市卫生计生委	2018年8月
杨才兴、杨檬	区人民医院	市卫生计生系统”妇幼杯“书法比赛获三等奖	市卫生计生委	2018年8月
但国英	区妇幼保健院	优秀医务工作者	市人力社保局、市卫生计生委	2018年8月

续表

获奖人姓名	获奖人单位	获奖名称	授奖单位	授奖时间
宋唐丽	龙山社区卫生服务中心	市级优秀医师	市社区与农村卫生协会	2018年8月
王嘉培	双龙湖社区卫生服务中心	妇幼杯书法比赛获三等奖	市卫生计生委	2018年8月
王洁蔷	区中医院	在第五届全国文明城区创建和综合复查中表现突出获个人记功	区委、区政府	2018年9月
向建馀	区人民医院	第四届重庆市"拥抱新时代践行新思想实现新作为"人生规划大赛主城片区赛中获学业规划组三等奖	市委宣传部等10部门	2018年11月
蔡思琴	区人民医院	2018年重庆市卫生护理技能大赛密闭式静脉留置针输液项目获三等奖	市总工会	2018年11月
张琴	区人民医院	2018年重庆市卫生护理技能大赛心肺复苏项目获三等奖	市总工会	2018年11月
邓玉洪	区人民医院	重庆市区县医院优秀中层干部	重庆市区县医院管理协会	2018年11月
廖礼强	区人民医院	重庆市区县医院优秀员工	重庆市区县医院管理协会	2018年11月
邓步伟、杨鑫	区卫生计生委	2015—2017年连续三年年度考核为优秀公务员记个人三等功	区委、区政府	2018年12月
王艳洪	区妇幼保健院	重庆市2017年预防艾滋病、梅毒和乙肝母婴传播工作优秀个人	市妇幼保健院	2018年3月
刘静	区审计局	2016年度区县地方税收收入征管情况审计先进个人	市审计局	2018年1月
冉红星	区审计局	2016年度区县财政预算执行和决算(草案)审计先进个人	市审计局	2018年1月
吴艾泓	区审计局	重庆市审计局2018年审计技能挑战赛优胜奖	市审计局	2018年12月
肖文国	区安监局	2017年度全市职业健康监管工作先进个人	市安监局	2018年1月
颜遥平	区安监局	2017年度安全生产综合监管先进个人	市安监局	2018年1月
张福孝	区安监局	2017年度应急管理值班值守先进个人	市安监局	2018年3月
余木中	区安监局	重庆五一劳动奖章	市总工会	2018年4月
谢勃	区安监局	2017年度安全生产事故统计先进个人	市安监局	2018年5月
王卉婷	区安监局	在第五届全国文明城区创建和综合复查中表现突出获个人嘉奖	区委、区政府	2018年9月
王卉婷	区安监局	2015—2017年连续三年年度考核为优秀公务员记个人三等功	区委、区政府	2018年12月

续表

获奖人姓名	获奖人单位	获奖名称	授奖单位	授奖时间
龙裕贤、杨鹊	区林业局	2015—2017年连续三年年度考核为优秀公务员记个人三等功	区委、区政府	2018年12月
蔡敏	区旅游局	全市旅游工作先进个人	市人社局、市旅发委	2018年9月
田小娟	区旅游局	在第五届全国文明城区创建和综合复查中表现突出记个人三等功	区委、区政府	2018年9月
程正伟	区信访办	2017年信访基础业务岗位练兵竞赛获接访岗位优秀奖	市信访办	2018年1月
程正伟	区信访办	党的十九大期间全区维稳安保工作先进个人记嘉奖	区委、区政府	2018年5月
廖也	区信访办	党的十九大期间全区维稳安保工作先进个人记功	区委、区政府	2018年5月
商红松	区信访办	2015—2017年连续三年年度考核为优秀公务员记个人三等功	区委、区政府	2018年12月
刘志	区土地储备整治中心	个人三等功	市人力社保局	2018年2月
魏伟	区土地储备整治中心	先进个人	市政府办公厅	2018年4月
刘志	区土地储备整治中心	在第五届全国文明城区创建和综合复查中表现突出获个人嘉奖	区委、区政府	2018年9月
黄波	区征地办	2015—2017年连续三年年度考核为优秀公务员记个人三等功	区委、区政府	2018年12月
李璐璐	区金融办	在第五届全国文明城区创建和综合复查中表现突出记个人三等功	区委、区政府	2018年9月
王昌文	区机关事务局	在第五届全国文明城区创建和综合复查中表现突出获个人嘉奖	区委、区政府	2018年9月
刘荐华、张胜勇	区机关事务局	2015—2017年连续三年年度考核为优秀公务员记个人三等功	区委、区政府	2018年12月
黄庆	龙溪街道办事处文化服务中心	在第五届全国文明城区创建和综合复查中表现突出获个人记功	区委、区政府	2018年9月
陈强	龙溪街道办事处	在第五届全国文明城区创建和综合复查中表现突出获个人嘉奖	区委、区政府	2018年9月
张光新、谭国刚	龙溪街道办事处	2015—2017年连续三年年度考核为优秀公务员记个人三等功	区委、区政府	2018年12月
赵媛媛	龙山街道办事处	党的十九大期间全区维稳安保工作先进个人获嘉奖	区委、区政府	2018年5月
邓宗	龙山街道办事处	渝北区生态文明建设和环境保护做出突出贡献获个人嘉奖	区委、区政府	2018年5月

续表

获奖人姓名	获奖人单位	获奖名称	授奖单位	授奖时间
蒋维薇	龙山街道办事处	在第五届全国文明城区创建和综合复查中表现突出获个人嘉奖	区委、区政府	2018年9月
许彬、龚家禄	龙山街道办事处	2015—2017年连续三年年度考核为优秀公务员记个人三等功	区委、区政府	2018年12月
任山城	龙塔街道办事处	渝北区生态文明建设和环境保护做出突出贡献记个人三等功	区委、区政府	2018年5月
刘成文	龙塔街道办事处	在第五届全国文明城区创建和综合复查中表现突出获个人嘉奖	区委、区政府	2018年9月
林毅	龙塔街道办事处	2015—2017年连续三年年度考核为优秀公务员记个人三等功	区委、区政府	2018年12月
李果	双凤桥街道办事处	全国青少年毒品预防教育6·27工程优秀校外辅导员	国家禁毒委员会办公室、中国禁毒基金会	2018年6月
傅勇	双凤桥街道办事处	党的十九大期间全区维稳安保工作先进个人	区委、区政府	2018年5月
胡明珠	双凤桥街道民秀路社区	“最美科普志愿者”提名奖	市科协	2018年9月
徐征	双凤桥街道办事处	在第五届全国文明城区创建和综合复查中表现突出获个人嘉奖	区委、区政府	2018年9月
唐文均	双凤桥街道办事处	2015—2017年连续三年年度考核为优秀公务员记个人三等功	区委、区政府	2018年12月
田期容	两路街道办事处	党的十九大期间全区维稳安保工作记个人三等功	区委、区政府	2018年5月
王平	两路街道办事处	党的十九大期间全区维稳安保工作获先进个人获嘉奖	区委、区政府	2018年5月
熊德利	两路街道办事处	在第五届全国文明城区创建和综合复查中表现突出获个人嘉奖	区委、区政府	2018年9月
邓晓兵、陶霞	两路街道办事处	2015—2017年连续三年年度考核为优秀公务员记个人三等功	区委、区政府	2018年12月
方萍	双龙湖街道办事处	在第五届全国文明城区创建和综合复查中表现突出记个人三等功	区委、区政府	2018年9月
冯文静	双龙湖街道办事处	2015—2017年连续三年年度考核为优秀公务员记个人三等功	区委、区政府	2018年12月
陈希云	王家街道办事处	党的十九大期间全区维稳安保工作先进个人获嘉奖	区委、区政府	2018年5月
樊欣	王家街道办事处	渝北区生态文明建设和环境保护做出突出贡献获个人嘉奖	区委、区政府	2018年5月
肖洪	王家街道办事处	在第五届全国文明城区创建和综合复查中表现突出获个人嘉奖	区委、区政府	2018年9月

续表

获奖人姓名	获奖人单位	获奖名称	授奖单位	授奖时间
何婷婷	回兴街道宝桐路社区	全国流动人口动态监测调查优秀个人	国家卫生健康委员	2018年9月
肖远斌	回兴街道办事处	党的十九大期间全区维稳安保先进个人记三等功	区委、区政府	2018年5月
胡长洪	回兴街道办事处	党的十九大期间全区维稳安保工作先进个人获嘉奖	区委、区政府	2018年5月
华美凌	回兴街道办事处	渝北区生态文明建设和环境保护做出突出贡献获个人嘉奖	区委、区政府	2018年5月
王嘉梅	回兴街道办事处	在第五届全国文明城区创建和综合复查中表现突出获个人嘉奖	区委、区政府	2018年9月
董进、马成瑶	回兴街道办事处	2015—2017年连续三年年度考核为优秀公务员记个人三等功	区委、区政府	2018年12月
薛清丽	悦来街道办事处	在第五届全国文明城区创建和综合复查中表现突出获个人记功	区委、区政府	2018年9月
张广兴、甘雯	悦来街道办事处	2015—2017年连续三年年度考核为优秀公务员记个人三等功	区委、区政府	2018年12月
聂倩	宝圣湖街道办事处	重庆市优秀巾帼志愿者	市妇联	2018年1月
黄智敏	宝圣湖街道办事处	2015—2017年连续三年年度考核为优秀公务员记个人三等功	区委、区政府	2018年12月
龚生荣	仙桃街道办事处	优秀专武干部	市警备区	2018年1月
邹勇	仙桃街道办事处	党的十九大期间全区维稳安保工作先进个人获嘉奖	区委、区政府	2018年5月
谢娜	仙桃街道办事处	在第五届全国文明城区创建和综合复查中表现突出获个人记功	区委、区政府	2018年9月
邓伟	仙桃街道办事处	优秀学员	市委党校、重庆行政学院	2018年12月
赵忠利	仙桃街道办事处	2015—2017年连续三年年度考核为优秀公务员记个人三等功	区委、区政府	2018年12月
鲁松、黄治庆	大竹林街道办事处	2017年度考核优秀等次(街道区管干部)	中共重庆两江新区工作委员会、重庆两江新区管委会	2018年5月
昌泾	大竹林街道办事处	优秀共产党员	中共重庆两江新区工作委员会	2018年6月

续表

获奖人姓名	获奖人单位	获奖名称	授奖单位	授奖时间
邓琴	大竹林街道星汇社区	优秀共产党员	中共重庆两江新区工作委员会	2018年6月
彭远红	大竹林街道汪家桥社区	优秀共产党员	中共重庆两江新区工作委员会	2018年6月
袁云科	大竹林街道凤栖沱社区	优秀共产党员	中共重庆两江新区工作委员会	2018年6月
郑素琴	大竹林街道重庆财鑫工贸公司	优秀共产党员	中共重庆两江新区工作委员会	2018年6月
蒋月明	大竹林街道办事处	优秀党务工作者	中共重庆两江新区工作委员会	2018年6月
白莹莹	大竹林街道水竹苑社区	优秀党务工作者	中共重庆两江新区工作委员会	2018年6月
何利容	大竹林街道渝江压铸公司	优秀党务工作者	中共重庆两江新区工作委员会	2018年6月
晏银川	石船镇政府	在第五届全国文明城区创建和综合复查中表现突出获个人嘉奖	区委、区政府	2018年9月
姚瑶、邓丽亚	石船镇政府	2015—2017年连续三年年度考核为优秀公务员记个人三等功	区委、区政府	2018年12月
鄢运华	洛碛镇政府	党的十九大期间全区维稳安保工作先进个人记嘉奖	区委、区政府	2018年5月
叶蔚莹	洛碛镇政府	在第五届全国文明城区创建和综合复查中表现突出获个人嘉奖	区委、区政府	2018年9月
邹浩、鄢运华	洛碛镇政府	2015—2017年连续三年年度考核为优秀公务员记个人三等功	区委、区政府	2018年12月
李育会	龙兴镇同乐社区	重庆市三八红旗手	市人力社保局、市妇联	2018年3月
任勇	龙兴镇政府	党的十九大期间全区维稳安保工作先进个人记嘉奖	区委、区政府	2018年5月
古毓伟	龙兴镇政府	在第五届全国文明城区创建和综合复查中表现突出获个人嘉奖	区委、区政府	2018年9月
陈兰英、高姗、赖杨阳、任勇、冉华琴	龙兴镇政府	2015—2017年连续三年年度考核为优秀公务员记个人三等功	区委、区政府	2018年12月

续表

获奖人姓名	获奖人单位	获奖名称	授奖单位	授奖时间
罗益春	大湾镇政府	优秀专武干部	中国人民解放军重庆警备区	2018年1月
陈文侃	大湾镇政府	党的十九大期间全区维稳安保工作先进个人获嘉奖	区委、区政府	2018年5月
刘洪	大湾镇政府	在第五届全国文明城区创建和综合复查中表现突出获个人嘉奖	区委、区政府	2018年9月
李承澄	大湾镇政府	2015—2017年连续三年年度考核为优秀公务员记个人三等功	区委、区政府	2018年12月
胡志兵	古路镇政府	党的十九大期间全区维稳安保工作先进个人记嘉奖	区委、区政府	2018年5月
张李涛	古路镇政府	在第五届全国文明城区创建和综合复查中表现突出获个人嘉奖	区委、区政府	2018年9月
刘春燕、胡志兵	古路镇政府	2015—2017年连续三年年度考核为优秀公务员记个人三等功	区委、区政府	2018年12月
郭志远	统景镇政府	党的十九大期间全区维稳安保工作先进个人记嘉奖	区委、区政府	2018年5月
何燕	统景镇政府	渝北区生态文明建设和环境保护做出突出贡献记个人三等功	区委、区政府	2018年5月
李红	统景镇政府	在第五届全国文明城区创建和综合复查中表现突出获个人嘉奖	区委、区政府	2018年9月
刘姮希	统景镇政府	2015—2017年连续三年年度考核为优秀公务员记个人三等功	区委、区政府	2018年12月
王强	大盛镇政府	党的十九大期间全区维稳安保工作先进个人记嘉奖	区委、区政府	2018年5月
黄东	大盛镇政府	在第五届全国文明城区创建和综合复查中表现突出获个人嘉奖	区委、区政府	2018年9月
易晓莉	木耳镇五通庙村	2017年度优秀儿童之家园长	市儿童工作资源中心	2018年1月
陈清秀	木耳镇政府	党的十九大期间全区维稳安保工作先进个人记嘉奖	区委、区政府	2018年5月
谯裕芳	木耳镇	优秀劝导员	市安交办	2018年6月
郑静	木耳镇政府	在第五届全国文明城区创建和综合复查中表现突出获个人嘉奖	区委、区政府	2018年9月
赵乾敏、刘小金、游佐兰、李云	木耳镇政府	2015—2017年连续三年年度考核为优秀公务员记个人三等功	区委、区政府	2018年12月
覃选文	兴隆镇政府	党的十九大期间全区维稳安保工作先进个人记嘉奖	区委、区府	2018年5月

续表

获奖人姓名	获奖人单位	获奖名称	授奖单位	授奖时间
刘婕婕	兴隆镇政府	在第五届全国文明城区创建和综合复查中表现突出获个人嘉奖	区委、区政府	2018年9月
黄杰、万欣、覃选文、王波	兴隆镇政府	2015—2017年连续三年年度考核为优秀公务员记个人三等功	区委、区政府	2018年12月
董先炼	茨竹镇政府	党的十九大期间全区维稳安保工作先进个人记嘉奖	区委、区政府	2018年5月
汤纯杰	茨竹镇政府	在第五届全国文明城区创建和综合复查中表现突出获个人嘉奖	区委、区政府	2018年9月
张洪生、蒋承材、张雪梅	茨竹镇政府	2015—2017年连续三年年度考核为优秀公务员记个人三等功	区委、区政府	2018年12月
邓天才	玉峰山镇政府	重庆江北国际机场东航站楼及第三跑道建设工程先进个人	市政府	2018年4月
唐先文	玉峰山镇政府	中共重庆市委党校2018年第一期主体班优秀学员	市委党校	2018年4月
罗伟	玉峰山镇政府	党的十九大期间全区维稳安保工作先进个人记嘉奖	区委、区政府	2018年5月
陈着	玉峰山镇政府	在第五届全国文明城区创建和综合复查中表现突出获个人记功	区委、区政府	2018年9月
曹莉	玉峰山镇政府	2015—2017年连续三年年度考核为优秀公务员记个人三等功	区委、区政府	2018年12月
杨雪峰	区公安分局交巡警支队石船公巡大队	时代楷模	中共中央宣传部	2018年8月
冉义智	区公安分局刑侦支队	全国公安百佳刑警获市公安局一等功	市公安局	2018年1月
杨雪峰	区公安分局交巡警支队石船公巡大队	在工作岗位上英勇牺牲追记个人一等功	市公安局	2018年2月
李荣	区公安分局国保支队	国保专案工作中作出突出成绩获个人嘉奖	市公安局	2018年4月
李伟	区公安分局指挥中心	2016—2017年度机要密码工作成绩突出个人	市公安局	2018年4月
陈德林	区公安分局刑侦支队	党的十九大期间全区维稳安保工作先进个人记三等功	区委、区政府	2018年5月
杨世忠	区公安分局特警支队	党的十九大期间全区维稳安保工作先进个人记三等功	区委、区政府	2018年5月

续表

获奖人姓名	获奖人单位	获奖名称	授奖单位	授奖时间
曾华	区公安分局政治处	党的十九大期间全区维稳安保工作先进个人记三等功	区委、区政府	2018年5月
邓丽萍	区公安分局回兴派出所	党的十九大期间全区维稳安保工作先进个人记三等功	区委、区政府	2018年5月
汤焰	区公安分局治安管理支队	党的十九大期间全区维稳安保工作先进个人记三等功	区委、区政府	2018年5月
黎林罐	区公安分局情报支队	党的十九大期间全区维稳安保工作先进个人获嘉奖	区委、区政府	2018年5月
苏惠聪	区公安分局双凤派出所	党的十九大期间全区维稳安保工作先进个人获嘉奖	区委、区政府	2018年5月
廖光明	区公安分局洛碛派出所	党的十九大期间全区维稳安保工作先进个人获嘉奖	区委、区政府	2018年5月
宋代华	区公安分局交巡警支队	党的十九大期间全区维稳安保工作先进个人获嘉奖	区委、区政府	2018年5月
韦升华	区公安分局拘留所	党的十九大期间全区维稳安保工作先进个人获嘉奖	区委、区政府	2018年5月
沈卫东	区公安分局经侦支队	党的十九大期间全区维稳安保工作先进个人获嘉奖	区委、区政府	2018年5月
周琳	区公安分局治安管理支队	党的十九大期间全区维稳安保工作先进个人获嘉奖	区委、区政府	2018年5月
孙朕	区公安分局交巡警支队综合大队	党的十九大期间全区维稳安保工作先进个人获嘉奖	区委、区政府	2018年5月
郭余	区公安分局治安支队	渝北区生态文明建设和环境保护做出突出贡献获个人嘉奖	区委、区政府	2018年5月
林毅东	区公安分局警卫处	重大外宾警卫任务成绩突出获个人嘉奖	市公安局	2018年5月
胡长嘉	区公安分局警令处	2017年度保密工作成绩突出获个人嘉奖	市公安局	2018年6月
张集	区公安分局政治处	公安机关新闻宣传舆论工作成绩突出记个人三等功	市公安局	2018年6月
王成志	区公安分局交巡警支队综合大队	公安机关新闻宣传舆论工作成绩突出记个人三等功	市公安局	2018年6月
刘小欣	区公安分局政治处	公安机关新闻宣传舆论工作成绩突出记个人嘉奖	市公安局	2018年6月

续表

获奖人姓名	获奖人单位	获奖名称	授奖单位	授奖时间
孙朕	区公安分局交巡警支队综合大队	公安机关新闻宣传舆论工作成绩突出记个人嘉奖	市公安局	2018年6月
边强	区公安分局回兴派出所	公安机关新闻宣传舆论工作成绩突出记个人嘉奖	市公安局	2018年6月
陈小林	区公安分局刑侦支队综合大队	公安机关新闻宣传舆论工作成绩突出记个人嘉奖	市公安局	2018年6月
谭晓蔚	区公安分局警令处	2017年公安改革创新工作成绩突出记个人嘉奖	市公安局	2018年6月
殷伟	区公安分局人口管理支队	居民身份证制度改革成绩突出记个人三等功	市公安局	2018年7月
樊儒钢	区公安分局刑侦支队三大队	追逃工作中成绩突出记个人二等功	市公安局	2018年7月
段新平	区公安分局双凤派出所	服务民营经济发展工作成绩突出记个人三等功	市公安局	2018年8月
戴琳琳	区公安分局国保支队	专项工作成绩突出获个人嘉奖	市公安局	2018年10月
罗雪	区公安分局	2018年重庆市巾帼建功标兵	市妇联	2018年10月
游佐异	区公安分局悦来派出所	中国国际智能产业博览会安保工作成绩突出记个人二等功	市公安局	2018年11月
潘永东	区公安分局科技信息化科	中国国际智能产业博览会安保工作成绩突出记个人三等功	市公安局	2018年11月
徐韬	区公安分局警卫处	中国国际智能产业博览会安保工作成绩突出记个人三等功	市公安局	2018年11月
刘俊	区公安分局双凤派出所	中国国际智能产业博览会安保工作成绩突出记个人三等功	市公安局	2018年11月
唐春梅	区公安分局回兴派出所	中国国际智能产业博览会安保工作成绩突出记个人三等功	市公安局	2018年11月
王传银	区公安分局双龙派出所	中国国际智能产业博览会安保工作成绩突出记个人三等功	市公安局	2018年11月
梁建军	区公安分局交巡警支队勤务八大队	中国国际智能产业博览会安保工作成绩突出获个人嘉奖	市公安局	2018年11月
姜英辉	区公安分局交巡警支队勤务四大队	中国国际智能产业博览会安保工作成绩突出获个人嘉奖	市公安局	2018年11月

续表

获奖人姓名	获奖人单位	获奖名称	授奖单位	授奖时间
周宓	区公安分局治安支队	中国国际智能产业博览会安保工作成绩突出获个人嘉奖	市公安局	2018年11月
熊辉	区公安分局刑侦支队三大队	中国国际智能产业博览会安保工作成绩突出获个人嘉奖	市公安局	2018年11月
祝凌	区公安分局指挥中心	中国国际智能产业博览会安保工作成绩突出获个人嘉奖	市公安局	2018年11月
胡奉明	区公安分局督察支队	中国国际智能产业博览会安保工作成绩突出获个人嘉奖	市公安局	2018年11月
廖成勇	区公安分局经侦支队	中国国际智能产业博览会安保工作成绩突出获个人嘉奖	市公安局	2018年11月
唐学良	区公安分局出入境支队	中国国际智能产业博览会安保工作成绩突出获个人嘉奖	市公安局	2018年11月
宋奎	区公安分局龙兴派出所	中国国际智能产业博览会安保工作成绩突出获个人嘉奖	市公安局	2018年11月
李锐	区公安分局两路派出所	中国国际智能产业博览会安保工作成绩突出获个人嘉奖	市公安局	2018年11月
战宇洋	区公安分局宝圣湖派出所	中国国际智能产业博览会安保工作成绩突出获个人嘉奖	市公安局	2018年11月
王德宏	区公安分局龙山派出所	中国国际智能产业博览会安保工作成绩突出获个人嘉奖	市公安局	2018年11月
戴靖瑜	区公安分局新牌坊派出所	中国国际智能产业博览会安保工作成绩突出获个人嘉奖	市公安局	2018年11月
江杰	区公安分局黄泥塝派出所	中国国际智能产业博览会安保工作成绩突出获个人嘉奖	市公安局	2018年11月
何晓亚	区公安分局仙桃派出所	中国国际智能产业博览会安保工作成绩突出获个人嘉奖	市公安局	2018年11月
何敏	区公安分局刑侦支队	侦办诈骗案成绩突出记个人三等功	市公安局	2018年11月
涂斌	区公安分局刑侦支队一大队	侦办诈骗案成绩突出记个人三等功	市公安局	2018年11月
林俊	区公安分局龙山派出所	侦办诈骗案成绩突出获个人嘉奖	市公安局	2018年11月
邓瑶	区公安分局刑侦支队	2018年公安改革创新工作成绩突出记个人三等功	市公安局	2018年12月

续表

获奖人姓名	获奖人单位	获奖名称	授奖单位	授奖时间
樊科	区公安分局刑侦支队九大队	2018年公安改革创新工作成绩突出记个人嘉奖	市公安局	2018年12月
蔡建军	区国土分局	重庆江北国际机场东航站区及第三跑道建设工程突出贡献获个人嘉奖	市人力社保局	2018年3月
齐凤	区国土分局	第三届国土房管青年论坛优胜奖	市国土房管局	2018年4月
任杰	区国土分局	渝北区生态文明建设和环境保护突出贡献获个人嘉奖	区委、区政府	2018年5月
古博文	区规划分局	重庆江北国际机场东航站区及第三跑道建设获个人嘉奖	市人力社保局	2018年3月
王娜	区气象局	“巴渝工匠”杯第十届重庆市气象行业技能竞赛个人全能奖第二名、综合业务理论单项第二名、观测数据处理单项第一名	市气象局、市人力社保局、市总工会	2018年10月
马勤军	区消防支队	“十佳”优秀基础干部	市消防总队	2018年3月
赵一丰	区消防支队防火处	优秀共产党员	市消防总队党委	2018年6月
洪千秋	区消防支队双凤桥中队	优秀共产党员	市消防总队党委	2018年6月
高桂强	区消防支队冉家坝中队	优秀共产党员	市消防总队党委	2018年6月
卢俊吉	区消防支队	优秀党务工作者	市消防总队党委	2018年6月
卢俊吉	区消防支队	三等功	部消防救援局	2018年6月
陈绍荣	区消防支队	三等功	市消防总队	2018年9月
李立	区消防支队防火处	三等功	市消防总队	2018年10月
席俊飞、熊峰	区消防支队悦来中队	三等功	市消防总队	2018年10月
何大洪	区消防支队	二等功	市公安局	2018年11月
张真真	中邮渝北分公司	先进工作(生产)者	中国邮政集团公司重庆市分公司	2018年5月
邓凤英、周平	中邮渝北分公司	优秀支局长/所主任	中国邮政集团公司重庆市分公司	2018年5月
范国红	中邮渝北分公司	优秀党务纪检工作者	中国邮政集团公司重庆市分公司党委	2018年7月

续表

获奖人姓名	获奖人单位	获奖名称	授奖单位	授奖时间
李文、冉杨	中邮渝北分公司	优秀共产党员	中国邮政集团公司重庆市分公司党委	2018年7月
张代旭、谢东梅	中邮渝北分公司	寄递双鑫项目超级营销英雄	中国邮政集团公司重庆市分公司	2018年8月
邱华	中邮渝北分公司	新单保费项目营销英雄	中国邮政集团公司重庆市分公司	2018年8月
王昌勇	中邮渝北分公司	报刊大收订项目营销英雄	中国邮政集团公司重庆市分公司	2018年8月
张姣	中邮渝北分公司	快递包裹项目营销英雄	中国邮政集团公司重庆市分公司	2018年8月
李如琴	中邮渝北分公司	渠道为王项目营销英雄	中国邮政集团公司重庆市分公司	2018年8月
贾春宛	民航重庆空管分局技术保障部	重庆江北国际机场东航站区及第三跑道建设工程先进个人	市政府办公厅	2018年4月
刘杨	民航重庆空管分局建设指挥部	重庆江北国际机场东航站区及第三跑道建设工程先进个人	市政府办公厅	2018年4月
刘传健	四川航空股份有限公司	中国民航英雄机长	中国民用航空局、四川省人民政府	2018年6月
梁鹏、徐瑞辰	四川航空股份有限公司重庆分公司	记个人一等功	中国民用航空局、四川省人民政府	2018年6月
金芸莹、郑佳、翁玥	四川航空股份有限公司重庆分公司	首届中国国际智能产业博览会社会宣传先进个人	市委宣传部	2018年10月
刘静园	交通银行重庆渝北支行	优秀二级支行行长	交通银行重庆市分行	2018年2月
刘伟、汪瑜	交通银行重庆渝北支行	分行先进个人	交通银行重庆市分行	2018年2月
吴强	交通银行重庆渝北支行	十佳公司客户经理	交通银行重庆市分行	2018年2月

续表

获奖人姓名	获奖人单位	获奖名称	授奖单位	授奖时间
刘劲	工行渝北支行	全国金融五一劳动奖章	中国金融工会	2018年4月
徐振华	大连银行重庆分行	2018年度重庆市银行业文明规范服务优秀个人	市银行业协会	2018年6月
罗媛媛	大连银行重庆分行	荣获重庆市银行业优秀理财师荣誉称号	市银行业协会	2018年7月
叶其林	大连银行重庆分行	重庆市银行业金融机构第五轮安全评估工作成绩突出个人	市公安局、市银监局	2018年9月
罗帆影	交通银行重庆渝北支行	2018年度重庆市银行业"十佳"大堂经理	市银行业协会	2018年10月
万华	交通银行重庆渝北支行	"中国梦·劳动美"重庆市第三届金融行业职工技能大赛(银行业竞赛单元)综合知识二等奖	市总工会、中国人民银行重庆营业管理部、中国保险监督滚力委员会重庆监督局、中国证券监督管理委员会重庆监督局	2018年11月
郝慧	重庆凌云汽车零部件有限公司渝北分公司	重庆五一劳动奖章	市总工会	2018年4月
廖剑峰	重庆市实力公路开发有限公司	2018年重庆市交通建设行业职工技能大赛电焊项目三等奖	市总工会	2018年11月
潘恋	重庆市巴江水饮食文化有限公司	2018巴渝工匠年度人物	市总工会(代)	2018年12月

统计资料

重庆市渝北区行政区划一览表(2018年)

街道、镇	街道/个	镇/个	社区/个	村/个
总计	19	11	221	181
双凤桥街道	社区13个:宏锦路 安康路 溜马山 长翔路 凤鸣路 长空路 桃源 环湖雅居 中建 瓦房 博才路 朗月路 民秀路 村1个:兴旺			
双龙湖街道	社区18个:龙祥街 五星路 凯歌路 翠湖路 龙昌街 龙旺街 飞湖路 绿茂 观音岩路 渝湖路 龙兴街 滨港路 蓬莱 龙顺街 锦湖路 民兴路 方家山 鹿山			
回兴街道	社区16个:宝圣东路 双湖路 宝桐路 馨兰路 金兰路 科兰路 龙石路 白鹤 长河 高岩路 双桐路 羽裳路 锦华路 锦屏路 科桐路 金凯路			
宝圣湖街道	社区15个:宝圣西路 宝圣南路 海福路 金果路 金石路 兴科路 长福路 湖滨西路 宝圣湖 石盘河 翠苹路 果塘湖 西政 万湖 宝石路			
两路街道	社区14个:义学路 双北街 双凤路 汉渝路 渝航路 张家口 同兴 同茂 临港 泽科 石油 齐心 沙坪 新华			
龙溪街道	社区14个:金紫山 武陵路 松树桥 金龙路 嘉州 龙湖 花卉东路 花卉西路 新牌坊 红石支路 李家花园 锦绣 百合 安家嘴			
龙山街道	社区13个:龙山路 冉家坝 余松路 花园新村 龙脊新村 松石路 龙华 银桦路 天竺路 松牌路 旗龙路 旗山路 盘溪河			
龙塔街道	社区10个:工农 红土地 黄泥塝 鲁能西路 鲁能东路 龙头寺 紫荆路 紫园路 紫福路 龙塔			
王家街道	社区3个:观月路 王家 硚田 村4个:玉峰山 苟溪桥 荣华 大屋			
悦来街道	社区7个:新春 嘉悦 阳光 合力 嘉陵路 清溪口 清南			
仙桃街道	社区11个:金玉路 百果路 桂馥路 沐仙湖 舟济路 同盛路 祥和路 睦邻路 兰馨 花石 黄山			
鸳鸯街道★	社区6个:丹鹤 白鹭 金桥 金谷 金岭 金州			
翠云街道★	社区4个:福安 翠渝路 云竹路 云卉路			

续表

街道、镇	街道/个	镇/个	社区/个	村/个
总计	19	11	221	181
人和街道*	社区10个:邢家桥　万寿山　和睦路　万年路　万紫山　龙寿路　天湖美镇　人兴路　金和　金祥			
天宫殿街道*	社区7个:天龙路　丁香路　星湖路　东湖南路　东湖北路　洪湖东路　红枫路			
大竹林街道*	社区5个:凤栖沱　水竹苑　紫竹苑　汪家桥　星汇			
金山街道*	社区6个:奥园　金渝　民心佳园一　民心佳园二　民心佳园三　金湖			
康美街道*	社区4个:金竹苑　银竹苑　康庄美地一　康庄美地二			
礼嘉街道*	社区4个:白马　富安　嘉兴　嘉和			
洛碛镇	社区5个:朝阳　兴隆　新渝　张关　迎祥 村17个:经开　新石　太洪场　砖房　幸福　沙地　沙塆　青木　洛碛　上坝　宝华　桂塆　高桥　箭沱　水溶洞　老君山　大天池			
石船镇	社区3个:渝长街　天宫　圣石 村25个:石河　重桥　太洪　凉水　河水　金桥　石翔　胆沟　梅溪　胜天　金滩　蔼口　黄岭　石龙　战旗　天坪　共和　麻柳　石垭　大堰　民主　民利　青杠　关兴　石壁			
龙兴镇	社区14个:迎龙　御临　支援　天堡　同乐　普福　白桥　回龙　龙羽　和平　龙德　龙骏　龙祥　和泽 村6个:壁山　洞口　排花洞　人民　沙金　下坝			
木耳镇	社区7个:石狮路　华晖路　富民路　举人坝　聚英路　民意路　街道 村11个:五通庙　白云山　新合　白房　石鞋　石坪　新乡　学堂　垭口　良桥　金刚			
兴隆镇	社区2个:兴隆　永福 村15个:龙平　南天门　小五　永庆　保胜寺　永兴　发扬　天堡寨　牛皇　新寨　徐堡　龙寨　广佛　杜家　黄葛			
茨竹镇	社区2个:竹峰　中河 村16个:大面坡　放牛坪　金银　茨竹　玉兰　半边月　中兴　花六　方家沟　华蓥　秦家　自力　花云　三江　新泉　同仁			
统景镇	社区2个:温泉　滨河 村21个:江口　中坪　龙安　中和　河坝　平安　御临　长堰　远景　骆塘　兴发　前锋　胜利　民权　合理　裕华　印盒　滚珠　西新　黄印　荣光			
大盛镇	社区2个:兴盛　东升 村16个:大盛　云龙　东山　东河　鱼塘　顺龙　隆盛　隆仁　青龙　人和　三新　明月　真理　千盏　天险洞　菊花坝			
大湾镇	社区2个:滨河路　红竹街 村23个:大湾　河嘴　团丘　龙庙　拱桥　八角　凤龙　三沟　水口　天池　金安　杉树　黄阳　金凤　杉木　高兴　空塘　太和　建兴　石院　龙洞岩　两岔湖　点灯			
古路镇	社区1个:黄金阁 村16个:希望　兴盛　吉星　双鱼　古路　草坪　百步梯　石杈　新桥　裕民　同德　菜子　银花　熊家　继光　乌牛			
玉峰山镇	社区1个:石坪 村10个:香溪　石岩　环山　桐桷　龙门　双井　龙井　中心　玉峰　旱土			

注:本表内容截至2018年12月31日,街道名称后标有*号为两江新区代管。

国民经济和社会发展总量(2018年)

指标	总量	指标	总量
一、人口与就业		油料/吨	2378
人口:		蚕茧/吨	24
年末户籍总户数/户	578040	水果	57565
年末户籍总人口/人	1367505	猪牛羊肉/吨	7605
农业人口	336267	#猪肉	7133
非农业人口	1031238	牛奶/吨	2860
男性人口	680954	水产品/吨	8293
女性人口	686551	工业:	
常住人口/万人	166.17	规模以上工业生产情况:	
#城镇人口	137.59	工业企业个数/个	352
就业:		#国有企业	1
城镇登记失业人数/人	3912	集体企业	—
二、宏观经济		其他经济类型	351
国民经济核算/亿元		工业总产值/亿元	2753.33
地区生产总值	1543.09	#轻工业	171.23
第一产业	23.71	重工业	2582.10
第二产业	634.05	#国有企业	2.35
工业	516.65	集体企业	—
建筑业	117.40	股份制企业	1202.48
第三产业	885.33	外商及港澳台商投资企业	1545.49
人均地区生产总值/元	93691	规模以上工业主要经济指标/亿元	
固定资产投资/亿元		主营业务收入	2697.32
固定资产投资总额	—	工业销售产值	2483.30
#建筑安装工程投资	—	固定资产原值	1012.56
#工业投资	—	本年应交增值税	40.71
房地产开发	946.74	利润总额	58.74

续表

指标	总量	指标	总量
财政/万元		职业中学	755
公共财政预算收入	755314	小学	5992
公共财政预算支出	1063130	中小学在校学生数/人	186345
三、产业		普通中学	62626
农业:		职业中学	16692
农林牧渔总产值/万元	328629	小学	107027
主要农产品产量:		五、人民生活	
粮食/万吨	11.06	收入支出/元	
建筑业:		城镇居民人均可支配收入	39546
在地建筑业总产值/亿元	504.36	城镇居民人均消费支出	26748
房屋施工面积/万平方米	4012	农村居民人均可支配收入	17950
房屋竣工面积/万平方米	738	农村居民人均生活消费支出	13662
交通邮电业:		工资:	
邮电业务收入/亿元	14.60	城镇非私营职工平均工资/元	89379
固定电话用户/万户	39.20	卫生:	
移动电话用户/万户	166.04	卫生机构数/个	740
国内商业/亿元:		#医院、卫生院	86
社会消费品零售总额	665.56	卫生技术人员数/人	11811
金融/亿元:		#医生	4484
金融机构各项存款余额	4521.49	卫生机构床位数/张	9911
金融机构各项贷款余额	5404.17	#医院卫生院床位数	9361
四、教育			
中小学校/所	132		
普通中学	44		
职业中学	8		
小学	80		
中小学专任教师/人	11612		
普通中学	4865		

注:1.人均地区生产总值按常住人口计算;2.财政收入、支出统计范围均不含两江新区直属区、龙兴工业园区和保税港区,统计口径为公共财政预算收入、支出;3.规模以上工业指全部国有工业企业及年销售收入2000万元以上非国有工业企业,本表规模以上工业企业单位个数不包含非独立核算产业活动单位,资料来源为年报数;规模以上工业总产值包含非独立核算产业活动单位,资料来源为快报数。4.卫生机构数统计范围包含村卫生室和诊所,卫生技术人员和卫生机构床位数包含村卫生室和诊所。

国民经济和社会发展结构指标（2018年）

单位：%

指标	总量	指标	总量
一、人口		工业	
户籍人口		工业总产值结构	100.00
农业、非农业人口结构	100.00	#轻工业	6.22
农业	24.59	重工业	93.78
非农业	75.41	三、教育	
性别结构	100.00	中小学在校学生结构	100.00
男	49.80	中学	42.57
女	50.20	小学	57.43
二、宏观经济		中小学专任教师结构	100.00
国民经济核算		中学	48.40
地区生产总值产业结构	100.00	小学	51.60
第一产业	1.54	四、生活	
第二产业	41.09	居民消费	
第三产业	57.37	农村居民消费结构	100.00
投资		#食品烟酒类	36.68
固定资产投资结构	100.00	衣着类	5.17
#建筑安装工程	55.66	教育文化娱乐	6.15
#工业投资	11.38	居住	19.68
房地产开发	68.78	卫生	
农业		医生结构	100.00
农林牧渔业产值结构	100.00	执业（助理）医师（医生）	37.96
农业	72.81	注册护士（护师、护士）	47.32
林业	6.09	其他人员	14.72
牧业	13.02		
渔业	4.52		
农林牧渔服务业	3.56		

平均每天主要社会经济活动(2018年)

指标	2018
国民经济核算/万元	
地区生产总值	42276
第一产业	650
第二产业	17371
工业	14155
建筑业	3216
第三产业	24256
财政/万元:(不含两江直属区)	
公共财政预算收入	2069
公共财政预算支出	2913
工业/万元:	
规模以上工业总产值	75434
农业:	
主要农产品产量/吨	
粮食	303
蔬菜	799
肉类	—
#猪肉	—
水产品	23
牛奶	8
水果	—
批发零售贸易、餐饮业/万元	
社会消费品零售总额:	17961
投资/万元	
固定资产投资	—
金融/万元:	
金融机构各项存款余额	123876
金融机构各项贷款余额	148059
人口/人	
出生人口	53
死亡人口	19
婚姻/对	
结婚登记	36

人均主要社会经济活动水平(2018年)

指标	2018
国民经济核算/元	
地区生产总值	93691
第一产业	1440
第二产业	38497
工业	31369
建筑业	7128
第三产业	53754
工业/元	
规模以上工业总产值	206072
农业/元	
农业总产值	2460
主要农产品产量/千克	
粮食	82.8
蔬菜	218.4
猪牛羊肉	5.7
#猪肉	5.3
水产品	6.2
牛奶	2.1
水果	45.0
批发零售贸易、餐饮业/元	
社会消费品零售总额:	49814
投资/元	
固定资产投资	—
财政金融/元	
公共财政预算收入	5653
职工工资、居民收入/元	
城镇非私营单位在岗职工平均工资	89379
城镇居民人均可支配收入	39546
农村居民人均可支配收入	17950

注:除地区生产总值及其组成部分是按常住人口计算外,其余指标人均主要社会经济活动水平指标按户籍人口计算。

渝北区社会经济指标占全市的比重(2018年)

单位:%

指标	2018
土地面积	1.76
户籍人口	3.99
地区生产总值	7.58
规模以上工业总产值	17.04
农业总产值	1.60
粮食总产量	1.02
社会消费品零售总额	8.34
固定资产投资	—
公共财政预算收入	3.33
年末金融机构存款余额	12.68
年末金融机构贷款余额	17.20

渝北区社会经济主要指标在全市的位次(2018年)

单位:位

指标	2018	
	在三十八个区县的位次	在主城九区的位次
土地面积	26	2
常住人口	1	1
地区生产总值	1	1
规模以上工业总产值	1	1
农业总产值	27	2
粮食总产量	28	2
社会消费品零售总额	1	1
固定资产投资	—	—
公共财政预算收入	2	2
年末金融机构存款余额	3	3
农村居民人均可支配收入	11	8

注:在主城九区的位次指渝北区在“主城九区”(包括渝北区、渝中区、大渡口区、江北区、沙坪坝区、九龙坡区、南岸区、北碚区、巴南区9区)的位次。

附　录

重庆市渝北区2018年组织机构及领导名录

说明：

1. 本名录由区级机关、区级部门（含人民团体和民主党派）、街道和镇以及市直部门（单位）四部分组成。

2. 所列现职领导是指本名录截止时在任的领导。本名录截至2018年12月31日。

3. 区政府工作部门行政领导又有党的职务的，只列其行政职务，专职党的干部列党的职务。

区级机关

中共重庆市渝北区委员会

书　记：段成刚（10月离任）
　　　　唐　川（11月起任）
副书记：唐　川（11月离任）
　　　　谭　庆（12月起任）
　　　　邓孝明（女，8月起任）
常　委：邓孝明（女，8月离任）　秦文敏（1月离任）　王广荣　赵荣华　罗　勇　吴德华（5月离任）　徐永德（12月起任）　廖红军（7月起任）　王小渝

重庆市渝北区人大常委会

主　任：李联铁
副主任：王　培　王　充　唐丽华（女）
　　　　曾　军　裴　林

渝北区人大常委会办公室

办公室主任：任忠明
副主任：淦秀清（女）　冉利行（女）
农工委主任：蒋　宁（女）
副主任：蒋光明
财经委主任：黄　政
副主任：付福碧（女）
法制委主任：何才德
副主任：苏明生
教科文卫委主任：陈邦友
副主任：伍　怡（女）
人代工委主任：陈长琼（女）
副主任：唐方文
预算工委主任：王正福
副主任：张　波
人大信访办主任：何德才（兼）
副主任：徐胜梅（女）

重庆市渝北区人民政府

区　长：唐　川
副区长：秦文敏（1月离任）　廖红军（8月起任）
　　　　罗　红　张广莉（女）　颜其勇
　　　　张问伦　唐　密　马成全

政协重庆市渝北区委员会

主　席:彭建康

副主席:龙　图　马　林　尹书菊(女)　周恒丰　陈方兰(女)　夏小敏(女)　郭　里　张攀龙

渝北区政协办公室

秘书长:夏　凡

副秘书长:梅　洪

办公室主任:杨万萍(女)

副主任:石玉梅(女)

提案及农业办主任:李彦鸿

副主任:曾婷婷(女)

社会法制及科文卫体办主任:郑荣华

副主任:罗天念

教育文史及城乡建设办:龚华敏(女)

副主任:李祖兰(女)

社情民意信息办主任:胡洪川

副主任:孙群坤　陈艺雯(女)

联络及经济办主任:吴　欣(女)

副主任:冯青育

中共重庆市渝北区纪律检查委员会

书　记:赵荣华

副书记:曹兴兵　陈永平　陈青松

常　委:喻应平　封雪梅(女,8月离任)　高　军(2月离任)　周　旭　刘　兵

中共重庆市渝北区监察委员会

主　任:赵荣华(1月起任)

副主任:曹兴兵(1月起任)　陈永平(1月起任)　陈青松(1月起任)

委　员:喻应平(1月起任)　周　旭(1月起任)　刘　兵(1月起任)　刘宏亮(1月起任)

重庆市渝北区人民法院

院　长:周　轶

副院长:刘　成　郑永红(女)　冯　彬

政治处主任:李　静

纪检组长:姜凤伦

执行局局长:游晓彪

审判委员会专职委员:陈　宏　田　力　杨　琳　朱泽冰

重庆市渝北区人民检察院

检察长:许创业

副检察长:姜　飞　王　治　许世兰(女)

纪检组长:谢会云

检察委员会专职委员:周朝祥　黄　镔

重庆市渝北区人民武装部

部　长:崔华伦(3月离任)　王代兵(12月起任)

政　委:林　政(12月离任)

副部长:王健全

区级部门(含人民团体和民主党派)

区委办公室

主　任:廖　强

副主任:陈伯全　沈迎春(女,2月离任)　刘　畅

区纪委派驻区委办纪检组组长:游　燕(女)

区委督查室

主　任:李晓宇

区机要局

局　长:陈方文

区保密局

局　长:余　江

区委组织部

部　长:王小渝

副部长:杨　熳(女)　雷　平(女)　王代兵　唐建军　邬凡中

区委人才办

主　任:杨　熳(女,兼)

区委非公经济和社会组织工委

书　记:王代兵(兼)
副书记:梅小云

区委宣传部

部　长:罗　勇
副部长:刘文长　唐文武　杨　政

区外宣办

主　任:易仕美

区文明办

主　任:杨　政(兼)
副主任:艾　忻　冯　雄

区文联

主　席:唐文武(兼)
副主席:张　娟(女)

区委网信办

主　任:刘　烜
副主任:冯中建　罗　义

区社科联

主　席:刘文长(兼)
副主席:王　超(女,11月离任)
　　　刘佑红(女,12月起任)

区委统战部

部　长:王广荣
副部长:姜　勇　刘思伦(兼)　黄　果(兼)

区民宗局

局　长:吴双红

区台办

主　任:黄　果

区侨办

主　任:黄　果

区委政法委员会

书　记:邓孝明(女)
副书记:包季伟　李光明　李代贵
　　　赵　平(挂职)
政治处主任:王　琳

区综治办

主　任:李代贵(兼)
副主任:张铭铭

区委防范办

主　任:李光明(兼)
副主任:王　兴

区国安办

主　任:赵　平(兼,挂职)

区直机关党工委

书　记:王小渝(兼)
副书记:汪谟学(女,常务)　黄　莉(女)

区委研究室

主　任:吴国平
副主任:潘德东　罗　敏

区委老干部局

局　长:雷　平(女,兼)
副局长:熊伟兵

区编办

主　任:常　涛
副主任:王　蕾(女)

区事登局

局　长：吴金龙

区委党史研究室

主　任：杨永洪

副主任：刘佑红（女，10月离任）

张明虎（10月起任）

区委党校

校　长：邓孝明（8月起任）

副校长：唐　灵（常务）　汤建容（女）

李　艳（女）

渝北新闻社

社　长、总　编：李劲松

副社长、副总编：黄　燕（女）　杜　娟（女）

刘恋恋（女，2月起任）

区总工会

主　席：曾　军（兼）

书　记、常务副主席：朱　涛

副主席：张淑国　樊代芬（女，11月离任）

徐志红(女,12月起任)　陈　艳(女,挂职)

马德强（兼，12月离任）

刘秀琴（女，兼12月离任）

廖永坚（兼，12月离任）

李　静（女，兼，12月离任）

赵汝猛（挂职，12月起任）

杨德兵（兼，12月起任）

齐　红（兼，12月起任）

共青团重庆市渝北区委员会

书　记：张　晏（女）

副书记：张　艺（女，2月离任）　曾　劲（5月离任）　方　芳（女，5月起任）

李筱磊（兼）　陈　强（挂职）

李雨佳（挂职）

区妇女联合会

主　席：杨廷会（女）

副主席：姜　澜（女）

区科学技术协会

书　记：周茂林

主　席：李攀富（女）

副主席：黄孝礼（5月起任）

区工商业联合会

党组书记：刘思伦

副主席：王维伦　康碧霞（女）

秘书长：康碧霞（女，兼）

区华侨侨眷联合会

主　席：杨冬梅（女）

副主席：傅建锋（兼）　黎　藜（女，兼）

黄　茜（女，兼）　李向东（兼）

郭　青（兼）　杨　杰（兼）

王晓勇（兼）　翟福强（兼）

秘书长：黄　茜（女，兼）

副秘书长：谭　睿（女，兼）　孔长江（兼）

区残疾人联合会

理事长：王　静（女）

副理事长：张明虎（10月离任）

樊代芬（女，10月起任）

民盟渝北区委

主　委：夏小敏（女，兼）

副主委：张志辽（兼）　付福碧（女，兼）

伍发远（兼）　袁苗达（兼）

专职副主委：苏玉梅（女）

民建渝北区委

主　委：唐丽华（女，兼）

副主委：罗　斌（兼）　樊爱华（兼）

何文锋（兼）

专职副主委：张群星（女）

民革渝北区委

主　委:郭　里(兼)
副主委:董家正(兼)　雷　勇(兼)
　　陈　昱(兼)
专职副主委:李玉梅(女)

农工民主党渝北区委

主　委:刘明涛
副主委:汤贤君(女,兼)　汪官余(兼)
　　吴　忠(兼)　罗本德(兼)
专职副主委:杜　建

民进渝北区工委

主　委:马成全(兼)
副主委:曾兴华(兼)　侯东德(兼)
专职副主委:徐　俊(女)

九三学社渝北区委

主　委:尹书菊(女,兼)
副主委:李攀富(女,兼)　陈雪峰(兼)
　　周尚君(兼)
专职副主委:魏　红(女)

致公党渝北区工委

主　委:薛　山
副主委:陈冰梅(女,兼)　张仁国(兼)
　　朱　颖(兼)
专职副主委:王乐乐(女)

区政府办公室

主　任:李义奎
副主任:李　觅　周代国　唐忠友(2月离任)
　　刘荐华(女,12月起任)
区纪委派驻区政府办纪检组组长:代久康
督查室主任:贺　健(9月起任)
应急办主任:陈相颖

区发展改革委

主　任:石　品
副主任:何　毅　冉龙楷　骆炳臻
区纪委派驻区发改委纪检组组长:
　　刘成军(12月离任)　陈仁都(12月起任)

区教委

主　任、教工委书记:艾道淳
教工委副书记:熊德宪
副主任:李发林　程建军　蒋世健　谭雯文
　　(女,挂职,12月离任)
督　学:肖　莉(女)　鄢小玲(女)

区科委

主　任:王文武
副主任:方庆中　杨朝军　袁　野

区经信委

书　记:徐永德(兼)
主　任:曾德明
副书记:饶春英　曾德明
副主任:万东良　蔡　奇(12月离任)　彭明亮
　　肖忠意(挂职,7月离任)

区民政局

局　长:邱隆秀(女)
书　记:邱隆秀(女)
副书记:周文静
副局长:喻春明　张　强　张兴莲(女,2月
　　离任)　李青松(2月起任)
区纪委派驻区民政局纪检组组长:杨　彦
　　(女,12月离任)

区司法局

局　长:聂国倡
书　记:聂国倡
副书记:鄢文俊
副局长:唐兴全　童作勇　俞容龄(女,7月离任)

区财政局

局　长:潘　劼(5月离任)
　　任晓曼(女,5月起任)

书　记:潘　劼(5月离任)
　　任晓曼(女,5月起任)
副书记:易思维
副局长:易思维　孙次宜(女)　朱敬玲(女,2月起任)　贺荣辉(挂职,2月离任)
区纪委派驻区财政局纪检组组长:陈金刚

区人力社保局

局　长:邓贤伦
书　记:邓贤伦
副书记:童杭军
副局长:杨　力　张紫红(女)　孙小筱(女)　熊韦锐(挂职,8月起任)
区纪委派驻区人力社保局纪检组组长:黄　伟(12月离任)

区社保局

局　长:吴邦力
副局长:申正华　刘　颖(女)　周　峰

区就业人才局

局　长:邓　超

区环保局

局　长:段成海
副局长:张星凡　陈学军　叶胜利
区纪委派驻区环保局纪检组组长:蒋家国
监察支队支队长:孙良杰
生态环境监测站站长:吴小华

区城乡建委

主　任:李世瑜
书　记:李世瑜
副书记:马　宁
副主任:潘　勇　胡小荣(女)　王　磊
区纪委派驻区城乡建委纪检组组长:余显锋(12月离任)　杨　彦(女,12月起任)

区交委

主　任:罗正道
书　记:罗正道
副书记:张幼福
副主任:包秀华　汪　川　叶　强
区纪委派驻区交委纪检组组长:欧代明

区城市管理局

局　长:唐贤源
书　记:唐贤源
副书记:彭　敏(女)
副局长:段辉立　颜丽娜(女,12月起任)　肖永红(女)　吴地勇(7月离任)
区纪委派驻区城市管理局纪检组组长:颜丽娜(女,12月离任)　杨　羚(女,12月起任)
市政综合执法支队长:吴卫红
园林绿化处主任:刘洪兵(12月离任)
公园管理中心主任:李国建(女)

区房管局

局　长:李世伟
书　记:李世伟
副书记:李享强
副局长:董　燕(女)　何科学　李青松(2月离任)　樊爱华(2月起任)
区纪委派驻区房管局纪检组组长:钟志权
房屋征收中心主任:何建辉

区水利局

局　长:曾庆文
书　记:曾庆文
副书记:王素贵
副局长:韦长虹　幸毅立　童立强
区纪委派驻区水利局纪检组组长:赵　玲(女)
党委委员:韦长虹　幸毅立　赵　玲(女)

区农委

主　任:陈朝晖

农工委书记:陈朝晖
农工委副书记:魏晓东
副主任:刘孝安　黄　凤(女)　包季红
　　曾凯芳(女,挂职,8月离任)
区纪委派驻区农委纪检组组长:陈仁都
　(12月离任)　赵玲(女,12月起任)
农工委委员:陈仁都(12月离任)　赵玲(女,
　　12月起任)　黄　凤(女)
　　包季红

区商务局

局　长:曹兴建(女)
书　记:曹兴建(女)
副书记:王艳莲(女)
副局长:汪官余　刘小燕(女)　周　远
　　陈红梅(女,挂职,9月起任)

区文化委

主　任:吴云斌
书　记:吴云斌
副书记:陈　文
副主任:胡　刚　张　强　邓　静　龙春玲(女)
文化执法大队长:李　勇

区广播电视台

台　长:陈　睿
副台长:汪年庆　朱　强　文　寒(女,2月起任)

区卫计委

主　任:胡　容(女)
书　记:胡　容(女)
副书记:倪桂华
副主任:吴海焱(女)　周禄友　钟卫民
区纪委派驻区卫计委纪检组组长:潘永捷
　(女,12月离任)　余显锋(12月起任)
区红十字会秘书长:左智慧(女)

区爱卫办

主　任:陈　畅(女)

区审计局

局　长:李　梅(女)
副局长:曹　霞(女)　欧　林　刘　静(女)
纪检组长:谢贤友
党组成员:张　彬

区安监局

局　长:赵　兵
书　记:赵　兵
副局长:胡宝同　张　伟　潘仁超

区统计局

局　长:贾洪鉴
书　记:贾洪鉴
副局长:董昭权　幸坤均(女,12月离任)
　　冉现(女)

区林业局

局　长:龙裕贤
书　记:龙裕贤
副书记:桂来君
副局长:高兴中　凌　云　唐庆荣
区纪委派驻区林业局纪检组组长:
　曾　容(女,12月离任)

区旅游局

局　长:张国平(女)
书　记:张国平(女)
副局长:汤贤君　叶兴文
党组成员:叶兴文　王付进

区信访办

主　任:商红松
副主任:张玉兰(女)　杨必武　江　艇

区政府法制办

主　任:杨佳红
书　记:沈迎春(女,2月起任)

区民防办

主　任:龚长江

副主任:唐仕权

区老委办

主　任:李玉萍(女)

区档案局

局　长:张国安

副局长:刘　琴(女,8月离任)　封雪梅(女,8月起任)　冷国峰

区行管办

主　任:黄禄江

副主任:沈晓荣　苏定超(女)

区金融办

主　任:刘章权

副主任:韩　啸(7月离任)　朱敬玲(女,1月离任)　郑林燕(女,2月起任)

区志办

主　任:李　晋

区教考中心

主　任:程雪松

副主任:敖奇禄

区供销社

主　任:辜夕尹(女)

书　记:辜夕尹(女)

副主任:罗少华　罗英述

区体育中心

主　任:叶文峰

书　记:桂来君　叶文峰

副主任:谌　军　丁　佳

区国资办

主　任:陈道全

书　记:陈道全

副书记:白晓琴(女)

副主任:袁昌建(6月离任)　潘　劼(5月起任)　刘晓东　艾　伟

区纪委派驻区国资办纪检组组长:杨　羚(女,12月离任)　钟志权(12月起任)

区土储中心

主　任:刘　志

副主任:罗大荣　何山多　谢小平(女)　邓福斌

区公共资源交易中心

主　任:杜东北

副主任:贺伦学　李江陵　罗　疆(女)

区机关事务局

局　长:刘荐华(女,12月离任)

书　记:刘雪梅(女)

副局长:蒋波霞(女,2月起任)　袁昌建(6月起任)

区临空办

主　任:陈蓓蕾(女)

副主任:孙明明　刘　琴(女,8月起任)　林　超(1月起任,8月离任)

重庆空港经济开发建设有限公司

董事长:尹华伟

总经理:况　斌

监事会主席:王明军

副书记:陈长寿(专职)

副总经理:杜中明　吴　勇　李　静(女,9月离任)　刘　东

财务总监:潘光明

创新经济走廊

董事长:唐　利

总经理:唐　利(1月离任)　唐中浩(1月起任)

监事会主席：陈　斌
副书记：吴　猛（专职）　唐中浩
副总经理：林　超（常务，5月离任）　林云登（常务）　谢　勇　张炜巍　张继祥（挂职，9月离任）　祖　波（挂职，10月起任）
财务总监：刘朝燕（8月离任）
总工程师：何祥全
董　事：林　超（5月离任）　唐中浩（5月起任）　林云登　谢　勇（12月起任）　刘朝燕（8月离任）
总经理助理：邵预颀（女，挂职，3月起任）　甘晓倩（女，挂职，4月起任）

临空都市农业开发建设有限公司

董事长：张　枫
总经理：任利君（女）
监事会主席：封光亮
副书记：米　格（专职）
副总经理：潘爱媛（女）　江建明
财务总监：樊成兰（女）

渝港建设投资集团有限公司

董事长：倪　伟
总经理：朱敬松
监事会主席：屈胜强
副书记：杨国强
副总经理：文荣刚　刘晓婷（女）
财务总监：沈　晰

空港新城公司

书　记、董事长：王映波
总经理：范清海
监事会主席：张晓云
副书记：范清海　陈　明（专职）
副总经理：周远贵　张长国　李其迅
总工程师：沈蓝乔
财务总监：任　奎

临空都市基础设施建设运营有限公司

书　记、董事长：晏其彬
总经理：王　波
副书记：游　敏（女，专职）
监事会主席：文　涛
副总经理：严志钢　彭　斌
总工程师：刘　毅
财务总监：陈　丹

渝北农村基础设施建设有限公司

董事长：李　涛
总经理：唐中浩（1月离任）　李朝金（3月起任）
监事会主席：李朝金（3月离任）　唐忠友（3月起任）
副书记：陶　平
副总经理：黄　波　罗丽红（女）
财务总监：段荣华
总工程师：何品祥

临空开发投资集团有限公司

董事长：丁后荣
总经理：尉世雄
监事会主席：郭　中
副书记：黄　乐（专职）
副总经理：杨志军　胡容蓉（女）　甘鸣懿（女）
财务总监：张爱军

临空战略产业投资促进有限公司

董事长：代建军
总经理：汪　翔
监事会主席：邓镓佳
副总经理：周彦飞　孙爱杰　苟凯东　杨继刚　陈　渝（女）

临空现代服务投资促进有限公司

董事长：张　维
总经理：韩　啸（8月起任）

监事会主席:李鑫鑫
副总经理:蒙　琴(女)　刘再辉(5月离任)
　　刘　岚(女,5月离任)
　　郭志强　曾　泓(6月起任)

仙桃数据谷投资管理有限公司

书　记、董事长:汪小平
总经理:马中骏
监事会主席:程会平
副书记:吴永洪(专职)　马中骏
副总经理:陈煜红　刘　毅　徐　忆
　　张学旺(挂职,7月离任)
　　杨际祥(挂职,6月起任)
财务总监:陈　嘉(女)

街道、镇

龙溪街道

书　记:黄　梅(女)
主　任:王瑞全
人大工委主任:马甫超
副书记:陈帮财
副主任:冯业勤(女)　王希海　吕建中
　　段成波(女)
纪工委书记:黄　智
政法委书记:朱　勇
组织委员:张　伟
宣传统战委员:林小东
武装部长:王希海(兼)

龙山街道

书　记:许　彬
主　任:余　徽
人大工委主任:曹阳平
副书记:聂本秀(女)
副主任:龚家禄　张　磊　彭德海
　　李新卫(12月离任)
纪工委书记:滕　可(女)
政法委书记:徐吉江
组织委员:杨丹丹(女)
宣传统战委员:魏丽君(女)
武装部长:李新卫(兼,12月离任)

龙塔街道

书　记:任山城
主　任:唐　滨
人大工委主任:冉茂国
副书记:夏　浪
副主任:黄朝文　付永均　李燎原　刘　巍
纪工委书记:邹大刚
政法委书记:曾海中
组织委员:唐　彬
宣传统战委员:熊常琼(女)
武装部长:李燎原(兼)

双凤桥街道

书　记:喻继志
主　任:杨坤敏(女)
人大工委主任:庹俊星
副书记:邱昌美(女,9月离任)
副主任:付晓鹏　万　疆　邓有树(2月离任)
　　曹　俐(女,2月起任)
纪工委书记:伍　学
政法委书记:傅　勇
组织委员:曹　俐(女,2月离任)
　　王安柿(2月起任)
宣传统战委员:谌　宏
武装部长:江国群

双龙湖街道

书　记:刘　林
主　任:杨　旭
人大工委主任:郑开伦(3月离任)
　　高　军(3月起任)
副书记:伍英姿(女)

副主任:罗海全　代家祥　杨光强
　　　　陈　琼(女)
纪工委书记:鄢祥发
政法委书记:陈　建
组织委员:刘　玲(女)
宣传统战委员:刘联春
武装部长:代家祥(兼)

回兴街道

书　记:冯　梁
主　任:杨孝东
人大工委主任:聂　爽(女)
副书记:唐　龙(5月离任)
副主任:徐　荐(女)　唐永刚　徐登玉(女)
　　　　桂来轩
纪工委书记:龚华中
政法委书记:肖远斌
组织委员:刘　浩
宣传统战委员:高才龙
武装部长:唐永刚(兼)

悦来街道

书　记:荣修高
主　任:付　勇
人大工委主任:李甲胜
副书记:李和平
副主任:胡　佳　石树林　邓美田　马　毅
纪工委书记:张邻均(女)
政法委书记:杨小伟
组织委员:李红斌
宣传统战委员:徐朝阳(女)
武装部长:石树林(兼)

两路街道

书　记:田期容(女)
主　任:朱　荣
人大工委主任:徐六云
副书记:田其钢
副主任:王显秀(女)　陈世海　涂明忠
纪工委书记:潘　伟
政法委书记:白太宏
组织委员:胡　昕
宣传统战委员:张文凯(8月离任)
武装部长:苑后双

王家街道

书　记:符荣良
主　任:贺秀山(8月离任)
人大工委主任:何祯模
副书记:余时鹏
副主任:曾德林　唐天富　李大军　唐　宗
纪工委书记:王顺桦
政法委书记:李天智
组织委员:幸坤琴(女)
宣传统战委员:贺红玉(女)
武装部长:李大军(兼)

宝圣湖街道

书　记:严　斌
主　任:王卓伟(5月离任)
　　　　王莉霞(女,10月起任)
人大工委主任:杨　刚
副书记:田延梅(女)
副主任:叶家华　罗召兰(女)　杨智飞　肖　毅
纪工委书记:游　惠(女)
政法委书记:辜庆龙
组织委员:黄　聚
宣传统战委员:龙　勇
武装部长:肖　毅(兼)
党工委委员:罗　盛

仙桃街道

书　记:廖和平(女)
主　任:邓　伟
人大工委主任:丁　勇
副书记:唐成梅(女)

副主任:余时琼(女) 龚生荣 张 丁
陈祥勇
纪工委书记:邹燕妮(女)
政法委书记:邹 勇
组织委员:李 勇
宣传统战委员:李祥宏
武装部长:龚生荣(兼)

鸳鸯街道

书 记:任晓亚
主 任:陈邦贵
人大工委主任:胡玲(女)
副书记:余登明
副主任:颜 军 杨声成 张 强
纪工委书记:胡 平
组织委员:廖 萍(女)
宣传委员:王 建(8月起任)
武装部长:潘昌林

人和街道

书 记:蒋兴益
主 任:甘敬鸣
人大工委主任:盛 勇
副书记:陈 锋
副主任:杨晓林(女) 戴维玲(女)
纪工委书记:曾建全
组织委员:刘孝礼
宣传委员:王 成
武装部长:万劲松

天宫殿街道

书 记:邓 军
主 任:杨 虹(女)
人大工委主任:杨明建
副书记:张德龙
副主任:苏开全 张 容(女)
张问勤(7月起任)
纪工委书记:张永娟(女)
组织委员:张问勤(7月离任)
向林(7月起任)
宣传委员:王 刚
武装部长:范卫东

翠云街道

书 记:阳 勇(7月离任)
主 任:谭 于
人大工委主任:杨 林
副书记:杨正福
副主任:杨 越 朱春华 曾繁国
纪工委书记:陈昌兰(女)
组织委员:张跃学(女,7月离任)
李 燕(女,7月起任)
宣传委员:喻晓莹(女,7月起任)
武装部长:万劲松(7月离任)
徐为利(7月起任)

大竹林街道

书 记:鲁 松
主 任:陈 斌
人大工委主任:王启明
副书记:杨红军
副主任:谷正义 余 磊(7月起任)
张跃学(7月起任)
纪工委书记:胡晓东
组织委员:昌 泾(女,7月离任)
瞿 蜜(女,7月起任)
宣传委员:瞿 蜜(女,7月离任)
王晓莉(女,7月起任)
武装部长:黄治庆

礼嘉街道

书 记:喻宗华
主 任:潘 明
人大工委主任:邓学锋
副书记:张光英(女)

副主任:江信敏(女) 刘远全
陈昌奎(7月起任)
纪工委书记:李 迅(女)
组织委员:陈昌奎(7月离任)
苗元君(7月起任)
宣传委员:邱德华
武装部长:李前杰

金山街道

书 记:徐世均
主 任:周吉林
人大工委主任:詹向东
副书记:段辉蓉(女)
副主任:邓贤明 刘立红 王 洵
纪工委书记:刘川龙
组织委员:何渝生
宣传委员:孙 杰(女)
武装部长:罗 辉

康美街道

书 记:潘世品
主 任:邓礼彬
人大工委主任:倪中良
副书记:叶腾平
副主任:齐红英(女) 杨仁亮 尹平利
纪工委书记:易真菊(女)
组织委员:王海燕(女)
宣传委员:陈德英(女)
武装部长:陈子松

石船镇

书 记:江礼元(4月离任)
李祥泽(4月起任)
镇 长:殷 勇
人大主席:罗玉龙(7月离任)
副书记:姚 遥(女)
副镇长:房开斌 曹小萍(女,7月离任)
黄红川 张 平
纪委书记:廖渝艳(女)
政法委书记:杨 瑶(女)
组织委员:陈 瑜
宣传统战委员:邹 建
武装部长:黄红川(兼)

洛碛镇

书 记:任晓曼(女,5月离任)
贺秀山(8月起任)
镇 长:邹 浩
人大主席:王 林
副书记:蒋文峰
副镇长:谭 浩 唐 刚 杨 松
纪委书记:肖 颖(女)
政法委书记:文乐乐
组织委员:但蜀蓉(女)
宣传统战委员:白 钧(女)

龙兴镇

书 记:汪 海
镇 长:辛国旗
人大主席:梁海清
副书记:张 华(9月离任)
副镇长:高德明 刘兴刚 潘光前
杨才麟(12月起任)
纪委书记:代全川
政法委书记:桂平勇
组织委员:贺静爽(女)
宣传统战委员:黄时菊(女,7月离任)
武装部长:刘兴刚(兼)

大湾镇

书 记:程 前
镇 长:唐作玖
人大主席:骆瑞华
副书记:魏长虹(1月起任)
副镇长:魏长虹(1月离任) 罗益春 刘厚伟
王 俊(2月起任)

人大副主席:唐永合

纪委书记:黄　蕾(女)

政法委书记:李广致

组织委员:罗坤兵

宣传统战委员:黄　旭

武装部长:罗益春(兼)

古路镇

书　记:穆　林

镇　长:郭晓亮

人大主席:江智琼(女,8月离任)

　　　　张　华(9月起任)

副书记:杨　荫(女)

副镇长:敖瑞均　马吴林　徐劲柳(女)

纪委书记:陈大军

政法委书记:敖瑞均(兼)

组织委员:陈青伦

宣传统战委员:姜　梅(女)

武装部长:马吴林(兼)

统景镇

书　记:郭志远

镇　长:魏庆超

人大主席:朱子文(7月离任)　朱　燕(9月起任)

副书记:朱　燕(9月离任)　王　超(9月起任)

副镇长:胡　伟　邓　刚　雷朝春

　　　范　瑜(12月离任)

纪委书记:傅家莲

政法书记:杨小伟(9月离任)

　　　　黄健华(9月起任)

组织委员:叶晓军

宣传统战委员:姜　南

武装部长:雷朝春(兼)

大盛镇

书　记:陈　华

镇　长:汪　勇

人大主席:欧代明

副书记:张　义

副镇长:刘　波　黄健华(1月离任)

　　　杨　明

纪委书记:黄　刚

政法委书记:刘　波(兼)

组织委员:陈明斌

宣传统战委员:倪　佳(女)

武装部长:黄健华(兼,1月离任)

木耳镇

书　记:缪　璞

镇　长:张明良

人大主席:邓云峰

副书记:谭治义

副镇长:张　强　田均广　吴文耀

　　　欧春梅(女)

纪委书记:赵乾敏(女,11月离任))

组织委员:谭万红(女)

政法委书记:陈吉林

宣传统战委员:江晓娟(女)

武装部长:田均广(兼)

兴隆镇

书　记:邓小勇

镇　长:张俊华

人大主席:贺祖全

副书记:陈正进

副镇长:向　华　张　利(女)

　　　陈　佳(12月离任)

　　　李长江

纪委书记:张世全

政法书记:任广彬

组织委员:张余玲(女)

宣传统战委员:王　蕾(女)

武装部长:李长江(兼)

茨竹镇

书　记:李祥泽(5月离任)
　　　王卓伟(5月起任)
镇　长:张波涛(8月离任)
人大主席:颜　林
副书记:邬德品(1月起任)
人大副主席:张正娟(女)
副镇长:邬德品(常务,1月离任)　董先炼(常务,1月起任)　田书勤　张　勇
纪委书记:何小琴(女)
政法委书记:董先炼(1月离任)
　　　童　强(2月起任)
组织委员:梅　锋
宣传统战委员:贺　健(9月离任)
武装部长:田书勤(兼)

玉峰山镇

书　记:左其刚
镇　长:唐先文
人大主席:王明素(女)
副书记:辛国艺(女)
副镇长:邓天才　晏晓华　陈燕燕(女)
纪委书记:潘晓书
政法委书记:晏晓华(兼)
组织委员:田茂川
宣传统战委员:吴学兰(女,2月起任)
武装部长:邓天才(兼)

市直部门(单位)

区公安分局

局　长:罗　红(兼)
政　委:卢　政
副局长:周　强(12月离任)　陈　俊　庞　毅　龚玉波
纪委书记:聂国锋(12月离任)
政治处主任:周华西(12月离任)

区公安消防支队

支队长:赵海生
政　委:万　明(1月起任)
副支队长:陶雪莲(1月离任)
　　　陈绍荣(1月起任)
司令部参谋长:陈绍荣(1月离任)
　　　莫　宁(1月起任)
政治处主任:卢俊吉
防火处处长:赵登武(1月离任)
　　　蹇子平(1月起任)
后勤处处长:燕翔

区国土分局

局　长:胡天才
副局长:何先聪　蔡建军(女)　王　兵
区纪委派驻区国土分局纪检组组长:丁　前
国土事务中心主任:叶　斌

区国税局(6月撤销)

局　长:刘建明(6月离任)
副局长:万　进(6月离任)
　　　郑泽秀(女,6月离任)
　　　姜国红(6月离任)
　　　李　林(6月离任)
纪检组长:黄　艳(女,6月离任)
总会计师:陈　娟(女,6月离任)

区地税局(6月撤销)

局　长:吕　林(6月离任)
副局长:白宏斌(6月离任)
　　　孙惠霞(女,6月离任)
　　　王跃斌(6月离任)
纪检组长:孙惠霞(女,兼,6月离任)

区税务局(6月成立)

局　长:吕　林(6月起任)
副局长:刘建明(6月起任)　杨再刚(6月起任)
　　　白宏斌(6月起任)　万　进(6月起任)
　　　郑泽秀(女,6月起任)

孙惠霞(女,6月起任)

王跃斌(6月起任)

姜国红(6月起任)

李　林(6月起任)

区纪委派驻区税务局纪检组组长:黄　艳(女,6月起任)

总经济师:陈　娟(女,6月起任)

区工商分局

局　长:刘永安

副局长:黄贞钢　伍从平　杨　光　张　林　杨　晨

纪检组长:杨　光(兼)

区规划分局

局　长:李大红

副局长:叶栋文　陈　静　邓伟平　张　浩

区食药监分局

局　长:郭朝伟

副局长:向　欣　钟　波　赵宁平

纪检组长:黄迎庆

区质监局

局　长:陈智华

副局长:曹明琼(女)　马　强　杨明山　彭　静　刘　涛

纪检组长:曹明琼(女,兼)

区烟草局(公司)

书　记、局　长、经　理:范　毅(11月离任)

戴　翔(11月起任)

副局长:宣　宜(女)　骆　明(11月起任)

区气象局

局　长:谷　骏

副局长:颜丽桃(女)　陈　宏

国家统计局渝北调查队

副队长:马洪钧(7月离任)

幸坤均(女,12月起任)

纪检监察员:廖渝青

区不动产登记中心

主　任:张　斌

副主任:陈　春　刘玉亭　王福兴　向　雯(女)

中国电信渝北分公司

总经理:黄　湖

副总经理:王　晓

中国移动渝北分公司

总经理:胡　瑾(女)

副总经理:周建华

重庆机场集团有限公司

董事长:谭平川

总经理:戴　科

监事会主席:黄　伟

副总经理:陈世琴(女)　李光彩　贾朝轩　张明进　熊德智(8月起任)

财务总监:胡　淳(女)